杨军昌 著

中国方志学概论（修订本）

中国社会科学出版社

图书在版编目（CIP）数据

中国方志学概论 / 杨军昌著 . —修订本 . —北京：中国社会科学出版社，2022.6
　ISBN 978 – 7 – 5203 – 9655 – 4

　Ⅰ.①中… Ⅱ.①杨… Ⅲ.①方志学 – 概论 – 中国 Ⅳ.①K290

　中国版本图书馆 CIP 数据核字（2022）第 021006 号

出 版 人	赵剑英
责任编辑	冯春凤
责任校对	张爱华
责任印制	张雪娇

出　　版	中国社会科学出版社
社　　址	北京鼓楼西大街甲 158 号
邮　　编	100720
网　　址	http://www.csspw.cn
发 行 部	010 – 84083685
门 市 部	010 – 84029450
经　　销	新华书店及其他书店

印　　刷	北京君升印刷有限公司
装　　订	廊坊市广阳区广增装订厂
版　　次	2022 年 6 月第 1 版
印　　次	2022 年 6 月第 1 次印刷

开　　本	710×1000　1/16
印　　张	30
插　　页	2
字　　数	507 千字
定　　价	179.00 元

凡购买中国社会科学出版社图书，如有质量问题请与本社营销中心联系调换
电话：010 – 84083683
版权所有　侵权必究

修订本·序

　　国家有史，地方有志，自先秦时期发轫，赓续不断地编修地方志书，是中华民族的优秀文化传统。中华人民共和国成立后，特别是改革开放以来，我国的地方志编纂工作阔步前进，成就巨大，为提升国家文化软实力发挥了独特作用。伴随方志编修实践，方志学理论研究和学科建设不断加强，成果迭出，枝繁叶茂，已经成为一门国家重视、学者关注、社会认同而又极具鲜明时代特色的新兴学科。

　　贵州大学杨军昌教授，长期从事方志学教学，是集方志编纂实务和方志学教学与研究于一身的专家。所撰《中国方志学概论》1999年出版后，至今二十余年间，不胫而走，颇受欢迎。近期，为适应新时代修志工作的繁荣和发展，以及高质量提升方志学学科建设水准的需要，军昌教授对原书进行了大幅度的充实和完善。呈现于读者面前的这部《中国方志学概论》（修订本）较之二十余年前的原著，主要在如下几个方面做出了长足的推进。其一，研究框架更加完备，在方志学学科体系内容上更具有积极的建构意义和创新价值；其二，突出了重要文献的纳入，不仅在论述中增添了方志名家的理论阐释，而且尽可能地将当代国家有关地方志工作的政策、法规引入相关章节论述，使文本内容具有正确的方向定位和鲜明的时代感；其三，与时俱进地对相关体裁、内容进行增删与调整，增强了理论性，凸显了实践参考价值。总之，修订本体现了作者对方志学建设及方志编纂工作的高度责任和满怀热情，是一部既可用作高校教材又可服务于方志工作的厚重力作。

　　近日，欣闻全书修订蒇事，行将送请中国社会科学出版社出版，谨赘前述数语，以志祝贺。

陈祖武 谨识
二〇二二年三月九日

序 一

青年学者杨军昌同志编著的这本《中国方志学概论》，设绪论、方志概说、方志体例、方志编纂基础、志书各种体裁编写、诸志编纂探讨、方志整理、方志功用与读志用志、方志续修、方志评论、地方志与地方年鉴和方志事业管理等13章。这是编修社会主义志书20年来的经验总结，也是今后续修志书的参考论著，还可作学校方志学课程的教科书。军昌要我写一篇序言，我乐意在这篇文章里介绍著书人的一番苦心，为历史留下一鳞一爪的故事。

军昌是贵州省石阡县侗族农家的儿子，是中华人民共和国成立后14年出生的。1986年毕业于贵州大学历史系，后回石阡参加县志编纂工作，并担任县志副主编、总编辑。《石阡县志》1993年出版后获全国修志成果二等奖，全志约百万字，军昌执笔的文稿占近半数。他前后还陆续主编或参编各种专志10余部并发表史志论文30余篇，在志界崭露头角。我认识他已十多年。1980年贵州修志开始时我63岁，经常到各地去宣传修志，希望比我年轻的朋友们要用心编写，通过编写和采辑资料，才能体会修志甘苦，明了得失。被举为"天下府志第一"的《遵义府志》，总纂郑珍先生时年33岁，莫友芝先生时年28岁。军昌才22岁就投身修志队伍，这对他来说算得是百年一遇的好机会。我衷心祝愿他刻苦钻研，有所作为。《石阡县志》在地方党政的关怀支持和一些长者的帮助下，以一部优秀志书面世，这不仅是石阡地方的光荣，军昌亦因此受到学术界的重视。1996年军昌调回母校，在历史系主讲方志学、秘书学、历史科学概论等课程。贵州大学历史系开设方志学课程，这也是贵州的一件新鲜事。贵州老一辈的周春元、王燕玉教授有方志学著述，中年教授史继忠在80年代也有方志专书出版，还亲手编过几本志书，青年教授张新民承继其父张振珮先生的事业，有《贵州地方志考稿》一书在国外出版。军昌能得到贵州大学垂青，安排他为历史系学生讲方志学课，这是为贵州修志继往开来的一项极有意义的举措。《贵州文史丛刊》1999年第2期刊发了军昌的《当代大学生评〈遵义市志〉》文章，述及20余位学生"从社会读志用志的一隅肯定了《遵义市志》编修的成功和价值的深远"，其中还就志书的几个问题发表了有益的见解，颇有学术性、理论性，尤在志书刊用上具有开拓性。我为贵州修志事业后继有人而贺，也更为贵州大学培养出一批志书人才，他们必将在21世纪续修志书时发挥作用而贺。我粗读过《方志学概论》，它的特点是搜罗古今方志论述，方方面面都有，又以这些论述在《石阡县志》等志书编纂实践中作了印证，经过筛选，加上自己的见解，撰成一本概论。它不是徒托空言，是有较高学术水平可以信赖的一本专著，修志者凭此一册参酌应用，可起到随请随到的顾问的作用，十分方便。

这部《中国方志学概论》因其引证较多，参考价值较大，学术价值也较高。龚自珍为魏源的絜园写了一副楹联："读万卷书，行万里路；综一代典，成一家言"。这应该是从事史学和方志学研究工作者的一条座右铭。当今国家重视自然科学和人文科学的发展，是一代青年从事学术研究和报效国家的大好时期。"欲穷千里目，更上一层楼"，军昌年富力强，在贵州大学这样一个山清水秀、人才济济的环境里，有教学相长的优越条件，必定会有更高的成就。这也是时代对青年史学和志书工作者的要求和期望。

陈福桐
一九九九年八月

序 二

先江后湖，先河后海。志者，史之本；史者，志之余也。孔子曰："夏礼，吾能言之，杞不足征也；殷礼，吾能言之，宋不足征也，文献不足故也，足则吾能征之矣"。由是观之，志与文献，一也。形诸于记，志者也，形诸于篇什，文献者也。

文献纂辑，非养深学醇不足与言，志乘勋业，非博洽多闻不可以修，考诸前贤，马、班、郑、黄，皆历代修志编史之冠冕者也。综百代之典，成一家之言，体大思精，烨烨而光后世，太史公之谓欤。

至若山川形胜，城池关隘，名物土俗，政经文教，录以成卷，树丰碑于名山，造时势于社会，乃志书所由载荷也。其编排体例，运斤裁割，规矩绳墨，悉心擘划，从来有创始发明矣。经而后书，书而后图经，图经而后方志，乃一脉相承。有清一代，志书体例驳诬辩诘，攻讦相伐，或曰地理之书，或曰人文之载，或曰著述，或曰纂辑，互相问难，几成疑案。会稽章氏实斋集其大成，创体立门，三书四体，八忌五难，贯穿疏导，成百年方志编修典则，民国伊始，瞿、黎、梁、傅诸家，相互发明，而新志之体例遂定。

本届修志，其上距前修凡六十余年，前贤凋敝，陈卷付秋风翻读，后昆学步，新编如醉汉蹒跚。当是之时，领导如胡乔木、曾三、邵文杰，学者如朱士嘉、傅振伦、梁寒冰、谭其骧、董一博，奋袂攘袵，立编修新志之规范，掌体例结构之绳墨，一代新志遂应运而生，《呼玛》《如东》，首开新志之先路。国内学者，亦孜孜以求理论研讨，方志一科，俨然已成显学。

石阡杨君军昌，不甘寂寞，好于学问，勤于著述，以数年修志之实践，四年教学之积累，敢为方志理论增容，其《中国方志学概论》，容纳百家、独抒己意，继承与创新并见，实用与理念共出，可资参酌。故乐之为序。

罗再麟
一九九九年十月识于弦歌堂

目　　录

第一章　绪论 ……………………………………………… (1)
　第一节　方志的性质与特征 ………………………………… (1)
　　一　方志的性质 ……………………………………………… (1)
　　二　方志的特征 ……………………………………………… (10)
　第二节　方志别称与种类 …………………………………… (14)
　　一　方志别称 ………………………………………………… (14)
　　二　方志种类 ………………………………………………… (16)
　第三节　方志学研究对象、学科体系及地位 ……………… (20)
　　一　方志学研究对象 ………………………………………… (20)
　　二　方志学学科体系构成与研究内容 ……………………… (22)
　　三　方志学的学科地位 ……………………………………… (26)
　第四节　方志学的建立和发展 ……………………………… (28)
　　一　清代以前的方志论说 …………………………………… (28)
　　二　清朝前期的方志学术争鸣 ……………………………… (32)
　　三　晚清与民国时期的方志理论 …………………………… (42)
　　四　新时期方志学理论的发展特点 ………………………… (51)
　第五节　方志学研究的基本方法 …………………………… (55)
　　一　逻辑方法 ………………………………………………… (56)
　　二　哲学方法 ………………………………………………… (56)
　　三　历史方法 ………………………………………………… (57)
　　四　多学科方法 ……………………………………………… (58)
　　五　比较法 …………………………………………………… (59)

第二章　方志的起源与发展 ……………………………… (61)
　第一节　方志起源 …………………………………………… (61)
　　一　起源诸说 ………………………………………………… (61)

二　方志起源于《周官》……………………………………（62）
　第二节　方志发展………………………………………………（67）
　　一　秦汉魏晋南北朝时期………………………………………（67）
　　二　隋唐时期……………………………………………………（70）
　　三　两宋时期……………………………………………………（72）
　　四　元明时期……………………………………………………（74）
　　五　清朝时期……………………………………………………（77）
　　六　民国时期……………………………………………………（82）
　　七　新中国成立后至今…………………………………………（85）
　第三节　方志的卷帙和收藏……………………………………（93）
　　一　方志卷帙……………………………………………………（93）
　　二　方志收藏……………………………………………………（98）

第三章　方志体例…………………………………………（102）
　第一节　旧志体例………………………………………………（102）
　第二节　新志的体例与体裁……………………………………（105）
　　一　新志体例……………………………………………………（105）
　　二　新志体裁……………………………………………………（107）
　第三节　方志篇目拟定…………………………………………（111）
　　一　篇目拟定的基本要求………………………………………（112）
　　二　篇目拟定的程序……………………………………………（113）
　　三　拟定篇目需要注意的关系问题……………………………（114）
　　四　新编方志的几种篇目类型…………………………………（115）
　第四节　方志的字数和断限……………………………………（119）
　　一　方志的字数…………………………………………………（119）
　　二　志书的断限…………………………………………………（120）
　第五节　方志文体文风…………………………………………（122）
　　一　方志的文体…………………………………………………（122）
　　二　方志的文风…………………………………………………（125）

第四章　方志编纂基础……………………………………（132）
　第一节　方志编纂的指导思想和原则…………………………（132）

一　指导思想 …………………………………………（132）
　　　二　编纂原则 …………………………………………（137）
　第二节　方志的总体设计 ………………………………（142）
　　　一　总体设计的准备 …………………………………（142）
　　　二　总体设计的要求 …………………………………（144）
　第三节　方志编纂程序 …………………………………（146）
　　　一　准备阶段 …………………………………………（147）
　　　二　初创阶段 …………………………………………（147）
　　　三　总纂阶段 …………………………………………（148）
　　　四　评审验收出版阶段 ………………………………（150）
　第四节　方志编纂的质量标准 …………………………（151）
　　　一　政治质量 …………………………………………（151）
　　　二　体例质量 …………………………………………（152）
　　　三　资料质量 …………………………………………（153）
　　　四　著述质量 …………………………………………（154）
　　　五　语言文字标准 ……………………………………（156）

第五章　志书各种体裁编写 …………………………………（157）
　第一节　序言的撰写 ……………………………………（157）
　　　一　序言的含义 ………………………………………（157）
　　　二　序言的撰写 ………………………………………（158）
　第二节　凡例的制定 ……………………………………（159）
　　　一　凡例的含义与作用 ………………………………（159）
　　　二　凡例的内容 ………………………………………（160）
　　　三　凡例制定的要求 …………………………………（161）
　第三节　概述的撰写 ……………………………………（162）
　　　一　概述的由来与功能 ………………………………（162）
　　　二　概述的写法 ………………………………………（164）
　第四节　大事记的编写 …………………………………（165）
　　　一　大事记的演进 ……………………………………（165）
　　　二　大事记的收录标准 ………………………………（166）
　　　三　大事记的体例和编写要求 ………………………（168）

第五节　专志的编写 …………………………………………（169）
　　　一　专志的类别、特征 ………………………………………（169）
　　　二　专志记述的基本内容 ……………………………………（172）
　　　三　专志编写的基本要求 ……………………………………（174）
　　第六节　人物传的撰写 ………………………………………（175）
　　　一　人物在志书中的地位 ……………………………………（176）
　　　二　人物立传的范围 …………………………………………（176）
　　　三　人物传的写法 ……………………………………………（178）
　　　四　人物传的分类排列问题 …………………………………（181）
　　第七节　杂录的编写 …………………………………………（182）
　　　一　杂录的内容 ………………………………………………（182）
　　　二　杂录编写的要求 …………………………………………（183）
　　第八节　图表的配置 …………………………………………（184）
　　　一　图、表的运用历史及作用 ………………………………（184）
　　　二　图的编制 …………………………………………………（185）
　　　三　表的制作 …………………………………………………（187）
　　第九节　索引的编制 …………………………………………（189）
　　　一　志书索引形式及类型 ……………………………………（189）
　　　二　索引编制要点 ……………………………………………（190）

第六章　诸志编纂探讨 ……………………………………（193）
　　第一节　省志编纂 ……………………………………………（193）
　　　一　省志的演变 ………………………………………………（193）
　　　二　省志的特点和体例 ………………………………………（194）
　　　三　省志总纂 …………………………………………………（195）
　　第二节　城市志编纂 …………………………………………（198）
　　　一　城市的发展与城市志的产生 ……………………………（198）
　　　二　城市志编纂的基本要求 …………………………………（200）
　　　三　城市志的体例结构 ………………………………………（201）
　　　四　城市志如何突出城市特点 ………………………………（202）
　　第三节　地区级志编纂 ………………………………………（205）
　　　一　地区级志编修的必要性 …………………………………（205）

二　地区级志的体例 …………………………………… （206）
　　三　地区级志的内容记述 ……………………………… （208）
　　四　地区级志对县级志资料的使用 …………………… （208）
第四节　县级志书编纂 ……………………………………… （209）
　　一　县志的特性 ………………………………………… （210）
　　二　县志编纂中的资料运用 …………………………… （211）
　　三　关于县志总纂 ……………………………………… （213）
第五节　乡镇志编纂探讨 …………………………………… （216）
　　一　乡镇志的产生和发展 ……………………………… （216）
　　二　新编乡镇志的作用 ………………………………… （217）
　　三　乡镇志编纂的组织与方法 ………………………… （218）
第六节　村志编纂 …………………………………………… （220）
　　一　村志简顾 …………………………………………… （220）
　　二　编修村志的意义 …………………………………… （222）
　　三　村志的内容及其体例 ……………………………… （225）
　　四　村志编修的注意事项 ……………………………… （227）
第七节　专志编纂选议 ……………………………………… （228）
　　一　地理志 ……………………………………………… （228）
　　二　民族志 ……………………………………………… （231）
　　三　乡土志编写 ………………………………………… （238）
　　四　学校志编写 ………………………………………… （243）
　　五　艺文志编写 ………………………………………… （248）
　　六　人口志编写 ………………………………………… （251）

第七章　方志的资料工作 ………………………………… （256）
第一节　资料工作概说 ……………………………………… （256）
第二节　资料的种类 ………………………………………… （258）
　　一　文字资料 …………………………………………… （258）
　　二　实物资料 …………………………………………… （260）
　　三　口头资料 …………………………………………… （260）
第三节　资料的搜集与整理 ………………………………… （260）
　　一　资料的收集 ………………………………………… （260）

二　资料的整理 …………………………………………（264）
　　三　资料的鉴别、考订 …………………………………（267）
　第四节　资料的利用与管理 …………………………………（270）
　　一　资料的利用 …………………………………………（270）
　　二　资料的管理 …………………………………………（271）

第八章　方志功用与读志用志 …………………………………（273）
　第一节　方志功用 ……………………………………………（273）
　　一　旧志功用表述 ………………………………………（273）
　　二　新志功用探讨 ………………………………………（278）
　　三　地方志与地方建设、发展 …………………………（281）
　第二节　读志用志 ……………………………………………（289）
　　一　旧志读者用者对象及实践 …………………………（290）
　　二　新方志的读用特点 …………………………………（292）
　　三　关于读志用志的几个问题 …………………………（296）

第九章　旧志整理 ………………………………………………（300）
　第一节　旧志整理的必要性及应注意的问题 ………………（300）
　　一　旧志整理的必要性 …………………………………（300）
　　二　整理旧志注意事项 …………………………………（303）
　第二节　旧志整理的主要内容 ………………………………（304）
　　一　著录 …………………………………………………（304）
　　二　校勘 …………………………………………………（307）
　　三　标点 …………………………………………………（309）
　　四　辑佚 …………………………………………………（310）
　　五　提要 …………………………………………………（310）
　　六　复制、重印出版 ……………………………………（312）
　　七　类编资料 ……………………………………………（312）
　第三节　旧志整理的主要成果 ………………………………（313）
　　一　著录成果 ……………………………………………（313）
　　二　其他整理主要成果 …………………………………（316）

第十章　方志续修 ………………………………………… (321)

第一节　旧志续修特点 ………………………………………… (321)
一　续修、续志概念 ………………………………………… (321)
二　旧志续修特点 …………………………………………… (322)

第二节　新志续修的标名、断限与体例 ……………………… (324)
一　新志续修溯源 …………………………………………… (324)
二　志书续修的标名与断限 ………………………………… (327)
三　续志的体例篇目 ………………………………………… (330)

第三节　续志编修要求 ………………………………………… (333)
一　续志编修应加强整体性 ………………………………… (333)
二　续志的篇幅与周期 ……………………………………… (335)
三　重视对前志的"遗""缺""误"处理 …………………… (337)
四　续志应有索引编制 ……………………………………… (339)

第十一章　方志评论 ……………………………………… (341)

第一节　方志评论的功能、内容及特点 ……………………… (341)
一　方志评论的功能 ………………………………………… (341)
二　方志评论的内容与特点 ………………………………… (342)

第二节　方志批评史迹述略 …………………………………… (343)

第三节　新编方志评论 ………………………………………… (347)
一　新志评论的发生和发展 ………………………………… (347)
二　新志评论的方式和类型 ………………………………… (351)
三　新志评论存在的问题 …………………………………… (354)
四　做好方志评论撅要 ……………………………………… (356)

第十二章　地方志与地方年鉴 …………………………… (359)

第一节　年鉴的定义、种类、特征与作用 …………………… (359)
一　定义 ……………………………………………………… (359)
二　种类与特征 ……………………………………………… (361)
三　作用 ……………………………………………………… (362)

第二节　年鉴的编纂 …………………………………………… (363)
一　指导思想与原则 ………………………………………… (363)

二　总体设计 …………………………………………… (363)
　　三　条目撰写 …………………………………………… (366)
　　四　年鉴编写要体现特色 ……………………………… (367)
　第三节　地方志与地方年鉴的关系 ……………………… (369)
　　一　地方志与地方年鉴的异同 ………………………… (369)
　　二　地方志事业与地方年鉴事业的关系 ……………… (371)

第十三章　方志事业管理 …………………………………… (378)
　第一节　方志事业管理的性质、特征及职能 …………… (378)
　　一　性质 ………………………………………………… (378)
　　二　特征 ………………………………………………… (379)
　　三　职能 ………………………………………………… (381)
　第二节　方志事业管理的组织和方法 …………………… (383)
　　一　管理组织 …………………………………………… (383)
　　二　管理方法 …………………………………………… (386)
　第三节　方志事业管理内容 ……………………………… (388)
　　一　决策管理 …………………………………………… (388)
　　二　组织管理 …………………………………………… (391)
　　三　质量管理 …………………………………………… (396)
　　四　效益管理 …………………………………………… (400)
　　五　管理信息化与国家化 ……………………………… (402)

附　录 ………………………………………………………… (404)
　一　明永乐十年颁降《纂修志书凡例》 ………………… (404)
　二　明永乐十六年颁降《纂修志书凡例》 ……………… (406)
　三　雍正六年《修志上谕》 ……………………………… (408)
　四　光绪三十一年部颁《乡土志例目》 ………………… (408)
　五　中华民国十八年国民政府令准《修志事例概要》 … (412)
　六　中华民国三十五年《地方志书纂修办法》 ………… (414)
　七　中华人民共和国国务院办公厅转发中国社会科学院
　　　《关于加强全国地方志编纂工作领导的报告》的通知 … (415)

八　1985年中国地方志指导小组《新编地方志工作
　　暂行规定》………………………………………………（418）
九　中华人民共和国国务院办公厅1996年《关于进一步
　　加强地方志编纂工作的通知》…………………………（422）
十　中国地方志指导小组1997年《关于地方志编纂
　　工作的规定》……………………………………………（423）
十一　2006年中华人民共和国国务院《地方志
　　　工作条例》……………………………………………（426）
十二　2007年中国地方志指导小组《关于第二轮
　　　地方志书编纂的若干意见》…………………………（429）
十三　2008年中国地方志指导小组《地方志书
　　　质量规定》……………………………………………（433）
十四　2015年中华人民共和国国务院办公厅《全国地方志
　　　事业发展规划纲要（2015—2020年）》……………（440）
十五　2018年中国地方志指导小组《地方综合年鉴
　　　编纂出版规定》………………………………………（446）
十六　2020年中国地方志指导小组《关于地方综合
　　　年鉴编纂出版若干问题的补充规定》………………（450）

主要参考文献（修订本）………………………………………（455）

后　记……………………………………………………………（459）

修订说明…………………………………………………………（461）

第一章　绪论

地方志是一门国学，编纂地方志是我国一项优良的历史文化传统。"治天下者，以史为鉴；治郡国者，以志为鉴"。地方志因其特有的体裁形式、编纂要求、"资治、存史、教化"等功能，自其发端后便得到历朝历代官方的重视，以及民间的效法，而在我国赓续不断，"盛世修志"是我国一项标志性的文化传统。地方志编纂在当代已成了"一项长期的具有连续性的社会主义文化建设事业"，"修志问道，以启未来"①，意义重大，价值深远。"绪论"开篇，重在叙述"方志的性质与特征""方志别称与种类""方志学研究对象、学科体系及地位""方志学的建立和发展""方志学研究的基本方法"等内容。

第一节　方志的性质与特征

一　方志的性质

方志的性质是什么？或者说，什么是方志？这是方志学必须回答的首要问题，也是整个方志学赖以成立的科学基础，是研究方志学的逻辑起点。因此，在探讨方志学的学科研究对象及学科体系等前，必须先行解决这一问题。

（一）方志的性质诸说

方志性质，是方志学理论的基石。因此，古往今来，历代学者一直对方志的性质孜孜探求不息。探求之中，仁者见仁，智者见智。民国以前，对方志的性质问题就有方志是历史书、地理书、政书（官书）、史地兼有书等说法。新中国成立以后，特别是随着兴修社会主义新方志工作的深入

---

① 《全国地方志事业发展规划纲要（2015—2020年）》，国务院办公厅2015年8月25日，载《中华人民共和国国务院公报》2015年第26期。

开展，全国各地方志工作者对方志性质展开了激烈的讨论和深入的研究，对方志性质的认识又有新的发展，先后提出了历史资料说、综合性著述说、资料书说等。诸说立论，概略如下。

一是认为方志是地理书，属地理学范畴。此说为中国古代社会的传统观点，在历史上曾长期占据主导地位。其肇始于《隋书·经籍志》，之后方志学家论述较多。唐代刘知几称："九州土宇，万国山川，物产殊宜，风化异俗。如各志其本国，足以明此一方，若盛弘之《荆州志》、常璩《华阳国志》、辛氏《三秦》、罗含《湘中》。此之谓地理书也。"①元代黄溍也说："昔之言地理者，有图有志，图以知山川形势、地之所生，而志以知语言土俗、博古久远之事。"②至清乾嘉时代，修志之风盛行，理论争鸣空前，形成了以著名学者戴震、洪亮吉、谢启昆为代表的方志地理学派。他们认为，修志应以丰富的文献资料为基础，详加考订，详载一方建置沿革、山川形势、水利等地理内容，说"一方之志，沿革最要"③，力主"志乘为地理专书"④。以后，方志为地理书的观点仍然有人坚持，而于目录学上则最为明显，如民国《续修四库全书提要》、今人方国瑜《云南史料目录概说》、王重民《中国善本书目提要》等公私目录，均将地方志列为地理之属。

二是认为方志是历史书，属历史学范畴。该说也为方志界的传统观点。其由东汉经学家郑玄所创，之后历代都有人加以阐发。宋元时期如郑兴裔认为"郡之有志，犹国之有史，所以察民风，验土俗，使前有所稽，后有所鉴，甚重典也。"⑤元杨维桢于《至正昆山志序》中称："金匮之编，一国之史也；图经，一郡之史也。士不出门而知天下之山川疆域，君臣政治……"⑥；明代，志为史说普遍为人们所接受，明代方志的序跋、凡例中，屡屡可见"夫志一方之史也"⑦、"志也者，邑之史也"⑧、"夫志

---

① （唐）刘知几：《史通》卷十，杂述。
② （元）黄溍：《东郡志·序》，见《黄学士文集》卷十六。
③ （清）洪亮吉：《跋新修庐州府志后——寄张太守祥云》，见《卷施阁乙文集》卷三。
④ （清）谢启昆修，胡虔纂：《广西通志·叙例》，清嘉庆七年刻本。
⑤ （宋）郑兴裔：《广陵志·序》。
⑥ 王晓岩编：《历代名人论方志》，辽宁大学出版社1986年出版，第56页。
⑦ （明）王心：《皇明天长县志·后序》，1962年《天一阁藏明代地方志选刊》本。
⑧ （明）刘佃：《武定州志·序》，1963年《天一阁藏明代地方志选刊》本。

史之翼也"① 等论语。至清代乾嘉间形成了以章学诚为代表的方志历史派，该派注重理论阐发，观点较为系统。其立论依据，一是认为方志导源于周官外史所掌"四方之志"，本来就是与春秋列国国史同类的历史著作；后来，历史著作越分越细，才有"传状志述，一人之史""家乘谱牒，一家之史""部府县志，一国之史""综纪一朝，天下之史"的区别；二是认为方志内容为各地掌故、律令，与传统史书无异，只是比史书更加"具体而微"，为的是供国史"采择"；三是认为志书与史书编纂原则和方法相通，且古今不少史学家同时也是方志学家，志与史是同源异流而已。从清末到民国，修志者和志家基本上祖述章氏观点，如甘鹏云认为"一省通志即一省历史也，一县志乘即一县历史也"②。新中国成立后，认为方志为史书者也大有人在，表述也多种多样。如白寿彝在其主编的《史学概论》中称"方志是地方之史。"傅振伦说"方志是以行政区为主的历史。"③ "无论从内容到形式，地方志还没有脱离史学的范畴。"④ 史志既有相同之处，更有相异之处，两者不能画上等号而彼此相代。

三是认为方志兼及史地两方面内容，即史地兼有说。该说产生于民国时期，认为方志不仅以地域为记述空间，具有地理性，而且以一定时间为限，具有明显的历史性，方志已融合地理历史两种特点。这是对方志属地理书、历史书争论的折中表述。该说最先由朱士嘉提出，其认为方志"盖无异一有组织之地方历史与人文地理也。书之关系一方者，统称志。"⑤ 而在民国方志界中，以黎锦熙持此说最著名。他著《方志今议》一书，系统阐述了自己的主张，提出"折衷之论，则谓方志为物，史地两性兼而有之，惟是兼而未合，混而未融。"进而提出"地志之历史化"，"历史之地志化"等论断。⑥ 之后，大陆和台湾学者也有部分宗黎说。仓修良称"方志的性质是'亦地亦史'的著作，即既有史书记载内容，又有地理著作的性质，特别是前期，后者性质要为明显"⑦。李宗侗也谓："自北宋之初，地方史与地方地理方始合流，成为地方图经，后人称为地

---

① （明）何棐：《九江府志·序》，1962年《天一阁藏明代地方志选刊》本。
② 甘鹏云：《方志学两种》，岳麓书社1984年版，第21页。
③ 傅振伦：《中国方志学》自序，福建省地方志办公室1984年印。
④ 翟光：《论方志学的"独立"地位及发展途径》，《广西地方志》1988年第1期。
⑤ 朱士嘉：《方志之名称与种类》，载《禹贡》1934年第1卷第2期。
⑥ 黎锦熙：《方志今议》，岳麓书社1984年版，第22页。
⑦ 仓修良：《方志的起源和性质》，载《安徽史志通讯》1982年第4期。

方志。"①"史地兼有说"虽是"折衷之论",但它"却给后人留下了极为重要的启示,这就是如同骡子亦驴亦马,因而也就非驴非马而另称骡子一样,方志既然亦史亦地,那就必然非史非地,而另有性质待考"②。

四是认为方志是"政书"、"辅治之书"。唐李吉甫在编纂的《元和郡县图志》中认为,修志在于对"丘壤山川,攻守利害"的重视,目的是为了"佐明王扼天下之吭,制群生之命,收地保势胜之利,示形束壤制之端",以备"猝然有急,百万众可具"之用。③ 宋马光祖、周应合在《景定建康志》中认为方志具有"补世"的功能,其云:"天时,验于岁月灾祥之书;地利,明于形势险要之设;人文,著于衣冠礼乐、风俗之臧否;忠孝节义,表人才也;版籍登耗,考民力也;甲兵坚瑕,讨军实也;政教修废,察吏治也;古今是非得失之道,垂劝鉴也。夫如是,然后有补于世。"④ 明林魁云:"志者,言治之书也。夫纪成垂远为治计也。"⑤ 清李奉翰在《永平府志序》中说:"志者,固辅治书也。"顾颉刚在《中国地方志综录》序中说:"每地修志,主要目标在于备行政官吏之鉴览,以定其发施政令之方针……使在位者鉴览得其要,发施得其宜。"⑥ 1985年于希贤明确提出"方志为政书"的主张,认为方志无论今古,内容都"是行政管理知识的总结",作用都是"为资政决策提供基本知识",为当时的行政管理服务,所以"它和行政管理一样是一门政治性、实践性很强的应用学科。"⑦ 此外,也有学者从地方志"从春秋战国时期发端以来,就被历代统治者作为管理国家、加强政权建设的重要手段和工具"立论,认为地方志是"官书",其主要特性是"官修性"⑧。事实上,方志为政书、官书、辅治之书的观点是从方志的功能作用着眼的。其本身就违背了实质性定义的规则,何况,具有资治功能的著作极多,举凡严肃的哲学、社会科学、自然科学著作,几乎无一不具备资治功能。因此,对之异议的

---

① 饶展雄:《台湾学者方志各说评介》,载《中国地方志》1986年第1期。
② 刘柏修、刘斌主编:《当代方志概论》,方志出版社1997年版,第63页。
③ (唐)李吉甫:《元和郡县图志·序》。
④ (宋)马光祖、周应合:《景定建康志·序》。
⑤ (明)林魁:《龙溪县志·序》,1965年《天一阁藏明代地方志选刊》本。
⑥ 顾颉刚:《中国地方志综录·序》序。
⑦ 于希贤:《试论中国方志学的一些基本理论问题》,载《云南地方志通讯》1985年第1期。
⑧ 何萍:《也谈地方志是什么书》,载《中国地方志》1998年第5期。

学者颇多。

五是认为地方志是一方综合性著述。此观点源于史志有别说。清初，一些学者就在承认"志属史流"的前提下，注意到史与志的区别。如程大夏在《康熙黎城县志叙例》中说："志与史不同，史兼褒诛，重垂诫也；而志记一地佳景奇迹，名人胜事，以彰一邑之盛"。《乾隆无锡县志例》亦曰："史远而志近，史统而志专"。到了当代，不少学者对史、志差别的研究，开始深入到本质方面。复旦大学谭其骧教授指出"史主要记载该地区几千年来人类社会的活动"，"志则不然，它至少是自然和社会并重"[1]，具有鲜明的综合性特征。之后，又有薛虹、黄苇等人对此说作了进一步阐述，在定义中凸显了方志在空间上的地域性，时间上的统括性，内容上的全面性，把方志表述为"一方古今总览""一地百科全书"。综合性著述说概括了方志兼记自然和社会、历史和现状的"百科"特点，从而提高了方志地位，这无疑是正确的。但该说忽略了方志资料性特征的体现，而"百科全书"在内容和形式上都和方志有较大区别，不能相互取代；"古今总览"仅适应表述方志内容的全面性，却无法表述方志在著述形式上的记述性、资料性和著作性。

六是认为方志是综合的资料性著述说。认为方志既具有资料性，又具有著述性，还具有综合性、记述性等。自1986年12月胡乔木在全国地方志第一次工作会议上指出"我们编出来的书是一部朴实的、严谨的、科学的资料汇集"之后，持此说者更多，如刘乾昌说"地方志是关于一地在一定的短线之内的自然、社会各个方面综合史实横排竖写的资料性著述"[2]，宋永平称"方志是全面系统记述一方自然、社会的历史和现状的资料性著述"[3]，魏桥认为"地方志是综合记述一地的自然环境和人文历史全面情况的资料性著述"[4]。梅森则强调："方志所具备丰富系统的资料性是其他任何学科难以匹敌的。反之其他文献往往只具备方志性质的一部分，比如历史，主要侧重于揭示社会规律，现代历史书中收录资料往往是

---

[1] 谭其骧：《地方志不可偏废，旧志资料不可轻信》，载《中国地方史志通讯》1986年第5、6合期。
[2] 刘乾昌：《地方志如何迎接挑战》，载《山西地方志通讯》1987年第2期。
[3] 宋永平：《试谈方志的宏观与微观记述》，载《福建史志》1992年第4期。
[4] 魏桥：《毛泽东与地方志》，载《中国地方志》1993年第5期。

说明其揭示出的社会规律的。历史不是资料书，而方志是科学性资料著述"①。台湾学者郑喜夫也持相应的观点，他说："地方之书者，系记载一定行政区划范围内有关自然及各种社会现象之正确历史与现状之资料性独特书体"②。说法很多，不一例举。

七是认为方志是历史资料说。这是以方志编纂历来重视资料的收集、整理、考订，资料性很强的特点而提出的。卢中岳在《地方志史话》一文中提出："地方志是记载一个地区有关地理历史方面的历史性资料"。③仓修良也在《章学诚与方志学》一文中指出："方志是以地区为中心，记载某一地区有关历史、地理、社会、经济等方面之历史性资料。"④ 梁耀武认为，方志的价值功用仅次于正史、实录，其这一历史地位的取得主要靠它完整、珍贵的资料。资料性是方志的本质属性，它决定着方志的其他特性，以及志书的体例结构和编修方式，资料性的强弱与否关系到志书编纂的成败，志书的生命在于其资料性。⑤ 该说突出强调了方志的主要特征是资料性，曾对新方志编纂起到了良好的导向作用。但是，历史资料可以是各种原始资料的原件辑存，也可以是经过编纂者的考订、取舍、编次，以编纂者的语言加以表述的著作。历史性资料说忽略了方志的著述性，因而不是对方志性质的完整概括。

八是认为方志是一方古今总览。1984年薛虹在《中国方志学概论》中，把方志作为"综合性著作"的另一种表述形式，首先提出来。之后，黄苇等在《方志学》一书中，将其作为方志性质的正式界说，并做了较为详细的论证。此说从方志的特殊性入手，认为方志首先遵从的是地域，每一部方志都以特定的地域为记载界限，无论记事、传人、载物，都不超越这一地域范围。而作为一方之全书，宏富的资料是必需的基础，同时要求资料古今咸备、历史与现实并重，而且由于方志少则数年、多则几十年而纂成，时间上的统括性无疑十分明显，这使得方志的资料与内容具有纵贯古今、统合百业、无不备载的特征，而成了"一方古今总览"⑥。但此

---

① 梅森：《方志学》，黄山书社1997年版，第8页。
② 郑喜夫：《〈地方志书编修方法〉之探讨》，载《台湾文献》第53卷第1期。
③ 卢中岳：《地方志史话》，载《人民日报》1961年11月19日。
④ 仓修良：《章学诚的方志学——章学诚史学研究之五》，载《文史哲》1980年第5期。
⑤ 梁耀武：《论地方志是一方资料全书》，载《玉溪地方通讯》1985年第3期。
⑥ 黄苇：《方志学》，复旦大学出版社1993年版，第293—295页。

说中的"'总览'是个模糊概念，用来表述方志内容的全面性尚可，但却无法表述方志在著述形式上的记述性、资料性和著作性"①。

此外，地方志还有信息书和文献说等提法。张松斌在《方志的特征性质及其定义》一文中，引入信息学的方法，把方志界定为"一定区域一定时间断限内的信息集成"；彭静中在《中国方志简史》中，把方志定义为"综合性资料文献"。但略加分析就不难发现，"信息集成"说其实与"历史资料说"是一个意思，"综合性资料文献"说也只是"综合的资料著述"说的一种表述形式。

（二）方志的性质表述

方志的名称，最早见于《周礼·春官》，云："外史掌书外令，掌四方之志"，"小史掌邦国之志"②。方志二字，一般释"方"为"地方"，"志者，记也"。方志就是关于地方的记述。"谓若鲁之《春秋》、晋之《乘》、楚之《梼杌》"③。最早以"志"为名的地方志书，为西汉陈木所撰《益州志》；最古用"方志"二字称其书名者，为隋李播所撰的《方志图》。

其实，"志"除"记"外，尚有"识"的含义。《辞源》"志"释义③注："志"，记识事物，通"识"、"誌"。郑玄疏云："方志：四方所识久远之事，以告王观博古所识。"④ 在阐述上，有如钱大昕在《凤阳县志·序》中说"志之为言，识也。故志与识通。《论语》贤者识其大者，不贤者识其小者，莫不存文武之道焉。汉石柱（经），识作志。志不论大小，皆道之所存，孔子所学而师焉者也。至于一州一县亦各有志，此即诵训道方志之遗意，而世儒多忽之"⑤。孙诒让也注："方志，即外史所掌四方之志，所以识记久远掌故，外史掌其书。此官则为王说之，告王使博观古事。二官为联事也。志、识同。"⑥ 正因志、识相同，故有纂修志书者

---

① 刘柏修、刘斌：《当代方志学概论》，方志出版社1997年版，第66页。

② 《周礼·春官·宗伯、外史、小史》。

③ （东汉）郑玄：《周礼·地官·诵训注》，《中国方志百家言论》，四川社会科学出版社1988年版，第1页。

④ （东汉）郑玄：《周礼·地官·诵训注》，《中国方志百家言论》，四川社会科学出版社1988年版，第1页。

⑤ （清）冯煦修，魏家骅纂、张德霨续纂：《凤阳县志》，光绪三十四年（1908）凤阳县署木活字印本。

⑥ （清）孙诒让：《周礼正义》，1931年湖北刻本。

以识代志作书之名。如清张行简《阳汊县识》、盛绳武《卫藏图识》等。"志"具有"识"的意义，对于全面理解方志及其方志的性质，其作用是不可忽视的。

"地"指"地方"，但又释为"区域"。《周礼·地官·大司徒》："诸公之地，封疆方五百里"，其"地"指"区域"。"区域"与"地方"一词相通。《管子·地势》曰："桀纣贵为天子，富有四海，地方甚大"。在地方志中，唐朝权德舆为贾耽《贞元十道录》所作的序言中，明确地提出"区域"概念，"尝以为言区域者，阔略未备，或传疑史实，于是献《海内华夷图》一轴，《古今郡国县道四夷述》四十卷"①。"区域"就是"海内""郡国""县""道""四夷"的抽象。"区域""地方"是空间概念，地方志反映的具体内容则是特定区域内的自然和社会、历史和现实的各方面情况，即区域情况或地情事实的。又统观古今方志，不管综合志或是专门志，其体例都是遵循"以类系事"原则或在"以类系事"原则上变化发展的。由此认为：地方志是认识和分类记述特定区域情况的资料性著述。这既是对方志性质的表述，也是对方志定义的界定。

我们给方志界定为"认识和分类记述特定区域情况的资料性著述"，除上述分析外，还有如下几方面的考虑：

第一，它符合方志工作的发展过程。我们知道，传统的方志工作实质上是方志编纂工作，方志编纂基本上是按照组建修志班子。认识研究地情、拟制篇目、搜集资料、编纂成书这样一个模式（当然旧志以地方官领衔、设立局馆、延聘名儒贤士编修形式居多）进行的。随着客观形势的发展和方志事业的前进，自20世纪80年代起，方志工作已突破了以编修方志为唯一目的和立足点的传统而拓展了领域，修志模式实际变为组织修志班子，进行地情研究、拟制篇目，在充分掌握地情资料的基础上编成志书，利用志书系列产品及系统资料进一步研究地情，服务现实，并继续搜集资料，为深化地情研究、续修志书作准备的循环过程。而表现在具体工作进程上，其大致又可分为三个阶段：第一阶段，即方志工作之初，方志机构和修志班子的主要任务是采集地情资料，并在此基础上认识、研究地情。其作用有：其一，有利于反映地情特点的篇目的拟制；其二，为编

---

① （唐）贾耽撰，（清）王谟辑：《贞元十道录·（权德舆）序》，重订汉唐地理书钞本，1卷。

修方志准备资料素材；其三，为当地领导机关提供所需的地情资料，以供决策参考。工作重点是在认识研究地情的基础上为编修方志准备资料。第二阶段，方志工作者一方面对掌握的地情资料进行分类整理、消化，深化对地情的认识，把握当地各项事业的兴衰起伏、变化发展。另一方面，在认识地情基础上，按方志编纂要求加以分类记述，经分纂、总纂、评审、验收等环节，完成志书编纂任务。这个阶段的重点是编纂出版志书。第三阶段，依托志书各种资料，研究地方历史、文化和当地发展中出现的新情况、新问题，服务地方建设；编著志书转化产品，推动、指导社会读志用志，以增进乡土情结和责任意识；建立地方资料库、信息库，发挥史志工作在地方建设中的"智库"作用。同时，总结修志的经验、教训，为续修志书作好理论和资料准备。由此可以看出：不管哪种修志模式，都首先要在资料工作的基础上对地情加以认识和研究，这是相同的、一致的，离开了对地情的认识和研究而开展的资料再收集而进行的修志各环节工作，都可能是盲目的，不切实际的，因而是不科学的。时代的前进，经济、政治、文化、社会、生态文明等建设，以及方志事业发展的需要，使地方志工作任务和目的是既要编修志书，也要始终在其过程中研究与认识地情，以地情资料信息为现实服务，为发展助力。因此，定义方志为"认识并分类记述特定区域情况的资料性著述"是与方志工作过程与目的相符的。

第二，它可以囊括方志的全部内容。古今方志，从内容上看，有代表方志主体和主流的综述一定区域古今自然和社会各方面情况的综合志，如一统志、通志、府志、县志、市志；又有专记史事如东汉赵晔所纂《吴越春秋》，专记地理如宋王存所纂《元丰九域志》或专记某项事业的专门志。此外，还有既不记史事，又不记地理，而专记某项具体事物的志书。因此，既不能把方志一概称为地理书或历史书，也不能把方志一概称为集历史、地理、具体事物于一体的综合性论著，更不能仅从志书的功能着眼，把方志说成是"资治之书"或"政书"。只有"资料性著述"才能包含、囊括上述各类志书的所志内容。

第三，可以为繁荣方志文化提供理论依据。纵观古今方志，其体例是在"以类系事"的基础上千变万化的。表现在体裁上，既可以图为主，又可以文为主，更能诸体并用，图文并茂。在表述方法上，可以采用史笔，据实直书，不加论断，寓褒贬于记述之中，也可以夹叙夹议，指陈得失，探因析果，变"述而不论"为"述而略论"（主在述体部分）。在著述形式上，允许纂辑也允许编著，更允许根据不同内容和实际需要纂辑、编著并用。以促进方志文化百花齐放，走向繁荣。

二 方志的特征

地方志的特征就是地方志本质属性的特征。在众多新方志论著中，对地方志的特征有许多种说法，如仓修良在《方志学通论》中归纳方志的特征为突出的地方性、编纂的连续性、内容的广泛性、记载的多样性和鲜明的时代性[1]；宫栾鼎在《方志文集》中，认为地方志的特性有地域性、时代性、百科性、连续性、资料性、可靠性、思想性、科学性、人民性9种[2]；黄苇在《方志学》中，论述"方志的特点"有地方性、连续性、普遍性、广泛性、资料性、可靠性、思想性、时代性、实用性、系统性等10种[3]；沈松平在《方志发展史》中列有地方性、时限性、资料性、叙述性、官修性、时代性、广泛性、多样性、普遍性、可靠性或科学性、思想性、实用性、系统性，凡13种。[4] 可谓琳琅满目，不一而足。根据我国地方志产生和发展的历史，从整体上对方志构成诸要素的考察，结合对方志的性质表述，我们认为，地方志的本质特征主要有如下几个方面：

（一）地域性　或称地方性，这是方志的首要特征。即地方志以特定区域为记载的空间范围，以特定地情为研究对象，并以地方的名称命名志书。即使是各类专志或杂志，一般也是以一定区域的某一类事物作为记述对象。我国现存的8000余种旧志和20世纪80年代以来编纂的新志，无论是一统志、省志、府志、州志、县志、市志、盟志、区志、乡镇志等综合志或是地理志、经济志、文化志、教育志、人物志、边关志、卫所志、动物志、植物志、金石志等专志都是以一定区域为记载范围的，其所志内容无不以特定的区域为依据，"越境而书"被视为方志大忌。方志学家李泰棻指出："修方志者必先考定此方疆域沿革。此所谓修志之先决问题也。"[5] 我国领土辽阔，各地的地理环境、历史变迁、建置沿革、资源物产、风土民情、方言、文化、经济生产，均具有鲜明的区域性特征，真

---

[1] 仓修良：《方志学通论》（修订本），华东师范大学出版社2013年版，第5—22页。
[2] 宫栾鼎：《方志文集》，科学普及出版社1991年版，第8—10页。
[3] 黄苇：《方志学》，复旦大学出版社1993年版，第280—285页。
[4] 沈松平：《方志发展史》，浙江大学出版社2013年版，第11—15页。
[5] 李泰棻：《方志学》序，河北人民出版社1990年版。

实、客观地记述本地人事物的志书，自然也带有明显的地方特色，即使早期的地记、图经等也同样如此，如《荆南地记》，就是记载荆南（今洞庭湖以北、湖北南部一带）一地之疆域、地理、民情、物产、旧事、冢墓等情况的。我国现存最早图经——《沙州图经》，也是记载沙州（今甘肃敦煌及附近一带）地区的行政机构和区划、天象、地理、城塞、驿路等情况的。被一些学者称为我国最早方志的《禹贡》，把全国分成九州，按州域记载各地的山川、土壤、物产、贡赋、风俗等内容，也体现出地域性特征。可见，地域性是地方志最鲜明的特征，是地方志"与生俱来"的本质属性。

（二）连续性　连续性是方志作为"传世之作"的显著特点。方志的连续性表现为编纂的连续性和内容、形式的连续性。从春秋战国到宋代，地方志经历了地理书、郡书、都邑簿、地志、图经、图志等形式，在它的这一起源和雏形阶段，编纂的连续性还不明显。唐以后的历朝历代都在政局稳定之后，诏令各地修志（"盛世修志"）。中央政府的重视，促进了方志事业的发展，绝大多数地方形成了若干年一修志的传统。一般地方建置成立后，不久便开始编纂志书。首次编纂志书，无论在内容、门类还是体例、结构上均开后代志书先河，后代所修志书大多沿袭旧志所载，续其所无，补其所缺，并在体例上改革创新。一个行政区域可能会时有变更，但其历史进程是永远不会中断的。反映这个区域兴衰起伏或分或合的历史资料，主要靠一代一代编修志书而得以延续下去。"纵不断线"，就是对方志资料连续性的要求。连续不断的修志，不仅使地方志的形式越来越完备，而且是一个地区的历史演变情况得以传承的制度性保障。

（三）综合性　亦即方志内容的广泛性。地方志是地情性书籍，综合记载一个地方自然和社会发展变化的基本面貌，内容涵盖地方的百科各业，举凡天文、地理、政治、军事、经济、文化、社会、人物，各类门类应有尽有，甚至那些细小而又有意义的奇闻逸事也有收录，边远地区的志书所记载的许多关于少数民族历史文化、经济社会等方面的资料更是弥足珍贵。可以说，没有任何一种著述比方志更具有广泛性和综合性。地方志的这一特征，在其雏形阶段即已显露，如起于汉盛于两晋、南北朝的地记，记载内容一般是疆域、山川、古迹、人物、风土，尚未及于政治、经济、军事、艺文等。宋开始，人文内容在方志中占了重要地位，北宋初年成书的《太平寰宇记》体现了这一变化。明清时期的地方志，内容广泛，涵盖自然与人文百科各业。当代新方志内容的综合性特征则更是有目共睹。正是方志所具有的综合性这一本质属性，其不仅为我们留下了许多正史和其他史籍所没有的宝贵资料，而且使其本身长期以来享有"博物之书""一方之总览""一方之百科全书"之誉。

（四）资料性　资料性是地方志作为一种著述的本质属性。其编著宗旨不是探索、研究事物发展的规律，而是需要客观、全面地记载一个地方自然和社会发展变化的情况，反映它的基本面貌和主要特点。资料性决定了方志的功用和价值，从而决定了修志的目的。历代方志编纂者要求资料的真实可靠，选择精当，反对虚妄怪诞。方志资料绝大多数来自政府案牍、地方文献、金石碑刻、谱牒家传及实地调查、采访、测绘等第一手资料，真实可靠程度高。方志编修采取的写作方法是"横排竖写，以类系事"的记述性文体；行文遵从"述而不论"，寓是非于资料记述之中。历代封建统治者，为了志书可裨实用，对方志的资料性要求很严格，这在明清《纂修志书凡例》《修志上谕》等文告中多有体现。再者，方志编修者多是本地人，本地人记本地事，较为准确，且时间相距不远，易于考究。"以一方之人修一乡一书，其见闻较确而论说亦较详也。"① 正是由于志书具有翔实、可靠的丰富资料，历代方志才成为不可替代的经世致用之作。

（五）时代性　方志之所以能够得以不断地发展和繁荣，就在于它能够适应社会发展的需要。不同时代的方志反映了不同时代的特点，这是方志的时空特征。方志编纂的重要原则是"详今略古""详近略远"，要求重在记述当代地情，体现出时代的特征、时代的大要和时代的精神。事实上，我国方志从古国史、地记、图经，直至定型的方志，都烙上了时代深深的印迹。从体例上看，各个时代的体例各不相同。例如，从魏晋南北朝时期的地记，到隋唐时期的图经、图志，又到宋代方志体例的基本定型，再到明清时期的方志鼎盛发展，都说明时代对方志体例发展的影响。从内容上分析，各个历史时期由于社会的进步和发展，记述的内容也是不同的，如地记乃是地方经济的发展、门第制度的产物，所以人物传记便成为它重要的内容之一。然而到了隋唐时期，由于政治上的原因，人物便从图经中消失。自宋代定型后的方志由于社会经济的发展，所志内容日渐广泛，时代特点和精神面貌闪耀其间。旧志与社会主义新方志，由于修志指

---

① （清）张恕：《光绪鄞县志·序》。

导思想的不同，对内容的处理也截然不同。例如，旧方志对封建统治阶级大唱赞歌，称劳动人民为"匪""盗"；而社会主义新方志讴歌的则是人民群众创造历史的伟大功绩，公开表明为社会主义服务，为广大人民服务。可以肯定，不同时期编修的方志，都随时代的变化在继承前志有益成分基础上，于内容、形式都进行了创新发展，只要我们稍就一地古今历次编修的志书进行对比考察，就会清楚了然。正是方志所具有的鲜明的时代性特征，使其在历史发展的长河中生命力越来越旺盛。

（六）兼容性　方志作为一种文化形态，它诞生于中国史学以资治为中心的文化环境中，并以此为路标，以求最大限度发挥资治功能。方志在其演变发展的历程中，尽可能地将中国传统文化中可以汲取的内容和形式兼收并蓄，兼容性特征凸显鲜明。其表现：在内容上，一为史地兼容。即地理、历史熔于一志中，地理环境与历史发展本身有着内在的联系，历史是特定地域范围内的一定时期的历史，史地相互经纬。方志定型之前，地主史辅，定型之后，史主地辅。"方志为物，史地两性，兼而有之。"① 二是与艺文兼容。方志从宋代起，艺文作品一直是志书的重要组成部分。三是与政书兼容。政书一般指以《通典》为代表的"十通"和以会要体形式记述历代王朝经济、政治制度的书籍，其目的是为"辅治""资政"。方志不以政书为名，也非政书，但与政书内容、功能兼容。这正如傅振伦所论述："地方志受了'三通'（即《通典》《通志》《文献通考》）的启发，而开扩了篇目内容，且受了'三通'的影响，叙事必溯往古，历叙沿革，且多详近略古……尤其是求其有用，以辅治道而资借鉴。"② 四是与类书、百科全书等兼容。方志"以类系事"兼容有类书分类纂辑各种文献资料以供人查检的某些特征。类书的现代形态是百科全书，但它与方志性质不同，内容也有区别。方志界中有新地方志是百科全书之说，实际上是古代方志对类书兼容性的延续，其又被一些人视为工具书，也正是其兼容性所致。在形式上，一是表现为编修的兼容，即既兼容了史学官修、私编的形式，而出现了官修方志、私家著述，又兼容了修史即为新写历史，编史即为新编历史的特点而形成修编兼容，以修为主的修志运转方式。二是表现为体裁兼容。方志的体裁有纪、传、志、图、表、录等体

---

① 黎锦熙：《方志今议》。
② 傅振伦：《方志与政书》，载《史志文萃》1986年第2期。

裁，这些体裁都是兼而容之，各有所本。清代孙诒让在《瑞安县志总例》中就早有具体的说明："郡县志虽为舆地专家，而为其书，实兼工史志、表、传三者之体。至于综萃文献，则义通乎传记；剞辑掌故，则例涉乎政书。"① 中国地方志所具有的兼容性，在历史发展中保持多体兼容、分类系事的特征。

第二节　方志别称与种类

一　方志别称

方志是一种通称。最早见于《周官·春官》所载的"外史掌书外令，掌四方之志"和《周官·地官》所载的"诵训掌道方志，以诏观事"。自汉以后，尤其是在宋、元方志定型后，多以"志"为名，如"一统志""通志""总志""府志""厅志""郡志""州志""直隶州志""县志""县丞志""全志""卫志""所志""司志""关志""屯志""旗志""市志""镇志""村志""乡土志""地志"等等。由于我国古代文献，特别是史书繁多名目的影响以及方志发展自身特点所使然，历史上方志的名称歧出纷纭，别称种种。除常用"记""书""典""考""鉴""览"等代替"志"字外，偏重于地理者常以"地记""地理""沿革""图经""图说""图志"等名之，偏重掌故的常以"典""故""掌故"等名之，偏重文征的常以"文献略考""文献征略""文献撮要""备征志"等名之，偏重丛谈的常以"丛载""拾遗""琐志"等名之，内容简略的方志常以"要""略""概览"等名之，同一地区多次修志者，往往以"新""旧""前""后""续""补""续修""续增""增补""补遗""补编"以及"重修""新纂""新志"等字样加以区别。兹将方志主要别称简介于下：

书　为古代书籍通称，有书写、记录之意。方志取书为名，始见于东汉袁康、吴平《越绝书》。其后，历代均有，但为数不多。如唐樊绰《蛮书》、明何乔远《闽书》、袁文修、柯仲炯纂《凤书》、清云生修、英喜纂《打牲乌拉志典全书》、郑逢元《平溪卫志书》、田雯《黔书》、张澍《续黔书》等。

---

① （清）孙诒让：《瑞安县志总例·纂辑例》。

记 主要载地理、风俗、神话等内容，始于西汉王褒《云阳记》，为隋、唐前中国地方志书的主要形式之一，有《地记》《风俗记》《风土记》《山水记》等。宋后，记逐步为志所取代，但仍有沿称记的，如明郭子章《黔记》、清宋起《威宁风土记》等。

图经 图即地图，经即地图之文字说明，两者合而为图经。图经源于古地图，先以地图为主，经为辅，后因文渐繁，经成为图经主体。图经又称图记、图志。现知最早以图经为名的是东汉《巴郡图经》。唐、北宋朝廷诏令三年一造图经，图经大盛。南宋、元，图经基本完成向定型方志过渡后，志书以图经为名大减。著名图经有唐《沙州图经》《西州图经》、宋《祥符州县图经》《严州图经》、明《贵州图经新志》等。

传 主要记人物、风俗等。始于东汉光武帝时的《南阳风俗传》，盛行于魏晋。赵宋后，传称志书，融为方志的一个组成部分，较少独成专书。清末民初，又有人采用这种旧体，如马伯通撰《桐城耆旧传》、徐世昌撰《大清畿辅先哲传》等。

录 有记载、抄写、抄录之意。古代以录为方志名目的志书始于魏晋，之后各代以录为名之志书数量较少。今尚存有宋程大昌的《雍录》、高似孙的《剡录》、民国王敬彝《兴仁县志采访录》等。

乘 "乘者，载也。取载事为名"。为记载之通称，如称一般史书为"史乘"，称地方志为"志乘"。方志取乘为名，源于春秋之国别史《晋乘》，始于宋朝洪刍《豫章职方乘》。此后历代均有沿袭，如元于钦《齐乘》、明耿定向《黄安初乘》、清叶周《南昌郡乘》、侯岸登《掖乘》等，但为数不多。考其体例、内容与其他志书无别。

编 以编名志，始于宋留元则《永宁编》、薛季宣《武昌土俗编》。在地方志中，以编名目数量较多，如元鲁琪琳《吴兴类编》、清光绪《兴义府志续编》等。

略 意为"举其大要"。作为方志别名，兴于宋代。其体例、内容与一般志书无异。如《滇略》，全书十略，记了疆域、山川、物产、民风、名宦、乡贤、故实、艺文、少数民族、琐闻等。略在方志总量中，比重较多，以贵州为例，现存的以略为志名的省志清代就有谢圣纶《贵州志略》、龚柴《贵州考略》、马冠群《贵州地略》、爱必达《黔南识略》、罗绕典《黔南职方纪略》等。

览 清末创名，盛行民国。以览为名之志书，一般内容较为简略。览中，又有一览、便览、要览、备览、综览、通览、汇览、概览之分。如清严如煜《苗防备览》、李应钰《皖志便览》、民国徐实圃《贵定一览》、项元勋《临海要览》、李亦人《西康综览》、孔庆宗《西藏概览》、尹世煜《宣化县汇览》、珞瑼额《伊江汇览》等。

中国地方志名称繁多，历朝历代各地普遍编修，同一省、府、州、县的志书先后迭出，必须予以区别，这样又出现多种方志称名和标法：

一是冠以修纂者的姓名，如清康熙年间，贵州两修通志，即称康熙贵州曹（曹申吉修）志，康熙贵州卫（卫既齐修）志；又如广西谢志，即指谢启昆修纂的《广西通志》，广东阮志则指阮元修纂的《广东通志》。

二是标明纂修的朝代和年号。志前书朝代，早在方志发端和雏形阶段即有，如《秦地图》《晋地道记》《隋州郡图经》等。标记年号始于魏晋，如《太康三年地记》。赵宋后，方志大为发展，同一地志书不断产生，以帝王年号标志不同时期志书之法普被采用。如明清的各种《石阡府志》，即有成化志、隆庆志、康熙志、乾隆志、同治志等称谓。

三是以纂修的次序和联系标注。表现在：首次修志，加"鼎修""创修""初志"等字；重修、续纂加"重修""重纂""续修""续志"等字；再次修纂加"再续""重续"等字；相对于前志，后志加"后"字，如《豫章职方后录》；相对于旧志，则加"新修""新"字，如清洪如琅等纂《新修寿昌县志》，民国张其昀编《遵义新志》等。

四是以政区别称或用古地名标明。如苏州别名姑苏，明正德间，王鏊纂志，即标明《姑苏志》。又其旧为吴郡，故宋范成大纂苏州志称《吴郡志》；扬州古名广陵，清汪中的扬州志则称《广陵通典》。

二　方志种类

方志不但有众多的名目，而且有较多的种类，方志的种类是随着社会生活、科学技术和方志事业本身的发展而不断增多的。清人储元升说："地志有四，曰一统志，曰通志，曰府志，曰县志，就中惟县志为地志甚广，记载较详。"[①] 民国时傅振伦在《中国方志学通论》中将方志分为一统志、总志、通志、郡县志、合志、乡土志、郡邑志、杂志八种。今人史继忠在《方志浅谈》中认为方志"不外乎七个大类，即全国志、省志、

---

① （清）储元升：《平望镇志·序》，广陵书社2011版，第1页。

州县志、城市志、乡土志、合志及杂志"。

方志的种类可从记载的行政区域和记载内容两个方面来考察，从记载的行政区域上可分为全国志、省志、府州厅县旗志、乡镇志、城市（都邑）志等类；从记载的内容上可分为综合志、专门志、杂志等类。为求简明起见，仅择要者略作介绍：

全国志 包括总志、一统志。是记述两省以上区域和全国范围的志书。如晋挚虞《畿服经》、隋虞茂《隋区域图志》、唐李泰《括地志》、李吉甫《元和郡县图志》、宋乐史《太平寰宇记》、明陈循等《寰宇通志》、元、明、清三代《一统志》等。其记载内容与一般志书差异不大，体例按区域（省、府、州、县）分类载述。如《大清一统志》，首京师，次直隶、盛京、江苏等省，下以府、厅、州分卷，列有疆域、田赋、山川、人物等25目。但明清时期省志、个别府州志称"总志"，如明胡谧《河南总志》、徐学谟《湖广总志》、清陈邦器《郴州总志》等，其实意为将一省、一州作为一个整体来总述，不是全国性质的总志。

通志 即省志，是以省为记述范围的地方志书。省乃最高之地方行政区划，始置于元朝，之后经明、清、民国，沿用到今。省之有通志，始于元朝，如《云南志略》《辽阳图志》等。到明中叶，各省莫不有志，清代、民国更是不断纂修。明清时期，通志大都由布政使、总督、巡抚主修，学政编纂。其体例一是以事分类，以类系事，如清谢启昆《广西通志》；一是以府、县为纲，再系沿革、山川、物产、田赋各目，如《成化河南通志》等。除总志外，也有的通志称为大志，如明《江西省大志》。通志中，私修者极少。

府志 为记载一府之内人、事、物的志书。府是始于唐、终于民国初年的省以下县以上的行政区划，管辖范围相当于现在的市（地区）。府志多由府的行政长官知府主修，聘请文人学士主纂。因府相当于唐以前的郡，故有些府、州志书又称为郡志。著名的府志有范成大《吴郡志》、顾清《松江府志》、张钦《大同府志》、章学城《彰德府志》、姚鼐《庐州府志》、洪亮吉《宁国府志》、邹汉勋《贵阳府志》、郑珍、莫友芝《遵义府志》等。

州志 是以州为载述区域的志书。州作为行政区划始于东汉末。明清时属府不辖县与县平级的称散州，隶省而与府平级的为直隶州。民国废州为县。今在苗、藏、回、壮、侗等少数民族地区设置自治州。州志多由州行政长官知州、州长主持修纂。旧志中著名州志有元郭荐《大德昌国州图志》、明李可久《华州志》、沈明臣《通州志》、清顾炎武等《德州志》、姚鼐《六安州志》、章学诚《亳州志》等。

厅志 即记述一厅范围的方志。清在新开发的地区设置厅，派同知或通判管理。厅亦有直隶厅和散厅之别，直隶厅与府、直隶州平级，辖县；散厅不辖县，如同县和散州。厅志一般由同知或通判主修。清代，仅贵州就修有《台拱厅志略》《松桃直隶厅志》《仁怀直隶厅志》《增修仁怀厅志》《古州厅志》《普安直隶厅志》《郎岱厅志》《八寨厅志略》等多种。

地区志 记载地区范围的志书。地区又称专区、行署，是中华人民共和国建立后设置的省、县间的一级行政单位，为省的派出机构。地区志是这次兴修社会主义新方志中产生的新品种。地区志有一卷集成、多卷集成两种。20世纪90年代出版的一卷集成地区志有《石家庄地区志》《黑河地区志》《安庆地区志》《南阳地区志》《台州地区志》《铜仁地区通志》等。

县志 是记述一县范围的方志。在所有新、旧志书中所占比重最大。县是封建中央集权制下的基层行政区划，长官称知县、县知事、县长。新中国成立后置省、县、乡三级行政区划制。县志由县行政长官主修，也有由出生当地的中央官吏或知名人士撰修的。在全国一万多种方志中，县志就有六七千种。县志一般记载较详，纵的方面，既记古，又载今；横的方面，既记政治、经济、军事、文化、民情、风俗，又述天象、气候、山川、形胜。既是一县资治之书，又可备修史和上级志书编采取材。县志中因清代设有分县附治于大县，故还有分县志，分县志因一般由县丞主修，故又有称为县丞志者，如《打担池县丞志》。县志中，还有相邻两县或三县修成的合志，如清《昆新合志》（昆山、新阳县）、《吴长元三县合志》（吴、长洲、元和三县）等。今新疆生产建设兵团农业建设第八师和石河子市合修有《农八师垦区石河子市志》，为合志中所仅见。

旗志 记旗区域内各种事情的志书。旗先为清政府在蒙古诸郡设置的军政合一单位，由清政府在旗内王公中任命"札萨克"治理，战时率旗兵参战，平时执掌行政、财务、司法等事务。今相当于县一级的行政区划单位。旗志清朝始编，如清有始毅修、高赓思纂《绥远旗志》《土黑特旗志》等，民国有卢伯航《科尔沁右翼后旗志》《西科后旗志》，今有新修《巴林左旗志》《杭锦旗志》《乌担特前旗志》等。

都邑志 是记述一个城市的方志，即城市志。是记载城市城阙、宫观、宗庙、街市、公署、馆驿、人口、学校及其社会经济生活等各方情况的志书。其渊源于秦汉杂述中之都邑簿，至民国后易名为首都志、城市志。现各地修志，城市志是重要种类之一。著名都邑志、城市志有：宋宋敏求《长安志》、清宋彝尊《日下旧闻》、民国柳诒徵《首都志》、吴廷燮《天津市志稿》等。今修有各类城市志数百种。

乡土志 是清末出现的一种比较通俗的方志。光绪三十四年（1908），学部通令全国各地编修乡土志。1914年民国政府教育部又通令各地编修，作为当地学校的乡土教材，全国至省至县至乡，纷纷编修，数量达千余种。民国杨大恩纂《石阡乡土教材辑要》，分舆地、经济、政治、文教、文物名胜、交通、名产、人物、社会等类，每类设3—11课共67课，每课数十字至二三百字不等，课后加"按语"，用作学校教材。乡土志同县志比较，篇幅短小，内容简略，多为私撰，乡土之情浓郁。

乡镇志 是记述一乡一镇的志书，包括镇志、场志、里志、乡志、社志等。乡镇志始于宋代，如宋常棠的《澉水志》是今浙江海盐县的一镇之志。明清时期，乡镇志数量大增。乡镇志体例接近于县志，无所不载。新修方志中乡镇志占有较大比例，并有私撰乡镇志多种，如贵州省黔西县三角乡农民李华明就于1990年纂成了《三角乡志》。

村志 是记载一村范围内自然和社会诸事物历史与现状的资料性文献。古代已有村志，但数量很少；与府、州、县志官修不同，村志大都为私修。现存最早的村志是清康熙二十四年（1685）郎遂编写的安徽池州《杏花村志》。村落是中国传统文化的根基所在，积淀着乡村发展演变的历史与文明。村志是挽救村落文明、承续乡土文化、留住乡情乡愁的重要载体，编修村志在《全国地方志事业发展规划纲要（2015—2020年）》被明确列入顶层规划，各地村志编修正呈方兴未艾之势。

方志类别，由于划分的标准和尺度不同可以有多种多样。但各种不同类别的志书，都是珍贵的历史文化遗产，历来被视为繁博丰赡的文化瑰宝。全国志、通志为高层次志书，内容广略；府志、县志、乡镇志等为基层志书，载述丰富而具体；专志则专、详而又系，是专记人、事、物的志书种类。各类志书互为补充映证，构成了中国文化史上的一大特色。

第三节 方志学研究对象、学科体系及地位

一 方志学研究对象

任何一门科学都有自己的研究对象，任何一门科学都是应社会实践的需要和要求而产生和发展的，以揭示特定领域的事物或现象所固有的规律，并以此作为自己的研究对象，从而达到为社会实践服务的目的。方志学的研究对象迄今大致有六种归结，即方志说、地方说、地情说、方志现象说、方志文化说等。

方志说认为方志学的研究对象是方志，方志学是研究方志的性质、功能、编纂、应用问题的学问[1]，是"以地方志为研究对象的一门独立学科，专门研究地方志领域中特有的运动形态，即研究方志产生和发展规律的学科"[2]。持反对观点者认为"除了目录学、文献学、图书馆学和档案学之外，有哪一种学科是以一堆文献为研究对象的呢？"所以，方志学的研究对象只能是地方，"地方才是方志学研究的特殊矛盾性"[3]。该说的代表人物于希贤进而认为，方志内容无论古今都是"行政管理知识的总结，是为当时行政管理服务的"，方志学应属于"行政管理知识的独立分支学科"[4]。此说仅从方志"资政"功能角度来考察问题，因而和者甚寡。地情说一是主张方志"以认识和记述一个地方自然环境、经济和社会发展的历史、现状与趋势为研究对象，即以认识和记述地情为研究对象"[5]。二是主张方志学研究对象应是区域信息传播系统（或称方志领域），这个系统是由方志、地方、编者、读者四要素组成的传播整体，它才是方志学研究的对象。[6] 前者强调研究客体是"地情"，后者主张是"地情传播系统"，研究对象重点不同。地情信息载体形式很多，而地方志只是其中一种，地方志要研究所有的地方信息载体显然是办不到的，因而此说难避驳

---

[1] 郦家驹：《在1989年中国地协学术年会上的讲话》，载《湖南地方志》1989年第1期。
[2] 黄苇主编：《中国地方志辞典》，黄山书社1986年版，第373页。
[3] 于希贤：《谈方志学的学科属性及研究对象的矛盾特殊性》，载《湖北历史》1987年第6期。
[4] 于希贤：《中国方志发展史上的流派简介》，载《中国历史地理论丛》1992年第4期。
[5] 钟英：《方志理论与实践问题的再思考——兼答〈浅评〉》，载《中国地方志》1996年第1期。
[6] 刘辰：《方志学研究对象再探》，载《广东史志》1992年第1期。

斥。方志现象说认为"方志学的研究对象是地方志现象及其规律。"①"方志学是研究各种方志现象运动和志书编纂规律，利用方志信息服务社会的科学。"② 针对此说，有书强调方志学只能是研究方志的本质，现象是"没有什么运动规律可言的"，所以这个定义根本无法成立，进而提出"方志学是研究方志文化产生、衍变及其发展规律的一门科学。"③

其实，方志学研究对象的确定是由方志学科领域特有的基本矛盾所决定的，不是由什么人的"主张"决定的。毛泽东同志曾说："科学研究的区分，就是根据研究对象所具有的特殊的矛盾性。因此，对于某一现象的领域所特有的某一种矛盾的研究就构成某一门科学的对象。"④ 毛泽东同志的论述，是马克思主义确定科学研究对象的根本途径。方志领域中的特殊矛盾，是客观地情和主观反映的矛盾。"反映"作为哲学名词，是指客观事物作用于人的感官而引起的模写，即认识；而在心理学上，指动物有机体接受和回答客观事物影响的机能，它表现为动物受到外界影响时，能区分其性质并给以一定方式的回答。而这种反映的过程又是积极的、能动的、辩证发展着的。具体在方志学上，即就是不仅要认识、研究客观地情，而且要以此为基础通过志书形式将客观地情实际如实准确地记述出来。方志领域中的这一特殊矛盾，充分反映在方志工作的全过程中。

地情是客观存在着的。方志工作一开始，首先要认识、研究地情，对地情实际从感性认识上升到理论认识，了解特定地方发展的脉络及其规律。这个阶段，方志工作的主要矛盾，是客观地情与主观反映的矛盾。在对地情有了比较充分的认识，掌握了全面系统资料的基础上，即进入方志编写阶段。方志工作的内容，一方面是要对掌握的地情资料加以整理、排比消化，继续深化对地情的认识；另一方面是将经过深化认识的地情资料，按方志编纂的原则、要求加以记述，经总纂、编辑加工，完成志书编纂任务。在这一阶段，方志工作存在着矛盾的两方面：一是客观地情与主观反映的矛盾；二是反映水平与记述效果的矛盾。志书编纂任务完成后，方志工作既要继续为续修志书准备和积累资料，更要积极宣传利用志书，推动社会读志用志，并依托方志资料研究地情各方情况，为当地的发展建

---

① 李建平：《浅议方志学理论与实践》，载《方志研究》1991年第5期。
② 王照伦：《理论方志学试说》，载《海南史志》1995年第3期。
③ 刘柏修、刘斌主编：《当代方志学概论》，第76—77页。
④ 《毛泽东选集》第1卷，人民出版社1967年版，第284页。

设提供咨询、决策服务。这时的矛盾，仍然是客观地情与主观反映的矛盾。由此可见，客观地情与主观反映的矛盾是贯穿于方志工作全过程的特有的基本矛盾。解决矛盾的方法，只能是在通过深入的调查研究基础上，如何使主观能正确反映客观实际，这就必须要对地方志及其领域内各种运动形态及其发展规律进行研究。这就形成了方志学。于此，我们可以得出结论，方志学是研究地方志领域运动形态及其发展规律的科学。

二 方志学学科体系构成与研究内容

章学诚是传统方志学的集大成者，但他对方志学学科体系结构没有进行理论阐述，后人只能从他的诸多专论中进行归纳概括。自梁启超提出"方志学"这一学科概念后，民国时期，方志学专著陆续面世，对学科体系结构的探索，便渐次进入自觉追求的阶段。其中李泰棻的《方志学》和傅振伦的《中国方志学通论》，代表了民国时期方志学研究的水平，两部专著初步创立了方志学学科体系框架，即由三个方面组成：①方志的基础理论，侧重方志的起源、发展、定义、种类、内容、性质、功用、价值等；②探讨方志编纂的若干问题；③例评历代方志和诸家理论。但对于方志学史的研究、方志管理、方志评论、方志应用的研究、方志学概念内涵，则缺乏系统深入的探讨。

一门成熟的学科，需要一套完整的学科体系架构，以统筹理论发展方向。社会主义新方志编修以后，方志学的研究领域在不断拓展，不少分支学科的研究已向纵深推进，一些新的分支学科也在陆续出现，但是关于当代方志学体系的整体构想和构架依据尚在艰难的探索之中。目前理论界对方志学的体系结构的设想，仍然众说不一，比较有代表性的整体构想有以下几种观点。

一是认为方志学应由方志学的基础理论、方志学的应用理论、方志学史的研究三部分组成的"三分法"构想。因为"任何一门独立学科都应有三部分组成，即理论部分、应用部分、历史部分。任何一门学科都应当有自己的理论，没有理论的学科是没有灵魂的，很难设想它的形成。即使在学科产生初期没有完备的理论，也要有朴素的学科思想；任何一门学科都要应用于实践，否则它将失去生命力，理论也不可能发展；任何一门学科都有自身发展的历史，不断总结经验，以指导本学科的健康发展。三者是缺一不可的，由此构成学科的基本体系"①。

二是认为应由普通方志学、专科方志学、应用方志学和比较方志学4部分组成的"四分法"构想。其中普通方志学是研究方志、方志事业及相关因素的基础理论、原理、特点和方法及规律的一门学科，包括方志自身研究、方志编纂理论、方志事业的建设和组织管理、方志和方志学发展史等；专科方志学是专门研究各种类型志书及其特点、规律的方志学，它包括省志、地区志、市志、县志、乡镇志等各类志书的总体研究和概述、大事记、经济志、政治志、人物志等的分体研究；应用方志学应包含方志的具体应用工作如资料汇编、方志提要、服务社会等和运用方志学原理与有关学科某些应用研究的结合（方志编纂学、方志批评学、方志目录学、方志社会学、方志统计学等）二个层次；比较方志学包括跨国比较研究、地域比较研究、实例比较研究。②

三是将方志学分为普通方志学、专科方志学、应用方志学、方志文化学和方志史学5个分支学科的"五分法"。"这个体系是一种树状结构，主干是'方志学'，由主干生发出数根分支，各分支又生发出若干小的枝条（近50门）。这样，这个体系就是一棵方志科学树。"③

四是将方志学分为方志史学、方志出版学、方志分类学、方志编纂学、方志工程学、方志功能学、方志美学7个分科的"七分法"④。不难看出，"七分法"中之方志分类学、方志编纂学、方志工程学、方志出版学都是方志编纂学的内容，都应进入第二层次而非基本结构的分支学科。

五是认为方志学应包括九个分支学科，即"九分法"。具体为：一是方志学发展史，包括志书编纂史和方志学史；二是方志学理论，包括方志学原理、方志学概论等；三是方志编纂学，包括编纂原则、宗旨、体例及编排、篇目架构及概述、大事记、地理、人口、经济、社会、文化等部类撰写方法；四是方志文献学，包括方志目录、综录、旧志辑佚与整理等；五是方志管理学，包括志书编纂法令法规、业务指导、社会参与等；六是志书及资料管理、收藏及应用，包括方志馆建设、数字化等；七是国内外

---

① 王建忠：《论方志学的独立地位》，载《中国地方志通讯》1983年第6期。
② 来新夏、王德恒：《论方志科学》，载《中国地方志》1992年第5期。
③ 姜万成：《论方志科学体系》，载《黑龙江史志》1993年第5期。
④ 蔡华伟、滕守君：《对中国方志学体系和修志工程系统化的构想》，载《江西方志》1993年第1期。

地方史志编纂与研究；八是中外地方史志交流与比较研究；九是年鉴编纂与年鉴学。"①

六是将方志学科划分为方志学基础理论、方志史学、方志编纂学、方志资料学、方志目录学、方志批评学、方志应用学、方志管理学、方志收藏学、方志人才学等10个分支，即"十分法"。其中，方志编纂学"又可分为行政区域志编纂学、自然实体志编纂学、社会实体志编纂学、专业志编纂学。""十分法"未涉及体系的理论依据，只认为"方志是一门大学问，随着学科建设的深入，方志学研究客体还可以继续划分"②。

七是提出方志学学科体系由方志基础学、方志编纂学、方志管理学、方志应用学、方志史学五个分支组成③，并提出了详细的框架依据，是体系诸说中较有说服力的一说。本书基本赞同此说，但又不完全相同。

要准确地反映方志学的学科体系，须首先找到学科体系构建的理论依据。这些理论依据包括：第一，哲学依据，即科学的分类就是以不同的研究对象和任务为依据的。毛泽东在《矛盾论》中指出："任何运动形式，其内部都包含着本身特殊的矛盾。这种特殊的矛盾，就构成一事物区别于他事物的特殊的本质。这就是世界上诸种事物所以有千差万别的内在原因，或者叫做根据。"④ 而"每一门科学都是分析某一个别的运动形式或一系列互相关联和互相转化的运动形式的，因此，科学分类就是这些运动形式本身依据其内部所固有的次序的分类和排列，而它的重要性也正是这里。"⑤ 方志学研究的对象是方志领域特有的运动形态及其发展规律，根据马克思主义理论的绝对要求，即在分析任何一个社会问题时，必须把问题提到一定的历史范围之内的原理，在研究方志学体系时必须从实际出发，必须把它放在方志学发展的历史长河中进行考察，发现各个阶段不同的特点，进而正确找出方志学自身的特点和规律，为科学分类奠定科学的基础。第二，要吸收辩证唯物主义的现代科学分类的新认识、新方法、新观点。包括：①运用"层次和结构"的观点补充、丰富和发展恩格斯按照运动形式进行科学分类的原则；②各门学科的相互渗透不断产生出新的

---

① 牛润珍：《关于构建地方志体系》，载《光明日报》2016年9月20日。
② 王晖：《论方志学科的研究主体与客体》，载《云南方志》1998年第2期。
③ 刘柏修、刘斌：《当代方志学概论》，方志出版社1997年版，第110页。
④ 《毛泽东选集》第1卷，人民出版社1967年版，第283—284页。
⑤ 《马克思恩格斯全集》第20卷，人民出版社1971年版，第593页。

边缘学科和综合性学科，需要用一种或几种学科的方法研究特定的对象；控制论、系统论、信息论等横断学科的概念和方法在各门科学中都有普遍的适用性和方法论意义；③现代科学分类需要充分考虑从科学到直接生产力的转化所造成的社会生产领域的划分，现代科学技术的统一体系包含着从基础科学到应用科学发展的序列等。第三，要参照科学结构学的基本原则。这些原则表现为：①科学的结构包括学科结构、门类结构和知识结构。这种结构有空间分布和时间分布两个构架原则，它是一种多层次多级别的有序的系统。②科学的知识结构由最基本的知识单元（客观事物及其运动的正确的主观映象）、较高一级的知识单元（利用分析、综合、类比、归纳、演绎、比较等方法使最基本的单元按照一定的思维规律凝聚起来）和复合知识单元（把较高的知识单元按照某一特定的逻辑顺序组合起来的一个条理化的知识体系），按照它们产生的历史顺序，排列成金字塔形式所组成。③科学的门类结构是一种在科学与社会之间矛盾运动过程中长期形成的复杂结构。它依次经历着基础科学——技术科学——应用科学三个阶段。其中基础科学是物质运动最本质的规律性的反映，是人类思维高度抽象的结晶。它的一般表现形态是概念、定理、定律等组成的理论体系。技术科学主要研究各个专业技术的基本原理和理论，它研究具体对象的特殊运动规律。应用科学是技术科学在生产领域中的具体应用，它要解决基础科学和技术科学如何物化为生产力，以及生产技术如何应用的一系列问题。

方志学是一门独立的学科，它具有自己特定的研究对象——方志领域运动形态及其发展规律。根据科学结构学的空间和时间分布原则，方志运动形态及其规律总是存在于一定的时间和空间之中，它们在不同层次结构中，具有不同的时空形式；科学的知识结构理论表明了方志学体系遵循方志经验—方志理论—方志学理论的发展顺序；而科学的门类结构理论表明，方志学的门类结构，呈现出一种动态的发展过程，它依次经历着基础科学—技术科学—应用科学3个阶段。而任何一门学科都有其自身的历史发展问题，方志史学是一个独立于方志学学科研究内容之外的史学研究问题，是方志学的独立分支学科。方志学学科体系实际便由方志学的基础科学、技术科学、应用科学和方志学发展史组成。而其中技术科学在方志学领域中具体又包容为方志资料学、方志编纂学和方志管理学三部分。至此，我们可以得出方志学学科由方志基础学、方志资料学、方志编纂学、方志应用学、方志管理学、方志史学等6部分组成。

方志基础学是方志学的基础理论体系，由方志基础理论组成，是构成方志学科的基础，它的研究内容，包括方志观、方志和方志学的概念，方志的起源、性质和特征，方志与社会政治、经济文化的关系，方志的名目、种类及其分类，方志学的研究对象、范围、目的、任务，方志学的学科属性和学科地位，方志学与其他学科的关系、方志学的方法论等。

方志资料学是研究、认识地方及收集整理地方信息的规律性的分支学科。它研究的主要任务是资料工作在方志领域中的作用，资料的种类，资料的收集、整理、鉴别、考订、利用资料的管理等内容。

方志编纂学主要研究方志编纂的基本原理和理论，研究方志编纂活动的特殊动态规律。是方志学研究的主要对象。其研究内容包括编修方志的目的意义、指导思想，方志的体例和篇目，方志各种体裁的编写和配置，总志、专志的编写组织方法，方志的出版发行等。

方志应用学是研究方志应用理论的一门科学。它主要研究方志在各方面应用的规律性问题，解决方志如何为社会服务的理论问题，主要研究内容为方志的功用价值，志书读者、用者的分布状况与范围层次，读志用志的形式、特点、功效，开展方志整理和方志批评、地方志成果的二次开发等。

方志管理学是研究方志管理技术的一门科学。它的研究内容包括方志管理的性质、特征、职能，方志管理组织、管理方法、方志人才管理、决策管理、组织管理、质量管理、效益管理等。

方志史学是研究方志发展历史的学科。研究内容有方志发展史、方志学研究史、方志应用史、方志编纂史、方志学派史、方志管理史等。

三 方志学的学科地位

不可否认，在历史上，方志学始终未能形成一门独立的学科，早期属地理学范畴，至清乾隆时则成为历史学的分支。随着章学诚创立方志学及清末以来方志学的发展，特别是新方志编修在实践和理论上的贡献，方志学的学科内涵，即研究对象，逐渐明朗并得到了科学的界定，方志学的基础理论已形成了体系，方志学作为一门独立学科的条件已成熟。究其学科属性与地位，回答是：社会科学领域中一门独立的学科。

方志学的独立学科地位，首先是由其主要研究对象、方志的特殊性质所决定的，方志是认识和分类记述特定区域情况的资料性书籍，这是一种地方性载籍，但它区别于其他非专记一地、非统合古今、非兼及自然和社会百业、非据事直书、非专储资料的著述和纯粹的资料汇编，是中华民族著作之林中别具一格的著述形式。以方志领域运动形态及发展规律为研究对象的方志学，是有其独立地位而不从属于其他任何学科的。

方志学独立的研究内容决定了其学科的独立性。方志以其储存资料的广泛性、系统性、连续性和可靠性，历来受到社会科学和自然科学的密切关注。历史学、地理学、政治学、军事学、经济学、文化学、民俗学、天文学、人口学等学科把方志当作一座"资料宝库"，从中吸取各自的资料和论据。而文献学、档案学、目录学、版本学、图书馆学等对方志的研究，限于确定其在图书分类中的地位，认定版本的先后、真伪、优劣及学术价值和收藏价值。方志学研究是方志领域中特有的运动形态，它研究的内容非常广泛，包括方志产生和发展的历史及其规律性；方志的种类、性质、特征和作用；方志内容如何全面、真实、准确地反映地情；方志编纂的指导思想、基本原则和步骤方法；方志的质量标准与价值功用；读志用志与方志效益；方志机构及其管理；方志与相关学科的关系及影响；方志人才等。这些独立的研究内容说明，方志学是社会科学领域内不可替代的当之无愧的独立学科。

方志学的独立学科地位，是方志长期发展的结果。早期方志记载内容，偏重于地理环境、山川形胜。唐宋时期，方志"体例始备，举凡舆图、疆域、山川、名胜、建置、职官、赋税、物产、乡里、风俗、方技、金石、艺文、祥异，无不汇于一编"①。归类上悉入史部地理类。明清两代，方志兴盛，对方志学理论的研究也有很大发展志属史类而非地理书的观点抬升，一些官书和书目开始把方志从史部地理类划出，而在史部之下另立方志一类与地理并列。同时，有一些志家或注意到方志与史书的区别，或明确认为既非史书，也非地理书，于是一些书目便将方志从史部独立出来，另辟一部。如明正统六年，杨士奇等奉敕编著的《文渊阁书目》，分方志为"古今志""旧志""新志"，与史部并列。梁启超在1923年至1925年左右撰著的《中国近三百年学术史》中，已把方志学作为一门独立学科与史学、地理学、谱牒学并列。新方志编修工作是空前规模的

---

① 张国淦：《中国古方志考》叙例，中华书局1962年版，第2页。

文化建设事业，其成果之宏富，学术之活跃为前所未有，其学术价值与应用价值已为世所认同，已作为独立学科屹立于学术之林。

方志学的独立学科地位，与国家的重视和制度性规范关系密切。方志在我国有官书、资治之书之称，其千百年来连绵不断、赓续不绝的原因就在于国家的重视，隋朝以后从之前以私修为主逐步过渡到官修为主，并迈上了制度性的轨道。其中，定期修志制度始于唐代唐德宗建中元年（780）令诸州郡每3年（后改为5年）编送图经至尚书省兵部职方。之后宋、元、明、清、民国均有相关的制度颁发令行。2006年国务院颁布《地方志工作条例》，则首次以国家行政法规的形式确定了方志20年一修的制度。它如官修方志在申请呈报、审查、机构的组织行为等方面不同时期均在国家层面有相应的制度与规范出台，如民国时期在修志审查制度上，1929年《修志事例概要》规定为内政部备案制，1931年改为"送请党部审查"制，1944年的《地方志书纂修办法》实行修志之初"凡例、分类纲目"送部备案与志稿完成"送请内政部核定，俟核定后始能付印"的制度。又如社会主义新方志，1998年中国地方志指导小组《关于地方志编纂工作的规定》第十七条规定："各级地方志应严格执行审查验收制度。省、自治区、直辖市编纂的地方志由省级地方志编纂委员会组织专家审查验收，报同级党委或政府批准出版；设区的市、地区、自治州、盟编纂的地方志报省级地方志编纂委员会审查验收，由同级党委或政府批准出版；县、自治县、旗，不设区的市、市辖区编纂的地方志报市级地方志编纂委员会审查验收，经省级地方志编纂委员会审核后，由同级党委或政府批准出版。"《地方志工作条例》第十二条再次规定："以县级以上行政区域名称冠名、列入规划的地方志书经审查验收，方可以公开出版。……对地方志书进行审查验收的主体、程序等由省、自治区、直辖市人民政府规定。"方志编修相关制度的逐步建立与完善，无疑使方志学这一学科更有明显的特殊性，并在特殊性中显示出了相对的独立性。

第四节　方志学的建立和发展

一　清代以前的方志论说

方志编修是中华民族悠久的文化传统。但作为学科来讲，方志学的历史仅有二百余年。清代以前，不少学者在当时的历史条件下，为适应方志编纂的需要，根据对以往方志编纂经验的总结和对志书的评议或对自己修志实践的所得所感，对方志的渊源、性质、功用、体例、章法、人才等都间或进行了探讨，这在历代志书的序、跋、凡例以及史书和其他典籍中都有表现。这些论说中不乏闪光之点，然均未构成系统，虽说片断，但都为方志学学科的建立奠定了理论基础。

中国的方志理论，从目前的史料看，除前述的《周礼》述及方志的起源即属性外，大致始于东晋常璩《华阳国志·序志》借用汉荀悦的史学主张，"夫立典有五志焉，一曰达道义，二曰章法式，三曰通古今，四曰著功勋，五曰表贤能。于是，天人之际，事物之宜，粲然显著，罔不备矣。"① 而提出地方志"有五善：达道义，章法戒，通古今，表功勋，而后旌贤能。"② 较为完整地阐述了修志的目的。常璩同时把孔子"述而不作"原则移用到修志领域，他说："善志者述而不作，序事者实而不华。"③ 至唐代，人们对于志书属性的认识已有多种。有的认为，志属地理。如唐颜师古曰："中古以来，说地理者多矣。或解释经典，或撰述方志。"④ 刘知几从广义历史概念出发，认为方志属历史范畴。他说："史氏流别，殊途并骛。权而为论，其流有十焉：一曰偏纪，二曰小录，三曰逸事，四曰琐言，五曰郡书，六曰家史，七曰别传，八曰杂记，九曰地理书，十曰都邑簿。"⑤ 对于修志人才，在唐代即有表述。刘知几在总结历史经验基础上，率先提出修史人才当有"三长"之说。他说："史有三长：才、学、识，世罕兼之，故史者少。夫有学无才，犹愚贾操金，不能殖货。有才无学，犹巧匠无楩楠斧斤，弗能成室。"⑥ 由此可见，在刘氏看来，不具备"三长"，就不是合格的史志编纂家。而在志文笔法上，许嵩认为"述而不作"是基本笔法，说："嵩述而不作，窃思好古今，质正传，旁采遗文。"⑦ 徐坚认为修志当以"直文""直笔""直书"为基本笔法，当像《史记》那样，"其文直，其事核，不隐恶，不虚美，故谓之

---

① 宋范晔：《后汉书·荀悦传》，中华书局2007年版。
② 晋常璩撰、刘琳校注：《华阳国志·序》，巴蜀书社1984年版。
③ 晋常璩撰、刘琳校注：《华阳国志·序》，巴蜀书社1984年版。
④ 唐颜师古：《汉书·地理志注》第八上。
⑤ 《新唐书·刘子玄传》。
⑥ （唐）刘知几：《新唐书·刘子玄传》。
⑦ （唐）许嵩：《建康实录序》，《建康实录》卷首。

实录。"①

至北宋，地方志书转向定型发展轨道，方志理论也随之发展。元丰七年（1084），太常博士朱长文在《吴郡图经续记》卷首序中写道："方志之学，先儒所重，故朱赣风俗之条，顾野王舆地之记，贾耽十道之录，称于前史。"② 朱长文在此提出了"方志之学"这一名词，认为"方志之学"内容包括修志的原因、志书的功能编纂方法等。同时留下了方志之学为"先儒所重"的观点。

从总体上看，宋代方志研究文章不仅研究视野已较广阔，对方志性质、功用、编纂程序、方志人才等诸领域皆有探索，且对某些问题研究已有一定深度，反映了方志学初创时期的基本面貌。王象之在《舆地纪胜》序中说："世之言地理者尚矣，郡县有志，九域有志，寰宇有志，舆地有记。"③ 认为方志仍属于地理书范畴。除前述的纂修《景定建康志》的马光祖、周应和在方志功用上，提出了"补世说"外，先后主修《合肥志》《广陵志》的郑兴裔认为方志的功能有三：一为存史，认为"郡之有志，犹国之有史，所以察民风，验土俗，使前有所稽，后有所鉴，甚重典也"，以致"身虽不下堂阶"，而一地大概皆"恍然在目"；二为资治，认为一地有志书，则"郡之中所为山川之广袤，守得而考之；户口之登耗，守得而询之；田畴之荒芜，守得而省之；财富之赢缩，守得而核之；吏治之臧否，守得而察之；风气之贞淫，守得而辨之"；三为教化，认为方志载当地"嵩岳降灵，勋名成于仕宦；山川毓秀，贤声著于乡邦，千秋之祖豆增光焉。若夫遇名山而歌咏，掷地金声；历馆阁而舒辞，光天藻彩，邹、牧、鲍、庾之徒，赫赫在人耳目也。他如硅股砥纯孝之行，断指凛冰霜之节，可以立儒廉顽，风兹百世，旌庐表墓"④。而于修志程序，当属周应和的概括最为经典。他在《修志本末》一文中，就概括出"定凡例""分事任""广搜访""详参订"⑤ 四个修志基本程序，于古于今皆有指津意义。名志出自名家，修志在于得人。周浑在《清波杂志》中说："近时

---

① （唐）徐坚：《初学记》卷21《史传第二》。
② （宋）朱长文：《吴郡图经续记·序》，中华书局1990年影印本。
③ （宋）王象之：《舆地纪胜·序》。
④ （宋）郑兴裔：《广陵志·序》。
⑤ （宋）周应和：《景定建康志·修志本末》。

州县皆修图志，志之详略系夫编摩者用力之粗精"，认为"志在人为"。①

元代是方志理论的发展时期。据张国淦《中国古方志考》、顾宏义《金元方志考》等书著录统计，现存元方志理论文章有100余篇，主要体现于方志的序跋之中。如燮溥化在《乐安县志·序》、黄溍在《东郡志·序》、张铉在《至正金陵新志·序》中对方志的起源、性质以及作用，对方志收录范围和标准等问题进行了探讨；冯福京在《乐清县志·序》中强调"事不关于风教，物不系于钱谷，诗不发于性情，文不根于义理，皆一切不取，定为传信之书，庶非无益之作"②，明确指出了方志严格的收录标准，并说明其与志书质量的关系。比较之于宋代，元代方志在理论及其应用范围上有进一步的拓展，如开始把公文运用于修志领域，《大德昌国州图志》卷首目就载有《州官请耆儒修志牒》及卷末载郭荐等《缴申文牒》两文；张铉《至正金陵新志》卷首载《修志文移》。又如开始把凡例运用到一统志和专志编修中，《元一统志凡例》、宋濂《浦阳人物记凡例》、刘大彬《茅山志叙录》等即是。再如为民生国计而修志的思想已有体现，李好文在《长安志图》中曰："城郭封域，代因代革，先王之疆理寓焉。沟洫之利，疏溉之饶，生民衣食之所系焉。观是图者，则夫有志之士，游意当时，将适古今之流、生民之泽，不无有助"；强调"泾渠之利泽被千载，是皆不可遗者"③。此外，元代志家学者对志书体例、章法、类目设置、内容排列、材料剪裁、文字校正以及鞭恶扬善笔法等亦有探讨，并开展了方志批评。

明代是方志理论的持续发展时期。方志编纂的范围更加广阔，方志类型更加多样，体例和所记内容更加丰富。有更多的志家学者开展理论探讨，不仅视野比宋元更加广阔，而且对一些问题的探讨更有深度，甚或出现了争鸣的态势。如"夫志，史之翼也"，已不满足于简单地将志书比附史书，而是多方面、多角度地辨析史志关系；"经之以天，纪之以地，列之以人"④，不止于将方志与《周官》《禹贡》联系起来考述源流，而是进一步认为方志是各类古史在体例和内容上的融合；"夫志者识也，所以

---

① （宋）周浑：《清波杂志》卷四：《修图经详略》。
② 张国淦：《中国古方志考》，中华书局1962年版，第403页。
③ （元）李好文：《长安志图序》，《长安志图》卷首。
④ （明）杨鸾、秦觉：《云阳县志（嘉靖）·修志义例》。

识不忘也"①，已开始从认识论角度去审视修志目的在于存记忆、传久远；"治天下者，以史为鉴；治郡国者，以志为鉴"②，对志书资治作用的认识较之前更加深刻；通过总结修志弊端将"其载欲悉，其事欲核，其书欲直"③，作为编纂之宗旨和原则。凡此等等，不一而足。

二 清朝前期的方志学术争鸣

自清朝顺治以后，封建方志走向鼎盛时期。康熙、雍正先后开馆编修《明史》和《大清一统志》，命督抚各修省志。雍正还颁发了各省府州县要 60 年一修志书的谕旨。由于统治者积极倡导，编修志书风气盛行，不少著名学者也积极投身修志，学术活动也随之活跃，方志理论探讨渐趋深入、系统，并出现了乾嘉时期的方志理论争鸣。

清初，著名学者顾炎武在《营平二州史事序》中说："昔神庙之初，边陲无事，大帅（指戚继光）得以治兵之暇，留意图籍，而福（指福建）之士人郭造卿在戚大将军幕府，网罗天下志书略备；又自行历蓟北诸边营垒；又遣卒至塞外穷濡源，视旧大宁遗址，还报与书不合，则在遣覆按，必得实乃止，作《燕史》百三十卷，文虽晦涩，而一方之故，颇称明悉。"④ 这篇序文，实际上总结了明清两代修志之得失，概括了修志的人要有一定的学识；修志要网罗天下志书参考；要深入现场进行调查研究，反复勘对，必得其实而后止；修志要有充裕的时间；文字要通俗易懂等修志旨要。该序为以后各地修志指明了方向，为乾嘉时期"方志学"的形成打下了基础。

清初一些朝廷重臣也提出了较有见解的修志理论和要求。如康熙初大学士卫周祚在《长治县志·序》中，指明了地方志为"天子明目达聪之助，以永扶一统之治"⑤ 的重要作用。在《曲沃县志·序》中提出了"修志三长论"说："尝闻作史有三长，曰：才、学、识。修志亦有三长曰：正、虚、公。"⑥ 所谓正是指志德，秉笔刚正，不阿权贵；所谓虚是

---

① （明）颜守贤《嘉靖浑源州志序》，《顺治浑源州志》下卷《艺文志》。
② （明）杨宗气：《嘉靖山西通志·序》。
③ （明）刘鲁生：《嘉靖曲沃县志·序》。
④ （清）顾炎武：《营平二州史事序》，载朱士嘉《中国旧志名家论选》，《志史文萃》编辑部 1986 年版（内部），第 2 页。
⑤ （清）卫周祚：《长治县志·序》。
⑥ （清）卫周祚：《曲沃县志·序》。

指修志态度，要虚怀若谷，能容纳众人的不同意见；所谓公是指修志者的操守，要主持公道，不偏倚门户。实际提出了修志者的信条和追求的鹄的。雍正时，著名文学家、桐城派的创立者、充任《大清一统志》馆总裁的方苞，在《与一统志馆诸翰林书》中即阐述他所主张的修志原则是：（1）体例要统一，"体例不一，犹农之无畔也。"志书必然成于众手，但决不能"各执斧斤，任其目巧，而无规矩绳墨以一之。"（2）要"由博返约"，提倡简略。（3）强调方志资料的可靠性，要求作艰苦细致的校勘工作。"稿成，遂命学子校勘，次而再之，仆三之，始发誊录。"（4）志稿要纵观整体，避免各州、府间"犬牙相抵"①。对于方志属性，宫梦仁在所纂《湖广总志》中，主张"志属信史"，应按史法编修志书。"以经为经，以史为纬"，笔法上应"具南董之笔舌，其事核，其词简，其义断，其旨深"②。总纂雍正《山西通志》的储大文，强调修志要有严谨的态度，坚持"诸事不敢存易心，不敢狭成见，不敢踵疑以为信，不敢失实以采名，不敢以辞略致踪漏，不敢以附会为援证，以重复为参互，不敢以瞻徇为阿私"③。

主修过《八旗通志》《广西通志》《畿辅通志》的李绂，对于方志理论研悟较深，对方志的性质、体例、章法、功用、文辞等在理论上都有较为完整、严密的阐述。在方志性质上，他反对志属地理书的传统观点，主张应归入史类，多次指出"志，固史之属也"，"皇哉邦域志，国史所权舆。"④ 认为方志"始见于《周礼》……春秋列国皆有史，后世郡县皆有志，以后征文考献，千载犹旦暮焉……一邑之志与志天下，无以异也。"⑤ 关于方志编纂，他多方论证修志如撰史，并对志书编纂的门类设置，体例章法、行文论断等方面都有具体规定，强调"悉按列史时代统辖"，"以诸史为宗"⑥。关于方志的功用和特点，他认为应广泛博采，使之成为一部能"籍征考""资援据"的地方信史。关于修志人员的素质，李绂认为必须具备修志之"志"与修志之"才"，二者缺一不可，"有其才而无其

---

① （清）方苞：《与一统志馆诸翰林书》，载朱士嘉《中国旧志名家论选》，《志史文萃》编辑部1986年版（内部），第5—7、13页。
② （清）宫梦仁：《湖广总志·序》。
③ （清）《山西通志·序》。
④ （清）李绂：《穆堂初稿》卷十五、卷三十一。
⑤ （清）李绂：《穆堂别稿》卷十四。
⑥ （清）李绂：《穆堂初稿》卷十五、卷三十一。

志"或"有其志而无其才"都无法编出一部好志书来。① 阐述颇有独到之处。

至清乾嘉时期，方志编修取得巨大成就，"各省、府、州、县皆以修志相尚"②，编修方志约有1434种。③ 相当一批学者如硕学之士——杭世骏、方学成、全祖望、戴震、蒋士铨、王昶、李兆洛、钱大昕、李文藻、毕沅、段玉裁、谢启昆、章学诚、郑珍、莫友芝、邹汉勋、洪亮吉、冯敏昌、张镆、孙星衍等投身方志编纂实践，出现"志多出硕学之手"④ 局面。他们少则修志1—2部，多则5—6部。这些学者在史学、地理学、经学、谱牒学、文学、文献学上各有建树，他们将学术研究和修志实践相结合，或对旧志有所评议评论，或对所修志书有所探讨，就其性质、功用、体例、章法等提出自己独到的见解，或引申前人的某种思路，各抒己见，形成了一个方志百家争鸣和不同流派争议的好气氛，从而使方志理论研究更加深入发展，促进了方志理论系统化和方志学体系的形成。学术争鸣、争议的典型代表就是考据派和历史派的论战。

考据学是乾嘉时期的显学，一些学者用考据方法进行方志编纂，着重于考证地理沿革与方位，被称为方志学领域中的考据学派，由于其倾叙于地理和注重资料的纂辑，也有称其为地理学派或纂辑派，这一派的代表人物有戴震、钱大昕、孙星衍和洪亮吉等人。在地方志性质上，戴震认为方志为地理书，内容应以考述地理为重。他在《应州续志序》中说："古今沿革，作志首以为重。""沿革定而上考往古，乃始无憾。"⑤ 出于经世致用目的，戴震认为一地之山川河流，"其奠也，本天地之自然，而形势在焉，风气系焉，农政水利兴焉，作志者往往散列，漫无叙次，三者无由见也。"⑥ 为"见"三者，则必详载地理内容，注重图表、沿革、星野、疆域、山脉、江河、古迹等的考据和载述。以戴震为代表的考据学派及其形成的"考据学风"，讲求朴实，注重文献资料的收集、排比、考证，主张"言必有据，据必可言"。戴震把这种治学原则运用到方志中来，提出

---

① （清）李绂：《穆堂初稿》卷十五、卷三十一。
② 梁启超著，朱维铮校注：《梁启超清学史二种》，复旦大学出版社1985年版，第45页。
③ 庄威凤：《〈中国地方志联合目录〉编著辑要》，《汕头大学学报》1994年第4期。
④ 梁启超：《梁启超论清学史二种》，朱维铮校注，复旦大学出版社1985年版，第45页。
⑤ （清）戴震：《应州续志序》，载《戴震文集》卷六。
⑥ （清）戴震：《乾隆汾州府志例言》，载《乾隆汾州府志》卷首。

"先考字义，次通文理"与"巨细必究，本末兼察"①的治学旨要。洪亮吉赞赏唐宋以来舆地图经"登采严而叙致核"，提出"盖撰方志之法，贵因不贵创，信载籍而不信传闻，博考旁稽，义归一是。庶乎可继踵前修，不诬来者也"②。的主张。孙星衍在《嘉庆邠州志》序中说："方志以考据存文献，关中……《朝邑志》《武功志》，皆非著述之体，徒以文笔简要为长，予不敢袭其弊也。"③他撰述的六七种方志，都搜罗广泛，考证精核，尤注重史迹与地理的考订。李兆洛认为"志尚征实，所以传信，一事一语，必据其所自来。"④其《嘉庆凤台县志》每篇于正文外有双行注解及出处，另作按语。凡资料来源在一种以上者，先举其第一手资料，再列其他。综括考据派修志理论的特点：一是修志者无语不出于人，详注出处，以资取胜；二是贵因不贵创；三是"信载籍不信传闻"；四是重视地理沿革的考订；五是编志方法是以水系辨山脉，以出脉形势考察郡县建置和地理沿革。

与考据派持异议的是著述派或称历史派，其特点是将撰述与记注分开，强调对各类资料的分析概括，而不是比类纂辑文献；在体例上，主张全依《史》《汉》纪传体。其代表人物是章学诚，章首先明确方志是史，一方之志乃一方之全史，可供国史要删，从而破除了方志是图经，是地理书的概念。他在《答甄秀才论修志第一书》等文中具体阐述了他的一系列理论见解和修志思想，对方志学的发展产生了重大影响。所以梁启超说："方志学之成立，实自实斋始也。"⑤

（二）章学诚的方志理论体系

章学诚（1738—1801），是封建社会方志理论的集大成者，著名史学家、方志学家。其字实斋，号少岩，原名文敩，浙江会稽人。生于乾隆三年，卒于嘉庆六年。乾隆四十三年（1778）进士。曾任国子监典籍，自以迂疏，不合世用，未入仕途。先后主讲定州定武、保定莲池、归德文正等书院。后入湖广总督毕沅幕。穷毕生精力于治史、修志、讲学。著有

---

① （清）钱大昕：《戴先生震传》，载《潜研堂文集》卷十九。
② （清）洪亮吉：《嘉庆泾县志序》，载朱士嘉《中国旧志名家论选》，《志史文萃》编辑部1986年版（内部），第77页。
③ （清）孙星衍：《嘉庆邠州志序》。
④ （清）李兆洛：《嘉庆东流县志序》。
⑤ 梁启超：《清代学者整理旧学之总成绩——方志学》，载《中国近三百年学术史》，上海三联书社2006年版。

《文史通义》《校雠通义》《史籍考》等，遗稿近人汇编成《章氏遗书》。一生应南北方志馆之聘，先后纂修或参修了《天门县志》《和州志》《永清县志》《大名县志》《亳州志》《麻城县志》《石首县志》《常德府志》《荆州府志》《湖北通志》，并著有《方志辨体》《方志立三书议》《记与戴东原论修志》《修志十议》等论文，总结前人编纂方志的得失，对方志理论进行深入探索，建立了方志学体系。章学诚关于方志学的见解，在1983年张树棻纂辑、朱士嘉校订、山东省地方史志编纂委员会办公室印行的《章实斋方志论文集》中有集中的反映，归纳起来，主要有以下方面。

1. 关于方志的渊源、性质及作用

章学诚说"方志，为古国史之遗"[1]。"方志之由来久矣……余考之于《周官》，而知古人之于史事，未尝不至纤析也。外史掌四方之志，注谓：'若晋《乘》、鲁《春秋》、楚《梼杌》之类'，是一国之全史也。"[2] "志乘为一县之书，即古国一国之史也。"[3] 他又说："志者，识也，典雅有则，欲其可以诵而识也。"[4] 方志的源头是《周官》外史掌四方之志，它的逻辑起点是政治需要，是统治者知"四方九州之事物"利害的需要。

章学诚认为"方志，乃一方之全史"[5] "志属信史"[6] "志乃史裁"[7] "志乃史体"[8]，明确提出"方志如古国史，本非地理专门"[9]。认为"方志一家，宋元仅有存者，率皆误为地理专书，明代文人见解，又多误作应酬文墨。近代渐务实学，凡修方志，往往侈为纂类家言。纂类之书，正著述之所资取，岂可有所疵议？而鄙心有不能惬者，则方志纂类诸家，多是不知著述之意，其所排次襞积，仍是地理专门见解"[10]。章学诚这些论点，

---

[1] （清）章学诚：《湖北通志检存稿·掌故例》。载张树棻纂辑、朱士嘉校订，山东省地方史志编纂委员会办公室1983年重印之《章实斋方志论文集》。以下章氏方志论说除特别标注外，均来自此书，仅记文章题名。

[2] （清）章学诚：《方志立三书议》。

[3] （清）章学诚：《前志列传第十》。

[4] （清）章学诚：《为毕制府撰〈湖北通志〉序》。

[5] （清）章学诚：《丁巳岁暮书怀投赠宾谷转运因以志别》。

[6] （清）章学诚：《修志十议呈天门胡明府》。

[7] （清）章学诚：《书武功志后》。

[8] （清）章学诚：《答甄秀才论修志第一书》。

[9] （清）章学诚：《记与戴东原论修志》。

[10] （清）章学诚：《报黄大俞书》。

在于改造方志即地记的传统旧观念，树立起方志的新概念以明确方志的性贡质。梁启超认为这一改变是对方志学的最大贡献，即"实斋关于斯学之贡献，首在改造方志之概念"①。章学诚"方志，乃一方全史"的史志观是其方志学理论的基石，从而在此基础上引申出他的一整套方志理论，构筑起方志学的体系的框架。

而在方志的作用上，章学诚认为"有天下之史，有一国之史，有一家之史，有一人之史。传状志述，一人之史也；家乘谱牒，一家之史也；部府县志，一国之史也；综记一朝，天下之史也"②。史的种类很多，地方志为其中之一种，它的作用便是经世致用，其一是"有裨风教"，认为"史志之书，有裨风教者，原因传述忠孝节义，凛凛烈烈，有声有色，使百世而下，怯者勇生，贪者廉立。《史记》好侠，多写刺客畸流，犹足令人轻生增气。况天地间大节大义，纲常赖以扶持，世教赖以撑柱者乎！"③ 其二是"以为国史要删"。章学诚称方志为"国史之羽翼"④，"朝史之要删"。⑤ 认为"方志虽小，其所承奉而布施者，吏、户、礼、兵、刑、工，无所不具，是则所谓具体而微矣，国史于是取裁，方将如春秋之籍资于百国宝书也"⑥。对于以前的志书为什么没有起到上述作用，章学诚对其原因进行了考察：一是修志诸家不明方志性质，误仿唐宋州郡图经，把方志视作地理书；二是方志变成了文人游戏、应酬文字的汇集；三是修志者并无真才实学，而且多旨在名利，舞弊曲笔，成为风气，于是记载"全无实证"。这样的方志当然起不到"善恶创惩"的作用，也无从为修国史提供材料。

2. 关于方志的编纂方法问题

章学诚认为：在明确"志为史体""志乃一方之全史"的前提下，修志就应按照史家法度来进行。要贯彻史家法度的关键是修志者也要像修史者那样具备"三长"："识足以断凡例，明足以决去取，公足以绝请托"⑦，要求在编史修志中要谨守《春秋》家法，严名分，别尊卑，并有裨社会风教。

---

① （清）章学诚：《中国近三百年学术史》十五。
② （清）章学诚：《州县请立志科议》。
③ （清）章学诚：《答甄秀才论修志第一书》。
④ （清）章学诚：《跋〈湖北通志〉检存稿》。
⑤ （清）章学诚：《和知州·士族表》序例。
⑥ （清）章学诚：《方志立三书议》。
⑦ （清）章学诚：《修志十议》。

章学诚提出了"三书""四体"的志书编纂方法。"三书"是指志书的三大组成部分,"四体"是志书所采取的四种不同体裁。他把"三书"提高到三家之学的地位,并加以解释说:"凡欲经纪一方之文献,必立三家之学,而始可以通古人遗意也,仿纪传正史之体而作志,仿律令典例之体而作掌故,仿《文选》《文苑》之体而作文征。三书相辅而行,缺一不可;合而为一,尤不可也。"① "三书"中,"志"是主体,有经世的作用,是有裨社会风教的史著。志由纪、表、考、传等组成,应"词尚体要""不失著述之体"。"掌故"是有关一方典章制度的原始记录,类如"会典""会要",是作为档案而保存下来的一部分政事材料。"文征"是辑录一方文献之专辑,是有关一方"不能并入本志"的奏议、征实、论说、诗赋、金石等,与《文选》《文鉴》等体相近似。章学诚立"三书","志"是著述,"掌故"和"文征"是记注(也叫比类),近似现今档案资料汇编,两者相辅相成即构成一部完整的地方志,解决了过去地方志中著述与资料汇编不分的矛盾。在"三书"之外,章学诚还主张附有"丛谈",以编录"三书"所剩之"滥入则不伦,弃之则可惜,故附稗野说部之流"等材料,"犹经之'别解',史之'外传',子之'外篇'也"②。

章学诚认为作为方志中心的志应该采取"四体",即"皇恩庆典宜作纪,官师科甲宜作谱,典籍法制宜作考,名宦人物宜作传。"③ 又认为:"州县志乘,混杂无次,既非正体,编分纪表,亦涉僭妄。故前书折衷立法,以外纪、年谱、考、传四体为主,所以避僭史之嫌,而求记载之实也。"以此四种体裁来包容志的内容,"既无僭史之嫌,纲举目张,又无遗漏之患。其他率以类附。"④ 可使志能写成既严谨又合于史法的水平。

章学诚"三书"议"四体"说,对创立和发展方志理论,影响较大。首先,它为方志规划出了一种较为全面的体例结构,使后人修志时,有所遵循、借镜或参考,不致顾此失彼,造成遗漏。其次,是较为合理地按主次排定了方志各个门类的先后顺序,可以防止内容颠倒、重叠或杂乱。再是有利于著述和汇编资料的操作,有利志书内容的丰富和质量得到保证。

---

① (清)章学诚:《方志立三书议》。
② (清)章学诚:《方志立三书议》。
③ (清)章学诚:《修志十议》。
④ (清)章学诚:《答甄秀才论修志第一书》。

章学诚还提出了指导修志应注意的问题和解决方法，即"五难""八忌"与"四要"。"五难"是在修志中易于遇到的难题，即"清晰天度难，考衷古界难，调剂众议难，广征藏书难，预杜是非难"；"八忌"是指修志时应防止的八项弊病，即"忌条理混乱，忌详略失体，忌偏尚文辞，忌妆点名胜，忌擅翻旧案，忌浮记功绩，忌泥古不变，忌贪载传奇"；"四要"指一部志书的标准和修志者的工作规范，即"要简、要严、要核、要雅"①，就是说一部志书必须作到体尚简要，去取严谨，材料辨核，文词典雅。此外，章学诚还对若干具体编纂问题不遗细微地作出规定，提出要求，如重视调查访问，确立序次编排，对旧志内容应续其所有，补其所无，采取审慎态度，对内容要兼通古今、详近略远，立论要谨严，行文要质朴等。总之，他主张"持论不可不恕，立例不可不严，采访不可不慎，商榷不可不公。"②为纠正当时地方志体例杂乱之象，章学诚提出了"辨体"的理论，强调省、府、州、县各类方志所记述的内容应当各有所重，不容混杂，不容随意拆散，如就通志而论，"所贵乎通志者，为能合府州县志所不能合，则全书义例，自当详府州县志所不详。既已详人之不详，势必略人所不略"③。如此，则各类型志书的内容范围即界限划分清楚，各有侧重，做到各有所当载而互不相蒙。

3. 关于州县设立志科的建议

章学诚方志学说的一个极其重要建树，是他对设立志科的重要性和必要性、志科的工作内容和制度等，提出了极有价值的见解。在《答甄秀才论修志第一书》中，他就提出"欲使方志无遗漏，平日当立一志乘科房"，以保存"政教典故"和"六曹案牍"等，以便"异日开局纂修"。在《州县请立志科议》中，他说："州县有荒陋无稽之志，而无荒陋无稽之令史案牍。志有因人臧否，因人工拙之义例文辞；案牍无因人臧否，因人工拙之义例文辞。"④为了收藏这些"案牍"，他主张在州县六科之外，设立志科，负责收集和保管档案史料的工作。其范围主要是：六科经办的案牍，摘要抄录副本；官员的善恶事迹，州县中修撰的家谱、私人的传状等副本；州县士人有关学术著作的副本；关于官署、城池、桥梁等工程的

---

① （清）章学诚：《修志十议》。
② （清）章学诚：《湖北通志检存稿·序例》。
③ （清）章学诚：《方志辨体》。
④ （清）章学诚：《州县请立志科议》。

修建事实；金石铭文的摹本；有关文化教育情况的记述等都要录送志科。他还主张"四乡设采访一人"，使其收求遗文逸事。对收集的各种资料，志科要"置锁楗焉，分科别类，岁月有时，封志以藏，无故不得而私启也"①。章学诚关于州县设立志科的主张，是从为编修地方志书服务的角度提出的，他说："积数十年之久，则访能文学而通史裁者，笔削以为成书，所谓待其人而后行也。如是又积之又修之，于事不劳，而功效已为文史之孺所不能及。"② 因此"州县之志，不可取办于一时，平日当于诸典吏中，特立志科。"

4. 文人不可与修志

章学诚通过考察，认为方志由最初之"国史"属性之列国史，成为后世正史典范被很好地承袭发扬，而自身却被不断边缘化，以至于一变而为地理专书，再变而为文士应酬消遣之具，再变而为史之文献备征之丛类之状，展开了一系列对既往方志理论的辩误和纠偏工作，除上述所示外，还对方志成了宋、明文人闲嬉化工具而使得方志背离史志传统而成为无用之文的现象给予了批评。其基于对宋范成大之《吴郡志》、明陈士元之《滦志》、韩邦靖之《朝邑志》、王鏊之《姑苏志》等所存在的弊端的分析，认为明代文人修志将"抒写性灵风云月露之作""今古名流游览登眺之作"，乃至于一些"墓志寿文"都载入其中，这样的方志非但无经世之意，反而成了"游戏应酬"文墨。③ 又鉴于"近日为州县志者，或胥吏案牍，芜秽失载；或景物题咏，浮华无实"之况，④ "颇染明中叶人不读书而好奇习气"，"盖缘不知史家法度"，大为感慨"盖方志之弊久矣！"其据方志之撰著"大抵有文人之书，学人之书，辞人之书，说家之书，史家之书，惟史家为得其正宗。而史家又有著作之史，与纂辑之史，途径不一"的分类，得出了"著作之史，宋人以还，绝不多见"⑤。而其他，均是对方志误解、贬损方志作为古国史、一方之全史的史属特性，是"不知方志之为史裁"鄙陋之见的产物。

章学诚在《和州志·文征·序例》中，较为集中地对文人修志的弊

---

① （清）章学诚：《州县请立志科议》。
② （清）章学诚：《州县请立志科议》。
③ （清）章学诚：《修志十议》。
④ （清）章学诚：《为毕秋帆制府撰石首县志序》。
⑤ （清）章学诚：《报广济黄大尹论修志书》。

端进行了批评，其云：文人选文"建言发论，往往有文采斐然，读者兴起，而终篇扼腕，不知本事始末何如。此殆如梦古人而遽醒，聆妙曲而不终，未免使人难为怀矣。凡若此者，并是论文有余，证史不足。后来攻史诸家，不可不熟议者也。至若方州选文……奈何志家编次艺文，不明诸史体裁，乃以诗词歌赋、记传杂文，全仿选文之例，列于书志之中，可谓不知伦类者也。"① 对于严重违反史家法度且"命名庸陋，构意勉强，无所取材，故志中一切削去，不留题咏，所以严史体也。"② 在章学诚看来，其强调修志中的"五难""八忌"，是不识"史家法度"的文人在修志过程中所难以逾越的，即使是那些号为"通人"的著名文人也难免错误百出、贻笑大方，因而其在对明代户部尚书兼文渊阁大学士王鏊修撰的《姑苏志》阅后，得出了"凡此谬戾，如王氏鏊，号为通人，未必出其所撰；大抵暗于史裁，又浸渍于文人习气，以表无文义可观，不复措意，听一时无识之流，妄为编辑，而不知其贻笑识者，至如是也。故曰文人不可与修志也"③ 的结论。

对于"文人不可与修志"的观点，章学诚还在多个文稿中有所阐述。如在《庚辛之间亡友传》中说："文士为文，不知事之起讫，而以私意雕琢其间，往往文虽可观，而事则全非；或者事本可观，而文乃不称其事。"④ 即文人修史讲求文字技巧，往往影响史书记事的真实。又在《文史通义·答问》中曰："文人之文，与著述之文不可同日语也。著述必有立于文辞之先者，假文辞以达之而已。"⑤ 这就是说，文士作文，则是那种胸中无真识精解，但凭自己想象加以创作，甚而虚构夸张；而史家著作必有所本，学有所得，决不可以私意妄作增删，而是在具有别识心裁基础上而发之于文辞的。其在晚年所写《与陈观民工部论史学》一文中，又全面论述这一观点，他说"文士撰文，惟恐不自己出；史家之文，惟恐出之于己，其大本先不同矣。史体述而不造，史文而出于己，是为言之无征。无征，且不信于后也。"⑥ 对于此语，胡适在《章实斋先生年谱》评论曰："此书首论史

---

① （清）章学诚：《和州志·文征·序例》。
② （清）章学斌：《永清县志·建署图·序例》。
③ （清）章学诚：《书姑苏志后》。
④ （清）章学诚：《庚辛之间亡友传》。
⑤ （清）章学诚：《文史通义·答问》。
⑥ （清）章学诚：《与陈观民工部论史学》。

文之'述而不造','惟恐出之于己',真数千年史家未发之至论。"①

章学诚"文人不可与修志"的主张是受到唐刘知几"文人不能修史"观点的启发,并贯穿于他的方志理论体系。

长期以来,古人对方志中的一些纂修理论问题虽然偶有论述,但大都零星片断,不得要领,更未能形成系统的理论。章学诚不仅亲自参与了多种志书的修纂工作,而且还将实践经验升华概括为初具系统的方志理论,做出了前无古人的贡献。尽管其在阐发方志理论方面没有也不可能将所有道理都说完说尽,甚至尚有若干值得商榷之处,但章学诚的方志理论却是较为全面的、系统的、严密的,具有一定科学性的,他为建立清代方志学理论所作的历史贡献是值得肯定的。

三 晚清与民国时期的方志理论

(一)晚清时期的方志理论变化

自乾嘉时代至鸦片战争以后的一段时期内,方志学无论在志书编纂的指导思想、体例、内容方面,还是在研究方法上,都未有较大的突破。鸦片战争之后,其中一些方志理论观点已经不能适应社会需要,如重官事轻民事、重人文轻经济、重史料轻实用、重编纂轻接受等。方志记述较多地增加了"同光新政"以来出现的社会现象,特别是开始较多地反映民生实用方面的内容,并已开始摆脱旧志的封建色彩,方志学的研究随之也开始显露出新的风貌。如光绪间,蔡元培在《重修上虞县志例言》中,一方面高度评价章学诚方志学说,强调要注意继承和发扬章学诚方志学思想;另一方面则强调不能照搬照抄,主张对旧志"有因有革,不必袭其貌",主张摒弃章学诚修志开端必冠以"皇言""恩泽"二纪的做法,仿《华阳国志》以地篇居首。在这一时期的不少志书中都摒弃了以往旧志卷首"天章""恩纶""宸翰""巡幸"之类的内容。有的志书把"天章"内容按类分载到艺文门目中。

光绪后期的甲午战争后,随着国势的更加衰微,民族危机的加剧,光绪三十一年学部尚书张百熙奏请天下郡县编修乡土志,以用作中小学乡土教材,激励民心。强调乡土志编纂,不仅要"事详而文简,词雅而意

---

① 胡适:《章实斋先生年谱》,商务印书馆1929年版。

明",而且"其宗旨以教人爱国为第一要义。欲使其爱国,必令自爱其乡始"①,"并激发其竞争之思想"②。这就突破了旧志编修主于资政统治、驯化臣民和供史籍取材等要旨的藩篱。近代资产阶级代表人物亦开始主张以新的思想指导志书编纂。如光绪三十三年（1907）,刘师培提出：要创编一种新方志。新方志的任务主要是推进乡邦政教和教育后人。新方志为"讨论国政之资",要"激发爱土之心",要注重经济、物产、技术及实业方面的记述等。③

除上述变化外,这一时期,不少知名学者也参与修志,并于修志义理上多有建树性的阐发。如著名经学家、文献学家钱泰吉在《海昌修志开馆条约》中,提出修志四条原则：旧籍宜博采；抄撮宜详备；采访宜征实；日力宜爱惜④,很有见识。我国近代朴学大师、文献学家孙诒让在《瑞安县志总例议》中,专论方志编纂"六例"以指导瑞安县志的修纂工作,即"纂辑""测绘""校雠""采访""检查案牍""缮写"。提出修志应遵守的原则："大抵树例缀文,必以唐宋古志及近代通人所论著为矩矱,以正史及先哲传书、金石遗文为根据,多立表以理纷错之端,多附小注以广异同之变。改正必究其本原以惩剽窃稗贩之弊,记录必详其出处以杜凭撰造之嫌……"⑤清末著名方志学家、国史馆总纂、有中国近代图书馆鼻祖之誉的缪荃孙认为一部好的志书,不仅要内容丰富,而且要翔实可信,文字朴实,"志也者,志地、志人、志事、志物,上之自古迄今,下之由近及远,无饰辞,无私造,则谓之良志"⑥。他阐述各种地方志的关系是："一县之志为通志胚始,而史家之支流余裔也。史之详实,视通志；通志之详实,视县志"⑦；认为郡县各志在详略上应各有不同,"郡志宜简,邑志宜详。至于镇志,地方不过十余里,学人名士朝夕相聚,治事之疏密,质品之微恶,闻见皆真,网罗益富"。自然更有可能详于邑志。⑧

---

① （清）杨承泽：《光绪泰安县乡土志·序》。
② （清）裴晃：《宣统奉贤乡土地理·例言》。
③ （清）刘师培：《编辑乡土志序例》,《国粹学报》1906 年第 9 号。
④ （清）钱泰吉：《海昌修志开馆条约》,载朱士嘉《中国旧志名家论选》,《志史文萃》编辑部 1986 年版（内部）,第 89 页。
⑤ 洪焕椿：《浙江地方志考》,浙江人民出版社 1984 年版,第 59 页。
⑥ （清）缪荃孙：《艺风堂文漫存》卷二《重修信义志序》。
⑦ （清）缪荃孙：《江阴县续志》,民国九年刻本。
⑧ （清）缪荃孙：《艺风堂文漫存》卷二《重修信义志序》。

(二) 民国时期的方志学理论研究

辛亥革命后，社会发生了重大变革，虽然修志事业时断时续，但方志学的理论研究却呈现前所未有的活跃景象，许多学者都重视这门学科，对方志的源流、体例、编纂方法等都有所研究和论述。民国时期不仅有数百篇的方志论文面世，而且撰著的方志专著已有十来部出版，标志着方志学研究已在向纵深方向发展，现代学术意义上的方志学研究迈开了实质性的步伐，方志学的独立学科地位基本形成。

首先，对地方志的科学价值予以高度重视和重新评估，"方志学"学科名称得到学术界承认和使用。

梁启超指出：治中国史，分地研究极为重要，前人作史，专以中央政府为中心，这是不全面的，"如欲彻底的了解全国，非一地一地分开来研究不可。普通说，中国如何如何，不过政治中心的状况，不是全国一致的状况，所以有作分地的专史之必要。"[①] 并且强调地方志的史料乃是"所谓良史者"吐弃的原料，故可"供吾侪披沙拣金之凭借，而各地方分化发展之迹及其比较，明眼人遂可以从此中窥见消息，斯则方志之所以可贵也。"[②] 瞿宣颖也说："方志者，地方之史而已。集无数地方区域而成国家，每一地方区域各有其发展之序。发展之序不同，故一国之中民风之文野不同，民生之荣枯不同，民德之刚柔不同……故欲了解国家与民族綮然万殊之习性情状，必自了解各地方之史始。"[③] 均对地方志的价值高度重视，且评价甚高。

1924 年，梁启超在《东方杂志》发表《清代学者整理旧学之总成绩—方志学》一文，提出"方志学之成立，实自实斋始也"的论断，认为"实斋关于斯学之贡献，首在改造方志之概念。前此言方志者，为'图经'之概念所囿，以为仅一地理书而止。实斋则谓方志乃周官小史外史之遗，其目的专以供国史取材，非深通史法不能从事"[④]。梁启超的观点，为当时学术界普遍接受，不少方志学研究者纷纷著书撰文，力倡章学诚为中国方志学的奠基人。而其首创的"方志学"这一学科名称得到学术界承认和使用，传统方志学迈向现代方志学走出关键一步。学者纷纷以

---

① 梁启超：《中国历史研究法补编》，中华书局 1936 年版，第 34 页。
② 梁启超：《清代学者整理旧学之总成绩——方志学》，商务印书馆 1999 年版，第 139 页。
③ 瞿宣颖：《志例丛话》，载《河北月刊》1 卷 1 期。
④ 梁启超：《清代学者整理旧学之总成绩——方志学》，商务印书馆 1999 年版，第 139 页。

"方志学"为名发表论著。如于乃仁《方志学略述》、李泰棻《方志学》、王葆心《方志学发微》等。1931年，顾颉刚、朱士嘉发表《研究地方志计划》一文，较为系统地对方志学学科的研究对象、研究内容、研究方法作出阐释。① 吴宗慈在《论今日之方志学》中曰："汇记一地方古今纵横之史迹曰方志，研究此汇记之史迹，应采用如何方法，乃适用于今之世，曰方志学。"② 对方志学的地位，凌潜夫评估说："以往方志既仅有备国史之取裁，故在史学未成为独立学问之前，方志之能事亦仅能止于纂辑比类而已。古人思想为时代所限，自不能漫加评骘，惟时至近代，新史学既经确立，则方志学亦当藉史学之助，而成一专门之学。"③

其次，研究内容进一步深化，研究范围获得了拓展，方志论著不断推出。

民国学者对方志性质、渊源、功用和编纂方法、方志批评、方志整理等理论研究，在继承的基础上，既有深化，也有拓展，成果斐然。如在方志性质研究上，梁启超、寿鹏飞等人基本祖述章学诚"史志同义"的观点。梁启超《方志学》一文开篇即称："最古之史，实为方志。"又称"地方的专史就是方志的变相。"寿鹏飞《方志通义》也认为："志者，史也。史以明治乱兴衰之故，志以补郡国利弊之书。"傅振伦、黎锦熙等人则认为方志兼具历史、地理两种性质。李泰棻在《方志学》中则从进化论视角认为"方志者，乃记载及研究一方人类进化现象"的学科。

又如在方志编纂研究上，吴景超在《独立评论》第60期上，发表《中国县志的改造》一文，其在批评旧志的种种弊端的基础上曰：中国的旧县志记述内容多令人失望，社会上许多极重要的事实，县志里找不到。所能见到的多是诗词歌赋、古迹名胜、忠臣烈女之类。他拟定的县志内容包括地理、历史、政团、人口、教育、健康卫生、农民生活费、乡村娱乐、乡村风俗习惯、信仰、赋税、县财政、农业、工商业、农村信贷、灾荒、兵灾等。认为县志最好5年或10年一修，要出于专家之手。黎锦熙对当时的修志工作，提出续、补、创三法，实际上率先对续志的编修进行了方法论的思考。民国志家对方志编纂应增加有关国计民生的内容有着比

---

① 顾颉刚、朱士嘉：《研究地方志计划》，载《社会问题》1931年第1卷第4期。
② 吴宗慈：《论今日之方志学》，《江西文物》1942年第2卷第2期。
③ 凌潜夫：《与江彤侯先生论修通志书》，《学风》1930年第1卷第3期。

较一致的意见。于乃仁在《建国学术》创刊号发表的《方志学略述》一文认为，方志"应扩充社会及经济史料——国家基本，在于人民；社会机构，系于经济。往往食货、风俗各志，金不足以尽人民、社会、经济、生活之纪实。今后修志，自应以此点为主干。凡衣、食、住、行种种问题，及一切生产消费、团体组织，详旧志所略，增旧志所无，非惟应时代之需要，亦信史不可少之条件也。"寿鹏飞《方志本义管窥》指出："方志立言，当从平民立场，乃得痛陈疾苦"，应"有裨地方风俗民生"，即重视人民生活方面的记述，"有关民生实用，疾苦利弊，虽小必志，即志，义必详且尽焉。"

再如在修志的具体步骤和基本方法上，有见地的经验总结在相继推出。甘鹏云在《复李甥晓垣书》中将通志的编纂分为五步：第一步，省、县志同时纂修，互相为用，县志为省志取材，通志馆指导县志编纂；第二步，规定通志凡例；第三步，定标目；第四步，依一定条例、格式，派员采访调查；第五步，征求书籍。黎锦熙《方志今议》总结了革除旧志"规矩"——"类不关文""文不拘体""叙事不立断限""出版不必全书"——的"终破四障"实用性纂志经验。寿鹏飞在《方志本义管窥》中基于对以往方志中存在的弊端的认识，从11个方面提出方志编纂的注意事项，即"勿染官气，勿蹈文人习气，勿蹈新学习气，勿尚词章，勿言考据，勿类晚近政治报告体裁，勿学名士谬为风雅襟度，勿趋时尚，勿贡媚谀，勿志琐事，勿导游观"。李泰棻则从时代发展的视角，认为要写好当代方志，必须具备一定的辅助学科知识，诸如地理学、人类学、社会学、年代学、考古学、古文学、植物学、动物学、矿物学、系谱学、心理学、法政学、经济学等，对于这些学科，"必须完备，始能以科学名辞，解释产物；更以科学方法，分析载明"[①]。即要求方志的编修不仅应当增加反映时代和时代需要的内容，而且应当采用科学方法来编修方志，不能抱残守缺，泥古不变。

最值得提及的是，民国学者在理论研究中，除了继续采用传统范式（序跋、凡例、书信）外，还学习了西方现代学术研究范式，以学术文章形式在报刊上发表研究见解，以论著的形式系统阐发自己的研究所得。研究范式的变化促进了研究范围的拓展和深化，论著中论证、建构了一些方

---

① 李泰棻：《方志学·修志之辅助学识》，商务印书馆1935年版，第65—76页。

志学学科的基本术语，如方志学、方志名称、方志种类、方志性质、方志功用、方志资料、方志体例、方志源流、方志修纂、方志流派、方志整理、方志目录、地方志版本，等等，出现了专题研究的论文和系统研究的论著交相辉映的学术特征。许多学术刊物都刊载了不少方志学文章。如《东方杂志》《地学杂志》《史学杂志》《文史杂志》《禹贡》《史地学报》等。与此同时，还出现了一些方志专刊。如《方志月刊》《浙江省通志馆馆刊》《广西通志馆刊》等。据统计，1913年至1948年共发表"有关方志学研究方面的论作有423篇（部）[①]，出版或撰写了李泰棻《方志学》（1935年）、傅振伦《中国方志学通论》（1935年）、甘鹏云《方志商》（1938年）、黎锦熙《方志今议》（1940年）、邬庆时《方志序例》（1940年）、寿鹏飞《方志通义》（1941年）、瞿宣颖《志例丛话》（1934年）、王葆心《方志学发微》（1936年）、吴宗慈《修志丛论》（1947年）等9部方志学理论专著。这些方志研究论著对于民国时期方志的编修、新中国成立后的方志事业发展产生了极为重要的影响。

再次，方志学的学科体系初步形成。

晚清民初时，西方"分科治学"理念与学科分类法传入中国，并在中国学术界产生强劲影响，如钱穆所指出的"20世纪30年代的中国学术界已酝酿出一种客观的标准"。这个客观标准，指的是相关的学术机构与学科共同体的建立，新的学术评价体系的引入和初构。在"各部门学科，均须以科学方法整理之"的学术背景下，方志学者开始有意识地在践行方志实务、理论研究的同时，探索着建构现代方志学的学科体系，并有着积极的建树。其中最具有代表性的是李泰棻《方志学》和傅振伦的《中国方志学通论》。为见其端，特录两著章目以示：

李泰棻《方志学》共14章63节，第一章通论（方志之定义、方志之定名、方志之沿革、方志之编体、旧志之用途）；第二章旧志之择评（七志目录、武功志评、朝邑志评、吴郡志评、姑苏志评、滦志评、灵寿志评、姑孰备考评、结论）；第三章章学诚方志义例（方志属史之独见、方志三书之并立、志书必备之五目、方志界限之宜别、修志应明之六要、修志之十议）；第四章章学诚之义例驳议（书籍部次之泥古、前代诏诰列入文徵之不当……志分多体之不必）；第五章修志之辅助学识（总说、地

[①] 许卫平：《中国近代方志学》，江苏古籍出版社2002年版，第130页。

理学、人类学、社会学、年代学、考古学、古文学、古泉学、言语学、系谱学、心理学、经济学、政法学、其他科学);第六章余对方志内容之三增(应增记录以前之史实、应增社会经济之资料、应增贪劣官绅之事实);第七章余对方志内容之拟目及序例(拟目、序例);第八章修志之先决问题(疆域沿革志必先考定之理由、绥远全省疆域沿革志、绥远各县疆域沿革志);第九章方志之资料(总说、记录之资料);第十章资料之选集法;第十一章记录的资料之鉴定法;第十二章记录以外的资料之鉴定法;第十三章记录的资料之整理方法;第十四章记录以外的资料之整理法。按李泰棻自己话来讲,《方志学》"十四章,前论方志之性质,次论旧志之偏枯,中述余之方志主张,末陈余之编志方法"①,结构明了,浑然一体。

傅振伦《中国方志学通论》分8篇19章,第一篇方志之意义及其范围(方志之名称、方志之种类、方志之性质、方志之功用);第二篇方志在学术上之位置(方志之价值、方志之地位);第三篇过去之方志界上(方志之起源、方志之发展上、方志之发展下);第四篇过去之方志界中(方志之派别、方志之通病);第五篇过去之方志界下(越绝书与华阳国志、章学诚之方志学);第六篇方志之收藏与整理上(方志之收藏、方志之总计);第七篇方志之收藏与整理下(方志之整理);第八篇方志之撰述(方志之撰述一、方志之撰述二、方志之撰述三)。该书"全面、系统地阐述了方志的性质、种类、功用、发生、发展、演变、体例、章法以及前人研究成果。其体例之完善,论点之精辟,民国诸家几无出其右者"②。

两书都论述了方志名称、方志之价值、方志发展、章学诚方志学、方志批评、方志编纂,但李泰棻《方志学》以方志基础理论、方志批评、章学诚方志理论为铺垫,重点研究方志如何编纂;而傅振伦《中国方志学通论》尽管较简略,但各篇章较平衡,多了方志种类、方志弊病、方志派别、方志整理的论述,"方志学"体系更全面系统。③ 黄苇在《方志学》一书中认为,该书的面世,"则标志着现代方志学体系的基本形

---

① 李泰棻:《方志学·自序》,商务印书馆1935年版,第5页。
② 黄苇:《方志学》,复旦大学出版社1993年版,第612页。
③ 陈畅:《方志学历史源流》,载《上海地方志》,2020年第3期;巴兆祥:《基于学科学视角的方志学学科构建源流》,载《上海地方志》2018年第3期。

成"①。

第四，方志学课程进入大学课堂，推进了方志学作为独立学科的社会认同进程。

在民国时期，随着方志学逐步独立，方志学已走进大学课堂。教育界一些教授，如傅振伦、瞿宣颖、顾颉刚、吴宗慈、朱希祖、黎锦熙等在积极从事方志编研工作的同时，大力宣传方志，将方志学作为一门课程在大学课堂上开设，课程或名为"方志学"，或名为"地方志""方志实习"等。傅振伦秉承章学诚应"创办志科"的主张，第一个在大学开设并讲授方志学课程。瞿宣颖《志例丛话·引言》亦曰："不佞以十九年之春，为南开大学高材生述方志概要，秋间在清华、燕京两大学亦授此科。"《江西省志·江西省方志编纂志》曰：吴宗慈"早在大学执教时便开始讲授方志学"②。这些学者均要求学生注重理论学习与方志编纂实践的结合，如黎锦熙在给西北联合大学学生讲授方志学课程时，就要求学生"给所在的地方修县志"③。

走进大学课堂，成为大学教育科目，是方志的社会影响扩大之结果，是民国学者努力建设之结果；同时真切地反映出方志学学科体系得到学术界认可、方志学学科地位上升的客观事实。也为新中国改革开放后，各高校的历史学系、图书馆学系、档案学系"常态化"开设方志学课程，为我国在改革开放后大专、本科、硕士、博士各层级方志学人才教育全覆盖培养积累了一定的经验。

第五，开启方志文献的编纂工作，且影响重大。

自民国始，方志文献编纂工作有长足发展，包括方志目录编制、方志提要编制、索引编制等。地方志的专门目录，最早见于记载的是清初徐氏传是楼的明抄本《天下志书目录》，其次是清代乾隆年间周立广编的《两浙地志考》。惜两书早已散佚，不复存世。民国时期，最早的方志目录编制，为缪荃孙1913年编辑《清学部图书馆方志目》，此书共著录全国各省、府、州、县志1676部。此后，地方志的专门目录一一面世。故宫博物院于1931年、1932年相继编出《故宫志目》《故宫志目续编》。之后，

---

① 黄苇：《方志学》，复旦大学出版社1993年版，第612页。
② 《江西省志》编委会：《江西省志·江西省方志编纂志》，方志出版社2001年版，第235页。
③ 徐卫平：《略论民国时期方志学之成就》，载《扬州师范学院学报》1995年第1期。

陆续编出的志目有张允亮的《国立北京大学方志目》、谭其骧的《国立北平图书馆方志目录》、万国鼎的《金陵大学图书馆方志目》、朱士嘉的《中国地方志综录》《美国国会图书馆藏中国方志目录》、万斯年的《国立北平图书馆西南各地方志目》、任振彩的《天春园方志目》、王缓珊的《九峰旧庐方志目》等。

  在上述地方志目录中，《国立北平图书馆方志目录》被公认为好。该目录为谭其骧于1932年编纂完成。共收录该馆1933年前入藏文献3800余种、5200余部、42000余册。不仅收录有省、府、厅、州、县志，还收录有边镇志、卫志、所志、关志、盐井志、场志等。每部志书，都注明书名、卷数、撰者、刊年、册数、缺数，并附有索引，还注意划分不同版本的方志，考其现在名称，为读者提供方便。此外，朱士嘉编制的《中国地方志综录》（以下简称《综录》），是我国第一部全国性的方志联合目录，著录我国41家主要图书馆所藏的地方志7000余种，具有很高的参考价值。

  方志提要编制工作始于民国初年。彼时因大规模组织编著《续修四库全书总目提要》，故沿袭清人做法，在综合性解题著作中提要方志。当时一大批著名学者如余绍宋、王重民、赵万里、向达、谢国桢、杨树达、罗振玉、柯绍忞、瞿宣颖、傅振伦、谭其骧等都参与撰写工作，至抗战前完成书稿。1930年，北平天春书社出版的瞿宣颖编撰《方志考稿（甲集）》，为我国第一部方志提要专著。该书著录和考证8省方志600余种，每书首列名称，次述纂修章目、纂修者、旧志沿革、类目、辨其体例，最后评其得失，尤注意特殊史料的介绍，有较强的学术性。1936年间，张国淦发表的《中国方志考》，是古代方志之综合书录，不但对元代以前存佚的古方志系统地著目，而且集介绍、评论、辑佚考证等方面的研究于一体，是历史上规模最大的方志提要之作。对于地方的方志整理成果，民国时期也较丰富，主要有王国维《（乾隆）浙江通志考异》《两浙古刊本考》、朱士嘉的《宋元方志考》、萨士武的《福建方志考略》、薛澄清的《闽南方志经眼录》、洪焕椿的《浙江方志综录》等。民国时期，一些学者开展了旧志的辑佚工作，共辑录古志有100余种。如杨守敬《辑古地志》（32卷）、鲁迅《会稽郡故书杂集》（内含《会稽记》等唐代以前的8种绍兴古志书）、缪荃孙辑南朝的《吴地记》、赵万里辑《析津志》、张国淦辑《武昌志》等。这时期方志索引编制也有成果面世，如容媛编

《方志中金石志目》、李濂镗编《方志艺文志汇目》、王重民编《清代学术论文索引》地理部分等。

其六，利用方志资料进行科学研究，成了民国时期的重要学术特征。

在地理学界，王焕镳利用《江宁府志》和《明史》《明实录》、明清笔记资料于 1933 年编成 10 万字的《明孝陵志》。更多的学者，则利用方志考辨历代地名、疆域沿革、物产矿藏、人口分布、气候变迁。由章鸿钊编著的《古矿录》10 卷，辑录历代正史地理志、全国总志、各省通志及部分府县志中有关矿藏的资料，"凡有产地可详者，无问遐迩，靡纤靡巨，无不备举。"在历史学界，著名史学家陈垣利用《至顺镇江志》提供的资料，考证了元代也里可温教（基督教）在中国传播的状况。日人加藤繁利用《长安志》《河南志》《三山志》等宋元方志研究了当时的城市制度和人口分布。在文学研究中，胡适《红楼梦考证》引述了顾颉刚在《江南通志》中查到的清康熙、雍正年间江宁织造和苏州织造的职官表，并由此推论曹雪芹的家世和生平，在红学研究中取得重大突破。在民俗学研究中，以往被忽视的人民衣食住行和婚丧嫁娶方面的资料、节庆活动资料、祭祀迷信资料、方言谣俗资料，始受青睐，并从方志中发现和发掘出来，如 1923 年上海广益书局出版的胡朴安《中华全国风俗志》便"以抄自方志者为上编，抄自笔记、游记、日报、杂志者为下编。编各 10 卷。"民国期间运用方志资料从事各学科的研究，范围是广泛的，成果也是可观的。

四 新时期方志学理论的发展特点

新中国成立以后，随着社会主义经济建设的发展，方志工作迈上了新的里程。

1957 年，国务院科学规划委员会把"编写新的地方志"列为《十二年哲学社会科学规划方案（草案）》的十二个重点项目之一。1958 年 6 月，国务院科学规划委员会成立了地方志小组，拉开了社会主义新方志学兴起的序幕。之后，特别是改革开放后，伴随着"盛世修志"，先后兴起的两次全国性的修志热潮，方志理论研究空前繁荣，成果丰硕。据不完全统计，迄自 2015 年 8 月共出版各种方志学理论著作 1000 多部，发表论文

6万多篇①，方志学研究取得了长足的进步，具有鲜明的时代特点。

第一，理论研究在批判继承的基础上，富于时代性的创新。"盛世修志"是以地方执政主体为依托进行的，新修方志除了继承其政府修志及以占统治地位的阶级和政治集团的思想为指导思想的传统外，在方志的性质、功用、编纂原则、记述内容、体例结构、编纂方法及队伍建设、组织管理等各个方面，都有所改革，都有新的比较系统的基本思想和理论观点。如在体例和篇目问题上，对于千百年来经过反复锤炼而形成的以志为主包括纪、传、图、表多种形式的体例，大部分新志做到在继承中有创新；在篇目设置或门类区分上，保持了带有方志固定特点的篇目，也扬弃了那些不符合时代精神的如皇言纪、烈女传等门类，在篇目的层次上依据丰富的内容在旧志的基础上有所增加，出现篇、章、节、目等多个层次。而新志的内容记述体现了新观点、新材料、新方法的精神，因而具有较多科学性，这是旧志所无法比拟的。1980年后大规模的新方志编修工作正是在中国改革深入开展之际，社会生活的变革，必然反映到方志理论上来，使新方志理论研究具有更大的开放性，吸收各相关学科，如社会学、历史学、管理学、地理学、信息学、经济学等学科的研究成果，大大丰富了方志学科的理论研究，并使之在广度和深度上达到新的境界。

第二，理论研究中百家争鸣特点突出。由于新方志理论研究涉及的内容多，接受相关学科的影响大、理论工作者与实践工作者的认识差距（侧重点不同）、研究人员知识素养和思维能力的异同等原因，在方志的性质、定义，方志的功能、作用，方志学的学科属性和研究对象、方志和效益、方志未来发展走向、方志与年鉴等问题上可谓看法不一，争论颇多。为推动方志理论研究，1996年5月全国第二次地方志工作会议编特别强调"要加强方志学科建设"，要"坚持百家争鸣的方针，提倡方志界理论界不同意见的自由讨论……要组织多层次的方志理论专题讨论，并对重点问题组织攻关研究"②。方志理论研究在原有基础上更是出现了仁者见仁、智者见智、百花齐放、百家争鸣的状态。这种状态伴随着各级地方志协会、学会的广泛建立，各类地方志刊物的创办，各类方志学术研讨会

---

① 国务院办公厅：《全国地方志事业发展规划纲要（2015—2020年）》，2015年8月25日。
② 《全国地方志第二次工作会议纪要》（1996年5月4—7日），载《中国地方志》1996年第Z1期。

的召开，理论研究与学术探索越来越活跃，学术争鸣既有学理的探讨，又有学科的构建，还有编纂实务的交流、编纂成果的评价等。方志理论研究中的活跃与争鸣，不仅有利于方志学的学科建构，而且也有力地推进了方志事业的健康发展。

第三，坚持方志理论研究上的"两个结合"，即方志理论研究与方志编纂实践的结合，方志理论工作者和修志实践工作者的结合。新修方志是在理论准备不足的情况下开展的，理论研究工作从一开始就从解决实践中出现的问题出发，不断把研究成果应用于实践，并接受实践的检验。它坚持了实践——理论——再实践的正确方法，因而使新方志理论研究具有实用性强的鲜明特点。而从理论队伍来看，其基本上是由相关学科的专家、学者、教授和从事修志实践的编纂人员所组成。在新志工作初期，前者是后者的老师，曾为后者启蒙；而在中后期，后者将修志实践中的感性认识上升为理性认识，进一步消化和反刍并加深方志理论的研究，同时为前者提供丰富的资料，共同为新方志理论体系的构建添砖加瓦。

第四，"方志学"课程扎根大学讲堂，修志人才培养途径走上了学科化、专业化的轨道。20世纪80年代第一轮新修方志时期，修志人员多为"半路出家"，人才培养的路径一是将各级各地办的方志刊物作为"函授教材"；二是从上至下举办各种研讨会、研修班、培训班，培养修志队伍；三是采取"以会代训""志稿评审"等提升队伍素质。随着修志工作的普遍开展，培养高素质专门人才历史地成了高校的职责，"方志学"课程不约而同地、广泛地进入了各地大学的教育体系中。其形式有：①开设"方志学"课程。作为历史学专业，不少综合性大学均将其作为专业必修课、选修课课程纳入教学计划，2—3个学分不等。②在职学历教育。即按教育计划，招收在职从事方志学等事业的在职人员通过成人考试、或专项计划攻读方志学专科、本科学历文凭。如开始于1985年北京师范大学历史系举办的"方志学干修班"即是。③全日制专业学位教育。其中，方志学本科、方志学（方向）硕士研究生、方志学（方向）博士研究生分别开始于1998年宁波大学人文学院、1984年复旦大学历史系、2009年复旦大学历史系的首次招生。专业学位研究生上，开始于2016年中国地方志指导小组办公室与中国社会科学院研究生院合作的公共管理专业硕士MPA（方志学方向）学位招生培养。目前，在人才培养上，我国已经实现了大专、本科、硕士、博士的全覆盖。

第五，方志学论著盛况空前，经典性的学科著作迭出不断，方志学独立的学科体系更趋向完整和成熟。前述的至2015年8月，全国共出版各种方志学理论著作1000多部，发表论文6万多篇，即可见方志学研究取得了长足的进步。方志论文主要发表在方志刊物上，论文涉及方志学理论、方志工作管理、方志编纂、方志史与方志学史、志书研究与评价、方志人物、方志整理与利用、方志目录及其他、修志文献等类别。方志学著作有工具书，如《中国方志大辞典》编委会《中国方志大辞典》（1988年）；教科书，如来新夏《方志学概论》（1983年）；学术专著，如黄苇等《方志学》（1993年）；学术文集，如《董一博方志论文集》（1989年）；旧志专题资料汇编，如中国地方志指导小组办公室《清代方志序跋汇编·通志卷》（2014年）；等等。其中方志学术专著涉及的内容又包括基础理论，如王复兴《方志学基础》；方志争鸣，如郑正西、周永光《中国地方志争鸣》（1988年）；方志编纂，如韩章训《方志编纂学基础教程》（2003年）；方志史学，如吕志毅《方志学史》（1993年）、诸葛计《中国方志两千年通鉴》（2016年）；方志批评，如林衍经《方志批评学论略》（2011年）；方志资料整理，如丁世良、赵放《中国地方志民俗资料汇编》（1989年）；方志管理，如李明、薛兴祥《方志管理学》（1991年）；方志传播，如巴兆祥《中国地方志流播日本研究》（2007年）；中外地方史志比较，如王卫平《中日地方志与江南区域史研究》（2014年）；等等成果中，不少为比较公认的经典著作，如黄苇等《方志学》被称为"一部集大成的好《方志学》"，"堪称是方志学理论研究之集大成者"[①]；仓修良《方志学通论》，被赞称为"方志学科的一部经典之作"[②]。

在面世的方志论著中，不乏反映历史与现代方志研究的总结性成果，并各有千秋地构建了较为完整的方志学学科理论体系。如1986年，黄苇主编《中国地方志词典》，系统总结著名方志、修志名家与方志学家、方志用语、方志目录、方志专著、方志论文、方志序跋凡例、修志文献、修志机构与刊物等方面的方志学知识及其550余条方志用语，属方志学科的首次汇集与阐释。又如2017年，段柄仁主编、出版的《中国地方志百科

[①] 张景孔：《三部〈方志学〉之比较研究》，载《中国地方志》1995年第3期。
[②] 陈凯：《方志学科的一部经典之作——读增订本〈方志学通论〉》，载《广西地方志》2013年第4期。

全书》，以普世通行方式传播了方志总论、志书编修、历代志书、新编志书、方志人物、方志馆藏、方志工作管理等7个板块的方志学知识体系与学术成果。而来新夏《方志学概论》、黄苇等《方志学》、林衍经《方志学广论》等专著大致均从方志基础理论、方志学史、方志发展史、方志编纂、方志整理（或方志应用）、方志管理、方志批评等方面构建了方志学的理论或学科体系，使方志学作为独立的学科更加趋向完整和成熟。

第五节　方志学研究的基本方法

任何学科要想得以确立都必须有自己相对独立的理论与方法。方志是方志理论研究的基石和起点，方法是方志理论研究的工具和手段。如果说，没有坚强基石的研究学术大厦将无立身之地、没有正确对象的研究就无的放矢的话，那么，没有科学方法的研究将难以登堂入室探索精深课题，甚至陷入思维盲区，游离于学术殿堂之外。

方志学研究方法即为方志学方法论。方法论是人们认识世界和改造世界的根本方法。方志学方法论是关于方志学研究方法的理论，它为方志学研究中的思维活动确定一系列的程序、格式和规则。其中，程序是对研究过程的规定，它表示着思维所经过的路径和环节；格式是由一程序过渡到另一程序的中介和桥梁；规则是方法论中诸要素的法约，它规定着方法的适用范围，从总体上全面规范着主体行为。方志学方法论对方志学学科建设具有重要意义。理论的生命在于科学性，科学的进步在于研究方法的进步。正如俄国著名生理学家巴甫洛夫所说："科学是随着研究方法所获得的成就而进步的。研究方法每前进一步，我们就更提高一步，随着在我们面前就开拓了一个充满种种新鲜事物的、更辽阔的远景。因此，我们的头等重要的任务仍是制定研究法。"[1] 毛泽东同志对此也有相似论述，他说："我们不但要提出任务，而且要解决完成任务的方法问题。我们的任务是过河，但是没有桥和船就通不过。不解决桥和船的问题，任务也只是瞎说一顿。"[2] 因此，方志学研究方法的探讨就显得尤为重要。事实上，已有的方志学研究成果也折射出了方志学研究方法的多种多样，在此，仅对其

---

[1] 《巴甫洛夫选集》，人民教育出版社1955年版，第49页。
[2] 《毛泽东选集》第一卷，人民出版社1967年版，第125页。

中的部分方法予以阐述。

一 逻辑方法

逻辑方法包括属于哲学的辨证逻辑和关于思维形式和规律的形式逻辑。这里所说的逻辑方法即指形式逻辑方法。形式逻辑是一门工具性质的科学，基本内容是对人类具体思维活动的概括，是一种非上层建筑的社会意识形式，没有阶级性质和民族性，它强调技能训练，它所确定的概念、判断、推理、基本规律与论证的程序、格式与规则，任何科学任何人的思维活动都必须遵循它，否则，错误就难以避免。

逻辑的力量是无穷的。在方志编纂实践中，逻辑方法具有重要作用。纂志之道故多，而门类标题则为首要。志书门类的划分、篇目的拟定、结构的设置离不开逻辑概念划分的规则，否则就会出现"划分不全""排列混乱""多出子项""子项相容""根据不一""结构欠妥"等缺点。而离开了逻辑方法所规定的程序、格式与规则，凭自发思维所产生的方志理论，片面性、随意性较大，多向性争议突出，一经逻辑推敲，就会发生倾斜。拿方志学科的建立来说，应该严格遵循逻辑思维的程序，首先是明确一系列基本"概念"，然后再做出正确的"判断"，继而进行符合"逻辑基本规律"的"推理"，最后进行复杂的"论证"。这个程序是所有科学研究与表述的必由之路，方志学科建设也不例外。方志学者掌握逻辑方法，按照逻辑的规律进行科学的思维，那么，方志领域中许多争论不休的问题就会迎刃而解，渐趋统一，而建立在此基础上的方志学科就会立于不败之地。

二 哲学方法

形式逻辑方法只研究思维形式，不研究思维内容，也不受上层建筑的意识形态所影响。科学研究的目的是要揭示世界上的本质，寻找自然和社会某些特定的规律，这就需要借助于更高级的认识工具，即辩证的逻辑，哲学的方法。哲学是一切科学的基础，离开哲学，方志学的理论就失去高度和准确性。马克思主义的哲学方法论对方志学研究有着至关重要的指导作用。在过去的方志学研究中，历史唯物主义关于生产力与生产关系的矛盾、经济基础和上层建筑的矛盾的理论得到广泛运用。辩证唯物主义的观点却运用得不够自如，这就要求方志工作者进一步学习、领会和研究。

事实上，辩证唯物主义观点在方志学研究中的运用不仅范围宽泛，而且意义重大。如运用物质与意识的理论来研究方志功能，就可能得出志书物质形式的功能是存史，志书意识内容的功能是资治、教化。同样，可以运用唯物辩证法的运动观、时空观研究志书断限和历史的存在形式；运用联系和发展的观点研究方志学史和方志学与其他学科的关系；运用质量互变规律研究方志质量和定量分析一些具体问题；运用对立统一规律研究善恶并书和揭示方志矛盾的普遍性和特殊性；引入原因和结果的范畴来探索志书表述方法；引入现象和本质的范畴来分析方志复杂的现象，揭示方志本质；运用实践观、真理观原理来强调方志学实践决定性、真理客观性、学术民主性等。而在操作方法上，可以运用归纳和演绎、分析和综合、抽象到具体等辩证逻辑和思维方法，论述方志理论。可以说，马克思主义哲学是解决方志理论复杂问题的灵丹妙药。章学诚说："丈夫生不为史臣，亦当从名公巨卿，执笔充书记，而因得论列当世，以文章见用于时，如纂修志乘，亦其中之一事也。"① 当代方志人不仅仅要有"纂修志乘"的任务，还应肩负"论列当世""见用于时"的理论建设、传承方志辉煌历史的责任与使命，而在其中就必须以马克思主义哲学为指导。

三 历史方法

所谓历史方法，就是要从事物发生和发展的过程中去进行考查，以弄清事物的实质和发展规律。列宁曾说："为了解决社会科学问题……为了用科学眼光观察这个问题，最可靠、最必需、最重要的就是不要忘记基本的历史联系，要看某种现象在历史上怎样产生，在发展中经过了哪些主要阶段，并根据它们这种发展去考察它现在是怎样的。"② 方志是一种社会现象，要了解方志的某一问题，探求方志发展的规律，总结方志工作的实践经验，都需要运用历史方法去进行研究。

历史方法的第一步是史料的搜集。史料的搜集应力求原始材料，对第二手资料要认真考察它的出处、转述者的立场和治学态度。对方志问题研究，不仅应搜集方志本身的史料，还应重视同方志有关的政治、经济、文化、科技等方面的史料。历史方法的第二步是对史料进行鉴别，去伪存

---

① （清）章学诚：《答甄秀才论修志第一书》。
② 《列宁全集》第29卷，人民出版社1957年版，第230页。

真,去粗取精,在此基础上对史料进行分类并分析、研究。

在运用历史方法研究方志问题时,一是要坚持全面分析的方法。任何事物都不是孤立存在的,都是在错综复杂的关系中产生和发展的。一定历史时期的方志受一定历史条件的制约,因而对方志理论的研究,应当与一定历史条件下的政治、经济、文化等联系起来,全面地进行考察与分析,从中获取深刻的认识。二是要把历史分析和阶段分析结合起来。旧方志是在封建和半封建社会修成的,其在指导思想、编纂目的、资料观点等方面都无不体现封建统治阶级的立场、意志和利益。正确分析旧志的不足和旧志编修家的方志行为,有利于我们对方志史上的有关问题作实事求是的全面的分析和评价。三是要正确处理批判与继承的关系。运用历史研究方法的目的,是在于考查过去,总结经验教训,以便于指导今后的工作。"观今宜鉴古,无古不成今。"我们对待一切历史遗产,必须以马克思主义的立场、观点和方法进行缜密的研究,去其糟粕,取其精华,批判地继承,否定一切的虚无主义和无批判地兼收并蓄,都是错误的,都是无益于方志学研究的。

四 多学科方法

方志具有百科性质,决定了它的研究方法是多学科的。其具体可包括传统学科的研究法和跨学科的综合性方法论两个方面。传统学科一类是方志学的姊妹学科,如历史学、地理学、年鉴学;一类是方志学的交叉学科,如地质学、气象学、生物学、人口学、经济学、政治学、民族学、民俗学、宗教学、考古学、语言学、谱牒学、史料学、目录学、档案学、编辑学、文献学、行政管理学等。众多学科的知识和具体研究法,或多或少地适用于方志学领域中某专业某侧面的研究。

现代科学技术上的许多问题,需要多种学科联系起来,共同研究,才能予以解决。这就导致每一门学科,只有在诸门学科相互联系中,才能得到发展。而各门学科在共同研究问题时,需要有一些共同语言、概念、思路和方法,这就产生了跨学科的综合性方法论。应运而生的信息论、系统论与控制论是当代新兴科学中的三朵奇葩,它们不仅已在自然科学的研究中发挥出巨大的功效,而且也被引入社会科学领域,得到越来越广泛的应用。如在经济学、管理学、人口学、旅游学、社会学等方面,"三论"的运用都促进了相关学科研究工作的深入发展。"三论"于方志学的研究不无裨益。例如，运用控制论的理论和反馈法可研究方志主体的活动、方志编纂过程和方志事业管理；运用系统论中的整体性原则、相互关系原则、有序性原则、层次性原则、最优化原则可研究方志理论、方志编纂、方志利用、方志事业发展中的方方面面；运用控制论可研究方志质量、方志制度、方志规范、方志传播等问题。

新编方志工作开展以来，方志研究主体发生变化，除了方志工作者之外，一些相关学科的学者涌进来研究方志。"方志面向百科，百科走进方志"，可以为方志研究带来新思维，新声音，有利于解决方志理论探讨"食古不化"和"食新不化"的弊端，实现方志研究的传承与创新。当然，交叉、多学科研究方志，也要避免以它学科的架构凌驾在方志之上，改头换面方志学，出现鸠占鹊巢而颠覆方志的现象。方志海纳百科，需要百科理论支撑，做好科际融合，将多学科的理论元素融合到方志学之中，形成方志史学、方志资料学、方志编纂学、方志目录学、方志语言学、方志文献学、方志管理学、方志馆藏学……合成方志学一个完整体系，这样的学科融合，有利于方志学研究在广度、深度上产出新的成果，有助于方志学作为一门独立学科的更加成熟和完善。

五 比较法

方志比较法就是科学的比较方法在方志学中的运用。其采用纵向比较、横向比较、纵横比较等多种形式进行研究，求常求变，求同求异，从中寻求一定区域（或行业、专业、事业、部门、单位）内自然界和社会方方面面的一般规律和特殊规律，并以这种认识的规律指导方志编纂和理论研究工作，又同时在比较研究中发现和把握方志领域中的一般规律和特殊规律，这既有利于地方特色，又有利于显现优势和暴露劣势。比较法在民国时期的方志研究中即受到学者的重视，如黄炎培在《川沙县志·导言》中即说："一地之治乱盛衰。往往根于其国运……治方志者，仅仅着眼于一隅，而不驰神全国乃至全世界，则所窥之因果，必失之偏狭，而莫能真确。"[①] 其所纂《川沙县志》中就列有"中西大事记对照"，颇受志界称道。方志比较研究的领域主要有实例研究、地域研究、跨国度研究3种。其中，实例比较研究是指地情专题或志书的比较研究；地域比较研究

---

① 黄炎培：《川沙县志》，上海国光书局1937年铅印本，第1册。

是就国内某一地区的方志事物与其他地区进行比较研究；跨国度比较研究主要是针对两个或两个以上国家有关事物的比较，如将中国地方志、方志学同国外的某些地方史、区域地理学进行比较研究等。比较法在方志学研究运用中要注意"七要"，即要有明确的目的性，要注意典型性，要注意整体性，要尽可能做到内容的丰富性和形式的多样性，要控制比较内容的比重，要确保比较事物间的可比性，要在运用中做到"驾轻就熟"，素材可取。应该说明的是，方志比较研究法要成为真正的科学方法，必须要有马克思历史唯物主义和辩证唯物主义、阶级分析方法、马克思主义家庭、国家、民族观等的指引作为前提。只有这样，在复杂纷繁的外部世界中，才能把握正确方志比较研究的方向和实质，真正发现方志这一文化事象的"同中之异，异中之同"。比较研究法有着自身的局限性，在方志学科研究中不能孤立地进行，需要在正确的哲学思想和有关学科知识的指引下，并且与其他方法结合运用，才可以得出正确的结论。

第二章　方志的起源与发展

方志的起源与发展，是从纵线上对方志的源头以及以方志这一体裁形式记述反映"方域事情"的"记事成文之作"，而后的两汉地记、隋唐图经，以及于宋代定型后的方志的演进状态的展示与分析。1984年全国第一次旧志整理工作会议确定以中华人民共和国成立时间为分界线，之前历代编修的地方志统称旧地方志，之后的称新编地方志或新方志。方志缘起于《周官》，其发展经历了秦汉魏晋南北朝、隋唐时期、两宋、元明、清朝、民国及新中国成立后7个时期，产生的卷帙浩繁的各类地方志编纂成果，在我国的著述史上有着重大的影响。

第一节　方志起源

一　起源诸说

方志起源于何处，这是古今历史学家和方志学家长期探索的问题，直到今天，仍处于诸说并存的局面。大致有：①《禹贡》说。《禹贡》《尚书》中的一篇，大禹治水后分全国为九州（冀、兖、青、徐、扬、荆、豫、梁、雍），书中采用自然分区的方法，记载了黄河流域的山岭、河流、土壤、物产、贡赋、交通，对长江、淮河流域也有记载。②《山海经》说。《山海经》共18篇。由"山经""海经""大荒经"组成。有人认为，其中14篇是战国作品，4篇（"海经"）是西汉初作品。《山海经》内容包括山川、道里、民族、物产、药物、祭祀、巫医等，保存了古代的神话传说。③古代诸侯国史说。李泰棻言："志即史也，故如《吴越春秋》《越绝书》以及未能传世之百二十国宝书等，皆可称为方志。然最早以志书名者，首推常璩的《华阳国志》"[①]；范文澜在《中国通史

[①] 李泰棻：《方志学》第一章，河北人民出版社1990年版，第7—8页。

简编》中认为:"东汉会稽郡人赵晔著《吴越春秋》,又由无名氏著《越绝书》,两书专记本地掌故,开方志的先例。"① 前后又有不少学者将晋常璩的《华阳国志》列入此类。其中,《越绝书》记春秋战国时期越国(今江苏、浙江部分地区)的历史沿革、市镇建设、山川、生产情况、风俗和人物。与后世的方志比较近,所以,清代经学家、文学家、方志学家洪亮吉在《澄城县志·序》中说:"一方之志,始于《越绝》。"《吴越春秋》记吴越两国(江浙)的兴亡始末,该书只记人物,不记地理及都邑。《华阳国志》记巴、蜀、汉中、南中为中心的西南地区的地理沿革和历史变迁,记的蜀汉事迹和蜀中晋代史事比《三国志》更详备。④多源说。即"方志并非起自一源,而是多源。"即方志源头是诸源汇流,"不仅有《周官》《禹贡》《山海经》,还有《九丘》之书和古舆图等等……如果进一步广泛考察,或者还可以找到如民间传说等一类的来源。"② 方志起源的不同说之产生,除因为方志自身内容、体裁的多元性质外,也来源于研究者的学术站位。以上诸说各自能否成立,本书在此留与读者思考。

二 方志起源于《周官》

唯物论者认为,任何一种观念文化的产生,都与政治、经济的历史条件息息相关,都是缘于社会需要的,在科学研究中,为了探明一些科学学科发生、发展的历史进程,有的甚至要追溯到无文字记载的原始社会,如社会发展史学、法学、人类学、陶瓷学、热力学等。

方志是方志科学运动的核心,方志与方志科学是随着社会与社会文化、文明进化渐渐发展形成的。从历史的发展考察方志的由来,方志是为满足社会对记事的需要而产生的。社会生产力与生产关系的发展,促进了社会的发展和记事技法的进步。在人类历史的长河里,从"穴居野处,茹毛饮血"的中国原始社会开始,人们在生活中就运用"结绳""刻契"等作记号记事。从原始社会解体,到夏、商(殷)奴隶制社会已发展为使用甲骨文、金文等技法记事。随着记事的范围扩大,事例也随之增多。周王朝的建立,实现了封建社会变革,分封诸侯,国家制度逐步健全,社会生产力大为提高。社会、军事、政治、经济活动频繁,仅设置管理国家

---

① 范文澜:《中国通史简编》第二编,人民出版社 1964 年版,第 246 页。
② 黄苇:《方志渊源考辨》,载《中华文史论丛》1981 年第 3 辑。

的职官就有300多种。为满足社会对记事的发展的需求，创造发明了文字，并且获得从刻符号革新为刻字的技术进步，而从实现了使用文字记事存史的飞跃。同时创造了运用方志的形式与方法，记述四方诸侯国的事情，使周天子得以知情治国。

周王朝典籍的记事范围，已涉及有史事、政事、民事、物事、天文地理之事等等。如《周官》就是一部通过记述300多种职官的职务而系及当时的政务、农事、兵制、学制、刑法、典议等社会生活和社会结构之事的。

从现存的典籍来看，《周官》即《周礼》，其对方志的源起产生了积极的影响。前已有载：《周官·春官·外史》曰"外史掌四方之志"、《周官·地官·诵训》曰"诵训，掌道方志，以诏观事"，还有《周官·夏官·司马》曰西周有"职方氏"掌天下的地图，主四方的职责，按照九州区域，辨别各地的山川、湖泊、薮泽、人民、物产、财用等材料，提供国王作为施政的参考。这些足以说明方志与《周官》的渊源。汉郑玄考证《周官》所述的"职方""诵训""外史"等职官，他们职掌的范围，基本上包括了封建时代方志的内容，所发挥的作用，也同后世方志"存史""资治""教化"的功效基本一致。

对方志源起于《周官》说，历代史、志学家都有肯定的论述。宋司马光在为宋敏求《河南志》作序曰："周官有职方、土训、诵训之职，掌道四方九州之事物，以诏王知其利害。后世学者，为书以述地里，亦其遗法也。"① 马光祖在《景定建康志序》中云："郡有志，即成周职方氏所掌。"② 元朝明代，不少人在所纂方志的序中赞同此说法。元人黄溍在序《东郡志》时，述及："南山宋公，以侍御史致政居滑州、滑领二县，而治白马，白马故东郡地也。……分暇日……作《东郡志》十有六卷。……溍窃惟……是以成周之制，职式掌天下之图，而道地图以诏王者，有土训之官焉。小史掌邦国之志，外史掌四方之志，而道方志以诏王者，有诵训之官焉。"③ 许有壬在《大元一统志序》中说："《周官》小史掌邦国之志，外史掌四方之志，志之由来尚矣。"④ 嘉靖所修《河间府

---

① （汉）司马光：《河南志·序》，载《司马温公文集》卷六十六。
② （宋）马光祖：《景定建康志·序》。
③ （元）黄溍：《东郡志·序》，见《金华黄先生文集》卷十六。
④ （元）许有壬：《大元一统志·序》。

志》，樊深在序中称："志者，郡邑之史也，古以来恒有之，而于今为重。盖《周礼》有小史以掌邦国之志，有外史以掌四方之志，而又有职方式以掌天下之图。"① 到了清代，此说颇为流行，如孙诒让疏："方志，即外史所掌四方之志所以识记久远掌故，外史掌其书。"② 沈世枫称："郡国有志，昉于春官·外史，夏官·职方。"③ 其中说得最多、持之最力者首推章学诚，其所撰方志论文，多半都要以《周官》作为自己论据。《方志立三书议》中说："余考之于《周官》，而知古人之于史事，未尝不至纤析也。外史掌四方之志，注谓：'若晋《乘》、鲁《春秋》、楚《梼杌》之类'，是一国之全史也。"《州县请立志科说》中说："按《周官》，宗伯之属外史，掌四方之志。"④ 所要说明的是，章学诚与司马光虽然都主张方志导源于《周官》，但谈到具体的渊源所在，章学诚所指偏重于其中的外史，即主张地方志即地方史，而司马光则偏重于其中的职方、土训和诵训，即偏重于舆地图经。

清末民国至今，认为方志源于《周官》的学者越众。清末缪荃孙在《重修信义志序》中说："惜孔子得百廿国宝书以成《春秋》，前贤以为即方志也。《周礼》诵训掌道方志，以昭观事。"⑤ 在现代，如蒋光田在《地方志是一座宝库》中认为地方志起源"最早是春秋战国时期流传下来的《周礼》中，有'外史掌四方之志'和'小史掌邦国之志'的记载"，并认为"四方之志""至少应该是周天子下面各诸侯国史"，"邦国之志""就是从闾阎来的材料加工后'反命于王'的地方志。"⑥ 又如林衍经认为"就现存的典籍来看，'方志'这个名称，最早见于《周官》，要考察方志的起源，便不能不正视这个事实。……通观全体，那么我们便可以说：《周官》确实是方志的源头之所自。"⑦

述及这里，有必要介绍《周官》这一儒典。《周官》亦称《周礼》或《周官经》，是综合叙述周王室官制的作品。全书共分《天官冢宰》

---

① （明）樊深：《河间府志·序》。
② （清）孙诒让：《周礼正义》。
③ （清）沈世枫：《广平府志·序》。
④ 张树棻纂辑、朱士嘉校订：《章实斋方志论文集》，山东省地方志办 1983 年印，第 11、18 页。
⑤ （清）缪荃孙：《重修信义志序》，载《艺风堂文漫存》卷二。
⑥ 《中国科学院第一次图书馆学情报学科学讨论会文集》，1980 年内部印行。
⑦ 林衍经：《方志学综论》，华东师范大学出版社 2008 年版，第 21 页。

《地官司空》《春官宗伯》《夏官司马》《秋官司寇》《冬官司空》六篇，每篇又分上下，合为十二卷，《冬官司空》早佚，汉时补以《考工记》。其中《地官司徒、大司徒、土训、诵训》《夏官司马、司俭、职方》、《春官宗伯、保章氏》职掌各地社会风情、天文地理、物产财用，与后世方志渊源直接。《周官》作者与成书年代，古文经学家认为是周朝，今文经学家则称出自战国，后世也有人指作西汉刘歆的伪造，近人从出土周、秦铜器铭文中，考订为战国时的作品。

而在论及方志源起的众说中，以方志导源于两汉地记说论者最为反对《周官》说，其理由主要认为《周官》是部伪作。该说在仓修良著《方志学通论》一书中有较全面的阐述。其先引宋洪迈之言证《周官》为伪作，即《容斋续笔》卷十六，《〈周礼〉非周公书》条说："《周公》一书，世谓周公所作，而非也。昔贤以为战国阴谋之书。考其实，盖出于刘歆之手。……至王莽时，歆为国师，始建立《周官经》以为《周礼》，且置博士。而河南杜子春，受业于歆，还家以教门徒。好学之士郑兴及其子众往师之，此书遂行。歆之处心积虑，用以济莽之恶。莽据以毒痛四海，如五均、六莞、市官、赊贷诸所兴为，皆是也。"① 仓修良认为"这一论述，便向人们揭示了《周官》一书，全系后人之伪托，从而打破了长期以来所传周公制作《周礼》之神话般的谎言。"继之，作者举例说近代学者把《周官》定为战国时期的作品，甚至是"战国后期的作品"，是战国时期"留心时政的人，便采访各国官制，截长补短，使之条理化，系统化"的"官制汇编"；否定"四方之志"就是所讲的方志，诸侯国史与方志不相等同，进而否定《周官》源起说、并结论"方志起源于两汉之地记"②。

本书认为，方志渊源于《周官》。这是从《周官》的内容、历代有关学者阅读、研究、并细加注疏以及方志发展史本身的特点而综合考察所得。但当时方志的实义，尚未形成书名或学科名，而是对以方志这一体裁的形式记述反映"方域事情"的"记事成文之作"的泛指。随着社会经济文化的发展，到了两汉始见运用方志形式和方法单独成书，如《史记·河渠志》《汉书·地理志》《十州记》等。之后经过魏晋隋唐的发展至南宋时期完善定型。

---

① （宋）洪迈：《容斋续笔》卷十六。
② 仓修良：《方志学通论》（增订本），华东师范大学出版社2013年版，第36—50页。

事实上,《方志学通论》认为《周官》是伪作,也是"全部内容却是抓住古(他)人来做文章",是乎所引越多否定的力度越大。① 须知,对于先秦的有关史事争论,由于历史的原因难成一家之言的情况是客观存在的,但这是广大社会科学工作者努力的方向和目标,需要作长期艰苦的探索,更需要有关学科特别是考古学的密切配合,主观、武断地肯定一切或否定一切都不是科学的态度。因为实际的研究中,肯定《周官》成书于周朝的专家学者也不乏人,如金景芳在其《周礼》一文中认为《周礼》内容"什九是西周旧制","井田制""后耦"制"都不伪,并不可能作于春秋之后";《考工记》"正因为此书是国人所作,所以对于车的构造记述特详";《周礼》中"所用古体文学,不见于其他古籍,而独与甲骨文、金文相同,又其所载官制与《诗经·大雅·小雅》相合,可见非在西周文化发达的时代不能作";"从语法看,文献中,凡春秋以前之文,十数与零数之间,皆用有字连之,我国中期之文不用……《周礼》之经记全部用……故《周礼》非战国时人之作"等方面即论证《周礼》是周朝的作品。但两者间却有一个共同点,就是谁也未否定外史掌"四方之志"、诵训"掌道方志"、职方氏掌"天下之图"等史实。② 史实的真伪之于成书的时间前后,作者为谁而言是关键的因素,是第一位的东西,方志名缘于《周官》的史事内容,而非《周官》之名本身。至于不惜笔墨考究《周官》中之"志"与史的异同,于探究方志的起源可说无多大影响。因为研究方志的由来与发展,必须充分考虑并尊重这样一个历史事实,即中国古代的史志著作,"书""志""史""记"等名称混用,且多有相通的。如在二十四史中,用方志别称称记的有《史记》,称志的有《三国志》,称书的有《晋书》等。如果说《周官》中之"志"是史而非志,那就恰恰否定了该书所持的"古者记事之史谓之志""古代史书本称志"的观点。史和志都是记述史事的,它们本身的渊源关系就十分密切,"最古之史,实为方志""四方之志和国别为史是方志"这早已为学者所论证。因此,方志渊源于《周官》是客观存在的不容否定的事实。

方志作为历史现象,有着一个发生、发展和继承、演变的漫长过程。而这一过程是与人类社会发展的普遍规律和社会发展更迭规律紧密联系着

---

① 仓修良:《方志学通论》(增订本),华东师范大学出版社2013年版,第38页。
② 金景芳:《周礼》,载《文史知识》1983年第1期。

的。认为方志源起于《汉书·地理志》或起源于两汉地记的不当之处，就在于把方志发展、形成为方志科学这一运动变化的历史人为地割裂，否认中国古代从周朝起就运用方志记事的科学方法的历史存在，否认先秦对方志产生、发展与形成的、直接的、间接的、历史的联系和影响，无异于割断方志与方志文化与先秦时期的社会人文文化文明进化的联系，割断中国方志文化文明与人类社会发展的普遍规律的联系，在方志产生、发展与形成的问题上，就等于取消了先秦时期的社会存在对方志的影响。任何脱离方志文化的历史进程或在进程中间"拔地成志"，并且成为方志源起的事，实际上是不会有的。两汉的"书""志""记"，也是从历史上有文字记载的周朝运用方志这一记事的形式与方法发展而来的。

我们认为方志与《周官》有直接的渊源，并不否认和排除先秦古籍如《尚书》《山海经》《诗经》《春秋》等对方志产生所起的作用，也不否定两汉地记对方志发展的影响。这些古籍记载的内容已经涉及当时、当地发生的、社会的、自然的以及历史进化的各方面的事情。其宝贵价值就在于它能提供多方面的、历史上的科学知识，对有关科学研究，都可以利用来论证有关方面的由来与发展，以得成为"木之有本，水之有源"的科学。方志的产生与这些古籍不是绝缘的，而是有着综合利用或吸收消化从而产生直接或间接的源流关系。方志正是在其发展过程中，不断吸取、兼容了其他著作的有关成分，逐渐丰富了内容，完善了体裁，健全了体例，独立于学科著述之林。

第二节 方志发展

方志尽管渊源于《周官》，春秋、战国时期已有"区域志"性质的"百二十国宝书"以及全国性"四方之志"，但从较为完整的地方历史文献考察方志的历史，其初发阶段、初级形态起于两汉，之后经历魏晋南北朝、隋唐时期的发展，至宋代而体例始备，基本定型。明代迅速发展，清代进入全盛，已成了一项极为重要的文化事业。其发展过程大致分为如下7个时期。

一 秦汉魏晋南北朝时期

这一时期，是方志由最早的全国性区域志向地记发展并向史地结合体方志转移的时期。

公元前221年，秦始皇统一中国，结束了诸侯割据的局面，推行郡县制度，实行中央集权，各国的史书遭禁毁，修史之权收归中央，并要求地方将舆地详情上报，作为进行统治的参考。公元前207年刘邦军队入咸阳时，萧何"收秦丞相御史律令图书藏之"，因而"具知天下阨塞，户口多少，强弱之处，民所疾苦"①。

西汉初期，由于实行"休养生息"政策，封建经济有所发展。为了掌握全国情况，"武帝时，计书既上太史，郡国地志固亦在焉"。"其后，刘向略言地域，丞相张禹使属朱贡条记风俗，班固因之作《地理志》。"②班固的《汉书·地理志》是第一部初具规模的全国性区域志，是封建王朝加强地方统治的产物。该志记载了各郡国、侯国及县邑的概况，诸如建置沿革、山川道路、土贡方物、人口赋税、盐铁工商，无不载之于书。自此，"地理志"不但成了正史中必列的内容，也成了地方志的一个重要组成部分。其为各朝代汇纂图经总集、地理总志创立了模式。范晔曾赞之"记天下郡县本末，及山川奇异，风俗所由，至矣"③。

魏晋南北朝时期，以全国区域为范围编纂的总志有晋挚虞《畿服经》、陈顾野王《舆地志》、北魏阚骃《十三州志》等。以《畿服经》的体例较为完备，《隋书·经籍志》载："晋世，挚虞依《禹贡》《周官》，作《畿服经》，其州郡及县分野封略事业、国邑山陵水泉、乡亭道里土田、民物风俗、先贤旧好，靡不具悉，凡一百七十卷。"其内容不止于叙述地理风俗，还增添了"先贤旧好"等人物事迹，是综括地理书和史书的著作，开创了方志列人物的先例。

东汉以降，地记得到了蓬勃的发展。地记，最早出现于西汉，如王褒《云阳记》。魏晋南北朝盛极一时，其所记大多为州、郡、县疆域、建置以及一方地理、山川、物产、古迹、旧事、神话、传说等。横排门类，纵贯古今，较秦汉地理书远为详备，合后世方志体，有些可作方志雏形。地记的繁荣，与当时地方豪族地主政治、经济势力的发展、门阀制度的形成有着密切的关系。这时的世家豪族为了巩固其在政治、经济上的地位与特

---

① （汉）司马迁：《史记·萧相国世家》。
② 《隋书·经籍志》。
③ 《后汉书·郡国志序》。

权，维护门第制度，自然要寻找能够为其制造舆论的工具，以标榜自己的门第高上，夸耀本家本族的人才出众，颂赞本郡的人杰地灵，这就使兼载人物与地理的著作形式——地记应运而生并很快发展于分裂割据这一特定历史时期，并形成了方志发展史上第一次高潮。据《隋书·经籍志》载，南齐人陆澄所编《地理书》中收集了地记160种，梁人任昉在《地理书》的基础上又增补了84种，编为《地记》253卷，可见地记发展之一斑。见于著录的地记，除《太康三年地记》等外，尚有多种形式，例如专记人物的《陈留耆旧传》、专记风土的《交州异物志》、专记古迹的《洛阳伽蓝记》、专记道里的《西京道里记》、专记城池的《国都城记》、专记谱牒的《冀州姓族谱》、专记文征的《江左文章志》等等。这些地记，因其所记内容各有侧重，又有郡书、地理书、都邑簿等不同称谓。郡书即郡国之书，所记多为乡邦先贤和耆旧节士的事迹；地理书所记，多为一方风土，诸如疆界区域、山川土地、道里户口、民情风俗；都邑簿即后来的城市志，多载城郭、宫阙、苑囿、观阁、仓厩、陵庙、坊市之类。由于地记是豪族地主势力用以表彰一方之盛的，不免出现虚美不实的弊端。

这一时期，出现了内容兼记地理、人物和都邑的"史志体"方志，即《越绝书》《吴越春秋》《华阳国志》。《越绝书》原为25卷，现存15卷，据考证为东汉袁康等著，记述了吴、越二国史事。《吴越春秋》为东汉赵晔所撰，原书12卷，记吴越二国兴亡始末。《华阳国志》12卷，为东晋常璩所著，有巴志、汉中志、蜀志、南中志等篇，不仅言及西南地理、历史，而且载有风俗物产，兼有神话传说。这3部书，跳出了地理书的范围，把史、地结合起来，一些志家推它们为方志之祖。

汉晋时期，舆图的绘制较发达。当时的一些舆图，附有较多文字说明，汉晋学者引述其图说部分，有称图者，有称图经者。图经有图有文，其中，图是地图（疆域图、沿革图、山川图、名胜图、寺观图、宫衙图、关隘图、海防图等），经即地图的文字说明。"其先以图为主，说明为附；其后说明日增而图不加多，或图亡而仅存说明，遂多变为有说无图与以图为附庸的地志。"[1] 图经在魏晋时期已与古地图脱离，单独成书。惜大多数已经亡佚无考。《隋书·经籍志》著录有《幽州图经》《冀州图经》《齐州图经》3种。

---

[1] 王以中：《〈山海经〉图与职贡图》，载《禹贡》半月刊，第1卷第3期。

总之，这时期方志发展的历史，清楚地表现了全国性区域志——地记——史志体方志的演变进程，萌始了方志的雏形。而图经的兴起，则为图志融合成定型方志，提供了条件。

二　隋唐时期

隋唐时期，方志进一步发展，为官修"图经"时期。隋唐之际，由于国家的统一，经济文化的发展，盛世修志遂形成风气，第一次出现了大规模的、有组织的编修方志活动，并产生了我国最早的地方志总志。

隋朝结束了魏晋南北朝连续三百多年的战乱和分裂局面后，为了加强中央集权，打击地方门阀，发展经济文化，对全国行政区划按照"存要去闲，并小为大"的原则，调州、郡、县三级制为郡、县二级制，精简了五百多个州郡。同时实行"大索貌阅"和"输籍法"以严格核对户口。并于大业三年（607）开始实行科举制度。为了进一步了解全国所置郡县状况，诸如疆域的区划、户口的多少、赋税的增减、物产的种类等，便于大业年间"普诏天下诸郡，条其风俗、物产、地图，上于尚书"。图经于此而盛，并从私修转为官修。在隋代，纂成的总志性图经"有《诸郡物产土俗志》一百三十一卷，《区宇图志》一百二十九卷，《诸州图经集》一百卷，其余记注甚多"[1]。此外还有《隋州郡图经》《雍州图经》《陈州图经》《上谷郡图经》《固安图经》《江都图经》等。这些图经内容之丰富、卷帙之众多，为之前所莫及。隋朝，是我国历史上中央政权编纂地方总志的开端，为以后历朝统治阶级所效法。

唐袭隋例，重视方志的编修制度，"建中元年十一月二十九日，请州图每三年一送职方，今改至五年一造送。如州县有创造，及山河改移，即不在五年之限，后复故"[2]。这里的"图"，即为图经。因为朝廷的重视，图经形式的方志在唐代极为发达。唐代州县图经，据诸书引录，有《京西京北图经》《润州图经》《武陵图经》《夷陵图经》《陇州图经》《淮阴图经》等30余种，其中只有《沙州图经》《西州图经》残卷存世。"安史之乱"后，唐王朝中央力量大为削弱，河朔三镇割据进一步发展为四十

---

[1]　《隋书·经籍志》。
[2]　《唐会要》卷五十九。

几个藩镇割据，形成所谓"自国门以外，皆分裂于方镇"的严峻局面。[1]在唐王朝曾屡图削弱藩镇势力的情况下，方志提供地情作为政治和军事决策参考的作用日渐重要。因此，唐王朝对编修方志表现出较高的热情，朝廷中的一些达官显贵如李吉甫、元稹、贾耽等人，也都亲自撰写图经类志书。唐代的图经，体例已开始变化，突破了地理书的范围，不但以"图志"或"志"相称，而且"经"和"志"这种文字说明，所占的比重越来越大，因而记载内容也颇为丰富，如《沙州图经》一是考河渠；二是载古城；三是标堤堰；四是记盐地；五是载亭驿；六是列学校；七是记庙堂；八是明瑞祥；九是考神祇；十是载歌谣。[2]

唐代根据各地图经、地志等编纂的全国性志书以《括地志》和《元和郡县图志》最为有名。《括地志》是唐代最早纂成的地理总志，共550卷，序略5卷，由唐太宗第四子李泰主修，以贞观十三年（639）行政区划为纲，全面记载了当时10道358州的建置沿革、山川形胜、河流沟渠、风俗物产、往古遗迹和人物故事。书成之后，唐太宗誉之"博采方志，得于旧闻。旁求故老，考于传信。内殚九服，外极八荒。简而能周，博而尤要。度越前载，垂之不朽。"[3]《元和郡县图志》是唐代全国性总志的代表作。全书40卷，李吉甫纂。分项记载了唐宪宗元和时（806—820）47镇的府州县沿革、山川、道里、贡赋、户口等。每镇叙事之前，冠有地图，是典型的图、志兼括之体。《四库全书总目提要》引用评价说："舆记图经，隋唐志所著录者，率散佚无存，其传于今者，唯此书为最古，其体例亦为最善。后来虽递相损益，无能出其范围。"[4] 宋《太平寰宇记》《舆地纪胜》及元明清一统志，从体例考察，确是《元和郡县图志》的继承和发展。因此，这部书是方志史上承前启后的一部重要著作。

隋唐地方志多达百余种，但流传下来的仅十之一二。这时方志的发展，图经、图志已成主流，地记退后为次。图经地位的提高和图、志融合，为方志的繁荣和体例定型奠定了基础。

---

[1] 《新唐书·兵制》。
[2] 《沙州图经》，见《敦煌鸣沙石室遗书》，影印本。
[3] 《玉海》卷十五。
[4] （清）永瑢、纪昀等编纂：《四库全书总目提要》卷68。

三 两宋时期

宋代，是我国方志发展史上的标志性时期：北宋图经向方志过渡，南宋方志的内容和体例进一步完善，并趋于定型。

近代著名史学家陈寅恪说："华夏民族之文化，历数千载之演进，造极于赵宋之世。""中国史学莫盛于宋。"[1] 宋代的地方经济，比之前代更为发达，客观上需要有一种综合性的记录，而有宋一代，学术空气异常活跃，无论在文学、史学、哲学和自然科学诸方面都呈现出富有生气的景象，许多著名学者积极研究学问，交流学术，编撰传记年谱，注重当代历史的研究，积极投身方志编修，促进了方志记人述地的再度合一，对方志记载内容的扩大、体例的完善乃至使其逐步趋于定型都起了非常重要的作用。

赵匡胤建立北宋政权不久，就下令规定："凡土地所产，风俗所尚，具古今兴废之图，州县之籍，遇闰岁造图以进。"[2] 开宝四年（971）初，又命大臣卢多逊等重修天下图经。宋太祖之所以如此汲汲于修志，就是要在结束五代十国动乱，统一全国之后，借修志以巩固和加强其统治。真宗景德四年（1007），诏诸道修图经。之后，命翰林学士李宗谔等主领修志，于祥符三年末修成《祥符州县图经》1566卷。神宗元丰八年（1085），诏三馆秘阁，删定《九域图》，后由尚书右丞王存纂定为《元丰九域志》10卷。徽宗大观元年（1107）朝廷设置"九域图志局"，开国家设局修志之先河，并"命所在州县，编纂图经"[3]。朝廷三令五申修志造图，足见北宋统治者对修志的重视。南宋时期，修志事业也有较大发展，不仅名都重邑皆有图志，就是"僻陋之邦、偏小之邑，亦必有记录焉"[4]。据张国淦编著的《中国古方志考》统计，宋代方志近六百种，大大超过了以前历代方志的总和。

宋代方志在我国方志史上的一个明显标记和突出成就，就在于内容之详审，体例之完备。汉唐方志，多数都详于地理，略于人文，或专记某一方面，类似于地理书，而宋代方志，备载一地的建置、山川、户口、赋

---

[1] 陈寅恪：《金明馆丛稿第二编》，上海古籍出版社1980年版，第245、240页。
[2] 《宋史·职官志》。
[3] （宋）黄鼎：乾道《四明图经·序》。
[4] （宋）黄岩孙：《仙溪志·跋》。

税、人物、诗词，史地文并重。近人张国淦指出："方志之书，至赵宋而体例始备。举凡舆图、疆域、山川、名胜、建置、职官、赋税、物产、乡里、风俗、人物、方技、金石、艺文、灾异，无不汇于一编。"①《春秋》的编年体和《史记》《汉书》的纪传体被引入了方志，促进了方志体例的渐趋完善和大致定型。以《太平寰宇记》《剡录》《景定建康志》为例：

《太平寰宇记》，北宋乐史撰于太平兴国年间，全书200卷，沿袭唐13道区划列目，以道为纲，以府、县为纬，取《华阳国志》《诸道山河地名要略》《水经注》之长，于地理之外，增加了姓氏、人物、风俗数门，又因人物详及官爵、诗词、艺文，征引浩博，考证精赅。改变了以前地志只记沿革地理、轻视经济文化的风习，为后世各类型方志确立史、地、文并重的内容形式，提供了范例。《四库全书总目提要》称："地理之书，记载至是而始详，体例亦至是而大变。"清人周中孚说："有宋一代志舆地者，当以子正（乐史字子正）为巨擘。"②

《剡录》，南宋嘉定年间高似孙撰，全书10卷。除述地记人外，首列"县纪年"，编年记载本县之大事。卷五收录阮裕、王羲之、谢灵运等14人著述及阮、王、谢三氏家谱之名目42种，并列其卷数，开方志设大事记和记载本地人著述书目先例，均为后人所效法。山水一门，仿郦道元《水经注》体例，叙述生动形象，状物绘景，历历如睹；人物立传，考证精赅，不尚议论。草木、禽鱼等门，亦详考物，兼及传说，条目多可独立成篇。全书编次有序，脉络井然，行文简约古雅，引证赅博精审。历来为后世称重。《四库全书总目提要》誉其"在后来武功诸志上"。

《景定建康志》，南宋马光祖修，周应合纂，景定二年（1266）成书。全志50卷，分录、图、表、志、传、拾遗6类。图、表、志、传前各列小序，于诸志之中又设小目。有纲有目，纲举目张，层次明晰，属典型史志体志书，为后世所广泛采用。

从上述志书的内容扩展和体例变化可以看出，志书的形式受到了影响，即是图退居到次要地位，文字记载的比例大为增大。有的志书甚至把图取消，连"图经"的名称也换之以"志"代替。如《九域图》重修后"不绘地形"，改称曰《元丰九域志》；《严州图经》的绍兴年间刻本称为

---

① 张国淦：《中国古方志考·序例》，上海古籍出版社1962年版。
② （清）周中孚：《郑堂读书记》，上海书店出版社2009年版。

《新定志》。根据《中国古方志考》统计：北宋所修志书172种，其中图经95种、志24种、其他52种，图经居首位。南宋所修志书304种，其中志248种、图经31种、其他25种，方志占压倒优势，图经接近尾声。这说明，地方志书发展到南宋，出现了一个重大的转折，即图经由盛转衰，而方志则起而代之，发展成为当时地方志的主流，从而基本上完成了图经向方志的过渡。所以，南宋可以说是方志取代图经主要地位的时期，也是方志的发展和定型时期。

宋代地方志能有较大发展，除上述统治者对修志重视和社会经济发展给修志创造的社会条件外，尚有四个重要原因：一是汉唐以来地方志发展的成就为宋代方志的发展准备了经验和基础；二是活字印刷术的发明给修志的发展提供了文化条件；三是南宋偏安江南后150余年的相对安定，经济、社会、文化、教育的较大发展促进了方志编修的普遍进行；四是南宋时期，不少文人志士借修志来表达爱国情怀和希望用以激发乡邦人士爱乡土和爱国家的热情。宋代地方志发展的史实，说明宋代在修志的组织规模上已超过隋唐时期。其内容的扩展丰富，体例的创新完备在方志发展史上具有继往开来的地位和作用。

四　元明时期

元明时期，是方志稳定发展与兴盛的时期。元代，在我国历史上首开编修真正的一统志。明代首颁修志条例，出现了"天下郡邑莫不有志"的盛况。

元朝灭金并宋后，我国再次出现了空前大一统的局面，《元史地理志》称"北愈阴山，西极流沙，东尽辽左，南越海表"。至元二十三年（1286），集贤大学士扎马拉鼎奏称："方今尺地一民，尽入版籍，宜为书以明一统。"世祖命扎马里鼎与秘书少监虞应龙等，以职方所上版图，"蒐集为志"，并于"二十八年辛卯，书成，凡七百五十五卷，名曰《大一统志》"[①]。之后因陆续得到《云南图志》《甘肃图志》《辽阳图志》等志书，又鉴于《大一统志》缺漏甚多，元成宗时命孛兰肸、岳铉等重修。大德七年（1303）书成，名《大元大一统志》，凡1300卷。该志仿《元和郡县图志》《太平寰宇记》《舆地纪胜》等唐宋志书的旧例编纂而成，

[①] （元）许有壬：《大一统志·序》。

以每路和行省直辖的府县为纲,"于古今建置沿革,及山川、古迹、形势、人物、风俗、土产之类,网罗极为详备。诚可云宇宙之巨观,堪舆之宏制矣"①。为以后明、清一统志的纂修创设了蓝本。

元大德二年(1298),著名农学家王祯在任安徽旌德知县时,修纂了《旌德县志》,并用自己创制的木活字印刷了一百部。这是我国雕版印刷史上的首创。

元代各地修志之风在南宋的基础上进一步盛行。在纂修上承袭宋代的成规,使已经定型的方志,进一步走向了成熟。在元代短短的80余年中,编纂的志书计205种,现在尚能知其名者有170多种,其中称志的137种,图经6种,用记、乘等其他名称的有27种,涉及全国东西南北各个地区,已全面完成了图经向方志的过渡。

明承元代,修志事业更趋发展,从中央到地方都对方志的纂修极为重视。洪武三年(1370),朱元璋令儒臣魏俊民等人仿唐宋元修总志的旧例,"类编天下州郡地理形势,降附始末"为书,十二月书成,名《大明志书》。事后,又令天下各都司报送城池、山川、关津、亭堠、仓库、水陆道路等图志。后继诸帝,也都视修志为大事。永乐十年,成祖朱棣诏修天下郡、县、工、所志书,颁布了《修志凡例》十六则,规定志书内容应包括建制沿革、分野、疆域、城池、里至、山川、坊廓、乡镇、土产、贡赋、风俗、形势、户口、学校、军卫、廨舍、寺观、祠庙、桥梁、宦绩、人物、仙释、杂志、诗文等24类,以及各类的编纂原则。这是迄今发现最早由朝廷颁发的修志凡例。其后六年,"诏纂修天下郡县志书,命行在户部尚书夏原吉、翰林院学士兼右春坊右庶子杨荣、翰林院学士兼右春坊右谕德金幼孜总之"②。又颁布《纂修志书条例》二十一条,规定了志书类目的名称、每个类目的内容和如何编纂方志等事项。代宗景泰六年(1455),诏令纂修地理总志,次年便纂成《寰宇通志》119卷。二年后,英宗命李贤等儒臣重修,于天顺五年(1461)成书后,赐名《大明一统志》。

明代由于皇帝相继倡导修志,各地修志之风盛行。到万历年间,便出

---

① (清)吴骞:《元大一统志残本·跋》,载《愚谷文存》卷4。
② 《明太宗实录》卷201。

现了"凡郡国县道，靡不有志"①的局面。明代各省级政区皆有通志或总志，现存30余部，遍及辽东、陕西、山东、浙江、福建、河南、湖广、江西、广东、广西、四川、云南、贵州，以弘治、嘉靖、万历三朝最多，而且往往数次增修，例如《贵州通志》曾十修，《通州志》九修，《常熟县志》七修。有明一代270年间，共修成各类志书2892种，比宋、元方志的总和还多4倍。明代，开始以省为范围普修通志，同时因在一些边防地区设有边关卫所，出现了以边关为单位的边、关、卫、镇志。

明代强调"资治"，着眼于方志的政治作用，认为地方志是"系于政而达之于政"的著述，以致促使不少人趋向时尚，而对其内容、体例等未加重视，影响了志书的质量，因而后世人对明代方志评价普遍不高，认为明代修志"事不师古，修志者多炫异居功，或蹈袭前人攘善掠美，或弁髦载籍而轻改妄删"②。列传近乎家谱，艺文酷似文集，而且详略不一，详者叠屋架床，略者寥寥数语，内容残缺，溢美现任，笔削不公。追求文采，铺陈辞藻，因而佳志不多。但明代一些志书，注重体例门目的革新，采用纲目式二级分类或三级分目者日益增多，并随时代变迁增设了经济、资源、社会等方面的内容，同时注重掌故，广采文献，保存了大量地方史料，比较真实地透示了当时社会的生产、生活和矛盾状况，有较多的利用与研究价值。需提及的是，因朝廷的重视，明代不少志书已有凡例，凡例的出现使志书体例和编纂趋于统一规范。

明代修志情况一览表

种类\区域	总志	通志	府志	州志	县志	乡镇志	卫所志	关志	共计
北京			9	10	33			2	54
上海			5		19	6	2		32
天津				4	4		2		10
河北			23	34	142	1	6	13	219

---

① （明）余士章：《万历祁门县志·序》。
② （清）阮元：《道光仪征志·序》。

续表

区域\种类	总志	通志	府志	州志	县志	乡镇志	卫所志	关志	共计
山西		3	12	27	113			7	162
辽宁							3	5	8
陕西		6	9	16	91	1			123
甘肃			9	5	7		5		26
宁夏				2			9		11
青海							1		1
山东		4	11	30	170	3	2		220
江苏		1	29	35	135	23			223
浙江		1	64	4	262	13	4		348
安徽			31	35	118	1			185
江西		3	35	4	106				148
福建		3	31	6	110	1	1		152
湖北		4	26	22	104		4		160
湖南			27	19	79				125
河南		6	21	33	211				271
广东		4	37	6	121				168
广西		10	11	9	13				43
四川		5	11	14	34				64
贵州		10	22	6	5		10		53
云南		9	26	32	13				80
全国	6								6
合计	6	69	449	353	1890			27	2892

注：此表取自黄苇等著《方志学》（复旦大学出版社1993年版）第184—185页。系根据《中国地方志联合目录》《浙江方志考》《上海地方资料考录》《北京历史文献佚书考略》《河南地方志佚书目录》《云南史料目录概述》《续修四库全书提要》《明史·艺文志》《千顷堂书目》等历代公私目录，以及《天一阁藏明代地方志选刊》中国台湾《中国方志丛书》所收方志序跋与艺文志编成。

五 清朝时期

清代是我国封建时代地方志发展的鼎盛时期，也是传统方志编纂和方志理论研究的鼎盛时期，是封建时代的修志高峰。

康雍乾时期经过与外部侵略势力与内部分裂割据势力的一系列斗争，建立起一个空前统一的帝国，幅员辽阔，经济文化繁荣。为记录帝国的文治武功和辽阔一统，清政府把方志当作"昭同轨、同文、同伦之盛"的得力工具，自上而下都特别重视方志编修，使清代方志呈现了数量多、名家辈出、佳本迭出、学术活跃、私撰盛行、成果多样、理论系统等突出特点。

康熙十一年（1672）七月，保和殿大学士卫周祚进奏，"各省通志宜修，如天下山川、形势、户口、丁徭、地亩、钱粮、风俗、人物、疆图、险要，宜汇集成帙，名曰通志"，以汇《大清一统志》之用。圣祖玄烨允其所请，诏令"直省各督抚聘集凤儒名贤，接古续今，纂辑通志"。并将顺治十八年河南巡抚贾汉复所修之《河南通志》"颁诸天下以为式"。康熙二十二年（1683），礼部奏旨檄催天下各省通志，限三月成书。康熙二十九年（1690），河南巡抚通令所属府、州、县编纂志书，并颁发了《修志牌照》，订出凡例二十三条，对修志中内容的详略取舍、实地调查、探本索源等都作了详细规定。如山川条，必须考察清楚，"果系封内者方载入，而不可遗漏。河道要将近日所开浚淤塞变迁等查明，其间事实，细加注明，不可以小说搀入"。又如人物条，要求"圣贤忠贞并入，其科贡等必载其家世、时代、年月、字、号、某科、某项。若系乡贤，为立一小传于后。"对艺文，"须择佳者或关邑乘者载之"，"八景不可录，录必录其佳者"[1]。雍正七年（1729），命全国重修通志，以备一统志之采择。并规定各省、府、州、县60年一修。特别是乾嘉时期两修《一统志》[2]，形成了举国上下修纂方志的热潮，以致在乾隆年间，全国就形成了"下至府州县，虽僻陋荒岨，靡不有志"[3] 的局面。

清代方志编修盛行，除政府外，和学术界的重视和学者们的参与有着极大的关系。在清朝文化专制主义政策之下，学者们既不能私家修史，又不能描绘现实，于是许多人就把自己的聪明才智运用于研究、编修方志上。章学诚就是典型代表，他考取进士，因观点与世不合，终身未入仕途，虽有丰富的史学理论，也很想改编《宋史》，最终也未能实践。于是

---

[1] 见瞿宣颖《方志考稿》（甲集）第四编，载《民国丛书》第二编，上海书店1992年版。
[2] 首修于康熙二十五年。
[3] （清）张松孙、谢泰宸纂修：《蓬溪县志》张松孙序，清乾隆五十一年刻本。

他就把自己的史学理论,用来指导方志的编修。除章学诚外,著名的学者有史学家纪昀、全祖望、毕沅,经学、训诂考据学家戴震、钱大昕、洪亮吉、段玉裁,散文家方苞、姚鼐、李兆洛,还有藏书家、目录学家孙星衍,诗人、书法家、经学家阮元等人都参加了修志,其中戴震、钱大昕、纪昀、阮元均是乾嘉学派的代表人物。除戴震为赐进士出身、段玉裁为举人外,其余均是进士,其中孙星衍是榜眼,毕沅是状元。

从清代所修方志来说,前期大多由地方官吏开局藉众手而成,因此总的来说,一般比较粗糙简陋。而雍、乾、嘉三朝的情况则大不相同,许多著名学者不仅参与编纂或主编,而且对于编纂体例、内容详略、材料取舍和编修方法也十分讲究并展开讨论、争鸣。如周永年、李文藻合撰《乾隆历城县志》、邵晋涵等纂修《乾隆杭州府志》、钱大昕等纂修《乾隆鄞县志》、戴震编纂《乾隆汾州府志》、孙星衍主修《乾隆松江府志》《三水县志》、朱彝尊修《新安志》、洪亮吉纂《怀庆府志》《固始县志》等、谢启昆修纂《广西通志》、杭世骏纂《西宁府志》《乌程县志》等、章学诚纂《永清县志》《湖北通志》,缪荃孙修《顺天府志》等。这些由著名学者修纂的志书,不仅在体例上、书法上有所讲求,而且在记载内容上也颇多注重实用价值。在这一时期的修志实践中,形成了以戴震为代表的地理派(又称考据派)和以章学诚为代表的历史派,他们在修志中施用各自的方法,研究方志理论开展学术争鸣,对清代方志的发展产生了重要影响,形成了清代第一次修志高潮,奠基了我国方志学的诞生。

清嘉庆中期以后,清王朝逐渐衰败,国库空虚,流民四起,社会危机日益严重,农民起义在川、陕、楚、豫等省不断爆发,方志编纂逐渐走向低谷。其间,尽管道光前期有所回升,但道光二十年(1840)鸦片战争爆发、道(光)咸(丰)之际的内忧外患(太平天国起义、第二次鸦片战争等)的影响,清代志书编修出现了中落沉寂的景状。咸丰一朝,留存至今的志书仅有86种。进入同治朝后,由于民众斗争的矛锋主要指向外侮,清统治者得以从内外交困中松脱出来。同时,清廷为标榜"中兴",复倡文化之业,方志的编修在各地再度兴起。光绪十年(1884),清廷成立《会典》馆,征集天下志书,十五年又因编修《会典》而谕令各地修志,志书编修渐呈热潮。光绪末年,清政府学部下令各地编修乡土志,形成清代又一次,即第二次方志编修高潮。清代历朝中唯有光绪时期全国所有的省区都编修了地方志,光绪朝留存的志书凡733种。总计同治、光绪、宣统三朝凡50年，其间编修的志书留存至今的有1164种，此外，尚留存三朝间的里镇志76种，光绪三十一年（1905）至宣统三年（1911）间编成的乡土志约有450种。

据《中国地方志联合目录》所载，现存清代方志有5700余种，约占现存方志总数的70%，大大超过了以前历代方志总数。其中，康熙、乾隆时期就分别编纂过1397种和1154种志书，成为清王朝修志最旺盛的时期。有清一朝，不仅省、府、州、县各有其志书，一些乡镇村里也首次出现了志书。清末大量作为学校教材的《里镇志》《乡土志》的出现，也构成清代修志的一大特色。在清代的志书中，不少以体例精善、内容翔实称誉于世，如郑珍、莫友芝《遵义府志》、邹汉勋《贵阳府志》《大定府志》、章学诚《和州志》、李兆洛《凤台县志》等。

我国方志虽然历史悠久，但宋代以前方志十之八九都已亡佚，因此，清代一些学者开始了古方志的辑佚工作，把唐宋类书或其他史书所征引的古方志的资料，辑录起来汇为一书。如王谟辑佚的《汉唐地理书钞》，收汉唐地志50种；马国翰、王仁俊辑的《玉函山房辑佚书补编》，收载唐代以前方志约60种；陈运溶的《麓山精舍丛书》，辑录了宋代以前方志75种；孙诒让辑录了南朝刘宋的《永嘉郡记》刻成单行本行世。这在方志史上是前所未有的事情，是清代学者的一大贡献。

应当指出，清代在地方志发展史上，固然写下了灿烂的篇章，但因其尽出于封建文人之手，其局限性也是十分明显的。其一，清朝统治者积极提倡修志，主要是用来作为粉饰所谓"盛世"的点缀品，歌颂"升平气象"、巩固封建统治的工具，所以对修志事宜从不放任自流，而是严格控制，不仅修志机构皆由本地官绅充任，就连方志体例、内容，也由中央或省政府的条令具体规定。虽然那些关于修志的牌照、则例促使了各地志书的速成，但限制了志书的创新、弊端的革除，修志者稍有触犯禁网，便会遭受打击，身陷巨祸；文字狱的滥施，既使一些修志者深受其害，又使许多志书被删削窜改而大减其真实价值，或者被查抄、禁弃。而这，也是清代志书大多出自官修，私人编修极少的原因。其二，宣扬封建伦理道德，表彰帝王官吏的圣迹德政，盈篇溢简，而民生方面的内容，则明显疏略，对农民起义的报道，皆指斥为匪为盗，未予客观实录。其三，清代方志虽然因各级政府普遍重视而呈现出从未有过的繁荣景象，但成书质量未能有普遍提高，尤其是大批胥吏陋儒充斥志局，以汇纂诏谕案牍为能事，造成滋弊横生。章学诚感慨当时情形道："今之所谓方志，非方志也。其古雅者，文人游戏、小记短书、清言丛说而已耳"①；"今之所谓修志，令长徒务空名，作者又鲜学识；上不过图注勤事考成，下不过苟资馆谷禄利。甚而邑绅因之以启奔竞，文士得之以舞曲笔；主宾各挟成见，同局或起抵牾。则其于修志事，虽不为亦可也。"②诸如此情，所修方志质量也就可想而知。

《中国地方志联合目录》清代方志统计表

	顺治	康熙	雍正	乾隆	嘉庆	道光	咸丰	同治	光绪	宣统	小计
北京市		15	3	5		1	1		8		33
上海市		9	3	17	16	2	3	4	29	6	89
天津市		6		5		1		2	4	1	19
河北省	13	131	16	72	10	14	9	27	76	5	373
山西省	18	83	25	78	7	14	4	9	91	3	332
内蒙古自治区				1		2		2	11		16
辽宁省		12	1	4			3	1	39	18	69
吉林省					1				24	8	33
黑龙江省		3		1					5	2	11
陕西省	21	50	18	67	20	25	6	2	70	10	289
甘肃省	6	30	1	38	6	13	1	1	27	7	130
宁夏回族自治区		2		4					6	1	19
青海省	1	1		2					3	1	8
新疆维吾尔自治区				27	6	5	2		42	12	94
山东省	14	120	6	62	15	36	7	7	100	21	388
江苏省	13	62	11	56	32	47		16	65	23	337
浙江省	11	111	14	62	31	34	8	22	68	12	373
安徽省	24	69	11	48	24	30		16	34	3	259
江西省	7	107	5	86	12	75	5	86	21		404
福建省	3	56	3	50	9	21	2	6	18	1	169
台湾省		7		8	3	7	1	1	15		42

---

① （清）章学诚：《方志分立三书议》。
② （清）章学诚：《答甄秀才论修志第一书》。

续表

	顺治	康熙	雍正	乾隆	嘉庆	道光	咸丰	同治	光绪	宣统	小计
河南省	60	108	7	103	20	19	3	13	32	5	370
湖北省	7	73	3	44	14	14	7	55	49	5	271
湖南省	3	87	9	59	49	17		51	49	4	328
广东省	3	117	14	57	24	37	5	13	53	10	333
广西壮族自治区		23	8	30	11	24		4	32	2	134
四川省		47	8	107	71	52	13	47	108	28	481
贵州省		11	1	17	4	17	5	2	19	1	77
云南省		57	14	39	11	27	4		41	10	203
西藏自治区			1	6	1	4			3	2	17
合计	204	1397	182	1154	399	541	103	387	1133	201	5701
	5701										

六 民国时期

民国时期是我国典型的乱世修志、方志处于曲折发展的时期。辛亥革命推翻了清朝封建王朝的统治，建立了中华民国。民国时期的38年中，时局动荡，战事纷扰，地方志的编修时继时断，因而数量不多。但因西方文化及近现代科学技术的逐渐传入和"五四"后的新文化运动的影响，使得民国成了我国地方志编纂由传统旧方志向新方志转型的重要历史阶段，主要体现在体例、内容、方法等的变迁和系统的方志理论成果的面世，所编纂方志的科学性、实用性有很大进步。

民国建立不久的1914年，民国政府教育部令各地编修乡土志，用着学校教材，并供清史馆征用。1917年，北洋政府内务部会同教育部通饬各地纂修地方志书，一些省份如山西、福建、广东等省陆续成立了通志局或通志馆开展修志。同年，山西省公署颁发了由郭象升起草的《山西各县志凡例》，规定志书要采用图、略、传、表、考五种体裁。1919年，教育部、内政部又"通咨省长，指令各县续修县志，具国史之资材，备观省而垂劝诫"[①]。1929年12月，国民政府内政部颁布了《修志事例概要》，凡22条，对各省方志编纂的组织机构、纲目审核、取材范围、类

[①] 沈良弼修、董凤笙纂：《德兴县志》，沈良弼序，1919年刻本。

目设置、内容取舍、文字书写乃至印刷装订，均作出具体要求。不强求一律，也未制定统一类目，允许因时因地，革旧创新。《概要》反映了国民政府对编修方志的重视，也体现了当时编纂思想的进步，如对旧志中宸翰、烈女、祥异等内容持摒弃态度，强调"天时人事，发现异状，确有事实可征者，应调查明确，据实编入，以供科学之研究，但不得稍涉迷信"。提出："《概要》所定办法，各省兴修志书时，得体察地方情形，斟酌损益之。"①《概要》的颁布，进一步推动了全国各省通志馆的创建。另外，全国水利局、司法部、实业部、教育部、国史编纂处等部门，曾数次催征各县志书。抗战前的民国时期，由于政府的督促和学者的努力，陆续编纂出一些有创新的通志、县志。其中通志有 1931 年成书的《甘肃通志稿》130 卷、1933 年印行的《黑龙江志稿》66 卷、1933 年成书的《续修陕西通志稿》224 卷、1935 年成书的《察哈尔省通志》28 卷等。这一时期，所纂县志影响较大、受到称誉者主要有傅振伦纂《新河县志》、刘盼遂纂《长葛县志》、李泰棻纂《阳原县志》、黄炎培纂《川沙县志》。

抗日战争间，修志事业受严重影响，但一些热心方志事业的学者在极其艰苦的条件下，仍做了不少方志编修工作。这时期编成的代表作有黎锦熙参纂之《洽川县志》《同官志》《黄陵县志》《宜川县志》，顾颉刚、傅振伦编纂的《北碚志》，刘文炳纂《徐沟县志》等。当时，沦陷区也有修志之举，但成书寥寥。1943 年 7 月，湖北省颁发《湖北各县修志事例概要》。1944 年 5 月，国民党政府颁布《地方志书纂修办法》，共 9 条，规定分省志、市志、县志三种，省志 30 年一修，市县志 15 年一修。皆设志馆从事编辑。而当时大片领土仍在日寇占领下，抗战烽火在全国各地燃起，大部分地方的方志纂修时断时续，成书不多。据不完全统计，全国在抗战时期编纂和刊印方志有 219 种。这时期，沦陷区也有个别修志之举，如《额穆县志》《增修磁县县志》《永清县志》等。

抗战胜利后不久，国民党南京政府内政部于 1946 年 10 月 1 日重新颁布了《地方志书纂修办法》。规定未成立修志馆的省、市、县，应设立文献委员会，具体负责志书编纂事宜。同时对方志地图、照片、表格、大事记的内容和形式作出要求。这时，一些因战争而中断了的通志局馆陆续恢复了工作，一些未完志稿也逐渐修定或刊行，如《贵州通志》《江西通

---

① 中华民国政府内政部：《修志事例概要》，《法规》1930 年第 1 期。

志》《湖南省志稿》《重修浙江通志初稿》《新纂云南新志》等。

民国年间，全国修志共1571种。其中省志45种，市志12种，县志1074种，镇志50种，乡土志124种，关卫志3种，各种志料、调查、概况等263种。民国时期的志书，具有明显的时代特点。

从内容看：第一，各地修志都普遍注意到资产阶级革命给中国社会带来的巨大变化，并能客观地记述本地所施行新政情况及所发生的重大历史事件。有的志书直接设置了"新政篇""时政篇"或"政事志"。第二，社会经济在志书中的比重大大增加，一般都占到全书的20%以上，这在《川沙县志》《城固县志》《洛川县志》等中表现得特别明显，力改以前志书不注重经济与国计民生之积习。第三，保存了大量近现代革命斗争史料。如山东《胶澳志》记载了德、日帝国主义侵占青岛和青岛人民的反帝斗争；《瑷珲县志》记载了沙俄入侵我国东北的暴行和边疆军民的反侵略斗争史事；《广元县志稿》有红四方面军建立四川革命根据地的记载；《沿河县志》中红三军建立黔东革命根据地的资料十分丰富；《确山县志》记载了共产党员杨靖宇、李鸣岐领导的确山起义等。第四，对于贪官暴政、土豪横行造成的生产凋弊、民生疾苦，民国方志也有较多记载，而不虚饰。

从形式看，体例更加科学完善。逐渐摒弃了皇言、恩泽、星野、仙事、烈女、孝义等带有封建迷信色彩的门类，代之以地质、实业、金融、物价、卫生、教育、外交等具有强烈时代气息的篇目；本地区时代的地方的特色在志书篇目中得到了体现。内容的归类较为科学合理，如民国《甘肃通志稿》单设民族篇等。大事记和概述一般都有设置。编写方式上"编纂用浅显文字，惟求翔实明达，加以新式标点，使一般公民都能阅读了解"[1]。广泛运用图、表、照片，形象记录本地历史，图多用先进仪器实测而得，表中数据来自调查并经比较分析，照片陈列方志中是民国间的创举。志书的装帧设计、印刷排版，也随科学技术的进步而有了相应的改善。

当然，民国志书在发展上也是不均衡的，有的粗制滥造，陈陈相因，在体例上未摆脱旧志的框框，有的因阶级的偏见和时代的局限，内容上有不少不健康的甚至有害的糟粕；有些出于名家学者手笔的方志也不尽为佳

---

[1] 邱自芸、邬荣治、郭选英：《南康县志·凡例》，1936年版。

构；因战乱频仍、政治动荡等因素，志书的质量远未能达到当时所能达到的水准。认真研究民国时期的方志编修，取其精华，去其糟粕，有利于当今的方志事业发展。

七 新中国成立后至今

中华人民共和国成立后是我国方志事业发展进入新方志学的时期。主要标志在于编纂的指导思想与传统方志有本质的区别：新方志指导思想为中国化的马克思主义，为历史唯物主义和辩证唯物主义。主要的成就是使我国的方志学走进了"现代方志学"的新里程。

中华人民共和国成立后，随着社会主义经济建设的开展，方志编纂提上了议事日程。1954年9月，在第一届全国人民代表大会第一次会议期间，郭沫若、马寅初等著名学者和山东省教育界代表王祝晨提出"早早编修地方志"的建议，表达了社会各界对新方志编修事业、对现代方志学早日兴起的心愿。1955年，中国地方志小组建立，负责指导全国地方志编纂工作。1956年，国务院科学规划委员会制订《十二年哲学社会科学规划方案》，将新编地方志列为20个重点项目之一。1957年2月，山东省开始修志活动，11月湖南省决定编修《湖南省志》。1958年3月，毛泽东主席在成都会议上专门调阅《四川通志》《华阳国志》等志书，并选辑其中部分内容转发给到会的领导同志，提倡利用方志，提高领导水平。他倡议：全国各地要编修地方志。8月，周恩来总理指示"要系统整理县志，把关于各地地方志中的经济建设、科学技术资料整理出来，做到古为今用。"1961年3月，中国地方志小组和国家档案局发布《新修地方志提纲》(草案)，要求各地志书除前言、概述外，分政治斗争、经济建设、文化教育、政治工作、民情风俗习惯、宗教、名胜古迹、人物八大类。1963年8月，中共中央宣传部批转了中国科学院哲学社会科学部、国家档案局联合拟制的《关于编写地方志工作的几点意见》（以下简称《意见》），《意见》主要精神为：（一）建立审阅制度，控制出版发行，"只有经过审查，在政治上、保密上确无问题以后，才可以印出样本，送请审批"；（二）有计划、有步骤地进行方志编修工作；（三）在组织领导上，各级党委宣传部加强对修志工作的领导和检查，各地档案馆积极参与修志活动，为修志部门收集资料提供方便。据国家档案局1960年统计，当时即有全国20多个省、市自治区的530多个县建立了修志机构，着手新方志的编纂工作；近有 300 个县完成了志书初稿，正式出版的有近 30 部，此外，还有一大批专业志。这一时期志书一般都记载当地的自然地理、政治、历史、经济、文化、名胜古迹、风俗习惯、人物，着重反映当地人民在党领导下进行革命斗争和 1949 年后政治、经济、文化卫生等事业发展情况。但是，由于历史原因，志书过多地记载了阶级斗争，在一些人和事上不同程度地存在失实之处，有些甚至曲断是非。加上修志队伍没有系统培训，经验缺乏，所编志书质量普遍不高。但这一阶段的修志揭开了我国新修方志的序幕，对于传承修志传统、开启改革开放后的"盛世修志"新局面奠定了良好的基础。"文化大革命"开始后，修志工作被迫中断。

　　1978 年 12 月党的十一届三中全会后，全党工作重点转移到社会主义现代化建设上来。随即自 80 年代以来的方志编修，将我国方志事业的发展推到了高峰。改革开放拉开序幕后，一些有识之士认为，编纂方志是认识国情、省情、县情和建设有中国特色的社会主义所必须，积极倡导、呼吁修志。还在 1979 年 7 月 9 日，中共中央总书记胡耀邦就在李百玉的信上批示："大力支持全国开展修志工作。"[①] 1980 年 4 月，胡乔木同志在中国史学会代表大会讲话中指出："地方志的编纂，也是迫切需要的工作。现在这方面工作处于停顿状态我们要大声疾呼，予以提倡。要用新的观点、新的方法、新的材料，继续编写好地方志。"[②] 1981 年 7 月，中国地方史志协会成立。1983 年 1 月中国地方志小组恢复并易名为中国地方志指导小组，具体负责领导全国修志工作；4 月，全国地方志规划会议在河南洛阳召开，会议制定了《1983 年至 1990 年中国地方志事业发展规划及设想》（草案）。1985 年 7 月，中国地方志指导小组颁布修志的纲领性文件《新编地方志工作暂行条例》（简称《暂行规定》），要求各地遵循《暂行规定》进行志书编纂工作。同时，国务院办公厅转发《中国社会科学院关于加强全国地方志编纂工作的报告》，要求"各地要对地方志工作进行一次检查，进一步加强领导，充实人员，加强队伍建设，切实解决地方志编纂工作中的问题。尚未建立地方志编纂班子的地方，要根据本地区情况，逐步组建班子，把这项工作开展起来，有关编制、经费、出版等问

[①] 转引自许卫平《中国现代方志学发展阶段探论》（下），载《中国地方志》2006 年第 1 期。

[②] 诸葛计：《中国方志五十年史事录》，方志出版社 2002 年版，第 67 页。

题，由各级政府根据实际情况，予以适当解决。"自此，编修新方志正式列入全国各级政府的议事日程，成为各级政府的重要任务之一。1986年12月22—24日，经国务院同意，中国地方志指导小组在北京召开了全国第一次地方志工作会议。会议总结了5年多来全国新修方志工作所取得的成绩和存在的问题，本着"积极稳妥、留有余地、保证质量"的方针，提出了"用20年或稍长一些时间（自1980年算起），在全国大部分地方基本上完成编纂省、自治区、直辖市志和市志、县志的任务"。1986年底，全国有28个省、自治区、直辖市，160余个城市，1700多个县开展了新方志编修工作，方志事业自此走进全面繁荣、空前兴盛阶段。至1993年3月，新修地方志工作取得了阶段性成果。其标志是中国地方志指导小组、中国革命博物馆于3月5—10日在北京联合主办的新编地方志工作成果展览会。展览会上有全国38个省、自治区、直辖市和计划单列市修志领导部门组织的各类志书5000余种参展。

1996年5月4—7日，全国地方志第二次工作会议在北京召开。会议旨在总结15年来全国地方志工作的经验，认清形势，明确方向，研究和部署如何加强领导，高质量地完成社会主义时期第一届新方志的编纂任务。会议对方志工作中出现的质量参差不齐、机构不稳、人员涣散等困难和问题进行了分析、研究，提出了修志工作应坚持"一纳入，五到位"，即把修志工作纳入各地经济发展计划和各级政府的任务之中，坚持修志工作领导到位、机构到位、经费到位、队伍到位（特别是职称）、条件到位。要求始终不渝地坚持志书质量第一的思想，提高志书的学术质量。强调修志用志，深化改革，拓宽地方志工作领域，最大限度地发挥志书功用和修志机构的作用。要求采取措施，加强修志队伍建设，提高修志人员素质，在修志队伍中大力倡导"求实、创新、协作、奉献"的敬业精神。加强学术研究和志学科建设。同时，会议将新方志续修提上了议事日程，要求续修要实行"党委领导、政府主持、专家修志"的体制。为在建立社会主义市场经济体制的新形势下，进一步做好地方志编纂工作，1996年11月9日，国务院办公厅以国办发〔1996〕47号文发出了《关于进一步加强地方志编纂工作的通知》（以下简称《通知》），对地方志工作的意义、性质、指导思想、任务、队伍建设、理论建设、组织领导等重要问题，作了进一步明确的规定，强调"编纂地方志是社会主义文化建设事业的重要组成部分，是承上启下，继往开来，服务当代，有益后世的千秋大业",明确"地方志编纂委员会办公室是地方政府直属的具有行政职能的一级单位","地方志一般分为三级。……每20年左右续修一次"。《通知》是指导我国地方志工作制度化、持续化的纲领性、法规性文件,对我国方志工作产生了重大影响。此后,全国各省市区绝大多数开展第二轮方志的编纂。1997年8月,中国地方志指导小组在北京评选出全国首届新编地方志优秀成果,其中一等奖51项,二等奖127项。获奖志书占1993年7月1日至1996年底出版志书1718部的十分之一强。1998年2月10日中国地方志指导小组颁发经国务院同意的《关于地方志编纂工作的规定》4章23条。1999年10月,全国新编方志成果展览在中国革命军事博物馆举行,展出方志成果万余种,其中三级志书4000余种。截至2003年底,列入全国第一轮修志规划的省、市、县三级志书6319部已经大部分完成,同时还出版了4万多种部门志、专业志、乡镇志和名山大川志。地方志工作者还编纂出版了全国80%以上的地方综合年鉴,搜集了500多亿字的地情资料,整理出版了大批古旧志书。

2006年5月18日,国务院总理温家宝签发国务院第467号令,颁布实施《地方志工作条例》。该条例共22条,是中国自从有了地方志以来第一部有关地方志的全国性法规,标志着新编地方志工作从此进入依法修志的新阶段和大规模、正规化修志的新时代。到2013年4月全国第五次地方志工作会议时,全国已有25个省(自治区、直辖市),150多个市、县颁布地方志工作法规规章或政府规范性文件,有力地推动了地方志工作的健康开展。"一纳入、五到位"也在这一背景下升级为"一纳入、八到位",即将地方志工作纳入各地国民经济和社会发展规划、各级政府工作任务,认识、领导、机构、编制、经费、设施、规划、工作到位。2008年,中国地方志指导小组印发施行《地方志书质量规定》(以下简称《规定》)。《规定》包括总则、观点、体例、内容、记述、资料、行文、出版、附则9个部分内容,是确保地方志书编纂质量的"根本大法",作用重大。

2014年2月25日,国家主席习近平在首都博物馆参观北京历史文化展览,指出"高度重视修史修志,让文物说话、把历史智慧告诉人们,激发我们的民族自豪感和自信心,坚定全体人民振兴中华、实现中国梦的信心和决心。"同年第五次全国地方志工作会议召开,国务院总理李克强批示:"地方志是传承中华文明、发掘历史智慧的重要载体,存史、育人、资政，做好编修工作十分重要。……修志问道，以启未来。"2015年1月中国地方志指导小组启动中国名镇志文化工程。2015年8月15日，国务院办公厅印发《全国地方志事业发展规划纲要（2015—2020年）》，要求到2020年，推进实现"两全目标"。即到2020年，完成第二轮地方志书规划任务，实现省、市、县三级地方志书全部出版的目标；做到地方综合年鉴由地方志工作机构组织编纂，一年一鉴，公开出版，实现省、市、县三级综合年鉴全覆盖。2016年3月17日，十二届全国人大四次会议通过的《中华人民共和国国民经济和社会发展第十三个五年规划纲要》第十六篇中提出："加强修史修志。"这是继《中华人民共和国国民经济和社会发展第六个五年计划》将"地方史与地方志"列为哲学社会科学重点研究题目之后，再次在国民经济和社会发展五年规划中写明"修史修志"的内容，对推进全国地方志事业科学发展有着非常重要的意义。2016年10月，中国地方志指导小组启动中国名村志文化工程。2016年12月22日印发的《全国年鉴事业发展规划（2016—2020年）》第一次对全国年鉴工作作出顶层设计。2017年1月，中办、国办印发《关于实施中华优秀传统文化传承发展工程的意见》第三部分"重点任务"第一项"深入阐发文化精髓"中明确强调："加强党史国史及相关档案编修，做好地方史志编纂工作，巩固中华文明探源成果，正确反映中华民族文明史，推出一批研究成果。"这是又一次从国家层面明确了地方志在建设社会主义文化强国，增强国家文化软实力，实现中华民族伟大复兴中国梦的重要作用。中指组2017年6月5日，中国地方志指导小组印发《方志馆建设规定（试行）》（以下简称《建设规定》）20条。《建设规定》的制定出台，是中国地方志指导小组办公室的顶层设计之一，是推动全国地方志转型升级的一项重要举措，是指导全国方志馆建设的规范性文件。2017年7月21日，中国地方志指导小组印发《中国地方志指导小组关于第二轮地方志书编纂的若干意见》，特就二轮志书编纂中的指导思想、编纂原则、编纂方式、体例篇目、记述内容、出版印刷、质量保障等若干重要问题提出指导性意见，以加快进程，提高质量。

在各级党委政府的大力支持和高度重视下，经过全国地方志工作者的积极努力，截至2020年12月31日，全国历史性地实现省市县三级综合年鉴全覆盖；实现县县有志；除上海市和江西省外，实现省市两级志书全覆盖。

现将十一届三中全会后的方志工作主要方面简述如下：

第一，修志机构普遍建立。从1979年8月湖南省成立省志编委会起至1996年6月西藏自治区成立区志编委会止，全国31个省、自治区、直辖市、除台湾省外，已全部建立了省级地方志编委会及办公室。绝大多数市（含地、州、盟）、县（含市、区、旗）也都建立了修志机构并已纳入各级政府工作序列，明确了"地方志编纂委员会办公室是地方政府直属的具有行政职能的一级单位"，中国地方志指导小组是领导、指导全国修志工作的中央机构。自上而下的修志机构的普遍建立，在我国历史上是空前的，为全面、持续开展地方志工作奠定了组织基础。

第二，修志工作得到了政府的重视。修志工作开始起，各级政府就切实加强了对地方志工作的重视。党和国家领导人邓小平、胡耀邦、胡锦涛、温家宝、江泽民、习近平、李克强等高度关心和重视方志工作。国务院办公厅于1985年先后转发、印发《中国社会科学院关于加强全国地方志编纂工作的报告》《关于进一步加强地方志编纂工作的通知》《全国地方志事业发展规划纲要（2015—2020年）》等文件强调、推动、指导修志工作。在《中华人民共和国国民经济和社会发展第十三个五年规划纲要》《关于实施中华优秀传统文化传承发展工程的意见》《国家"十三五"时期文化发展改革规划纲要》等中，做好地方史志编纂工作被纳入其中。各级政府切实履行对地方志工作的领导职责，讨论、研究、部署、解决修志中的各项工作和问题，大多数省、自治区、直辖市及地、州、市、县的主要领导担任了地方志编委会主任，修志工作多被列入政府重要工作议事日程，"一纳入、五到位"到"一纳入、八到位"在各地得到了实现，形成了"党委领导，政府主持，编委会实施"的方志格局。这些表明，各级政府十分重视方志工作，它是方志事业健康发展的重要保证。

第三，修志工作逐渐从制度化、规范化走上了法制化轨道。为确保新编方志的质量，1985年7月，中国地方志指导小组在《暂行规定》中，于方志编修的指导思想、编纂原则、体例、内容、方法、组织领导、出版等问题有明确而具体的规定。各省（区）遵循《规定》，结合本地实际制定了实施细则，规范修志工作。1998年2月，中指组颁发了《关于地方志编纂工作的规定》，这是在《暂行规定》的基础上，总结近20年的修志实践经验，集中全国广大方志工作者的智慧制定的中华人民共和国第一部正式的修志规定。而2006年5月18日，国务院颁布实施《地方志工条例》，是我国地方志发展史上的一座里程碑，使地方志工作从此纳入法治化轨道，进入依法推进的新时期。该条例及其随后各省区颁发的《实施细则》，对我国方志事业的发展具有全局性、根本性和战略性的重大意义。

第四，全社会参与修志，即众手修志。新修方志涉及面广，记述年限长，内容多，须动员社会各方力量众手修志才能毕功。据统计，在世纪之交，全国有专、兼职修志队伍十万余人。专业志书多由各有关部门的专家、学者、专业技术人员承担。专职人员多数来自党政、教育、宣传、新闻等部门和大专院校毕业生。经过多年修志实践的锻炼和多种方式的培训，专业水平明显提高，不少人已成为熟悉本地情况、富有修志经验的专家和有造诣的方志理论工作者。

第五，各地修志工作已取得重大成果。2015年8月国务院办公厅印发的《全国地方志事业发展规划纲要》（2015—2020年）中统计："目前，首轮修志结束，第二轮修志进入关键时期，已出版7000多部省、市、县三级地方志书，2万多部行业志、部门志、军事志、武警志、专题志、乡镇（街道）志、村（社区）志等，1900多种、1.5万多部地方综合年鉴，1000多种、7000多部专业年鉴，大量地情文献。这些与现存的8000多种、10万多卷旧志及其整理成果，共同构成了一座以国情地情为主要内容并不断丰富的地方志资源宝库。"迄今，全国基本完成了两轮修志工作，"经过5年多的努力，基本完成省市县三级有志有鉴的'两全目标'，成为一项世界文化史上的盛举"[①]。已出版的志书、年鉴总体质量较好，它们具有正确的即科学的指导思想，努力反映真实，坚持实事求是；体例结构比较严谨完备，能够反映本地区的基本面貌；资料丰富，反映面广，内容记述具有较强的科学性；许多历史上从未修过志的地区实现了零的突破，其中有些是在极其艰难的条件下编纂出来的，弥足珍贵。虽然，一些志书还存在着这样那样的不足和缺点，但对新编方志总体质量和价值，不可低估。1993年起全国多次方志成果评奖和许多志书获省、自治区、直辖市社会科学成果奖，足以说明新编地方志的成就。同时，各地编修的乡、镇、村志，各种专业志、事物志，不仅数量可观，而且质量也大都为社会肯定。

[①] 辛正合：《一项世界文化史上的盛举》，中国方志网，2021年2月2日。

第六，积累了大量地情资料。各地结合修志工作，进行了规模空前的全国性的全面系统的地情调查，搜集了数百亿字的各种地情资料，抢救了许多珍贵资料。这是可供长期开发利用的地情信息宝库，具有不可估量的价值。许多地方还进行了旧志整理的工作，编辑出版了1000余种地方综合年鉴和数以万计的各类地情系列丛书和著作，开展了多方面的文献整理、资料储存活动。有十几个省、市建立了通志馆或方志馆，成为当地地情信息中心、研究中心和咨询服务中心。

第七，方志理论研究走向深入。各地学者和方志工作者紧密结合修志编鉴实践，汲取前人的研究成果和有关学科的理论，积极开展方志理论研究，围绕新旧志的区别、指导思想、体例体裁、方志性质、源流、方志学研究对象、方志学科属性与体系、续志编修、读志用志、方志比较研究、方志文化等问题进行深入讨论、争鸣。撰写发表了6万余篇论文，出版了1000余部专著和论文集，取得显著成果，有力地指导了地方志工作开展，推动了方志学、年鉴学学科建设。

第八，开展了多方面的用志活动。各地修志机构积极组织地情研究，向各级领导和社会各界提供咨询服务，积极进行各种地情宣传教育工作。新编地方志是新中国成立以来规模最大、内容最详备的地情、国情载体。它推动了人们对地情国情的认识，同时也帮助世界认识中国。新方志在各地两个文明建设中已产生了明显的积极作用，特别是在为制定规划、基本建设、资源开发、招商引资、减灾防害等提供咨询方面，产生了巨大的效益；在向广大群众进行爱国主义、集体主义、社会主义教育，帮助港澳台同胞和海外侨胞了解家乡变化，加深同家乡的联系方面，也有很多动人的事例。新编地方志不仅有现实的价值，而且有长久的历史价值。

综上所述，中国地方志历朝历代不断纂修，兴修地区愈来愈广，方志种类也随时代发展、政区变更和科学分工而愈益繁多；其载述越来越丰富、翔实、系统，体例愈趋完备，编纂方法愈益科学化，志书的功用越来越被人们所认识、所掌握。同时，我们也从中看到，方志是时代的产物，时代的变迁、时代的需要直接制约着方志的发展。社会经济的繁荣与凋敝及政治上的成败兴衰与方志兴衰起伏有着密切的联系，"盛世修志"并非虚言。当今的方志事业的蓬勃发展，正是社会主义现代化建设事业欣欣向荣的具体体现。方志自产生起，代代相继，赓续不断，永不断章，由此使之在人类文化史册上占据了一席显地而千百年来引人注目。

第三节 方志的卷帙和收藏

一 方志卷帙

我国的方志源远流长，数量极多，可谓浩如烟海。其究竟有多少种、多少卷，是方志研究的重要题目。

1913年，缪荃孙编《清学部图书馆方志目》中，著录清皇宫内阁大库移交京师图书馆的综合性志书1675部。1933年，谭其骧编成的《国立北平图书馆方志目录》，著录全国现存方志5832种，93237卷。1938年，又陆续搜集了730种，编成《续编》。1955年至1958年，重新修订出版《中国地方志综录》，共著录现存方志7413种109143卷。1975年，中国科学院北京天文台受中国科学院、教育部、国家文物局委托，与有关科研单位、高等院校图书院、博物馆等组成中国天文史料普查整编组，对全国现存方志进行普查，经时7年，在《中国地方志综录》基础上编成《中国地方志联合目录》，1985年由中华书局出版。《中国地方志联合目录》记录了我国190个较大的图书馆馆藏的、1949年以前编纂的省、市、府、州、县、乡镇志共8264种，11万余卷，约占我国现存古籍的10%。其中天津26种、宁夏32种、青海39种、西藏44种、内蒙古48种、台湾49种、海南50种、北京55种、黑龙江65种、新疆81种、吉林93种、辽宁130种、贵州、上海各139种、甘肃198种、广西221种、云南287种、福建315种、湖北332种、安徽379种、广东395种、陕西、湖南各401种、山西431种、江西477种、河南528种、江苏540种、山东541种、河北567种、浙江590种、四川671种。具体列表如下：

《中国地方志联合目录》之中国现存方志一览表

	通志	府志	县志	志略	志料	乡土志	里镇志	其他	合计
北京		6	37	2	4	1	2	3	55
上海		6	58	5		8	59	3	139
天津		2	18	2		1	1	2	26
河北	6	49	440	8	20	30	1	13	567
山西	6	37	365	3	2	8		10	431

续表

	通志	府志	县志	志略	志料	乡土志	里镇志	其他	合计
内蒙古	1	3	13	18	7	2		4	48
辽宁	8	3	67	17		32		3	130
吉林	1	1	41	9	4	37			93
黑龙江	1	1	38	16	2	6		1	65
陕西	5	2	300	6	3	50	2	10	401
甘肃	3	20	138	9	11	8	1	8	198
宁夏		6	17	4	3			2	32
青海		4	6	5	20	2		2	39
新疆	2	5	4	22	8	36		4	81
山东	6	34	411	9	3	71	2	5	541
江苏	4	56	304	13	11	18	108	26	540
浙江	5	79	363	15	14	12	77	25	590
安徽	3	62	260	17	7	11	10	9	379
江西	6	62	389	6	1	8	1	4	477
福建	8	44	227	4		13	16	3	315
台湾		8	19	10	6		4	2	49
河南	8	52	443	4	1	13	3	4	528
湖北	6	41	250	8	1	12	2	12	332
湖南	4	61	290	3	1	33	1	8	401
广东	8	51	332	5		28	18	3	445
广西	6	31	165	9		6		4	221
四川	8	56	454	52	19	62	16	4	671
贵州	6	24	83	7	8	5	1	5	139
云南	10	44	195	13	8	15		2	287
西藏		2	1	33	4	1	1	2	44
合计	122	875	5728	333	168	529	326	183	8264

然而，由于普查的人力、时间局限，不可能穷极现存的所有方志，同时又因对方志定义和收录范围的认识不同，这个数字，绝不是现存地方志的全部，还有不少方志保存在其他图书馆或个人手中。近年来，各地在编修新方志的过程中，陆续发现不少《联合目录》没有记载的志书。如山

东烟台一市，就发现未见任何目录的志书11种。江苏省有59种志书未著于《联合目录》。山西省至今共发现43种方志在《联合目录》中未有著录。不少私家收藏的志书在陆续面世，如湖北省来凤县清初的土司志——《（康熙）卯洞司志》六卷，贵州《（光绪）桐梓县志》编纂人赵彝凭后代收藏的该志稿本三十卷，上海书店影印出版的3种稀见陇右方志，都是私人收藏的稿本或抄本。一些单位也征集了一些方志未刊稿，如湖南社会科学院征集有1931年完成的《（民国）沅陵县志》手稿，云南江川县县图书馆征集有1934年完成的《（民国）江川县志》稿本等等。对于流散在国外的地方志，《联合目录》只记载了已知的极少数孤本珍本。世界各地一共保存着多少中国地方志，现在还没有确切的统计。因之，我国现存方志数量伴随着新的发现必然会有所增加。如北京图书馆吴景熙在《中国地方志》1982年第6期发表的《国内现存方志、北京图书馆藏方志及其他》一文中，统计出全国现存方志8343种，119687卷，即与《联合目录》相差79种。1996年由汉美图书有限公司出版的由金恩辉、胡述北联合主编的《中国地方志总目提要》共收方志8577种，是目前收入方志数量最多的书籍。

现存8000余种、11万余卷方志中，以清朝最多，占2/3还多；民国次之。以种类计，县志数最大，是我国地方志书的主干，府志在其次。从地区分布上看，现存志书四川省最多，其下为浙江、河北、山东、江苏、河南等省。这表明，方志主要集中修成于经济文化较发达、开发较早的地区。而东北、西北、内蒙古等边疆地区则较少。我国是一个历史悠久、文化发达的文明古国，尽管各地区、各时代地方志遗产很不平衡，但如积累千百年以来的遗产归类之，基本上达到了各省皆有志和绝大多数的县皆有志。这就像我们这样一个幅员辽阔的伟大国家，是值得引为自豪的事情。

八千多种方志，数量虽颇可观，但其仅是自古以来编成的地方志书的一部分，还有很大一批方志因手抄版印数量的限制、"水、火、虫""三厄"、战乱、火灾、文字狱、帝国主义抢夺与破坏等因素及纸质、保管等条件局限而散佚失传。

在雕版印刷术广泛使用以前，书籍靠手抄，数量有限，难以广泛流传。如南齐的陆澄曾辑录160家地理著作，编成《地理书》149卷。梁代的任昉又增补了84家，汇编成252卷，称为《地记》。过了不过100来年，到唐朝贞观年间编《隋书·经籍志》的时候，这200多种书的原本已十不存一了。即使在印刷术发达起来以后，也有许多地方志从来没有刊刻过。或者虽然刊刻了而印数却很少。明清两代地方志大多是官修，修成之后，向上级报送几部，稿本或书板就藏在府县衙门，面临着鼠咬虫蛀、潮湿霉烂、水灾火灾、动乱或战争而被毁坏的风险。

"水、火、虫"为书籍"三厄"，是使地方志损毁、消失的常态而又灾难性的破坏因素。如河北省束鹿县（今辛集市）明代修过五次志书，明末天启年间滹沱河水患，"俱没于洪水"。湖北房县，早在明嘉靖年间就编有志书，在明末战乱中书板被毁。到清康熙年间重修，过了15年又"板毁而书亡"。吉林的临江县（今浑江市临江区），曾于1926年和1928年两度重修县志，两次都因失火，原稿全部烧毁。即使是设置了专门管理机构的皇家藏书，同样屡屡葬身于火灾之中。如唐朝皇室的藏书一毁于"安史之乱"，再毁于唐末战乱。北宋大中祥符八年（公元1015年），一场大火烧光了皇室藏书处昭文馆、集贤院、史馆和秘阁的包括地方志在内的三万多卷图书。至于方志遭虫蛀而损，则是防不胜防的"家常便饭"。

兵戈窃发，战乱破坏，造成了方志的大量亡佚。在元、明、清、民国方志中，多有"志毁于兵燹，无由得览"[1] "兵火焚劫，无论典籍图志，毁荡无存，即藏书旧家亦尽付灰烬"[2] "边郡多故，旧籍遂意放失"[3] 等记载。我国最大类书《永乐大典》有一个正本，一个副本，正本在明末战乱中被毁，副本则在清末经过英法联军的抢劫和八国联军的焚烧，丧失殆尽，幸免于难的部分仅及原书的千分之三，也多数被劫走。鸦片战争时期，英国军队侵入宁波，曾闯进天一阁，从地方志中查看宁波一带的地形，并且掠走了《大明一统志》等几十种地方志和舆地图书。1931年"一·二八事变"，上海当时远东著名的东方图书馆收藏有地方志2600多部，其中有140种珍贵的元明版本。其先遭日机轰炸，继被日本军人纵火，它的50多万册藏书连同这些地方志全部被烧光。20世纪30年代前后，入侵中国的日本侵略军肆意劫掠中国方志等典籍，不计其数。

封建统治阶级的文化专制政策，也往往殃及地方志。司马迁在《史记·六国年表序》中说："秦既得意，烧天下诗书，诸侯史记尤甚，为其

---

[1] （清）舒钧纂修：《石泉县志》，舒钧自序，清道光二十九年刻本。
[2] （清）杨瑞本纂：《潼关志》，杨瑞本自序，清康熙二十四年刻本。
[3] （明）田蕙纂：《应州志》，田蕙自序，明万历二十七年刻本。

有所刺讥也。"明代,凡涉及"违碍字句"的志书均被明令禁毁,明成祖诏令"有干犯靖难事者禁之",许多志书"厉禁不传"。清代从康熙到乾隆年间,盛行文字狱。一些地方志就因受文字狱牵连而遭到禁毁。规模最大的一次禁书是在乾隆年间,清政府借修《四库全书》之名征集天下图书一一审查,对"有词义违碍者","分次奏缴销毁",同时"务将妄诞字句删毁殆尽"①。相当数量的方志遭毁或被篡改、删减。

在近代,西方列强为了侵华政策的需要,为了研究中国,特别注意收集中国的地方文献。他们通过学者、商人、传教士、外交官,或是收购、或是偷盗、或是掠夺,从中国弄走了大批地方志。我国方志学家傅振伦痛心地回忆说,当年日本人在北京琉璃厂书店收买古今方志,"不是计书论值,而是规定积书高达一手杖给一元。②" 1900 年,敦煌莫高窟发现藏经洞,大量上千年前的古写本重见天日。自此以后,英国人斯坦因、法国人伯希和等,陆续闻风而来,盗走了敦煌宝藏中的大批精品,其中包含十几种唐至五代的图经地志写本残卷。美国搜购中国古籍大约从 19 世纪中叶开始。清道光二十二年,美国驻华公使顾盛收购 1000 余册图书运往美国,内有部分志书。民国 22 年,山东藏书家高翰生所藏 180 余种方志被美国国会图书馆收购。民国时期,美国人 ROCKHILL 以"考察"为名深入四川带走大量方志。

他如傅振伦在《中国方志学通论》中所列举的"文人相轻,力攻前失甚或抹煞旧志,另立炉灶,新志甫成,前书销毁""新志未必皆优,而旧志未必尽劣。只以旧之所有,新志必载;旧之所无,新志必增。于是新编告成,旧志覆瓿""鼎革以来,令宰多不年而更,其窃取县志以去者,时有所闻"以及"官吏公德心之缺失"等情③,也对方志的保存、流传产生了较大的负面影响。

据张国淦编《中国古方志考》载,元以前,我国方志散佚 2000 余种。明代方志失传也相当严重,达 1800 余种,为明代现存方志 992 种的近两倍。方志编纂本来就较少的广西、云南、贵州 3 省,散佚情况尤为突出,如广西曾 10 修通志,但今仅存两种。贵州有明一代共修志书 80 种,

---

① 陈登源:《古今典籍聚散考》,上海书店 1983 年版,第 97 页。
② 傅振伦:《地方志漫话》,《文物天地》1982 年第 5 期。
③ 傅振伦:《中国方志学通论》,北京燕山出版社 1988 年版,第 77 页。

现仅有9种传世。① 清代方志亡佚现象也较突出，如贵州清代共修志书198种，其中现存90种（有13种《联合目录》未著录）、失佚108种，超过半数。

据估计，我国宋、元以前纂修的方志1000余种，明约3000种，清代现存志书6000余种，而佚志数大体与之相当，加上民国方志1500余种，我国历朝历代所修的旧方志当在2万种左右。

二 方志收藏

我国历史上历代政府和私家注重收藏地方志。据史籍记载，秦朝宫中、丞相府、御史大夫府皆是国家藏书之所。汉时，"大收篇籍，广开献书之路"②，准许民间收藏图书。"武帝时，计书既上太史，郡国地志，固亦在焉。"③ 汉宫中还置天绿阁、石渠阁，收藏天下图书典籍。设兰台令史掌管档案文献。隋炀帝大业间令各地所纂志书上于尚书省收存。唐朝规定图经定期造送朝廷。宋代，朝廷设崇文院、秘阁收藏天下图书。后北宋沦亡，"馆阁之储，荡然靡遗"。高宗南渡，重建朝廷藏书，"命郡府三年一造（图经），与版籍皆上省"④。

明清两代，方志兴盛。明太祖朱元璋多次下令访求古今图籍，藏于秘府。永乐十六年，朝廷为修《天下郡县志书》，"命礼部遣官遍诣部县，博采事迹及旧唐书"，并令各郡县呈送志书。⑤ 明代将收集的大量志书藏于文渊阁和内阁大库。其中，文渊阁藏书50厨约10余万卷。其"来"字一橱收古今志书，"署"字三橱收旧志，"经"字三橱收新志。所藏方志除宋、元志书外，大多为明洪武至正统间所修。清朝开国之初，设立国史馆，为编写清史而"收藏书籍"⑥。清为修《明史》、国史、《一统志》《四库全书》，多次诏谕各地修志和进呈志书，而这些志书大多保存在内阁大库。宣统元年，学部大臣张之洞奏请建立的京师图书馆所藏方志就大多来自内阁大库。民国时，方志收藏也有明文规定："各省、市、县志书

---

① 刘仲勉、张新民、卢光勋：《贵州地方志存佚目录》，贵州省地方志办公室1988年内部印刷。
② 《汉书》卷三十。
③ 《隋书》卷三十三。
④ （宋）董弅：《绍兴新志·序》。
⑤ 《明太祖实录》卷二〇一。
⑥ 《清史稿》卷一百四十五。

印刷完成后，应分送内政部、军政部、教育部、中央图书馆暨有关机关备查。"① 这时期，收藏志书最多者为国立北平图书馆，除乡土志外，有3844 种，5200 余部。

收藏地方志，也是我国历代文人和私人藏书家的传统。明代朱睦㮮在其万卷堂中，收有各种藏书 5 万余卷，其中方志数量较多，因而在其编《万卷堂艺文志》中独立设方志为目。嘉靖年间浙江人范钦在宁波建立的天一阁藏书楼，庋藏明代各种方志 435 种，较《明史·艺文志》著录的方志还要多。福建闽县徐渤红雨楼收藏方志亦十分丰富，计有全国志 10余种，各种省、府、州、县志 338 种。② 清康熙间，江苏常熟藏书家钱曾嗜书如命，其述古堂藏书楼就有《太平寰宇记》等全国志 11 种，《雍大记》等郡县志 55 种，各种图志、山志 121 种、人物志 61 种。③ 山东聊城杨氏海源阁，系杨以增于道光二十年（1840）仿天一阁兴建的藏书楼，是我国晚清著名的四大私人藏书楼之一，曾与常熟瞿氏铁琴铜剑楼、吴兴陆氏皕宋楼、钱塘丁氏八千卷楼遥相辉映。所藏古籍中，地方志书就有170 多部，其中有珍稀方志 20 余种。④ 据林汝舟《云左山房书目》所录，林则徐的藏书中，方志门列有湖南 77 部、湖北 63 部、江苏 44 部、河南70 部、山东 8 部，其他省共 8 部，足见其对地方志收藏的重视。民国时期，收藏地方志逾千种者不乏其人。著名藏书家任凤苞春园度藏志书2500 余种，其中《弘治八闽通志》《嘉靖南畿志》《隆庆云南通志》等都是稀见珍本。任氏亦因此被学界尊为藏书巨擘。上海王绶珊博采旁搜地方志书 2500 余种，其中约有 400 种未见各大图书馆收藏。藏书家刘承幹在其嘉业堂藏书楼中藏书 57 万卷，其中有志书 1200 余种，33380 卷，志书中有 62 种海内秘本。⑤

中华人民共和国成立后，中央人民政府政务院即明确宣布各图书馆藏方志统归国家所有，由国家统一管理珍藏。为确保方志安全和便于保管、使用，全国各大图书馆积极开展对方志等历史文化典籍的征集工作。中国科学院图书馆、北京图书馆等从 1956 年起，陆续通过日本摄制国内不见

---

① 中华民国政府行政院：《地方志书纂修办法》，1946 年 10 月 1 日。
② （明）徐渤：《徐氏红雨楼书目》。
③ （清）钱曾著，瞿凤起编：《虞山钱遵王藏书目录汇编》。
④ 骆伟：《海源阁与地方志》，《中国地方志通讯》1983 年第 2 期。
⑤ 顾志兴：《浙江藏书家藏书楼》，浙江人民出版社 1987 年版。

藏方志胶卷并在其他国内图书馆复制罕见方志，各地方图书馆也通过各种渠道、形式丰富各自方志馆藏。形成了北京、上海、南京、台湾四大国内方志收藏中心。兹据黄苇《方志学》一书中的相关资料，将我国历代现存方志的收藏状况简介如下。①

北京图书馆，原名京师图书馆，民国十七年更名国立北平图书馆，1949年改为现名至今。计馆藏方志6066种，93009卷。其中，县志4111种，府志583种，通志235种，州志526种，直隶州志88种，厅志65种，直隶厅志18种，乡土志233种，镇志166种，卫志19种，道志10种，关志10种，市志5种。所藏方志中，一是来自内阁大库拨交方志1000部，二为北海图书馆并入方志500余部，三是陆续采购范氏天一阁、毛氏汲古阁、陈氏稽瑞楼等旧藏和各地捐赠以及从国外复制的志书。收藏之富，首屈一指。占全国现有方志的72％。

中国科学院文献情报中心（原中国科学院图书馆），现藏方志4600余种，包括接管原东方文化委员会图书馆方志1000余种，以及从天津、南京图书馆、天一阁藏书楼和日本各藏书机构复印补充的国内外稀见志书近600种。

上海图书馆现藏方志5400余种。其来源是1958年后上海市人民图书馆、上海市历史文献图书馆、上海市科技图书馆、徐家汇藏书楼等并入和陆续采购、传抄、复制。藏志之富，仅次于北京图书馆。

南京图书馆现藏方志4000余种。其中除大部分系原中央图书馆、国家图书馆遗物和新征集、复印、摄制者外，有相当一部分为国内著名藏书家，如钱塘丁氏、武昌范氏、桃园宋氏珍藏品。

台湾省藏方志，主要分藏于台湾"中央"图书馆、"故宫博物院"图书文献馆、"中研院"历史语言研究所傅斯年图书馆、台湾大学图书馆、台湾省文献委员会等单位，约有4530种，78878卷。其中明代方志、台湾地区志书较为完整，孤本志书达200余种。这些志书或于1949年前后移自大陆，或从日本、美国等公私藏书机构购置。

此外，国内各省图书馆、博物馆、档案馆、各大专院校也收藏有大量志书，其中收藏2000种以上者有北京故宫博物院图书馆（2000余种）、上海辞书出版社（2000多种）、天津市图书馆（3700余种）、大连图书馆

---

① 黄苇：《方志学》，复旦大学出版社1993年版，第48—53页。

（约3000种）等。

自19世纪中叶起，日、美、英、法、意、德、比、荷、瑞典等国家，就通过各种途径，采取各种手段搜集我国方志，使大量志书流往海外。其中日本、美国是中国方志在海外的两大收藏中心。

日本收集中国方志，比其他各国早，收藏方志最丰富，日本现存中国方志4000余种，其中明清刻稀见本近200种，所收方志质量较高。日本现存中国方志主要藏在东京和京都两地的国家、地方图书馆、文库和大学、研究所。有些方志国内图书馆没有而日本却有收藏或国内图书馆所藏残缺不全而日本则有足本。日本静嘉堂文库即藏有50部明清孤本志书。

美国收藏中国方志以犹他州家谱学会为最，有5500余种。国会图书馆次之，有4000多种。哈佛大学燕京图书馆又次之，有3858种。此外，哥伦比亚大学东亚图书馆、芝加哥大学图书馆、华盛顿大学图书馆、耶鲁大学图书馆等，也分别藏有100余种至1500余种地方志。

据巴黎大学1957年编《欧洲各国图书馆所藏中国地方志目录》统计，欧洲英、法、意、德、比、荷、瑞典等7国的25个单位收藏有中国方志共2590种。此外，加拿大、澳大利亚、韩国、新加坡等国，也收藏有不少中国地方志。

第三章　方志体例

"体例"一词，《现代汉语词典》释为"著作的编写格式；文章的组织形式"①；《辞海》定义为"著作的体裁凡例""纲领制度和内容细则"②。自古以来，体例就为学者所重视。唐代刘知几在《史通·序例》中的"夫史之有例，犹国之有法。国无法，则上下靡定；史无例，则是非莫准"即为其最好表述。体例为历代诸家重视，是品评一部著述好坏的重要标尺。方志体例，是方志体裁、凡例、结构与章法等的总称。它是志书表现自身内容特有的、不同于其他著述的体制形式，是志书内容与形式的统一表现。志书体例的制定与完善程度，在某种意义上讲，关系着志书质量的高低，决定着志书编纂的成败。

第一节　旧志体例

旧方志体例，是在吸收历史、地理等书的某些体裁的基础上逐渐完善起来的。对于方志体例的重要性，古代志家多有论述。如宋马光祖、周应合纂《景定建康志》，于《修志本末》中，即强调修志需"定凡例"，明体例。明杨廷和在《重修蒲州志序》云："今之为志者，或记建置，或记山川，或记土田、户口、祥异，或记风俗、人才，盖诸体而杂出者。"③清方苞则阐明一部志书体例划一的重要性："体例不一，犹农之无畔也。博引以为富，而无所折中，犹耕而弗耨也。且或博焉，或约焉，即各致其美，而于体例已不一矣。"方志编修"譬为巨室，千门万户，各执斧斤，

---

① 中国社会科学院语言研究所词典编辑室：《现代汉语词典》（第五版），商务印书馆2005年版，第1342页。
② 《辞海》（1979年版影印本），上海辞书出版社1980年版，第228页。
③ （明）杨廷和：《弘治重修蒲州志·序》。

任其目巧，而无规矩绳墨以一之，可乎？"① 清方志大师章学诚说："志为史裁，全书自有体例。志中文字俱关史法，则全书之命辞措字，亦必有规矩准绳，不可忽也。"② 民国间，傅振伦称："修志之道，先严体例，义不先立，例无由起，故志家必以凡例冠之。"③ 甘鹏云认为："纂修通志，以规定义例为要。义例不定，如裘无领，如网无纲。"④ 可见体例对于修志的重要性，以为历代史志学者高度认识。

旧志体例经长期的继承、兼容和创新，至南宋时已臻于完善。即不仅继承了以往历代修志"事以类聚"和"横排门类"的传统，而且类愈分愈多，且愈排愈细，包揽人、事、物愈来愈广，而且出现了序、表、笺、录、图、叙、辨、志、传诸体。其典型代表有如马光祖修、周应合纂《景定建康志》。元、明以后，迄于民国，方志体例愈臻严密，其间较著名的是章学诚的"三书""四体"说。统而观之，旧志体例主要有如下几种类型。

平列分目体 指将全书内容分为若干门类，平行排列，无所统属。该体的最早典型是南宋范成大的《吴郡志》。该书50卷，平列排列沿革、分野、户口、税租、土贡、风俗等39门。明代不少方志采用这种体例。清初顺治年间，河南巡抚贾汉复主修《河南通志》，也用此体，设有图考、建置沿革、星野、疆域、山川等30门。平列分目体难以反映事物的统属关系，结构松散，清后期沿用者较少。

两级分目体 即两级志目体，也称纲目体。指将志书内容先分大的门类（纲），门类下再分细目。较早的典型是明代刘洊的《鄢陵县志》，全书共分地理志、建置志、田赋志、官师志、人物志、人品志、杂志、文章志8卷；志下分目，如地理志下设疆域、星野、山川、堤坡4目；官师志下设官制、学宫、名宦、乡贤、风俗5目。两级分目体有以政区、事类和政区、事类混合分类3种形态。这种体例目以类归，目以纲聚，纲举目张，层次清楚，结构相较严谨，较能反映事物间的统属关系，较平列分目

---

① （清）方苞：《与一统志馆诸翰林书》，载朱士嘉编《中国旧志名家论选》，《史志文萃》编辑部1986年版，第6页。
② 《答甄秀才论修志第二书》。
③ 傅振伦：《中国方志学通论》，商务印书馆1934年版，第110页。
④ 甘鹏云：《〈湖北通志〉义例商榷书》，载《方志学两种·方志商》，岳麓书社1984年版。

体优越。

通纪体 模仿《史记》《汉书》等正史,采用纪、传、志、表、书、考、略、录等体裁为统类,再立纲分目编纂的著述形式。采取这种体例的,最早应推南宋周应和的《景定建康志》,全书分录、图、表、志、传5类,类下设目,如其"志"下,即设有疆域、山川、城厥、官守、儒学、文籍、武卫、天赋、风土、祠祀等目。该体例的显著特征是统合古今,详今略古,即既记本朝又叙往代,既重现状又兼及往事,时间跨度多自一地有建制之始或事物发端叙述至约定的志书下限之时。我国旧志绝大部分采用此体。

三宝体 三宝一词,语出于《孟子》"诸侯之宝三:土地、人民、政事"。地方志统合古今事为土地、人民、政事,三类载记即为三宝体。或另加"文献"成四类,亦称三宝体。总纲下,又系以细目。如唐枢《湖州府志》,全书分土地、政事、人民3志。王一龙《广平县志》分土地、人民、政事、文献4类。此种体式延续至清朝,如清乾隆间杜延甲《河间府志》分舆地、宦政、人物、典文4志。此种体例简明,但结构过于简单,难以包罗各种复杂内容。

三书体 即"三书四体八门"。系章学诚所创。如前所述,三书即志、掌故(档案)、文征(文献、文艺),四体即外纪、年谱、考、传,八门即编年、方舆、建置、民政、秩官、选举、人物、艺文。三书中志是主体部分,采用纪传体,外纪、谱、考、传为基本体裁,八门为基本门类。三书体是封建社会较完备的方志体例。

编年体 即仿《春秋》《左传》《资治通鉴》《竹书纪年》《汉纪》《后汉纪》《国榷》等中国传统史书体裁,全志不分门类,以时间为中心,按年、月、日顺序,纵向编排一地各种情况的志书体例。该体例在明代较为常见,如王启《赤城会通记》、黄光升《嘉靖长兴县志》、沈谦《崇祯临平记》、龚策《崇祯武进县志》等即为此体。该体例以时间为经,以史事为纬,比较容易反映出同一时期各个历史事件的联系。

章节体 章节体是19世纪末在西方教科书等著作体裁基础上形成的一种结构设置形式,其在20世纪初传入中国后,即应用到方志编纂之中。章节体结构严密,层次清晰,篇章节目层层统辖,便于反映事物的系统结构状态;内容纵横,交相联系,便于揭示事物的前因后果,能形成完整的地情资料,具有立体感等优点。但也有格式化、模式化,呆板而缺乏灵活多样性等弊端。清宣统二年洪汝仲纂的《昌图府志》即运用该体。章节体民国时期有编（门）章节目、章节目，即四级目录、三节目录两种类型。前者如刘爽《吉林新地志》、黄奋生《蒙藏新志》，后者如张樾《肇州县志略》、赵国栋《桓仁县志》等。章节体对新修方志影响重大。

此外还有政书体、纪事本末体、类书体、断代体、条目体等体例形式。其中，条目体是借鉴辞典、年鉴一类工具书的编纂方法，因而比之章节著述体更自由、活泼，事物记载的独立性也最强。如《光绪井研志》，分十九门六十五目，"各门类记事极为详尽"①。

方志体例，除上述体制形式外，还包括方志编修在体裁、凡例、结构、章法等方面的具体规定、要求与规范，具体参见后续的相关节、目内容论述。

第二节　新志的体例与体裁

20世纪80年代初我国第一轮大规模新方志编修起始后，方志的体例与体裁便受到高度重视。这既体现学术界、实务界于此方面的研究与争鸣产出了大量的学术论文与专著②，更体现于政府层面结合修志之需而出台了系列指导性、规范性的文件，并在其中就志书体例范畴的体裁、凡例、内容、结构、章法等进行了规定，提出了要求，对于保证新方志的编修质量、推进我国方志事业的发展产生了重大的影响。

一　新志体例

新志的体例是在"批判继承我国历代修志的优良传统"，坚持"存真求实"，坚持"努力创新"的基础上③，经由国家地方志指导部门制定，

---

① 四川省地方志办：《光绪井县志》，四川省情网（http：//www.scsqw.cn/）发布，2017年5月27日。

② 相关成果中，论文类有刘光禄的《略谈章学诚关于方志体例的主张》（载《贵州文史丛刊》1982年第2期）、王豪的《方志体例多元及其发展趋势》（载《新疆地方志》1991年第2期）、夏临昌的《改革方志编纂体例与方法当议》（载《中国地方志》1998年第4期）、张桂江的《新编地方志的续修体例》（载《沧桑》1998年第6期）等。专著类有朱祥清的《新编方志体例比较与思考》（上海社会科学出版社1989年版）、王晓岩的《方志体例古今谈》（巴蜀书社1989年版）等。

③ 中国地方志指导小组：《新编地方志工作暂行规定》，1985年4月19日，见中国方志网www.difangzhi.cn。

并印发实施的。中国地方志指导小组1985年《新编地方志工作暂行规定》、1997年《关于地方志编纂工作的规定》、2007年《关于第二轮地方志书编纂的若干意见》、2008年《地方志书质量规定》均对新志体例作了系统规定，从中可以看出我国方志编修基于体例上的与时俱进与不断完善的历程。分别简介如下：

《新编地方志工作暂行规定》第二章为"志书体例"，共有新方志的类型和名称、断线、体裁、框架和篇目、大事记、立传人物、文体、称谓、资料引证、字数篇幅、出版程序、开本版式等内容。其中，规定"新方志的体裁，一般应有记、志、传、图、表、录等。以专志为志书的全体，图表可分别附在各类之中，图表尽量采用现代技术编制。"强调确定的框架和篇目"是关键性的一环"，其拟定"应从现代化社会分工和科学分类的实际出发，既要继承旧志的优良传统形式，更应有所创新增益"，"有些篇目的增删，应体现地方特点"。在大事记上，"关于建国以来重大政治事件的记述，要遵守宜粗不宜细的原则"。人物立传"以原籍（出生地）为主"，"在世人物不立传，凡在世人物有可记述的事迹，应在有关篇章节目之中予以记录"。志书文体，"一律用规范的语体文，文风应严谨、朴实、简洁"。"新方志所依据资料，包括史实、人名、地名、年代、数据、引文等，务必核实，力求准确无误"。

《关于地方志编纂工作的规定》主要将方志体例的内容归入到第三章"志书编纂"中。其中第十一条在总体上强调"编纂地方志要加强调查研究，掌握翔实资料，力求观点鲜明正确，材料真实可靠，体例完备严谨，篇目结构合理，内容充实深刻，段落层次清楚，审校严格认真，从多方面采取措施，保证志书质量"。除在类型和名称、篇目设置、人物立传、文体、资料、版本等方面与《暂行规定》基本相同外，鉴于"述"在志书中发挥的作用越来越被人们所认识、所重视、所利用、在体裁上，增加了"述"体，强调在述、记、志、传、图、表、录等中，要"以志为主体。图表采用现代技术编制"。同时进一步明确"各级地方志应严格执行审查验收制度"，以保证志书质量。

《关于第二轮地方志书编纂的若干意见》有两个部分与体例有关，即"（四）关于体例篇目"和"（五）关于内容记述"。前者强调要"严格遵守志书体例，注意处理好继承与创新的关系。注意融合章节体、条目体的长处。慎用'特载''专记'等形式，必需运用时应处理好与正文的关系"；要求"篇目设置要符合科学性，避免随意性。处理好容量、排列、层次、标题和升降格等问题，避免归属不当和缺项漏项，以及不必要的交叉重复"。后者要求在内容上"要处理好与前志的衔接，并注意对前志的拾遗、补缺、纠讹；对前志内容的必要重述，应当精炼浓缩"，同时"内容横不缺要项，纵不断主线，并恰当处理政治、经济与自然、文化、社会等各部分内容的比重关系。在记述重大问题时，可采取集中记述与分散记述相结合的方式"。在资料上要"积极拓展资料收集的范围"，要"做好资料的鉴别、筛选工作"并"编辑好资料长编"，以保证资料的可靠性与完整性。强调"图照的选用应当注重典型性、科学性和存史价值的统一，遵守国家的有关规定"，"地方领导人和地方志书编纂人员的标准像不得入志"，在内容上要"加强记述深度，避免流水账式、平面式、观点加例证式的记述方式"。

《地方志书质量规定》第三章为《体例》，是对志书体例质量的集中表述。其中，第八条在总体上强调要"坚持志体。横排门类，纵述史实，述而不论。体例科学、规范、严谨，适合内容记述的要求"。第九条要求"编纂志书的指导思想、原则、时空范围、体裁、人物收录标准、资料来源、行文规范、特殊问题处理等要求"要在凡例中"清楚明确"。第十条强调"志书名称以下限时的本行政区域名称冠名"。第十一条重申"体裁运用得当，以志为主"，除规定述、记、志、传、图照、表、录的质量标准外，增加了"索引"体裁。第十二条强调篇目设置要"符合'事以类聚''类为一志'的基本要求"，在篇目标题上要力求"简明准确，题文相符，同一门类各级标题不重复"。

二 新志体裁

体裁为文章或作品的种类和样式，也有的认为还包括文章的结构及文体文风。地方志的体裁，经过两千多年的不断发展与创新，综合了纪传、编年、纪事本末、政书、文选等多种体裁之长，同时兼得地志、图经之要而渐以形成的，特别是新方志的编纂实践及其相关的探索总结，得以形成了以述、记、志、传、图、表、录、索引 8 种文章样式为基本的体裁体系，并且作为地方志法规的规定内容，为广大地方志工作者所接受和普遍运用到修志实践之中。这 8 种体裁加上卷首的序和凡卷末的附、跋或修志始末，以概述为纲，以大事记为经，以各专志为纬，便形成了志书的总体基本结构。试分述各体裁于下。

述 即概述或总述。意为概而述之，"根据志种和内容层次的不同，合理设置，概述事物发展全貌和特点等"[①]，是一部志书的主体鸟瞰的有机体，它可使读者在短暂时间内对志书构成有机的总体概念。述，是由古代志书中每一分志前面的"志序""序例"等发展而来的。前者自宋《景定建康志》即有，后者为章学诚所创。以"述"的名称见之于方志中，最早为黄炎培的民国《川沙县志》志首撰文"述本志纂修经过与微旨，本县大势与略史"。此外，黄还于该县志各卷卷首"皆先以概述。有类实斋所为序例，而实不同。盖重在简略说明本志内容之大要，而不尽阐明义例也。将使手此书者，读概述后，进而浏览全文，其繁者可以用志不纷，其简者亦将推阐焉而有得，或不及读全文，而大致了了。"这是今志"分概述""小序""无题引言"的由来。新编地方志，均设概述或总述，不少综合志专志前设有"分概述"。概述独立成编（篇），冠于全志之首，其概括叙述一地自然、政治、经济、文化、军事、社会、人物等各方面的宏观情况，具有网络全局、勾勒地方特点、综合利弊之用。概述源于各志，又高于各志，是全书精华所在，为全志之总纲。

记 即大事记或大事年表。是方志重要组成部分。用以记载某一地区某一历史时期内具有对当时或后世有较大影响的政治、经济、军事、文化等各个方面的大事、要事，为志书全志之经。方志中设立大事记始于宋代高似孙撰《剡录》中第一篇《县纪年》，用编年体记载全县大事。有了大事记，就能把各分志横排的内容贯穿起来，克服其松散的弱点，使志书的整体结构更加严谨。因此自《剡录》后不断有人效法。民国而后，志书普遍设立大事记或大事年表。就方志编写的大事记，有编年体、纪事本末体、编年体与纪事本末体相结合以及大事年表 4 种写法。一般以编年体居多，次之以编年体与纪事本末体相结合。在大事记选录上，要做到"大事得当，重要事项不漏，时间、地点、人物（单位）、结果等要素齐备"[②]。

志 即著述部分。用于各类专志，是地方志书的主体。是从横的方面

[①] 中国地方志指导小组：《地方志书质量规定》，2008 年 9 月 16 日，见中国方志网 www.difangzhi.cn。

[②] 中国地方志指导小组：《地方志书质量规定》，2008 年 9 月 16 日，见中国方志网 www.difangzhi.cn。

按事分类，一类为一志，分别编纂各项事业、各个方面从历史到现状的面貌及发展过程，是以横断面为主体的专题记述。旧方志纲目体之书，以志为纲者，比较多见。章学诚创立志、掌故、文征三书体中，志是主要部分，采用纪传体写法，为著述体。新方志中各类专志志目，称志或编或篇或卷。在通常情况下，"志"即方志的简称。方志中的志体部分，要求"门类设置合理。纵述史实把握事物的发端、变化和现状，不缺失主要事物、事物的主要方面和事物发展的重要阶段"[①]，并坚持"述而不论"的原则，寓观点于记述之中。

传 即人物传记，专门用于传写人物。传是"二十四史"大量采用的一种体裁。人物，早在《山海经》中就有记载，后世方志均设人物门类，且在志书中占的比重极大。如明代嘉靖时的《永乐县志》，共8卷46目，其中关于人物的内容有3卷16目。旧方志中的人物传，大致设有名宦、儒林、忠义、宦绩、文苑、武功、隐逸、孝友、义行、列（烈）女、方伎、仙释等门类，颇多为帝王将相、达官显贵以及孝子烈女等树碑立传。新修方志，人物志仍占有重要位置，但一般都不为封建道德规范的人物立传。方志坚持"生不立传"的原则，立传人物"为在本行政区域有重大影响者，以及本籍人物在外地有重大影响者"[②]。传主除仍保留一部分历史上的名人外，大多为近代、现代的革命英烈、劳模先进、能工巧匠及专家学者等。人物传有大传、小传、合传、类传、附传等形式。"对有重大影响、有突出贡献、有代表性的在世人物，主要采用以事系人的方式记述"[③]。

图 即各种地图和照片。图不单独立卷。一般志书"卷首插图包括本行政区域位置图、地形图、行政区划图、交通图等"，其他图根据内容与需要插置于相关章节中。图照的选用应当注重典型性、科学性和存史价值的统一，"地图采用国家测绘部门和有关部门绘制或者审定的。重要地理信息数据采用测绘部门公布的法定数据"。图、照与文字内容相配合，

---

① 中国地方志指导小组：《地方志书质量规定》，2008年9月16日，见中国方志网 www.difangzhi.cn。

② 中国地方志指导小组：《地方志书质量规定》，2008年9月16日，见中国方志网 www.difangzhi.cn。

③ 中国地方志指导小组：《关于第二轮地方志书编纂的若干意见》，2007年11月28日，见中国方志网 www.difangzhi.cn。

图照的说明文字要准确。严格"照片无广告色彩。除人物传、人物简介外,无个人标准像"①。图,生动直观,真实可信。"一图胜千言",正确运用图,可达文字难以起到的效果。

表 即各种统计表格。其乃司马迁作《史记》所首创。此后,史志之作多加以运用。举凡政治、经济、军事、文化等方面的许多内容都可用表格列出。表要"设计合理,要素齐全,内容准确,不与正文简单重复"②。志书中表的运用,可使复杂纷纭的事物一目了然,有"揽万里于尺寸之内,罗百世于方册之间"的作用。③ 表也不单独立卷设章,而是插入有关章节文字中。

录 即附录、杂录,系资料辑存。录所记载的内容,有如章学诚在《方志立三书议》中所称:"阑入则不伦,弃之则可惜。"属"稗野说部之流",即收录有保存价值又不宜置于专志中的内容,常缀于志后,也可附于各篇、章之后。旧志有余编、杂录、附录、丛录等篇目,新修方志多以附录、杂录、杂记等命名。

索引 旧称通检、备检。索引是摘出书刊里的字词、人名、地名、概念或一定文章的主题等,按一定次序分条排列,标明出处、页数,以便检阅。我国索引编制始于明代万历年间张士佩编制的《洪武正韵玉键》,方志索引的编制始于1939年商务印书馆出版的《吴县志列传人名索引》。新方志编修后索引即在志界得到提倡和重视,《关于地方志编纂工作的规定》明确提出方志"全书要附有索引"。索引编制有利于提升志书质量、传递方志信息和读志用志。其编制要求做到"分类标准统一,名称概念清楚,提炼的标目符合主题原意,附缀正文页码准确"④。

除以上外,方志附带的体裁还有:

序 说明修志的意义和指导思想,介绍或详述一部方志的著述或出版意义、编次体例和作者情况,还可包括对著作的评价和有关问题的研究阐发等。序多数置于志首,它是志书的重要组成部分,有画龙点睛之功效。

---

① 中国地方志指导小组:《地方志书质量规定》,2008年9月16日,见中国方志网www.difangzhi.cn。

② 中国地方志指导小组:《地方志书质量规定》,2008年9月16日,见中国方志网www.difangzhi.cn。

③ (清)朱彝尊:《历代史表·序》。

④ 中国地方志指导小组:《地方志书质量规定》,2008年9月16日,见中国方志网www.difangzhi.cn。

撰稿人不一。

凡例 方志的编辑说明，叙述方志编纂体例及著作内容等。凡例有通例、分例和特例 3 种。凡例和体例既有联系又有区别。凡例是指具体志书而言，而体例却是所有志书的抽象概括；凡例是体例的具体化，而体例必须渗透在凡例的躯体细胞之中。凡例和体例是个性与共性的统一。旧志凡例内容，往往与序跋内容多所重复，这是当今方志编修应予避免的。

跋 亦称后记，指写在志书后面的短文，内容大多为对志书的评价、鉴定或考释之类，也有涉及志书刊刻、出版等有关事情。体裁不一。旧志跋文写得最多、影响最大的则数清周中孚，他共撰各类志书跋文近 300 篇，皆收入《郑堂读书记补逸》之中。新志跋文称"修志始末"者较多。

一部志书的各部分体裁一般按下列顺序安排：

（政区、地形、交通等图、照片）序言、凡例、概述、大事记、各专志、人物、附录、索引、跋（修志始末），图表插在各篇章或恰当位置。这种排列顺序就是一部志书的构成组合。

第三节　方志篇目拟定

篇目是志书的总体设计和基本框架，是志书工程的蓝图，是志书的结构形式。在修志工作开展之初，篇目是搜集资料的向导；编写阶段是志书的编写提纲；志书完成后，便成为志书目录。历代方志学家非常重视篇目的拟定，如近代方志学家李泰棻《方志学》中就曾说过："纂志之道固多，而门目标题，则为首要。"倘若"志之体例门目毫无"，必然导致"靡不有初，鲜克有终"的后果。瞿宣颖在《志例丛话·杂例》中说："凡志之佳恶，不待烦言，但阅其门目，便知有无鉴裁之力。大抵工于鉴裁者，合则极包罗之象，分则尽剖析之能。非然，则如市中之杂货肆，欲取何物，先自茫然。故欲精志例，先求分目以允。但各地方情状万殊，极不能强为齐一。"瞿氏所谓"分目以允"，指的是置篇立目要讲究科学性，要达到这一目的，就应"工于鉴裁"。新方志编修，篇目拟制一直受到各地重视。1985 年《新编地方志工作暂行规定》第十条即强调在修志工作中"确定志书的框架和篇目，是关键性的一环"。要求"志书篇目的确定和取舍应从现代社会分工和科学的实际出发，既要继承旧志的优良传统形式，更应有所创新增益最基本的必不可少的篇目，以符合科学性和时代特点为原则，有些篇目的增删则应体现地方特点"。《关于地方志编纂工作的规定》要求"地方志的篇目设置，应合乎科学分类和社会分工实际，突出时代特点和地方特色，做到门类合理，归属得当，层次分明，排列有序"，同时，应注意从本地的客观实际出发，形式上不强求一律。《地方志书质量规定》则要求篇目设置要做到"整体布局合理，结构严谨，归属得当，层次分明，排列有序"。志书篇目的优劣是志书成败的关键之一，其影响贯穿于修志过程的始终，具有举足轻重的地位，因此，修志必先搞好篇目。

一　篇目拟定的基本要求

篇目拟定的基本要求，主要有如下几个方面。

第一，符合志体，观点正确。史志同源异体，志有志体，史有史体。方志必须按志体要求拟定篇目，即：一是分门别类，级级统属，全志篇目像金字塔式的层层展开；二是纵横结合，时类并举，先横后纵，以横为主，做到横陈现状，纵述历史；三是以志体为主，文、图、表俱全，力争做到图文并茂，并适当附录；四是落实到目，目为实体，每个条目有相对独立性。同时注意篇目的思想性，要用唯物主义世界观设立篇目，以确保篇目观点正确。

第二，领属得当，类目全面。领属得当是指要处理好篇、章、节、目之间的纵横关系，篇与篇之间、章与章之间、节与节之间是横的并列关系。篇目的内容要推敲再三，做到以类系事，逐级统属，同一篇章的类目必须是同一性质或同一范畴。同时，篇目要反映出一个行业或一个部门的特点，类目要全面，应做到横不缺项，纵不断限，使人们从篇目中就可以看出一个地区、一个行业或一个部门的全貌。

第三，层次清楚，排列有序。篇目的层次序列，是一个值得注意的问题。一部综合性志书，几十个篇章，数以百计的条目，要做到有章有序，层次清楚，有条不紊，总的原则是要有科学性、逻辑性，便于读者理其端绪，寻其始末，究其因果，识其规律。具体排列方法：一是按事物发展的因果关系排列，如先资源后生产、先生产后流通；二是按事物的主次地位排列，如先国营、后集体、再个体；三是按照事物发生的先后次序排列，如农业生产关系变革：土改—合作化—公社化—家庭联产承包责任制—家庭承包经营、统分相结合的经营方式。电力志的排列：发电—供电—用电—管电；四是按思维习惯排列，如先总述后分述，先客观后主观，先直接后间接，先经后纬等。

第四，标题简明，特点突出。篇目分类立目要从实际出发，简练明了，一目了然，要具有规律性和逻辑性，不拖泥带水。力求用词准确、朴实、简短、醒目，概括全文而无遗漏，概念明确而无歧义；忌用文艺式、新闻报导式、工作总结式、标语口号式、论文式、广告式的标题。同时要考虑到志书资政、存史、教化的现实需要，有详有略，详独略同，即要处理好共性与个性的关系，重点放在抓住本质，反映特点，揭示规律上，要有一定的深度，力求在篇目上体现地方、时代、行业特点。

第五，便于编写读用。拟定的篇目要求能对全书的编写具有指导作用，对全志的内容，具有协调作用。在志书出版后，要能方便读者的阅读和查检。这是篇目拟定的总要求，也是达到前面几条要求的必然结果。

二 篇目拟定的程序

篇目从准备到定型，大致可以经历以下几个阶段。

（一）准备阶准

这一阶段产生于修志初期。其主要工作是进行调查研究，搜集资料，学习方志基本理论。篇目拟定前，修志人员要对地情作深入细致的调查了解，要采取座谈、讨论、走访、查阅档案等方法搜集资料，弄清楚写什么及怎样写，明确范围，掌握特点。同时，修志人员要认真学习方志理论知识，分析方志体例的特点，并研究当地前志和外地志书的篇目，以掌握拟定篇目的原则和方法，为篇目的拟定作好必要的准备。

（二）拟订篇目阶段

这一阶段包括两个步骤：一是篇目试写。它产生于资料基本搜齐和掌握了一定的修志理论之时。篇目试写，要求从总体出发，各专志篇目要服从全志的需要，要合理地确定各专志在志书中的地位排列和篇幅比例；同时又要考虑各专志本身的整体性，设计好各专志应入志的各个方面的地位、排列和篇幅，安排好篇目的章节，并进而落实到目。目是志书的细胞，是志书的基本结构单位，只有把目落到实处，才能使篇、章、节的内容更加丰满。

（三）修订篇目阶段

篇目拟定出来后，还要进行反复修改，进一步锤炼。首先要由修志机构内部成员进行反复讨论，形成大致相近看法，尔后将之印发各部门和有关领导、专家征求意见，修志机构再将各方面的意见收集起来，进行进一步的修改。这样反复几次之后，由编委会讨论通过，定为试行稿，以作收集资料和试写用。随着资料的增多、修志者方志理论水平的提高和实践经验的积累，要不断对篇目进行修改，直至定稿形成目录。

总之，志书篇目从草拟到定型，有一个由不完善到完善的过程，也就是说由认识浅显到认识深刻，由认识片面到认识全面的过程。胡乔木对此曾作论述："不可能一开始就把门类、篇目都想得很完善，把应该包括哪些内容，应该怎样分出各种题目以及它们的先后、它们的要求等都考虑得十分周全"[①]，篇目的成熟应该有一个渐进的过程。这一见解是符合篇目产生的客观规律的。

三 拟定篇目需要注意的关系问题

（一）继承与创新的关系　历代修志的实践活动，给我们留下许多宝贵经验，有许多精华部分需要继承，如旧志中的志、图、表、纪、传的体裁及按体分门、按事分门和按类分门的拟目方法等，但旧志中也混杂着诸如不重视人民群众在历史上的地位与作用、忽视经济基础的唯心主义观点等许多糟粕的东西，需要我们加以摒弃。在批判地继承旧志篇目合理成分基础上，要采用新观点、新材料、新方法，拟定出具有时代特点的志书篇目。

（二）纵与横的关系　在纵与横的关系上，历来观点未曾划一。章学诚认为"史体纵看，志体横看"，强调了志书要横断面展开，这样容易反映"一方之全史"。黄炎培在主纂《川沙县志》时，提出了"一般方志，偏于横剖，而缺于纵贯，则因果之效不彰"的观点。我们认为，志书的性质决定了它的结构必须是有纵有横，纵横结合。横，就是分类，把无所不包的内容，按照"以类相从"的原则，分别纳入各个部类、各个专志以及篇、章、节、目中去，从广度上反映一地的全貌。纵，是把从古至今的历史事实，按照历史分期和事物本身固有的发展阶段由远及近地顺时记述，从深度上反映事物发展的规律。志书只有纵横结合，才能编得既有广

---

① 胡乔木：《在全国地方志第一次工作会议闭幕会上的讲话》，载《中国地方志》1987年第1期。

度又有深度。章学诚说："政必纲纪分明，而后可以为治；辞必经纬条析，而后可以立言。"①处理好志书的纵横关系，是保证志书质量的重要环节。

（三）简与繁的关系　志书的篇目是否繁简得体，历来为修志者所讲究。处理得当，则交口称赞，认为"简而不遗，备而不泛，兼收并蓄而无所混淆，是可嘉也"②。处理不当，则责之"繁简失宜""取舍失伦"。繁简问题，实际反映了修志的指导思想、方法等问题，如"详今略古""详近略远"则繁于今、近而简于古、远。"宜粗不宜细"地反映1949年以来的历次政治运动和突出经济部类记述，繁简问题就自然突出。如何处理繁简关系，至少有三个方面需认真考虑：一是变"详今略古"为"详今明古"，既要详记当代，又要对古远的历史交代清楚，不能搞一笔带过、蜻蜓点水，从而增加古、远的资料分量，减少繁简差；二是细分类目记载经济建设，以控制与政治部类的畸重畸轻现象；三是利用志书的综合性体裁（纪、传、图、表等）来调节篇目的繁简问题。

（四）个性与共性的关系　个性、共性分指事物矛盾的特殊性和普遍性，在拟定篇目时，必须处理好两者的关系。一般地说，要本着详独略同的原则拟定篇目。独，就是个性，即特点，对个性的东西，列目要详细，要下功夫研究。同，是共性，即带一般性的问题。篇目中对于共性问题无须罗列过细，以避免冗赘、分散、繁杂、重复等问题的出现。需要说明的是，在拟定篇目时，不能因为强调详独略同而忽视了对地情整体性的反映，也不能因之而盲目对个性事物进行升格记述。

四　新编方志的几种篇目类型

从20世纪80年代开始的中国当代新方志编纂，在继承、整合历代方志体例之优长基础上，对志书的体例进行了创新和发展。其中在志书篇目形式上，根据《新编地方志工作暂行规定》第十条"篇目的排列，应体现结构合理，层次分明。层次名称可采用编（篇）、章、节、目，也可采用其他形式，不必强求一律"的原则性建议，结合地情进行了创新性的编排设计。总体来看，就综合性质的志书而言，篇目类型除个别志书采用

---

① （清）章学诚：《为毕制府拟进〈湖北三书〉序》。
② （明）钱福：明弘治《上海县志·序》。

编年体外，主要有章节体和条目体两种。其中，章节体占据绝对的比例优势，条目体和变相条目体较少。

（一）章节体

白寿彝在其主编、1983年由宁夏人民出版社出版的《史学概论》中说："20世纪以来，史书编著一般都采用章节体，这是一种新的记事本末体。"即将重要的史事分别列目、独立成篇，各篇又按时间顺序编写，这和方志最重要的体裁特点横排竖写相一致，故章节体在新编方志中得到各地广泛地采用。因章节体的短长前已有叙，这里不再赘述。用章节体这种形式者，一般是全志称志，志下设篇，篇下设章，章下设目，且层层相辖，层次十分清楚。章节体目前又存在3种形式，即大篇体式、中篇体式、小篇体式。

大篇体式是将本地古今人、事、物分成几个大类，设篇加以记载。1982年8月中国史志协会所拟订的《新编县志基本篇目》就采用大篇体式。一般分设地理、经济、政治、文化、社会、人物等篇，排列次序多先自然后社会，先经济后政治、文化，即所谓先经济基础后上层建筑。如1986年出版的浙江《建德县志》，除序、凡例、目录、大事记、概述及附录、跋外，将志体内容分列7编55章。其中，建置编，包括区域位置、历史沿革、行政区划、县城乡镇、人口民族5章；地理编，包括地形地质、山脉河流、土壤、水文气候、自然资源、自然灾害6章；经济编，包括生产关系及经济体制改革、农业、林业、畜牧业、渔业、水利、工业、电力、交通运输、邮电、商业、财政、税务、金融管理、城乡建设、人民生活、土产特产品17章；政治编，包括中国共产党、权力机构、政协、民主党派、工商业联合会、人民团体、司法、民政、劳动人事、军事、其他党派社团等11章；文化编，包括教育、科技、文化艺术、新闻、卫生、计划生育、体育、旅游、档案事业等9章；人物编，包括革命烈士英名录、革命烈士传略、历史人物传略等3章；社会编，包括风俗习惯、方言谣谚、民间传说、异闻逸事4章。这种大篇体式的优点是执简驭繁，系统性、科学性较强，且符合现代社会科学分类。缺陷是不便于突出地方特点；易造成归类不当，如人口民族不属建置，教育、卫生、计划生育、体育等均为独立事业不能一起并入文化；同时各编篇幅相差悬殊，形成"头小、脚轻、肚子大"的弊端。

小篇体式，即指平头分列式，是将本地古今人、事、物，按性质相同、相近细加分类，分成数量较多的卷、编加以记载。如1985年出版的江西《玉山县志》除目次、序、凡例、概述、大事记外，全书正文按性质细分为建置区划、县城集镇、人口民族、地质地貌、山脉水系、气候物候、自然资源、政党、地方行政机构、民政、司法、劳动人事、群众团体、军事、农业、林业、水利、畜牧水产、土特产、工业、交通邮电、商业、粮油购销、财政金融、卫生、血吸虫害防治、教育体育、文化科技、艺文、文物、方言、谣谚、民间传说、宗教、风俗习惯、服饰饮食建筑、人民生活、人物、地方文献等39卷。这种小篇体式的优点一是人、事、物严格按性质分类，类为一志，因而一般都分类科学，归属得当。由于层次减少，一般不容易出现互不统辖等弊端；二是由于经济类大编在此分化成若干卷，文化卷也严格按性质分散为文化、教育卫生、体育、科技、艺文等卷，各卷篇幅大体达到平衡。缺点是由于分篇过多，有失之过细、支离破碎之感。正如章学诚所批评的那样："如采典故而作考，则天文、地理、礼仪、食货数大端，本足以该一切细目。而今人每好分析，于是天文则分星野、占候为两志；于地理又分疆域、山川为数篇。连篇累牍，动分几十门目，夫《史》《汉》八书，十书之例具在，曷常作如是之繁碎哉？"①

中篇体式是随着修志事业的发展，在20世纪80年代末至90年代初后出现的打破"事以类聚、类为一志"传统定例的篇目结构形式。其产生原因有二：一是大篇或平头列志法使多数志书的体例、结构、篇目雷同或大同小异，使人有"千书一面"之感，而"千书一面"即一般通用的篇目又不能不掩盖或抹去本地的地方特色，使许多地方上的独有特色在篇目上反映不出来。这一通病的造成，固然与在不同程度上参考先行者的拟目有关，但更主要的是"类为一志"的志体束缚了修志者的手足。因此，不少地方在修志中革新体例，变通志体，另立"门户"，将本地独具的地方特有事物从只具内容不见篇目，或仅见次要级别篇目，升格为篇目的第一级或第二级，从而突出地方特色。如江西《景镇镇市志》特将陶瓷工业从工业编中独立出来另立"陶瓷编"，贵州《万山特区志》将"汞"从地理篇中的矿藏章分出列篇，从而分别突出了"瓷都""汞都"的特色。二是中编采大编、小编之长而避其短，即避大编"易于归类而失之

---

① （清）章学诚：《修志十议》。

虚",篇幅比例严重失调,小编结构松懈、主次不分之短,而扬大篇"事以类从"、小篇易于着笔之长。一般设置20篇左右。这种形式的缺点是糅合的内容不对等,如卫生体育篇,一般卫生只设1章,体育则要设3－4章。但这种体式以其自身的特点在进入20世纪90年代后成为最主要、最基本的县志篇目结构形式。这自然与修志所处的时代特点、社会分工和注重经济基础的记述等因素有关。

(二)条目体

条目体又称纲目体或百科年鉴体。是志书传统的篇目结构形式之一。其基本类型一为平列门类、二为先按类立志然后分门立目。后一类型又分为按体裁立志和按内容立志两种形式。新方志使用条目体不是普遍现象,有如江西《万年县志》、安徽《徽州地区简志》《黟县志》、河南《平顶山市志》、湖南《辰溪县志》、江苏《南京简志》《常州续志》等。其中《万年县志》的条目结构为大事记、概况、政治、经济、文化、苏区斗争、人物、杂记。各类用特号字标注,其中各类下再分条目,用粗体字标注,如其经济类分农业、林业、水利水电、工业、交通邮电、城镇建设、财政金融、贸易、粮食等。尔后再分条目用方括号标识,如其农业下又分作物分布、园艺、农技、农业机械、畜牧、水产等。还有一种变相的章节体或称为变相的条目体,如广西《宁明县志》和《扶绥县志》。这两部县志不用篇、章、节、目去区别层次,而是采用总志下又设若干分志,分志下又使用中文数字和阿拉伯数字去区别层次。若去掉统辖层次的顺序号即可变为条目体,若把区分层次的顺序号加进篇、章、节、目即可变成章节体。

条目是反映志书内容的基本单元,在民国及以前的旧志中多被采用。但新志采用条目体的主要特征是记述体而非辞书条目的说明文,是以科学分类和社会分工的实际相结合为原则,按照事物层次结构,依次排列,使志书内容呈现出有机的隶属关系和逻辑次序,使反映事物发生、发展过程的资料连贯、系统。条目体志书,选题选材注重有效性、典型性、完整性和新颖、准确、系统,注重消除部门工作总结、报告痕迹,也坚持"述而不论,寓观点于记述之中"的原则。

第四节 方志的字数和断限

一 方志的字数

字数的多少规定着志书的篇幅和规模的大小。在各种旧志的编纂中，这一问题未引起较大注意。随着社会主义方志工作的开展，志书字数问题愈益受到方志界重视并将之与志书的质量挂起钩来。为了规范志书篇幅，《新编地方志工作暂行规定》第15条中明确："关于各级、各类志书的字数，因地区差异较大，不宜作统一要求。总体规模不宜过于庞大，应当以既充实又精练为原则。一般情况下，县志以控制在三十万至五十万左右为宜，市志控制在一二百万字至四五百万字左右为宜，省志字数最好控制在一千万以内。"该规定是根据我国当时的修志情况，对全国修志工作所作出的指导性意见。

随着修志工作普遍深入地开展，出现了许多新的情况。以县志为例：一些志书随着资料征集与专志编写工作的深入，收集到了相当丰富的史料，尽管择优、精简，但按《暂行规定》要求的字数来进行编写，仍然还要抛弃大量的珍贵的资料，这样编纂出来的志书势必过于简略，有的事件、史实连脉络也不清楚，失去了志书的特点和"资治""存史""教化"之功用。显然，《暂行规定》对县志字数的要求，是不适应修志事业发展的。也因如此，之后中国地方志指导小组发布的规定，均为涉及志书的篇幅字数具体规定。事实上，已出版的志书除个别外（如山东《长海县志》）在80年代绝大部分都突破了50万字，如《盐池县志》80万字、《玉山县志》93.2万字、《武乡县志》120万字、《奉贤县志》140万字。90年代后，县志的字数稳中有升，以贵州为例：《石阡县志》98万字、《沿河县志》129万字、《遵义县志》140万字、《锦屏县志》160万字、《毕节县志》165万字。在这一时期出现的多卷本市县志均超过了200万字，如1997年10月出版的两卷本《桐梓县志》有230万字，1998年5月出版的三卷本《遵义市志》达354万字。县志如此，省、市志突破规定字数就不难理解了。

我们认为，对一本志书的字数不宜作硬性的规定和限制，各地应根据自己的特点和修志工作中的一些情况（如之前有无志书编纂或旧志是否尚存、资料收集多寡、修志经费足缺等）来确定。但也不能无限制地增加字数，让志书字数愈益膨胀。我们在承认《暂行规定》中对三级志书的字数控制不合时情的情况下，必须肯定它所指出的"总体规模不宜过于庞大，应当以既充实又精练为原则"是完全正确的。应在详尽地占有资料的基础上，认识篇幅和内容的辩证关系，本着"要简、要严"的原则，对资料进行筛选、加工、提炼，既要避免不加选择地堆砌资料和让无价值的资料进入志书，又不要因强调"简"而过于压缩内容而不见事物之大概和规律，同时要在编写中处理好交叉重复，杜绝空话、套话、废话等水分性篇幅，行文力求朴实、简练、流畅。总的坚持是："志书的篇幅不宜过大，今后续修，字数要相应减少。"①

二 志书的断限

地方志"区域界限明确。以本行政区域为记述范围，越境不书"②。断限是方志体例的基本要素之一，指方志叙事的起迄时间，包括上限和下限。时间断限问题，关系到志书的辑录内容能否填补历史空白，突出时代特色，适应现实需要以及修志过程中能合理使用力量做到事半功倍等问题，因此，在搜集资料之前，就应把时间断限确定下来。

断限的选定，应根据实际出发，根据现实需要来决定。关于上限，《暂行规定》指出："不作硬性的统一规定"，因此，因事而异地追溯古代历史就成为各地灵活掌握上限的原则。一般来说，需要和可能上溯的内容，主要有三个方面，一是属于不可割断，需要"会通"的重要史实，尽管旧志作了正确记载，也需适当上溯，简要概述。比如，建置沿革、行政区划、历代大事、著名人物、有代表性的典章制度等，可追溯至建置之初；文物、古迹、民族、家教、学术思想、科学技术等，可上溯至事物的发端。二是属于旧志忌载、缺载，而在今日又有实用价值的史料，应尽可能上溯，予以补载。三是属于旧志的错误记载，凡是事关重大的，必须尽力上溯考订，如实纠正过来。上限的具体时间可以是某一具体年份，也可是某一朝代或具体历史时期。第一届社会主义新方志的上限各地根据实情划定不一，有的断至有建置开始之年，有的断至1840年鸦片战争或辛亥

---

① 中国地方志指导小组：《关于地方志编纂工作的规定》，1997年5月8日，见中国方志网 www.difangzhi.cn。

② 中国地方志指导小组：《地方志书质量规定》，2008年9月16日，见中国方志网 www.difangzhi.cn。

革命，有的断至前志之下限，有的断至某一具体事物或文件的发端，未曾划一。

志书的下限界定因素相当复杂。有的以历史时期为界，有的以某一阶段为界，有的以搁笔之年为界，有的以某一年代为界，如《暂行规定》建议第一届新修方志下限断至1985年，就是以第六个五年计划结束时为界。但历代纂修志书，尽管早立断限，但由于事物错综复杂，情况不断变化，往往不能完全遵守其规定。如黄炎培总纂的《川沙县志》，其断限止于民国15年，脱稿却在民国24年，而在此间又积累不少"弃置可惜，带叙不便"的重要材料，只好命名《赘录》，赘于每门之末。民国36年刊印的《贵州通志》，下限虽定为宣统三年，但邮电一事却记载至民国22年。第一届社会主义新志书编修更是如此，认为早定的下限，在进入90年代后，与新编地方志编纂的目的、内容、时效矛盾日益加剧，不少编纂人员都极力把志书下限贴近出书时间，故在志书写出初稿后，还以各种方式突破所订下限，如贵州《石阡县志》下限定于1985年，但在1992年出版时，"为反映1985年至1992年的物质文明与精神文明的建设状况，匡救地方志出版周期长的缺陷，本书特在'附录'中附载'1986—1992年国民经济和社会发展概况'"。扬州市《广陵区志》"下限一般断至1988年。对特殊事物的记载延伸至搁笔之时"，又把1989—1991年的"大事记略"作为附录收入。安徽《岳西县志》的断限是"本志上起建县的民国25年（1930年），下迄1985年，部分内容因事上溯和下延"。由此可见，断限，特别是下限是一部志书记事所止的时间界限，它是规范志书资料取用的统一尺度，是修志工作者应遵守的基本编纂原则之一，但这并不是不可逾越的"雷池"，因为下限至定稿出版的时间如以县志来讲，常在3年或3年以上，而这一时期科学技术日新月异，新生事物层出不穷，各种变化快速复杂，志书应在遵守时间断限的基础上，因事而异地上溯，适可而止地下延，即是说，"修志应有断限，但又不能死守断限"。

事实上，各地修志因地情千差万别，建置有早有迟，修志有先有后，其断限自然不会完全一致。而各地因投入的人力、物力、财力及组织管理、编纂要求等因素的不同，方志编修的进展和方法也难免各异，断限下延的时间长短势必不一，这是可以理解的。所要指出的是，在断限下限后内容延伸的志书中，有95%左右做到的仅是部分内容延伸，全面延伸者实仅为个别。部分内容的延伸，必然导致下限时间的严重参差不齐，产生下限年代紊乱不等。其直接结果一是带来内容的记述简单、体统不全，难以进行比较、分析；二是又给续志带来"上限不等高"的后果和操作的困难。因此，一部志书，其下限必须整齐划一，所有事物都要下限到位。只有下限到位，志书才能全面反映一地各项事业的历史和现状，增强整体性。下限不到位，就好像写文章没有结尾，给人支离破碎、不完整的感觉，这就要求志书主编因地制宜地、准确地预断志书从编修至出版的时间从而作出下限的年代（一般为出版前一年或脱稿之时），即使在断限下限后两三年内才完成编纂任务、定稿出版，也要做到对下限后的内容能延则全面延伸，不能延则遵守断限，不能盲目地、变相地延伸部分资料。当然，下限后4年以上才定稿出版的志书，则应对下限进行整体延伸至出版前一年，以充分保障志书的"资治、教化、存史"功能。

断线的标注，首次修志一般在凡例或编写"例则"中注明。而于续志，2007年中国地方志指导小组《关于第二轮地方志书编纂的若干意见》则有明确的规定，即"续修地方志书名称后要标明上下限年份，如'××县志（××××—××××）'"。

第五节 方志文体文风

一 方志的文体

文体，即适用不同需要而形成的语文体式，也即文章的体裁。地方志的文体是记述体。

什么是记述体呢？任何一个事物，不论是社会的还是自然界的，都有它各方面的情况；任何一件事情，不论简单的还是复杂的，都有一个发生、发展和结束的过程；任何一个人物，也都有一个成长、发展的过程。把人物的经历、事物的特点或事物发展变化的过程，用书面语言如实地记录下来，表述出来，这就是记述体。记述体有6个必要的因素，即人物、事件、时间、地点、原因和结果。在记述体中，作者必须直接或间接地交代清楚这6个问题，否则就不能完满地达到记载和叙述人、事、物的目的。地方志采用记述体，就是要把搜集到的资料加以整理，通过排列组合，分析归纳，分门别类地予以记述，使之成为一方之地情性资料著述，为治理、开发和建设地方提供翔实的资料和历史的借鉴。

新、旧方志都是采用记述体。所不同的是，千百年的旧志用的是文言文。而"新志书的文体，一律用规范的语体文。"① 为把握方志在文字表现形式上的特点，须辨析方志文体与其他文体的区别。

第一，志体与史体的区别。章学诚曾说："地方志是一方之全史。"同地方史一样，地方志也是以某一地区为记述对象的，并且是撰写地方史的取材之资。因此，地方志和地方史的关系极为密切。但细加比较、分析，两者毕竟有所不同。以记述内容而言"志详史略"；以记述方法而言"志横史纵"；以记述时间而言"志近史远"；以利用资料而言"志繁史简"。其表现形式可概括为：内容上，一般史书不如地方志内容广泛、全面，史书侧重于历史的纵向叙述，志书则在统合古今的基础上侧重于横断面的展开。编纂形式上，一般史书多侧重于论述历史发展规律，强调对历史事件及人物进行分析，是学术性较强的著作，而方志则是以地命名、以地域为中心的地情资料性著述，一般无须直接评论功过是非，不能以论代史，也不能就实论虚，要求把作者的观点和倾向性，寓于史料的记述之中。资料与作者上，史记过去，其记载主要依靠史料，辅以考古调查、发掘和采访；地方志以现状为主，主要依靠调查和文书档案。地方史的撰写一般由史学工作者承担，而地方志则需要方志工作者与历史学、经济学、政治学、社会学、民族学、人类学、法学、文化学、地理等工作者的密切合作。编修方志，要充分注意地方志和地方史的不同之处，避免偏离志体把地方志写成地方史。

第二，志体与文艺文体的区别。文艺作品反映生活允许在现实生活的基础上，虚构故事和人物，要求用生动形象的语言进行人物刻画和景物描写，同时可以运用衬托、渲染、夸张、想象等多种艺术表现手法，塑造各种艺术形象。而地方志以真实为生命，除了记载民间神话传说、介绍艺术珍品和名胜风光，可以采用文学描写文笔，一般均应使用记述体的书面语言，力求简明、准确、朴实、雅重，也力求生动有文采，具有可读性。但不允许用文学艺巧，不以华饰浮言和铺张扬厉取胜。文艺作品用典型的艺术形象去教育读者，而地方志则是通过具体事实去发挥教育作用。

第三，志体与议论文体的区别。议论文具有论点、论据、论证三要素，它是作者通过事实材料和逻辑推理来阐明自己的观点和见解的文体，

---

① 中国地方志指导小组：《新编地方志工作暂行规定》，1985年4月19日，见中国方志网 www.difangzhi.cn。

其重点在论，以论取胜。其观点直接由作者明确提出来，为了论证，其常引用权威、名人的话，并进行理论的阐述，追求逻辑的谨严。而地方志的原则是"述而不论"，即观点不能靠发议论，不能由作者以论点明确提出，而必须靠资料说话，以资料取胜。修志者对客观状况的是非、功过、得失、起伏、成败、盛衰、经验、教训等，所具有的观点和倾向性，应在事实的记述中自然地流露出来，亦即"寓褒贬于事实之中"。方志只能靠大量的、真实的、经得起检验的资料来证实，不能用引证政策文本、规范方案、名人言论或科学上的公理、定律等做论据、当史实。方志的重点在"记"，不能杂以评论，进行论证，而是通过大量的确凿事实，让读者自己从中得出结论。当然方志并不排除"画龙点睛"之论，但要恰到好处。

第四，志体与公文体的区别。公文是法定的组织或个人在公共事务活动中依规范体式形成并固定使用，以直接发挥其社会管理效能和法定效能的文书等信息载体。地方志和总结有其相似之处：一是必须首先搜集和积累资料，加以归纳组织，使之条理化；二是全面叙述情况，用事实反映事理；三是反映事实要可靠有证。但二者有着明显的区别，总结属于应用文体范畴，有固定的格式和要求。其大致由总结的名称、总结的正文、总结的署名和日期3部分组成。正文部分是总结的主体，一般要说明工作的基本情况，反映成绩和经验（或做法、体会），找出问题和教训，提出改进工作的意见和今后努力的方向等。而方志重在记述，它记载各方面的情况而不限于典型事例，寓议论褒贬于事实的叙述之中而不另作分析论说，让读者自己去归纳。地方志不记未发生的事，不记规划、计划和今后意见等内容，地方志应取材于工作报告、工作总结，但绝不能简单地搬用拼凑，而置方志体例于不顾。总之，志体不同于公文文体，特别注意不要把志书写成公文中的总结。

第五，志体与教科书体的区别。教科书体如教材、讲义等，是系统、完整地向学生讲授各类学科知识和科学道理的。它多以严密的逻辑思维讲解各种定义、定理、公式、方法等。地方志具有"教材"的作用，但却没有一部志书是按教材、讲义的要求编写的。编修方志决不能偏离志体靠拢教材而专门记述某项事业或工作的性质、意义、任务、方法和作用等等理论和技术性的内容，即使有时必须涉及这些方面，也只能记载有关的事实，而不能特意地演绎阐说原理。方志也有知识性，但它是体现于资料之中，必要的名词解释、专题说明，一般不入正文，只作脚注或附件。

第六，志体与新闻文体的区别。新闻文体包括消息、简讯、通讯、特写、调查报告、新闻评述、访问记、座谈纪要等。一般由导语、主体和结尾3部分构成。其中导语，就是把报道中最重要、最新鲜、最引人注目的事实提炼出来，一语道破新闻的主题思想和现实的指导意义，给读者一个总的概念。方志不同于新闻在时间上有自己的断限，其既记历史，又记现实，不像新闻只记新近发生的事情，而且多数以倒叙的方法叙述事实。方志对断限内现实的或历史的事件则只能用顺叙的方法予以记述。新闻可用文学手法进行渲染和抒情，允许夹叙夹议，而这些在地方志中是忌讳、不允许的。

二　方志的文风

文风是使用语言文字的作风，它是作者思想作风、文化修养、语言能力、写作态度等在文章中的综合反映。文风是一种社会现象，一定文风的兴起与特定社会特定时期的政治、经济、文化的变化有着密切关系。无论优良文风还是恶劣文风，都有鲜明的时代性和思想性，有其不可忽视的社会作用和影响。编修方志，必须在文风上兴优除劣，努力抵制各种恶劣文风，发扬实事求是和严谨、朴实、简练、流畅的优良文风。

（一）旧方志的文风

旧方志领域，文风代变，优劣并存。宋元方志，质直朴实，"义例整赡，考证赅洽，识义深慎……而明代诸志，颇改前观，避簿记之诮，则凭臆刊削，以为简古；侈收采之富，则杂厕肤猥，认为浩博；体制既乖，详略交病。其絜轻重之实，袭胥吏之故者，仰又无论焉"[1]。方志"降及明叶，末流滋弊，事既归官，成由借手，府县等诸具文，撰修类皆不学"[2]。于修志，"明代文人见解，又多误作应酬文墨"[3]。"参互考校，求唐宋元之志不甚谬，至明而谬始极；当代通都大邑之志不甚谬，至僻邑而谬益甚。考证详确者，千百之一二耳"[4]。清代由于朴学之兴，以及众多学者参与修志，继承发扬了宋代方志朴实严谨的文风。而与此同时，也有一些出于俗吏与乡曲陋儒之手的志书则表现出一种不良的文风，而多被诟病。

---

[1] （清）李兆洛：《咸淳毗陵志·跋》。
[2] （清）顾千里：《广陵通典·序》。
[3] （清）章学诚：《报黄大愈先生》。
[4] （清）纪昀：嘉庆《安阳县志·序》。

旧志不良文风，前人及今人批评旧志弊病时多有论及。主要表现为以下特征。

陈腐芜陋：旧志大力宣传封建礼教，鼓吹忠孝节义，贬斥人民的革命斗争。利用大量篇幅，表彰所谓"节烈""皇言""宸章"，不少志书刊之于卷首，对祀孔的繁缛礼仪，更是详记不厌，思想观念陈腐落后。不少志书内容陈陈相因，辗转抄袭，"凡以执笔其间者，不过取旧集而缮录之，妄有所增益，数月而集成，署其端曰某年某官修，要名而已，以是为修，何以为志？"① 而在内容上，不少志书资料残缺，史实不准，主次不分，剪裁不当，当详而略，当略而详，应有却无，当无却有。以致庞杂失体，支离破碎，体例不谨严，资料不系统。如清蒋彤所说："幽遐小邦，莫不有所为志者。然往往以缺为简，以复为详，以滥为博，以刻为真，不矜诞而妄作，即谬误于因仍。"② 如戴璟主修、张岳主纂嘉靖《广东通志》，总共40卷，费时仅两月，志中资料缺门甚多。又如祝允明纂正德《兴宁县志》，自己仅挂一空名，实命其弟子刘天锡等人胡乱编成，仅4卷，约15000字，而且是取旧志为本，材料不见其增，谬误不见其除。

虚美邦族："郡国之记，谱牒之书，务欲矜其州里，夸其氏族。读之者安可不练其得失，明其真伪者乎？"这是唐代刘知几在《史通·采撰》中对"虚美邦族"方志文风的指责。而较全面、具体地列举和分析批判这种庸俗不良文风者乃清代施闰章，他说："若夫郡邑志乘，官非左董，义爽笔削，颂长吏则谀，传先达则夸，纪名胜则附会，摛文词则浮芜，分星野、考沿革则淆混。书取速成，事多舛驳。甚且论符众口，一人矫喙，板藏邑库，改窜潜加，官吏不能校其非，士大夫不能睹其籍，迁延日久，遂成掌故。"③ 汪懋林也批评说："忠孝节烈名宦寓贤隐伦才艺之士，考之往古不世出，而今家龙比而户曾闵，老而寡者以节书，贵而不必德者以贤祀。鄙言恶札，繁缛连篇，人物艺文至于今何独盛也？"④ 章学诚在《答甄秀才论修志第一书》中就当时修志贿赂请托、曲笔成风的情况分析说："闻近世纂修，往往贿赂公行，请托作传，全无征实。此虽不肖浮薄文人所为，然善恶惩创，自不可废。今之志书，从无录及不善者，一则善善欲

---

① （清）汪懋林：《重修扬州府志·序》。
② （清）蒋彤：《武进阳湖新志·序》。
③ （清）施闰章：《安福县志·序》。
④ （清）汪懋林：《重修扬州府志·序》。

长之习见，一则惧罹后患之虚心尔。"在旧志编纂过程中，假公营私也很普遍。如岑原道在所纂嘉靖《会稽县志》中，极力褒扬当地岑姓之人；何乔远《闽书》中专立"我私志"一门，尽载何氏宗族。有些编修者，还在志书中大肆突出自己。清乾隆时知县宋恂修《西华志》，就把本人"宦迹"列入职官志，并妄夸其"德政"。更有甚者，"索货帛，需酒食，乃立为传"①。至于妆点名胜，更是旧志通病。乾隆《曲沃县志例》即称："八景之外，增益二景。字义调叶，允谐风雅"。增益二景不过凑数，不过为了"字义调叶"，徒具形式。故《四库全书总目提要》于陈圣诰《登封志注》批评说："志景必有八，八景之诗必七律，最为恶习。"对于虚美邦族的旧志通病，近代历史学家吕思勉曾专此论述，他说："郡国书，地理书，即后世方志之源也。此类书之长处，在其记载之详；其短处，则在偏美其本地，又或传诸委巷，用为故实。方志之不可尽为信史，即由于此。"②

夸饰附会：舞文弄墨，夸饰附会是旧志极不负责的恶劣文风。梁善纂成化《公安县志》，志中攀附名人以自重，"宦绩"一目上列吕蒙。其实，三国吴孙权手下大将吕蒙为浙江人，非公安人，亦从未在公安任过官职。康海《武功县志》记古迹太白祠时，竟将李白《登太白峰》一诗录于其下，实际上太白峰不在武功县；与武功无关的杜甫《自京至凤翔喜达行在所》一诗，亦被收入此志。对此恶习，清代纪昀就曾批评曰："明以来方志相沿之通弊，则莫大于夸饰，莫滥于攀附。一夸饰，而古迹人物辗转附会；一攀附，而琐屑之事迹，庸沓之诗文，相连而登"，大损志书之信用。③

贪奇炫文：这在明代方志中表现较为明显。如何景明将文学复古之风带入方志，所纂《雍大记》沿革志改称"考易"，艺文志变作"志贲"，人物志易为"志献"，名胜古迹志更名"考迹"，文字又多摹古。又如朴鸾纂嘉靖《襄城县志》，志前不立目录，而画一个圆圈形《志目例览图》。清阮元批评明代方志说："明代事不师古，修志者多炫异居功，或蹈袭前人而攘善掠美，或弁髦载籍而轻改妄删。"④其实，清代方志也不乏贪奇

---

① （明）何景明：《南丰县志·序》。
② 参见吕思勉《史学四种》，上海人民出版社1981年版。
③ （清）纪昀：嘉庆《安阳县志·序》。
④ （清）阮元：《道光仪征志·序》。

炫异之病。康熙《黎城志·凡例》说："志与史不同。史兼褒诛，重垂戒，志则志其佳境奇迹，名人胜事，以彰一邑之盛。"故凡奇闻异事，往往不问真伪，兼收并蓄。而记山水，更多有附会。至于编纂者自命风雅，卖弄文笔，孜孜考据，以示博学，也是旧志常见陋习。一些旧志还滥收无聊诗文，其中不乏志书编纂者所作，有类诗文选集，而其内容又无关地方史事、人文。

针对旧志编纂中的不良文风，一些志家学者提出了与之对立的文风要求，并身体力行。宋周应合在《景定建康志修志本末》中即提出修志要"广搜访""详参订"，应"削去怪妄，订正事实"。杨潜在《云间志序》总结其修志经验时说："有据则书，有疑则阙，有讹则辨。"表现出一种严谨的作风。明刘鲁生在嘉靖《曲沃县志序》中提出，佳志应做到"其载欲悉，其事欲核，其书欲直"。吕调元在隆庆《襄陵县志序》中进一步阐述："郡邑有志，犹国有史，所以彰往昭来，贵实录也。"主张直书实录以存真求实的同时，还应注意志书的实用性、资料的有用性，反对猎奇求异，录载无益之事物。吕怀是明代一位对方志通病有较系统认识的学者，他认为方志的主要问题是：记载不公，滥入徇情内容；选择不精，逸去重要资料；行文不实，杂入虚妄之语；体例不谨，随意编排卷次。为纠正弊病，吕氏提出"四贵""七不"之法。所谓四贵，即"贵公也，而不欲滥；贵精也，而不欲逸；贵文也，而不欲虚；贵序也，而不欲便"。所谓七不，即"言非史册、传记不书，文非名贤、金石不书，非郡乘所载记不书，非耳目显者不书，非出山氓、故老、绪绅、贤者公论不书，荒唐不书，疑似不书。"他认为如此方能避免方志流弊，而做到："简而公，博而精，核而文，正而序。"①

清杨椿在《上一统志馆总裁书》中说："土产则民生日用不可少者，宜书。珍奇怪异，可喜可愕、乍有乍无之物，书之则他日何以给？"顾千里也强调，志书"唯录有用之事，弗为无益之谈，字求其实，言归于正"②。皆主张志书"详而不冗，简而不漏""无虚假，无疏漏"等。旧方志学家提出的文风要求，以章学诚在《修志十议》中提出的"八忌""四要"最为全面、简要、概括。"八忌：忌条理混杂，忌详略失体，忌

---

① （明）吕怀：《永丰县志·序》。
② （清）顾千里：《广陵通典·序》。

偏尚文辞，忌妆点名胜，忌擅翻旧案，忌浮记功绩，忌泥古不变，忌贪载传奇"。"四要：要简、要严、要核、要雅"。简，指简明简要，内容精当，无冗语浮词。严，是严格体例，严于取舍。核，内容要核实，要言必有据，准确无误。雅，是语言规范，格调高、不粗俗，而非卖弄文彩，故作风雅。这些要求，至今仍有借鉴、继承意义。

（二）新方志的文风

社会主义新方志是"朴实的、严谨的、科学的资料文献"，是"科学文献"，要"能够经受历史的考验"①。新方志的性质和功用，决定了它在继承旧志良好文风的基础上具有自己的文风特点。其特点体现在《暂行规定》《规定》《质量规定》等的有关表述中。

《暂行规定》指出：新方志"文风应严谨、朴实、简洁"；《规定》要求地方志"行文力求朴实、简练、流畅"。《质量规定》的表述较为系统，有如："使用规范的现代语体文记述，不用总结报告、新闻报道、文学作品、教科书、论文等写法"，"行文严谨、朴实、简洁、流畅。除引文和特殊情况外，以第三人称记述，不用第一人称"，"使用规范汉字，用词概念准确，符合现代汉语语法规范"，"使用口语、方言、土语、俗语适当；不滥用时态助词；慎用评价词语；不用模糊、空泛词句"等。于此我们可以归纳出新方志文风的基本特点是严谨、朴实、简洁、流畅。

严谨：是对新方志文风的基本要求之一，就是使用志书语言的准确性、逻辑性和系统性。要求记述事实必须应以实践为标准，以真理为尺度，以科学为依据，坚持真理面前人人平等，准确地反映事物的本来面貌，不趋炎附势，不妄断臆说，使志书经得起历史的检验。在语言表达上，注意语法、修辞、逻辑三者之间的密切关系，使志书内容系统完整，逻辑性强；在结构与体例上，使志书做到层次分明，条理清楚，结构紧凑严密，体例规范划一；行文规范，语言缜密，杜绝假话、大话、空话、套话、废话。严谨的文风，来自严谨的工作态度、工作作风。在修志实践中，出现的内容取舍、结构安排、语言表达等方面的问题和差错，不仅反映了编纂者的知识修养，同时反映了编纂者的思想意识和敬业精神。古人说："文如其人，言如心声。"做到文风严谨，首先要做到思想正确，态

---

① 胡乔木：《在全国地方志第一次工作会议闭幕会上的讲话》，载《中国地方志》1987年第1期。

度鲜明，作风踏实，行为正派。

朴实：就是以朴求实。"朴"是手段，"实"是目的。章学诚在《古文十弊》中强调说：修志写史"但须据事直书，不可无故妄加雕饰"，"与其文而失实，何如质以传真也。"朴实，就是指在志书编纂中，要实事求是地反映客观实际，不贪奇求异，不故弄玄虚，不妄饰浮夸，不哗众取宠，不妄加评论；不滥用"最""极""巨大""重大"等副词和形容词，不用"如果""假如""如若""倘使"等假设之词和"由此可见""由此而知""毋庸置疑"等推理之词。做到去华就朴，从实避虚。用史料反映深度，用事实展现生动。

简洁：既简要精练而又明白清楚无冗言。"文贵约而指（同旨）通，言尚省而趋明。"① 简洁，既是对具体语句的要求，也是对志书内容整体的要求。志书简洁，有利于突出史事，突出重点，有利于志书的出版和读者利用。要求在志书中做到事无重复，章无虚段，段无冗句，句无剩字。做到文字精练，用词准确，言简意赅干净利落。简洁是为了抛弃烦琐无用的资料，保存和突出更多有价值的资料。但也要从志书内容的实际出发，有用之文，多亦不繁。"为世用者，百篇无害；不为世用者，一章无补。"② "立言之体，详所当详则不为繁，略所当略则不为简。"③ 简洁，应是文约、事丰、意明。为文简洁，关键在于作者要有眼光，能准确深刻地抓住事物的本质和主体，抓住问题的要害，洞察事物的内在联系，从而"知去取"，善于锤炼字句，剪裁浮词，使之达到"增一字则繁，减一字则厥"的境地。

流畅：指在语句上要求语言连贯，符合现代语法，在用字、用词上，用概念明确的字眼、词句，不用偏僻、古老、晦涩艰深的字、词。不故弄玄虚，更不能生造词句，也不能用半文半白、文白夹杂的语言。而在总体上，要求志书做到结构清晰，文理通畅，语句流利，标点准确，具有可读性。

此外，志书编修必须按照各届志书统一的行文通则进行编写。行文通则包括书写要求、名称使用、时间表述、数字书写、度量衡写法、引文注

---

① （东汉）王充：《论衡·自纪》。
② （东汉）王充：《论衡·自纪》。
③ （明）陈延祚：《修一统志议》。

释、名词术语等方面。特别要执行《质量规定》中"志书中同一名称、事实、数据、时间、度量衡、术语的表述，前后一致""时间、空间概念表述准确具体，指代明确""无知识性和常识性错误。不乱改科学定律、理论概念、政治术语、历史典籍、名家名言的提法和内涵等""不同时期的国家、团体、机构、职务等名称，均用当时名称。历史朝代名称使用规范的通称，以新版《现代汉语词典》附录的中国历代纪元表为准""外国国名和常见的地名、人名、党派、政府机构、报刊等译名，以新华通讯社译名为准。新华通讯社没有译名的，首次使用译名时括注外文全称""注释符合学术规范，便于查找原文。注释形式全书统一。引文和重要资料注明出处""数字、量和单位、标点符号的使用规范、统一，符合国家有关标准的规定"等行文要求。

第四章　方志编纂基础

如从"基础"而言，即关乎地方志的名称、种类、体例体裁、结构，编纂的原则、程序、基本方法、文体文风，编纂的组织、队伍、制度，方志成果的质量标准与评价体系等内容，为地方志理论与实务者所必须认知和把握的常识性知识，历来为地方志工作者所关注、所探讨，也因方志的性质与功用而为政府所重视。鉴于本书整体内容的布局，本章重点就方志编纂的指导思想与基本原则、总体设计、编纂程序、质量标准等"基础"中的主干内容予以论述。

第一节　方志编纂的指导思想和原则

一　指导思想

做任何事情，都必须有明确的指导思想，有明确的目标。编修地方志也不例外。指导思想是志书的灵魂，决定着志书的编修观点和目的。在中国方志编修的漫长历史长河中，历朝历代都需要地方志这种书籍来为统治天下、治理地方服务，大多数方志都由各级官府倡修、督修和监修，这就使修志的指导思想只能是以掌握政权并占有统治地位的阶级和政治集团的思想为指导思想。这是历代方志的共性之一，也是代代相传的修志传统之一。但是在不同的阶级社会里，方志编纂的指导思想又有着本质的区别。

中华人民共和国建立前修成的方志，我们统称为旧方志。旧方志是在封建和半封建时代修成的，不论官修还是私撰，修志的指导思想是地主阶级以及代表他们的历代封建王朝的封建思想，即使是民国年间修成的方志，由于社会性质仍是半封建的，封建势力和封建思想严重存在，也基本上是以封建思想作为指导思想。这一指导思想是由封建地主阶级的统治地位决定的，它们从巩固封建统治的需要出发，大力提倡同时又监控着方志的编修，要求方志按照地主阶级的立场、利益、意志，通过记人载事，鼓吹孔孟之道，宣扬三纲五常，捧饰"皇言""恩泽"，表彰忠、孝、节、义，维护封建制度。表现在志书上，有如旧志的人物传一般分忠义、孝友、节烈、贞女等门类，反映评价人物的封建道德标准。卷首列《皇言》《诏谕》《震翰》《宸章》，对封建帝王和封建王朝歌功颂德，诬蔑人民群众的革命斗争，轻视劳动人民对历史的作用，不遗余力地宣扬愚忠、愚孝等封建观念和道德秩序。这一点，旧方志理论家们也都直言不讳。章学诚在《答甄秀才论修志第一书》就曾说过，史志之书的任务就是要"有裨风教""传述忠孝节义"。旧志的篇幅大部分都在皇言、职官、名宦、乡贤、忠孝节烈及艺文等方面，而对自然物产、民生经济方面则多忽视而鲜笔墨，这既是时代的局限，也是当时修志指导思想所使然。

也应该承认，在近代中国，由于封建社会的逐步解体，资本主义因素的不断扩展，半殖民地半封建社会的形成，在有些志书和方志理论著作中，资产阶级民主主义思想或多或少地渗透于其中。例如，民国《川沙县志》中就载有关于农民疾苦、发展实业、工人罢工、市民罢市的情况。40年代初浙江大学西迁贵州遵义后张其昀主编的《遵义新志》，"因其以现代科学理论和技术入志，可谓开创20世纪新编地方志之先例"[①]。由民主、科学思想影响下编纂的旧志书是为数不多的，社会的性质决定了它不能代替，也难以动摇封建思想对旧方志编修的指导地位，也改变不了旧方志的封建性质。

中华人民共和国建立后，社会性质发生了根本的改变。新方志编修的指导思想是中国共产党及其所代表的无产阶级和广大劳动人民的思想，体现并作用于新方志事业与时俱进发展的历程之中，并在相关的指导性文献中作了明确。具体为：

《暂行规定》第二条指出："编纂社会主义新方志，必须以马克思列宁主义、毛泽东思想为指导思想，必须坚持党的四项基本原则，坚持党的十一届三中全会以来和十二大所确定的路线、方针和政策，在政治上和党中央保持一致。必须以《关于建国以来党的若干历史问题的决议》和《中共中央关于经济体制改革的决定》为准绳，充分体现改革是当前我国形势发展的迫切需要。努力使社会主义新方志符合把马克思主义基本原理同中国实际结合起来，建设有中国特色的社会主义的总要求。"

---

① 陈福桐：《遵义市志·序二》，中华书局1998年版，第5页。

《关于地方志编纂工作的规定》第三条、第四条明确："编纂地方志必须以马列主义、毛泽东思想和邓小平理论为指导，坚持实事求是的思想路线，运用现代科学理论和方法，全面真实地反映当地自然和社会的历史与现状，为改革开放和社会主义现代化建设服务"；"编纂地方志应继承我国历代修志优良传统，贯彻存真求实的方针，坚持改革创新，做到思想性、科学性和资料性的统一"。

《关于第二轮地方志书编纂的若干意见》中强调，方志续修在指导思想上，"必须以马克思列宁主义、毛泽东思想、邓小平理论和'三个代表'重要思想为指导，深入贯彻落实科学发展观，坚持党在社会主义初级阶段'一个中心、两个基本点'的基本路线，认真总结并切实吸取首轮修志的经验与教训，严格依照《地方志工作条例》的各项规定，客观系统地记述本行政区域时限内自然、政治、经济、文化、社会等各方面的情况，充分反映改革开放和社会主义现代化建设的历程，为存史、咨政、育人，发展中国特色社会主义事业服务"。

《全国地方志事业发展规划纲要》（2015—2020年）在地方志事业发展"指导思想"上，要求要"全面贯彻落实党的十八大和十八届二中、三中、四中全会精神，按照党中央、国务院决策部署，落实第五次全国地方志工作会议要求，解放思想，实事求是，锐意进取，改革创新，依法全面推动全国地方志事业发展繁荣"。

2017年10月18日，在中国共产党第十九次全国代表大会上习近平总书记首次提出"新时代中国特色社会主义思想"。新时代中国特色社会主义思想是全党全国人民为实现中华民族伟大复兴而奋斗的行动指南。习近平新时代中国特色社会主义思想于2017年10月24日写入党章，2018年3月11日载入宪法。习近平新时代中国特色社会主义思想，是对马克思列宁主义、毛泽东思想、邓小平理论、"三个代表"重要思想、科学发展观的继承和发展，是马克思主义中国化最新成果，是党和人民实践经验和集体智慧的结晶，是中国特色社会主义理论体系的重要组成部分，是全党全国人民为实现中华民族伟大复兴而奋斗的行动指南。毫无疑问，更是新时代方志编修的指导思想。

习近平新时代中国特色社会主义思想内涵十分丰富，涵盖了经济、政治、法治、科技、文化、教育、民生、民族、宗教、社会、生态文明、国家安全、国防和军队、"一国两制"和祖国统一、统一战线、外交、党的建设等各方面。其中最重要、最核心的内容就是党的十九大报告概括的"八个明确"①和"十四个坚持"②，前者为指导思想层面的表述，后者为基本方略概括。习近平新时代中国特色社会主义思想开辟了马克思主义、中国特色社会主义、治国理政、管党治党等新境界，呈现出坚守真理、传承文明的继承性，与时俱进、引领未来的创新性，不忘初心、践行宗旨的人民性，实事求是、把握规律的科学性等方面的当代中国马克思主义的鲜明理论特色。③

综上，新时代地方志工作的指导思想可概括为马列主义、毛泽东思想、邓小平理论、"三个代表"重要思想、科学发展观和习近平新时代中国特色社会主义思想。这一指导思想体系，必须长期坚持、始终不渝的践行。

在新时期地方志工作中坚持和践行上述指导思想，应在以下几个方面作出努力。

首先，应认真把握好指导思想。在方志编纂中，之所以首先要强调指导思想，一是因为离开了正确的政治观点，就等于工作失去了方向和目标，编出的志书就不可能有较高的质量，不可能是精品著述，而且可能会

---

① "八个明确"具体内容为：明确坚持和发展中国特色社会主义，总任务是实现社会主义现代化和中华民族伟大复兴，在全面建成小康社会的基础上，分两步走在本世纪中叶建成富强民主文明和谐美丽的社会主义现代化强国；明确新时代我国社会主要矛盾是人民日益增长的美好生活需要和不平衡不充分的发展之间的矛盾，必须坚持以人民为中心的发展思想，不断促进人的全面发展、全体人民共同富裕；明确中国特色社会主义事业总体布局是"五位一体"、战略布局是"四个全面"，强调坚定道路自信、理论自信、制度自信、文化自信；明确全面深化改革总目标是完善和发展中国特色社会主义制度、推进国家治理体系和治理能力现代化；明确全面推进依法治国总目标是建设中国特色社会主义法治体系、建设社会主义法治国家；明确党在新时代的强军目标是建设一支听党指挥、能打胜仗、作风优良的人民军队，把人民军队建设成为世界一流军队；明确中国特色大国外交要推动构建新型国际关系，推动构建人类命运共同体；明确中国特色社会主义最本质的特征是中国共产党领导，中国特色社会主义制度的最大优势是中国共产党领导，党是最高政治领导力量。提出新时代党的建设总要求，突出政治建设在党的建设中的重要地位。（习近平《决胜全面建成小康社会夺取新时代中国特色社会主义伟大胜利——在中国共产党第十九次全国代表大会上的报告》。2017年10月18日。新华社北京10月27日电。）

② "十四个坚持"具体内容为：坚持党对一切工作的领导；坚持以人民为中心；坚持全面深化改革；坚持新发展理念；坚持人民当家作主；坚持全面依法治国；坚持社会主义核心价值体系；坚持在发展中保障和改善民生；坚持人与自然和谐共生；坚持总体国家安全观；坚持党对人民军队的绝对领导；坚持"一国两制"和推进祖国统一；坚持推动构建人类命运共同体；坚持全面从严治党。

③ 以上参考刘云山《深入学习贯彻习近平新时代中国特色社会主》，载《人民日报》2017年11月6日第2版。

出现政治上的错误。二是要将指导思想贯穿于修志的始终，体现在志书的各个门类设置及内容之中，不能停留在口头上或"摆设"于凡例中。三是要应用马列主义、毛泽东思想、邓小平理论、"三个代表"重要思想、科学发展观和习近平新时代中国特色社会主义思想指导方志编纂以外的其他方志事业工作，促进方志事业健康地向前发展。

其次，坚持辩证唯物主义和历史唯物主义的基本原理。唯物主义历史观认为，生产力和生产关系的矛盾、经济基础和上层建筑的矛盾，是社会变革的根本原因。物质生产活动是人类最基本的实践活动，是决定其他一切活动的基础。编纂地方志，既要充分反映生产关系，包括生产资料所有制和人们在生产、分配、交换、消费中的关系及其发展和变革，又要突出生产力的决定作用。详载生产力的发展过程和工人、农民、知识分子在发展生产中的贡献；详载工业、农业、交通运输、商业、财政金融、科技、教育、卫生等行业的历史和现状。记载政治、军事、教育、文化、艺术等上层建筑方面的历史和现状，应根据经济基础的发展变化给以科学的说明。

第三，坚持实事求是原则，实事求是是马克思主义和毛泽东思想的精髓，是党的思想路线的核心所在。志属信史，在志书编纂中，对历史和现状的记述，对政治运动的记述，对人物和历史事件的记述，对成功、经验与失误、教训的记述等，都应从当时的历史实际情况出发，对具体问题进行具体分析，采取实事求是的科学态度，从大量的事实材料中引出公正的、科学的结论。坚持对正面的不拔高溢美，反面的不贬低诋毁，不夸大，不缩小，不唯上，不唯权，不唯书，不唯定，忠实于事实，忠实于真理。

第四，彻底摒弃历史唯心主义的英雄史观，正确反映人民群众和个人的历史作用。人民群众是历史的创造者，是社会变革的决定力量。旧志在唯心史观的支配下，充满了英雄创造历史的内容，不适当地夸大少数帝王将相和官僚士绅的个人作用，没有给人民群众以应有的地位。甚至诬蔑人民群众的暴动、起义为"盗贼""刁民"，是起"破坏"作用的"犯上作乱"。旧志中用"皇言纪""官绅传"等来主宰一地的历史记述，是为英雄创造历史设置出的一种得力的表现形式。编修方志，应努力反映当地普通劳动人民的活动，记述劳动人民在经济社会发展中所发挥的重大作用，充分肯定人民群众在创造物质财富、精神财富中的贡献和业绩，在脱贫攻坚、全面小康征程中的奋斗和辉煌。当然，在肯定人民群众创造历史的同时，也要承认杰出人物个人在历史发展中的影响，给予他们一定的历史地位。

第五，要自始至终贯穿着爱国主义精神。人们对祖国的热爱和对家乡的热爱是完全一致的。"人有爱乡心，而后有爱国心。不能爱乡而能谓爱国者，是谰语也……多且不爱，何有于国？能欲人知爱乡，必先使人知此乡之历史、沿革及往事。"① 旧方志，每每从地主阶级的立场和观点出发宣扬狭隘的乡土观念，而且旧志中，忠君与爱国又往往是纠缠在一起的。只要我们加以改造，"化腐朽为神奇"，是可以闪耀出爱国主义光辉的。编纂方志，要自始自终倾注着爱国主义精神，通过记载一地的山水风光、物产资源、悠久历史、灿烂人文、新人新事、重大发展变革，以增强人们的幸福感和自豪感，激发人们爱乡土、爱国家的热情。同时要用社会主义核心价值观引领方志编修和方志事业的发展，通过志书功能的发挥，作用于各民族共有文化和精神家园的构筑，以不断增强各民族对伟大祖国的认同、对中华民族的认同、对中华文化的认同、对中国特色社会主义道路的认同。

二 编纂原则

从过去到现在，地方志之所以得到国家的重视和社会的承认，之所以产生诸多的社会功能，在学术之林中占有一席之地，这与它具有系列独特的编纂原则有关。新方志在继承传统方志编纂原则的基础上，结合时代特点，进一步发展和完善了这些原则，这些编纂原则主要有。

（一）遵守疆界，不越境而书

自古及今都把确定疆域范围作为志书的首要基础，所记事物控制于内，不得随意超越。"沿革定而上考往古，乃始无惑；疆域辨而山川乃可得而纪。"② 志书都是依据行政区域为范围，记载一方自然和社会的历史和现状的，不能任情伸述，信笔漫写，喧宾夺主，越境而书。当然，为了交代背景、或为了比较差异，或为反映本地的经济、文化辐射力和与外地的联系，并不排除有针对性地引用外地的资料。这种引用的资料完全是为

---

① 杨大恩：民国《石阡乡土教材辑要》，1940 年石印本。
② （清）戴震：《汾州府志·例言》。

着更好地记述本地人、事、物的需要，为着记述的深度和提高著述质量的需要。但这种引用必须有量的限制，选材要精当，记述要简明，在总体上做到不越界，不过境。要求方志编纂者在实践中，要高瞻远瞩，统观全局，纵横比较，认清地情，把握特点；在具体写作时，做到严肃严谨，举笔若鼎，字斟句酌，切实注意遵守志界，不越境而书，使所修志书真正成为"一方之实录"。

（二）无不备载与统合古今、详今略古

"无不备载"是指我国方志内容记载的广泛性，即是说在我国方志基本定型后，绝大多数综合志都容纳了百科的内容，举凡一地的建置沿革、疆域地理、气象灾异、户口、政治、经济、军事、文化、教育、民族、宗教、民俗风情、名胜古迹、方言艺文、人物、奇闻轶事、神话传说、地方文献等均有记载，是方志内容在横向上的要求，是方志编修的传统原则之一。在新修方志中，对"无不备载"的坚持，一定要结合本地区的实际情况，认真选择和记载本地古今人、事、物的主要方面的情况，使记载的内容符合主、客观的需要与可能，不应机械地理解为样样都收、事事都载。事实上，这种做法是办不到的，也是没有必要的。

统合古今、详今略古，是对一地从古到今的历史和现状都要详略不同地予以记载，是从纵的方面来考虑志书的记载内容。统合古今，语出清人冯君"方志统合古今，乃为完书"[①]，其含义是方志不能仿断代史写法，而要记载一个地方从古到今的历史和现状。在一部志书中，如果只载今而不论古，就无从得知一地的历史，只载古而不论今，就不可能了解一地现状。而对古今内容的记载必须坚持和强调"详今略古"原则，如果不坚持这一原则，编写的志书就难以反映当代的情况和地方特色，就会缺乏时代性从而有损其功能作用。新方志力求详今，这是时代的需要，也是修志工作者的时代职责。当代的事，当代人没有重点记述清楚，既有负于地方经济社会建设服务的崇高职责，也有负于后代的厚望。

（三）述而不论，寓论于述

这一原则是指志书记述要忠于事实，不加分析、评论，不直接作褒贬之说。虽不直接阐明观点，但要寓观点于资料的记述之中，用翔实的资料来说话，用反映客观事物发展规律的资料来体现正确的观点。这一原则，

---

① 转引自章学诚《记与戴东原论修志》。

是由志书的资料性、可靠性、著述性和功能所决定的。在新修方志中不仅得到广大修志工作者的认可，也已经得到各级主持修志工作的党政领导以及参加志书编修和评审工作的老同志及学者专家的认同，更得到读者用者的赞许。

这里所讲述而不论，主要是针对志书的本体部分，即"记""志""传"三体裁而言的。这一部分的任务是把一方自然、社会等各个方面的历史和现状客观地、真实地记载下来。它与"撰述之书""无一言不出于己"是不相同的，编纂者鲜明的观点是寓于对客观事物记述的资料之中。方法上：一是要求编纂者正确使用判断和表述事物的形状、数量、性质的语言，正确表述事物；二是在资料上巧用排比法（选择最能表达观点的资料予以科学排列）、比较法（包括纵比、横比、兼比、联比、正反比等）、彰明因果法（通过对因果的记述体现政策是否正确，措施是否有力、方法是否科学等）、数据说话法等去隐、现观点。

就志书整体而言，议论是其必不可少的有机组成部分。主要体现在序言、概述、编后记，甚至篇前、篇中、篇后也有出现。志书的议论是为了总结事之成败、评论人之善恶、反映编修者的见解和旨趣等，它是主观的；而志书的史事内容是客观的，议论是以客观记述史事为基础的，在志书中客观的记述和主观的议论要严格分开，不宜采取夹叙夹议的手法，但又要与所述的史事紧密相连，切忌离开所记史事而空发议论。志书的议论要精当简明，只能据事而断，作画龙点睛的点评性议论，决不作推理性的长篇大论，否则，就会失去志书的特点。

（四）横分门类，纵向记述

志体与史体不同，在编纂形式上，史体是以时系事，志体是以类系事。史书以年代为经、以事件为纬，著撰往事，侧重于从纵的方面反映历史的连续性。志体却要求分门别类地记述一方之历史与现状，"事以类从，类为一志"。它的特点是打破总的时间概念，注意按事物分类横排。志书在横排门类过程中，一定要严格区分各类事物的性质和遵从科学分类原则，在纵向记述上做到：①纵述不宜溯源过远，而应侧重近代，详述当代，突出现代；②切忌纵列文件，而应纵述事实，反映事物的变化发展；③不要面面俱到，而应抓住主线，突出主要；④不要逐年记述，而应纵述演变，写好事物的量变、质变和盛衰起伏，切忌流水账似的逐年资料罗列等。横分纵述的方法在认识与反映事物本来面目方面有其独到之处，即能较科学地反映同一门类事物的内在联系，揭示同一门类事物间具有规律性的发展变化。此原则充分体现了地方志的编纂个性，以及它别具一格的编纂风貌，最大不足是记述事物的整体性较差和交叉重复现象难以避免，因而不少志书在总体上划分大类的前提下，在大类下的类目安排多根据实情，能横则横，能纵则纵，以横为主，纵横结合。

（五）以事系人，生不列传

地方志的记述内容是一个行政区域内的天、地、事、物、人，以此反映一地自然环境和社会面貌的历史和现状。人是社会活动的主体，历史是由人的活动构成的，编修方志不能离开对人的反映。以事系人，生不列传就是在方志中如何体现人的活动应遵循的原则。

以事系人，亦名因事系人，即因记述某一方面或某一事情的兴衰始末而涉及到有直接或间接关系的各类人物。它是编修方志时，处理人、事入志，特别是在世人入志的基本原则。要求记人时只记述其与此事有关的一些内容，而不是评价其人的全部历史（这是人物传的内容）。以事系人不是事事系人，人人都系，它只能系对历史发展有重大影响的历史人物和在经济社会建设中有突出成绩的在世人物和其他人物，而且是以起过积极影响的杰出人物为主。具体是：创始人；主要领导人；起重大作用的关键人物；杰出的理论家、科学家；著名企业家和行业名人；能工巧匠；创造、发明的研制者；各种重大奖励的获得者；战斗英雄；先进模范人物；具有高尚道德的公认好人；教育文化卫生体育界名人；民族宗教界知名人士、已定案的有重大影响的反面人物；有助于说明事物原委、全貌的当事人；等等。以事系人常用的方法是水乳交融法，就是把人与事、人与物糅在一起记述，人随事出，人随物出。也可以采用其他方法如大处着墨法、典型记述法、条目系人法等。

传记是记载本地已故重要人物一生事迹的文章。生不立传先是编写史书人物传的重要原则，后借用到修志中，如章学诚《修志十议·议传例》："史传之作，例取盖棺论定，不为生人列传"，"邑志列传，全用史例，凡现存之人例不入传。"盖棺论定，不为生人立传，已是修志的传统原则，历为志家遵循。因为：一、志属信史，立传人物，其事迹都要详加检实，以昭征信，特别要经得起历史的检验，方能使志书达到"求实存真"的目的。二、生人发展趋势难作定论。尤其是那些炙手可热的风云人物，在生之时往往身被无数美丽虚幻的光环，只有待其身后浮光渐渐消退,现出"真人"后,才能对其一生作出较为切合实际的评价。三、为活人立传,社会上各种关系常有私人请托而干扰人物传的编写,影响修志工作的正常进行。生不立传,便可"远迎台之嫌,杜是非之议耳"。

以事系人,生不立传原则,新编地方志工作《暂行规定》《规定》以及《关于第二轮地方志书编纂的若干意见》都作了明确规定和强调,"在世人物不立传,凡在世人物确有可记述的事迹。应在有关篇章节目之中予以记录""人物志坚持生不立传的原则,在世人物的突出事迹以事系人入志""坚持'生不立传'的原则,对有重大影响、有突出贡献、有代表性的在世人物,主要采用以事系人的方式记述"等。

（六）继承传统、发展创新

继承是为了发展,创新是在继承基础上的创新。方志在一二千年发展的历史过程中,历朝历代都有继承和创新。正是不断的继承和创新,地方志才以其独特的特点系统的理论秀挺于学术著作之林。当今修志,必须承继这一传统。

对于旧志的继承,主要是继承方志固有的东西,如无不备载、统合古今、横分竖写、详今略古、以类系事、以事系人、述而不论等都要批判地继承。同时,对"盛世修志"的传统要予以坚持;对旧志中珍贵的资料,取其精华,去其糟粕,古为今用;旧志中爱国主义的闪光之点,则应予以光大;对旧志中的错误要给予必要的纠正,剥掉旧志中在自然科学方面的神学外衣,增加科学性和时代性;去除不适应时代的内容如皇言、震翰、烈节等,充实旧时代没有,而现在却已出现并发展了的事物,改变旧志不载或少载经济方面内容的弊病。在对旧志批判继承的基础上,要求新方志在指导思想、编纂方法、体例结构、文体文风、人物立传标准、突出特点阐述规律等方面要大胆创新。事实上新编的方志在这些方面的创新是突出和卓有成效的。如在记载手段上,新方志表述用语体文而不用文言文、用科学绘制的新地图和新表格代替旧志不准确、不科学的图表并普遍采用照片、地图以及图表、索引等,体现了志书随时代变革而进行创新的特征。

（七）突出特色

编纂方志应有自己的特色,没有特色的志书就没有光彩。一部志书是否优劣和有无价值,特色是其关键因素之一。地方志的特色包括时代特色、地方特色、专业特色三个基本方面。

方志是时代的产物,具有强烈的时代感,时代性是方志在时间方面的重要特征。不同时期编修的方志无不体现着时代的气息。如新编的方志中都体现了由传统农业走向现代化农业，由传统工业走向现代工业，由传统生产方式走向现代生产方式的时代特色，反映了社会主义时代是人民当家作主的时代，中国共产党是执政党，人民代表大会是人民政权的组织形式等时代特点。

地方性是方志在空间方面的显著特征，地方特点是方志的生命，一部好的方志，必须具有鲜明的地方特色，有浓郁的乡土气息。我国幅员广阔，地区性差异很大。编写方志时，应注意挖掘本地事物及其发展规律与外地的不同之处，予以详细记述，同时又要很好地突出一个地方的整体特色，地方上特有、特多、特好的事物必须浓墨重彩予以记述，有的可以采用"升格"的方法，在篇目上予以突出。当然，在记述特有、特多、特好的同时，也不要忘记特差的一面，也要有勇气并认真写出，以反映一地的整体面貌和全面特色。于此，《关于第二轮地方志书编纂的若干意见》就有明确的表述，即"坚持实事求是的原则，既要客观反映本地的优势、成绩和经验，也要客观反映本地的劣势、不足和教训，不溢美，不讳过"。

突出专业特点即行业特点，首先，要体现于各行业的社会分工上，不同行业的分工本身，就说明各行业有各自不同的特点。其次，突出专业特点要与突出地方特点结合起来。再次，突出专业特点，要处理好专业和非专业的关系，做到以记述专业为主。在突出专业特点中，要注意对同一专业在各地的不同表现，不同专业在一地的不同表现的全面考察、分析，找出特点，恰当记述。

第二节 方志的总体设计

方志总体设计亦称方志总体设想。是如何编纂好一部省志、市志和县志及各专志的总要求。总体设计成功与否，直接影响着修志工作能否顺利进行和志书质量的优劣。

一 总体设计的准备

总体设计是为志书编纂作准备，包括从框架构想到最后方案的形成，是一个复杂而又艰辛的过程。一个成功的总体设计是建立在一系列的准备工作基础上的。这些准备工作主要有。

(一) 作好思想准备

即进一步明确、深化对指导思想的认识。任何时代的地方志都有严格的政治指导思想，政治思想决定着志书编纂者站在什么立场说话；为谁说话的问题。方志编修必须坚持正确的指导思想，必须用马列主义的立场、观点、方法对一个地方的古今各方面具体问题作实事求是的分析、研究，以正确记述成绩与失误、经验与教训、成功与挫折，其中对成绩的记述要朴实可信，对失误的记述要能使人引以为戒，对于前进中存在的问题的记述要站在社会主义立场上，析其因果，找出关键，指明通过社会主义自我不断完善的渠道将得以消除。志书编修都是在一定的历史条件下进行的，对于保密事项、不便入志的内容，要根据有关的政策妥善处理。除政治思想外，也要有与志书编纂密切相关的诸如财力能否保证志书正常出版，领导对修志工作的态度、热情如何？编修人员的素质能否适应工作的需要？社会对修志工作的支持程度等问题有恰如其分的估计、预测，以为总体设计时参考。

(二) 研究地情特点

马克思主义哲学认为事物发展是矛盾运动，诸种矛盾中必有主要矛盾和矛盾的主要方面。研究地情特点，在于剖析矛盾运动的内因和外因，找出主要矛盾和矛盾主要方面。地情特点的认识，应当找出影响一地发展的最要事类和特点状况。影响发展的有的是历史原因，有的是经济原因，有的是文化原因，或是兼而有之；特点状况上有的地区是平原，有的是高原，有的是内地，有的是沿海，有的是山地；有的经济发达，有的相对落后；有的是工业县，有的是农业县；有的自然资源丰富、有的人文资源突出等。缺乏对地情特点的认识和把握，志书总体设计就难以很好地反映地方的特色，制定的方案就难以切合地方的实际。这是一个值得重视的常识问题。

(三) 评估资料质量

资料质量与总体设计关系极大。一般来说，总体设计的前提是必须对地情有较全面的了解和认识，必须占有相当数量的地情资料。对地情的了解和对地情资料的掌握程度，决定着总体设计是否切合地情特点和是否能切实可行。资料质量的评估一般是分三类进行：第一类是共性材料，即全国各地大体相同的工作，文书档案中反映的工作过程、规章制度等材料；

第二类是本地自然与社会变迁的具体材料，其中既包括本地独有的材料，也包括全国共性内容在本地的实际反映；第三类是有关本地自然界重大特色或重大变故、重要的历史事件或具有广泛影响的文物、档案、文献以及重要图书等资料。志书主要构成是第二类资料，突出特点是第三类资料，这两类资料的质量状况诸如收集是否全面系统、是否翔实可信、是否挖掘深入等都对总体设计中的篇目体式、特点突出、篇幅字数、编纂期限、经费预算、社会经济效益等影响极大。

二　总体设计的要求

志书总体设计包括指导思想、编纂原则、凡例的制定、序言的写作、体例体裁的决定、篇目的结构与体式、断限的规定、字数的把握、文体文风要求、编纂组织、审定验收及出版发行利用等。其中心内容是制定规范的体例和确定能反映地方实际的详细的总纂纲目。总体设计中有关的内容要求在相关章节中已有较详细的说明，这里仅就总体设计如何体现整体性和科学性作一定的探讨。

（一）总体设计要体现志书整体性

一定地域的客观世界是一个统一的整体，作为反映一定地域客观世界的志书应该具有整体性。整体性是体现志书时代特色的一个重要方面。志书整体性的实际表现在记述内容和形式两个方面，前者表现为入志资料的挖掘、分析、选择和组合，后者则表现为对志书形式的总体设计上。在总体设计方面而言，志书的整体性首先要求政治观点的正确性、一致性，要求志书在总体设计中必须以辩证唯物主义与历史唯物主义作指导，真实反映历史面貌。政治观点不一，势必对志书整体性造成影响。其次在篇目结构上要体现整体性，要求总体设计出来的篇目具全面性和科学性，力求体例严谨、内容完备、结构周密、分类合理、横向并列、纵向统率、层次清晰，足以反映全局。要克服和避免设计杂乱无章、分志各自为政、各章节之间缺乏内在联系、文体文风前后不一等弊病。地方志的整体性，要求横分门类有序，各门类之间存在一定的逻辑关系；纵写史实合理，要求一个篇章节目所记述的内容，都应当各自成为完整的概念。记述要符合事物发展的变化规律，要有一个统一的文风，做到纵横呼应，使志书所记内容形成一个完整的统一体。三是志书体裁结构要体现整体性。从系统论的观点看，方志总体是总系统，述、记、志、传、图、表、录等是分系统，而在各个分系统特别是"志"中又分成若干的大系统（篇）、子系统（章）等。它们构成了方志多层面、多层次的复杂系统。方志的每一种体裁都有它自己的作用，而它们的作用又不是平分秋色，而是有区别的。它们都自有功能，自成系统，有各自的独立性，但各个系统相互联系、相互作用的因素构成的有机整体就是方志。离开了其中一种或两种体裁，方志这一个总系统就是不完善的，因此在总体设计时必须注意协调它们的关系，使它们各得其所，各有所归，各尽其责，不能舍弃其中一二而影响整体性。四是特点升格应以不影响整体性为前提。在不少志书的总体设计中，为突出地方特色，常把本地占优势的某一事物作"升格"处理，以显示其在该地的主要地位和在一定范围内的特优影响。这一问题，方志界曾有诸多讨论，总的趋向是赞同、实践者多，这确实是反映地方特点的有效手段之一。但必须强调，升格应严格控制，不能过滥，不为标新立异而"随意升格"，没有充分内容的、可升可不升的事物坚决不"升格"。因为过多的、不恰当的"升格"，非但未能显示特点、突出特色，反而破坏了志书的系统性和整体性。"升格"应是少数的、有条件而又具稳定性的。所谓有条件的、稳定性的，是指该事物在当地确实有它的特殊性，在全国各地都是罕见的，而且其地位与特殊性在相当长的时间里又是比较稳定的。例如，贵州《石阡县志》将该地数量居全省之冠，流量、水温"动态稳定，四时如一"、水质经国家级鉴定符合世界卫生组织制定的医疗矿泉水和饮用矿泉水水质标准，具有综合开发价值的地下热矿泉从地理篇水文章地下水节中抽出升格为章称"热矿泉"与"水文"并列；广东《南雄县志》在经济篇中，把黄烟从农业章中抽出而设《黄烟》章，原因是黄烟为南雄历史悠久的经济支柱产业，地方财政收入的一半以上来自黄烟，其产值占农业产值的40%。上述两例升格都是具备一定条件的，是相对稳定的，因而是必要的、可行的。"升格"的目的在于用较大的篇幅容纳较多的资料，比较详细地记述某一特、优事物，以便提供读者更多有价值的信息。有的志稿不按系统性这一原则，不考虑其内容是否丰富与条件是否具备，以特殊性之名，行随意性之实，这难免使志书的整体性受到严重损害。

（二）总体设计要体现志书的科学性

地方志的科学性除内容的求实存真外，还要求在总体设计上具有科学性。其一，要求整体结构要科学。地方志分类既要符合科学和社会分工的实际，又要突出时代的特点和地方性。篇目的增删升格固然应体现地方的特点，但在每个地方志的整体结构上，各门类之间要有内在的联系，成为一个有系统的有机整体。同时要求类或篇的安排序列要具有科学性，根据马克思主义关于社会是由自然环境、人口、劳动、语言和文化等基本要素所构成的观点，和科学概念与内涵的相结合，方志的门类排列应依自然环境、人口、经济（一、二、三产业及其原理）、政治、语言、文化（除文教事业及设施外也可含习俗，也可将宗教、习俗单列）顺序操作。各地在大的门类中结合当地实际可以增加篇卷，要避免篇章间畸轻畸重现象，写出地方的特色。其二，篇、章、节、目的称谓（标题）与内容要规范化、科学化。称谓贵准确、忌浮华，同时，应在准确的基础上去考虑简洁，不宜滥用简称，如"工建交"称谓就给人以误解和疑惑，应正确称以"工业·城乡建设·交通·邮电"才规范、科学。同时，篇、章、节、目的内容也要与其称呼的概念内容相吻合，否则会严重影响科学性的贯彻。其三，要体现继承性与创新性的结合。任何一个时代的文化，总是在批判地继承前代的基础上发展起来的。地方志作为文化的组成部分，自然也不例外。地方志在长期发展中所形成的诸如记载的连续性、内容的广泛性、形式的多样性，以及区域性、时代性，"横排竖写""横分门类，以类系事"的体例性等一系列优良传统和特点在总体设计中是必须继承不能丢掉的，否则方志就不是方志了。而创新是在"取其民族性的精华"，在继承的基础上根据时代的需要加以发展。如方志除上述特点外，在发展过程中形成的纪、志、传、图、谱（表）等体裁，大多在继承的基础上，扬弃了那些不符合时代精神的类目（篇章），如皇言纪、烈女传等，而在总体上贯彻"用新的观点、新的方法、新的材料和体例"编写新方志的时代要求下，在总体设计上进行创新，如不少新志增加了"述""索引"体裁，在"传"的基础上增加了"人物简介""人名录"，在篇目上凸显了经济性、人民性、信息性等的分量等。总之，继承与创新是辩证统一的关系，继承是基础，创新是主导。在总体设计中正确处理两者的关系，是确保方志质量的题中之意。

第三节　方志编纂程序

方志的编纂程序，是指志书从准备至出版发行所依次经历的阶段步骤。就一般情况而言，方志编修大致经历准备阶段、初创阶段、总纂阶段、评审验收出版4个阶段。

一 准备阶段

此阶段包括人员准备、拟订计划、宣传发动、资料收集、总体设计、志稿试写等内容。其中人员准备主要是确定主编及编纂人员，明确岗位责任制。拟定工作计划，特别是制定一个切实可行的年度工作和阶段工作计划有利于各项工作有条不紊地施行。要根据计划开展对修志人员的业务培训和修志的宣传发动工作，动员和组织社会力量支持、参与修志。随后要在一定地情资料收集与研究的基础上，草创总体设计方案，特别是根据地情实际拟出能突出地方特色的篇目大纲，并以此作为收集资料的框架。随即紧锣密鼓地积极采取诸如征集资料、调查采访、档案摘抄等形式，开展资料的全面、系统收集工作。综合类志书，如需采取两步成志法，尚须发动、组织有关单位抽调人员编修部门志，一步成志者，则要求有关部门明确资料员，以为志书编修提供材料。在具备一定资料后，方志部门就要不失时机地安排对资料较为丰富（一半以上）的篇章进行志稿试写，并适时地组织评论，以交流经验，找出不足，提出对策，明确方向。这一阶段，政府行政行为起着至关重要的作用，修志机构及其编纂队伍应积极进取，主动出击，争取这一阶段的各项工作扎实有力，快速高效。

二 初创阶段

修志最重要的一步就是撰写初稿。此阶段一般在资料基本收齐（约占80%）、进行了一定的整理、在试写初稿取得经验的基础上全面进行。由于是众手成志，要求篇目基本定型以便操作，同时要求有成熟的行文规则（凡例）可供遵守执行。力争第一稿打下坚实基础，立足一步成功，不要抛出带任意性的不成熟劣稿，更不能辑成资料长编将成文撰写任务交结主编。其中，分工责任人要按照编纂要求检查和熟悉资料，对重大遗漏者要作补充调查，对有疑问的资料必须核实无误。

初稿编写要做到"三戒""六要"。即一戒将部门志稿或有关文献摘录、压缩或简单改写；二戒不依篇目，自行发挥，上侵下犯，无限延伸本章（节、目）内容记述范围，挤占其他命题资料；三戒对缺乏资料的条目主观臆断，敷衍成稿。同时在志稿撰写中，一要合理、准确地利用和把握资料，要求注意同类型归口，以减少交叉内容的反复出现；二要注意掌握主体与客体，主体详述，客体略写；三要注意记述口径一致；四要注意衔接与呼应；五要注意剪裁，突出特点；六要注意交叉内容的表述形式。从时间上看，初稿编纂的时间不宜过长，一般县志如多人分纂应控制在一年之内。首届新志编纂有的打持久战，近20年才得以成书，其中主要原因是没有把握好这一成果初创阶段。分纂时间宜速战速决，拖泥带水、消磨岁月会影响斗志，会失去领导的信赖与支持。但倘若过快，为赶速度而草率成稿，势必增加修改、总纂的难度，有的甚至会推倒重来，欲速而不达。总体要求是在保证质量的前提下力求尽快使成果初成。

三 总纂阶段

总纂是提高志书质量的关键性阶段，是一个编纂的再实践、再升华过程。总纂应具备三个条件：一是分纂初稿基本完成并经内外评审绝大部分较为成功；二是篇目框架已得体定型，即篇目体例结构符合志体，门类设置符合地情，整体框架未有多大改动；三是配有得力的总纂班子，特别是有一个具有多方面知识和较强组织能力、有较高写作水平和吃苦耐劳精神、既有权威又善于决断的主编。总纂可由1人或多人承担。一般来说，一部100万字左右的成志稿，应由主编在通读志稿的基础上一支笔统稿到底。这样可使整个志书的文风如出一辙，有利于提高志书的整体质量。多人承担者，首先，主编应安排各副主编通读志稿以了解志稿的质量状况，然后集中意见，统一思想，形成共识，分工进行。在总纂的过程中，主编自始至终要起主导作用。总纂志稿有三种情况，一是小改小动，二是大改大动，三是推倒重来。不论哪种情况，总纂人员都要按照高标准要求，尽责尽力，任劳任怨，切实保证志书质量。

主编在总纂中的主要职责有：（1）决定去取分合。以凡例为准则，结合本地的实情，对于反映本地特点的有关篇、章、节，该调的则调，该分的则分，该合的则合。各篇所记述的资料，该留则留，该删则删，当详者详，当略者略。如发现还缺少某方面的内容，则应及时设法收集资料补上。（2）处理交叉重复。志书的内容包罗万象同时又出自多人，因此，必然存在交叉重复现象。总纂时，要妥善处理，科学优化。（3）处理好面、线、点上资料的关系。面上资料可以反映事物之共性，点上资料可以揭示事物的个性，线上资料可以揭示事物的发展变化规律及其深度。这三种资料都必须注意其完整性,一件事物只有开头没有结尾,只有时间没有地点,只有事件没有交代参与事件的人物都是不完整的。主编要在总纂中注意审其资料要素,不足者补之,谬误者匡正之。(4)注重静态资料与动态资料的有机结合。静态资料能揭示事物的总体面貌,动态资料可以展示事物发展之规律及其上升下降原因、兴衰起伏根由。静态反映量,动态反映质,一切质都是以量为基础而发生变化的,动与静处理好了,志书也就写活了。(5)协调众议,明断是非。对志书中所记述的史实,要求准确可靠、翔实可信。特别是一些重大史料,主编有责任经过考证、核实和查对,分清是非,作出决断。对一些真伪难分、模棱两可的史实要根据掌握的材料进行处理,使之符合事实。(6)笔削文辞,统一文风和书写格式。这是总纂的中心工作。总纂时,要大刀阔斧、毫不客气地把"浮、大、空、虚"的词句、不合规范的语言、不符合志书体例的内容一一删去,做到字斟句酌,认真推敲,反复修改,惜墨如金,严格按照行文规则规范全书的文风和格式。同时,还要注意篇、章、节之间的转换承接,并改正其中的错别字和错的标点符号。使志稿经过总纂之后,文字句法朴实、精练、典雅,有一定的文采,具有可读性和感染力。

编纂方志,从收集整理资料到分纂初稿、再到总纂成全志初稿,均为质的飞跃。总纂是一个再创作过程。任何一部志书,都要有统一的观点,统一的体例,统一的内容安排和统一的文风。这样,志书才能成为一个整体。总纂的过程是对志稿总合成、总加工的过程,是在多层次上对全部资料重新消化、系统加工。通过总纂,使各门类既具有相对独立性,又服从全志的统一性,相互独立又相互联系共处于一个统一体中。总纂的目的在于把好政治关、资料关、体例关、文字关,使整个志稿达到指导思想的正确性、全志的完整性、体例的合理性、资料的可信性、内容的地方性、详略的艺术性和书写的规范性的统一。

总纂不可能一次就达到要求。在志稿评议过程中可能有不同的声音出现,对于提出的一些有益意见,还得认真审视消化,并再度总纂。送审验收时,也可能还会有一些建设性的而又必须修改的意见,又得进行三度总纂(当然其工作量、难度都不可能很大)。只有志稿达到了出版要求,总纂任务才最后结束。

四 评审验收出版阶段

志稿总纂完成后，需要进行评议、审改，以集思广益，渐臻完善，这是保证志书质量的必须过程。评议审改方式：一是由编委会组织有本地各单位成员、周边地区志办领导和有关专家学者及志书编纂人员参加的会议对整个志稿进行综合评审；二是将志稿寄送有关单位和个人，征询书面评审意见；三是召开评审会与征询书面意见相结合。不管在哪种评审活动后，总纂班子都要对评审意见进行逐条梳理斟酌，以择善而从，认真修改。

总纂成书的志稿，经过评议审改和集中修改，形成新的志稿，方可送评和验收出版。1989年1月28日中共中央宣传部批复同意的《中国社会科学院关于新编地方志公开出版的报告》中指出："尔后各种志书编纂完成后，省志、自治区志、直辖市志经省、自治区、直辖市党委和政府验收合格、审查批准后可以公开发行；省辖市志、县志经省辖市、县党委或政府审查、批准，并报省、自治区、直辖市地方志编委会验收同意后，并可以公开发行。"《关于地方志编纂工作的规定》第十七条强调："各级地方志应严格执行审查验收制度。省、自治区、直辖市编纂的地方志由省级地方志编委会组织专家审查验收，报同级党委或政府批准出版；设区的市、地区、自治州、盟编纂的地方志报省级地方志编纂委员审查验收，由同级党委或政府批准出版；县、自治县、旗、不设区的市、市辖区编纂的地方志报市级地方志编委员会审查验收，经省级地方志编委会审核后，由同级党委或政府批准出版。"2006年5月国务院公布施行的《地方志工作条例》第十二条规定："以县级以上行政区域名称冠名、列入规划的地方志书经审查验收，方可以公开出版"；"对地方志书进行审查验收，应当组织有关保密、档案、历史、法律、经济、军事等方面的专家参加，重点审查地方志书的内容是否符合宪法和保密、档案等法律、法规的规定，是否全面、客观地反映本行政区域自然、政治、经济、文化和社会的历史与现状"；"对地方志书进行审查验收的主体、程序等由省、自治区、直辖市人民政府规定"。总之，各级编委会和党委、政府对总纂修改稿审定验收的标准主要是严格把好政治、体例、资料、文字等方面的质量关。

第四节　方志编纂的质量标准

志书是资治之明镜，传世之瑰宝。成败所系，在于质量。志书质量贯穿修志工作的全过程，在组织队伍、制订计划、总体设计、收集资料、志稿试写，初稿分纂、总纂、评审验收出版等各个环节，都存在着影响志书质量的因素。志书质量又是一个综合性的要求，篇目、内容、体例、文字、出版各个方面都反映出志书质量的高低。坚持志书编纂质量第一的原则已是方志界上下一致的共识。

要保证志书有较高的质量，就必须在编纂中坚持质量标准。标准是对一件事情的规格质量的要求，也就是衡量验收一件事情的尺度。志书质量标准包括的内容繁多，概括而言可表现为政治标准、体例标准、资料标准、记述标准、语言文字、印刷出版标准等方面。总体要求是"观点正确，体例严谨，内容全面，特色鲜明，记述准确，资料翔实，表达通顺，文风端正，印制规范"[①]。

一　政治质量

志书政治质量标准是志书质量的首要问题，观点正确是其中的核心问题。首先，方志编纂必须坚持以马列主义、毛泽东思想、邓小平理论、"三个代表"重要思想、科学发展观和习近平新时代中国特色社会主义思想作为指导思想，必须坚持辩证唯物主义和历史唯物主义的立场、观点和方法。其次，在记述社会主义时期的内容时，"应体现社会主义时代精神风貌，全面反映发展中国特色社会主义事业的历程和成绩，正确反映历史发展中的曲折和问题"。第三，所编纂的志书不得含有下列内容："反对宪法确定的基本原则的；危害国家统一、主权和领土完整的；泄露国家秘密、危害国家安全或者损害国家荣誉和利益的；煽动民族仇恨、民族歧视，破坏民族团结，或者侵害民族风俗、习惯的；宣扬邪教、迷信、赌博、暴力的；侮辱或者诽谤他人，侵害他人合法权益的；危害社会公德或者民族优秀文化传统的；法律、法规和国家规定禁止的其他内容的"。第

[①] 中国地方志指导小组：《地方志书质量规定》，2008年9月16日，见中国方志网 www.difangzhi.cn。

四,"涉及国家安全、社会稳定等重大问题,法律、法规及政策未作规定的,经由有关部门审查把关,正确把握记述尺度"①。

二 体例质量

有关体例的知识已在第三章中作了较详细的叙述,这里仅就新方志编纂中体例存在的问题及要求作一简述。经近20年的新志编修实践和理论探索,新编志书的体例已逐渐趋于完善。但在一些志书中,还存在如下一些问题有待解决:一是体裁松散。相互间的照应不够。诸体裁有的设章节,有的不设,有的有章无节或有节无目。二是层次混乱。表现在纵向层次悬殊,有的七八层,有的到"节"就直接进入撰写;再是层次记述横向上长短不一,内容畸轻畸重。三是总体设计有随意性现象。如有的志书为追求"创新",取消大事记而设"沿革""纪略";有的将志书分为大事记、县史、附录三大块;有的层层设述、评论性强,重复性大。四是划分篇目(或门类)的标准不统一,未有升格条件和价值的事物未对应所到层次而盲目上窜,"子""母""同位"或"倒位"现象也多有发现。五是标题冗长、累赘。

上述问题的解决,赖以方志编纂者对《地方志书质量规定》之"体例"质量规定的遵循与坚持。首先,要在"坚持志体。横排门类,纵述史实,述而不论","体例科学、规范、严谨,适合内容记述的要求"总要求下,"以志为主",述、记、志、传、图(照)、表、录、索引等体裁"运用得当"。其二,科学制定志书凡例。尤其是编纂志书的指导思想、原则、时空范围、体裁、人物收录标准、资料来源、行文规范、特殊问题处理等要求,要在凡例中做到"清楚明确"。再次,篇目设置合理,总体布局有制。在篇目上,按照"事以类聚""类为一志"的基本要求,"科学分类与现实社会分工(现行管理体制)、全志整体性与分志相对独立性的关系处理妥当";在整体布局上,做到"结构严谨,归属得当,层次分明,排列有序。类目的升格或降格,使用适当"。其中,在标题上,要求做到"简明准确,题文相符,同一门类各级标题不重复"。其四,强调越境不书,以本行政区域为记述范围。如需交代背景,反映与本行政区域外

---

① 中国地方志指导小组:《地方志书质量规定》,2008年9月16日,见中国方志网 www.difangzhi.cn。

的横向对比、联系等，只能择要精取。其五，志书名称以下限时的本行政区域名称冠名；如"××市××区志"；续修志书名称上下限年份要具体标明，如"××县志（××××—××××）"，"不随意突破志书的上限和下限，严格控制上溯或下延"①。

三 资料质量

资料性是地方志的根本属性，编纂方志特别注重资料质量。衡量资料质量的标准有三：①真实、准确；②全面、系统；③具有代表性、权威性。② 具体展开如次：一是看资料是否真实，是否经过严格考证，时间、地点、人物（单位）、事实、数据等是否属实。已经入志的资料在摘抄过程中是否准确无误，有没有差错。尤其是口碑资料，更应有其他文字材料的印证和考订，不能只相信"孤证"。在未经考证之前或无法考证时，宁可存疑或加注，不能盲目滥用。二是看搜集的资料在自然、政治、经济、文化、社会、人物等方面是否齐全；反映事物发生、发展过程的资料是否连贯、系统；人、事、物，时间、地点、事件经过等要素是否齐备。要求在修志的全过程中，都要重视广泛搜集图书、档案、碑刻等文字材料、口碑资料和实物资料。三是看已经入志的资料有没有价值，选材是否精萃、精练。在选用入志的资料时，要从资料（文献）的作者、产生资料的时代、拟用资料的真实程度以及如何使用某项资料才算恰当等方面考虑，决定何取何舍、何先何后、何主何次，以使应用的资料位置得当，以一当十。四是看综记与分述、开头与结尾、分志与分志之间，有关资料是否统一协调，有没有互相矛盾之处，有关资料是否都有出处，有没有查无实据者。五是看是否正确使用了旧志资料。对于旧志资料，既不能盲目全盘搬用，也不能一概不用。旧志史料丰富，涉及面广，可供编史修志采用者甚多，但旧志资料往往有封建的、迷信的、宗教的色彩，需要我们用科学的态度，找出其合理成分加以正确运用。

资料是志书的基础，地方志的价值在于它提供科学的资料。资料丰富、真实可靠，是志书资料标准的基本要求。

---

① 中国地方志指导小组：《地方志书质量规定》，2008年9月16日，见中国方志网 www.difangzhi.cn。

② 中国地方志指导小组：《地方志书质量规定》，2008年9月16日，见中国方志网 www.difangzhi.cn。

四 著述质量

资料性著述是志书的本质属性。这一属性是由资料性、著述性两种要素构成的。志书以丰富而翔实的史料著称，缺乏资料，志书就失去了传世的基石；缺乏著述性，志书的权威性和使用价值也必然要受到极大的损害。如果只注重资料性，而忽视著述性，就会把志书变成长缩式的资料汇集；如果只强调著述性，而忽视资料性，也可能把志书变成某种学术著作。志书是既有别于资料汇编又有别于学术专著，介于两者之间的资料性著述。要提高志书质量，必须坚持志书的著述质量。

志书的著述质量是通过编纂者按照体例、宗旨、思想观点，对资料进行再加工、再创造，使志书在总体上能体现一地或一行业古今各方面的情况及其变化发展规律，按照"横排竖写""详今略古""述而不论"等原则在志书中体现时代特点、专业特点和地方特色。要求在记述上做到：其一，注意综合性，反映事物的兴衰起伏及其原因。要求对资料进行综合分析研究，理清脉络、分清层次，把事物的变化发展划分若干历史阶段，着重反映事物的盛衰与起伏、前进与挫折、兴废与得失，或者是阶段性（波浪性）向前发展的过程。避免流水账的纵向记述。同时，也要记述兴衰起伏的原因，以加强记述深度。记述原因要用具体的事实显示出来，不能像总结报告那样单独列写几条，也不要用"由于"怎么样、"因为"怎么样等概念化的语言来交代。其二，抓住本质，反映事物发展的规律。事物的兴衰起伏及其原因不等于事物的发展规律。规律是事物内部的、稳定的、重复出现的本质联系。用史实反映规律是地方志的一种通用编纂方法。"地方志所反映的材料，既要系统严谨，还要具有一定的稳定性，要求能够体现事物发展的规律性。"[①] 无论自然规律还是社会规律，共同规律或是特殊规律，都应该认真记述。地方志反映规律的方法有篇目显示法、背景衬托法、史料排比法、历史比较法、定量记述法、综合概述法、援引评述法等，但是最基本的方法，还是按照志书"寓论于史"的体例要求，记述人们遵循或违背客观规律的实践，把各种客观规律寓于事物的发展过程、成败的原因、隐藏着本质的异常现象的记述之中。其三，正确

---

① 曾山：《为编纂社会主义时代新方志而开拓前进——在全国地方志工作第一次会议上的报告》，1986年12月22日。载《人民日报》1987年6月10日第5版。

动用典型资料。方志反映一地从自然到社会的历史和现状必然应有全面的、概括性的叙述和数据。但要写得生动，写出深度、特色，还必须认真选好典型资料。所谓典型资料，就是能够深刻反映事物本质、具有广泛代表性和较大说服力的事实资料。有了典型事例记述就显得丰满和深化，给人印象深刻，才能增强志书的著述性，保证"志属信史"的权威性。其四，适当横比，反映事物的相互关系。志书不同于理论专著，不能把不同类型、不同地域的事情联系起来论证。但在记述中要尽可能地反映事物间的相互关系和某一事物在整体中的地位。如教育志中的教育事业费是个孤立的绝对数，如果加上一个相对数，即教育费占财政支出的百分比，就能看到它在整体中所占的地位。在一个地域范围内，事物之间的横比也很能说明问题。跨越地区的横向对比，地方志不能滥用，但恰如其分的运用，如把本地区的某一数据与其他地区、全省、全国水平作比较，有助于著述性的增强。其五，注重逻辑性，消灭内容记述方面的各种矛盾。要求编纂者在总纂时，能驾驭全局，前后照应，左右协调，做到观点与事实相统一，同一事物前文与后文统一，文与表统一，字与图统一。记述上要求时序顺畅，不能逆时记述，更不能将时序混杂记述。同时要理顺事物关系，按照事物的内在联系，依次记述，不能在同一事物中插入他种事物，使同一事物被割裂。其六，严格遵守志书内容的规定性，除冗去芜。志书内容的规定性，是指志书的篇、章、节、目都有它的命题（标目）。这一命题即规定了它们各自特定的记述对象，要求记述：在宏观上，要严守"四界"，即记事不越地界、专业界、事界和时界；在微观上，要把好起笔处目的内容规定性，使题文相符。在宏观、微观之间，则要把握住各分志的篇、章、节、目的内容规定性，既不能互相越界，又不能把与本篇、本章、本节、本目无关的内容塞进来，要在净化内容上下功夫，做到宁缺毋滥。其七，认真写好"述体"部分，以增强志书的宏观功能和整体性。志书设"述"，是为克服横分门类割裂事物内在联系的弊端。要写好各层次的"述"，应当把握这样几个环节：一是站得要高，能高屋建瓴地从宏观角度记述一地一业的历史和现状，陈述其兴衰起伏，大势大略；二是研究得要深，找准地情行情的优势和劣势、特点和作用；三是写得"要概"，要在对资料进行概括的基础上，依事而论，精练文字，以求文约事丰，文堪副质。

编纂志书，做到了上述几方面的记述要求，就能有效克服和避免大量重复、越境而书，就能够克服流水式、平面式、填装式、随意性、述体不"述"、滥收滥录、事象混淆、信口开河，不守章法等编纂记述弊端，就能够在"记述事物、事件和人物，寓观点于记述之中"①，从而使志书具有较强的著述性和学术性。

五 语言文字标准

严谨、朴实、简洁、流畅，既是新方志文风，又是新方志的语言文字标准。

在记述文体上，要"使用规范的现代语体文记述，不用总结报告、新闻报道、文学作品、教科书、论文等写法"。在方志编纂特别是总纂中，一要对全志或所纂志的语言文字反复推敲删繁去芜，精心锤炼。去掉空话、套话、解释性的话、推理性的话，做到言简意赅，文约事丰。要字斟句酌，力求做到语法规范，遣词造句正确，语意表达准确，力戒病句、病语和错字、掉字和语言的"文白夹杂"，使用规范汉字。二要严格遵守各地拟定的修志行文规则（凡例）。如正确标注篇目、层次的序号；书写地名使用第三人称，忌用第一人称并用全名，古地名用当时地名并括注今名；历史时代一律沿用历史正称；各个时期的政治机构、官佐姓名，依当时历史习惯相称，不另加政治性定语；注释用脚注；引文要忠于原文，不许擅改，原文错者在错字后面用〔〕标明正确字词。三在数字、数量、时间、引文标注、字体、标点符号的使用上要以中华人民共和国国家标准《出版物上数字用法的规定》和《标点符号用法》为准。此外，还要在叙述中注意："使用口语、方言、土语、俗语适当；不滥用时态助词；慎用评价词语；不用模糊、空泛词句""无知识性和常识性错误。不乱改科学定律、理论概念、政治术语、历史典籍、名家名言的提法和内涵等""各种组织、机构、法律法规、文件、会议等专有名称使用全称""人物直书姓名，不冠褒贬词语，不在姓名后加身份词""记述自然资源涉及本地生物名称的，首次出现时采用二名法，括注本地俗名"等。②

---

① 鄢纲城：《新方志编纂管见》，辽宁大学出版社2018年版，第43页。
② 中国地方志指导小组：《地方志书质量规定》，2008年9月16日，见中国方志网 www.difangzhi.cn。

第五章　志书各种体裁编写

前以有述,地方志的体裁在经历了系列的发展演变后,已形成了当今的包括述、记、志、传、图、表、录、索引8种文章样式为基本的体裁体系,并且作为地方志法规的规定内容,为广大地方志工作者所接受和普遍运用到修志实践之中。各类体裁的编写既有其范式的约束,又有其内容的规定性,既共同作用于方志编纂的全过程,又共同影响着志书的整体质量及其服务效果,体现出作用各显,又相互配合、相互补充的整体性特征,无论是对其基本知识的把握,或是对其撰写技能的熟练掌控,历来是衡量一个方志编纂者是否合格、是否称职的标尺。

第一节　序言的撰写

一　序言的含义

方志序言,一般指方志卷首的引介性、导读性文章,称前序。但有部分方志卷末也附序文,称后序。刘知几在《史通·序例》中说:"孔安国有云:'《序》者,所以叙作者之意也'。窃以《书》列典谟,《诗》含比兴,若不先叙其意,难以曲得其情。"也就是说,序言主要是叙论编著的宗旨、目的、意义的。

明代学者吴讷指出:"《尔雅》云:'序,绪也。序之体始于《诗》之《大序》,首言大义,次言《风》《雅》之变,又次言《二南》王化之自。其方次第有序,故谓之序也'。东莱云:'凡序文籍,当序作者之意;如赠送燕集等作,又当随事以序其实也'。大抵序事之文,以次第其语,善叙事理为上。近世运用,惟赠送为盛。当须取法昌黎韩子诸作,庶为有得古人赠言之义,而无枉己徇人之失也。"[①] 具体阐述了作为一种文体的

---

① (明)吴讷:《文章辨体序说·序》。

序之产生发展、内容及文字要求。志序,是一部著述的重要组成部分,一篇好的序言,可起到画龙点睛的作用。旧志序作中佳构较多,不少富有方志理论价值,如司马光《河南志序》、林则徐《大定府志序》、梁启超《龙游县志序》等。新编方志序的内容主要是介绍或详述一部方志的著述或出版意义、编次体例和作者情况、成书历程,以及序者对著作的评论和有关问题的研究阐发等。

二 序言的撰写

序言撰写就一般情况而言,应力图做到"五戒""六要"。"五戒"是:一戒远溯方志源流。"凡事涉国典,海内共存者,不书。"[1] 撰写序言也应如此,如皆溯源述史,岂不千序一貌?二戒泛论修志意义。旧志序言,几乎篇篇都论志书功用,内容大同小异,无非是"以资镜鉴""以为劝戒""以裨经世"之类的老生常谈。一些新志序言也好泛论修志意义。如无新的见解和突出例证,大可不必空谈诸如资治、存史、裨风教等别人说过无数次的道理。三戒僭述编纂体例。如黄炎培撰写的《川沙县志·导言》,长篇大论大事年表、概述、断限等编纂体例,与凡例重复。四戒语言空洞,言之无物。"书之有序,所以明作书之旨也,非以为观美也"这一章学诚之语实为批评志书序文脱离实际,言之无物或偏离志书宗旨、意义而随意舞弄笔墨,下笔千言,离题万里。序文撰写必须富有实质性的内容,要有的放矢,真实丰满。五戒序文内容雷同、重复。志书序言以一序为止,但也不反对据情而置二序、三序者。关键是一志多序应力图内容各有侧重,写法各有千秋,形式各具特色。避免重复雷同,内容平庸,以浪费志书版面,影响读者胃口。

"六要"就是序言应当撰写的是最能反映当地修志特点、提擎志书纲要的六项内容:一要阐明修志指导思想、目的、意义,指出编修方志的必要性、重要性。二要横陈地理大势,纵述历史概貌。即要概述当地的地理位置、面积、气候、资源、特产及历史变化发展,使读者了解当地全形概貌,引起阅读兴趣。三要简述修志历史,评介旧志史料,以反映方志编纂的连续性。四要简介成书经过,记载领导经验。即概要记述修志的缘起,编纂方志的有利因素,编纂的时间、方法、组织领导方面的经验等。五要

---

[1] (明)《嘉靖耀州志·凡例》。

展示序者对所序志书质量之研究评价，抒发独特见解，并力图具有理论色彩。六要提示志书内容，表述作者意愿，要求点明志书的体裁、篇章数目、全书的字数及特色特点，在此基础上表述作者的意愿和希望。"六要"是志书序言的基本内容，不是撰写序言的固定公式，作序时应结合实际，灵活掌握。

序言以记述为主，但可夹有抒情、论述。要求其必须是一篇有头有尾、结构严谨、言之有物、富有文彩的好文章。序言可由修志负责人撰写，也可由当地领导人和有关专家、名人撰写。不管谁撰写，都要从撰写序言的自身出发，不作官样文章，不作应酬笔墨，要抓住本地特点、修志历程，写得虚实结合，情理交融，有助于读者阅读、使用志书，有利于充分发挥志书的功用，有利于激活方志理论探讨，有利于促进修志事业向前发展。

第二节 凡例的制定

著书立说，有例则严，无例则乱。就是说，必须发凡起例，制定一个符合本书宗旨的凡例。方志的凡例，有的称为编辑说明、总例、志例、叙例、出版说明、编纂例则等。它是方志的传统文体，是冠于志书之首的纲领性文字，是对志书编纂宗旨、体例、方法和内容结构的纲领说明，为地方志极为重要的组成部分。

一 凡例的含义与作用

凡例，语出自西晋杜预《春秋左氏传·序》："其发凡以言例，皆经国之常制，周公之垂法，史书之旧章。""发凡以言例"即"发凡起例"。"发凡"，是谓阐明著述宗旨、大纲、概要；"起例"是拟定著述之体例、格局、样式及规则条例。志书凡例，主要解决志书编纂过程中的技术问题，也是对修志人员所作的统一要求和规定。从古至今，凡例种类颇多，有全国性统一修志凡例，如明永乐十六年成祖颁降的《纂修志书凡例》21条、康熙二十九年《修志牌照》23条、民国十八年内政部呈奉国民政府核准颁发的《修志条例概要》22条、1985年《新编地方志工作暂行规定》等，都是要求各省遵守的全国性通行凡例。其次是地方性修志凡例，如元《至正金陵新志修志文移》、清《肇庆府修志章程》《重修湖北通志纂校章程》、民国7年《山西各县志书凡例》、1989年7月贵州省颁发的《贵州省地州市县志编纂工作暂行细则》等，皆为省、府、县志书各自所订之凡例。志书凡例，名称不尽统一，内容各有侧重，或提示志书编纂的目的，或对志书编纂内容作出规定和说明，或阐明志书的源流等，但普遍的都是用以规定志书的编纂体例和原则的。

凡例文字虽少，确是纂史修志之要务。历代史学家、方志学家均把凡例提到极其重要的位置来认识。唐代刘知几在《史通·序例》中说："夫史之有例，犹国之有法。国无法，则上下靡定；史无例，则是非莫准。昔夫子修经，始发凡例。"清方苞说："体例不一，犹农之无畔，木之无绳墨。"① 章学诚把明断凡例之"识"定为"三长"之首，这个"识"包括认识、学识、胆识，足见其对凡例的重视。傅振伦非常重视新旧志书凡例的研究和实践，认为"修志之道，先严体例，义不先立，例无由起，故志家必以凡例冠之。"② 凡例的作用具体表现在三个方面：

其一，它对志书的编写起指导和制约作用，是编纂志书的纲领和准则。如果说篇目是志书蓝图，而凡例则为修志的施工总方案，二者相辅相成，缺一不可。正是由于有了凡例，修志人员在工作中方能纲举目张，明体达义；做到取材有依据，编纂有准则，行文有规格；既各守其界，各书其要，又行动统一，步调一致，虽众手成志而同如出一辙。

其二，凡例可使阅读者把握要领，读好用好志书。一部志书有了较详密的凡例，就使读者获得了阅读的指南，通过凡例便可知晓全书之大概，得阅读之要领，从而快捷而有效地利用志书，服务实践。

其三，凡例有助于方志学术研究、探讨。由于各志凡例都明确规定了志书的指导思想、方法、内容结构以及个性特征，因而又是方志和志书研究的资料和捷径，有助于方志理论研究的深入开展。

二　凡例的内容

旧志凡例内容多为记载修志体例和编纂方法，往往与序跋内容多有重复。在方法上，或引古论今，评述利弊得失，有例有议，不但规定怎样做，还说明为什么要这样做。新志凡例应在旧志凡例的基础上扬长避短，

---

① （清）方苞：《与一统志馆诸翰林书》。
② 傅振伦：《中国方志学通论》，北京燕山出版社1988年版，第105页。

继承创新。凡例内容大致有以下诸项：①阐明指导思想，交代修志目的，条陈编纂原则；②说明志书体裁和总体框架，揭示全书结构；③标明记述时间，确定上限下限；④交代记述的地域范围，给人以明确的空间概念；⑤展示志书内容。交代志书的篇目结构、内容分类、层次划分及其某些具体篇章的内容特点，全志的篇幅字数；⑥说明人物的立传原则、入志标准，以及传、表、录的分类和排列方法；⑦选用图表的原则和要求；⑧规定行文规则。对文体文字、称谓、纪年、计量、货币、地名、数据以及其他特殊用语等作出统一规定和要求；⑨交代志书所使用资料的来源，特别是要说明一些特殊资料的来源，以便后人查考研究；⑩特殊问题的说明，其中包括有别于他志的篇目设置问题、一些重大政治问题、反映地方特色问题、新志与旧志的关系问题、志书反映重点问题、对个别特殊问题的特殊处理等等。

三 凡例制定的要求

志书凡例突出的特点是法则性和条理性，中心内容是对编纂体例、原则、方法作出统一规定和理论说明。总的说来，可分为三个方面：一是"通例"，即统率全书的纲领和各个专志、所有编纂人员必须共同遵守的条例，如体裁、结构、断限、纵横关系、图表处理及其要求全书必须整齐划一等重要问题。二是"分例"，即分门别类地对通例中的某一部分或某几部分进行再规定，如体裁调置和各专志设立的依据、辑录重点、记述方法等，以统一认识、统一规范。三是"特例"，即指突破通例、分例以外的一些特殊情况而拟定的特别处理方法及其原则。三种形式共用者较少，多为通例一种。凡例制定，要求要像制定法规条例那样仔细、认真、明快、简洁、缜密、有分寸，要充分体现地方特点和时代的基本特征。要求做到（针对通例）：

（一）开门见山，简明扼要。凡例应科学、严谨，能够高度反映志书的实质，为志书纂修提供良好服务。其无须开头结尾，只须开门见山地对志书的内容和形式作出具有纲领性的说明，有多少问题，就列多少条文，只标序号，不标例名，依次排列，逐条言明。

（二）抓住重点，体现特色。凡例的制定，要有所创新，有所侧重，重点突出，不要面面俱到，人云亦云。对传统体例，不必进行重述，一般情况下点到即可。凡全国、全省统一规定的、各地约定成俗的基本原则，也应尽量省略，对于事关志书重点问题的特色内容，应格外注意，或归之于分例或特例，"例由义起"，以使凡例在总体上纵则异于旧志，横则异于他地，个性鲜明。此外，要处理好凡例与"序""跋"的关系，体现出三者各有所司、各有所长、相辅相成、相得益彰的关系，从中表明凡例所具备的"法"的性质和指导、规范功能。

（三）言之有理，简洁明快。制定凡例，既要明方法，更要说理由，要利用方志理论回答编纂中疑难而又有分歧的问题，使编纂中解决实际问题的办法上升为理论原则，不仅要对编修内容和编纂形式作出明确规定，指出必须怎么办，还要从道理上说明为什么要这么办，使编纂者心悦诚服地遵照执行。凡例应一个条款集中把一项内容说透，不要兼顾其他，不拖泥带水，文字力求简明扼要，干脆利落，篇幅控制在1000字左右为宜。同时，要求凡例和正文之间完全吻合一致，不要自相矛盾。

（四）循序渐进，精益求精。凡例的制定和修改，应贯穿于志书编纂的全过程，即定于编纂之前，改于编纂之中，成于编纂之后。编写志书之前，首先应制定凡例，作为编纂者共同遵守的"法则"，但不成定法，在编纂实践中，会发现新的矛盾，产生出新的经验，以及在理论探讨中有了新的认识，需要适时对凡例进行增删或修改。但这种增删修改必须慎重，不能过频过繁，使编纂者无所适从。志书脱稿后，再按照"实践是检验真理的唯一标准"的原则，对凡例作一次全面修改审订，由编者的"编纂法则"转变为"阅读指南"。修志实践证明，凡例只有随着修志进度而循序渐进反复修改，才能达到精益求精臻于完备，才更具有可行性、实用性和科学性。

第三节　概述的撰写

一　概述的由来与功能

概述，民国以前的志书均无该体裁，更没有这一名称。民国年间，黄炎培认为"史之为用，明因果而已。一般方志，偏于横剖，而缺乏纵贯，则因果之效不彰。"[①] 所以，他在《川沙县志》中，设"概述"于各卷如舆地、户口、物产、实业等之首，用以说明各卷内容、大要。但其概述不

---

① 黄炎培：《川沙县志·导言》。

是全志的概述，故无以对全志内容概而述之，使明全志大旨。新方志编修起，越来越多的方志工作者发现专志横分竖写在门类之间缺乏内在联系，整个记述有"见木不见林"的缺点，遂在实践中逐步创造了总揽全局大势、揭示兴衰起伏、沟通内外联系、彰明因果关系的综合性记述，即"概述"或称"总述"。1982年在太原召开的中国地方史志协会常务理事第二次扩大会议，将"概述"置于会议制订的《新编县志基本篇目》序言后的第一编。1985年江苏《如东县志》修订本正式设置了"概述"篇。1997年《关于地方志编纂工作的规定》将"述"规定为志书的体裁之首，自此以后，志书体裁家族增添了"述"体新成员。

　　新编志书设置概述（总述）是方志体例上的一大创新。概述的作用：第一，可以概括全志，立体鸟瞰全貌。方志横排竖写，可以网罗万事，条理清晰，便于阅读、查检，但由于门类之间各守志界，条块分割，独立存在，形成各自封闭的个体，使人读后见目不见纲，难以形成整体概念。设置概述篇，就能把全志的大势大略，有机地结合在一起，构成一幅完整的立体图画，形成高屋建瓴之势，以概括全书，统率全局。第二，揭示事物之间的内在联系，可使读者认识某些客观规律。方志各守志界平铺直叙记述，虽偶有交叉，但仅表层相连，篇目和内容各自局促一隅，有静无动。"鸡犬之声相闻，老死不相往来"，看不出相互之间的影响和逻辑关系，看不出事物的运动变化和发展。概述的设置，能打破志与志、篇与篇之间的界限，使门类内外比比皆通，关系明确，因果相望，不仅把志书各门类组合成为相互联系的统一体，并可揭示各类事物发展的内在联系，从而使读者从史实的记述中认识事物的客观规律，使志书的资治作用得到较好发挥。第三，节时捷取，符合认识规律。人们对事物的认识，一般是由远及近、由粗到细。所以任何著作，总是先作总论，然后再作条分缕析的各论。阅读志书也是如此，人们总是先翻阅总述，读了之后，不仅对一地今昔有个总的认识，而且了解当地的特长优势，引起阅读兴趣，进而浏览全书就会心中有数。在此，概述具有"导游"作用，可使读者找到阅读全志的门径。第四，展示地情，服务建设。概述写作可述论结合，对各种主要人、事、物既述且论，高度概括，找出一地的自然、社会、历史和现实的总情况、总问题、总趋势，述其兴衰利弊之由，导其振兴腾飞之途，帮助读者省时省力地了解和认识当地的历史和现状，以利人们在实践中扬长避短、开发优势、挖掘潜力，建设好地方。

二 概述的写法

从已出版的新志看，概述的类型有钩玄提要式、史体综述式、显现特色式、先叙后议式、表彰故里式、纵横伸展式等近10种。其中，钩玄提要式是将各专志的精髓提炼出来，分类提要。史体综述式是先对本地自然环境作简要的介绍，然后采用分期的结构，写各时期的政治、经济、文化等大类内容，叙其发展演变，交代其相互之间的联系，以扼要反映本地古今主要情况。显现特色式是将地方特色概括为几项，要言不烦，画龙点睛，给人以深刻印象。先叙后议式指先简略叙述基本情况，再对优势劣势进行议论，最后写出对前景的展望。先叙后议式要求以叙为主，以议为辅，即纵述历史主线脉络，横陈地方各业特点，略同详异，存大舍小，不溢美，不隐过。表彰故里式表现为历数本地优势，歌颂本地特长，回避本地短处。同时，为了宣扬优势、长处，大量引用古诗、谣谚，有的还用描写性语言。由于此种写法会产生一种华而不实之感，因而并不多见。纵横伸展式即为纵述主线，横列特点，不受志书章节和内容限制，共性与个性并载，成绩与失误同述，困难与希望同论。以上几种概述类型是否科学、合理，何者最佳，有待于进一步研究。所谓类型，是指表现手法不同而言的，以内容而言，不管用哪种形式，其内容都是大同小异的。关键是必须着眼于本地的地情，从历史到现状来看本地的总貌、特点及其作用。在写法要求上要纵叙沿革，横陈现状；概述整体，展现形势；概括门类，揭示全貌；同中有异，体现特色；前后对比，反映变化；略述源流，承上启下；论从史出，论之有据；抓住主线，反映本质。具体写法上做到：

第一，略写概貌，详写特点。概述贵"概"，要在写作中抓住主线，即在志书中起能动作用的问题，突出精华，把死问题写活，从湮没的材料中理出头绪，正确地排列组合各种事物的种种关系，并放置于运动之中，从客观上和微观上穷源究委，彰明因果，反映客观规律，总结经验教训，给后人有所借鉴。概述一方面提玄钩要；另一方面要浓墨重彩地描述特点、热点。要在宏观把握和高度概括上下功夫，站在全志的高度，以高屋建瓴之势，概地方长短优劣之势，述地方发展振兴之途。在操作上，要以叙为主，纵论横评相结合。叙是议的基础，概述必须按志体要求，横向展开。在横叙纵述地方面貌、特点基础上略论特点，展示发展。但要求议论，要论得自然，论得合理，既要为读者提出结论性的意见，又要恰到好处不能过多而有论说文之嫌。

第二，语言要准确生动，文笔要流畅，文采要突出。概述是新体，文字的使用首先满足重点和特色部分的需要，要控制篇幅，要自铸新辞。借鉴"本乎道，师乎圣，体乎经，酌乎纬，变乎骚"[①] 的理念，理直气壮地申昔喻今，优劣兴衰并举，贤达奸宄共议，有褒有贬，不偏不倚，妙笔著雄文，语言豪放、练达、明快、简洁并富有哲理。同时做到文约事丰。一般县志概述应控制在1万字左右，市地级志在1.5万字左右，省级志在2万字左右。

第三，展望要慎用。展望是抓住优劣之势，借以扬长避短，开拓前进。它是在记述优势的基础上，展示一地、一业之宏图，以使人精神振奋、备受鼓舞。但绝不能不切实际地去规划远景，去空泛地描绘蓝图。在没有必要的情况下，一般不勉强为之，以杜言过其实，难征信用之弊。

第四，要写好概述，必须对地情有深透的认识和掌握。概述虽为全志之首，但其撰写，一般都在全志竣稿之后，"编成乃作，一人为之"，一般都由主编来承担。主编在纂定全志各篇后，要进一步对一地自然、社会的历史与现状、优势与劣势、成绩与失误、共性与个性进行分析、研究。只有深透的认识、掌握地情，概述写作才会得心应手，一挥而就，才能达到较高质量，才能避免将概述写成蜻蜓点水、主次不分、面面俱到的"压缩饼干"。

第四节　大事记的编写

大事记是地方志的史体篇章，是一地古今大事的纵向记录，是从纵的方面体现全志的主要脉络，是全志之"经"，具有统领全书的"纲领"作用。

一　大事记的演进

方志在其发展的长河中，受纪传体史书影响很大。方志中的大事记，实际源于史书中的"本纪"，如光绪《台州府志》所言："历史于一朝大事，俱载本纪。"方志定型于宋代，而大事记作为地方志的一个组成篇目

---

① （南朝）刘勰：《文心雕龙·总论》。

出现也始于宋代。南宋绍熙三年（1192）曹叔远所撰的《永嘉谱》，全志24卷，设有年谱、地谱、名谱、人谱，为方志有纪之始。其后，嘉定七年（1214）高似孙编纂的《剡录》，全书10卷，卷一列有县纪年，以时间为经，以史实为纬，记载全县历代发生大事，方志有大事记正式从此开始。之后，许多方志以此为法。至清代，"洪雅存志淳化、固始，有大事表，陆祁孙志洛阳，李申耆志怀远，均沿其例。唐陶山志海州，则有纪事表。董方立志咸宁，蒋子潇志留坝，则有纪事沿革表。章实斋志湖北，则有编年纪，意在备一方记载，为全书纲领，例至善矣。"① 章学诚倡史志合一之议，主张把编年冠于全志之首。他说："首曰编年，存史法也。志者，史所取裁。史以纪事，非编年弗为纲也。"② 力主在方志中首先立编年之通纪，即将大事记放在首编。以后许多志家皆以效法，并逐步形成规范。民国期间，黄炎培在所修的《川沙县志》导言中说："编方志必先立大事表，余主此甚坚。史之为用，明因故而已。一般方志偏于横剖，而缺于纵贯，则因果之效不彰。必将若干年间事实串列焉，其同时者并列焉，以观其彼此先后之消息。"黎锦熙主编的《城固县志》也设有大事年表。在名家的倡导和实践的影响下，大事记便演变成方志体裁之一，为方志不可缺少的组成部分。它的内容，由最初只"详其沿革"，逐步扩大到皇言、政事、兵事、灾祥诸类。新编志书的大事记，则记载了沿革、政治、军事、经济、文化等各个方面的大事。

方志发展至今，普遍采用大事记体裁，这是地方志随着社会的发展，由简到繁向前演变的必然要求，是方志自身发展与完备的必然结果。随着社会发展，地方志单靠横排门类记人载事已感不足，设立大事记，既可从纵向上记载历史上各个历史阶段本地发生的大事，以明本地的历史发展和变化过程，又可辑录没有单独设门立项的某些事物、事件，避免志书出现重大缺漏。同时因其编纂提纲挈领，贯通古今，既可方便读者阅读、查检全志，又可用作乡土教材，供教育之用。

二　大事记的收录标准

大事记所要写的是大事。何为大事？时代不同，理解也不尽相同，但

---

① 甘鹏云：《湖北通志义例商榷书》。
② （清）章学诚：《为毕秋帆制府撰石首县志序》。

前人许多见解对今人仍有参考价值。宋代司马光编撰《资治通鉴》，"专取有关国家兴衰，系生民休戚，善可为法，恶可为戒者。"他认为大事的标准一是有关国计民生的；二是能扬善惩恶的。徐无党在注释《五代史记·梁太祖本纪下》中阐述了五书五不书的原则："大事则书，小事不书（'五代乱世，兵无虚日，不可悉书，故用兵无胜败，攻城无得失，皆不书'）；变古则书；非常则书（'命官不书，非常而有故则书'）；……意有所示则书（'于事无成，不必书'）；后有所因则书。非此五者则否。"①古人所定的这些大事标准，言简意赅，颇有见地，于今不乏借鉴价值。

　　方志大事记，任务是简明扼要地记载某一地区在一定时期内经济、政治、军事、文化等领域发生的有重大影响的事件和重要人物的活动。要求做到大事突出，要事不漏，新事不丢，既有重点，又较全面地反映历史的真相。任何大事都是相对的，不可能有一个统一的绝对的标准。同一件事，在县里是大事，到省里就可能算不上大事；相同的一件事，在甲县看来是大事，在乙县就可能是小事。所以选大事，必须因地而别，抓住本地特点来定。一般来说，在一方历史上有较大影响、意义深远、在现实生活中有普遍意义，以至家喻户晓的大事、要事，都应列入大事记。虽不是大事要事，但属一地范围内第一次出现的新事物，也应作为大事记载下来。

　　大事记的具体收录标准，方志界提法较多，有以点归结的，有以面概括的。就大事记的主要记载内容来讲：一是本地区发生的关系到国计民生的事件，包括行政区域变动，重大革命斗争和重要军事行动，重要机构设置和体制改革，各项重要政策法令和规章制度的颁布和实施，各种重要会议，重要外事活动，主要干部任免和著名人物活动，重大经济改革措施之实施，重大生产建设和教育、文化、卫生之建设，名胜古迹的恢复和发现，重要文物收藏及发掘，重大事故发生，严重自然灾害及自然变异等；二是具有地方独特风格和色彩以及能反映本部门、本单位职能活动的重大事件。如民族文化的弘扬，特色建设的兴起，国内外、省内外大事在本地的独特反映，带指导性的工作经验，某些失误和教训等；三是属于萌芽状态但具有强劲生命力以及本地区、本部门最早发生的事情等。选用大事除把握上述选择范围外，还应注意体现地方志无不备载的特点，力求收录、记载全面，正面的大事和反面的大事都要记，但要以记正面为主。大事记

---

① 见徐无党注释之《五代史记·梁太祖本纪下》。

的编写原则，同样是既要统合古今，又要详今略古。

三　大事记的体例和编写要求

编写大事记的体例有三，即：

（一）编年体。以时间为经，以事实为纬，按事件发生的年、月、日顺序逐条记述。要求在有限的篇目里，容纳尽可能多的内容。内容要全而实，文字要简而明，表述要求言简意赅、准确、概括。其优点是：依时记事，次序分明，历史连贯性强，可使人从中系统地看清本地历朝历代所发生的大事，给人以完整的历史概念，可弥补方志各篇横排门类的不足。缺点是因"束于次第"而"诸事交错，难具原委"，"仅具大略，难详细事"。

（二）记事本末体。以历史事件为纲的史书体裁，创始于南宋袁枢的《通鉴记事本末》，它将重要史事分别列目，独立成篇，各篇又按年月日时的顺序去叙其始末、发展、经过。这种体裁的长处是记事完整，事件的首尾、发展、经过脉络清楚，可补编年体之不足。短处是由于记事比较集中，甚至将跨越几年十几年的事记于一个条目，其时间脉络不明显；集中记述特大事件，则影响对同一时期其他事件的记述，难以反映时代的全貌。

（三）编年体和记事本末体相结合。既按时间顺序，又以事件为中心适当集中记事。对之，道光《遵义府志》有较精概的阐述："纪年，主简明，诸大事皆记；本末，主详明，择大事之尤要者，畅辩详言之。纪年与本末，或详或略，一经一纬，相辅而行，互相补苴。有事为本末未载者，已备列纪年；有事为纪年未详者，已备见本末。二者相须，无容偏废。"也就是说，这两种体例的有机结合，可以起着扬编年本末之长，避编年本末之短的奇特功效。但这种体例，不免有损大事记时间顺序的连续性和历史发展的完整性，使大事记出现同一时期时间顺序上的颠倒和不必要的重复。

此外，大事记的体例还有大事年表。其将编年体的逐年逐月逐事记述改为列表记述。其长处是一事一条，眉目清晰，致命弱点是因表格限制，所记大事比较简单，甚至仅列事题，只能起索引的作用。

以上大事记体例各有利弊，但就合理性和实际可行性而论，还是用编年体较稳妥、得体，它既无疏阔遗漏之误，又无重复纷乱之弊。因而新方志采用者居多,估计占90%以上。贵州《剑河县志》大事记"分大事年表和重大政事纪略两部分,前者用编年体,后者用纪事本末体",是有代表性的编年体与纪事本末体相结合的成功之作,值得研究和重视。

编写大事记,要注意的问题较多,主要有:

一是尊重历史,尊重事实。以辩证唯物主义、历史唯物主义为指导,实事求是地反映事物的本来面貌,做到资料翔实可信,史实准确无误。

二是严格选材,突出大事,记载的必须是大事、要事、新事。大事记既要取材广泛,前后贯通,又要按标准严格选材,防止事无大小,逢事即记,把大事记编成流水账,使大事让小事淹没。

三是一条一事,言简意赅。大事记一条不能记多事,应坚持一事一条,内容要全而实,文字要简而明,时间、地点、人物、原因、经过、结果、影响等要素要叙述明白,考核无误。表述上要求简明、扼要、准确,不发议论。做到言简意赅,朴实无华,易见事,易辨事。

四是略详适度,突出地方性。大事记的时间范围,应与志书的断限一致。古今比例要适当,当今大事是记述重点,古往大事也应恰当收录。关系到全局、影响特别大、意义特别深远的大事,要详细记述,次要大事可简略记述。在与志书的关系上,大事记要记志书中所无,略志书中所有,凡志书中有专题记述的大事,大事记要简,无专题记述的大事,大事记可详。一县某件大事影响一县、邻县乃至全省全国者,则须突出大书。全国大事影响到一县,而与一县密不可分者,应举其大者,作为一县大事之背景材料编入大事记,但与本县没有直接联系的全国性大事可不载入本县大事记。属本地独有的、特殊的事物要详,以突出地方特色。

第五节 专志的编写

一 专志的类别、特征

专志是相对综合志而言的志书种类,是专门记述某一产业、某一事业、某一方面的历史与现状的志书。专志在综合志中的表现形式即为"分志",它是全书的主体部分,由于各个分志系横分门类的产物,所以它又是全志之纬。

专志起源较早,被人们视为方志起源之一的《禹贡》,就是具有地理性质的专篇。至汉武帝时,身为太史令的司马迁,把各种典章制度和其他专项内容，以类划分，列为《礼书》《乐书》《历书》《律书》《天官书》《封禅书》《河渠书》《平准书》等8篇，开创了专志的体例。汉魏六朝时期地记、郡书、都邑志等各以其所载内容和所取形式开创了后世方志的一个重要方面，即一方之专志。唐宋以后，专志愈益增多，主要品种有都邑志、风俗志、山水志、名胜志、风土志、边关志、盐井志以及官殿、祠庙、陵基、书院、人物、艺文、物产、艺文、学校、实业、工程、交通等专志。在新编方志中，编修的专志数量相当可观。据资料，至1998年底，全国各类铅印、出版的专志达万余种。在第一轮方志新修结束时，全国已编辑出版"2万多部行业志、部门志、军事志、武警志、专题志、乡镇（街道）志、村（社区）志。"①

（一）类别

汉代以来，专志类别基本上有3种，即史书专志、方志专志和独立专志。史书专志：开始于司马迁所著《史记》首创"八书"，继之有班固所著《汉书》设置"十志"（礼乐志、律历志、刑法志、食货志、郊祀志、天文志、地理志、五行志、河渠志、艺文志）。之后，历代史书，均设有不等数目的专志。方志专志：汉唐志书，偏于地理，专业门类不全，一般设有疆域、山川、建置、户口、物产等门类。宋代方志已包含有自然、社会、人文。明清时期志书门类普遍增加。民国时期门类基本齐备，如民国《安徽通志稿》设有舆地、民政、司法、财政、教育、军备、交通、外交、农政、工业、商务、物产、民族、方言、礼俗、宗教、艺文、艺术、金石古迹等21考（专志），人物另设传记，颇具时代性和科学性。独立专志：旧志如前所例。新编方志中专业志种类较多，几乎所有各级专业部门（行业）都编修了专业志。除综合性的专业志外，有的行业还根据实际就其某方面工作另立专志。如贵州省水电厅除编纂综合性质的《贵州省志·水利电力志》（1997）外，另外还编纂出版了《贵州省水利艺文志》（1989）和《当代贵州水利人物志》（1996）。

（二）专志的特点

在上述志书的3种类型中，关系最为密切的是方志专志和独立专志。两者都是记述同一个事物，都适应方志编纂的一切原则和要求。由于此节

---

① 《全国地方志事业发展规划纲要（2015—2020年）》（国务院办公厅〔2015〕64号），2015年8月25日，见中国方志网www.difangzhi.cn。

的内容主要是讨论作为体裁的"专志"即"分志"或"方志专志",因此,很有必要在分析专志的特点之前,认清作为方志体裁的"专志"即"方志专志"与独立专志即专业志的区别。

以市、县为例,市、县志"专志"与市县专业志虽有许多共同点,但其又存在许多不同,表现在:①对象不同。市、县志专志编纂的承担者是市、县志编委会及其办公室,其服务对象是整个社会,其中主要是领导、干部、教师和科研人员;而专业志主要由部门、行业组织编纂,服务主要对象是本部门、行业的干部、职工、科研人员以及和本专业有关的人员。②作用不同。市、县志专志和专业志均有"资治、存史、教化"的功能,都强调注重为现实服务。相对来说,市、县志专志更强调久远功能;专业志则更强调对工作的查考作用,有的还可以作为部门的宣传品。③内容结构不同。专业志的篇幅比市、县志专志长5倍以上,其记述的内容全面、详细,可以充分展开;市、县志专志只能略述主要门类的主线。专业志可设人物篇、大事记和附录,市、县志专志于此则无,人物也只能是"以事系人"。其他如政策、制度演变、业务工作情况,各种统计数字,专业志也较详细得多。内容详略不同,其框架自然有异。④专业志的体例灵活性大,完全可以根据内容和实际需要来设计,宜横则横,宜纵则纵,层次多少,也是按需所取;市、县志专志相互间却是互相制约的,体例的安排必须服从总体的布局、全志的要求。⑤专业志可宏观记述和微观记述并重。市、县志专志,一般应从整个地情实际出发,以宏观记述为主。分清两者的区别,有助于方志工作者分别从事好两者的编纂工作和深刻认识方志专志(以下简称专志)的特点。

专志是专门性、独特性的著述。其具有以下特点:

一是在内容上有鲜明的专业性。专志着眼于"专",它记述本专业应记述而其他专业又不宜记述的内容,反映的是具有本专业特点的起伏演变和发展规律。

二是在体例上有一定的制约性。独立专志体例以志为主,由概述、专业分述组成。专志的人物、机构、大事、附录一般由总志统纂,在志中遵从"事以类从"的原则,人物记述用"以事系人"形式。

三是在记载方法上具有综述性。即在确保史料真实的基础上,分门别类地运用经过整理、剪裁、综合的资料表述观点,并注重引用原始资料以昭征信。

四是在地域上存在差异性。不同地域有不同的事物，不同事物就有不同的专志，如沿海有海洋志，牧区有畜牧志，林区有林业志。即使共有的事物或相同的行业，不同地区也各有自己的特点。

五是在成书上具有相对独立性。方志专志是全志的组成部分。但是从一部独立专志的本身来说，由于它是对一地百业中的一业作集中系统的记述，所以具有整体性、独立性。特别是省级和地、州、市级专志，还有自己的序、凡例、概述等，与综合志体例相同，体裁咸备，并单独出书。总之，专志与全志的关系是分则成书（当然需要再加工），合则成志。

二 专志记述的基本内容

由于各个专业的历史和内容不同，类目的拟订和内容的编写也有所差异。因而，各个专志既有共性，又存在着个性。共性是，各类专志主要是写事业。事业的发展依赖于各项工作的开展，记事业就要涉及具体工作，但一定要以事业为主线，记其兴衰起伏的历史，这样写出来的专志才会有深度。具体来说，各类专志应包括如下基本内容。

（一）事业发展条件

专志要为发展本地的各项事业提供现实依据，这个依据主要是指发展条件，它一般包含自然因素、人口因素和物质因素3个方面。自然因素指地理环境、自然资源、气候水文、地质土壤等对本项事业的影响，如农业志需要记述耕地状况、土壤种类、农业气候、水利条件，工业志要记述工业原料、能源、工业用水以及有关工业的地质状态等。人口因素是指与本项事业相关的劳动力资源、职工结构、职工素质等。物质因素是指本项事业的物力、财力等状况，如农业的种子、肥料、生产机具、植保器械、灌溉设施、科研设备等，教育的校舍和教具、经费等。在记述事业的发展条件时，要写出有利因素和不利因素、优势和劣势、数量和质量。

（二）事业的变化、发展

专志要反映新旧社会本项事业的变化发展。记述历史变化，不只是反映数量的、形式的变化，更重要的是反映本质的、内在的变化。如农业志，既要反映新旧社会耕地面积、作物产量、农田基本建设、农业生产技术、农民生活的变化，还要反映这些变化与所有制变化、农业政策变化的关系。反映新中国成立以来各个历史阶段的变化要注意反映本项事业中各个阶段的特征，不能用统一的模式，要从具体的阶段变化过程的分析中，反映事物兴衰起伏的情况。在记述事业变化发展的同时，要记述事业的生产水平、科技水平及管理水平。事业的水平要用确凿的事实、数据、成果加以说明，充分反映事业的兴衰和所取得的成就，展示出事业发展的广阔前景。

（三）事业发展的规律

专志不仅要写出事业的兴衰历史，更要反映兴衰的原因。载入专志的经验教训，应当是涉及全面的、有历史意义的，而不是那些仅对某些工作环节有用，或仅在某一特定时间范围内有用的经验和教训。规律，是事物内部普遍联系的、稳定的、重复出现的本质联系。把成功的经验和失败的教训及其表现记述清楚，读者就可以从多次的成功和失败中找出每次都出现的客观规律。

（四）"面"和"点"的关系

专志，光有"面"的一般记述，没有"点"的精雕细刻，就会缺乏深度，势必使读者没有立体感。专志中的"点"就是各行各业中的典型单位和典型事物，"面"就是本专业的基本情况。在记述中必须做到点面结合才能反映事物的广度和深度。比如工业志，要写出工业的一般状况、经营管理、产品等，也要注意写典型的厂矿、技术革新、知名品牌或先进单位、先进个人事迹等。为此，要防止两种写法：一是仅写面没有点，缺乏深度，使重点事物不突出。没有重点，就显得一般化。二是仅写点没有面，缺乏全面情况的概述，反映不出事物发展的全貌。专志反映典型：一是可以随记述顺序重点举例突出；二是专设门类详细记述，如在教育志中设《学校选介》，工业志中设《企业选介》，在贸易志中设《名优产品》等，以增强专志的记述效果。

（五）业绩和成就

新中国成立后，各地各行各业，各条战线艰苦创立、英勇奋斗、团结互助、埋头苦干、刻苦攻关、勇于创新，创造出了许多可歌可泣的辉煌业绩，取得了一个个重大成就，将这些一一载入志书，是建设社会主义精神、物质等文明建设的重要组成部分，是贯彻爱国主义教育的生动教材。对不具备立传条件的英雄模范人物和有突出贡献的在世人物的事迹，采用"以事系人"的方式记入有关专志，可起着鼓励争先、催人奋进的作用。

三 专志编写的基本要求

专志是一方志书的主体工程，它的质量优劣直接决定着志书整体的质量。因此，必须高度重视。除遵从方志编写的一般原则外，编写专志还应做到：

第一，注意突出专志的行业特点、地方特点和时代特点。首先要立足本行业，以本行业中心内容为主线，从反映本行业着眼，把与本行业有重大影响的政治运动、政策、方针等，穿插于行业活动之中，有机地联系起来予以简略叙述，做到布局上合理，详略上得体。其次要紧扣专业中心，力求主次分明。从章到节，从段到句，始终扣住本事物的主要矛盾（中心）展开记述。再次是要抓住本行业的"个性"做文章，对与外地相比显出特优、特多、特新、特快、影响特别深远或地位特别突出的事物要详细记述，必要时可以设章立节甚至独立为志加以凸显。此外，专志还要注意反映各项事业发展的各个阶段的特点。各个专业的历史有长有短，历史长的，要反映出两种不同社会制度下的发展情况的不同；1949年后才出现的经济部门要划分出不同的发展阶段，反映从无到有、从小到大的历史进程和现实情况及其发展的特点和规律。

第二，拟好类目，体例得当。地方志是以一定的体例形式进行编纂的，专志自然也不能例外。在拟定篇目类目时必须符合志体要求，同时要考虑与志书的总体协调，务求简繁适当，结构合理，层次分明。在处理横排竖写的竖写上，要按照事物自身发展阶段顺序加以记述，即主要包括发生、沿革、现状3项内容，并以现状为主，发生和沿革则是现状的追溯。类目标题要求准确、简洁，显事隐时，不加修饰语。

第三，行业归口，避免交叉。随着社会主义事业的发展，经济建设的需要，行业分工更加细致，行业与行业之间互相渗透，交叉情况很多，因此，编纂时要注意归口，服从各级方志的总体设计。如对一县各单位编写的部门志内容的归口就必须从县志的整体上加以考虑，对部门志中的大事记、人物志、党团组织、职工队伍、财政经费等内容，要择其要者入同类志中。有关共同部分，如工业、科技、教育等，则实行同类归口，"统一指挥，不列分店"。如有关科技部分，全部入《科技志（篇、卷）》，各行业开办的学校教育全部入《教育志》。如果专志总纂由各部门各自承担，则应在遵从总体设计的同时，互通情报、互相磋商、密切配合，尽量做到不重复、不缺项、不交叉。

第四，分工编写、反复修改。专志编写要有明确的分工原则和目的要求。编写的步骤，一般是主编负责下的个人执笔分工编写。主编要根据各个编辑人员的专长，安排其负责所擅长的部分。初稿完成后，要召集有关专业人员和总纂班子集体讨论评价并将初稿打印下发征求意见（有条件者），尔后再改再议直至认可通过。要求注意分工要明确，任务要具体，完成任务的期限和办法要落实，同时要经常研究编写中出现的问题，藉以督促、检查和交流经验，切不可放任自流和草率从事。修改、审查必须按志书的质量标准要求、执行。

第五，解决重点难点。志书中的重点、难点，系指对重要历史时期、转折时期、重大事件、重要人物的记述和对疑难问题、敏感问题、有争议问题的记述。实践证明，这些重点和难点问题对志书整体质量干系极大，其记述不当或不一致造成志书整体性的破坏也最明显，而恰恰这类问题特别是难点问题的记述最容易产生矛盾。因此在编写专志时，必须高度重视，认真对待。要本着实事求是的精神和公正科学的态度，慎重而仔细地筛选、提炼资料，认真编写、审核、修改、优化志稿。掌握解决重点、难点问题的标准，一是客观、准确；二是有利于团结共进；三是符合党的方针政策和国家法律法规。对于拿不准的疑难、争议问题，该请示的要请示，该调查取证的要调查取证，有的还要讨论研究或做协调工作，力求在三者结合的标准上取得重点难点问题记述的一致，确保志书质量。

第六节 人物传的撰写

在新编方志中，除以事系人、人随事出外，与人物有关的体裁有人物传、人物简介以及人物表等。其中人物传是最重要和最难把握的。本节主要介绍人物在志书中的地位、人物立传的范围、人物传的写法及其排列等问题。

人物传，指记载一人事迹的文字。人物传入志古已有之。自司马迁《史记》始创纪传之体，后世地方志即多采用其例，用以记人记事。在历代方志中，人物在整部志书中的比例高达20%—50%，占据着重要地位，有其固有的、为其他志书篇章所无法替代的作用。

一　人物在志书中的地位

我们知道，人类社会是由人的活动组成的，人类社会的历史是人的活动的历史。所以，不管史书或是方志，都离不开记人，除了在历史事件和社会状况中要记载人们改造自然和社会的活动（"以事系人"）外，还要设专篇记载重要人物的生平事迹。

我国历代史志文献中，人物传、人物志、人物卷向来占有重要地位，显示出重要作用。我国第一部纪传体史书《史记》就是以人物为中心的，全书 130 篇，人物列传 70 篇，加上记载帝王的"本纪"12 篇，记载贵族王侯的"世家"30 篇，约占全书篇幅的 86%。在卷帙浩繁的"二十四史"中，人物传约占 2/3 的篇幅，这是我们了解与研究历史人物的基本依据，也为研究历史上的政治、经济、军事、文化等提供了重要资料。

人物传在早期方志中就占有重要地位，单纯记人的方志如东汉时期编修的《陈留耆旧传》《巴蜀先贤传》《南阳风俗传》等姑且不说，就拿初具方志规模的晋代常璩的《华阳国志》来说，全书 12 卷，其中 7 卷是记人物的。到清代，人物志往往占全书篇幅的 1/5 以上，如宣统《山东通志》200 卷，人物志占 46 卷，占 1/4 还强。在贵州如道光年间张锳修、邹汉勋等纂《兴义府志》，全志共 75 卷，其中人物有 27 卷，占 1/3 强。所以，方志学理论体系的创立者章学诚曾说，人物传是"书中之髓""志中之志"。新编方志由于资料、体例、观点的更新，注重了经济部类的记述，但不管是总志或是专业志都将人物部类的记述摆到重要位置，一些志家学者甚而将人物志编写的成功与否与整个志书的质量等同起来，就是开展的新方志评论，人物志与序言、概述、民族等几乎成了众评之的。

二　人物立传的范围

方志人物志的编写，是修志工作的一个重点，也是一个难点。古人说："修志所难者人物耳。"[①] 而人物志中，哪些人可以立传，又成为人们十分关注的问题，也是编写人物志的核心所在。人物传应坚持的原则：一是"生不列传"。这是史志人物传的传统做法，"史传之作，例取盖棺定论，不为生人立传，""邑志列传，全用史例，凡现存之人例不入传"，以

[①] （清）王应奎：《柳南随笔》。

"远迎合之嫌，杜是非之议。"① 正因如此，《新编地方志工作暂行规定》明确要求"在世人物不立传，凡在世人物确有可记述的事迹，应在有关篇章节目之中予以记录"，之后的《关于地方志编纂工作的规定》又重申"人物志要坚持生不立传的原则"；二是"立传人物以原籍（出生地）为主"。这一原则是方志的特性（主要是地方性）所使然。原籍即本籍，既包括出生于本地并长期居住本地的人物，也包括出生于本地但于外地工作的人士，新编方志对本籍贡献突出、声望卓著者立传以彰显"地以人贵，人以地传"和"地灵""人杰"的传统继承的同时，跳出了将"非本地出生，但长期定居本地并有重要业绩者"立"名宦""留寓"等目以记之的旧制，而在"本地立传"，以肯定他们在本地的贡献，是为方志的与时俱进与创新；三是立传人物以正面著名人物为主，反面人物为辅。正面人物系指对历史发展与社会进步具有推动作用的人物。反之，则为反面人物。立传人物以正面人物为主，是由方志"资治、存史、教化"的功能所决定的。也是因此，在以正面人物为主的前提下，也要求适当收录那些严重阻碍社会发展、劣迹昭著能起反面教育作用的典型已故人物。这不仅仅是存史、资治的需要，同时也是教育的需要。让贡献有功劳的人"留芳千古"，世世代代传颂，给人以榜样、鞭策与力量；对有罪于人民的人，要充分揭露他们的罪恶，使他们"遗臭万年"，为历史所唾弃，成为警醒世人、引以为戒的反面教材。

根据上述立传原则，人物立传收集范围主要包括下列 15 个方面：①地下党创始人物和红军时代的人物，献身革命事业，在历次革命战争和反侵略战争中的著名将士、战斗英雄、烈士、爱国志士；②在不同时期，担任过重要军、政职务，有重大影响的人物；③领导和参与旧民主主义革命的著名人物；④从事社会、政治、经济改革，在工农业生产、交通运输等建设事业或其他领域中卓有成效的著名人物、劳动模范、先进工作者；⑤有重大贡献的科学家、发明家、实业家、金融家、教育家、科技工作者以及社会科学方面的著名学者；⑥对工会、青年、妇女、民族等社会工作有显著贡献的人物；⑦从事文艺工作的著名作家、诗人、书画家、音乐家、表演艺术家；⑧著名医学家、药物学家和医务工作者；⑨体育界成绩卓著的教练员、运动员；（10）农林牧副渔行业及第三产业的著名人物和

---

① （清）章学诚：《修志十议》。

各种能工巧匠；（11）少数民族中有较大影响的人物；（12）有较大影响的侨胞和归侨；（13）舍己救人、见义勇为而付出生命的代表人物；（14）在平凡岗位上，作出了不平凡事迹的典型人物；（15）各个历史时期政治、经济、军事、文化方面的重要反面人物。

三 人物传的写法

（一）人物传的编写步骤

编写人物传的步骤大致为：第一步，通过初步调查了解，拟定收录人物名单，印发有关部门和个人征求意见。第二步，广征博采，收集人物资料。第三步，在资料基本齐全的基础上写出初稿，多方征求意见，不断修改。这三步中最关键的是收集资料。目前，在出版的一些志书中，有的人物传写得一般化，甚至抽象化，评述性的话多，具体事实少，人物特点不突出，重要原因是资料不足。编写者须认识资料的重要性，在没有掌握丰富资料之前不要急于动笔。只有掌握了立传人各个时期的大量资料，才有选择余地，才能写出正确反映人物一生情况的高质量传记来。至于如何收集与整理资料，因本书有专章专题讲述，这里不予叙述。

（二）人物传的种类

志书的人物志组成，一般包括概述（小概述）、人物传、人名录、人物表等。概述是对人物志的概括介绍，内容包括立传、立录、立表人物的数量、收录的标准原则、各时期人物活动的特点及编写说明等。人名录是对未入传的革命烈士、英雄模范等所作的题名反映。人物表是对有关人物的分项列表介绍。在人物志中，人物传是主体，是重点，它具体地记述人物的生平事迹，活动特点，功过是非。其形式有独传、合传、类传、附传等。

独传又称专传，一传只记一人，容量较大，有利于展开记述传主的德行事迹，是人物传的主体形式。

合传是将生平事迹有密切联系的两个以上传主合为一传，如《息烽县志》将明万历年间带兵进驻息烽而对息烽县城创建有功的"牟氏三人"牟文绶、牟海清、牟章甫合传记述；《剑河县志》将同时加入姜应芳太平教起义而屡建战功的"李子金、李子银"合传记述；《凤冈县志》将银耳生产艺师"刘义成、帅南廷"合传记述；将沆瀣一气的匪首"万银舟、李伯成、张绍华"三人合传记述等。合传者或因其人有密切联系，或因其享有密切联系。

类传又称汇传或丛传，是将某一类人物汇为一传。其与"合传"不同之处在于，它并不着眼于传主间是否在人、事、物上有密切联系，而在于传主间的德行事迹相类或相近。类传中的传主地位没有主次之别。如《大方县志》将两个教育人物，即"乡区民族教育开拓者"罗文笔与"彝文翻译著述家"罗国文汇传记述是为其例。

附传是在主要人物的传文后，附带介绍有关人物的简单情况。独传、合传、类传都可以带有附传。附传传主一般不在标题中列名。

上面所述的是人物传的种类形式，而根据人物的重要程度和资料的多少，记述的长短不一，人物传又可分为大传、中传、小传，一般大传3000—4000字，中传2000字，小传500字左右。

（三）人物传的内容

一般来说，字数较多，内容较完备的人物传，应先简单记述人物的生平，然后记述其主要事迹，达到既全面反映立传者一生的基本情况，又突出重点。就整个人物传来说，内容主要包括以下几项：姓名、字号、别名、出身、籍贯、家庭简况、学业、学术情况、工作情况、主要经历、主要活动和贡献、主要事迹和影响等。此外，传主为政治人物者，还应记其政治面貌，知传主葬地者，最后记其葬地。要求全面分析人物一生的事迹，分清主次，对正面人物应集中笔墨记述主要的、有意义的、在一生中最放光彩的事迹；次要的事迹则要少用笔墨，以免喧宾夺主。对反面人物，应写清其反面的事，要突出其反面的事实，要让人知其反面在何处。在已出版的一些新志书的相当部分人物传，存在不分主次、平铺直叙地依时序叙述之弊，貌似全面，实际上是把人物主要的事迹淹没在烦琐的叙述之中，这是要引以为戒的。

（四）人物传的写作要求

人物传是整个志书的华彩乐章。它的好坏，影响传主，影响着志书的质量。为此，必须以高度负责的精神和严谨求实的态度，力图写好，以无愧于传主，无愧于志书，也无愧于使命。

首先，要把传主置于具体的历史背景和环境条件中去记述，以刻画和揭示传主的主要性格特征和精神面貌。人是社会的主宰和核心，各个时代的历史，总是由各种人物的活动构成的。即是说，任何人物的一生行事，都离不开具体的历史背景和环境条件，其行为方式以至德业、功过、得失、是非都必然要受到具体的历史背景和环境条件的制约、决定。在写人物传时，我们既不苛求于古人，更不能把古人现代化，不能离开具体的历史背景和环境条件去评价历史人物。于此，列宁曾指出："在分析任何一个社会问题时，马克思主义的绝对要求，就是把问题提到一定的历史范围之内。"[1] 只有把传主的活动置于具体的历史环境中去加以分析与记述、描写和刻画，才能展示出传主的一生历程概貌与功过是非，传主性格特征、精神面貌的形成才有坚实的历史依据，人物传记才有可能做到"事信而不诞""情真而不诡"[2]，读者对于传主的德行功过才有可能作出准确的分析和准确的把握。这是撰写人物传所必须注重的原则问题。

其次，要平叙与特写相结合，既反映人物的基本概况，又突出其个性特点。一些志书中的人物传撰写，大都是平铺直叙，从出生到孩提，从参加工作到去世，如何成长，工作如何变动，项项皆录，如同记事年表，公式化、年谱化现象明显。缺乏用特点的手法去记述传主的闪光点，使人看起来平平淡淡，索然无味，很难入胜。要改变这种状况，有必要吸收古人的平叙与特写相结合的记述手法。如司马迁写《廉颇蔺相如列传》，作者在平叙传主生平的同时，为突出蔺相如的良好品德和廉颇为人直率勇于认错的性格，抓住蔺相如负辱让道和廉颇负荆登门请罪这样的事情加以特写，形象逼真，让人读后难以忘怀。所以，写人物传可不必对传主生平面面俱到，要抓住其中最有表现能力、最能反映其功过是非和特质的典型的事情进行精细加工、生动记述，写出真实可信、栩栩如生、呼之欲出的人物形象来。

再次，要纵横与虚实结合，突出人物形象，增强人物感染力。人物传不仅要依传主一生纵向记述其什么时间在什么地方工作，在什么地方做到什么事情，还要横向记述传主为什么要做这些事情和怎样做的，使传主有血有肉，形象丰满。为增强人物的吸引力，要善于利用传主的自白、对话、感叹、高歌等来表现人物的性格，运用合理想象对传中的一些场影、背景，甚至传主的音容笑貌进行符合逻辑的描写，使人物性格跃然纸上，给读者留下深刻印象。

---

[1] 《论民权自决权》，《列宁全集》第20卷，人民出版社1958年版，第401页。
[2] 詹瑛：《文心雕龙义证》，上海古籍出版社2008年版，第22页。

第四，力求语言生动，使人物形象鲜明丰满。方志中的人物传，一律采用规范的现代汉语语体文，在保证事实确凿的前提下，力求把人物写"活"，以增强感染力。这就要求：首先，要用马列主义、毛泽东思想和辩证唯物主义、历史唯物主义观点去评价人物，真实准确地记述人物的事迹以及对社会产生的作用和影响，不为尊者讳，不为亲者讳，不为贤者讳，不能以情违理，以假乱真，以私害公。人物褒贬要从其主流、大节出发，恰如其分，并寓褒贬于事实的记述之中，同时也不排斥一些必要的、简短的论断，但要与事实的叙述浑然一体；其次，要运用丰富多彩、精练明达、生动朴实的文笔和形式多样的表现手法，从不同侧面概括出人物的言谈风貌，生动地再现人物的生命轨迹、真实形象和个性特征；再次，就是在写作上要求多实践，做到"六多"，即多研究、多分析、多试写、多推敲、多修改、多虚心听取他人（包括有的人物传的家属）的意见，以期提高人物传的写作质量。

第五，要根据人物实际确定其篇幅，不应拘泥于整齐划一而影响撰述质量。对影响大、事迹多的传主，文字应适当增多；对事迹较少的传主能短则短。要因人而异，不拘一格，以能充分反映人物形象、个性特点为前提。在这方面五代的刘昫已为我们做出了榜样。《平阳公主传》《李林甫传》同出自他手，但篇幅相差很大。作为李渊的女儿平阳公主地位显赫，要记的东西很多。然而作者只截取公主一生中最光彩的一段，仅用500字，以唐高祖兴唐灭隋的刀光剑影的残酷斗争为背景，只重点记述公主创建"娘子军"和领兵突围两件事，却为人们展示了传主远大的抱负和才干，使人过目难忘。李林甫是唐朝也是中国历史上有名的奸相，作者为揭露李林甫的奸诈，却不惜笔墨，用3000余字列举许多事件，为后人再现了心狠手辣、老谋深算、口蜜腹剑的李林甫。古人这种方法值得我们借鉴。

四 人物传的分类排列问题

旧志人物传一般分为名宦、乡贤、武功、忠义、孝女、儒林、文苑、独行、尚义、隐逸、流寓、方伎、仙释、烈女、贞妇、耆寿等类，分类后按时序排列。新编方志人物志目前有多种分类方法。一为主张按历史时期，将入传人物划分为古代人物、近代人物、民国人物和当代人物。二为主张按人物的是非功过，划分为革命烈士、战斗英雄、生产模范、革命干部、科学家、历史罪人等。三为按传主的职业或事业，分成工、农、兵、学、商、教、艺或政治、军事、经济、文化、教育等类。这几类分法各有优点和不足，值得研究。如，按历史时期或朝代分类，便于反映各时期人物活动的特点，但难于看出某一方面人物的情况，也不便查找；按照功过是非分类，易于分清各类人物，但有些人物情况复杂，如有的政治上反动，但学术上有突出贡献；有的人前期有功，后期有过；有的人前期有过，但后期有功等很难归类。按职业和事业分，可以明了各行业的人物活动特点，但有的人物一生中不只是从事一种行业，而是从事过多种行业或事业，且都卓有建树，若强拉在某一行业上，势必造成概念上的混淆不清。我们认为，人为地将传主归于何类，既不科学，又无必要。一般来说，还是按传主卒年排列为好。因为这既可避免上述几种分法而带来的弊端，又能够反映人物的历史特点并便于检索查找。

第七节　杂录的编写

前已有述，方志体裁的录，即附录、杂录之称，其作用在于辑存资料。附录，就是"附于志后以原原本本保存地方文献和珍贵资料的汇录"①，即附录是原始资料的汇录。但一般方志殿后的"录"的内容，除原始资料文献外，尚有"无一语不出于己"的著述体文稿，故以"杂录"标名较贴切妥当。当然，各篇章节目后面的附文，就应标"附录"之名。

一　杂录的内容

杂录所辑录的内容，须是无类可归的具有存史、资治、教化作用的事物。其"内容大致有志余珍补（即'余文剩说'、补遗拾遗）、民间传说、异闻轶事、古今趣话、事故灾异、重要考辨、存疑待考、修志始末、文献辑存、大事年表等"②。

杂录内容，是根据一般志书的设志谋篇的情况提出来的。由于各地志书专志篇目各异，杂录的门类就应有不同，事实上迄今为止出版的新志未有一本按《辞典》罗列的类目——搬进志书，而是绝大部分都作了不同

---

① 《中国方志大辞典》编委会编：《中国方志大词典》，浙江人民出版社 1988 年版。
② 黄苇主编：《中国地方志辞典》，黄山书社 1986 年版。

程度的削减，将有类可归者进行了归类，如民间传说归入文化，奇闻轶事归入社会，自然怪异现象纳入地理等。有的也将《辞典》规定内容之外的如下限外资料纳入杂录，如《石阡县志》在1992年出版后，即将下限1985年至出版年的"1986—1992年石阡国民经济和社会发展概况"在附录中列之。总之，纳入杂录的内容可根据实际，灵活择取，但皆必须具有较高的史料价值。

二 杂录编写的要求

要编好杂录，一般应做到：第一，必须有明确的收录宗旨。要坚持"无类可归，弃之可惜"的原则，收录：①具有浓厚地方色彩，能体现地方特色的资料；②对专志具有佐证、补充，能加深志、纪、传内容的资料；③具有科学研究价值和能为经济建设提供信息的资料；④具有资治、存史、教化作用的其他资料。第二，收录资料史实必须真实，观点必须正确。要求入录的资料必须是：经过严格筛选、考订正确、真实可信；记述详备、具体、细致；注重引用、摘录的准确性并注明资料出处；收录资料应观点正确，要有利于社会主义文明建设。特别要提出的是，在收录中，一是对于那些过去和现在还不能予以科学解释而又是客观存在的奇闻轶事，在旧志的记述和人们的传说中往往蒙上一层"天人感应""因果报应"的封建迷信色彩，在辑录时就应秉着批判的精神，去其封建性的糟粕，取其客观存在的精华。二是对于旧中国各地方政府发布的立言、条令、章程，要认识到其较多者未付诸实行而实乃一纸空文，辑录这些"弃之可惜"的资料时，就应交代它的背景与实施情况，以免造成假象，犯"用文书代替史实"的失真错误。第三，收录范围要现代与古代并重。有的志书杂录中仅收录现代文献资料，不录古代文献资料，从而变杂录为断代史，这是不可取的。要古今并重，以存一方文献。第四，收录内容可宽可狭，但不能过于庞杂。对可纳入可不纳入者，应尽可能将之归口记述。在编写形式上，全文有价值者全文照录，部分有价值者部分摘录，还可用志体笔法采编辑入。在不违背原文内容的前提下，还可作简要的文字加工，如修改不通顺的字句，纠正错别字、错标点等。但在辑录古代文献时必须原文照录，发现有误者只能括注更正。

第八节　图表的配置

一　图、表的运用历史及作用

我国向有左图右史的文化传统，插图乃是文本的重要组成部分。在志书中，图表的运用也有悠久的历史。历代的志书，大都有疆域图、城池图、山川图、沿革表、选举表、户口表、贡赋表、职官表等。使用图表的目的，在于借助形象或简明的叙述来加强志书内容的表达。

图是志书的重要体裁，旧志已广泛运用。历代史学家均特别重视图的作用，有"一图胜千言"之说。宋代郑樵认为，图与书相辅相成，必须兼而有之。其《通志略》之"图谱略"指出："见书不见图，闻其声不见其形；见图不见书，见其人不闻其语。图，至约也；书，至博也。即图而求易，即书而求难。"图与书原本"相错而成文"[①]。对此，叶德辉亦谓"古人以图书并称，凡书必有图"[②]，也认为文本由图与文共同组成。章学诚《永清县志舆地图序例》说："史不立表，而世次年月，犹可补缀于文辞；史不立图，而形状各象，必不可旁求于文字……虽有好学深思之士，读史而不见其图，未免冥行而擿埴矣"，把图列为编史修志必不可缺的重要体裁。章还认为："图可得形象，而形象之有沿革，则非图之所得概焉。是以随其形象之沿革，而各为之图，所以使览之者可望而周知也。"[③]诚如前人所述，人们读史、考史，尤其是对有关事物形象的考究，由于无图形资料，尽管学者们绞尽脑汁，费尽猜疑，仍不免众说纷纭，莫衷一是，其中"茫茫然不知所向"之事不乏其例。如诸葛亮的木牛流马，因历史上没有留下图，致使后来学者对这一神奇工具反复考究而无法定论。图的作用，是能形象地体现和准确地反映志书的时代特点和地方特色，增强志书的资料性和真实性。

表体始于司马迁的《史记》，而方志中重表始于宋代，如周应合撰《景定建康志》就列有年表，还对表进行了理论阐发，认为表之纬有"时""地""人""事"等4项内容。表的作用在于按事按物划分类

[①] 郑樵：《通志二十略》，王树民校点，中华书局1995年版，第1828页。
[②] 叶德辉：《书林清话》，中华书局1957年版，第218页。
[③] （清）章学诚：《永清县志·水道图第三》。

别，一目了然，又文约事丰，精简记述，对于人们读用志书有"津梁"之助。

从总体来说，在编修志书时正确运用图表，能使志书的体例更加完善，借助于直观形象，起到丰富志书内容、美化版面、调整布局、相互印证、化繁为简的功效。图表是"无言之史"，因此，志书中编制适量的图表，既是保证志书质量的一个重要环节，又是增强志书可读性的必要手段。

二 图的编制

在古代，人类还没有创造文字之前，要想思想，传递信息，就只能画图。从考古发现的崖画、溶洞壁画、陶画中，可以想象出古人类的生活情景。随着历史的发展，图逐渐变成象形文字。以后，文字发展变化了，图也跟着发展、完善，成了独立的部分，并能发挥和起到文字不能起的作用。在古今史、志中，图是最早使用的一种体裁。乾隆贵州《独山州志·地理志·舆图》序说："舆地之有图也，自禹鼎始也，物形光怪，昭然晰焉。《周礼》职方氏掌天下之图，辨其邦国、都鄙、人民，凡山镇、泽薮、川浸莫不胪列而周知其利害，故历代因之。秦有图籍，汉有舆图，唐有地图，宋有图经。"以贵州来说，贵州最早的一部省志又是现存最早的省志就是图文并重的明弘治《贵州图经新志》。之后历修通志如康熙新补《贵州通志》和民国《贵州通志》有省会图、各府地图、历代建置沿革图等。但这时的图已不是志书的主要部分，而是作为文字的附录和补充。

现在，图在方志中不仅需要，而且还有新的发展。入志图不仅有地图，而且有图照、图画等类。地图包括彩色地图、黑白地图；图照有彩色照片，黑白照片；图画包括书法、篆刻、绘画作品、象形图、比例图、示意图等。只有科学地运用这些图，才能起到"一图入志，全书生辉"的效果。

关于地图，入志地图从重要程度来讲可分为必备之图和特备之图两类。必备之图如现今的行政区划图、历史地图、县城（市）区街道示意图、地质地貌图、山脉水文图、乡镇图等。特备图则较多，可因地因人因事而设，如矿产资源突出县设置的矿产分布图，民族地区设置的民族分布图，风景名胜区设置的风景名胜旅游点示意图，革命老区设置的根据地范围图等。

地图绘制是一件政策性强的十分敏感的事，必须严肃、认真对待。在绘制中应注意：其一，基础底图必须采用各地测绘部门最新绘制的标准资料图，不宜使用各专业部门提供的无统一比例尺、无统一图例、无统一境界的资料草图。绘制的地图，应具备境界线、交通线、河流、主要地名标记、图题、图例、比例尺、绘制时间与单位等基本要素，不能机械地搬用缺乏科学性和存史价值的旧志地图。其二，入志地图一定要准确，要体现当代科学最先进的水平。要求地图的境界线应绝对准确无误，境界线的画法应严格按《我国地图出版管理办法》的有关规定执行。地图的图例标识要全书统一，诸如地图中的城市、乡镇驻地、境界以及山脉、河流、公路、铁路、经纬线等标识，必须在全志中统一。要依照地名主管部门公布的标准名称在地图上标明山峰、河流、乡镇驻地、村寨等地名。要求一幅地图比例准确、方位正确，记录符合实际，地图中的各种文字，应按绘制地图的惯例和志书行文通则进行书写。道光贵州《兴义府志》"舆图"小序就说："图不精密，则虽有犹无。欲求精密，宜参考旧图，辨其是非，远师古图，仿其义例，重定新图，庶几有当……"这是很有参考价值的议论。其三，绘制的地图须送各级测绘部门审查、批准，然后才能付印。

图照即照片，它是志书文字记述之外的一种形象化资料补充。志书采用照片，可以增强志书的直观感、真实性，使人读后如身临其境，经久难忘，起到文字记述所难以起到的作用。

入志照片要求选择要精，编排科学合理。具体在拍摄、选材、编排中要使入志照片：一有代表性。即图片要有重点，要能反映地方特点、优势、实力，能展示美好未来，具有教育意义。二具专业性。各级志书的照片，一定要突出专业性，要将反映专业的照片恰到好处地安排在相关的志文中，达到图文并茂。在拍摄专业照片时，必须是事物本身面貌，不是经过"导演"和重新"包装"的虚假内容，务求真实传世。三是综合性。既要考虑历史与现状、政治与经济、社会与自然等方面照片的比例，又要考虑彩色与黑白，集中与分散的图片编排与分量。要克服有些志书中存在的"几多几少"问题：领导干部视察、开会、题词的图片多，反映人民群众在生产生活第一线的图片少；彩色照片多，黑白照片少；现实照片多，历史照片少；反映城市建设的多，反映乡村面貌的少；反映正面成就的多，反映阴暗负面的少。在编排上以采用"聚散结合"，即卷首集中安排彩版、卷中随文插图形式为佳。这种形式为人所喜闻乐见，既重彩描绘宏观，又细腻展现微观，用彩版集中那些最能突出当地特点统领全局的事物、景物、人物于卷首，可达引人入胜的效果；对那些细节性的事物、景物、人物特别是那些历史资料、文书档案、名人书画，则宜用黑白照片随文散于卷中，使文图有机结合，浑然一体。四是艺术性。要求在编排照片时，要考虑思路或顺序，讲求艺术效果，即图片编排可根据志书的篇目章节内容来安排，可以按经济、政治、文化或者自然资源、工农林水、教科文卫、民族人物来排列。要求一图接一图、一版连一版。在操作上宜分门别类，将系列照、组合照、对比照有机排列起来，增强事物整体性。图片剪裁应从内容出发，或大或小、或横或竖、或圆或方，力求版面生动美观。此外，要坚持照片编排的整体性原则，统一设计，灵活编排。照片文字说明（图说）既要符合志体，又要文图相符，更要与专业中的文字记述相呼应，切忌移花接木挪用照片。

关于图画，其中有些如书法、篆刻、绘画作品可采用拍成照片形式编入志书。而其余的示意图、比例图、比较图、象形图、构成图等，则务必插入相关章节中，图随文走，图文相映。要求制着：线条要黑而实，方位准确，比例一致，主次分明，清楚易懂，画面整齐，不留污点。要标出图画的名称，也可用简洁的文字说明；插图和正文内容要相互呼应。图画较多的志书，要以篇或章为单位编注顺序号，以便于阅读。

三　表的制作

表是志书必备的一种体裁。入志表格是志书文字的有益、有力补充，它不仅能增强文字叙述的科学性和可靠性，而且能够帮助编者把握入志事物的规律，还有利于读者对入志事物的理解。表从内容上分有年表、人表、事表、物表等；从种类上分有统计表、一览表、分析表、升降表、对比表等。表格制着应本着科学性、逻辑性、完整性、规范性等原则进行。

科学性原则。在设计表格时，要对列入表格的资料进行全面分析和研究。对于如何分组、设计哪些指标、哪些指标放在主词栏、哪些指标放在宾词栏等问题，要有一个全面的考虑和安排。务必使设计出来的表格主次分明、简明醒目、科学合理、可读性强、可比性高。

逻辑性原则。包括表格自身的逻辑性和与文字记述在思维上的一致性。表格自身的逻辑性，主要反映在各主词栏之间和各宾词栏之间的排列顺序上，应按照时间的先后、数量的大小、空间的位置等顺序合理编排，一般是从小到大、从过去到断限。表格反映事物和文字记述事物在思维上要有一致性，使表格和文字紧密配合，相得益彰。

完整性原则。一个完整的表格，一般应由总标题、横栏标题、纵栏标题、指标数值、表号和表脚6部分组成。总标题即表格的名称，简明扼要地说明全表的内容，一般写在表格的上部中端。横栏标题，亦称主词、主栏，它表明所志地情数据的总体及其各组成部分，是表格所要说明的对象，一般写在表的左方。纵栏标题也叫宾词、宾栏，它反映被志对象的各项统计指标，一般写在表的上方。指标数值列在横栏标题与纵栏标题的交叉处。每一数值均由横栏标题和纵栏标题所限定，是表格记述的主体。表号是表的编号。表脚一般注明调查单位、调查日期或有关事项说明。表格中缺少其中一项都会影响其形式的完整性，而其中横栏标题、纵栏标题、指标数值不完整、残缺不全等会严重有损表格的质量。

规范性原则。主要体现在表格的设计规则和标准化两个方面。设计规则上：1. 统计表通常都应设计成纵横线条交叉组成的长方形表格。长宽之间要比例适当，既要考虑美观耐看，又要考虑到印刷条件。表格的上下两端的端线应当用粗线绘制，表中其他一律用细线绘制。2. 统计表一般采用开口式，表的左右二端不画纵线。3. 横行合计栏，一般应在最后一行或最前一行。纵栏合计，一般应放在最前一行。表的纵栏较多时，为了便于阅读和核对指标之间的关系，可以按照栏的顺序按（甲）（乙）（丙）……或（1）（2）（3）……统一编号。4. 统计表的注释、数字的资料来源等一般都写在表的下面，以便核查。必要时，还可以附以简要的文字说明，以明确统计表所反映的主要情况和问题。内容设计上：1. 表格的主词和宾词安排要通盘考虑，内容不宜过于庞杂，最好一个表集中说明一个问题。表格的总标题和纵横标题都要简明扼要，能恰当地反映表格的内容。纵横各栏的排列要注意表述资料的逻辑关系，反映现象的内在联系。2. 表中的指标数字应有计量单位。如果全表只有一个统一的计量单位，可列在表的右上角；如各栏的计量单位不同时，则应将计量单位标写在多纵栏标题的下方或右侧；当同行资料以同一单位计量，而各行计量单位不同时，则可在横行标题后添一计量单位栏，用以标写各行的计量单位。3. 表中数字要填写整齐，位数对准，同栏数字的单位、小数位要一致；如有相同数字应全部填写，不得写上"同上"字样；没有数字的格内要用"—"表示；当该栏缺资料或数据时，应用点线"……"标明，不得空栏，以示不是漏填。4. 表号的字号应和表的总标题字号一样且在同一行，表示和总标题之间用一圆点相隔或空一格。表号应放在总标题之前。5. 当表格过于细长时，可将其折叠。但折排后的表格，既不能出现"『"字型，也不能搞成"』"字型。不足部分可放在后面，用空格将其补成长方形。

表的优点如前所述，但决不能因之而滥用乱用。用表记述沿革、资源、产品、人口、经济等，可以省略很多文字，但是表若不按上述要求精心设置，就会失之于滥。表在方志中只能起概括、统计、归类、化简等辅助作用，因此不能以表废文或以表代文，更不能以图省事，不当用的也用，以致图表林立，而内容空泛，失去现代志书应有的特色。

第九节　索引的编制

一　志书索引形式及类型

方志是记述地情的资料性著述，内容丰富，篇幅浩繁，具有多种功能和巨大的使用价值。用志是修志的主要目的，也是当代修志与历史上修志重要区别之一。志书作用的发挥受各种条件影响，但最主要的是受用志手段和方法的影响。仅靠目录一种检索工具，是远远不能满足读者查找志书中有关内容的需要的。为志书编制索引，是方志编纂工作不可缺少的一环，对发挥志书效用，扩大志书功能，方便读志用志和研究志书有重大意义。因而1997年中国地方志指导小组颁布实施《关于地方志编纂工作的规定》明确提出方志"全书要附有索引"，要求编制索引要做到"分类标准统一，名称概念清楚，提炼的标目符合主题原意，附缀正文页码准确。①志书索引是指"地方志书或地方志书集合中的概念、语词及其他项目等的信息检索工具，由一系列款目（标目、注释、副标目和出处等）及参照组成，并按照一定规则排序"②。志书"索引可以使志书信息系统化、可以使志书信息增值、可以使静态信息产生动态效果"③，有助于地方志书方便、高效使用的信息检索工具。编制索引的过程，是将志书中的

---

① 中国地方志指导小组：《地方志书质量规定》，2008年9月16日，见中国方志网www.difangzhi.cn。
② 陈曼平：《续修志书编制索引浅探》，《广西地方志》2001年第4期。
③ 任桂全：《论地方志索引》，《中国地方志》1998年第3期。

散在信息重新组合、重新标引、重新存贮的过程，也是深入开发方志资源的过程。

从目前来看，志书的索引主要有两种形式，即一书索引和群书索引。一书索引，或叫书末索引。这是以一本独立出版的志书为单位编制的索引，排在志书正文之后，有的放入附录。群书索引，或叫多卷索引。这是以若干本志书为单位编制的综合性索引，独立成册，名称为《××志索引》。

关于新志书索引类型标准，目前学术界并未统一，看法较多。较为集中的、常见的分类主要有以下几种：目与子目索引、图片索引、表格索引、人物（名）索引、主题索引、单位索引、动植物索引、地名索引、特殊名词索引、工程名称索引、书目索引。也有简单地分为3种：文字索引、表格索引、图片索引。而作为一本的独立志书，不少将全书的检索款目均作为内容作索引，统一排序，即综合索引，而综合索引的内容即为反映全书信息的主题之和。

二 索引编制要点

如何根据志书的特点设计和编制出科学实用的索引，既是一个方法问题，也是一个学术问题。根据中国国家标准 GB/T 22466—2008《索引编制规则（总则）》的相关要求，志书索引编制主要有以下要点。

（一）订好索引凡例

索引凡例，亦即索引编制说明，是工具书编纂不可或缺的部分，也是志书索引编制的优良传统。凡例编制得好坏与否，直接关系到索引的质量。由于索引编制的对象不同，在编制范围、编排原则、选目标准、标识形式、编排体例和各项索引款目的具体所指等方面会各有不同，都可通过凡例说明，向读者交代清楚，以利于读者对索引内容编制过程的了解，更准确地使用索引。一般索引凡例有三种形式，一是设一个总的说明；二是总说明与分类索引说明相结合，主要针对者为多卷本志书，即先设一个总的说明，再分别设各类索引的详细说明；三是不设总说明，直接按不同类别的索引制定各自的编写说明。采用何种形式，由编制者自主决定。

（二）确定索引范围和索引类型

地方志书索引的索引范围，即标引对象，是省志、市志、县志、乡镇志和专业志等，而在其中，还要看其是一书索引或是群书索引。确定了索引范围以后,就要根据志书的具体内容确定索引类型,这样对索引款目的设定和索引标目的选取才更具针对性。对于新修志书而言,现在较为流行的是给专志编制综合索引,即将全部索引款目(主题)统一排列成一个综合索引(也称单一索引,或综合性的主题索引),篇幅较大(或志书集合)多按照款目的特点分编成几个专门索引(多重索引)。

(三)确定标引范围和标引深度

标引范围也就是索引项源文献的具体部分,凡是志书中论及的主题和事项,诸如人名、地名、团体名、事件名、物品名、著作名等,只要具有检索意义,皆可用作索引项,制成索引标目。标引范围应该有清楚的界定。一般而言,志书的前言、序跋、后记、正文、图表、参考书目和附录等可标引,题词、卷首引语、章首提纲、致谢、目次、标题、摘要、编后记和编辑人员名单等不予标引。而索引的标引深度,不仅取决于索引项的类型和数量多少,而且还取决于标引的索引单元的大小,标引的索引单元越小,标引深度就越大,对志书(或志书集合)的揭示就越全面,提供的检索途径就越多。

(四)编制索引词条

词条就是索引检索的基本单位,是读者要检索的对象,也称索引款目。全部检索词条按一定的顺序排列起来,就是索引正文。词条的结构一般包括三个要素:索引词、说明项、指引项,有的只有前两项。其中,索引词,即检索对象,也称标目、检索词,排在款目的首位;指引项,即指出索引词的出处在志书中的具体位置,由页码、各种简称、代码和标识符号组合来标示,排在索引词的末位。说明项,是对索引词的诠释、修饰、确指与限制,排在索引词的后面,可用括号括起来,亦可用"·"或","与索引词隔开,也可二者并用。例如:农业·土壤类型;水灾,涝区。

索引词的具体标引方法有:①直接标引。例如人名、地名、物名、事项的名词术语、机构单位名称、书名、目与子目标题、表格标题,图的标题等,可直接摘录作索引词。②从志书记述中提取主题词作索引词。③建立交叉参照系统,设置参见(互见)索引词。如将同义异语的不同词语中的一条作正条,标引出索引词名称和出处,其他作互见条,只出索引词,说明见"××";又如将同一科学含义的两种不同的表述概念做互见条,如人名索引中将"鲁迅"为正条,"周树人"为互见条,即"周树人

(见鲁迅)";再如,新旧词共存时,应以新词作正条,旧词作互见条。④补充说明与创拟加工出索引词。当有的主题词如"政治""经济""科技"作索引词就过于抽象,指代不明,如具体说明"××政治""××经济""××科技",就可让读者有目的地查找。又如"科技创新"一词,包含了不少的科技名称及创新成果,这些都是有很大的检索价值的信息,就不能将其作为一目笼统标引,而应一一标引出其具体的词条来。

(五)标注索引出处

标引出处的基本方法有以下4种:一级标引法。只列出索引词所在页码。一个索引词在志书中多处页码出现,一一标引所在的页码,页码之间用"、"或者",",或者空字符隔开。二级标引法。标引为篇名(编或卷名、分志或专名)+页码。例如"岭南村［城建］365［工业］32,125,436［教育］546"。"[ ]"内的是出处所在的专志简称,标引出来说明所记的内容的归属门类。三级标引法。标引为:卷册数字代码+专志(志、编、篇)简称(或代码+页码。例如,"黄果树二⑨866"表示"黄果树"在第二册第9卷(篇)第866页。四级标引法。在三级标引法的基础上增加栏目或段落。即册+卷(篇)+页码+栏别(段落)。例如"布依老酒二⑰885左"表示"布依老酒"在第二册第17卷第885页左栏。在标引时,若二级以上标目的出处信息都用代码或者简称,要在索引凡例里交代清楚,以便读者使用。

(六)科学合理编排索引

所谓科学合理地组织编排索引,就是按照索引的类型,采用科学的、大众的、快捷的、方便易行的编排方法,将所需标引的词目以某种顺序编排在一起。其主要方法有音序(主要指汉语拼音法)、笔画笔顺法、四角号码法。可以以一种编排法为主,以其他编排法为辅。

第六章　诸志编纂探讨

各种方志的编纂问题是方志学研究的重要内容。由于这一问题涉及的面广类多，层次不同，因此研究的内容十分复杂。这里仅就各种方志的有关个性问题略陈看法，共性的诸如编纂原则、资料收集与考订、体例体裁、文体文风等，为避重复则不加论述或仅以略述。

第一节　省志编纂

一　省志的演变

省志，即省级地方志，包括省、直辖市、自治区一级所编的志书。省作为地方的最高行政区划，始于元代，时称"行中书省"，简称行省，全国有11个行省。明初，行中书省改为"承宣布政使司"，全国共13个布政使司，即13个省。清代，初为18个省，后增至22个省。元代起编修的省志通常称为通志。我国现存最早的省志为元至元五年（1339）刊行的《齐乘》，这也是元代唯一存留至今的通志。

明清两代及民国时期，所编通志甚多。从《中国地方志联合目录》可知，现存通志（包括通志类志书）共337部。其中明代43部，清代174部，民国120部。在通志中，有明嘉靖《山东通志》《南畿志》《江西通志》，万历《广东通志》《贵州通志》《黔书》，崇祯《闽书》；清顺治《河南通志》，雍正《畿辅通志》《江西通志》，乾隆《浙江通志》《湖北通志》，嘉庆《广西通志》《蜀典》，道光《广东通志》《安徽通志》，光绪《安徽通志》；民国《山东通志》《奉天通志》《黑龙江志稿》《贵州通志》等20余种较为著名。省志大都由布政使、总督、巡抚主修，督学使编纂，私人修撰亦有，但极为少见。统观通志，大多内容丰富、卷帙浩繁。如嘉庆《广西通志》280卷、光绪《安徽通志》360卷、民国《续修陕西通志稿》224卷首1卷。另外，编修通志，多与中央政府严令有关，特别是与编修全国性总志即一统志有关。

新省志的编修，起于1979年湖南省省志编委会的成立及其组织省志的编纂。之后的5年间，除台湾省和香港特区外，全国31个省、市、区都先后成立了编委会开展省志编修工作。时至1998年12月，首轮全国省志编修除河南省完成任务外，完成省志规划专志进度较快的省有：山东省已出版75卷，占82%；陕西省68部，占72%；四川省50册，占70%；云南省60部，占72.3%。预计"全国大约不到……的省、市、区可以在最近这一两年内完成志书的编纂任务；有1/3以上的省、区、市可以在2000年后稍长一段时间内完成志书的编纂任务；有不到1/3的省、市、区，主要是一些边远省、区，要在本世纪或稍长一段时间内完成任务，困难要大些。"① 经过各省方志工作者的辛勤耕耘，到2015年《全国地方志事业发展规划纲要》（2015—2020年）颁布时，全国"已出版7000多部省、市、县三级地方志书"，第二轮省志编修已进入"关键时期"。

二 省志的特点和体例

省志的特点，可概括为如下几个方面：第一，所记地域广大，互有特色。除一统志外，省志所记述的范围无论是县志还是地区志，都远远不及，这就决定了其所记内容必然是卷帙浩繁，门类众多。加上各省区都有自身的特点，一个省内各行各业有自己的特色，这就决定了省志与省志之间有较大的差异性，省志各专志间，即省志内部具有不平衡性。第二，省志成书耗时甚久，周期颇长，一般需20年左右，甚至更长。第三，省志除大事记、地理志、人物志等外，编修工作一般都由部门承担。这不仅因各个部门的具体实际不同而造成编纂进度不一致外，也决定了协调在省志总纂中的重要性和必不可少性。第四，省志多以事业设分志，门类甚多，各分志间的交叉较"一书一志"的县志、市志要多。如何恰当处理交叉重复，是省志编纂的重要课题。

省志的体例，旧时有门目体、纳目体、三书体、总志"一"分志体4种。新编省志，采用的体例有大篇式、中篇式、小篇式3种形式。大篇式体例，是将相同或相近的事归为一类设志，如1988年1月形成的《湖北

---

① 王刚：《认清形势，明确方向，努力做好地方志工作》，1998年12月18日在全国地方志工作会议暨中国地方志协会常务理事会议上的讲话。

省志》总纂篇目设计，除序、凡例、湖北省地图之外，共设27篇，各篇采用"纵述历史，横陈现状"的方法将各个分志分为两大块，1949年前的事物按晚清、民国的时序全部采用史体纵述的方法，1949年后的事物则横排记叙。小篇式体例或称平列式篇目设置的方法是根据地方的特点，兼顾现实的社会分工和管理体制，分门别类，类为一志。这种体例所设专志（分志）较多，如《陕西省志》设95卷，《江苏省志》设102部，《云南省志》设83卷。中篇式体例是大篇式、小篇式的折中，所设分志一般在50个左右。如《贵州省志》设73部，《山西通志》设50部。省志中，三种不同类型的篇目，各有利弊得失。大篇体式门类集中，综合性强，但结构失衡，编纂实施难度大。小篇式紧贴实际，易于落实任务和调动部门修志积极性，但因分得较细，整体性弱。中篇式门类设置较灵活，较小篇式集中，但因是混合模式，门类之间不太平衡，归类、标名等有一定难度。采取何种为宜，各地应根据实际灵活选择。

由于省志是分部编纂，分部出书，所以各分志具有相对的独立性和完整性。又因其一般采取一事一志，一志一卷的编排体例，某种程度上省志分志就是部门或行业专志。在体例上，省级专志的基本框架，一般由"综合性篇目""专业性篇目"和"辅助性篇目"三"板块"构成。综合性篇目反映专业的基本情况和历史发展特点，将横分的各种门类加以系统综合，有较大"资治"作用。此类篇目的设置，不宜过于单薄，其具体表现为"述"体等。专业性篇目即横分的各种门类，排列次序要符合专业的发展层次，等级性要注意符合逻辑原则，这是专志的主体部分。辅助性篇目包括经营管理、组织机构等。三大块应相得益彰、互为一体。当然，专志的独立性不是绝对的，它必须以执行省志的总体要求为前提，如若省志总纂规定专志不编写人物传、不记述政治工作、政治组织等，各专志就应遵守以维护省志的总体性。

三 省志总纂

1981年中国地方志史志协会《关于新省、自治区志编纂方案的建议》中说，省志的"编写工作一般由各有关事业机关和学术单位分工承担；难以分头编纂的，则由省志编委会组织力量编写"，并提出"省志完成一卷，出版一卷；不须讲究卷次，更不必等待全部志书完成后再出版，这对及早提供使用有好处"。各省级志书的编纂程序一般为先由省地方志编委会拿出总体设计方案,明确规定省志的卷次和各卷的承编单位;再由有关单位和部门根据总体设计,组织力量完成所规定的修志任务,最后由省志编委会对完成任务者组织力量进行评审、总纂、验收。各分志全部出版后即成全套省志,字数在3000万左右。《关于地方志编纂工作的规定》中强调:"省、自治区、直辖市人民政府制定本行政区域地方志编纂的总体工作规划(以下简称规划),并报国家地方志工作指导机构备案","省、自治区、直辖市编纂的地方志由省级地方志编纂委员会组织专家审查验收,报同级党委或政府批准出版"。

总纂是提高志书质量的重要步骤。省志是修志层次最高的志书,省志总纂比市、县志总纂更显得重要。

(一) 省志总纂的对象、依据及目标

省志总纂由总纂主持人和总纂班子负责。总纂的对象即总纂的客体,包括:①全部省志志稿;②已由承编单位编纂、分纂之后的志稿。省志总纂的对象与市、县志比较,有自然明显的特殊性:一是内容涵盖面更广,篇幅规模更大;二是分工的承编单位和编者更多;三是成书时间长。由于各分志进度不一,全志从开编至完成都比市、县志要长;四是作为多卷本的巨制必须分册出版,时间不一。省志的特殊性决定了其总纂具有与市、县志不同的特点。总纂的前提依据就是省志的总体构思,包括统一的指导思想,统一的体例、凡例,统一的篇目结构和统一的质量要求,总纂者必须站在贯通全志的高度着眼着手,通过总纂以求达到省志的高度统一性,使各个分志既有相对独立性,又有机地组合成一个统一的整体。

在实际工作中,省志的总纂是断续地对各卷次逐个进行的,形式与分志的分纂很相似,但实质上却不尽相同。其一,起点不同。分纂是在分志初稿上进行的,而总纂是在分纂基础上实施的;其二,角度不同。分纂是站在本门类本专业的角度,把志稿作为一个独立体来处理,总纂则是站在整部省志的全局高度对各分志进行宏观调控,二者视野宽窄迥异;其三,效果不同。分纂依据本专业的总体构思进行,其结果只是本门类的系统性,而总纂追求的是实现全志的整体统一性。实际工作中总纂有时和分纂或审稿结合进行,但这只是工作方法上灵活安排的问题,不能因此把两者混淆起来。

(二) 总纂的职能

1. 总体设计。对省志总体进行科学合理的设计是编纂省志的前提。

其内容包括明确省志的指导思想、内容重点和时间断限；确定篇目、体例、容量；制定各分志交叉内容的处理意见、志书行文规则及保密原则；对全志的版本版式、材料装帧及各卷本的照片、图表和辅文统筹安排等。其中至关重要的是对全志基本篇目进行设计，这是总纂职能在总体设计中的重要体现。

2. 分篇实施。总体设计为省志奠定了宏观格局和成功的基础，而总体设计能否实现还取决于各分志编纂能否顺利实施，要顺利实施省志的总体构想，必须加强对各分篇承编单位的组织、指导和协调。这其中，总纂工作的重点是要基本确定各分篇的内容重点和篇目篇幅。其一，进一步明确各分篇的记述范围，要求：一是站在省志的高度，即从省志整体性出发，摆脱部门管辖的局限，写清楚全行业（专业、事业）的全形大势，要避免各篇之间的不必要重复；二是站在历史高度，即从史料的文献性出发，选材要有较高的存史价值，能经受住历史的长期检验。据此，要求对各分志的内容主体作一一界定，使承编单位在编写中能牢牢抓住构成各事业（行业、专业）的基本成分和决定该事业发展的主要因素及主要时期，做到详近略远、详干略枝、详主略辅、详独略同、详转折略过程，以突出各分志的专业特点、地方特点和时代特点。其二，内容确定后，总纂的工作重点即转向篇目篇幅的设计与构拟上。分志篇目构拟是省志基本篇目总体设计的延伸和具体化，这一过程持续最长，是必须通过多次修改而逐步完善的。在内容和篇目基本确定后，总纂即应根据各篇在省志总体中的地位和作用，适时地对各篇的字数提出大体要求，以使整部省志具有可控性。

3. 评审把关。各分志形成初稿后，即进入志稿的评审把关阶段。首先要由总纂班子与承编单位组织评审会，分志主编单位及所属系统的领导、专家、学者、知情人与该篇内容相交叉的有关部门权威人士等参加会议各陈己见。省志的总纂、副总纂、责任编辑、分编编修人员要在广泛听取各个方面意见的基础上，从省志总体高度出发，对所评志稿提出明确可行的修改意见并落实修改。

分志志稿修改完后，即进入审查阶段。一般审查分三阶段进行：首先由分志承编单位审查，实行主编负责制，接后将志稿加盖单位公章后交省志编委会职能处室审查，由职能处室组织对志稿进行统编、统改、统审；而后再由省志编委会审查，实行总纂负责制。审查合格的志稿，返回到承编单位后，分篇主编要对志稿做进一步的"齐、清、定"处理，直至完全通过省志编委会的验收后方可定稿出版。

对分志送审稿进行严格的统编、统改、统审是省志总纂工作最重要的一道工序，也是总纂工作职能的集中体现。在此过程中，强调"严""高""精"三字的落实。严，即是每部送审稿省志编委会必须对之严格审查、修改；高，就是要求在审改过程中，必须从省志总体出发，高屋建瓴，整体把握，宏观调控；精，强调责任编辑、副总纂、总纂等必须逐字逐句统改统审，精心审查，精细加工，精益求精，使志稿做到无政治差错、无资料虚假、符合志书体例和文字图表规范。

4. 把握出版质量。省志定稿后进入排印出版阶段，这是省志最后一道工序。如前所述，省志由多家承担，编纂进度不一致，出书时间不集中，很容易影响志书出版质量。对此，总纂必须高度重视，要求严格统一版式、统一印装材料、统一责任编辑（主由省志办编辑承担）、统一印刷厂家，有条件的省区还可尽量统一印刷经费。总之要采取切实措施使省志有总规，单卷有细则，分而有序，散而不乱，以较好地保证志书的整体性。

第二节　城市志编纂

一　城市的发展与城市志的产生

"城市"是一个复合词，"城"指城郭。《左传》"城诸及防"，是用城墙等围起来的地域，是用来防御敌人入侵的。《管子·度地》说"内为之城，外为之廓"。《吴越春秋》道："筑城以卫君，造郭以卫民。""市"则是指进行交易的场所，指集市。《易》之"日中为市"，《国语》之"争利者于市"，皆指物质资料交换的场所。古代的城市具有以下特征：一是交通较为便利；二是人口较为密集；三是工商业较为发达；四是有一定的服务设施；五为一方的军事重镇或政治、经济、教育和文化中心。

远古时代，随着人类劳动生产力的提高，劳动产品交换和私有制的出现，社会经历三次大分工，阶级和国家形成，城市就从乡村中分化出来，开始了历史上的"城市化"进程。古代的城市是伴随着国家政权或地方政权的建立、人口的集中、社会分工的专业化、文化艺术和科学技术的进步以及工商贸易组织的发展而逐步形成的。古代城市是统治阶级压迫被统治阶级的堡垒,伴随着农村在政治、经济、文化诸方面日益落后于城市,城乡间的对立也越益尖锐、突出。鸦片战争后,随着帝国主义侵略势力逐渐由沿海向内陆延伸,我国的城市逐步转化为半殖民地半封建性质的城市。1949年以后,党和政府的工作重点由农村转向城市,并由城市领导农村,消灭了城乡对立,建立了城乡互助的社会主义新型城乡关系,城市建设发展的速度前所未有。2016年末,我国的城市数量为657个,建制镇数量为20883个,常住人口城镇化率为57.4%。①

城市志来源于宋、元间的都邑志,而都邑志又始于秦汉杂述中的都邑簿。宋元时期较著名的都邑志有北宋宋敏求的《长安志》、吕大防的《长安图记》,南宋程大昌的《雍录》,元李奴文的《长安志》等。明清时期,都邑志数量日渐增多。著名者有明刘侗、于奕正的《常京景物略》,清朱彝尊的《日下旧闻》、于敏中、朱筠等的《日下旧闻考》等。民国时期编修的《胶澳志》《天津志略》《首都志》《北平志》等即已具有了现代城市志的性质。

历代城市志在体例、内容方面,不尽相同。东汉时如《三辅黄图》等为无纲多目结构,宋元时期多仿正史而为纪传体结构,前者具体为录、图、表、志、传5类,后者具体分为图、通纪、世年表、志、世谱、列传、论、辨、考等。民国《首都志》和《北平志》篇目则为纲目体结构,全志有纲有目,以纲统目,体例较为完备。在内容上,初侧重记载建置沿革、城宫苑囿、池沼台榭、宗庙社稷、仓署、陵基等。后来又陆续增加土产、土贡、风俗、户口、寺观、学校、馆驿、街巷、军营、星野、科举、税赋、牧守、祥异、人物、禁卫、艺文等,此种状况延续到了清末。民国时期,随着时代的发展,"时异事殊,趋尚不同",城市志的内容和体例也随之发生变化,如1936年王焕镳编纂的《首都志》(南京市志)分16卷24目,"沿旧志之名者十之六,自立义例者十之四。"② 沿旧志者有:沿革、疆域、城垣、街道、山陵、水道、户口、官制、财政、教育、兵备、食货、艺文、大事表等;新增的有气候、警政、自治、司法、外交等类;地位提升的有礼俗、方言、宗教等,相对于此前,无论从内容到形式

---

① 《我国常住人口城镇化率57.4% 城市数657个》,《南方都市报》(深圳)2017年7月12日。
② 王焕镳:《首都志·凡例》。

都有所突破和创新。当然与同时期的省志、县志相比，体例上仍是相仿相近。

二 城市志编纂的基本要求

城市志的记述对象主要是城市，这决定了城市志的编纂，不能够也不可能套用省志、地州志和县志模式，必须有自身的要求和章法。

第一，要明确城市志的编纂目的和服务对象。一般说来，编纂城市志是为了达到之于城市建设和发展的"资治、存史、教化"目的。在我国当前政治、经济、文化等快速发展的情况下，则更要强调"资治"，即为社会主义服务，服务对象是全体人民的目标和宗旨。其中，要充分注意为领导决策服务，为基层干部和专业工作者的实务实践服务，为普通民众提供城市历史、文化与发展等信息服务。一句话，提供科学而又基本的市情资料是城市志编纂的目的和宗旨。而要达到这一步，就必须以符合时代要求的科学理论为依据，全面而准确地掌握市情。这些科学理论就是历史唯物主义和辩证唯物主义、马克思主义的城市观、社会主义初级阶段的理论、国家对城市和城市各组成部分具有法律和政令性质的规定，以及该城市制定的中、长期发展战略等。

第二，要努力把握现代城市的本质、特征和功能。编纂城市志，应把城市地理、人口、城市建设、工业、商业、服务业、财政金融、横向联合、经济管理、城郊农业、交通邮电、科技文化等作为重点门类来记述。在记述中，既要遵守方志的区域概念，又要表现城市的中心战略地位和作用，既要全面系统地记述行政区域内各方面的历史和现状，也应当适当反映其对区域外的影响和联系，突出反映城市的集中性、高效性、开放性和综合性。

第三，城市志要求保持较高的先进性。现代城市发展日新月异，十分迅速。城市志从着手编写到出版需要数年时间，如果不用发展的观点去预见中、长期发展的可能性和趋势，则有可能等不到志书出版面世就成为一部落后著作，其资治作用也将大为削弱。要在相当长时期内保持城市志的先进性，增强资治价值，从内容到形式，都需要下一番苦功夫去探索、实践。

第四，不同的城市志应该编出不同的特色。当代城市情况各不相同，有的是历史古城，有的是新兴城市，有的是沿海城市，有的是内地城市，有的是工业城市，有的是旅游城市等，而各类城市中从规模上又有大、中、小之分，各个城市各有各的特色，各有各的风格。写出它们各自的特色与风格，是城市志编纂成功的重要标志之一。

三 城市志的体例结构

城市志的体例结构，方志界有不同的分类方法，大致有条目式、一级设志式、二级设志式、纲目式、篇章节目式、两级结构式、总志式、通史式等近10种。这些方法在一些方志专著和刊物中都有较多的表述，这里仅择3种以叙之。

平列式 包括类目平列式和分志平列式两种。类目平列式即条目式之一种，采用辞书或百科全书的结构方法，将全志分成若干个类目，类目之下又有条目、子目、细目等层次，实则为传统的平列分目体在现代城市志中的运用。分志平列式，采用篇、章、节、目的层次，将全志分成若干个分志平列设置。这种形式与大部分新编县志的结构模式大体相同，只是所列分志一般比县志要多，其结构与城市行政实体各部门基本相一致，为目前全国多数城市志所采用。一级所设分志，少者在二三十左右，多者达50个以上。一般来说，县级等小城市，所列分志较少，大中城市则所列分志较多。

纲目式 主要包括大类设志体、中篇设志体、结构机制体、系统网络体等4种。大类设志体，包括大类条目式和大类章节体两种形式。共同特点是先分大类，再分小类。如《成都市志》设有总类、城市建设、经济、政治军事、文化教育、科学技术、社会、人物、志余等9编。中篇类是介于分志平列体和大类设志体之间的一种结构模式，主要是适当分散政治、经济、文化部类的类目，一般分列20个左右的分志，类似于县志中的中篇结构。大类式、中篇类式结构的优缺点与县志大、中篇结构相同。结构机制体，系根据城市学的观点，按照城市的结构、功能、特征和本质，对城市进行"宏观—微观—宏观"的记述，既不同于旧城市志"微观—微观—微观"的记述，也不同于一般新编城市志"宏观—微观—微观"的记述。力倡此者为《哈尔滨市志》，该志设环境区位、人口结构、文化结构、基础结构、产业结构、流通结构、经济体制、政治体制、社会思想、城市运用机制、城市参照、城市采风、城市辑要等13篇。这种结构打破了按现行社会分工分类的习惯，具有城市志的特色，比较新颖，但搜集资料和落实编写难度较大。系统网络体，是把系统论引进城市志的编纂实践。按照系统论的观点，城市是复杂的社会形态，是社会的有机体，是一个大系统。这个大系统是由许多子系统组成的，诸如经济、人口、金融、交通、城建、科学、教育、文化、法律等。如《阳泉市志》据此把环境、人口、物质生产系统、非物质生产系统、流通系统和消费系统、城市基础设施系统、党派群团系统、政权管理系统、综合类等 8 个子系统分列 8 卷，以下更小的系统组成篇、章、节、目几个层次，这种结构的优缺点同结构机制体。

两级结构式 即把城市志分为两级：第一级名曰总志，第二级则为分志。总志意在从宏观和总体上反映城市面貌，分志意在翔实地保存各行各业的资料。此种模式为长春市率先实践。《长春市志》总志设城市构成、经济、文化、政治、社会、人物和大事记等 7 章 29 节，约 70 万字；分志定为 78 部。这种结构模式兼顾了宏观和微观两个方面，优点较显著，且总志可独自印行，较为灵活。已引起广泛重视。

四 城市志如何突出城市特点

列宁曾指出："城市是经济、政治和人民的精神生活的中心，是前进的主要动力。"[①] 在我国，随着经济建设的发展，城市的作用日益突出，它既是我国经济、政治、文化的中心，又是进行社会主义物质文明和精神文明建设的重要支点和依托，是我国文明的聚焦点和重要标志。规划、建设、管理好城市，更好地发挥城市在两个文明建设中的巨大作用，是一件具有战略意义的重大事情。

要搞好城市规划、建设、管理，离不开对城市历史、现状的了解、认识和研究，而城市志的编写正是这一时代特点和需要的产物。为此编写城市志，不仅要详细地记载城市的基本面貌，更要体现和突出城市的特点。城市的特点是与农村相比较而存在的，具体有：

第一，从社会的结构形态来看，城市具有集中性的特点。马克思和恩格斯曾指出："城市本身表明了人口、生产工具、资本、享乐和需求

---

① 《关于德国各政党的最新材料》（1913 年 7 月），载《列宁全集》第 19 卷，人民出版社 1954 年版，第 264 页。

的集中；而在乡村里所看到的却是完全相反的情况：孤立和分散。"①人口的集中，资金的集中，生产的集中，形成了城市的最基本特征——集中性。如果说农村是一个广袤的面，而城市就是这个广袤面上的一个集中点，资本主义城市如此，社会主义城市也是如此。正因为城市是一定地域内集中的实体，那么记述城市基本面貌的志书，就必须对此有相应的反映。

第二，从发展速度上来看，城市比农村迅速。列宁指出："城市的发展要比农村迅速得多。"② 中共中央《关于经济体制改革的决定》指出："城市是我国经济、政治、科学技术、文化教育的中心，是现代工业和工人阶级集中的地方，在社会主义现代化建设中起着主导作用。"③从历史上看，先进思想的传播，政治革命和社会改革都导源于城市，然后向农村辐射。正因如此，城市具有其进步性。虽然在我国有些城市的经济结构和基础结构还是比较薄弱和落后，但与周围农村相比，依然是一切波动的寒暑表。因此，城市志应更富有时代性，体现城市的中心地位。

第三，从人口的流动来看，城市的流动性大，农村相对稳定。列宁在《俄国资本主义的发展》一文中指出："机器工业必然造成人口的流动性，各个商业国的交往大大的扩展了，铁路使人们的往来更方便了。对工人的需求来说总的是增加的，在兴旺时期增高，在危机时期下降，于是工人从一个工厂转到另一个工厂，从国家的一方转到另一方，就成为必然的了。大机器工业建立了许多的工业中心，这些工业中心有时候是在没有火烟的地方以空前未有的速度产生的，如果没有工厂的大批迁徙这种现象是不可能。"④ 在社会主义制度下，随着城市经济的发展，有计划、有组织的人口流动是经常发生的。这样，城市居民的客籍剧增，与客籍相对稳定的农村，产生鲜明的区别，特别是新兴的工作城市更加明显。

---

① 《马克思恩格斯全集》第8卷，人民出版社1972年版，第138页。
② 《关于德国各政党的最新材料》（1913年7月），载《列宁全集》第19卷，人民出版社1954年版，第262页。
③ 《中共中央关于经济体制改革的决定》（1984年12月20日）。中央政府门户网站 www.gov.cn。
④ 《俄国资本主义的发展》（1899年3月），《列宁全集》第3卷，人民出版社1984年版，第501页。

第四，从规模和联系上来看，城市具有建设和开放的特点。我国古城池都有一定建设规划和管理措施，现代城市更是结构复杂的大系统，城市的规划、建设和管理要求采用现代科技成果。随着城市化步伐的加快，发挥中心城市的战略作用，建设好现代城市，已成为时代的课题。

此外，城市和农村相比，还具有整体性、多层次性等特点。

以上是就城市共同特点而言的，要具体把握城市的特点，还必须针对城市的类型进行综合分析，以得出切合实际的结论。

城市志特点的突出，方法较多。其中之一就是与省志、县志相比，在类目上采取增、减、升、降的方法来达到目的。

拿地理类来说，县志地理志一般包括位置面积、历史沿革、行政区划、县城集镇、地质地貌、山脉河流、气候物候、土壤植被、自然资源、自然灾异等类目，而城市志在记述地理环境时，应着重反映形成城市的地域因素和外部联系的地理条件，对土壤植被、自然资源、自然灾害等类目则根据实际情况，或降或并或取消。

再如经济类，城市志和县志相比较变化较大：县志一般侧重于农业，城市志侧重于工业；水利、林业、畜牧业、乡镇企业等在县志中多表现为一级类目，而城市志则可从实际出发，或并或取或舍。有的县志中未设园林绿化、环境卫生、环境保护，而城市志对此非设目记述不可。如果市政工程和公用事业在县志中只作为建设中的子目，而在城市志中则应单独设立篇章。

其他各类，城市志和县志亦有明显的区别。如县志中军事志把地方武装作为重要类目，城市志中军事志则要把防空类目放在突出位置（但记述时要注意保密）；县志中的风俗类以婚嫁丧葬、岁时祝贺作为重点记述，而城市志则要求反映法定节日活动，城市职工的良好风尚等。

当然，城市志与县志相比，增、减、升、降绝不止此，总而言之，各城市应根据志体对体裁、结构、章法上的要求，既注意到城市共性，又注意到城市个性；既要抓好设章立目、谋篇布局，又要强调资料工作上的系统性、代表性，更要注重编纂上的严谨性、科学性和可读性，在体例结构、编写方式、特色反映等方面有所突破，有所探索，做到基本有格而不拘一格。

第三节 地区级志编纂

一 地区级志编修的必要性

这里的地区级是指介于省、县间的一级行政区划建制，特指新中国建立后行政区划中的地区（专区）和同级的市、自治州、盟。地区级志书即为各地级行政区划单位政府主持编纂而成的志书。

自古以来，地、州是我国行政建置中的一个重要层次。清代学者戴震在乾隆《汾州府志例言》中写道："古曰州、曰国；国有分邑，其后为郡县；又其后设州以统郡，郡以统县，而隋唐间，州与郡无别，惟称名互改而已；明以来则曰府。"[1] 明、清时的州一是隶于府的散州，二是不属于府而隶于省的直隶州。民国2年，废府、州改县。民国21年，国民政府颁布《行政督察专员条例》，在全国设置行政督察区，作为省政府派出机构。新中国成立后，仍设专员公署即专区，在少数民族较多地区设自治州、盟，作为介于省、县间的一级政府，与专区平级。1949年，有地级市54个、专区170个。1978年后专区改为地区，专员公署改称地区行政公署，管理机构为地区行政公署，仍是省、自治区人民政府的派出机关。1982年，地级市数目为112个，地区数目为170个，地区数目均多于地级市，是地级行政区划的主体。1983年开始，随着行政管理体制的改革，各省、自治区都先后"撤地改市"[2]，实行市管县新体制。经过30多年几轮大规模改革后，我国地区已从170个减到7个，其中西藏自治区1个、新疆维吾尔自治区5个、黑龙江省1个。

地区作为省辖一地的行政区域，有相对的独立性。千百年来，各个地区之间由于地理、历史条件的不同，形成了不同的地域经济、文化。封建时代郡、府的设置，是从当时地方的社会经济结构出发，服从于统治者政治、军事、经济诸方面的需要，历代均有所调整。1949年以后，对于地区级的调整无论是区域划拨、建置兴废、治所迁移，都是为适应社会主义革命和建设的需要而作出的。经过各个历史时期

---

[1] （清）戴震：《汾州府志例言》。

[2] 撤地设市，即撤销地区及其管理机构地区行政公署，设立行政建制与地区相同的市（今指"地级市"）及其管理机构地级市人民政府，以原地区的行政区域为新设立地级市的行政区域。撤地设市后，最核心最关键的变化就是有了立法权，在决策等方面也有了更多的自主权。

的变革，虽然发展曲折，但已形成了省辖—地域的政治、经济、文化上的权力中心。各地区在致力于领导全区工农业生产的同时，凭借其行政权威及资金、人才，发展了相当规模的直属经济、教育、文化、科学等事业。工业、交通、建设企业中，除少数大型骨干企业由省直辖外，多有一定规模之中型企业，还拥有一批高等、中等专业学校、成人学校及其他文化事业单位，均在地方建设与发展中有着至关重要的地位。此外，一些跨县性质的项目，大多由地区组织筹划与建设，山河地貌等地理要素则更呈地区性和整体性，只有地区级志才能比较完整地记述下来。如果只修省、县级志书而不修地区级志，势必在总体上出现某些区域性资料空缺，也将给后人留下难以弥补的损失。

从方志本身来看，地区志在历代方志中占有重要地位，是整个方志系列不可缺少的组成部分。自秦汉以来，地方志不断发育，形成了从总志（一统志）、省志（通志）、地区志（郡州府志）、县志到乡镇志和各类专志的完整方志体系。在我国现存的8000余种历代志书中，地区志占了很大比重。仅《中国方志大词典》所收录的1157部方志中，地区性的志书就达230多种，占1/5以上。编修地区志，是对这一传统文化的充实和发展，也是方志系统性和完整性的需要。

二 地区级志的体例

关于断限。我国若干地、州、市的区划，新中国成立后有几次大调整，有的定型于20世纪60年代或70年代，如以之作上限，仅五六十年历史，局限性太大。即使以民国时期的专员区建立为上限，也不到一百年，割裂了历史联系，无法作历史的回溯与比较。地级市是在80年代起地改市后其数量才有所增加，不论是原设地级市或地改市其历史皆与地区相差无几。因此，其断限的原则应是在保持历史联系的前提下，以现行地州市现辖区域为准，上溯至建制的发端。建置沿革大事记则可上溯到本地有行政建置之始。至于下限，各地则应结合实际作出决断。

关于体例结构。地州市是一个土地与人口规模巨大的宏观综合大系统。地区级志体例结构怎样为好，有简志体、详志体之争。关于府志的体例，清章学诚有言："诸府之志，又有府志一定义例，既非可以上分通志而成，亦不可以下合州县属志而成。……府志自应于州、县志外，别审详略之宜。"① 章氏之言，今日仍可借鉴。事实可以想象，"下合州县而成"的地州市志，不但其整体性较差，也无法写明全地区、全州全市的特色。"上分通志而成"者，缺点在于徒费人、财、物力之举更不可取。如若把地州市志编为"拾遗补阙"之书，虽较前两者为优，有一定的地方特色，但它不是一个地州市的"百科全书"，这就大大降低了地州志的价值，而且在记述内容上把地区直属单位与属县属市分割开来，也不可取。故独立结构型的地、州志乃是较理想的体例。按照志体的一般要求，地、州市志应有统一的凡例和篇目，依据地、州、市的实体和行业分工分类列目。考虑到其介于省志与县志之间，格局上不能比省志细繁，但也不能过粗过简，采用中级型分类篇目，较为适当也便操作。即是说，地、州、市的体例，原则上可列行业分志，兼顾相近行业作适当的归并，从而使全志的分志（或专志）数在 30 个左右。

当然，将地区级志综括为一卷集成也未尝不可，事实上一些地方已取得了较好的经验。一卷集成的地级志字数应控制在 200 万字以内为宜，而在结构层次上应执简驭繁，不分大编，采用章、节、目结构，可依行业分列 40 章左右，各章并列，其排列顺序可按政区建置、自然环境、经济基础、上层建筑为次，前置"概述"总领全貌，后设"大事记"纵贯古今。章下设节，节下为条目。对各地类同的事物，尽力压缩章节，以简括而存其大势。一卷集成的地级志书要严格取裁，突出特色。

关于突出区域特色。当代有人对地区级志作过"概况 + 特色"的设想，认为这比某些"全区概括 + 分县简述"的地区简志既可省去与县志的重复，又能增强区域特性。但这实为概况式的设想却难彰显志书性质及其功能。地区级志既要求全，更要见特。求全，是因为地区级志是区域性总志，必须门类齐全，通合古今，有完整的资料性。见特，是由于每个地区的自然环境、历史发展状况和由此而形成的经济、文化生活和民情习俗等方方面面，都各有不同的特点，地区级志应是这些区域性的真实写照。为突出区域特色，就要作深入调查和纵横分析，以找出本地区独有特优或在全省、全国有影响的事物，并比较各地共有事物在本区和他地的差异。然后根据特色事物的作用大小，在篇、章、节、目中进行布点。要尽可能把握有全局影响的基本特征，去统领全志，并在编写中按详异略同的原

---

① （清）章学诚：《方志辨体》。

则，以浓墨重彩去烘托区域特色。绝不能简单地把所属县、市、区的特色资料平面罗列，简单相加。

三　地区级志的内容记述

地区级志处在省志、县志之间，如何处理好省志、县志的上下关系，是地区级志编纂的关键问题之一。章学诚说过："州县既各有志，府志自应于州县外，别审详略"，主张"府志应见所属州县之概，而特详于府治、府事。"[①] 这个见解是有道理的。省、地、县各级志书应有一定记述范围和重点，既衔接而又不重复，才能各得其所。一般来说，省志记不了每个地区的方方面面，县志也修不到地区级，地级志可详省志所略，略县志所详，就中确立自己的记载主体。

具体来讲，地级志以记载各事物在全区的表现为主，从建置、环境、人口到经济、政治、文化及至各行各业，都要反映其在全地区的大势大貌，做到：概全貌，详本级，呈特色。这样，既合章学诚的"见州县之概"，又可在省志、县志之间彼此独立，互为主次，详略有致，各具特色。记述的难点是如何概括，要求把各县同类事物从总体上概括出区域态势来，既不与县志重复，又不失志书的资料性，这就要高屋建瓴地掌握系统资料，把握全面地情，在提炼上极尽炉锤之功。一般的概括要领有三：一是集分为总，就树见林；二是由始及末略述梗概；三是列数依据，归纳点题。概括是修志的基本功，概括大势则是地级志有别于省级、县级志的主要特征。概括事物要突出其本质面貌，概括的数字应具有更强的表现力，概括的语言要简洁、生动、鲜明、流畅，使人读起来实而不繁，简而不空。

四　地区级志对县级志资料的使用

地区级志编纂取材的重要来源之一是县（市、区、旗）级志书及有关资料，但又不是县级志资料的简单相加。如何使用县级志资料，是影响地级志质量的关键之一。

首先，县级志资料的使用应放在地区级志的层次上。一个地州市是由所辖的多个县级区划构成的，并且形成本身特定的发展规律。地区级志的

[①]（清）章学诚：《方志辨体》。

完成显然必须采用大量的县级志资料。然而，一地州市盟的发展规律，不等于几个县级区划单位发展规律的总和。只有把一地州市盟作为一个系统整体时，其发展规律才能真正表现出来。因为一地州市盟是它所辖行政地域一切事物相互联系、相互作用构成的有机整体。地区级志使用的县级志资料，就必须是与地区这个整体紧密相联系的，能够充分体现地区整体发展规律的县、市资料。其一，要从地区级志总体上研究县市资料，从中筛选出为我所需的具有整体性价值的东西；其二，注重使用与地区发展过程中某一事物密切相连的县级志资料，其中特别是引起质变的资料；其三，使用具有代表性的能够全面反映地区发展的特殊的县市资料。

其次，县级志资料的使用在量上要把握与宏观资料使用的比例关系。地区级志是全面反映一地区不同时期发展状况的著述，宏观资料的使用显然占着主导地位，县级志资料的使用是从属地位，二者相辅相成，宏观资料不能始终大包大揽，使之见森林不见树木，县级志资料更不能充斥或逾越宏观资料。这对关系只有在质或量上有机地结合，才能形成有机的整体。第一，要突出宏观资料。地区级志书宏观资料是主体，这个主体引导并决定着县级志资料使用的量。县级志资料的使用是宏观资料的有机补充，只有突出宏观资料，才能更好地使用县级志资料。第二，要在使用质变资料和量变资料上下功夫。对从县级志资料中征集、筛选出来的关于质变和量变的资料文多量大，编纂者必须对这些资料进行加工、提炼，或提纲挈领、或简练排列，把质变和量变资料有机地融于一事业发展不同空间的不同时期内，以达到整体之和谐。

第四节　县级志书编纂

县级志，包括旗志、区志，是记载一县（市、旗、区）范围古今人、事、物的地方志书。在此以"县"为对象略陈管见。

县是我国基层行政建置单位，设立的历史十分悠久。春秋战国时即有县、邑之制。自秦朝设郡县制起，县已有两千多年的历史。县志编纂在两汉就已开始，隋唐后延绵不绝，数量越来越多，质量越来越高，形成了地方志的基干部分。

由于方志学理论研究多是以县志为客体，因此有关县志的体例，编纂的原则、程序、内容及编纂的组织等都在有关章节中间有记述，为避重复，本节主要论述如下几个问题。

一　县志的特性

县志作为地方志主要种类之一，除具有地方志书的共性外，还具有其自身的特性。这些特性，可归结为以下几点：

第一，普修性。"郡邑莫不有志"是古人对县志普修性的客观评价。在1949年以前，全国各种志书编修中，以县志最为普及，除少数边远或新县外，凡县必有县志。在《中国地方志联合目录》中，收录的县志共有5728种，占该目录收录方志总数8264种的近70%。在当今的大规模方志编修中，几乎所有的县（区、旗、市）莫不修志，不少县填补了史无志书的空白，这是前所未有之举。此外，县志的普修性，还表现为许多县连续不断地编修县志。古代不谈，第一轮方志编修后，第二轮县志便相随进行，且已大部分玉就版成。

第二，基础性。清章学诚在《州县请立志科议》中有言："天下政事，始于州县，而达于朝廷"，"今天下大计，既始于州县，则史事责成，亦当始于州县之志。"又说："方志之中，则统部取于诸府，诸府取于州县，亦自下而上之道也。然则州县志书，下为谱牒传志持平，上为部府征信，实朝史之要删也。"旧时修志，诏令下达，总是先修县志，再修省、府、州志；省、府、州修志需要从县志中取材，故县志为地方志之基础。今日修编方志，也是先修县志和专业志，以为省、地级志书编纂提供基料。除此外，县志的基础性还表现其为资治、教化的基础材料上。旧时地方官治理地方，须从县志中寻找依据和良方，官吏新任他地，"下马看志书"便为成规。明徐文清说："睹其山川景物，则坚其安土乐业之心；观夫忠良孝义，则兴其去恶向善之志……岂非政教之一助哉！"[1] 清代《吏治悬镜》等有关政书中明确说明："治天下者以史为鉴，治郡国者以志为鉴。"[2] 当今的志书在为社会主义经济社会发展提供客观的基础性资料依据的作用越来越明显。一定程度上可以说，县志资治的基础性作用是其他任何文献、书籍所望尘莫及的。

第三，百科性。县志的百科性是指其对一县古今人、事、物无所不

---

[1]（明）薛文清：《鄢陵县志·序》，《薛文清公文集》卷十三。

[2]（明）杨宗气：嘉靖《山西通志·序》。

载、无所不容而言的。举凡一县建置沿革、自然环境、政治、经济、军事、文化、教育、卫生、科技、体育、名胜、古迹、民情风俗、方言谣谚、宗教、人物、奇闻轶事、故事传说、地方文献、艺文等悉收其中，具百科特点。其内容的广泛性决定了其资料的丰富性，这是千百年来方志备受重视的原因之一。

二 县志编纂中的资料运用

志书质量的优劣，关系到志书的社会价值和科学价值。志书的功能价值靠资料来体现，这是方志的基本性质决定的。只有在资料上下功夫，才能编纂出符合质量要求的志书。因此，在县志编纂中如何正确运用资料以确保县志质量，既是一个关键性问题，也是一个共性问题。

关于面、线、点资料的有机结合问题。面、线、点资料是资料的有机结合系统，缺少其中一环，或某一环薄弱，都会影响志书的记述质量，乃至总体质量。在新编的县志中，有的对面、线、点资料的关系处理不尽理想，出现有面无点，以点代面，有面无线，断线较多，记述简略，事物割裂之弊，这是应该吸取的教训。要做到三者的有机结合，就需要解决好三个问题：其一是要在思想上真正明确面、线、点资料的基本含义。所谓面上资料，在一个县来说，就是各类事物发展变化的全县性资料的综合，并非部分或个别资料所能取代；所谓线上资料，是指某一事物由产生到发展变化的全面资料，既要体现阶段性，又要反映连续性，而且要主线不断，脉络清晰；所谓点上资料，是指同某一事物相关联的典型人和事。其二是要明了三者各自的作用。面上资料旨在反映事物发展的基本面貌，线上资料重在反映事物发展的脉络，点上资料注重反映事物发展的有机联系和典型呈现。只有明了它们之间的相互关系，才能做到三者之间的有机结合。其三在记述方法上，应由面到线，由线到点，分期记述，逐层推进，见物见人，使事物发展的脉络得到清晰反映，志书的内容得到丰富、深化，可读性和逻辑性达到较高的水平。

关于反映事物发展的规律问题。规律是客观事物之间的内在联系。科学的任务，就在于揭示规律，指导实践。有的志书在反映规律上，存在着兴衰起伏不详，经验教训不明，因果关系不彰等弊端，这就要求在资料利用上必须严格审定、筛选、综合、分析，从中分清哪些是反映兴盛时期的资料，哪些是反映衰落时期的资料，按照事物发展的不同历史阶段，分期叙述。对有关数据资料的运用，要有不同时期的纵比，以体现事物兴衰起伏的过程。同时，要通过对不同时期盛衰资料的分析研究，去粗取精，找出成功与失误的主要因素，把握事物发展的因果关系，理顺事物发展的来龙去脉，彰明因果，避免有因无果或有果无因的散乱着笔。

关于资料的科学排比问题。新县志中不乏资料堆砌、罗列现象。这种现象形同资料长编，不但记事繁杂，不得要领，而且不能充分反映事物发展的内在联系，有失志书的科学性。要避免之，一方面，要做好原始资料的转化工作，即在资料长编的基础上对各时期的史料进行综合分析，归纳出具有普遍性和特殊性的资料，通过编者的思维语言加以系统地记述；另一方面，要按照事物发展的不同历史阶段，运用综合分析归纳的面上资料和选用有代表性或转折性年代的典型资料，科学地进行排比，务求条理清楚，层次分明。只有把握这两个环节，才能把原始资料转化为科学著述。

关于文与表的关系问题。有的县志对文与表的关系处理不够科学，出现以表代文、文表重复、文表脱节、比例失调、表式单一、表格错乱等问题。要克服这些现象，必须注意以下几点：①以文叙为主，附表为辅。表是文字记述不足的补充，不宜以表代文叙述；②凡文字记述清楚的问题不宜再附表格，避免文表重复。确需附表的，表格运用要恰如其分，篇幅不宜过多、过繁，务求文表协调；③注意文与表的一致性，避免文表脱节；④注重图表的多样性和规范性。表格外，可采用坐标式、曲线式、圆形式、宝塔式等体，以使内容一目了然，表达活跃。总体做到表式设计符合科学要求，图表并用，图文并茂，相得益彰。

关于数字的运用问题。志书中的数字是自然和社会的历史与现状的量、度的记录，其与志书的资料质量密切相关，因此历为志家所重视。但在一些新编县志篇章、特别是经济部类中，映入眼帘的是一串串、黑压压的数字，好像只要把数字开列出来，就算完成了记述任务，而对事物发展中的生动的史实弃之不管，造成数字多、表格多而缺乏可读性。如有的县志记养鱼，只记历年鱼苗投放量、成鱼产量，而不记本地养鱼的措施、经验；有的县志记合作化，只记互助组、合作社数目之变化，未述及发展变化的过程，给人留下的印象是，合作化在中国是轻而易举、一帆风顺、没有丝毫的斗争和波折。上述等类写法，即使数字完全准确，也难以体现事物发展的全貌。我们认为，县志不可不重视数字，但在运用数字时，一要务求真实；二要符合逻辑；三要讲究科学，不可堆砌数字。县志数字要经过筛选，应该是典型的、具有代表性的、能够反映事物的历史与现状及其演变规律的数字，不能说明问题的统计数字，应极力删去。总之，县志在记述事物演变时，一定要把握活生生的、运动的、变化发展的历史，数字运用要恰到好处。

三 关于县志总纂

县志总纂是县志的总合成，是县志编修经历了组建机构、拟订篇目、收集资料、试写初稿、完成各专志稿后的关键环节。一部县志总纂的好处，直接关系和影响到志书的成败。县志总纂涉及的问题较多，这里仅讨论如下三个问题：

（一）总纂意识问题

县志总纂的质量决定志书的质量，而志书的质量高低与县志总纂班子、特别是主编的素质有着密切关系。古今优质县志总纂的实践表明，主编、总纂班子具有较高的综合素质对于志书的质量与生命至关重要，其中明确的总纂意识则显得更为突出，其包括：

第一，全局意识。包括县情全局和志书全局两个方面。首先，主编必须从宏观上研究县情，把握县情。全国两千余县，有着不同的自然地理条件，不同的政治、经济、文化和社会发展历史，这些个性特征，是主编等所要把握的。主编等总纂者只有在认识县情的基础上，才能更好地确定县志记述的重点，制定出比较符合县情的总纂篇目。如果吃不透县情，抓不住本县与他县的共性与个性，就会造成内容上的残缺不全或主次不分，形式上的照搬照抄，以致相互雷同，千志一面。在把握了县情这个全局以后，还必须从宏观上把握志书这个全局，包括指导思想的明确，体例篇目的完善，入志资料的选取、核实，总纂程序的控制，图表设置与文体文风的要求，出版发行的设想等涉及志书总体质量的各个方面。较强的全局意识是总纂顺利进行和确保志书质量的必要前提。

第二，创新意识。纵观地方志的发展历史，从先秦时期的"一国之志"到汉魏时期的地记，从唐宋时期的图经直至明清鼎盛时期的县志、郡志、通志、一统志，无不贯穿着历代编纂者根据自然和社会的变化，从内容到形式，不断开拓和发展中华民族这一优秀传统文化的创新意识。当今的县志编修、续修从形式到内容都继承了创新的传统。当然，这种创新不是完全抛开旧志另辟蹊径，而是在继承旧志优秀传统的基础上根据时代特点、要求和各地的客观地情来创新。作为县志主编，决不能在旧志和前志的基础上因循守旧，也不能盲目地模仿他志借别人的瓶来装自己的酒，而是要在不违背志书体例前提下，根据县情特点和社会、时代、志书的要求从内容到形式进行大胆改革、创新，使编出的志书具有浓郁的时代气息和特点，能较好地满足社会的需要。

第三，逻辑意识。任何事物的发展都有一定的规律性。所谓逻辑意识，则是这种客观规律在人们认识中的概括反映，新方志应反映规律，符合逻辑，而决不能人为地打破或逆转事物的客观规律。但在编纂实践中，有的编纂者总是有意无意地从自己的好恶出发，主观地确定事物的发展，使志书因带有很大的主观性而失去了科学性，成为一个零乱的不科学的集合体。这在当今的新志评论中所举的大量事例就足以说明这一问题的严重性和有害性。县志总纂班子、特别是主编的逻辑意识，来源于对客观事物的正确认识，它不应该带有任何主观随意性，但它又不是简单地、机械地、呆板地、照相似地反映客观事物，而是要通过总结、归纳、概括、提炼的过程使纷繁复杂、千变万化的事物归结到一条有序的轨道上来。主编逻辑意识的强弱，不仅决定着县志总纂的总体设计和内容结构安排是否合理、科学，而且是其能否胜任总纂重任的一块试金石。

上述几个方面的总纂意识对县志总纂系列工作的顺利进行、确保县志质量有着至关重要的直接影响，它不仅要求总纂班子、主编必须有较高的学识、较强的写作能力和管理素质，更要求主编等具有认真踏实的学风、高度负责的精神。只有这样，县志总纂才能克服和解决诸如体例不严、观点不明、搬套模式、设计呆板、著述性差、资料割裂、整体性弱等严重影响志书质量的弊端和问题，也才能够克服总纂工作中的程序错乱、急躁厌战、各自为政、整体失衡、拖拉延时、目标模糊甚至中途而坠的消极现象。只有具备上述总纂意识，才能按照预定目标总纂出高质量的、令当代人满意后代人叹服的时代"信史"来。

(二) 县志总纂的基本任务和要求

县志总纂的基本任务和要求是：第一，拟定县志总纂篇目。总纂篇目的拟定有一个反复的过程，但在总纂前必须有一个较稳定、成型的构架。有了统一的篇目构架之后，才能统一志书体例，才能对各分志稿进行篇、章、节、目的调整、合并，在此基础上进行县志的通纂、通改、通审。第二，统一总纂班子意识。县志一般皆在100万字以上，量大面广。主编与副主编之间，总纂班子的人员中，很自然地在一些总纂问题上看法不尽相同，这样，对于县志的总体设计、资料的取舍、内容的记述、一些重大问题的反映等等，都需要充分讨论，统一思想认识，不能"各唱各的调，各吹各的号"。只有统一思想认识及观点，才能"分兵把口"，各尽其责。第三，处理好全志的交叉重复。在各专志的编写中，由于角度不一样，因此，一事多见的情况，会在一些专志中出现。作为县志总纂的任务之一，就是从一部志书的整体性出发，力求避免重复的内容，处理好交叉问题。第四，统一文风和笔削文辞。这项工作不仅量大，而且艰巨，这要求对各分编按照行文规则严格处理。即要统一文体风格，删繁就简，去掉水分，笔削文辞，同时处理好层次条理，调整段落，梳理文字，规范划一，使县志在文风上符合严谨、朴实、简洁、流畅的要求，成为传世佳作。第五，组织好评审、验收及出版发行工作。志书总纂成稿后，必须按规定程序组织好评审、验收及出版工作。评审、验收是对总纂稿的再修改、再把关。出版质量关系到成果的质量效果，必须组织好设计和校对工作。编纂县志的目的是为了发挥志书的作用，让志书走向社会，因此，发行工作的组织是总纂工作的义不容辞的职责。

（三）写好基本门类，体现县志特色

县志特色的体现，总纂环节是关键。要求总纂者总纂意识强烈，充分地了解县情特点，根据总体设计，在纂好基本门类的同时，寻找个性特征，写出地方特色。首先，要选准县志的立足点。各县情况千差万别，而造成千差万别的因素很多。编写县志，首先就要从总体上能把握决定一县特点及其走向的主要因素和因此而形成的县情，并作为编写县志的立足点，以此决定县志的框架和资料的趋向。如有的县的特点是农业县—农业县，有的县是农业县—工业基地—工业城市，有的县是农业县—副食品生产基地和城市延伸地—城乡一体化，有的县是农业县—农工并重县—三大产业综合发展县等。这些县情特点及其发展走向是县志的立足点，县志的框架编排和资料取舍，均要以此为坐标，以使得整部县志，而不是县志的某一方面具有强烈的地方特色，使县情于其中得到客观、全面和准确的反映。其次，要努力记述好一县的基本事业，特色在于普通事业（事物）的区域性。编纂县志，大家都在努力探讨、反映特色。但是，由于国家的高度统一，一县的重大活动基本上都是在国家大一统的政策下进行的，所以也容易造成各县县志记述上的雷同。为此，不少县志将区域内某些独具特色的事物（事业）升格为篇章来以示区别、弥补不足，这是一种有效的方法。但这种方法较勉强且值得探讨的问题颇多。但如能从写好县志的基本门类上着眼来体现县志的个性，这将不失为一种很好的设想。首先，县志主要任务是反映一县的基本情况，理应写好基本门类。其次，只有一个县的基本事业才组成了一县的基本骨架，写好这些基本事业，一县的基本轮廓也就凸显出来了。"特色篇"记述的大多是该县特有的，大多不是一县的基本事业，有的只是历史痕迹，故无法承担起体现全志特色的重任，这个重任只有一县的基本门类才能承担得起。所以，记述好一县的基本事业，是县志始终要追求的，也是编纂队伍工作的重点。基本门类各县都有，但各县的基本门类又各有自己的个性体现，即是说，基本门类有其地域性的特征，写好区域性，就可以使得志书的每个方面都是独一的，每方面的独一，就组成了全志的独一。但要达到这一效果，尚有不少问题有待深入的探讨。第三，资料是志书的生命。地方志的资料价值的体现之一在于向各类人员提供别处得不到、或难以得到的一个地区完整的有价值的史料。如果少了这一层，县志的价值和功能就大大降低，这就要求编纂者力求县志基本门类主干部分资料的完整和翔实，要求基本门类源头要讲清、重要阶段有资料、下限有交代，涉及国民经济、工农业、建设、商贸、文化、教育卫生等部门主干部分，必须要有逐年资料数据。同时要重视第一手资料、挖掘新材料和深层次材料，以提高志书学术品位，客观、准确反映县情，使整部志书在资料的深刻性及独特性上呈现自己的面貌和特色。

第五节　乡镇志编纂探讨

一　乡镇志的产生和发展

在我国现行的行政区划中，乡镇是最低一级行政机构。区别在于，镇是以工商活动为主的小于城市的居民区。乡镇同级，都是我国农村的基层行政区域。

乡镇志，是以一乡一镇为记述范围或相当于乡、镇一级的县以下某区域的志书，故其名称除"乡志""镇志"之外，还有里志、场志、团志、坊志等。

乡镇之设置，十分久远。据《周礼》所载，周时王畿内有6乡，每乡有 12500 余人家。至秦时，十里为一亭，十亭为一乡，乡远比里大。到晚清时，乡和里等量齐观，大小级别相近。镇，始于北魏的边关重镇。北宋起，随着商业经济的发展，市镇开始出现并逐渐增多。许多乡镇，有的因为地处交通、边防、军事要地而形成，有的是作为一地政治、经济的中心而兴盛。一般说来，这些市镇均具有人口密集、贸易繁荣等特点，在城乡之间发挥着日益重要的纽带作用。

乡镇有志，起源何时，说法不一。据资料记载，宋代乡镇志有 4 部，即梅尧臣的《青龙杂志》、常棠的《澉水志》、沈平的《乌青志》和张即之的《桃源志》。元代，乡镇志仅有丰灼的《三茅山志》。宋元这 5 部乡镇志，除《澉水志》外，其余均已失传。明清两代乡镇志渐多，尤以清代为盛。清代全国各地共编成乡镇志 318 种，现存者 208 种。民国时期，乡镇志编修约 70 种。

历代编纂的乡镇志，虽有许多不足之处，如因私撰较多而表现出的体例自由、观点片面、资料上野乘杂说充斥等特点，但它仍较详细地记载了乡镇产生、发展的原委和变迁，以及其经济社会发展的状况，其中也不乏有价值可供利用的宝贵资料。一些撰修者体恤民情、愤世嫉俗、秉笔直书、淡泊名利、苦心修志的精神，是当为人们学习与赞赏的。

二　新编乡镇志的作用

新编乡镇志是新志编修的重要部分。乡镇是我国最基层一级政府，具有比较健全的机构和全方位的综合组织管理职能，无论是在社会经济还是社会事业的发展中均具有重要且又非常直接的作用。因此，编修乡镇志记述一乡一镇的发展史实十分必要。通过乡镇志，一是使人们可以了解乡镇的过去。县志不可能将乡镇的所有资料记载无遗，而乡镇志则可全面、系统地记载本地区的产生、发展与历史变迁，让人们通晓当地的文明发展史。二是可以鉴古知今服务乡镇建设。在古代，有许多地方官以乡镇志为鉴治理地方的佳话。新编乡镇志反映了时代的变革，追寻地区历史的发展情况，其门类齐全，包括建置、沿革、自然环境、乡（镇）村建设、工业、农业、商业、水利、交通运输、邮政电信、财政金融、人民生活、政党群团、政务、教育、文化、体育、科技、学校、民俗风情等，资料丰繁。而现在，各地乡镇干部，尤其是党政主要领导同志大都年纪较轻，经历较少，且异地交流比较频繁，他们每到一个乡镇，如有志书先览，必将有助于很快地全面了解和熟悉一个地区的过去和现在，借鉴历史的经验，拓宽思路，迅速、准确地作出推动经济建设和社会事业发展的有关决策。三是可以促进乡镇对外交流。随着对外开放、横向协作的程度愈高，乡镇经常要参加一些跨县、跨市、跨省，甚至跨国的经贸活动，集一乡一镇信息之大成的乡镇志就成为对外交流的重要信息窗口，从而有利于客商了解当地的投资环境，有利于沟通海外华人同家乡的情感，促进他们支持家乡的建设。四是可以加强乡镇精神文明建设。乡镇志内容具有微观性和直接性等特点，是当地进行传统教育、爱国主义教育和社会主义教育最具有说服力和感染力的好教材。另外，编修乡镇志也可为编修县志提供有关资料。可以说，编修乡镇志是服务当代，有益后世，弘扬传统，兴一方事业的需要。

正因乡镇志有上述众多的作用，因而在本届修志中被不少地方提上重要议事日程，以致新编乡镇志相继问世。如江苏省从1980年至1994年共出版乡镇志192种，其中仅武进县就达66种。[①] 上海市郊区自1984年编成第一部乡镇志以来，先后正式出版了《五角场镇志》《新寺志》《金汇志》等乡镇志书，达到每个乡镇必有志书的程度。1994年，《中国地方志》编辑部在该刊第六期专门组织刊发了由江苏省志办组稿的乡镇志研究与经验总结文章一组，对全国各地乡镇志的编修再度推波助澜。《全国地方志事业发展规划纲要》（2015—2020年）明确要求各地要"重视……乡镇村志和地方史编纂工作"，要"指导有条件的乡镇（街道）、村（社区）做好志书编纂工作，做好中国名镇志文化工程"。在此推动下，乡镇志在全国的编修已呈方兴未艾之势。

三　乡镇志编纂的组织与方法

乡镇志编修与旧时的显著不同点是官修性突出。即是说，一部乡镇志得以成功，是与乡镇的重视与组织领导分不开的，因此，必须重视乡镇志编修的组织领导。一是要成立编修领导机构，建立编纂委员会，由乡镇负责同志和党政办秘书及有关部门的同志组成，主要职责是加强领导和对志稿的审核把关。二是建立3—5人的修志队伍，该队伍可由党政办主任或秘书和转入"二线"的同志或离退休人员组成。明确主编和副主编，组

[①] 奚永照：《编修乡镇志，推动两个文明建设》，载《中国地方志》1994年第6期。

织开展具体工作。另外，可从各部门、各单位聘请资料员、联络员、形成修志网络。三是列入政府工作计划，保证必要的人力、物力、财力。四是发动部门单位参与修志。乡镇志的资料来源于各个部门、村组，以及乡镇所属企事业单位，本着"开门修志"的原则，乡镇政府应充分调动所有部门单位以及个人的修志积极性，以取得各方面的支持和配合。五是党政领导要随时关心修志工作，及时帮助解决修志中的实际困难以保证修志工作顺利进行。在志书成稿后要严格审核把关，以保证质量。在乡镇志编修的过程中，县（市）志办要随时给予业务上的帮助和指导，及时帮助解决修志中的技术难题并按志书质量的要求，认真组织志稿评审，严格验收手续。

乡镇志编写的方法与县志编纂有较多的共同点。这里仅就与乡镇志质量与编纂效率密切相关的问题做下列探讨。

总体结构上，力求内涵实在，形象真切，宜小不宜大。乡镇由于地域范围较小，各类事物繁杂，多呈实体状态，同时又因其始终受市、县大背景的支配，因此，乡镇志的构架不能搬套县志框架，应在"小、细、实"上下功夫，注重揭示足以代表自身形象的特征。现有的乡镇志过于强调"乡镇之百科全书"性质，仿照县志篇目分类设章，结果使不少类目空洞无物，事物支离破碎，与县志"戴一式帽，穿一样衣"，这是不可取的。应从实际出发适当合并一些类目，如党政、群团、军事、司法、武装等类就可以合并为一至三个大类，让出篇幅去详载农林牧副渔、乡镇企业、村社、社会等门类，以使乡镇志达到"补县志缺载，详县志略记"的作用。

资料收集上，要注重调查研究。乡镇志资料价值的着眼点应摆在对县志资料起补充和深化的作用上。要求乡镇志的内容必须注重调查研究，掌握县志中所没有记载的，或者县志中虽有记载但语焉不详的资料。在这方面需要调查的资料很多，难以面面俱到和完毕，但可以抓重点。重点就是贴近普通百姓最关心的一些事情，如地方的资源、环境保护、集市贸易、文化生活、风土人情、民族习俗、乡规民约、集镇人口来源与统计、收入来源与消费心理、子女入学、农民负担等。这些资料，只要是深入调查后得到并经核实属实的，其价值可能会比县档案馆的资料更引人入胜。如若这些资料仅见于乡镇志，其价值就更为可观。

特色体现上，应从总体地情出发，找出个性特征，力求以个性取胜。地方特色是乡镇志的灵魂。要体现地方特色，编纂者首先应了解地情、认识地情并把握地情,要对地情作细致的思考、分析、研究,哪些是当地的长处和优势,哪些是当地的短处和劣势,从而找出反映一地的个性特征来。尔后在纲目上,紧紧围绕个性特征谋篇布局,在记述上着力体现,把独具面目的篇章写深写透,即使其他一些门类简单些,也可达到成功之效。

编纂周期上,宜短不宜长,力求一鼓作气,早出效益。一方面,乡镇志的篇幅一般在30万字左右,投入的精力相应要比县市志小得多,各方面条件理想,两年左右即可编就;另一方面,鉴于乡镇领导人三年一届,更替频繁,编写人员多为兼职,修志艰辛与其他事业快速发展的不适应心态,还有一定程度上受感情色彩的支配,都有可能对修志工作带来影响,这是从主观条件而言的。而在客观需要上,在面对改革开放走向深入、知识经济迅猛发展的形势下,力争乡镇志能及早问世,其意义已不仅是时间概念而已,更重要的还在于:通过修志工作者的辛勤耕耘,让更多的人真正领悟到"辅治之书""致用之书"的价值所在,从而为地方志工作开拓生存发展,创造更为有利的条件。

第六节　村志编纂

一　村志简顾

我国自古以来幅员辽阔,早在先秦时期便有了村的早期聚落形态。"村"字以及较为具体的村名的记载最早见于东汉中后期,南北朝时期对于"村"的记载数量渐增。到了唐时,官方明确规定了野外聚落均称为"村",并将其定为一级行政组织单位,其作为最小的基层行政组织单位一直沿用至今。

有必要明确的是,当前作为一个包括农业生产资源、以农业为主要生产方式的人口居住群落的村(或乡村),不是一级行政机构,但其有两个不同的概念,即自然村与行政村。其中,自然村是自然形态的居民聚落,它往往是一个或多个家族聚居的居民点,是农民日常生活和交往的单位,但不是一个社会管理单位。行政村既是国家为实现其意志、依照法律规定而设立的农村社会基层管理单位,又是农村群众自治组织的区域依托,其可能为一个自然村,也有可能是几个自然村所组成,或是一个大的自然村的一部分。村志记载的对象是行政村而非自然村,主要记载发生在一村范围内的人和事。

村志是记载一村范围内自然和社会诸事物历史与现状的资料性文献。古代已有村志，但数量很少。与府、州、县志官修不同，村志大都为私修。现存最早的村志是清康熙二十四年（1685）郎遂编写的安徽池州《杏花村志》。在存世的历代村志中，《紫堤村志》极为典型。该志编修是源于"乡城皆王土也，然村迹入县志则已略，入府志则尤略，以略始者久而必遗，况地兼两郡之邑如紫堤者，安所得汇各乘而详观之？此村志之所由作也"①的感叹。其编撰历程为：康熙五十七年（1718）汪叟撰成《紫堤村志》，道光末年侯云若续修成《紫堤村志》，咸丰六年（1856）沈心卿增修成《紫堤村志》，民国八年（1919）张启楠抄录并刻印《紫堤村志》流传于世。该村志历200余年的创修、续修、增修，志体不断完善，内容渐实，成村志的佼佼者，因而在民国时期，村志体例即所志内容，例《紫堤村志》较多。其卷目有：卷前各志称名、本郡邑建置沿革、方里、紫堤名义、各邑疆界、田亩字号、户籍、近村、水港开浚、神庙、桥梁、坟墓、旧迹、风俗、人物；卷中国朝人物、内则、诗词、文集；卷后人物续录、人物补传、江村杂言、古文附录。民国年间还出现过专记某一自然村之户口、土地等事的志书，如尹仲材《瞿城村志》等。

首轮新方志编修中，村志编修未列入政府规划，但全国各地许多村寨自发修志，数量大大超过旧村志，仅山东省就有数百种。与旧时大多是私家修纂不同，新村志绝大多数是由村委会主持，也有部分为个人或多人编修。如山东省寿光市牛头镇牛头村曾经两次修志，首次在1977年，村里组织2人编写了《牛头镇村志》。第二次从1995年4月到1998年7月历时四载，三易其稿，12人合力终成《牛头镇村志》，全志有11编482页共33万字。一些县的地方志工作机构也在本县范围内主动组织编修村志或村庄简志。山东、山西、湖南、陕西等省发文组织和引导编修乡村志或村庄简志。2014年4月全国就累计出版乡镇志、村志4000多部。②《全国地方志事业发展规划纲要（2015—2020年）》明确提出：各地要"指导有条件的乡镇（街道）、村（社区）做好志书编纂工作。"这是有史以来，

---

① （清）康熙《紫堤村小志·弁言》。
② 王伟光：《发扬成绩谋划长远奋力书写地方志事业发展新篇章——在第五次全国地方志工作会议上的工作报告》，载《中国地方志》2014年第5期。

第一次将村志编修工作提升到国家地方志事业规划，同时启动了"中国名村志文化工程"编纂工作。2017年5月，《国家"十三五"时期文化发展改革规划纲要》指出："开展旧志整理和部分有条件的镇志、村志编纂。"2018年9月，国家《乡村振兴战略规划（2018—2022）年》强调要"鼓励乡村史志修编"[①]。一些地方政府及其地方志机构应时而动，在深入推进全国第二轮修志工作的同时，高度重视并规范乡村志修纂，客观上促进了乡村志编修工作的规范健康有序发展。目前，村志编修于各地风起，可谓方兴未艾。

二 编修村志的意义

"谁的故乡不在沉沦"，当代中国乡村正面对"千年未有之变局"，快速的工业化和城镇化进程正在打破传统中国城镇与乡村间的内在平衡。据资料，"从1985年到2001年，在不到20年的时间里，中国村落的个数由于城镇化和村庄兼并等原因，从940617个锐减到709257个。仅2001年一年，中国那些延续了数千年的村落，就比2000年减少了25458个，平均每天减少约70个"[②]。之后，减少的速度并未减缓，出现了法国农村社会学家孟德拉斯所描述的"村庄悄悄地逝去，没有挽歌，没有谏文，没有祭礼，甚至没有告别和送别，有的只是在它们的废墟上新建文明的奠基、落成仪式和伴随的欢呼"的景状。然而，在这种"欢呼"声中，也产生一些对乡村遗产的反思。2013年末的中央城镇化工作会议提出，"要保留农村传统风貌"，"让居民望得见山、看得见水、记得住乡愁"。当前，我国乡村振兴战略的出台与实施是遏制乡村快速衰败和消亡、建设美丽中国、实现绿色可持续发展的英明决策和时代创举；重拾乡村文化，编纂村落志书，可作为呼唤村民内心因市场化、"世界化"而已然沉睡的"地方"意识，以增强文化自信、自觉，留住乡愁和农耕文明的长远的视野和举措，有其重要的意义与价值。

其一，地域文化的重要载体。民国时期致力于乡村建设的梁漱溟曾

[①] 中共中央、国务院：《乡村振兴战略规划（2018—2022年）》，新华社，2018年9月26日。

[②] 李培林：《村落进入和研究方法》，《村落终结—羊城村的故事》，商务印书馆2004年版，第1页。

说:"中国文化是以乡村为本,以乡村为重;所以中国文化的根就是乡村。"① 村志是记载地域文化的重要载体,其相对于县志记事多是从宏观或中观角度对地域文化的记载和反映不够具体详细而言,村志的编修目标则更为具体、细致与典型化,能具体而微地记载和反映本乡本土的地域文化,如地理环境、风景名胜、传统产业、生产工具、生产技艺、土特产品、民俗风情、风俗习惯、方言土语、异闻传说、歌谣谚语、村规民约、传统艺术等。广阔的中华大地上有非常多文化深厚的古村落,虽然研究单位小,但其能呈现出的内容与情怀并不比其他地方志少,村志记载的地域文化,扎根于中华大地最深层的土壤,全国各地都编修出高质量的村志,将是对中国地域文化的一次全面总结,是中国地域文化积累和传承的重要载体。

其二,乡村历史的展演。村庄是组成祖国大家庭的细胞,是由村民、住所及周围的土地构成的,是随着农耕的兴起和发展诞生和发展的。每个村庄都有数百年、上千年甚至更长的历史。关于村庄的形成和演变,历朝历代先民的生产和生活,家族的兴旺或衰败,乡村名人和他们的故事、轶闻趣事,风俗习惯和社会风气的传承,乡村维系及其治理的规范与机制,乡村的环境及其变迁,村民的教育与文化生活,生产关系的变革及其村庄发展等构成了乡村走过的道路和乡村发展的历史。对之进行全面和深入的记述,是村志的使命和目的。村志与县志等注重重大事件和著名人物不同,重在一村历史与事物的发展变化和普通老百姓的故事,因而记载更具体、详细、深刻和鲜活。

其三,村落文化的"教材"。前已有述,随着我国社会经济迅速发展,城镇化也迅速推进,随之而来的是许多村庄迅猛消失。经过数百年甚至几千年漫长岁月的发展而积淀起来的丰厚的各具特色的传统村落文化也会随着村落的衰败而衰退、村落的消失而消亡。有形文化方面,那些古老的具有地方特色或者是曾产生过世代流传的故事和传说的街巷,具有朝代风格或当地特点的院落建筑,承载着宗族历史的宗祠和家庙,寄托着村民信仰或崇拜的庙宇,陪伴了一代代村民的古碾老井,以及村头村尾的珍稀古树、碑刻亭台,都随着村庄拆迁消失得无影无踪。无形文化方面,随着

---

① 梁漱溟:《乡村建设大意》,《梁漱溟全集》第1卷,山东人民出版社1989年版,第610页。

村庄变成社区，农村人口向城镇人口转化，农业经济向城镇经济转化，传统的农村文明向城市文明转化，随着居住环境、生活方式、谋生手段等的改变，农耕时代长期延续下来的民风民俗、村规民约、生活习惯、乡土文化逐渐消亡。在这大变革的时代许多村落及其承载的历史文化的消失是不可逆转的事实面前，留住乡村文化的方法只能是用文字和图照等将其记载下来，编写村志就是最好的形式，就是最好的抢救，趁其未消失之前将其记入村志，是方志工作者义不容辞的责任。而编成的村志，无疑是将村落文化发掘、整理并传之后世的最好的"记忆"，更是增进乡梓情怀、激发爱乡爱国的好"教材"。

其四，留住乡愁的"重器"。村落是中华优秀传统文化的根基所在，乡村也是人们精神和灵魂的归宿。随着我国城市化进程的加快，虽然带来了人们物质生活水平的提升，但同时又有许多传统的文化、习俗、节日随之一起成为历史，人们逐渐淡化了它们，长此以往，我们的后代子孙终将对其一无所知。为绝此后患，如何在新型城镇化和社会主义新农村建设过程中留住乡音、乡风、乡思、乡愁，继承传统文化精华，挖掘历史智慧，便成了极其重要的工作摆在了人们的面前。对之，《国家新型城镇化规划（2014—2020年）》中指出，城镇化要强调"文化传承，彰显特色"，要"记得住乡愁"。村落志编修的最大意义就在于能保存最鲜活的历史，其编写的一个重要原则就是突出村落的特色和风格。风格各异的村落格局、特色鲜明的乡村文化，以及那山那水及其那一方的乡亲就是人们心中特殊的文化之"根"。只要"根"在，即使越来越多的乡村居民涌入城市生活，或是背井离乡外出谋生，无论历经何种沧桑巨变，"根"就成了人们心中的那份乡愁，成了他们永恒的记忆，不仅不会褪色，只会历久弥新。而村志记录了他们心中的乡村文化记忆，是人们心中的"根"的"凝聚"，是人们留住乡愁的"重器"。

其五，乡村振兴的"宝典"。"乡村振兴若没有文化做支撑，那就很难振兴，物质再发达、再丰富，也只是一个躯壳，没有内涵，缺乏灵魂"[①]。村志的功能直接体现于村落的层面，尽管村所在的乡镇、县级志书于村的发展多有借镜，但村志在地域的在地性和记事的具体性上远优于之。村志立足于基层，有着更广泛的覆盖面，可保存许多省志、市志、县

---

① 刘奇：《乡村振兴，复兴乡土文化尤显重要》，载《北京日报》2018年5月28日。

志、甚至乡镇志所无法收录的史料,于此可以说,村志是在拯救正在消失的村落历史,如果没有当代人通过村志这一载体对村寨历史与社会、自然与人文的记录,默默无闻消失的村寨,后世人是难以寻觅其踪迹的。没有文化记忆的村寨是"空壳"的,如同"行尸走肉"一样,缺乏"精气神"的滋养和灵魂的灌注。如果有了村志,其文化就得以保存,其优良的传统就可以重生,其"根"就不会枯死,而于乡村振兴在产业、人才、文化、生态、组织等方面目标的实现就会有强有力的"软实力"的支撑。于此可以说,村志是乡村振兴必备的"宝典"。

三 村志的内容及其体例

村志与省、市、县、镇等各级志书构成了一个完整的地方志书体系,具有其他文化典籍无法取代的独特价值。村志编修的目的,在于充分利用地方志体裁的独特优势,传承和抢救乡土历史文化,激发爱国爱乡情怀,为探索中国特色新型乡村发展经验、发展模式、发展道路,提供历史智慧和现实借鉴。其撰著的内容,也必然系之而选取。

总体来看,村志的内容主要是为了全面系统地记述一村自然、经济、政治、文化、社会的历史与现状,按详今略古的原则,重点反映改革开放以来的发展和变化。其一,自然环境是一个村落赖以存在的载体。对于自然的记述涵盖村落的气候、山川、河流、土壤、生物、地形、地貌以及自然资源等要素,由于这几个要素对于村民的生产生活影响极大,因此不能只是简单地对它们进行描述,而要深入阐述它们对人类生产生活的影响,以及人们在改造自然时导致的古往今来的变迁。其二,经济是衡量一个村落现代化程度的重要指标。传统的农村经济包括农业、林业、畜牧业、副业以及渔业。在这个部分应记述的内容包括土地、经济作物、粮食作物、农业生产方式、特色林木种植、林木经营、家禽家畜养殖、外出就业以及服务业(如农家乐、旅游业)等。在记述中,既要突出村落的传统经济特色,又要以图表的方式展示这些要素的变化变迁,尤其是通过改革开放前后的对比,要展现出农村地区在中国共产党的领导下所发生的巨大变化。其三,在政治方面,主要记述村落的建制沿革、村与村之间的界域、古今村落治理等。村落建制沿革是这些要素中最为重要的,通过建制沿革的追溯,可以充分展现出一个村落过去的历史。对于村落建制沿革以及历任的管理者这些内容,不仅要仔细梳理考证文字材料,更要结合口述材料，力求还原历史。村与村之间的界域的记述，一是可以反映村落从古至今规模的变迁，二是明确了村志编写的范围，做到不越界而书，确保记述内容的真实有效。其四，文化的记述是一部村志的重头戏之一。一个村落的文化是否丰富多样是决定一部村志质量和水平高低的重要元素，而一部村志对于村落文化的记述是否符合实际以及展示村落的文化特色是决定村志编修成败的关键。文化的记述要素应包括民俗、节日、服饰、语言、家风、家规、家训、传说、传统手工工艺、传统生产工具、历史名人、家族宗祠、碑刻、牌坊、特色地名等。其五，社会方面应主要记述民族、交通、人口。我国历史上形成了"大杂居，小聚居"的民族分布特色，因而民族的记述是丰富村志内容和体现村志特色的重要元素，也是展现我国各族儿女和谐共处、共同繁荣的重要途径。交通是村落与外界联系的重要媒介，交通的现代化与否也是衡量村落现代化程度的重要指标，而今的现代化交通正对农村经济的发展产生着越来越重要的影响。如上文所说的自然环境是村落的载体，那么人口就是村落的重要组成部分，人口的多少一定程度上也可以反映出村落的繁荣与否。对于人口的记述应包括人口构成的比例、人口出生率、死亡率以及自然增长率，通过这些数据的变化可以更进一步去探寻一个村落的历史发展变化。其六，人物传、人物简介是方志、家谱、族谱等的重要组成部分，是彰显一地古今著名人物的重要体裁。"生不立传"是我国史志传统之一，也为新方志编纂所遵循。坚持生不立传，但对在世人物可以人物简介、人物表和以事系人形式入志，是当今方志编纂对于人物记载普遍认同的原则和做法。村志的编修中，应高度重视入志人物的选取及其写作。

　　村志体裁一般也遵循地方志述、记、志、传、图、表、录七种编写体裁。在篇目设计上，遵循如事以类聚，类为一志（目），先横后纵，横排纵述的共同原则。但由于村庄辖域小、人口少、事务杂，在记述内容和篇幅方面，村志和县、区志差别很大，所以村志不能机械地模仿县、区志篇目。村与村在辖域、人口、事务、特点等方面差别也很大，所以也不宜照抄别村的篇目。内容决定形式，村志的篇目应根据本村的具体事物来设计，从实际出发，以方便对村情的记载。目前出版的村志，在体式上存在着传统的全志模式（大而全）、中国名村志模式（宣传读本）、"微村志"

模式（村情荟萃）、自然村落普查模式（历史人文）①四种模式。各模式在体例、内容、记述方式、篇幅乃至书名上各有不同，各有优长及效用，如何选择，是为各地结合地情需予以严谨对待的大事，不能一概"拿来"或照搬"本本"搞一刀切。

四 村志编修的注意事项

村志编修，既是理论问题，又是实践问题。结合方志基本理论与记述对象特点，除以上讨论外，村志编修还应注意：第一，村志编修必须坚持科学的修志指导思想，在村委会的领导和县志办的指导下，按照方志质量要求，实事求是地反映一村之古今各方情况，特别是改革开放后的新发展、新气象。杜绝有损民族团结、村民和睦的宗族观念、歧视观点掺杂志中，避免不实事求是的对某寨某姓、某族某人的拔高溢美，对客观存在的习俗和经济、社会生活的差距要用历史的、发展的、辩证的观点和方法去分析、记述。第二，鉴于村的范围不大，人口不多，有一定的局限性，因此，村志宜小而专，不宜小而全。全志要充分显示有特色的项目或有充分资料的项目。在资料选择上应以细取胜，以深见长，力求补乡镇志、县志之不足，而不是县志、乡镇志的翻版和重复。乡镇志、县志编纂的经验可以借鉴，但村志必须从实际出发，走自己的修志之路，决不能生搬硬套乡镇志、县志的篇目和工作方法。第三，村志的体例可采用志、史、谱相结合的方法，有纵有横，纵横结合，人物、人口、姓氏，包括宗谱应该是村志的一项重要内容应作适当记述。村志中要注意记载人的活动及其成果，体现人民群众和杰出人物的历史作用。第四，村志要做到贯通古今，详今略古，突出重点，贴近现实。对村史的追溯，对居民的来源、来时，由于档案资料缺乏可能困难较多，但力求记述关键时期关键性的变化，要从碑刻、家谱、族谱中去寻找线索。记述重点应是中华人民共和国成立以来所经历的伟大时代，其下限可以记到搁笔时为止，力求贴近现实。第五，村志要注重意见征求和审、定稿的质量把关。村志初稿、修改稿、评审稿均应广泛征求村民意见，特别是有关的村史沿革、入志人物、艺文选取、重大村务等应求由村支"两委"审定，在整体质量上应请所在的史志部门以及出版单位组织把关。这样做的好处，一是严守志书章法，不失志体，

---

① 莫艳梅：《论村志编修的几种模式》，载《广西地方志》2020年第1期。

二是让群众审查，众人纠谬，众人添"材"，使村志更加丰满充实，借以克服虚假浮套之弊病而使村志资料真实翔实，同时更能使村志的政治质量得到保证。

第七节　专志编纂选议

一　地理志

地理是一门关于生活在地球上的人与他所处地理环境之间关系的学科。一般来讲，地理所涉及的范围包括人类生活的各种环境，也就是自然环境与人文环境。地理志是记载一个行政区域位置、面积、范围以及作为人类生活、社会发展条件的地理环境资源的志书。地理志有地理考、地理篇、舆地志等称谓。它对全书有纬线作用，对疆域空间有概貌作用，对各专志有划定记事的空间范围和提供基础材料的作用。通过地理志可了解当地的自然景观概貌及自然条件的主要特点，区域建置、人口状况、县城及集镇状况、主要的自然资源等方面的地理面貌。地理志编写历来被重视。

（一）地理志的篇目设置

篇目设置是编好地理志的重要前提。在篇目设置中，应注意考虑地理学的分类方法、全志总篇目的设置、本地的地理特点及编修地理志的工作条件、自然环境的整体性及人工改造自然与自然环境的统一等因素。只有考虑到这些因素，才能使地理志篇目既能反映地理学的系统性和科学性，做到有章可循，又能从各地的实际出发，不至于拘泥一格，人云亦云。

目前，国际通行的地理学分类法是把地理学分为自然地理和人文地理两大类。而自然地理学和人文地理学又各有很多分支。其中，自然地理学分支有地貌地质学、气候学、水文地理学、土壤地理学、植物地理学、动物地理学，人文地理学的分支有人口地理学、经济地理学、政治地理学、历史地理学、聚落地理学、社会地理学，而其中的经济地理学又分为农业地理学、工业地理学、交通运输地理学、商业地理学、区域地理学、应用地理学、灾害地理学等。

地方志突出经济建设，属经济地理的有工业志、农业志、林业志、畜牧志、商业志等专志叙述，不再列入地理志中。实际上地理志主要是叙述自然地理方面的内容，及人文地理方面的人口地理、政治地理的行政区划、历史地理的建置沿革、聚落地理的县城与城镇。从考虑自然地理环境本身的整体性及自然各要素之间相互联系的规律性出发，其顺序宜以地质地貌、气候、水文、土地土壤、植物、动物、矿产、自然灾害进行排列，以达到与地理学的分类相吻合。由此可知，地理志篇目一般可分为12章，即建置沿革、行政区划、人口、县城与集镇、地质地貌、气候、水文、土地土壤、植物、动物、矿产、自然灾害等。这是一个大概格式，各地可据志书的总体设计而有所变动，如有的把动、植物合为一章，有的将自然灾害中的"灾害性气候"并入"气候章"，而将其他灾害如"地震""水土流失""虫灾"等放入"大事记""农业"等篇中。县志总体篇目采小篇或中篇结构者，有将"建置""区划"抽出重组"建置"篇，将"人口"抽出与"民族"合而成"人口民族"篇者。

地理篇篇目拟定还必须从本地的实际出发，认真考虑本地的地理特点和资源优势，从而在地理篇上反映出地方特色。如紫云是全国典型岩溶中山地区之一，岩溶地貌强烈发育，可供旅游开发的溶洞众多，所以《紫云县志》在地质地貌一章中专门列"岩溶与溶洞"一节；又该县大理石经地质部门详查，有"储量大、质量优、品种多、易开采"等特点，是一大资源优势，故在矿产一章中把"大理石"列为一节，从而在地理篇上突出了其矿产资源的地方特色。

（二）地理篇的主要内容要素

如上所述，地理篇涉及的范围广，要素多，加上各地还有各自的自然与人文地理特征和差异性，因而在内容的记述上肯定不会整齐划一，但如下要素却是普遍性的存在，具体为：

建置沿革：包括政区始置、废置、并析、上隶下辖，地名由来及治所改变等。

行政区划：一般要写明下属的行政单位，县级志书要写明下辖乡镇、村、村民组。其沿革要记述历代行政区划的变化，如唐、宋为乡、里制；明清为乡、都、图制；民国为区、乡、保甲制。新中国成立后，始行区、乡、村制，1958年后为公社、生产大队，1984年起又改为区、乡、村制，1992年后，改为乡（镇）、村制。现行行政区划要简述各区、乡、镇的位置、面积、耕地、人口、物产、交通、所辖自然村寨及行政村等情况。

县城集镇：简明介绍县治、府治、州（郡）等治所的沿革变迁和现状。治所迁移过的，还要介绍旧治所情况，或立目、或作为附录，而集镇则作简要介绍，不拘一格。

人口：则主要记述一地的人口规模、构成、变动等，而将计划生育和管理置入有关篇章，如与"民族"成篇或单独成篇则要集中记述人口的各方情况。

地质：主要有地层、地质构造、岩石、矿产、地震等。

地貌：其类型有山地、丘陵、高原、平原、盆地等。志书反映一地的地貌构造和地貌类型，几种主要海拔高度间的面积比例，主要地貌形态的经济评价。

气候：气候概况及类型。分为：①气温——年平均气温，最低、最高气温，主要农作物生长期的气温评价时较差、年较差。初霜期、终霜期，平均无霜期，积温。②降水——多年平均降水量，最高年降水量，最低年降水量，降水的年内分配，年雨日，暴雨情况，年降水量的地域差异。③日照和蒸发——年平均日照时数，日照的月分布，日照时数的年际变化，年平均蒸发量，月蒸发量。④风——常年风向风速，风向的季节变化，最大风力。⑤灾害性天气——包括干旱、倒春寒、冰雹、秋风、暴雨等。⑥气候特色——如亚热带季风性湿润气候，其冬无严寒、夏无酷暑、春秋阴凉，雨热同季、暖湿共节、四季分明、雨量较为丰沛等。

水文：一般先记一地水文概况包括各种水体总数、分布、流域面积、特征等，然后按河流、湖泊、沼泽、地下水等不同水体分类记述。河流要载明称谓、长度、流域面积、集雨面积、流量及季节变化、支流情况、河网密度、河流特征、河流蕴藏能量、河流利用情况。湖泊要载明称谓、面积、形状、水位、水量、季节变化、水生生物资源、改造利用情况。地下水要载蓄量、埋藏深度、利用状况。

土壤：记述土壤在一地的地理分布、土壤类别、肥力，各类土壤的分布、改造、利用现状等。

生物：包括植物、动物和微生物。生物地理主要研究植物和动物的分布规律，微生物因为没有地域分布的差异而不在地理学的研究范围。作为志书记述的重点放在植物和动物上，反映一定区域内植物和动物的种类、分布及种群情况。植物与动物的名称要俗名与学名兼有。

（三）地理志编写应注意的几个问题

第一，地理志的编写要以现代地理学理论作指导，要符合现代地理学的科学水平。在编写中一要利用现代制图条件，配合编写的内容，绘制各类地图，做到图文并茂。二要利用大量精确的数据，绘制各类简明统计图表，增加信息容量，同时力求从定性描述到计量分析，以反映客观的真实情况。三要利用动态的资料，不仅要阐明现状，更要指明一定阶段时期自然现象和社会经济状况变化发展的趋向。对于旧志和前人的记述，要尽可能地进行考察核对，以期得出正确的结论。

第二，要注意取舍问题。抓住地理志突出地方特点和为经济建设服务这条主线，认真研究分析自然地理环境各要素之间的相互关系，重点记述反映各自然要素本质的关键数据或指标，以达文简而不失大略，取舍而不失要领的目的。如自然地理部分，对贵州山区来讲，一县之内引起自然环境地域差异的因素虽然很多，但其主导因素是地貌类型的差异。所以把地貌的地域差异叙述清楚了，其他要素的地域差异的叙述就能简文而达意。

第三，要注重处理地理志与各专志的衔接及分工问题。关于自然条件及生物资源、矿产资源，地理志及有关的专志均会涉及，若不妥善分工，详略各异，必然导致重复交叉的严重。自然条件和地理环境方面，应由地理志系统地进行详述，其他有关的专志主要概略记述与本志密切相关的结论和关键数据。至于各种资源，地理志则侧重记述其状况，有关专志侧重叙其开发利用情况。总之，在与各专志的有机结合上，地理志只能起纬线的作用。

第四，编写地理志，不宜过多地采用专业词汇，记载方式不能太专业化，即应区别于地理学著作。因为地理志的内容，涉及的专业较多，而编写所用的资料，又来自经过科学测量、分析、论证得来的专业性资料。如果照搬这些资料或过多的采用专业词汇，势必使专业外的读者难以了解一地的地理状况，从而使志书的功能得不到充分的发挥，这是地理志编写一个十分值得注意的问题。

二 民族志

我国是一个统一的多民族国家，除汉族而外，尚有壮、回、维吾尔、彝、苗、满、藏、蒙古、土家、布依、朝鲜、侗、瑶、白、哈尼等55个少数民族。"多民族是我国的一大特色，也是我国发展的一大有利因素。各民族共同开发了祖国的锦绣河山、广袤疆域，共同创造了悠久的中国历史、灿烂的中华文化。我国历史演进的这个特点，造就了我国各民族在分布上的交错杂居、文化上的兼收并蓄、经济上的相互依存、情感上的相互亲近，形成了你中有我、我中有你，谁也离不开谁的多元一体格局"[①]。民族团结是我国各族人民的生命线，民族团结进步事业是中国特色社会主义伟大事业的重要组成部分，新编地方志要全面反映一个地方的民族事业以服务于我国民族团结进步事业已成为共识。《民族志》分志或"民族篇（章）"不仅是省志和市县志记述的一个基本内容，也是志书中体现地方特色的重要组成部分之一。

（一）民族志编纂简溯

我国历代旧志大多有记载少数民族状况的内容。东晋《华阳国志》即记载古代西南、西北的民族状况。元、明、清三朝下诏修纂的《一统志》，设有反映少数民族内容的《苗蛮》《土民》《土司》等篇章。各地编纂的府州厅县志，不少立有专目记载民族内容，如清乾隆《石阡府志》卷三中有"土司"目，道光《大定府志》的卷四十七、四十八、四十九集中记载了"水西安氏本末"，卷五十记载了"乌撒安氏本末"。民国时期编修的地方志，民族志已成为一个重要组成部分，如民国十一年成书之《石阡县志》在卷十八"土司志"中设有"苗蛮"目，民国十九年成书的《桐梓县志》设有土官"苗蛮"卷，民国二十年《贵阳乡土地理》设有"民族"章，民国三十五年成书的《岑巩县志》在卷八中设有"民族"目，民国三十九年《开阳县志稿》在"社会"章中设有"民族"目等。通而观之，民国及以前的方志"民族类"记载，大多带有歧视的色彩。新中国实行民族平等和民族团结政策，《中华人民共和国宪法》规定："中华人民共和国各民族一律平等。国家保障各少数民族的合法权利和利益，维护和发展各民族的平等、团结、互助关系。禁止对任何民族的歧视和压迫。"1987年1月在南宁召开的中国民族志工作座谈会《纪要》指出："民族志要充分体现党的民族平等、民族团结、合作互助、共同发展繁荣的民族政策，要做到科学性、时代性、资料性、知识性的统一，力求准确地、全面地反映民族地区的情况、成就和经验。"民族入志，既能全面反映多民族的中华民族构成状况，同时也是认识和了解各地民族历史、经济、社会、文化变化发展状况以及所开展的民族工作的历史实录，能够为铸牢中华民族共同体意识提供大量鲜活的个案，对于开展民族团结

[①]《中央民族工作会议暨国务院第六次全国民族团结进步表彰大会在北京举行》，载《人民日报》2014年9月30日第1版。

进步教育、促进统一的多民族国家的进一步发展繁荣具有积极意义。

（二）民族志的内容

民族志的内容，概括起来有以下几点：

第一，记述各民族的族源和历史变迁。我国许多民族在历史上经历过多次迁徙、聚散和融合。民族的族源比较复杂，对各民族在古代的族系、分布地点以及在各个时期的重大变化应遵循"宜粗不宜细"的原则，予以适当记述，力图言简意明。因为，民族族源迁徙等问题是一个比较复杂的学术问题。一般来说，研究、探讨族源问题不是地方志的任务，但地方志的专家学者可以撰写族源论文，也可以吸收学术界比较定论的研究成果，但关于族源的问题无须追溯得过细过远。如将民族的族源追湖到遥远的过去，将会带来许多难以解决的问题：一是造成大量的越境而书，许多史实无法核实，将可能影响志书的"信史"价值；二是容易造成将考古文化资料或古代某一民族牵强附会地与现代某一民族拉在一起，难以经得起历史的检验。

第二，记载各民族的语言文字情况。要记载民族语言及其所属语系或语支，划分土语类型，民族内部及与外部交往使用语言情况，包括语言的语音、语法、词汇特征，民族文字的起源、变化及其使用状况。要注重反映少数民族的日常用语、方言等。有的民族语言、文字已经消失，不再使用本民族语言、文字，其民歌、传说等失传，民族志要尽量收集资料，力求有所反映。如有可能，要记述少数民族使用汉语的历史和现状。

第三，记载各民族关系的演变。包括各民族长期共存并交往的历史，和存在着的悠久而深厚的友谊。历史上，无论是多民族的杂居地区还是单一民族的聚居地，都有历代统治阶级为巩固其统治，采取"讨伐""安抚""分化"等手段，造成民族间的矛盾、纠纷和经济生活上的差异。民族志编修，既要揭露历史上反动统治者的反动民族政策，又要在一些涉及民族关系的重大事件的记述上持慎重态度，在记事和措辞上不能不加分析地照搬旧志或古籍的记载，不能着意载述民族间的纷争或杀伐。对于新中国成立后一段时间由于"左"的影响造成民族工作的有所失误，或者被国外反动势力煽动而导致有的地方出现过民族关系的紧张情况，则应分清两类不同性质的矛盾，在记述上要注意掌握分寸。而在总体上，要把新中国成立后新型的民族关系作为记述的重点，通过记述各民族友好关系的事例，增进各民族的团结。

第四，记载各民族社会结构和社会制度的变化。历史上，各少数民族有其特定的社会制度，如基诺族的长老制、瑶族的石牌制、彝族的家支制、黎族的合亩制、景颇族的山官制，以及侗、苗、布依、水等族的"款"等，均在很大程度上起到协调民族内部经济社会生活的作用。有的社会组织至今仍存在，仍然有着较大的影响。1949年后，通过社会改革，实行民族平等、团结政策和民族区域自治制度，建立新型民族关系，民族社会结构发生了根本变化。对之，民族志应对其翔实记载和客观反映。

第五，记载各民族的风俗习惯和文化艺术。民族风俗习惯，指各民族在长期的历史发展中形成的诸如在服饰、饮食、居住、生产、婚姻、丧葬、节庆、礼仪、风气、习尚和禁忌等传统习俗。这些习俗在不同程度上反映出各民族的文化传统，其中有对民族的发展进步起促进作用的，有消极落后的，也有已经消失的。记载时要区别对待，对进步的风俗要详细记述，愚昧陋习和封建迷信要略记并实事求是地予以批判。同时，要注重对民族文化艺术的记述，包括在民族史籍、民族文学、民族音乐舞蹈、民族建筑、民族医药、民族体育、民族教育、民间信仰等方面的特色、变化和现状都要注意资料收集和认真记载。

第六，着力反映在中国共产党领导下，各民族团结、繁荣、进步的历史活动。在民族志中，要动态地记述各民族在各个历史时期在政治、经济、文化等方面变化和发展过程的内容。包括：第一，党的民族政策的贯彻执行，各民族政治上的翻身解放，各民族交往、交流、交融及政治上一律平等，共同参与国家民族事务的管理，尊重少数民族的风俗习惯等等。第二，党和政府为帮助各少数民族发展生产、改善生活、制定和实施了一系列优惠政策，帮助少数民族发展经济、文化、教育、科技和各项社会事业，使各少数民族在经济上、文化上彻底翻身，特别是在改革开放后逐步实现了精准脱贫、全面小康的翻天覆地的变化。第三，党和政府通过选送培训、进修，到先进地区参观、考察、开办专门民族干部学校等方式，帮助各少数民族选拔培养本民族干部，不断提高各民族人民的政治、思想、文化素质以推动民族地区政治稳定、经济发展、文化进步和社会安定。第四，在中国共产党领导下，各少数民族与汉族一起，共同为建设家乡和保卫祖国而创造的英勇业绩，各条战线上涌现出的可歌可泣的英雄、模范人物和先进典型。第五，记述包括民族教育、民族文艺、民族文学、民族体育等各民族的文化状况，要在其中充分反映少数民族地区的著名政治家、思想家、文学家、科学家以及名医、名教授的历史功绩。第六，记载各民族共同反抗黑暗统治和侵略者的斗争，要把斗争历史和英雄人物如实地记载下来。

（三）民族志的结构

鉴于各民族情况不同，人口的分布比重不同，民族志的结构不能用一种固定的模式硬套。从已出版的首轮志书看，民族志主要有3种结构，一种是每个民族设立一章，章下设节，分述民族的族源、语言文字、风俗习惯、经济文化等。对各民族共同性的问题，如民族工作、民族干部、民族经费等，为避免重复，则立章合写，与各民族章并列。如《石阡县志》"人口民族"篇的"民族"章下分第一节仡佬族，第二节侗族，第三节苗族，第四节土家族、瑶族等，第五节民族工作。《瓮安县志》"民族章"下分苗族、布依族、民族工作3节。《安龙县志》民族卷下分"布依族""苗族""彝族回族""历史上少数民族社会经济状况"和"民族工作"5章。第二种结构是以民族的特征设章，如以源流、语言文字、风俗习惯、经济文化等为章，章下设节分别记述各民族。如《万山特区志》即为此种类型，其将民族设篇，篇下第一章为"民族成分及分布"，第二章为"民族源流"（侗族、苗族土家族回族、汉族三节），第三章"民族习俗"，第四章"民族工作"。第三种结构为分别概述民族状况和民族工作，这在少数民族人口比例较小的县志中较为普遍，如《凤冈县志》"民族"章下分"民族流变""民族工作"两节。《息烽县志》民族章下设"民族概况""民族工作"两节等。民族志取何种形式为好，各地应取决于各地的民族地情，"因事定制"即可。

（四）编写民族志应注意的问题

第一，熟悉民族政策，了解民族常识。要记述好《民族志》，首先要熟悉民族政策，才能把握好记述方向。新中国成立以来，党和政府历来重视民族工作，制定了一系列民族政策。改革开放以来，对少数民族地区的经济社会发展和人民生活水平的提高更是给予高度重视，采取了一系列扶持政策，从人力、物力、财力等方面给予大力帮助，使少数民族和民族地区的生产、生活条件有了极大的改善。只有熟悉了这些政策才能把握好记述方向，只有深入了解民族常识，才能更好地记述好民族特点。

第二，不要不加鉴别地抄录古史、旧志的资料，以免犯资料失实和观点错误的毛病。有的县志将旧志中镇压民族起义的内容，一字不改，原文转载，这是绝对不对的。对民族族源的追溯要力求简明、准确，防止对至今在史学界尚无定论的古代部族地域，武断定论。族源的追溯，重在史实，不用传说，不可给后人留下不解之谜。

第三，承认并正确记述各民族间存在的差距。我国各少数民族历史悠久，各自创造了自己的文明，保留了灿烂的传统文化，为中华民族增添了光彩。但就大部分少数民族地区而言，在经济和社会的发展上，在生存的自然条件等方面与先进地区相比是有一定差距的，有的差距还很大。在新中国成立前夕，贵州的一些少数民族地区还保留着封建领主制、奴隶制经济阶段。若干少数民族地区的自然条件都比较恶劣，许多居住地方交通不便，山大坡陡，河急涧深，耕地不足，生产技术落后，物质生活低下，"刀耕火种""赶山吃饭"的生产方式千年不绝。1949年以后在党的民族政策指引下，民族地区的经济文化得到了迅猛发展，但发展由于种种原因很不平衡，一些地方人民群众的物质文化生活相对仍处后进状态，不少地方由于交通、资金等原因，丰富的自然资源得不到开发，民族志的编修或续修应当承认这种差距，看到事实的不平衡。反映差距，承认事实，这是地方志求实存真特性的要求，更是今天为进一步搞好民族工作，发展民族地区经济、文化提供"资治"依据的需要。

第四，注重发掘各民族的优势，弘扬各民族的优秀文化传统。作为生息在特定地理环境中的民族，在一定历史阶段上，无不创造了与本民族历史发展相适应的优秀文化。民族文化的发展取决于民族意识，民族文化能够经久不衰而具有传统性，民族意识起了支柱作用。民族传统文化是民族的生命力之所在，也是体现其民族自豪感的重要内容。民族文化的表现形式有外显的，也有内隐的；有宏观的，也有微观的。如苗、侗等族的芦笙神韵、侗族地区"诗的家乡，歌的海洋"、苗族四月八、侗族三月三、傣族火把节等蕴含的民族团结祥和氛围和积极向上的精神，彝族"太阳功"中放射出的智慧之光，景颇族"木脑纵戈"的恢宏场面所展现出的一首立体的英雄史诗，藏族"格萨尔王"的英雄气魄，瑶族"度戒"中所表现出的刚烈，傈僳族的路不拾遗之古风等。新中国成立以来，各少数民族一扫历史上自卑感，发扬自尊、自信、自重、自豪的民族意识，迫切要求并竭力改变后进状态，迎头赶上先进民族。民族传统文化的精华正在不断整理发掘，为中华民族文化宝库增添了新的光彩。各民族的优秀文化传统，都是编写民族志极其宝贵的资料，同时也是民族共同心理素质的一种反映，因此也是激发和增强民族自豪感、自尊心和自信心的极好动力。必须予以继承和弘扬。

第五，要用历史的观点和科学的态度对待民族习俗。在旧志中，由于时代和阶级的局限，旧志的编纂者往往站在统治阶级立场上，用民族歧视和民族压迫的观点作记述，对少数民族风俗习惯进行诬蔑和歪曲，致使许多记载蒙上了一层厚厚的尘埃。新的民族志编修或续修，一定要彻底摆脱旧志的思想羁绊，以历史唯物主义观点作指导，对那些反映民族传统和历史文化特色的、有利于社会进步和发展、有利于身心健康的淳朴乐观、团结向上的习俗如"火把节""四月八""姊妹节""苗年""爬坡节""龙船节""斗牛""赛马""踩鼓""跳芦笙""游方"等，就要大书特书，写细写好；对那些消极、落后的习俗，要有分析、有分寸的适当记述或不予记述；对一些本民族已经改革了的习俗如清代贵州锦屏苗族、侗族在1791年、1831年、1888年的三次婚俗改革，苗族的"祭鼓社""吃牛""杀羊祭祖"，佤族的"剽牛祭祀"等，则要反映他们移风易俗的改革过程，对消失的习俗，特别是消极习俗只能还置于它所处的历史时代去反映。要防止对少数民族消极、落后习俗的纯自然主义的猎奇。因为猎奇的结果往往会片面看待少数民族的风俗习惯，伤害民族感情，引起不良的政治影响和消极的社会效果。因此，在记述民族风俗习惯时，必须有所选择，有所侧重，把握好资料的导向性和记述的倾向性。

第六，要正确记述各民族之间的关系。从我国民族结构的实际来看，无论多民族杂居地区或单一民族聚居地区，从宏观上讲，都有各民族长期交往交流和共存的历史。民族关系的演变，与各个历史时期的政治、军事、经济制度及其活动息息相关。历史上统治阶级交替使用"讨伐""安抚""分化""以夷制夷""土流并治"等手段巩固其对各民族人民的统治，造成不少民族间的矛盾、纠纷和经济生活上的差异。另外，包括汉族在内的各族人民之间，却存在着悠久而深厚的友谊。在表述历史上民族关系时必须加以区别，准确地记述。而在错综复杂的民族关系上，民族志中最难以记述的又在于如何反映民族纠纷和处理好各民族间遗留的问题。民族纠纷是历史原因造成的，1949年前几乎年年都有，小有各方面争执，大到武装冲突，各族人民为此蒙受了不少灾难。1949年后各民族在经济文化交往中互相帮助、互相支持，建立了新型的团结互助关系，淡化了历史上因民族歧视、民族压迫和阶级剥削等原因所造成的矛盾、纠纷和裂痕，但还比较敏感。同时在现代经济生活中，各民族间也有耕地、林地、水源、草场等的归属权限之争等。因此，民族志应在认真理解党的民族政策精神和掌握民族关系发展过程的基础上，重点记述社会主义新型民族关系的形成和发展过程及其生动事例，对历史上的民族纠葛不要过多涉猎，不要"吃新米算旧账"，其中尤应对统治者的压迫剥削揭竿而起等不同情况作具体的分析，并从中找原因，分清是非，达到民族间的谅解，否则稍有不慎，后果便不利于民族团结，从而也就影响了志书的导向性作用和志书功能的发挥。

三 乡土志编写

（一）乡土志的产生

《辞海》里"乡土"释义为"家乡、故乡"，"亦泛指地方"[①]。可见，"乡土"主要作为"家乡"讲，或者泛指地方而言，自古以来就是一个带有感情色彩的词汇。它常常指的是某人生活的自然地域，而并不限指其范围大小。这种界线模糊的概念，因环境不同而改变。

"乡土有志，滥觞于周礼。外史四方之志与《汉书》之郡国志。盖分而言之，则为一县之乡土；合而言之，则皆国家之舆图也"[②]。乡土志通俗简明，其"大致与风土志类同，但所载范围稍异，大至一省、一州、一县，小至一地一乡"[③] 但真正具有乡土志意义的，却是在清末戊戌维新，尤其是20世纪初期，朝廷颁布了系列的章程之后，乡土志集中地出现在人们的视野当中。

20世纪初，中国的封建社会受到其他国外势力和西方资本主义帝国的冲击，民族意识开始逐渐觉醒。"清光绪二十年（1894）中日甲午战争后，丧权辱国，列强群起，攘夺权利，国势衰微。"[④] 清政府迫于形势，开始推行"新政"。体现在教育方面，就是在光绪二十八年（1902）、光绪三十年（1904）相继颁布了《钦定学堂章程》（《壬寅学制》）、《奏定

[①] 《辞海》编委会：《辞海》（缩印本），上海辞书出版社1980年版，第96页。
[②] 章运熹监修：《盖平县乡土志·郭春藻荫轩序》，辽宁盖平教养工厂1920年石印版。
[③] 《中国方志大辞典》编辑委员会：《中国方志大辞典》，浙江人民出版社1998年版，第3页。
[④] 范学宗《乡土志浅谈》，载中国地方史志协会编《中国地方史志论丛》，中华书局1984年版，第68页。

学堂章程》(《癸卯学制》)。自此起,全国各地废除科举,广开新式学校,纷纷兴学堂、办教育。随着近代新式教育的发展,需要有相应的教材。一些有识之士在了解西方教育状况后,发现历史科目是西方各国都十分重视的课程。如维新派代表梁启超就曾说过:"史学者,学问之最博大,而最切要者也。国民之明镜也,爱国心之源泉也。"[1] 因此,在新政时期,清政府在效法西方各国把自然科学和人文科学放在同等重要位置的同时,历史科目作为专门的课程受到了特殊的重视,强调"学堂宗旨是以教人爱国为第一要义,欲人人爱国,必自爱其乡。始欲人人爱乡,必自知山川、人物"[2]。在《初等小学堂章程》中,强调历史、地理、格致为历史教科书,即"乡土志"的主要课目。光绪三十一年(1905)清政府颁布《乡土志例目》鼓励各地尽快编成乡土志以作为乡土教育的基本教材。《例目》把乡土志基本内容设置为历史、政绩录、兵事录、耆旧录、人类、户口、氏族、宗教、实业、地理、山、水、道路、物产、商务共15门,为乡土志的编写提供了基本规范。清光绪三十四年(1908)学部通知各县编修,由此,全国各地掀起了纂修乡土志书的高潮。之后民国时期的1914年,民国教育部又催促各县编纂,作为各地学校的乡土教材。抗战时期,乡土教材得到了政府重视,倡导、鼓励地方教育部门、各级学校组织编修。其间,一些学者出于爱乡爱国的热情积极纂修乡土志,注重向学生教授乡土知识,以培养他们爱国忧患意识。由此可见乡土志所蕴含的教育意义深远。

(二)清末民国时期乡土志的特点

根据《中国地方志总目提要》记录,全国现存的乡土志计有一千余种,是我国方志家族的重要组成部分。乡土志的编修,由于各地方官的重视程度以及编辑人员的人数组成、文化水平以及思想开化深浅各异,所以各地完成的时间,涉及的历史断限、编辑的质量和详尽程度,均不相同。又因多数是铅印、石印间或有手抄本,而刻本甚少,流传到现在的也不是很多,因此较为珍贵,再因其与县志比较,篇幅短小,内容简略,充满乡土之情。乡土志的特点主要体现如下:

内容上具有强烈的爱国爱乡色彩。乡土志是在19世纪中叶以后,中

---

[1] 舒新城:《中国近代教育史资料》,人民教育出版社1981年版。
[2] 《学堂章程》,载《教育杂志》1905年第7期。

国一步一步沦为半殖民地半封建社会的历史背景下为了顺应救亡图存的时代要求，为对青少年进行爱国家爱乡土的教育而兴起的。杨承泽纂《泰安县乡土志》的序中说："其宗旨以教人爱国为第一要义，欲使其爱国必令自爱其乡始，欲使其爱乡必自爱其乡之历史、地理、山川、人物，而后学问逐渐扩充，以启其知识技能，此乡土教材之所由作也。"刘师培在《编辑乡土志序例》中曰："编辑乡土志必须记录前贤学术成就，汇编前贤论事记事之文，激发民众'思古之情'，增强热爱桑梓之情。"又民国杨大恩纂《石阡乡土教材》序道："在教育方面应注重乡土历史、地理、人物及民族先烈事迹，以期提高民族意识，增强抗战力量。"目的明显。在具体记载上，乡土志皆继承了爱国主义传统，歌颂祖国山山水水和爱国志士的光辉业绩，记载着帝国主义的侵华罪行和中国人民的反侵略斗争，对当时进行爱国主义教育产生了积极影响，同时对增进人们热爱故乡、热爱祖国的思想感情起到了一定的作用，是祖国宝贵的文化遗产。

体裁上大多使用章节体式的近代体裁，或按教科书的形式编写，一课一目。章节体体裁比以往的史书要系统，且内容丰富，涵括量大，便于儿童学习。章节体本是近代西方国家编纂史书的主要形式。中国的国门被打开后，这种方法也随着西方文化的渗入传到了中国，为我国近代编纂学堂历史教材所借鉴。许多乡土志编辑参照了这一方法，并根据本乡的实际情况及所收集的资料内容，按着书局的例目要求，分章节或课时编写而成。如《高阳县乡土志》《祁州县乡土志》《宁河县乡土志》等，就是比较典型的章节体乡土志。有的乡土志不分章节，一事一课，灵活有序。如《石阡乡土教材辑要》分2册67课，内容包括舆地、经济、政治、文教、文物名胜、交通、名产、人物、社会等九大类。

在取材上典型性强，在写作上简明扼要，能以较少的文字和篇幅来表述历史的脉络，便于领悟，而达实效。乡土志按《乡土志例目》要求，基本内容包括历史、地理、人类、物产及实业等几大类。其是为了教育而编撰的。内容涉及面广，但取材典型性强，大多是能感动人心、教育儿童轻财好义或培养爱国之心的典型事例。又因是做教材之用，每类（课）的篇幅都不是很长，但语言叙述简明扼要、简单易懂。再加上它的编撰对象是具体的地方性人、物，会让当地人有更多的亲切感，在学习之中又能够联想到生活的实际，学思结合。"晚清民国时期，小学生们的课堂开始变得有趣起来。因为在他们的历史、地理及格致课上，有了更多他们熟悉而亲近的内容"①。使儿童通过学习，熟悉乡土环境，了解历史变迁，认识社会情况，培养乡土感情。进而将爱乡之情更好地延伸到爱国意识上面。"以后学问逐渐扩充，凡一切知识技能皆足资报效国家之用"②。

在特征上初步具有现代教育的雏形。"乡土志（乡土教科书）源于我国近代初等教育历史、地理、格致合科教科书的编写"③。其脱胎于地方志，却带有一些现代乡土教材的特征。"乡土志虽然体例与传统的地方志类同，但有其创新点所在。而教育则是令它具有主要特征的重要原因。彼时，地方读书人也通过教育把乡民和国民自然而然联系起来"④。乡土志中的教育因素，如应用于小学课堂，其分科的运行，对于推动近代教育的转型却是不容忽视的，即"从突出'由乡及国'到强调适应地区差异；从史地格致向中小学各科延伸；从多种体例并存向'教科书体'集中；从多方面参与到以地方教育行政部门为主；从初级小学向整个基础教育扩展"⑤。总而言之，乡土志的产生及演变推动了中国近代教育的转型与发展。

（三）新编乡土志的内容和形式

乡土志所志范围与综合志相比是小与大的关系。综合县志于一地古今人、事、物无所不载，既是一县资治之志，又可备修史取裁。其在纵的方面，既载古，又记今；在横的方面，既记政治、经济、军事、文化、民情、风俗，又述天象、气候、山川、形胜。而乡土志则为"邑乘支流"，一般包括历史、地理、格致三部分。据黄绍箕《乡土志例目》载称："所列初等小学堂学科，于历史则讲乡土之大端、故事及本地古先贤名人之事实；于地理则讲乡土之道里、建置及本地先贤之祠庙、遗迹等类；于格致则讲乡土之动物、植物、矿物。"虽然如此，其在不同时期又略有变化，如光绪末年以后，由于社会经济的发展，多增设商务和实业门类。民国时期，又增设社会、教育等方面的内容，如《石阡乡土教材》则载有"采

---

① 王新环：《浅论晚清民国时期的教学改革》，载《黑龙江史志》2010年第11期，第17—18页。
② 《学务处咨各省督抚编辑乡土志文》，载《教育杂志》1905年第7期。
③ 陈碧如：《乡土志探源》，载《中国地方志》2006年第4期。
④ 程美宝：《由爱乡而爱国：清末广东乡土教材的国家话语》，载《历史研究》2003年第4期。
⑤ 李新、石鸥：《百年中国乡土教材发展的基本走向》，载《教育学术月刊》2018年第1期。

茶歌"方言""荷花会""祀神、祭祖、婚姻、丧葬之俗""县立初级中学沿革""小学教育分布概况"等课。新编乡土志应在旧志所志内容上批判地继承和发展，吸收其大部分合理的"内核"，扬弃其封建性的东西，如节妇、烈女、鬼神、孝行、恩荫等；增加一些赋有时代性、信息性的内容，如资源开发、城乡建设、科技发明、人口发展等，使其更加丰富充实。大体包括4个方面：自然概貌，包括地理、气候特点、当地作物机构、生态环境；历史发展，包括对社会有贡献的人物，重大历史事件；经济概况，包括当地经济资源、发展经济中所遇到的困难、进一步发展的前景、经济发展规划；社会风情，包括文化传统、风俗习惯等。此外，还应适当增加建设中的有关失误或能引人思考的内容，如文物古迹的被破坏、环境污染、水土流失、生态失衡、人口问题等。以正反相照、兼收得益，起资治、教育及启迪后人之效。

在形式上，旧的乡土志与一般志书无异，均横排门类，纵向记述。清光绪三十一年，学部颁行编辑小学课本乡土志例目，拟撰程式共15门，即历史、政绩录、耆旧录、人类、户口、氏族、宗教、实业、地理、山水、道路、物产、商务，但因各地社会情况不同，自然条件各异，所编出的乡土志多寡不一。又因大都是被学校采用为教材，故在实际上仅少数标明门类，基本上是一事一课。新编乡土志采何种形式为佳，是一个值得探讨的问题，依笔者浅见，基为大分门类，一事一题为好。即参考县志的编目结构，如按建置、地理、经济、政治、文化、社会、人物分好大类，然后有针对性地选择突出性事项或以逻辑顺序，或以时间先后分别记述，独自成篇。这种形式可以做到：第一，既继承了旧志的传统，又增添了新意，使叙述井然，脉络清晰；第二，一事一题，容易把所志地域内的闪光点尽情表露、着墨透稳，从而使特点突出，吸引力强，"其引人入胜之法，无愈此者"。第三，这种形式，通俗简明，易检性强，容易被各个文化层次、特别是广大民众所接受。

（四）编写乡土志注意的几个问题

编写乡土志是社会需要的产物。随着新方志的编修和国家愈益重视在中小学生中加强爱国爱乡教育，乡土志的编修进入了一个新的历史时期，很多县市在综合志出版后即卓有成效地开展了这一工作。为使编写的乡土志能更好地在精神、物质、社会、文化等建设中发挥作用，尚须注意下述问题：

第一,新编乡土志要贯穿着爱国主义精神,饱浸着爱祖国、爱家乡的淳朴感,充满着乡愁绵绵、乡音在耳的亲切感。不应在一些问题如历史上的地域边界纠纷、插花地划拨上使用不当的语言,使志书糅杂着狭隘的乡土观念和色彩。

第二,新编乡土志的读者应由原来以学校为主转向整个社会,由学生转向广大群众,因而在内容的选择与分量的轻重上需要有一个较大的转变。

第三,新编乡土志应"史必求其详核,文必期于简雅"。多文字少图表,篇幅以 15 万字左右为宜。

四 学校志编写

学校志是全面记述一个学校的沿革、行政、教师、学生、教材、教学、后勤等各项内容的资料性著述。编写学校志可为学校领导和各级教育领导机关提供学校的历史和现实情况,使之从中获得办好学校,发展教育事业的历史借鉴和现实的科学依据;有利于搞好教育改革,改进和提高学校教育工作。学校志是对学生进行尊师爱校教育的生动教材,有利于使学生继承和发扬本校的优良校风和激励学生奋发学习,它对于多出人才、快出人才、出好人才,对于社会主义"五位一体"建设有着特殊的意义和价值。

(一)学校志内容的规定原则

学校志是在古代书院志的基础上发展、演变而来的。如果说,学校志编纂须遵从方志编纂的原则、体例体裁要求外,那其研究的重点则为其记述的具体内容。因为在决定一部校志质量高低、价值大小的诸因素中,内容是最主要、最基本的因素。学校志内容的规定,应遵从下列原则:

第一,遵从不越境而书原则,即校志记述的立足点必须是本校。一所学校的各项工作和任何发展变化,都是与所在区域的政治、经济、社会、文化等紧密联系的,学校志的记述,不应该也不可能割裂这种联系,但在记述中应以本校为限,不能连篇累牍地记载区域有关政治、经济、文化事件的来龙去脉,全部内容,而是简明扼要地记述这些事件对学校的影响。如为了记述清楚执行党的教育方针、上级有关指示的情况,也不得不对上级的方针、政策作背景似的简要交代。但记述的重点,只能是本校如何贯彻执行的,在执行中有什么发展、创造,有什么经验或教训,取得了什么成绩或有什么失误等。

第二，学校志的内容应从"纵""横"两方面展开，以表述学校的历史和现状，展望发展前景。纵，即记述学校的历史，展现学校的发展历程。横，即记述学校的现状，展示学校的面貌。纵横展开应在"详今略古"的原则下进行，即对校志所"志"的各项内容的历史情况，可以简略记述，而对当前面貌，必须做到详尽、翔实、准确、具体。纵、横交错的内容体系是保证学校志质量的有效手段之一。

第三，学校志的内容必须记述师生的共同活动。编修学校志是基于教育决策的需要、文化建设的需要和思想政治教育的需要。因此，学校志所收录的资料必须具有整体性、普遍性、代表性和时代性。无论是记述教学工作、思想政治工作还是勤工俭学、社会实践，无论是记述学校的光荣传统，还是当前的教学改革，都要着重记述全校师生的共同活动。离开了师生共同活动的记述，学校志的编修就无从谈起。

第四，学校志中要注重对突出人物的记述。"书一方之人和事，激千秋之爱和憎"。一个学校的建立和发展，必然与各个时期的突出人物有密切的联系，一个学校某个时期、某个方面取得了优异成绩，也是和一些突出人物的工作分不开的。因此，学校志在记述广大师生共同活动的同时，要注重记述一些优秀的校长、教师在学校发展上所起的关键、重要作用，一些地方官吏、社会人士对学校发展所产生的特殊影响。对有关学校发展的各方突出人物的记述，是为了"利今世而惠后人"，它与借学校志而为个人树碑立传有着本质的区别。

（二）学校志主体内容要素分说

根据上述原则和各个时期学校工作的特点，学校志的内容主要包括学校概况、学校行政管理、学制学生、教职工队伍、教学工作、思想政治教育工作、体育卫生、勤工俭学与社会实践、总务工作等。由于学校的历史长短不一，所经历的时期不一，又由于学校的性质、规模以及在社会中的地位不一，因此对于学校志的章节款目的安排也就不能整齐划一，而应循异而制。这里仅就中小学校和师范学校校志的主体部分的编写要求做简要介绍。

概况。即概述，为学校志的张本。要求概要记述学校的位置、沿革、发展历史及现状，学校的各项工作内容及特点、教学条件及优势劣势、学校的基本成绩和基本经验等。要求写作概而有要，特色鲜明，重点突出。

"教育方针"与学校管理。教育方针或称教育宗旨，是学校办学的方向，是教育教学工作所依据的法规。它制约着学校的教学内容和培养目标。因此，在学校志里必须反映各个时期教育方针在学校的贯彻情况，反映的形式可列专章记述也可体现在各有关章节之中。学校的领导体制、管理方法是校志的重要内容，其中尤应侧重对学校体制改革的介绍，同时，要力图记清以往教育教学工作的失误和教训，以便全面地实事求是地反映学校本来的历史面貌。

学制和学生。学制是学校教育过程的时间占有形式。要求记述学校招生的办法、范围、对象和入学条件、修业年限、培养目标、办学形式，以及学校性质和隶属关系等项内容。学生是学校教育的对象，是学校教育的物质基础。记述范围包括学生的基本素质（包括德、智、体、美、劳等方面）、编班的原则和形式、学生的学习质量状况、学生的组织状况以及毕业生的升学、就业、待业状况等。

教师队伍。教师是学校教育的主导力量，是教育质量的决定性因素。在学校里，教师和学生是一个整体的两个方面。所以，凡是学校志，对教师的状况都必须作出充分的反映。具体要记述教师的来源、师资配备、教师文化水平、教师政治与经济待遇、教师培训、教师在教学活动中所取得的经验和成绩以及各年各次的评先选优和各种活动的受奖状况等。

思想政治教育工作。即通常所说的德育，亦指对学生心灵塑造的过程。其内容包括从事思想工作的方法，措施和经验；班主任工作，共青团、少先队的活动；德育课的教学；组织参加社会活动以及对先进学生的表彰、奖励等。学校志反映思想政治工作，一定要注意到不同时期的不同内容，典型事例要力求写得具体、生动。

教学工作。即教学过程在空间和时间两种形式中的体现，它是贯彻教育方针，实现教育目的的基本途径，是学校日常的中心工作，因而它是学校志的重要组成部分。包括教学任务、教学计划、招生、课程设置与教材、教学组织、教学形式、教学方法、教学管理、教学研究、教学成果等。它们既是工作的过程，又是教学工作的手段，能否如实地反映一个学校的基本面貌，写好这部分内容，尤显重要。不仅要记述好教学工作各方情况的历史特点，更要注意反映教学工作在教材、教法、教学管理以至具体到课堂教学、作业批改、考试的方法、开辟第二课堂的改革、素质教育的推进等，以突出学校特色，体现学校风貌。

体育卫生。体育、卫生保健工作是保证学生健康，增强学生体质不可分割的两个方面，也是学校工作的重要组成部分。学校志要对体育教学、体育活动、体育成果作具体而详细的记述。对卫生保健方面的工作诸如疾病预防、保健操活动、卫生常识宣传教育等要据实陈展。此外，对学校开展的各种娱乐活动也要适当反映。

总务工作。它是学校教育教学工作的物质保证。学校志要记述学校各项开支状况和总务工作为教学服务的状况。具体可通过各项开支的投入对比，采取有关师生生活、福利的措施，制定的有关后勤工作规章制度等来展示各个时期的后勤工作重点和特征。凡是入志的总务工作数字资料，务必准确翔实，不带水分。

勤工俭学。主要记述勤工俭学的宗旨，介绍校办工厂或校办农场的机构、人员设置、生产规模、生产设备、产品、销向、历年产值、利润等。要说明勤工俭学对改善办学条件、发展教育事业、培养学生劳动观念和劳动技能等方面所起的作用。

教育教学设施。主要反映学校不同时期的校舍状况，重点展现新中国成立后学校在校舍、操场、教具、仪器、图书等方面的变化发展。

一般说来，一部完整的校志对上述诸方面内容都应有所记述，但一定要把握住重点，要有所侧重，不能平分秋色。只有以教育、教学内容为重点，抓住典型事例和典型材料，并注意行文要求和语言的运用，才能写出一部资料充实、内容全面的高质量校志来。

（三）学校志要力求突出学校特点

学校，尤其是同类学校，有着较多的共性，即在教学、思想政治、行政管理、总务后勤等工作上几乎大都相似。但各个学校由于发展历史不同、地理位置不同、办学条件不同、管理组织不同等使各自又有自己的个性，有自己的特点。学校志要充分体现学校的个性特点，几个方面必须注意。

第一，要突出学校的性质特点。学校有公办的、民办的，有集体办的，也有单位、个人资助办的；有职业学校、技术学校、普通学校、特殊学校；有重点学校、一般学校、全日制半日制学校，也有半工半读、半农半读学校。这些不同性质的学校本身就有许多独特之处。从学校所在地域看，农村学校与城镇学校有所不同，农村学校中处在经济富裕地区与处在贫困落后地区的有所不同。因此，学校志从篇目拟定到内容记载都要注意自己学校性质和学校所处环境这些特点。

第二，要突出学校的工作特点。在一定社会制度下的各级各类学校有着相同的工作内容。但学校之间不可能在每一个方面都能"齐步走"，在取得的成效方面都达到"等量齐观"。它们之间必然因各种原因存在着差异和距离，必然有的学校在某一方面、某几方面或某个阶段比较起来最突出。同是教学工作，有的学校可能课堂教学好，有的可能课外活动、第二课堂好，有的可能两者兼备。同样是课堂教学工作，有的学校可能文科好于理科，文科中也可能有的学校英语教学突出。总而言之，学校工作相同，但采取的措施不同，工作成效、质量就各有千秋。在篇目和内容中体现这些特点，无疑会使校志增光增色。如贵州1996年面世的《汤山一小校志》在"学生"章中特立"专项竞赛""文章发表状况""学生自办刊物"等节，突出了学校组织学生参加专项竞赛多次获得全国小学数学"两赛"，省、地（州、市）语文作文竞赛优异成绩的记述；录列了学生1985年至1995年在《读与写》《摇篮》《少年时代报》《小学作文》等刊物上发表的59篇文章和全校16种学生自办班刊名录，突出了学校数学、作文教学上的工作特色。在"教学工作"章的"教学研究"节中，从集体教研、个人教研、观摩示范与公开教学、参与优质课评选等方面，展示了该校致力提高教师素质、注重教学改革、学术空气活跃、教研成果突出的传统良风与成就，编出了应有的特色。

第三，要注重突出学校的事物优势。一个学校在其办学历史上，总有其自身的事物优势。有的校舍面积较大、设施规范；有的校园宽广，绿树成荫；有的仪器齐备、图书丰富；有的校办工厂阶段性规模有制、产品适销；有的合唱团、军乐队、鼓号队远近闻名；有的校办刊物、校园之声上下皆知。突出记述事物优势有助于提高学校的知名度。上举《汤山一小校志》将该校"校办刊物"这一事物优势设了专章，对该校自1985年起"直接在校园中产生直接服务于教学、课堂、教师和学生，对活跃学校学术空气、提高教师素质、推进教学改革、提高教学质量产生了积极影响"的《新星》《烛光》《教学与实践》《教学园地》4个教学刊物作了具体记述；同时对编印出版的学生作文选《童心集》《汤山一小学生优秀作文选》作了介绍，突出了学校的特色。

第四，要反映学校的办学历史和人文特色。中国的现代学校教育起于清末的"废科举，开新学"，在今不少地方的县城中心学校已逾90年的历史。它们各自有着自身的兴衰起伏、曲折前进的发展历程。而学校某一时期、某一阶段的突出发展往往是和人物分不开的。杰出人物的作用成就了一定时期学校的辉煌，促进了一定校园文化现象与特色的形成。注重反映学校的办学历程和人文特色，不仅有助于志书质量的提高，而且可为学校进行传统教育、激发师生共同努力去实现培养目标，发展教育有着积极的意义。

五 艺文志编写

艺文志是历代方志中不可缺少的重要组成部分。其在旧志中又称"艺文考""艺文略""典籍志""经籍志"或"文献辑存"，专门记载本地区历代有影响、有价值的著作，文章的年代、作者、卷目和内容提要；记载金石的年代、作者、文字、形状；或专门辑编诗文等。艺文志在学术上有重大的借鉴和实用价值，其对保存和了解一地历史文献和文化发达水平，反映一个时代学术发展之大势，是其他著作所无法代替的。

(一) 艺文志编修史迹与作用浅说

从地方志记载艺文内容的历史来看，最早在地记中已经出现了，如汉章氏《三秦记》《秦地图》，应劭《地理风俗记》等，一为记地，一为记人，记载了大量的历史文献资料。晋挚虞《畿服经》，不仅在体例上有重大突破，而且增加了社会和人文方面的内容。北齐、北周间人宋孝王的《关东风俗传》中专置《坟籍志》，"其所录皆邺下文儒之士，雠校之司，所列书名，唯取当时撰者"[①]，开后世地方志系统载录艺文的先河。地方志首用"艺文志"者当推《太平寰宇记》，该书以道为经，以府、县为纬，除因袭《元和郡县志》门类外，增设了风俗、姓氏、艺文、土产、四夷等内容。之后，历代方志必将艺文作为重要内容，并随着时代的发展，所选艺文内容和编纂水平逐步提高。南宋史安之修、高似孙纂《剡录》虽无艺文志或经籍志之称，但其卷五收录阮裕、王羲之、谢灵运等14人著述及其他书目42种，创方志记载本人著述名目先例。进入明代，各地修志非常频繁，从所留下的府、州、县志来看，篇目中大都列有艺文，如黄润玉纂、黄溥续纂《宁波府简志》15门80目，卷六艺文志包括洪武礼制、乡饮酒礼、释奠乐器、释奠祭仪、本朝颁降、文词、诗歌7

---

① (唐) 刘知几：《史通·书志篇》。

目。嘉靖《山东通志》卷三十六为艺文，卷三十七至三十八为遗文。刘切纂《鄢陵志》卷八为文章志，分汉魏文、宋文、元文、国朝文、唐诗、宋诗、元传、国朝传等8目。到了清代，不仅好的方志必有艺文，而且许多修得较为出色的还独立单行。如郑元庆的《湖录经籍考》，便是康熙年间所修《湖录》中的一部分。其体以书编次，每书皆有解题，流传至今。又若管庭芬原编、蒋学坚续编的《海昌艺文志》，乃《海宁州志》的一部分，有民国10年间铅印本；吴庆坻的《杭州艺文志》，为《光绪杭州府志》分修稿，有光绪三十四年（1908）长沙刊本。至于单独为一方文献作艺文性质著作的那就更多，其中影响最大、体例最好、学术价值最高者首推孙诒让的《温州经籍志》。其书仿马端临《文献通考·经籍考》、朱彝尊《经义考》之例，以书编次，全录叙跋，每部书下均注存、阙、佚、未见4项，最后间加按语，旁征博引，举其得失，考证均有所见，全书33卷，《外编》2卷，计录著作1300余家。其评价历来颇高。

以上资料可以说明，编纂艺文志是我国修志事业一大优良传统，它在方志中起着其它专志不可替代的历史地位和作用。首先，它的内容是一个地方的文献精粹，众多有价值的、代表一个地方文化水平的艺文资料在此得以汇编，为后人了解和研究当地历史和人文保存了大量珍贵史料，有着重要的实用价值。其次，通过艺文志的编辑、著录，可以反映出一个地区某一时代学术发展之大势，学派之盛衰，各类著作数字的变化，直接反映了一个地区学术文化发展的状况和趋势，可以起到"辩章学术，考镜源流"的作用。再次，艺文志既是一个地区人杰地灵、人文荟萃的集中体现，又是一个地方文化是否发达的重要的、直接的标志。艺文志的编修，有助于增强人们对家乡的自豪感和热爱之情，提高人们对学习科学文化知识的认识水平，激励人们奋发向上，致力于地方文化事业建设。

（二）编修艺文志既要批判继承，又要创新发展

任何文化遗产，都是历史产生并通过历史不断发展、创新而源远流长的。同样，新旧地方志都有着一定的继承性和连续性。无视旧方志有可借鉴之处，持全盘否定态度无疑是错误的；反之，对旧志不加批判地全盘吸收也是不正确的。现代科学日益发达，学科分支日趋细密，旧方志的形式和内容已经不可能包举一切，为适应新形势的需要，就必须对其重新进行改造和制作，以新的形式适应新的内容。就艺文志来讲，必须在对旧艺文志的形式和内容的重新审识基础上，区分出糟粕和精华，把出发点放在批

判地继承上，把归宿点落实在创新和发展中。

旧艺文志大多选材精当，归属正确，编排有序，标题文字简明精练，内涵外延清楚，记载形式因地制宜，足供借鉴、批判地继承。但旧艺文志由于时代和阶级局限，存在着较多编纂问题，如在内容上，艺文必须著录本地人著作，否则即失去存一方之文献之意义，但不少旧艺文志收录著作却大多不是本地人所作，致使艺文志不伦不类，失去其应有价值。又如一些旧艺文志选材不精，编排混乱，滥收滥选之弊突出，更有甚者，视艺文志为循私党朋之所，不分体裁，不管长短，不论有无价值，悉录入志。有的艺文志为了奉谀上峰、谄媚权贵，专门辑选知府、知县和名门显贵的诗词赋对，使艺文志失去了在志书中的积极意义。等等这些，当为现在编写艺文志扬弃和批判。旧艺文志中值得借鉴的有益成分往往有着鲜明的阶级烙印，这就要求具体问题要具体分析，慎重对待，谨慎沿用。以篇目为例，清阮恩光等修、王伯心等纂的同治五年《当阳县志》凡18卷，卷十六至十八为艺文，篇目为赋、碑文、碑记、序、纪传、墓志铭、论说、赞、铭、纪略、跋、题后、诗等，卷末杂录，含丛谈、补遗。民国朱兰修、劳乃宣等纂《阳信县志》艺文志包括奏疏、碑记、序文、论说、传、铭状、诗赋、杂录等。刘志鸿修李泰荣纂民国《阳原县志》卷十四为艺文，包括经、史、子、集四部分。对以上篇目标题，除有的需剔除外，大部应改用更准确、更科学的新篇目取而代之。

历代艺文志编纂大体有两种方法：一是以文为主体分类编次，以文系人，简明扼要地介绍著述内容和作者状况；二是以人为主体加以著录，按人设条目，逐人介绍著述情况。前者为正史艺文志的编纂通例，后者为地方志中艺文志常采用的变例。鉴于当今著述种类复杂，数量繁多，为便于检索和记载的科学，可在篇目上采用以著述种类横排，在内容上则以人系文，按照逐人著述发表的先后排列下来。著录著作时，首先为作者写一简历，然后依次扼要记其标题、题解、发表时间、出版状况及作品的社会影响和作用、评价等。在编辑时要坚持以当地人著述为主，克服乱拉名人的不良倾向。对非本籍但在当地工作多年者，其著述涉及本地人和事，也应选入。对著述只记内容提要及出版状况，不载全文，尤其是旧志所载艺文更要如此。"例不滥收诗赋。"[①] 对一些在社会上有一定影响和学术价值的

[①] （清）章学诚：《方志略例——书〈武功志〉后》。

未结成集的单篇文章，亦应选入，并要写明内容提要，以保存珍贵的地方文献史料。

（三）艺文志编修应注意的问题

第一，艺文志的形式应因地而定，不必强求划一。有的地方文化发达，名人众多，著述繁富，艺文志可采用章节体形式分类记述。著作数量不多，涉及面较窄者可以人为主体分别加以著录。如若某地或某一行业艺文丰富则可独立成书，发行社会，如1989年贵州省水电厅编辑出版的《贵州省水利艺文志》就是成功的案例。

第二，收录内容要古今并重。艺文志是反映一地精神文明和文化发达状况的统一载体。收录内容，应不受详今略古原则所限而只注重收录现代文献，凡是有价值的古今文献资料都要予以载收。旧志由于阶级的倾向性忽略收集散存于平民百姓手中思想积极健康的珍贵艺文，新编艺文志要下大力气把这部分艺文抢救出来，以补历史之缺，丰富志书内容。

第三，要处理好交叉重复。一是和文化志的交叉，文化志没有直接记载艺文的任务，但在记其事业本身时也可能涉及某些艺文情况，这就要分清各自记述的重点，允许内容有一定交叉，但要力图避免文字重复。二是与人物志的交叉处理。人物传主要记传主一生总体概念，通过宏观资料反映本人的功过得失，其中所涉及的有关艺文资料，宜点到为止，不能展开记艺文本身，绝不能喧宾夺主，影响人物本身的资料记述。

六　人口志编写

人口志是记述一地人口历史与现状的专志（篇），在历代旧志中，多以户口、丁口志类目出现。据1986年11月黄山书社出版的《中国地方志辞典》资料，山东《高密县志》首开新方志设《人口志》先河。新编县志中都把"人口"内容摆上了重要位置。河北、吉林、安徽、山东等省志人口志在1990年后相继率先出版面世。人口志在新志编修中受到人们的重视和关注，这是时代的要求，资治教化的需要。

（一）新编人口志存在问题析略

新编人口志由于编者在实践中，运用马克思主义的人口学观点作指导，借鉴了人口学的研究成果，在人口状况记述、内容充实、观点表述、结构设置等方面都获得了较大的成功。但不可否认由于各种因素，从已出版的志书中不难看到人口志的编写仍存在许多问题需要解决，表现在：

一是篇目设置差异较大，人口内容要素普遍不全。篇目上，将人口归入地理志者有之，归入社会志者有之，与民族或政区或社会习俗合而成篇者有之，独立成志者有之。总体来看，并合成志者占绝大部分，独立成志者不足1/10。在人口内容要素上，多数仅设"人口变化""人口分布与密度""人口构成""人口控制或计划生育"，而于"人口迁移""人口素质""人口婚姻家庭""人口政策与管理"等则多未列入，就是志书相关篇章中，这些内容也很鲜见或根本没有。篇目设置上的并入或合而成篇，在很大程度上制约了内容的选入和记述的展开；缺乏人口内容的诸种要素，使人难以从中窥见一地人口历史与现状之全貌，有损志书的"经世致用"价值。

二是记述漏项较多，历史资料欠缺，篇幅单薄。在一些志书人口部分的标名中，内容记述不全现象比较突出。如有的县志在记述"人口构成"时，只写年龄、文化、职业、行业构成，而不写性别、城乡、民族、宗教等构成，在所附的《人口年龄结构表》《历代人口表》中，仅列年龄性别等自然构成，而对人口的地域构成、社会构成却毫无显示；在"人口密度"中绝大多数未对人口经济密度状况进行记述；在"人口变动"中多数只写"生死变动"而少记"迁移变动"。新志一个普遍现象是民国以前人口历史资料单薄无力，有的只有数十字几笔带过。而在篇幅上，人口篇章大多仅占全志篇幅的3%左右，相当一部分还不足2%。这些皆与丰富的人口内容和全球对人口问题的极度重视与我国人口控制国策的要求是极不相称相适的。

三是内容拓展挖掘不力，缺乏记述深度。共同之弊端之一是对人口质量的记述重视不够，缺乏深度。虽然在"人口构成"中都写有"文化程度"，但它只是反映人口质量的一个方面，并不能完全体现人口质量的内涵。诸如人口死亡率的降低，儿童智力水平的提高，人口平均寿命的延长，熟练劳动者在劳动人口总量中所占的比重等，大部分志书则鲜少涉及。至于人口的思想素质、优生与社会经济发展等对人口质量的影响更是毫无反映。这种不通过人口因素的多侧面反映新中国成立后人口总体素质发生的新变化，是体现不了社会主义制度优越性的。一些志书在"人口迁移"中仅记人口迁进迁出的时间、户口人数多少，未对引起迁移的诸如政治、经济、自然环境、民族、宗教等方面的因素进行分析探讨，堆砌数字，给人以空洞无物、枯燥无味之感。又如在人口构成中，绝大多数是分项罗列几次人口普查的构成数据,未对影响人口构成的自然变动、社会经济发展、城市化进程、人口迁移变动等要素作必要的反映,找出它们与人口构成的联系和规律,致使志书很难勾勒一幅人口构成的总体画面,难以揭示一个地区人口构成同社会经济发展的本质联系,这不能不说是新志人口志的一大不足和缺陷。

四是图表充斥,叙述不足。志书离不开图表。但图、表的配置要服从内容的需要,是对文字叙述的补充,设置必须恰到好处,才能相得益彰,不能以表挤文、以图压文。而新志人口志中,图表充斥有余,而文字叙述不足现象十分突出。仅以一获全国志书成果奖的县志为例:该志人口章计34页4.5万字的篇幅,其中配有各种统计表26个、金字塔示意图2幅,共占据3.5万字的篇幅。不难想象,仅有1万字的文字叙述是不可能较好地反映一地人口之全貌的。这种编排类似统计资料册,严重毁损了志书的著述性和科学性。①

(二) 人口志内容要素分析

根据马克思主义人口学理论规定,结合方志编修特点,可以概括出人口志的内容要素包括人口变化、人口迁移、人口分布与密度、人口构成、人口质量、计划生育、人口政策与管理(指变动管理)、人口与生态环境、人口与社会经济等。现就其中有关要项内容简析于下:

人口变化。包括人口自然增长变化、家庭人口变化等。要求记述清楚一地从古至今的人口数量规模、人口的出生率、死亡率、增长率变异情况、家庭的人口组成结构变化状况,其中要对人口变化异常的特殊年份进行原因的分析、记述。不能仅凭表格展示数字即为完事。

人口迁移。人口迁移主要指户籍有变动的人口移动。各地历史上人口变化除自然增长因素外,人口迁移是不可忽视的重要因素。人口迁移的类型多种多样,如根据迁移目的与动机可分为谋生求职型和非谋生求职型;根据社会组织情况可分为自发性与计划性、有组织与无组织、自愿与强制性类型;根据迁移的空间范围可分为城乡流动型与区域流动型,而区域流动型又可分为国内移民与国际移民等。在人口志中要记清一地历史上的历次有一定规模的迁移、迁移的原因(自然条件、经济、政治、战争和宗教等)、迁进迁出地点及户数人口、迁移人口特别是迁进人口对当地社

---

① 杨军昌:《人口志编修存在的问题与对策思考》,载《中国地方志》2000年第5期。

会、经济文化的影响等。

人口分布与密度。人口分布、密度及其变化,是历史的产物,具有传承性,因此,不能只写现状,应从历史的角度记述它在地域空间上的变化。分布上,要记清历史和现状的人口地域分布状况及其演变情况,找出人口分布与密度的历史性变化及特殊性。表述人口密度,除要在总体上以总面积与总人口数之比表示,从数量上同全国、全省或本县乡镇之间进行比较,说明人口密度大小在空间上的差异性和不平衡外,还要注意记述人口经济密度状况,反映自然环境和社会经济条件对人口分布与密度的影响和制约作用,进而反映出人口与经济发展的关系。

人口构成。人口"是一个具有许多规定和联系的丰富的总体"[1],它是由相互关联的各种组成部分所构成的,一般归为人口的自然构成、人口的地域构成、人口的社会构成三大类。人口志要记述好自然构成的年龄构成、性别构成,地域构成的自然地理构成、城乡构成、政区构成,社会构成的民族构成、职业构成、文化教育构成、宗教构成、劳动力资源构成等。不能只取其一,丢掉其二。同时在记述中,要注意处理人口构成间的相互关系和有机联系,力图反映人口变动对人口构成的影响。

人口质量。人口质量是人本身具有的认识、改造世界的条件和能力,其根本的质就是人口的身体素质、思想素质和文化科学素质,其中,身体素质、文化科学素质因有可比性指标在记述上较易把握。人的思想素质则比较抽象,可比性较差,不少志书因而只字不提以至无法完整表述一地的人口质量状况。其实,思想素质也有直接或间接比较的一面,诸如尊老爱幼者占总人口的比重、模范遵守公共秩序者占总人口的比重、青少年犯罪率、刑事犯罪率等。这些指标可以从不同侧面反映某些人口群体思想素质状况、差异和水平,编纂时应认真分析总结。在记载人口质量时,要力求用发展的观点,比较性、动态性地勾勒出一地人口总体质量变化提高的真貌。

人口生育。包括自然生育和计划生育两大部分。自然生育主记1957年实行计划生育前和1949年前很长的时间内无计划生育的历史内容。如该部分资料限制而无法独立成章(目),则应直接标名"计划生育",而将有关内容作计划生育的背景材料记入志书。计划生育是人口志的记述重

---

[1] 《马克思恩格斯选集》第 2 卷,人民出版社 1995 年版,第 18 页。

点，所记内容包括计生机构、宣传教育、政策措施、节育技术、社会效果等。要注重运用典型的材料和数据，记述人口生育发展的历史和现状，用事实向人们证明实行计划生育，控制人口数量，提高人口素质政策的正确和英明。

人口与社会经济、生态环境。人口的发展变化对社会经济的发展变化起着促进或延缓的影响作用。记述人口与社会经济的关系，是对人口志编写的一次深层次开发与利用，其基本方法是把人口统计、分析资料与生态环境资料和社会经济统计资料结合起来，进行综合分析，记述人口资料背后所潜藏的经济问题、社会问题、生态环境问题、自然资源问题，以增强人们对人口控制工作的责任感和紧迫感。在记述中要写清楚人与资源、与耕地、与住房、与环境、与教育、与经济发展、与人民生活等相应关系和影响。这是目前所见人口志中普遍忽视的内容之一，应引起重视。

（三）编写人口志应注意的问题

第一，要认真学习马克思主义人口学理论和我国有关的人口政策和法律法规，用马克思主义人口学理论指导编纂实践，保证人口志编写始终坚持正确的方向。同时，要力图掌握中国人口史与本地历史的有关知识，并较好地认识和把握本地地情，以奠定编好人口志的坚实基础。

第二，要在广泛收集、深入发掘、科学鉴别考订资料的基础上，力求志书的深度和特色。要求：一要用发展的观点、全面的观点考察和记述人口总体的发展过程，体现当地人口"变化"的轨迹；二要通过纵横的资料比较，揭示人口在空间上的差异性和可变性，写出本地有别于他地的人口状况的个性特征；三是要深入分析以弄清人口发展变化的真正原因，揭示人口与社会经济发展的本质联系；四是要站在可持续发展的高度去取资料，从正、反典型材料中寻找关键，突出重点内容，反映发展规律，以增强志书的致用价值。

第三，注重谋篇布局的科学性与图表利用的合理性。人口志的篇目结构和内容安排，要在遵守人口学理论体系的前提下结合本地的实际科学而又合理地把握。设置要规范，操作要易行。人口志资料十分丰富，非借助图、表之功难达全面反映、形象直观、相互印证、化繁为简、丰富内容之效。但要科学用之，善于用之，不能滥用乱用，以至图表林立、图表挤文，而使人口志失去现代志书应有的特色。

第七章 方志的资料工作

资料是志书的细胞，是志书的实体材料。资料工作是编纂志书的基础，贯穿于修志工作的全过程。方志是资料性的著述，是以客观可信的资料为研究对象并成书流传于后世的。从某种意义上说，修志过程就是搜集、选取、考证、整理和使用资料的过程。资料搜集是否全面、系统，重大史事有无遗漏，资料内容是否符合政策要求、是否科学合理，都关系到志书最终的质量。又由于志书质量是思想性、科学性和资料性的统一，而思想性、科学性则要通过资料来体现、靠资料来实现，故资料是第一性的。一般来讲，资料越丰富，资料的质量越高，其思想性、科学性就越能显现出来。编好一部志书的关键之一是下大力和用足够的时间做好资料工作。

第一节 资料工作概说

胡乔木同志指出："地方志的价值，在于提供科学的资料。"[①] 曾三同志则指出："新编地方志应当是一部科学文献。它的科学性表现在志书的各个方面。首先表现在它所占有的资料的翔实、系统和准确上面，这是一部好的地方志不可少的基础。"[②] 编修方志，一定要用足够的时间，花大力气，把资料工作做好。有人把志书的篇目比作建筑大厦的总体设计或基本框架，把资料比作建筑用的灰、沙、石、钢、砖等材料。但资料工作既类似建筑时的备料工作，又不同于建筑备料，因为建筑备料有定量要求，不得因备得过多而造成浪费。志书所需的材料则是多多益善，愈丰富愈

[①] 胡乔木：《在全国地方志第一次工作会议闭幕会上的讲话》，载《中国地方志》1987年第1期。

[②] 曾山：《为编纂社会主义时代新方志而开拓前进——在全国地方志工作第一次会议上的报告》，1986年12月22日。载《人民日报》1987年6月10日第5版。

好。修志的资料丰富了，才能使修志工作顺利进行，编出高质量的志书，使志书真正能为社会主义建设事业提供有益的历史借鉴和现实依据；为党领导机关和各工作部门掌握情况，因地制宜地制定政策、进行决策，提供可靠的依据和地情信息；为对广大群众进行爱国主义教育、革命传统教育、共产主义教育提供教材；为研究地方历史和现状，研究各门社会科学和自然科学提供基础资料；为当代及后代子孙保存史料。

马克思说："研究必须收集丰富的材料，分析它的不同的发展形态，并探寻出各种形态的内部联系。只有在完成这种工作之后，实际的运动才能够适当地叙述出来。"[1] 恩格斯也说过："即使只是在一个单独的历史实例上发展唯物主义观点，也是一项要求多年冷静钻研的科学工作。因为很明显在这里只说空话是无济于事的，只有靠大量的、批判地审查过的、充分掌握了的历史资料，才能解决这样的任务。"[2] 马克思主义经典作家不仅在理论上是这样倡导的，而且在实践上为我们做出了榜样。恩格斯为了了解英国工人阶级，于1842年11月—1844年8月在英国居住时，先后用了21个月的时间走遍了曼彻斯特、伦敦等城市的许多工厂，作了大量的调查。在此基础上进行了科学的分析和总结，写成了著名的《英国工人阶级的状况》一书。马克思写《资本论》就阅读了1540本书籍，写了100多本笔记和摘录。列宁评论："《资本论》不是别的，正是把堆积如山的实际材料总结为几点概括的、彼此紧相联系的思想。"[3] 毛泽东写《湖南农民运动考察报告》亲自调查了几十天。我国历史上的史学家都十分重视资料的收集。司马迁就曾漫游祖国各地，"网罗天下放失旧闻，略考其行事，综其始终，稽其成败兴坏之纪，"从而"究天人之际，通古今之变，成一家之言"[4]，著成了《史记》，记载了传说中的黄帝到汉武帝3000多年的史实。方志学家章学诚也非常重视资料工作，他主张："著述譬如韩信用兵，而此类譬如萧何转饷，二者固缺一不可。"[5] 对以往的正史典籍"俱须加意采访"，"他若邑绅所撰野乘、私纪、文编、稗史、家

---

[1] 《资本论》第2卷第2版跋，人民出版社1975年版，第23页。
[2] 恩格斯：《卡尔·马克思〈政治经济学批判〉》，《马克思恩格斯选集》第2卷，人民出版社1972年版，第118页。
[3] 《列宁全集》第1卷，人民出版社1972年版，第121页。
[4] （西汉）司马迁：《报任安书》。
[5] （清）章学诚：《文史汇编·报黄大俞先生书》。

谱、图牒之类，凡可资搜讨者，亦须出示征收"，以便做到"博观约取"。① 事实上，以往的方志，凡是注重资料工作的，其流传就广，价值就大。

新方志比旧志书涉及的范围更为广泛，包括的内容更为浩繁，因而对资料的要求也很高。但旧中国没有给我们留下多少资料。正如毛泽东所说："中国幼稚的资产阶级还没有来得及，也永远不可能替我们预备关于社会情况的较完备的甚至起码的资料，如同欧美日本资产阶级那样。所以我们自己非做好收集资料的工作不可。"因为情况是不断地发展的，"任何国家的共产党也不能依靠别人预备的"材料。② 新中国成立后的有关资料，也因十年动乱而遭到严重损害。因此，资料工作更加重要，任务也更艰巨。要想编写出高质量的志书，必须用大量和足够的时间搞好资料工作。

第二节　资料的种类

章学诚说：地方志可以"补史之缺，参史之错，详史之略，续史之无"③。要做到对史补、参、详、续，使地方志成为一方之"百科全书"，需要有广泛的资料来源。究资料的种类，其大致可分为文字资料、实物资料和口碑资料。

一　文字资料

文字资料指以书面文字的形式存在的资料，它是地方志的重要资料来源。包括：

档案资料　档案是比较可靠的第一手材料，内容相当丰富而且全面，有的是盖有机关印信的公文原件，有的是当事人的亲笔手稿，或有亲笔署名与印信，还有的是原貌照片和原声录音，绝大多数档案系历史活动的原始记录，真实可靠，因此是修志最重要的资料来源。档案依据形成的不同历史时期分为现行档案、历史档案、旧政权档案3种。

---

① （清）章学诚：《修志十议》。
② 《毛泽东选集》第3卷，人民出版社1967年版，第749页。
③ （清）章学诚：《修湖北通志驳陈熷议》。

图书资料　图书是编史修志重要的资料来源。除各类史书之外，有关本地和相邻地区的多种版本的旧志书，是编修新志书，续修新方志必须收集的图书资料。此外，多种出版或未出版的传记、谱牒、年谱、游记、言行录、回忆录、文集等，载有大量关于当地的情况，可供选择或考证之用。

报纸杂志　报纸杂志所载资料也是历史活动的真实或曲折的记录。近现代的报纸、杂志，种类日益增多，登载了各地各方面的情况，其所记的时间、地点、人名等多较准确，可根据报刊目录索引等线索去查找摘选。

未入档的官方或公认的文字资料　如博物馆、纪念馆、文管会、图书馆、文化馆、展览馆、民政局、公安局、宣传部、工商联等单位大都有一定数量的未入档的文献资料。此外，各行各业的年鉴、同行业会刊、工商行业名录、职工名册、同乡录、同学录、纪念册以及有关经济部门存有的烫样、模型、蓝图、图表、技术说明书、产品说明书、预算等资料，也是极为珍贵的资料。

碑刻　各个时期的各种碑刻及其拓本本身就有很高的文物价值。而且碑刻涉及内容广泛，是编写地方志的珍贵资料。如贵州锦屏县1791年《四里塘婚俗禁勒碑》是研究当地婚俗改革的重要资料；位于石阡三佛洞、刻于清同治元年的李元度"忠义碑"，是李元度镇压石阡府荆竹园号军起义的历史记录。立于清乾隆年间的黔西县素朴乡四楞碑碑文痛斥赌博与迷信陋习，力倡"禁赌博""摒邪术"，是当地崇尚优良风尚的见证。

外文资料　鸦片战争前，许多外国传教士就从事间谍活动，搜集了我国各地特别是沿海各地的大量情报，也出版了许多图书报刊。随着帝国主义的入侵，外国人来华的不断增多，不少记述中国各方情况的资料书籍也不断增加。一些外文资料对研究各地的情况，对于编修地方史志都具有重要价值。如1935年瑞士人 R. A. 勃沙特在湘黔传教，被红二、红六军团收容，其后回国写了《神灵之手》一书，回忆了与红军一道的有关情况。1988年《贵州文史丛刊》对该书进行了译载，对研究红二、红六军团战史和长征经过的地县的史情都有一定参考作用。

私人著述和私人保存的资料　包括笔记、文稿、日记、书札、回忆录、调查记录等。这些资料不论已刊或未刊，其中不少对编史修志有较大价值，往往能够补充档案资料的不足，是应当十分注重收集和利用的文字资料。如咸丰、同治年间，成其济著《成其济年谱》、蓝廷玉著《邓家队平黔战事记》等私人著述是研究咸同年间贵州农民起义的宝贵资料。

二 实物资料

实物资料指具有资料价值的历代实物。有：

遗址、遗迹 遗址指已毁坏的年代较久的建筑物的所在地；遗迹指前人留下的具有历史意义的活动痕迹。这类资料能提供前人日常生活、社会活动、文化发展水平等有关情况。

文物 指遗存在社会上或埋藏在地下的历史文化遗物，一般包括：与重大历史事件、革命运动和重要人物有关的、具有纪念意义和历史价值的建筑物、遗址、纪念物等；具有历史、艺术、科学价值的古文化遗址、古墓葬、古建筑、石窟寺、石刻等；各时代有价值的艺术品、工艺美术品；革命文献资料以及具有历史、艺术和科学价值的古旧图书资料；反映各时代社会制度、社会生产、社会生活的代表性实物；反革命的历史罪证等。

现实实物 指现在存在的各种实物。这样的实物范围更为广泛。如新工艺、新产品、新设备、各种工具、各种建筑等。现实实物"时近则迹真"，内容真实且容易收集。

三 口头资料

又称"活"资料。指保存在当事者、知情人记忆中的和在群众中口头流传的资料。收集时最终要用文字记述下来。包括：一是活着的当事人或知情人对当代、现代历史事件或个人经历的追述。这种资料需抓紧采访。二是流传于民间的遗闻轶事和民间传说。"遗闻轶事"是指前代人遗留下来的传闻和将要失传的事实。"民间传说"是指人民群众口头上流传下来的关于某人某事的传说。三是民歌民谣及谚语、歇后语和讳语等。口头资料是方志编修的重要资料组成部分。这些资料往往更能反映社会的真实情况，是志书记述社会关系、反映人的精神面貌、写好普通民众的品格、业绩与形象，从而使志书更好地体现人民性的不可缺少的素材。

第三节 资料的搜集与整理

一 资料的收集

（一）搜集资料的基本途径

查阅档案、查阅书籍报刊、查阅外文档案与书刊、收集"活"资料、实地调查、广泛征集等是资料收集的基本途径。其顺序是"先活后死，先内后外，先易后难，先近后远，先急后缓。"基本要求：收集资料须取材要广，宁详毋略；挖掘要深，宁细毋粗；内容要全，宁多毋少。总之，收集资料时要尽量求全，不全不足以反映原貌，不全不足以辨明真伪，不全不足以体现其规律。所以，收集资料如韩信用兵，多多益善。"出门一把抓，回来再分家"，凡是有利于四化建设和教育后代的史料，凡是反映历史真实面貌的史料，都要收集。

1. 查阅档案。利用档案资料，在我国有悠久的传统。古代伟大史学家司马迁曾任汉朝掌管国家档案的太史令、班固曾任汉朝档案馆"兰台"令史，他们有机会利用国家保存的大量档案，是写出不朽历史巨著《史记》《汉书》的主要原因之一。档案是修志最重要的资料，应下力气收集。第一步，查阅本单位保存的文书档案，可以多集中人力，让查阅档案和清理档案结合起来。第二步，到档案馆查阅，本着"先近后远"的原则，按顺序先县、地，后省、中央级档案馆。中央级档案馆有：（1）中央档案馆（藏有党的革命历史档案和建国以来党政及各部委机关具有永久保存价值的档案）；（2）中国第一历史档案馆（藏有清代中央机关和一些地方机关的官方文书约900万件）；（3）中国第二历史档案馆（在南京，藏有国民党政府、北洋军阀政府、汪伪政府等中央机关和直属机关的档案）；（4）专业档案馆（如国防部的军事档案馆，地质部的全国地质资料档案馆，文化部的电影资料档案馆等）。查找档案线索可利用档案馆的各种检索工具，如案卷目录、重要文件目录、专业目录、全宗目录、专题介绍、专题片段等。查完档案后，要将某一范围内的档案资料汇集在一起，并经过考证整理，再行利用。

2. 查阅书籍报刊。书籍报刊，特别是记载本地区、本系统情况的书籍和本地区的专业性报刊，保存着大量有用的资料，是收集资料的又一重点。其方法是首先要明确所查内容载体书刊，然后再到相应的图书馆或单位查阅。除历史资料外，要注意利用现存的资料，如当地的人口普查、地名普查、土地资源详查、第三产业普查、工业普查、农业普查等资料，这些资料都编印成册，保存方便，使用可信。

3. 查阅外文档案和书刊。近代以来，我国遭到外国帝国主义的侵略，各国为侵略的需要，对许多地方的自然、经济、社会、风俗等进行详细调查。帝国主义侵略期间，也形成了许多档案和书刊。外文资料对了解当时本地的情况，外国对当地的侵略以及人民的反抗斗争等有重要价值。各地图书、档案馆都有一些外文资料，可充分利用其中已翻译的部分，未译部分可联系翻译校订等工作以为修志服务。如贵州省邮电局在进行邮电志编写过程中，就利用外文资料为修志服务。当听说贵州最早的邮局局长是外国人，便通过查找英文《喻令》书籍，知1906—1915年连续有4个外国人主持贵州邮务工作：纽满（英国人，1906—1910）、杜达（印度人，1910—1913）、卦特（意大利人，1913—1914）、巴尔金（国籍不明，1914—1915），接着通过查阅英文资料《通告》《邮政通告》，了解了贵州邮局的职工变替、工资变动、机构变迁、人员配备等情况。从目前来看，外文资料的利用还很不够，外文资料可以弥补中文资料的不足，应引起重视。

4. 采集"活"资料。采集"活"资料就是在所写内容未有文字材料的情况下对在世人物所进行的专项事件采访。不但向多方面的当事人、知情人、见证人采访，还要采访进步人士，也要采访当时的敌对人物，还要访问当时的其他当事人和知情人。其方式主要有三种：一是请进来，举行小型座谈会；二是走出去，登门采访；三是请其撰写回忆录。其中较多使用的是第二种。采集"活"资料要注意：一是要作充分准备（了解线索、排队摸底、采写提纲），以免盲目乱跑，浪费人力和时间；二是注意做好宣传解释工作，以解除被采访人员的某些顾虑，以获得对方的支持；三是采访前如有可能应预先通知被采访者，使之有所准备，采集"活"资料，要用历史唯物主义与辩证唯物主义的方法，去伪存真，综合归纳，提精撮要。

5. 实地调查。实地调查能获得第一手资料，是收集资料的重要途径。明代地理学家徐霞客用几十年时间考察各地山川，足迹所至，北到燕晋，南至云贵、两广，调查得到的宝贵资料汇集成具有重要科学价值的地理学名著《徐霞客游记》。方志记本地区的地理、历史现状等内容，许多资料更须通过实地调查获得。因此，"在资料工作中，既要重视文献资料，又要注重社会调查。地方志是以资料取胜，就更要为后人保存能反映真实面貌的宝贵资料。文献档案是重要的，但不等于资料的全部，也不是绝对准确。有些文献档案缺乏，更需要作社会调查、实地考察"①。调查的内容

---

① 1992年《全国地方志工作协作组第三次工作会议纪要》，《宁夏史志》2002年第2期。

主要有：古建筑、古墓葬、古遗址（注意其时代特点和风格，核对文字记载是否正确）；革命遗址、碑刻铭文（注意弄清年代和背景）；风俗习惯（注意其特点、形成原因，搜集有关传说）；特产（注意其历史、发展、现状、特点及其原因）；民歌民谣（注意产生年代、阶级属性），方言（注意语音、词汇、语法的特点，探索其规律）等。在进行实地调查时，应借助照相、绘图、录音等现代科技手段予以配合，以获取实物资料。

6.广泛征集。在组织专职人员集中力量收集资料的同时，还要发动广大群众的基层单位提供资料。其方式主要有四：一是发布文告征集；二是布置所属重要单位写志；三是印发调查表；四是发动知情者提供资料。

（二）搜集资料的具体方法

第一，全文复印或抄录。尽可能的征购有价值的孤稀文献文本。

第二，摘要抄入卡片。按一事一卡的原则直接摘要抄入。卡片表头内容有：分类、编号、资料题目、资料种类、保存单位、原馆藏编号、原文题目、著译者、卷、期、册、页、形成年代、出版时间、被采访人、性别、年龄、学历、职务、单位、住址、采访人、摘抄人、摘抄日期、摘抄内容等。卡片规格要力求一致，以便于管理和利用。

第三，采访记录。采集"活"资料，不论是开座谈会还是个别访问，都要作好记录。记录要全、要忠于原义、并用讲述者的语气，要及时整理誊清，交讲述者审阅签字。也可请讲述者写成材料。在采访记录表头上，要注明被采访人姓名、性别、年龄、学历、职务、单位、住址、采访人、采访时间等。

第四，考察记录。实地考察要随时将调查的情况和测量的数字记录下来。古建筑可绘图、碑刻铭文可拓片、拍片和抄录文字。拍摄古迹或名胜照片，应写清楚详细地址及说明。

在搜集资料的过程中，要做到：事先根据志书篇目制定搜集资料提纲，做到目的明确，心中有数；二是要坚持采编结合，边搜集，边整理、编写，以熟悉和掌握资料情况；三要注意资料搜集的深度、广度。在搜集的资料中要能看清事情的来龙去脉，前因后果，统计数据齐全不漏；残缺不全的资料要尽量完整，点面结合的资料要恰当安排。四是要注意搜集资料的灵活性。

二 资料的整理

资料工作的一个重要环节，就是坚持整理工作。搜集到的资料，有文献资料、实物资料和"活"资料，内容纷杂，形式各异，必须进行科学的、及时的整理。如不坚持科学的、及时的整理，就会出现下列问题：同一件事，这个抄了，那个又抄，出现重复劳动；二是同一史实，这个这么记，那个那么记，没有及时梳理，矛盾百出，给编写带来困难；三是编纂人员心中无数，不知哪方面比较扎实，哪方面比较单薄需要补充。因此，必须重视资料的整理工作，坚持将所搜集的资料分门别类地登记分类，进行科学的整理。没有对资料科学的整理，就不能进行鉴别分析，得出科学的结论，更不能为编修志书提供资料汇编、长编，从而影响修志工作的进行。

（一）资料整理的一般步骤和方法

1. 编号登记 资料收集后，首先要按先后顺序编号登记。登记方法主要有三种：一是建立《文献资料登记簿》，内容包括顺序号、资料名称、编纂者、出版时间、资料来源、提供或摘抄人、资料种类（书籍、报刊、档案、账簿、合同、契约规章、手稿、书信、日记等）、备注等。二是建立《实物资料登记簿》，内容包括顺序号、资料名称、发现时间、地点、提供资料者姓名、单位、住址、实物种类、应付报酬、备注等。三是建立《口头资料登记簿》，内容包括顺序号、资料名称、被采访人、性别、年龄、职业、住址、采访人、采访时间、采访地点、资料种类、备注等。如有条件在备注栏内要写明资料的价值、可靠程度，是否已经鉴别等，以供以后考证和利用时参考。

2. 建卡归类 在整理资料时，要严格按照一事一卡的原则，按规定篇目或项目格式填写或制作卡片。若原一张卡片记两件或几件事的要分开。全文复印或抄录的，若有必要，也按一事一卡原则进行整理。卡片建立后，要将之分别归入基本篇目的类别之中，便于采摘利用。例如，1958年5月29日，国务院（58）议字第92号批复，将贵定等四县从安顺专区划归黔南布依族苗族自治州。建卡类别：建置沿革；摘自贵定县档案馆1958年卷第38号第125页。

3. 编列代号 根据各种需要编制各种代号，通常是用"篇目分类号""主题年代号""资料种类号""登记流水号"等几种方法。

篇目分类号：系根据编写提纲或调查提纲的篇、章、节、目进行排列，即每张卡片所摘资料的主题性质和内容，用代号在卡片上标明其所在的篇、章、节、目。

主题年代号：按资料的主题所反映的事件或人物年代，标明于卡片的规定位置。

资料种类号：按资料的形成和种类用代号以汉语拼音，即图书为A、报纸为B、期刊为C、档案为D、口碑为E等——注明。

登记流水号：按每张卡片的先后顺序，将制卡时间标明。

4. 制定"资料整理、使用、保管"方法　为避免资料收集后人人自据、分散易失、使用不便、管理混乱等弊端，方志机构应适时制定资料的整理、使用和保管方法，使资料整理有规范，使用有制度，管理有条理。

（二）编辑专题资料

资料经过科学整理后，须将其进一步加工为专题资料。汇编专题资料要采用撰著体的方法，运用马克思主义观点统帅资料，记载某项事业起伏、盛衰、消长、更替的过程，剖析事物之间的内在联系和因果关系，从而揭示事物发展的规律。根据各种资料提炼加工的专题资料，一般说来，它已失去了资料的原始性，但不失原资料的原意，能给人以明了的感觉，从而对人们有所启示和借鉴。汇编专题资料，能够挖掘出各类史料，找出资料的薄弱环节和矛盾错讹从而有利对资料的补充、丰富和订正。同时就订正的角度而言，它可以变少数人鉴别资料为大多数人鉴别资料，起到"抛砖引玉"的作用，使资料搜集工作向纵深发展。

汇编专题资料应注意下列问题：第一，搜集资料应比较丰富、完备。如果手中没占有大量的第一手材料，就不可能写出高质量的专题或完备的专题。第二，注重选择典型题材。撰写专题资料的内容要有所选择，撰写时要选择那些价值大、人们共同感兴趣的题材，应选择充满矛盾和斗争的重大事件，选择具有时代特征、有重大历史影响、能反映事物本质、揭示事物规律的典型事例；第三，要围绕篇目做文章，不要脱离篇目漫无边际地搜罗与修志无关的资料。撰写专题资料时，一定要紧密地围绕篇目进行。同时，通过专题资料的撰写，可以发现、挖掘更宝贵的资料，进一步完善篇目，使篇目体现出重点、特点，增添志书的思想性、科学性和可读性。

（三）整理资料长编

所谓资料长编，就是在比较系统、全面地占有资料并经过初步整理分类、选择上卡和考订核实之后，按照志书篇、章、节、目，对资料进行纂辑，以完成从资料收集到志书试写的过渡。它是由地方志自身的科学性、资料性所要求的，是资料整理工作的最后形式，是志书的雏形，具有半成品的性质。

资料长编整理的基本程序为：

第一，梳理资料。将上卡资料，按收集的资料的篇目或志书篇目初稿分类，使上卡资料"归位"，如有的在篇目里找不到"位子"，编者应按这些资料的性质，分门别类将其划开，新立"门户"，安排"位子"。

第二，排列资料。章、节、目、子目里的资料一般按资料形成的年、月、日的顺序排列。或者将内容有因果关系的资料编在一起，以表明事物的因果关系和发展变化。

第三，长编试写。一般试写长编按汇辑型、纂辑型进行。汇辑型，即对资料文字不进行加工，基本上照抄上卡资料，是资料长编的初级形式。纂辑型，即对资料文字粗略加工，初步消化资料，是资料长编的中级形式。这两种形式，每处理完一卡资料后，均应在其下注明资料名称、作者、资料来源，有的还须注明资料形成日期，以备编者自己查对资料、编写志稿和主编审查。在编写过程中，有时遇到上卡资料查阅完毕，尚有部分资料还未到手，可以先将资料收集齐全的章节目进行整理。资料未全而有待补充的，应留下空白，并注明需要补充的资料，以待重新收集后补入。

第四，长编处理与收尾。资料长编试写完以后，不应马上进行修改或作他用，应作"冷处理"。因为经过一段时间的停顿，编者原先建立的定型概念和条件反射淡化，这样，修改起来既较客观又比较容易反映问题，使修改达到满意效果。长编修改完后，要将稿纸和资料卡片递交主编和编委会审查，以便进一步勘误、考订和补充新资料。这时的资料整理结果是长编的高级形式。

资料长编体裁要符合纂辑型，要使资料由分散变系统，由孤立呈联系，由躺着变立起。其行文要符合志体，质量与志稿大体一致，即观点要正确，体例要完备，结构要合理，文风要朴实，特点要突出。长编的规模大致为原始资料的30%，为志稿的3—5倍。

三 资料的鉴别、考订

"志属信史",选用的资料必须真实可靠。"一字不真,满篇皆疑",不可靠的资料是不能入志的。但搜集到的资料,有真资料,有假资料,有的真中有假,有的假中有真,鱼目混珠,泥沙俱下。决不能搞"拿来主义",要警惕那些伪造的历史资料。恩格斯指出:"资产阶级的本性,它生存的条件就是要伪造一切商品,因而也要伪造历史。"① 因此,使用资料一定要选择,要辨真伪,"择优而用""择真而用"。这就要求必须用辩证唯物主义和历史唯物主义的观点,对搜集到的资料通过分析、对比、印证,做出必然的结论,以达"去伪存真,去粗取精",获得翔实可信的资料。

章学诚就很重视对资料的鉴定,主张"旁推曲证,闻见相参,显微阐幽,折衷至当。要使文成法立"②,要"持公核实"③。存真求实是史志工作者共同遵循的原则和必须具备的史德。认真鉴别和核实资料,成为史志工作者编史修志所必须进行的重要工作。刘侗、于奕正在编写《帝京景物略》时,"景一未详,裹粮宿舂;事一未详,发箧细括;语一未详,逢襟捉间;字一未详,动色执争"④。朱彝尊在编写《日下旧闻》时,"昼则历郊野,摩碑碣,问父老,断字卮言,悉经掌录。夕则篝火散帙,驰骋古今,务使闻见两无所遗而后愉快"⑤。或者"时时延访遗老,质问逸事,或摩拓残碑碣,攀崖附涧,侧足重茧不惮困"⑥。郭沫若也十分重视资料的鉴别工作,他说:"无论任何研究,材料的鉴别是最必要的基础阶段。材料不够,固然大成问题;而材料的真伪或时代性如未规定清楚,那比缺乏材料还要更加危险。因为材料缺乏,顶多得不出结论而已;而材料不正确,便会得出错误的结论。这样的结论比没有更有害。"⑦ 1962 年,郭沫若曾在海南岛爬上 200 多米高的崖城南山岭,实地考察"海山奇观""天涯"等几处石刻,勘正了"天涯"石刻系苏东坡所书(实为雍正十一

---

① 《马克思恩格斯全集》第 16 卷,人民出版社 1964 年版,第 573 页。
② (清)章学诚:《和州志·列传总论》。
③ (清)章学诚:《州县请立志科议》。
④ (明)于奕正:《帝京景物略·序》。
⑤ (清)高士奇《日下旧闻·序》。
⑥ (清)王原:《日下旧闻·序》。
⑦ 《郭沫若全集·历史编·第 2 卷·十批判书》,人民出版社 1982 年版,第 3—4 页。

年程哲所写）等多处错误，并校正了《涯州志》中的多处错讹。新方志的编修，特别强调资料质量，要求资料必须"经过鉴别、考证、核实、时间、地点、人物（单位）、事实、数据等准确"[1]。归结鉴别、考订资料的方法，主要有以下方面：

第一，排比对证、分析，即进行书证。在占有丰富资料的基础上，将记载同一时间、地点和同一事物的各种资料集中在一起，进行认真的排比对证，分析研究，以判断资料的真伪；对其他资料，找出记载不一致的地方，排出鉴别考订的重点，以便有计划地进行考辨工作。

对文献资料的排比对证，分析研究，一般应遵循的原则有：图书资料和档案资料有矛盾时，应以档案资料为准；内部资料和外部宣传报道资料有矛盾时，应以内部资料为准；距历史事件发生地点近、时间近的资料和距历史事件发生地点远、时间远的资料有矛盾时，应以地点近、时间近的为准；当事、主管人提供的资料和参与者提供的资料有矛盾，应以当事人或主管人提供的资料为准；亲身经历者的资料和旁知者的资料有矛盾，应以亲历者的资料为准；第一手资料与第二手资料有矛盾，应以第一手资料为准；统计数字不一样，应以统计局的数字为准。在鉴别中，如只有第二手、第三手资料，要尽力寻找第一手资料；只有正面资料的，要找反面资料；单有口碑资料的，要尽力找文字资料核对。要搞立体资料，做到孤证不立。在排比对证、分析以鉴别资料的过程中，必须自始至终坚持严谨的实事求是的原则和态度。

第二，进行调查、考察，用实物资料进行考订、核实，即进行物证。个别史志工作者在进行资料工作时，忽视调查、实地实物考察，常停留在文字资料的分析对比上，以书考书来确定史实的真伪程度，其结果往往造成史实的不真、错漏、讹误。因此，我们对资料的鉴别、核实，不能仅靠对资料的排比对证和分析研究，必须重视调查访问和实地实物的考察工作，用实物资料考订事实。因为实地调查、考察很容易发现文字记载和口头传说中的错误之处。即使资料正确，通过实地考察，增添实际感受，加深印象，有助于志稿写得更准确、生动。实物资料真实可靠，用它来考订文字和口碑资料，具有权威性。特别是关于各行业过去的产品、生产工具

---

[1] 中国地方志指导小组：《地方志书质量规定》，2008年9月16日，见中国方志网 www.difangzhi.cn。

以及工艺水平等，实物资料比文字资料更为准确，更有说服力。所要说明的是，为保证实物考订的准确性，对实物，特别是出土文物，要经过有关部门或专家鉴定方才使用。

第三，通过知情人和各界人士进行核实，即进行人证。核实资料工作是一项复杂的科学研究工作，贯穿于搜集资料和编纂、审稿验收过程的始终。既需要边搜集边考核，又需要在搜集完备之后，集中进行考订，还需要边编写志稿边进行核实，同时又由于资料的丰富性和复杂性，故只靠少数修志人员的努力是不够的，必须广泛征求社会各阶层人士的意见，特别是让众多的知情者和熟悉本行业的专家、学者、领导干部参与这一工作，才能进行细致、全面的考核，得出比较符合实际的结论。从实践来看，对资料进行人证的主要方法有：①将资料汇编、长编、志书初稿印发有关部门，由该部门重点审核与本部门业务有关的部分；②将汇编、长编、志稿送给知情者和有关人士，请他们核实所熟知的部分，特别是亲身经历过的事件史实；③召开座谈会或登门采访或寄稿求实的方式征求意见；④举办志稿评议会、评审会，约请有关专家、学者、领导"会审"。

第四，用推理的方法进行考订。有些资料不需要用其他资料对比论证。只用推理的方法，找出矛盾进行分析，就能判断真伪。例如，关于诸葛亮的故居在何处，有两种说法，一说在湖北襄阳隆中，一说在河南省南阳市。哪种正确呢？用推理方法进行分析就不难发现：今南阳市地方属宛县，又称宛城，时在曹操的管辖之下。诸葛亮已有些名气，若隐居于此，曹操怎能放过他？刘备又怎敢到那里"三顾茅庐"？所以南阳之说是不合逻辑不合情理的。诸葛亮在《前出师表》中说的"躬耕于南阳"，指的是南阳郡，当时隆中属邓县，邓县属南阳郡。因此，关于诸葛亮故居的两种说法，以湖北隆中说为对。

第五，要用阶级分析的方法进行鉴别。编志所用的许多历史资料，来自社会的书刊、档案，深深打着阶级烙印。不少资料充满着封建统治阶级对劳动人民和革命斗争的诬蔑，以及对他们本阶级的歌功颂德和吹嘘。对于这些，修志工作者应有清楚的认识，要注意用阶级观点去进行分析。

第六，对资料进行若干技术性的鉴别和考核。包括从鉴别原始史料出发，从保存经过和流传过程来考核真伪；从制作史料的原料和技术来鉴别史料的真伪；从史料的行文格式、思想主题及其变化是否合于当时当地的制度、规定来考核史料；从史料印章的样式、尺寸、花纹、字体、文字内容的变化来鉴别真伪；从史料的字体、文体变化进行考订；用理证的方法来进行鉴别等。

第四节　资料的利用与管理

一　资料的利用

资料经过认真的鉴定核实以后，必然会筛选出大批可靠资料。诸如背景资料、叙事资料、表时资料、系人资料、记数资料、地理资料、考证资料、图照资料、声像资料等等。如何把这些材料利用好，是关系到编纂史志成败的一件大事。因此，一定要按马克思主义的立场、观点，客观地、全面地选用材料，力戒单凭个人好恶任意取舍资料，为了个人名利，抢先发表资料。为充分利用资料资源，发挥资料资源的作用，尚有如下几方面需要引起注意：

第一，使用资料时，应以篇目为基础，但又不要完全受篇目的限制。通过对资料的筛选使用，不断完善和扩大篇目，以便更好地录用资料，编纂成稿。

第二，要努力地优化资料。要尽量使入志资料达到具有完整性、系统性、科学性、贯通性、真实性和可读性。优化资料可采取从广征博采上优化，从求实存真、准确表达上优化，删繁就简、交叉重复上优化，从凝聚提炼、精筛慎用上优化，从联系贯通上优化，注释上优化等。

第三，使用资料要严格做到：按"内容求详、取材求精"的要求详略比例，确切得体，排比得当，把最典型、最能够说明问题的资料编排进去，以加添志书的资料质量力度。

第四，使用资料一定要坚持实事求是原则。作为史志工作者，对各方面问题，正反两方面的问题，都要求对反映它们的资料作深入的、全面的分析和研究，把握事物的主流和问题的实质。不能抓住个别资料、个别问题、个别现象，不作具体分析，不研究各方面的联系，有闻必录或以偏概全，作片面理解。真正做到"秉笔直书"，寓观点于事实的记述之中，让资料说活。

第五，利用资料，要建立整套使用资料制度，确保资料的有效使用率和资料的不缺不损。

二 资料的管理

资料是编修地方志的基础,它的有无、多少、是非、正误、真伪是决定方志质量的重要条件。资料的搜集、整理、鉴别、使用、保管、再积累、再使用等是编史修志工作中的重要环节,是环环相扣的一条长链,它不仅贯穿于地方志编修的始终,而且作用于成书之后,是旧志、今志、后志连续无休止的工作过程。资料是把历史、现实、将来,把旧志、后志相连接起来的金链条。

资料收集与鉴别整理是修志工作中投入人力最多、花费时间最长、牵扯精力最大的工作。资料具有连续性、成果性、开发利用的多样性等特征。它是国家的、人民的,它的使用是社会化的。随着志书的编就出版,地方志资料的管理就应提到重要的高度,引起特别的注意。对此,1992年全国地方志工作《会议纪要》指出:"在修志过程中搜集的丰富地情资料是宝贵的财富,是修志部门优势和实力的体现,它来之不易。各单位要配备相应的力量,认真保管,科学整理,合理使用,决不能任其散失或转移。"2007年中国地方志指导小组《关于第二轮地方志书编纂的若干意见》,要求在要"强化地方志资料建设",要"加大依法收(征)集地方志资料力度,建立和完善地方志资料收(征)集、保存、管理制度,推行地方志资料年报制度并形成常态机制;运用社会调查、口述史等方法,大力拓展资料收(征)集范围和渠道,建立能够全方位适应地方志编纂、地方志事业发展和方志文化建设需要的地方志资料保障机制"[1]。具体做到:

第一,建章立制,实现地方志资料的规范化管理。没有丰富的史料,也就没有文化的源泉;没有可靠借鉴的资料,也就没有当代的信息作用。资料"赅备无遗",就可以达到如章学诚说的"撰述欲其圆而神,记注欲其方以智"的高水平。方志资料与志书一样是一笔服务当代、惠及子孙的十分珍贵的文化财富,它是聚众人之力、集众人之智的艰苦劳动成果,决不能对之散乱置放或分散管理、据者私存。应建立健全资料立卷归档制度和管理规章,加强领导,专人负责,明确责任,切实实施,确保地方

---

[1] 中国地方志指导小组:《关于第二轮地方志书编纂的若干意见》,2007年11月28日,见中国方志网 www.difangzhi.cn。

资料统归国家所有。"任何人不得利用收集、整理、使用及保存资料的方便，把国家花费大量人力物力得来的资料，隐藏或分散，甚至公开拿走，据为私有。"① 确保方志资料的制度化、规范化管理。

第二，加强方志资料的整理、利用。在修志过程中形成和积累的大量资料，内容丰富，种类繁多，管理分散。一般来说，方志资料的入志率仅占其20%—30%左右，而大部分未入志的资料同样具有较高的保存利用价值。认真整理和保存这些资料，既可直接为社会提供服务，以充分发挥资料的作用，又可直接积累资料和为下届修志提供借鉴、经验。方志资料的整理应根据档案管理的规范化要求来研究整理的内容（如按方志专门资料、方志图书资料、方志文书资料分类进行），确定整理的方法（如按确定分类方法，进行鉴定整理，组卷归档进行步骤操作）。在利用上主要有搞好方志资料馆（室）建立建设，奠定服务基础，创造利用条件；编辑检索工具书，方便各界人士查阅；编纂专题资料，建立地情信息中心，服务两个文明建设；纂集资料长编，提供研究素材并准备续志资料。

第三，注重方志资料积累的连续性。连续性是地方志的固有特性，不仅表现于地方志的代代相继，连续编修，而且还表现在它所体现和反映的新的时代性和科学性。一届志书的终结，就是下届志书续修的发端。在当前，科学技术已作为第一生产力而强有力地推动着社会的发展进步，它要求志书续修在吸取本届修志的经验教训基础上加快速度，缩短周期，尽可能快速地、高质量地记述时代的发展变化。这就要求方志工作者在认真总结并吸取本届修志资料收集的经验教训的基础上，提高对资料积累连续性和必要性的认识，增强连续积累资料的自觉性和主动性，采取措施，编纂地方年鉴和大事记，编制资料目录索引，及时收集、整理各种载体形式的现实资料。同时增添与有关部门的资料协作关系并力求资料手段的现代化，进行电脑微机建设，强化方志资料储存、检索和咨询服务的功能。"资料工作连续性强，修志有间隙，但资料工作不能中断。"② 方志资料连续性的积累，是使修志工作良性循环，地方志事业持续健康发展的有效途径之一。

---

① 陈福桐：《地方志资料应统归国家所有》，载《贵州省地方志协会首届论文选辑》，1992年内部印行。

② 《全国地方志资料工作协作组组长会议纪要》，《中国地方志》1991年第5期。

第八章　方志功用与读志用志

"资治、存史、教化"是我国学者对方志功用的传统表达,"存史、咨政、育人"① 为新方志功用的集中体现。古今修志的目的,在于实现志书的功用,体现志书的价值。而其实践策略、实现路径就是要"坚持修志为用",在于"发挥地方志资源优势,全面提升开发利用水平;拓宽用志领域,提升服务大局能力,为党政机关、社会各界和人民群众服务;加大宣传力度,提高全社会读志用志水平"②。

第一节　方志功用

一　旧志功用表述

"功用"一词,指功能、效用之意。《韩非子·外储说左上》:"人主之所言也,不以功用为的,则说者多棘刺白马之说。"方志功用是指方志文献本身所具有的功能、作用。

关于方志的功用,早在《周官》中就已述及,认为"职方氏掌天下之图,以掌天下之地,辨其郡国、都鄙、四夷、八蛮、七闽、九貉、五戎、六狄之人民与其财用、九谷、六畜之数要,周知其利害,乃辨九州之国,使同贯利"③。"土训掌道地图,以诏地事。"④ 之后,方志功用探讨不断深入。东晋常璩在所著的《华阳国志》序中说,编志有"五善",即"达道义,章法式,通古今,表功勋,旌贤能"。明确提出编纂《华阳国

---

① 中国地方志指导小组:《关于第二轮地方志书编纂的若干意见》,2007年11月28日,见中国方志网 www.difangzhi.cn。
② 国务院办公厅:《全国地方志事业发展规划纲要(2015—2020年)》,2015年8月25日,见中国方志网 www.difangzhi.cn。
③ 《周官·夏官司马下》卷八。
④ 《周官·地官司徒下》卷四。

志》就是为了"资治"。唐刘知几对秦汉以来的方志功用有一个总的评价，他说："郡书者，矜其乡贤，美其邦族，施于本国，颇得流行。"认为地理书主要在于"足以明此一方"之土宇、山川、物产、民俗，以供世人参考、利用。关于都邑簿之功用，刘氏认为较两种意义更大，主要在于可辨都城规模，明其制度，以供后人借鉴，即"帝王桑梓，列圣遗尘，经始之制，不恒厥所。苟能书其轨则，可以龟镜将来"[1]。

宋、元时期方志基本定型，大规模的修志实践提升了对方志功用的认识。董弅《严州图经》序曰："（方志）抑使为政者究知风俗利病，师范先贤懿绩；而承学晚生，览之可以辑睦而还旧俗；宦达名流，玩之可以全高风而励名节。"马光祖《景定建康志·序》具体阐述了方志的作用："忠孝节义，表人材也；版籍登耗，考民力也；甲兵坚瑕，讨军实也；政教修废，察吏治也；古今是非得失之迹，重劝鉴也。夫如是然后有补于世。"强调志书的资治、教化作用。元代志家明确提出志书应与史书同具资鉴作用。欧阳玄《钤冈新志》序指出："郡县之图志，何为而作也？国有贤守令，犹家有贤子孙，守令保图志以治分地，子孙保关券以治分业，能治其所有，即为贤矣。"杨敬德《赤城元统志》序云："著星土，辨缠次，而休咎可征矣；奠山川，察形势，而扼塞可知矣；明版籍，任土贡，而取民有制矣；诠人物，崇义节，以彰劝惩，而教化可明矣。"

宋元祐进士、庐州及扬州太守郑兴裔是宋、元时期方志功用理论探讨的集大成者，他先后主修《合肥志》《广陵志》，认为方志主要有三大功用：其一为存史，即"郡之有志，犹国之有史，所以察民风，验土俗，使前有所稽，后有所鉴，甚重典也。"其广博的内容和系统的记述，可使人"身虽不下堂阶"而一地大概皆"恍然在目"[2]。其二为资政。他认为，一地有志书，则"郡之中所为山川之广袤，守得而考之；户口之登耗，守得而询之；田畴之芜治，守得而省之；财赋之赢缩，守得而核之；吏治之臧否，守得而察之；风气之贞淫，守得而辨之。守之奉命而来此也，所以上报天下，下顺民情者綦重矣。夫事不师古宜今，而欲有为，譬之闭门造车，未见其合，志曷可废乎？"[3] 其三为教化，郑氏认为，方志

---

[1] （唐）刘知几：《史通》卷十，杂述三十四。
[2] （宋）郑兴裔：《广陵志·序》。
[3] （宋）郑兴裔：《合肥志·序》。

载当地"嵩岳降灵,勋名成于仕宦;山川毓秀,贤声著于乡邦;千秋之俎豆增光焉。若夫遇名山而歌咏,掷地金声;历馆阁而抒辞,光天藻彩;邹、枚、鲍、庾之徒,赫赫在人耳目也。他如椒股砥纯孝之行,断指凛冰霜之节,可以立懦廉顽,风兹百世,旌庐表墓。"① 较为系统地表述了方志"资治、存史、教化"三大功用。

明清时期,随着封建社会方志的普遍编修与走向鼎盛,方志功用研究更加活跃,看法也较为复杂多样。明代李登认为:"志有三要焉,一曰经政,二曰观风,三曰考艺。"② 周瑛则指出方志功用为"修政立事,济人利物,移风易俗。"③ 清代,李懋仁认为志书对理政、观风、治史、著述、教化等皆有功用,即可使"为政者知其务,观风者采其俗,作史者核其实,立言者缀其文,尚友者论其世。"④ 李绂则主要从资治和教化上强调志书功用,认为方志"庶几上稽前世,下协人情,藉资兴革,实关治道。"⑤ "以治以教于是焉考,使人生今世而知往古,不出户而知天下。"⑥ 清代中期地理派、历史派论战双方的代表的方志功用观各有侧重,戴震认为方志是辨明及载述当地"地名、山川、故城、废县,以及境内之利病",以供后人参考。⑦ 章学诚则从"方志乃一方之全史"观点出发,认为方志的功用一为经世致用,主要用于当世,"求其实用"而"非示观美";二为教化,认为"史志之书,有裨风教者,原因传述忠孝节义,凛凛烈烈,有声有色,使百世而下,怯者勇生,贪者廉立。"⑧ 三为存史,方志为修国史提供材料,即"史部要删""史部取裁"之用。认为"方志虽小,其所承奉而施布者,吏、户、礼、兵、刑、工,无所不备,是则所谓具体而微矣。国史于是取裁,方将如《春秋》之籍,资于百国宝书也。"⑨ 清代更多的学者主要从资政角度出发论述方志功用,如李奉翰在《永平府志序》中强调方志功用为"辅治",他说:"吾闻一代纲纪之所

---

① (宋)郑兴裔:《广陵志·序》。
② (明)李登:万历《上元县志·后序》。
③ (明)周瑛:弘治《兴化府志·序》。
④ (清)李懋仁:雍正《六安州志·序》。
⑤ (清)李绂:《查取图册资诹利弊檄》,见《穆堂别稿》卷四十七。
⑥ (清)李绂:雍正《余庆县志·序》。
⑦ (清)戴震:《应州续志·序》。
⑧ (清)章学诚:《答甄秀才论修志第一书》。
⑨ (清)章学诚:《方志立书三议》。

立，德泽之所被，以及人物之兴替，守令之贤否，能详史册之所未详，使贤者观兴起，得以因地制宜，因民善俗，则皆于是志赖焉。是志者，因辅治之书也。"李兆洛认为编修方志应为政治服务，"志者，心之所志也。志民生之休戚，志天下之命脉，志前世之盛衰，以为法鉴也。志异日之因革，以为吁吁也"①。

民国以后，有关学者对方志功用的认识更加深入。方志学家寿鹏飞认为方志乃"补郡国利病之书"，功用在于"正人心，敦风尚，明正谊，垂治规；究兴衰之由，陈利弊之要，补救时政之阙失，研求民生之荣枯。……是为治理之龟镜。"② 具体地表述了方志功用主要在于资治。黎锦熙在其《方志今议》中认为方志有四大功用，即：科学资源、地方年鉴、教学材料、旅行指南。李泰棻在所著《方志学》一书中，对方志功用作了专门论述，认为方志总的功用是"记载及研究一方人类进化现象"。方志横向展示一方自然、社会之全貌，具体功用有七条：一是各地社会制度之隐微、递嬗，不见于正史及各书者，往往于方志见之；二是历朝人物应入正史而未列，而以今日眼光视之，其人靡重者，亦往往见于方志；三是历代遗文轶事，赖方志以存者甚多；四是地方经济状况，如工商各业、物价、物产等，其变迁多见于方志；五是建置兴废、文化升降可从方志中窥见；六是古迹、金石，借方志可补正史文字之缺遗；七是氏族之分合、门第之隆衰，可借方志与他史互证。③

1949年后，学术界对旧志功用的认识，在总结上更为系统和深刻。金毓黻在1956年5月《新建设》上发表的《普修新地方志的拟议》中，认为"我国富有内容之历史文化遗产，数量至巨，而地方志居其一。其地位及价值之重要，仅次于国史。"地方志记载的内容，"已为国家建设供作重要参考"，"皆足以丰富国史内容，而成为必备之科。"朱士嘉于1979年撰文指出：方志功用主要表现在可为基本建设提供参考；可为社会主义农业的全面发展提供借鉴；可为中国科技史的研究提供资料；可按时代、地区、人物编成各种资料丛书，为历史科学研究补充史实；可编写中外友好往来史，为促进中外友好和文化交流服务；可编写乡土教材等六

---

① （清）李兆洛：《怀远县志·序》。
② 寿鹏飞：《方志通议》，转引自黄苇主编《中国地方志词典》，黄山书社1986年版，第324页。
③ 李泰棻：《方志学》，河北人民出版社1990年版，第15页。

个方面。① 张舜徽从文献学研究角度对方志的功用作了论述,认为"方志的价值不但与国史相等,其作用往往比二十四史、九通之类的书籍还要重要得多。二十四史、九通之类是以历代王朝为中心,只是记载有利于维护统治与服从的社会秩序的事实和言论而丝毫没有注意到平民的生活与活动。……至于方志,便以社会为中心,举凡风俗习惯,民生利病,一切不详载于正史内的,都藉方志保存下来了。其中如赋役、户口、物产、物价等类记载,最为可贵。……在今天而欲研究过去广大劳动人民受压迫剥削的严重情况,方志实是最重要的资料源泉。至于方言、风谣、金石、艺文诸类,可为史部考证之用,更显示出方志的重大价值了。"② 1982 年,史继忠在《方志浅谈》③ 中认为,旧志的功用可概括为 10 点:一为"巨细无遗,以为国史要删";二为"周知厉害,以立一代纲纪";三为"详审山川,以决攻守之略";四为"备载方物,以筹国计民生";五为"登列丁亩,以定一方赋税";六为"博采风情,以利因地制宜";七为"考核典章,以知政治兴替";八为"著录政绩,以察官吏贤否";九为"彰善瘅恶,以裨社会风教";十为"广征诗文,以见文化升降"。董一博1983 年在洛阳召开的全国地方志规划会议上,总结方志功用表现为十二个方面:一为"巨细毕载,一方全史";二为"利弊治乱,鉴往知来";三为"山岳湖河,形貌尽收";四为"人丁田亩,丰歉有记";五为"风土民俗,因情施教";六为"方物矿产,规划民生";七为"典章制度,识辨政绩";八为"人物贤否,彰善瘅恶";九为"贫困灾患,兴革有则";十为"史删记误,拾遗补阙";十一为"诗文碑刻,文物教化";十二为"年鉴资料,志忘备征"④。

从上可知,方志在长期的发展过程中,逐步形成了"资治、教化、存史"的价值功用。这一功用经古今学者的理论探讨,已形成共识,达成共感。可以说,"资治、教化、存史"是客观上、总体上古今学者对旧志功用的概括和总结。

---

① 朱士嘉:《中国地方志浅说》,载《文献》1979 年第 1 期。
② 张舜徽:《中国文献学》,中州书画社 1982 年版,第 209 页。
③ 史继忠:《方志浅谈》,载《贵州文史丛刊》1982 年第 1、2 期。
④ 董一博:《动员起来,编修新方志》,载 1983 年《方志文稿》第 3 辑。

二 新志功用探讨

我国方志界大多数学者都认可新方志的功用可继续沿用"资治、教化、存史"的概念,认为这"六字"可以概括新方志的社会功能。但在修志实践与理论探讨中,有少数人认为"资治、教化"两个词有明显的时代痕迹和阶级性,现在再用它来概括新方志的社会功能,显得不妥。因之,有人提出新编方志具有"审美、悦愉、消遣"功能,"信息、启发、认识"功能和"致富、致用、预测"功能。一些人认为方志功用要扩展,觉得"资治、教化、存史"六字不能完全包容新志书的功能作用,应加上"服务(经济)、研究、交流"三大功用。而在"资治、存史、教化"中,何者是新方志的主要功用,它们之间的主次地位如何又存在着激烈的争论。有人认为,"资治"是修志目的,也是志书所产生的客观效果,因此,新方志根本功能就是"资治",应该突出"资治"的作用,"存史""教化"功能都是派生的、次要的。有人认为,"教化""存史"也是为了"资治","资治"不但为现实,而且为未来。有人认为"存史"是方志的主要功能,"资治""教化"是从"存史"中派生出来的。"存史"是志书内在的原动力,如果没有反映一方基本情况的资料,也就谈不上"资治""教化"。如若强调志书的"资治""教化"作用,就不可避免地使志书带上明显的政治色彩。还有一种观点,主张不必去争论"三大功能"的谁主谁次、谁先谁后,三者是志书功能作用的统一,并行不悖。"存史"是手段,"资治"是目的,"教化"是过程,它们是一个完整的统一体。

我们认为,"资治、教化、存史"可以用来概括新方志的社会功能,三者是紧密联系不可分割的。

毛泽东同志曾说:"一定的文化是一定社会的政治和经济在观念形态上的反映。"[①] 新方志是从旧方志发展而来的,它们之间存在着历史的联系。但由于时代发生了根本的变化,新方志与旧方志之间就有本质的差异。旧方志是封建社会的产物,是在封建思想指导下编修的,通过记人述事,宣扬三纲五常,表彰忠孝节义,以维护封建秩序,巩固封建统治。作为旧方志功用的"资治、教化、存史"三个概念,也同样带有旧时代的

---

① 《毛泽东选集》第2卷,人民出版社1967年版,第655页。

痕迹，具有鲜明的阶级性。旧方志的"资治"功能，表现为"史鉴"作用，即所谓"治天下者以史为鉴，治郡国者以志为鉴"。地方志是地方官吏治政的"圭臬"和"鉴衡"，它有助于封建社会的旧官吏治理一地之政事，是为巩固封建统治服务的。旧方志的"教化"作用，是指彰善瘅恶，裨社会风教，认为在方志中收录一地的忠臣义士、孝子贤达、节妇烈女等，就可以起到所谓正风定俗，宣扬封建道德的作用。旧志的"存史"功能，不仅为当时编修国史取材，而且为中华民族留下卷帙浩繁、数量众多的文化典籍。但必须指出，所谓"存史"，是受到当时指导思想所制约的，"存史"中的史料，其中既有精华，也有封建糟粕。由于旧志本身所具有鲜明的阶级性，限制了它的社会功能的进一步发挥。

　　社会主义新方志的社会功能长时间沿用"资治、存史、教化"概念。我们知道，一切概念都具有其特定的"内涵"和"外延"，作为表述旧方志功能的三个概念，还有适用于一切对象的"外延"。例如，"国家"这个概念的内涵，是一个阶级对另一个阶级统治的机器，是阶级不可调和的产物。国家这个概念的"外延"，适用于古今中外的一切国家。又如"民主"这个概念的内涵，在不同社会性质的国家里，就有着不同的本质属性，或者说有不同的含义。但作为民主这个概念的外延，适用于全世界所有国家的民主。同样道理，"资治、存史、教化"三个概念的内涵，在我国各个不同性质的社会里，就有不同的本质属性，或者说有不同的含义。但作为概念的外延，"资治、教化、存史"三个概念都适用于旧方志和新方志的社会功能。所以，新方志的社会功能继续沿用"资治、教化、存史"三个概念，在理论上是成立的，是完全站得住脚的。

　　新方志编修以来，许多修志工作者和方志学家、学者在报告、文论中，都沿用"资治、教化、存史"三个概念来概括社会主义新方志的功能。《新编地方志工作暂行规定》第一章第一条明确指出："新方志应当系统地记载地方自然和社会的历史和现状，为本地社会主义现代化建设提供有科学依据的情况，以利于地方领导机关从实际出发，进行有效的决策。新方志可以积累和保持地方文献，促进科学文化事业的发展，提供便于查考的、实用的系统资料，有助于各行各业全体干部、职工提高专业知识和文化水平。新方志可用于向各族人民进行爱国主义、共产主义和革命传统教育"。这段文字，既阐明了社会主义新方志的目的，也指出了新方志所具有的"资治、教化、存史"三大功能。提供有科学依据的系统资料，利于领导机关有效决策，这是新方志的"资治"功能；提高各行各业干部、职工的专业知识和文化水平，向各族人民进行爱国主义、共产主义和革命传统教育，这是新方志的"教化"功能；积累和保存地方文献，这是新方志的"存史"功能。方志学家仓修良针对有人对"六字功能"提出疑义而强调指出："六字功能是千百年来无数方志学家经过千锤百炼而形成的，虽然只有六个字，而包含的内涵却非常丰富。就以资治而言，并非仅指'资政'，他既包含着政治，又包含经济、文化诸方面。哪有说一个地方官上任后只管政治，而不管军事、经济和文化？就以'教化'而言，在今天就是为建设社会主义精神文明服务。"[①] 而事实上，在"资治、存史、教化"六字外提出的其他概念及"五大功能""六大功能"等要么离开了方志实际，要么主观臆断片面性强；有的虽有新意，仍属旧断，要么新词语旧内容，未脱离"六字功能"所容的范围，是难以自立一说的。

方志的"资治、教化、存史"三大功用，是我国古今学者对方志功能、作用所作的科学总结，是对方志这一客观事物所作的正确概括。三大功用是同时并存的，并无轻重、主次、先后之别。"作为严谨、朴实的资料性科学文献，新编地方志既不是进行议论和评论的论文或著作，也不是现有文件的简单摘录和纂辑，他要对所掌握的资料加以科学的处理和组织，使之能全面、系统、准确地反映当地自然和社会的历史和现状，合乎规定地表现事物的发展过程。"[②] 社会主义新方志只有提供全面系统和准确又可靠的资料，才能在地方经济社会建设中，帮助地方各级党政领导者深入地了解地情，从而进行有效决策，而对广大人民群众来说，新方志也是进行爱国主义、社会主义和革命传统教育的好教材。因此，"资治"和"教化"是志书本身所具有的不可分割的社会功能，而资料本身正是为志书发挥上述两大功能所提供的条件和手段，同时，他也自然而然地具备了"存史"功能。由此可见，"资治、教化、存史"三者是紧密联系不可分割的，是相互影响、相互制约的。存史是手段，资治和教化是目的。

2007年11月中国地方志指导小组《关于第二轮地方志书编纂的若干

---

① 仓修良：《对当前方志界若干问题的看法》，载《中国地方志》1994年第1期。
② 曾山：《为编纂社会主义时代新方志而开拓前进——在全国地方志工作第一次会议上的报告》，1986年12月22日，载《人民日报》1987年6月10日第5版。

意见》中根据新的时期方志编修所体现出的新的特点,正式将方志"资治、教化、存史"的功用表述代替以"存史、咨政、育人"的新"六字"表述。① 其中"存史"位置的前移,更加强调了方志因代代相续、永不断章的文献贡献以及全面记载一方发展历程的典籍意义;将"教化"改为"育人",突出了地方志之于人的全面发展的时代价值;将"资治"改为"咨政",突出了志书的政书性质、智库意义和咨询功能。笔者认为,就性质和功用的整体性而言,"新六字"与"旧六字"在概括新方志功用上,其内涵并无实质性的较大差异,总的事实是:"通过修志编鉴、开发利用地方志资源,地方志编修已发展成为为国存史的一项重要工作,在记录当代、保存历史、传承文明、发展文化、激发民族自豪感和自信心、推动海内外文化交流合作、提供促进经济社会发展的历史借鉴和智力支持等方面,成绩日益突出、作用日益显著。"②

志书的功用是志书取材的出发点和归宿,其对志书提出了科学性、实用性、理论性的最高要求。透彻了解志书的功用,编写志书会目的明确,取材就会有的放矢,成书就能更好地经世致用。也只有如此,才能扩大志书的知名度,充分发挥志书的作用,促进和推动方志事业不断前进。

三 地方志与地方建设、发展

编修地方志,是中华民族一项有着悠久历史的优良的文化传统。历代修志都十分强调"经世致用"。当今的地方志工作是"服务当代,造福后世"的千秋大业,是一项社会主义文化建设的系统工程,它以编纂地方志书为重点,全面、系统、深入地开展国情、地情的调查研究,通过地方志书、地情专题资料、乡土教材等地情载体,为建设有中国特色的社会主义政治、经济、文化、社会和生态文明建设服务。

(一)为领导决策提供借鉴

在中国历史上,志书向来为施政必备之书。著名史学家顾颉刚先生说过:"每地修志,主要目标在于补行政官吏之鉴览,以订其发施政令之方

---

① 在《全国地方志事业发展规划纲要(2015—2020年)》中出现的"存史育人资政作用日益彰显"的表述略有差异,即"咨政"为"资政",并在排列上与"育人"换位。
② 国务院办公厅:《全国地方志事业发展规划纲要(2015—2020年)》,2015年8月25日,见中国方志网 www.difangzhi.cn。

针……使在位者鉴揽得其要，发施得其宜。"① 作为一方的领导者的活动中，作用最大而又影响深远的莫如"决策"。正确的决策能造福当代，惠及后人，而决策的失误则是最大的失误。正确的决策离不开真实、可靠、全面、系统的资料信息，而地方志是一个地方经过浓缩了的信息库、资料库、情报库和数据库，是一定时限内一地自然和社会各方情况的资料性著述。其"可以帮助各级领导和社会各界认识本地区的历史和现状，有利于他们借鉴历史经验，作出正确决策，推动社会主义物质文明和精神文明建设。"②

首先，地方志能较全面地提供一地各方情况，便于领导了悉地情，有效决策。地方志素有"官书""资政之书""辅治之书""资治宝鉴"等称谓，可使统治者"疆理天下，物其土宜，知其利害，达其政而通其欲，齐其政而修其教"③。历代有作为的统治者和地方官员都很重视借助方志了悉情况。以新的观点、新的资料、新的方法、新的体例编修的地方志是一个地情系统，其在决策上，"将为我们党政领导提供翔实可靠的市情、区情、县情，为认识城市、研究城市、管理城市，为地方经济的发展、社会的发展决策提出科学依据。"④ 其以大量的事实证实其能突出地方的整体特点，反映一地的基本优势和劣势，有利于决策者明长识短进而扬长避短。又地方志反映了一方自然、社会的演变发展规律，有助于决策者从宏观上、整体上把握地情，更好地掌握事物发展的规律，从实际出发进行有效的决策。仅从人口、耕地各举一例以示说明：贵州省荔波县县志办在编写的志书中，用对比方式显示了本县耕地变化情况：1990年耕地面积由1949年的20.2万亩下降到13.28万亩；人均耕地由1949年的2.08亩下降到0.98亩。这一情况引起县党政领导的重视，县人民政府立即成立了"处理违法占地领导小组"，并召开县土地监督会议，制定了合理利用土地严厉制止乱占耕地的措施。山东省高密县委、县政府从县志资料对全县60万人中人口出生的"切片"记述中，了悉该县人口发展史上出生第一

---

① 顾颉刚：《中国地方志综录·序》，载朱士嘉《中国地方志综录》，商务印书馆1958年版。
② 李鹏：《1996年5月6日在接见全国地方志第二次工作会议代表时的讲话》，载《中国地方志》1996年第3、4期合刊。
③ 《隋书经籍志·地理志》卷32。
④ 江泽民：《1987年5月26日在上海市地方志编委会成立大会上的讲话》，载《中国地方志》2002年第5期。

个 10 万人用了 5000 年漫长时间；出生第二个 10 万人用了 400 年；出生第三个 10 万人用了 60 年；出生第四个 10 万人用了 40 年；出生第五个 10 万人用了 20 年；出生第六个 10 万人用了短短 5 年。如果不努力控制人口，势必发生人口爆炸，不仅经济难以发展，很可能发生灾难性的后果，随即强化了"控制人口数量，提高人口素质"的决策力度，加大措施，狠抓计划生育工作。[①]

其次，地方志可以为决策提供科学论证。科学决策是一个复杂的认识过程。需要充分的酝酿和反复的论证。而要搞好决策，就要求对国情、地情和决策对象本身的情况进行掌握和全面分析、比较，对决策对象的各种条件进行多方探索，并对形成的方案（或是多个）进行审定、评价、论证。信息是决策的原料，没有资料、情况、数据等依据，是不可能作出有效决策的。地方志为决策提供科学论证就在于拥有决策所需的相关信息资料，在于汇集了本地成功和失败的典型事例。如对某一建设项目进行可行性研究时，必须对市场需求、资料条件、原料燃烧、动力供应等条件和建厂规模、设备造型等，从技术和经济两方面进行研究和分析计算。地方志中记述有各个企业建设的历史和现状的经营正、反情况，在进行可行性方案评价时，它就可以提供出可以做比较的事例，乃至同一事物的历史经验教训，这对于评价某一方案的优劣时，就可作为相似的样板加以推知、论证。地方志这一高密度的信息载体，可以为多层次、多方面的决策和预测服务，它可使决策者带着历史的观念对问题进行全面的思考和论证，对成绩与教训、长处与不足、困难与机遇进行客观评判，以增强忧患意识，危机意识，认真吸取工作中的经验教训，见微知著、以小见大，由近知远，正确把握事物的发展规律，不断提升工作能力和水平。

再次，地方志可使领导者借鉴戒规，明确重任，勤政为民，进取开拓，减少失误。编纂地方志，"非徒以广记载，备考订而已，将以为勤政之一大助也。"[②] 地方志中人物比重较大，在记述的地方官吏中，既有不图功名、全心为民，能为官一任，造福一方的贤德之士；又有巧取豪夺、涂炭生灵、祸害一方的臭名昭著之徒。地方领导从地方志记载的人物中可

---

① 张守富：《找准位置，认清角色，发挥特殊功能，不断开创史志工作新局面》，载《中国地方志》1996 年第 3—4 期合刊。

② （元）欧阳玄：《钤冈新志·序》。

以得到深刻的启示和警醒，更加坚定全心全意为人民服务的信念，决心增强使命感、责任感和紧迫感，忠于职守，勤政清廉，无私奉献，作好公仆。而在决策、施政过程中，地方志又可以用丰富的历史知识武装领导者的头脑，帮助他们博古通今，掌握事物发展的规律，熟悉地方特点，掌握地方在不同时代与其他地方的联系和自身的时代特征、在历史发展进程中所表现出的特殊性，准确地掌握地方情况，从而更好地吸取历史上的经验教训，不断借鉴规诫，"鉴于前而免于后"，克服盲目主义、本本主义、教条主义、"瞎指挥"的错误，用前人的成败得失启示、规范自己的行为，指导自己的实践，科学决策，正确施政，开拓进取，力避失误，提高工作效率。

（二）为经济建设提供信息

新编地方志克服旧志重人文轻经济的弊端，以较大篇幅记述自然和经济建设的兴衰起伏，突出了以经济建设为中心。因此，不论是在篇目的设置还是在具体的记述上，都加强了经济资源、活动、政策、水平、人物、文献以及与经济密切相关的科技、教育等方面的记述，全面、系统、真实地反映出本地发展的历史轨迹，昭示经济运行的内在规律，内涵广博，信息量大，能为经济建设指点迷津，当好参谋，是发展经济、开发潜资源的最适用的参考资料著述。其可以利用自身的资源优势，直接参与当地的经济建设，向社会开展咨询服务，为经济建设唱戏搭台，为外引内联提供导向。对此，朱士嘉先生在其《中国地方志浅视》文中曾有较好的总结：（1）整理研究地方志中有关自然地理、自然资源、自然灾害的资料，为经济建设提供参考；（2）整理研究地方志中有关农业的资料，总结劳动人民的宝贵经验，为农业的全面发展提供借鉴；（3）整理研究地方志科学技术资料，包括天文、机械、地理等方面的资料，为科技发展史研究提供参考。正因事实如此，地方志编修千百年来赓续不断而成为传世之作、辅政之书，是经济建设取之不竭的信息库和参谋库，它可以从多层面、多领域为经济建设服务。在此仅从如下四个方面予以阐述。

第一，能为环境保护、土地管理及防灾抗灾等工作服务。保护环境和"十分珍惜和利用每寸土地，切实保护耕地"是我国的两大基本国策。由于种种原因，伴随经济建设的迅猛发展和国民收入的不断增加，环境的蜕变和土地资源的被破坏却越发严重，森林覆盖率减少，水土流失现象突出，江河湖泊污染严重，抢占乱占挤占耕地、非法买卖土地现象势头难压，耕地质量和数量呈下降、减少趋势等现象已引起党和国家领导人的高度重视，各级党委、政府都将加强环境保护、土地管理工作列入了重要议事日程并采取了一系列强有力的措施。新编地方志在土地资源状况、环境保护和自然灾害等方面提供了系统、全面、翔实的资料，都注重对环境污染、环境保护、水土流失、山体滑坡、地面裂缝、水灾、旱灾、虫灾及防灾抗灾等方面的内容系统记载，强调对土地资源情况、人地关系情况、土壤土地问题及土管及综合利用与治理等工作历史概况及其经验教训的记述，为环保、土管及综合利用与治理等工作提供了客观服务依据，普遍受到了各级领导和有关单位的重视。黑龙江《木兰县志》出版发行后，县委、县政府领导根据志书中记载的地情，重新审视县情。在众多论证的基础上，确立了突出特色经济的"开山门、柳加工、打绿牌、念牛经、兴旅游、建毯城"的经济总体发展思路，制定、实施了水资源保护利用、土地资源保护利用、水产资源保护利用、野生资源保护、人口增长控制等7个方面的中长期计划，并在实施中取得了良好效果。①《贵州省志·林业志》文中记述一事例："高坝乡曾是锦屏有名的木材产地，每年生产商品木材400立方米以上，人们丰衣足食，生活安定。"但20世纪80年代以来，"因森林过伐，植被面积减少"，"现在却是个缺木材、缺燃料、缺草、缺肥、缺粮、缺水、缺电的典型八缺的地方。原有旱涝保收的良田1500亩，现在只剩下150亩，而且多半是望天田"②。高坝乡由富饶变贫瘠的事例，告诉人们，乱砍滥伐、破坏森林，势必造成环境的破坏和耕地的减少，就会受到大自然的惩罚，唤醒人们保护环境，珍惜耕地。

第二，为开拓新产业和开发新产品提供信息。发展有特色的地方经济，必须最大限度地发挥历史优势、地理优势、资源优势。正确合理发挥自身优势，对经济的发展必然起到事半功倍的效果。地方志中较为齐全地记述了本地的粮食作物、经济作物、矿产资源、山林特色、家禽家畜、野生动植物、药材花卉等的品种特性、地理分布及历史变迁的资料，对各地开拓新产业和开发新产品产生了重要影响。贵州石阡有"温泉之都"的美誉，全县温泉有20处出露点，其中有一条地下热水河和两个温泉群。

---

① 哈尔滨市人民政府办：《充分发挥修志工作在两个文明建设中的作用》，载《黑龙江史志》1998年第5期。
② 吴廷栋、杨军昌：《为两个文明建设服务的新县志》，载《史志林》1996年第3期。

新编《石阡县志》对各处温泉的地理位置、流量、水温、动态、水质等作了系统的记述，据之经过考察论证于1993年建成以生产瓶装矿泉水和矿泉系列饮料贵的"中外合资泉都饮料有限公司"，1994年产量即达2500吨。1997年贵州省水电厅又投巨资租赁开发矿泉水。矿泉水的开发利用成为该县的一大新产业。河南郾城县召陵镇从新编《郾城县志》记载的该镇得天独厚的土壤资源中，认准自身优势，大作"土"文章，强力推进砖窑业的发展，1995年全镇拥有大型轮窑100多座，红砖产量由1980年代末的1亿块猛增到7亿多块，成为全国规模最大的制砖基地之一。依据志书提供的信息，恢复、发展传统土特产品的事例更多，如开封恢复汴绸、沅江发展萱麻、武汉恢复汉绣等，不胜枚举。

　　第三，为招商引资牵线搭桥。招商引资是地域经济高速增长的良策，也是地方经济迅猛发展的必由之路。充分利用志书所独有的全面、系统、科学的信息资料，为招商引资、开发资源及扩大外贸与内需发挥作用，已成为不少地方党委、政府所持有的经济发展战略思想。如江西省新干县县委、县政府注重志书的宣传发行利用，使外地商人从志书中知悉新干县有丰富的竹木资源后，投资1000万元兴建了达竹木制品有限公司。美国大华航运轮船公司总裁、新干籍华人沙·聂惠珍女士从县政府赠送的县志中了解到家乡的教育状况，5年间先后捐资希望工程200多万元。香港实业家张世勋先生，从新编《上林县志》中了解到家乡丰富的矿产资源后，赴美国、日本、韩国联系业务时，都谈及上林滑石矿，使上林滑石矿出口逐年增加，至1996年已由原7000吨增到1万多吨，并与外商达成了年出口5万吨的合同。1993年、1994年、1996年山东省志办分别在泰山国际登山节、孔子国际文化节及陶瓷节上举行了山东省志《泰山志》《孔子故里志》《陶瓷志》的首发式并发行活动，对介绍当地优势、风土人情，唤起外商、客商以及海外游子的投资热情起了重要的作用。

　　第四，为开发旅游资源、发展旅游事业提供依据。在当代，大规模的、群众性的旅游活动的产生和持续发展，可以说是我们这个星球的一个特点，也是一股日益发展的潮流。旅游业被誉为20世纪的经济巨人，是世界上发展势头最强劲的"无烟"产业。我国在20世纪80年代初就制定了一系列旅游的发展规划和战略，经过发展，现已进入了旅游大国的行业。旅游业以其独特的优势与活力越益受到各级党政领导和有识之士的重视，把之作为支柱产业来开发、扶持。地方志用相当的篇幅记载本地的风景名胜、历史古迹、文物资料、民俗风情，为旅游业的开发提供了客观依据。1992年，江西《安远县志》首次向世人系统地介绍了"养在深闺人未识"的三百山迷人自然风光及其为东江源头的信息，安远县委、县政府据之果断地提出实施"东江源战略"、构建"东江经济圈"的构想，他们请林学专家对三百山的开发进行总体设计，并利用向外发行县志、播放风光片等多种渠道，全方位地宣传，并投资近100万元开发，使沉寂千年的三百山一跃成为全省十大重点开发的旅游点之一，被命名为国家森林公园。安徽省黄山管委会以新编《黄山志》为基本资料，撰写了向联合国申报、要求将黄山列入"世界文化和自然遗产名录"的材料，并获得批准，更提高了黄山的知名度，使黄山成为国际级的旅游胜地。

（三）为精神文明建设提供素材

"资治、存史、教化"是志书的三大作用。我国的传统志书，都重视"教化"之功，强调"扬善惩恶，表彰风化"，"召劝惩，树风声，行政纲，治利济民生"。但新方志"教化"的内容与旧方志有着实质性的区别。"新的地方志，是对广大人民，特别是对青年一代，进行坚持四项基本原则教育，进行爱国主义教育、社会主义和革命传统教育的现实的、生动的、亲切的、富有说服力的教材。它从一个城市（地方）发展的历史和现实中，将使人们懂得为什么没有共产党就没有新中国，只有社会主义才能救中国的道理，从而启迪人们热爱党、热爱社会主义、热爱家乡，激起广大人民群众献身于改革，振兴家乡、振兴中华的伟大事业的热情。"[①]具体来讲：

地方志是进行国情、地情教育的好著述。了解和熟悉国情、地情，是进行革命和建设工作最根本的前提依据，也是开展思想教育，进行思想建设的先决条件。地方志通过对真实、具体资料的记述，反映一地的历史变迁和自然、社会的各方面情况，尤其真实地反映了民族民主革命、社会主义革命历程，改革开放的新举措和两个文明建设的新成就、新经验等，深刻地揭示了没有共产党就没有新中国，只有社会主义才能救中国，只有改革开放才能实现中华民族全面振兴的必然规律。它在国情教育中的作用：一是能为各种形式或各种途径的国情教育提供准确可信的基础性材料；二

---

① 江泽民：《1987年5月26日在上海编委会成立大会上的讲话》，载《中国地方志》2002年第5期。

是对社会某部分特定的对象，志书的某些部分的内容可以直接作为进行国情教育的教材；三是把地方志中的某些内容，转化为各种普及型的通俗的乡土教材和读物；四是利用志书资料不同形式地开展专题系列讲座、地情知识竞赛等地情宣传教育活动。实践证明，地方志是真实地反映我国国情、体现中国近现代历史发展规律的朴实、严谨的资料著述，能在国情、地情教育中发挥积极作用。

地方志是进行爱国主义的好教材。革命导师恩格斯曾说："爱国主义是以爱家乡为基础的"，爱国必先爱乡。自古及今，地方志的编纂者总是把自己的乡情，深深地渗透在每部志书的字里行间，牵发读者的心绪，触荡读者的感情。方志关于山川形胜的描述，令人感到鼓舞和骄傲；人物传中"评说一方人和事，激起千秋爱和憎"，可砥砺人们的志节；记载祖先在文学、史学、哲学、艺术、科学等方面的成就，可激发人们的民族自尊心和文化自豪感；对人民革命斗争史和解放后党领导人民在各项事业中所取得的巨大成绩的记述，能引导人们更加热爱祖国，并把热爱祖国与热爱党、热爱社会主义完全融汇在一起。总而言之，地方志能够丰富人们的爱国主义感情，提高人们思想情操、精神文明素质，是进行爱国主义教育的极好教材。

地方志是进行社会风气和传统教育的资料库。新方志努力反映社会主义的新气象、新风尚和人民蓬勃向上的精神面貌，记载具有共产主义理想、信念和道德的新人新事、好人好事。这不仅因为崇厚风尚是编史修志的优秀传统，也是社会主义精神文明的要求。很多地方志设立了"优良风尚"章节，记"爱憎分明""见义勇为""老有所为""助人为乐""尊老爱幼""团结互助""捐资办学""勤奋学习""讲究卫生""男女平等""拾金不昧""克勤克俭""救死扶伤""婚事新办""五好家庭"等节、目；或传记记述，或以事系人，记述革命先烈热爱祖国、热爱家乡、英勇奋斗的高尚行为；记地方上那些为国家作出了卓越贡献的革命先辈、志士仁人、学者名流、劳动模范、先进人物的模范事迹、勤劳智慧的行为和高尚优秀的品德，使人们从他们身上受到民族优良传统和革命传统的教育、社会主义教育，"足以使人'去恶而趋善，舍邪而就正'，启颂立懦，一振颓风，是防止精神污染的钢铁长城，是千年大计，万年大计！"[①]

---

① 董一博：《董一博方志论文集》，河南大学出版社1989年版，第124页。

地方志是加强与海外联谊和文化交流的桥梁之一。地方志是海外游子和国际友人了解家乡和中国的窗口，是海外侨胞、港澳台同胞寻根访祖、交往联谊的桥梁，是沟通海内外同胞与家乡的感情的媒介。他们通过地方志了解家乡的变化特别是改革开放后的巨大变化，把地方志书作为一份沟通信息以解思念之情的乡讯和一条共谋计议、振兴桑梓的通路。1990 年，原国民党金门、马祖前线指挥部政治部主任吴汉江少将回乡探亲，他接过县领导赠送的新编《上林县志》，激动地说："这本书为我深入全面了解家乡是最好的向导。"1995 年 11 月在福建长汀县举行的客属公祭客家母亲河活动中，《长汀县志》及志办人员为侨居海外的姚氏、童氏、陈氏、凌氏等寻根问祖提供了良好服务。1992 年 4 月侨居美国的戴受恩先生读到新编《红河县志》时赞不绝口，认为"海外华侨只要看到这本书，就知道四十多年来人民生活的巨大变化。后代看到此书了解前辈出国谋生的艰辛史，就不会忘记自己的先辈是哪里人，不会忘记自己的祖国和家乡了"[①]，此外，地方志在日益频繁的海峡两岸文化交流和国际文化交流中发挥了积极的作用，中国地方志亦逐渐为越来越多的世界友人、学者所重视和收藏。

总而言之，地方志是一方综合性的资料著述，是一方较为完备的地情系统，它服务于社会的各行各业，方方面面。"大量事实证明，新编地方志工作，不仅可以收到近期的社会效益，而且可以产生久远的社会效益。"[②]

第二节 读志用志

编修地方志的目的在于应用，在于发挥志书的作用。如果编修的志书没有人读、没有人用，那志书也就失去了它的生命和价值，编修志书也就成了费时费财费力的无效劳作。方志通过人们的读志活动发挥出"资治、教化、存史"功能而千百年来赓续不断、经久不衰，在世界文化史上占据一席显地。读志用志犹如孪生兄弟紧密相连，用志必先读志，读志是用

---

① 诸葛计：《本届修志的一项特殊功效——新编地方志促进海峡两岸交流小记》，载《中国地方志》1993 年第 6 期。

② 曾山：《为编纂社会主义时代新方志而开拓前进——在全国地方志工作第一次会议上的报告》，1986 年 12 月 22 日，载《人民日报》1987 年 6 月 10 日第 5 版。

志的前提，用志是读志的继续，是读志的目的。一部志书质量高低，既要看学者的鉴定，也要看读者的反映。志书的内在价值和功能作用必须通过读志用志活动来体现。

而于国家层面，多次在发布的政策法规中，强调要高度重视读志用志。2006年国务院颁发的《地方志工作条例》第五条规定县级以上地方人民政府要"组织开发利用地方志资源"；第十六条规定"地方志工作应当为地方经济社会的全面发展服务。县级以上地方人民政府负责地方志工作的机构应当积极开拓社会用志途径，可以通过建设资料库、网站等方式，加强地方志工作的信息化建设。公民、法人和其他组织可以利用上述资料库、网站查阅、摘抄地方志"。2015年中国地方志指导小组发布实施的《全国地方志事业发展规划纲要》（2015—2020年）之修志"基本原则"第5条强调"坚持修志为用。发挥地方志资源优势，全面提升开发利用水平；拓宽用志领域，提升服务大局能力，为党政机关、社会各界和人民群众服务；加大宣传力度，提高全社会读志用志水平"。

一　旧志读者用者对象及实践

方志是由春秋战国时期的国别史演化、发展而来的。它的产生与治理政治、发展经济、繁荣文化、淳化民情、防范边陲等有着极为密切的关系，这就决定了其首要的读者用者是封建帝王和大小官吏。封建统治者通过阅读方志可以使"万里山河，四方险阻，攻守利害，沿革根源，伸纸未穷，森然在目，不下堂而知五土，不出户而观万方"[1]。就是"衽席之上，欹枕而郡邑可观；游幸之时，倚马而山川尽在"[2]。用志实践最早见于《周礼》之记载，即周天子通过外史、小史、诵训等官执掌和提供的"四方之志""邦国之志"以获悉了解各地情况从而制定并实践治国方略。之后大凡有政声的封建帝王和大小官吏都通过读用方志获益匪浅，其中之事例举不胜举，书不胜书。如汉高祖刘邦打到秦都咸阳，阅读了萧何所收集的秦图书，从而"知天下扼塞、户口多少、强弱处、民所疾苦者"，对其进一步开展政治、军事斗争和治理国家作用不小。唐宣宗"欲笋悉州郡风俗"，在大中九年（885）命翰林学士书澳撰《诸道山河地名要略》，

---

[1]　（宋）乐史：《上〈太平寰宇记〉表》。
[2]　（唐）元稹：《进西北边图经状》。

并据之正确而有效地处理了有关政事。乾隆皇帝通过阅读《新安志》，对举朝上下无人知晓的"宿州州院朱记"中的"州院"官职作出了解释，即"乃知每州有州院与司理院，皆刑狱之称。州院则录笔参军主之，司理院则司理参军主之。若州升为府，则称府院"。关于利用方志治理地方，既有生动的事例，更有深刻的阐述，如唐代宰相李吉甫从天宝末年"坠纲解而不纽，强侯傲而未肃"，直到元和年间平叛的历史教训中，"久而伏思，方得所效。以为成当今公务，树将来之势，则莫若版图地理之为切也"①。明代郑复亨知海州时，见州内满目荒凉，便查考州志，打算找出破败的原因，并略谓"百姓是病人，州志是经过验证的医方，要治理好海州，就必须按病求方，按方治病。"② 言辞中肯，生动感人。正因为旧方志能为封建君主、大小官吏利用于治理政事和了悉情况，所以方志有了"辅治之书""辅政之书""辅治经国之书"之誉称。

  旧方志既是地理之书，又是乡情历史的记录，这就决定了它的另一读用者是文人雅士、专家学者。这些知识分子从"经世致用"目的出发，利用旧方志资料著书立说，为统治阶级服务。如顾炎武利用20多年的时间，搜集、整理了1000多部地方志资料及其他史料，撰写了《天下郡国利弊书》一百卷，论述了资源、兵防、农政、水利、工业、赋役、官制等多方面的利弊，借以向人们尤其是向统治阶级提供真实情况，使之从中吸取经验教训，留心民间疾苦，赈救灾害，肃清宿弊，提高生产，使国家富强起来。顾炎武也因此成为大规模利用方志第一人。这些知识分子还利用方志从事资料辑录整理活动。如1949年后我国天文学家们普查了全国的旧方志，并参证二十五史和其他典籍，编写了《中国古代天文史料汇编》一书；中国科学院地震工作委员会历史组，依据5600多种旧方志，编成了《中国地震资料汇编》。不仅如此，文人们还利用方志资料从事学术科研活动。如明代徐霞客一生多方搜求、读用方志，以志书作导游并作游历的参照和佐证，留下了光辉巨著《徐震客游记》。原中科院副院长竺可桢利用明、清两代大量方志资料，取得了长江流域、黄河流域在1400—1900年五百年间的气候冷暖变动规律的研究成果。地理学家陈正祥教授利用3000多种方志找出了中国蝗虫的分布范围。陈桥驿教授校勘

---

① （唐）李吉甫：《元和郡县图志·序》。
② （明）郑复亨：《海州志·序》。

《水经注》，查阅了福建省以外的全国所有方志，成效斐然。

老一辈无产阶级革命家、史学家等也十分重视利用旧方志工作。其代表人物是毛泽东和郭沫若。毛泽东在青年时代就喜欢阅读方志，认为方志是认识社会、了解地情的必要资料。1930 年前后，他先后阅读了《兴国县志》《瑞金县志》。长征期间，尤其是遵义会议前后，他在遵义尽可能地阅读与研究了《遵义府志》《仁怀厅志》和《赤水县志》等多种方志，这对他成功指挥"四渡赤水"战役，指挥红军走出困境起了不小的作用。1949 年后，毛泽东不仅关心、倡修方志，而且利用视察、巡视之机，阅读了《上海县志》《汕头县志》《潮州府志》《无锡县志》《四川通志》《华阳国志》《蜀本记》《灌县志》《都江堰水利述要》《庐山续志》等，他从旧志中吸取了大量有益的成分和资料用以参考指导工作，了解地情，教育干部。① 郭沫若在治史写作《续谈"戚继光斩子"》《李白与杜甫》《钓鱼城访古》《纪念番薯传入中国三百七十周年》等著作时，就阅读引用了《仙游县志》《蒲田县志》《闽书》《庐山志》《长安志》《华阳国志》等旧方志。他还于 1962 年在海南岛亲自点校整理了《崖州志》，纠正了志中的错讹。②

外国人对中国的旧方志也十分推崇和重视。英国李约瑟博士曾指出："要研究人类文明，必须研究中国的地方志。"③ 他自己就利用大量中国方志主编了多卷本《中国科技史》巨著。不少外国科研人员和汉学家利用中国方志获得了出色的研究成果。如美国农林学家施永格，从 20 年代开始，便参考闽、粤方志研究福橘的生长情况，取得显著成绩。汉学家施坚雅主编的中国历史城市名著《中国帝王晚期的城市》中就引及了几百种方志。萧邦齐所著的《中国的名流和政治变迁——20 世纪早期的浙江》一书即引用了各种省志 4 种、府县志 30 种、乡镇志 12 种。

二　新方志的读用特点

社会主义新方志从 80 年代中期陆续出版问世以来，就以其更科学、更详备的资料和特殊的体例、特别的表达方式赢得了越来越多的读者和用

---

① 陈东林：《"官不修衙而修志"——毛泽东对地方志的重视及其启示》，载《北京地方志》2020 年第 2 期。

② 徐珊珊：《郭沫若三亚点校〈崖州志〉》，载《海南日报》2009 年 9 月 30 日第 21 版。

③ 转引自谷厉生《中国方志演变略论》，载《青海师专学报》1990 年第 2 期。

者。其数量和层次远比旧志读者、用者要多要广，形成了众手修志、众口读志、众手用志的喜人局面。这种局面有如下几个方面的特点：

一是读者范围广、对象多，形成了可观的读者群。笔者在20世纪90年代末曾作过的调查结果显示：志书的读者按籍贯分，本地人、本地的外地人、外地的本地人约占70%—80%，其他读者用者约占20%—30%。而在前者中，机关、企业、事业单位和乡镇人员约占60%。从职业、爱好和所处地位来看，既有各级党政领导、各职能部门干部，又有离退休同志和工人农民；既有史志专业工作者又有一般志书爱好者；既有各行业的学者专家又有普遍的业务工作人员；既有教师和各级教育工作者又有大中小学学生。这些读志群体因工作、研究或熟悉地情、了解家乡等需要，通过通读、选读、查阅等方式，或利用志书资料思考问题、参考决策、著书立说，或根据他志编修特点开展志书比较与方志理论研究，为当地修志实践服务，或从志书中了解家乡历史和现状从而增添爱乡爱国之情，坚定振兴家乡报效祖国之志。① 读志用志的广范围、多对象，无疑对促进志书社会效益的发挥有重大的作用。

二是读志、用志形式多种多样，异彩纷呈。据书而读、据书而用是传统的读志用志形式。人们在继承这一传统形式的同时，开展了灵活多样的、具改革性质的读志用志活动。主要表现在：

开展志书有奖知识竞赛。一些方志机构在志书出版后联合有关部门举办了各种题材的有奖知识竞赛。如唐山市《丰南县志》出版后，县志办联合县委宣传部、文化局、精神文明办举办"知丰南、爱丰南、读县志、知县情"有奖百题知识竞赛。江苏省常熟市志办与市报社联合举办《常熟市志》知识竞赛。贵州省福泉市审委、市政府组织在全市范围内开展读志用志市情知识大赛，全市103个单位的1万多名机关干部、个体户、青少年纷纷阅读志书。夹江县志办在全县范围内开展"热爱夹江、振兴夹江"县情知识竞赛中收到"振兴夹江"的各种建议1000余条。志书有奖知识竞赛活动是典型的群体读志用志活动。它的组织实施，对推动全社会读志用志、掀起读志用志热潮、扩大志书知名度作用不可低估。

利用志书资料制成电视剧或资料片。采用影视制作手段使志书内容的载体由纸张转变为声像形式是方志史上的创举。它既是方志内容载体的新

---

① 杨军昌：《读志用志试论》，载《中国地方志》1998年第4期。

形式，又是读志用志方法的变革。如山东省志办创作并与省电视台联合摄制的14集大型历史纪实系列片《齐鲁风云》，再现了鸦片战争后齐鲁大地的民主革命和民族战争，播出后在社会上引起了广泛的影响。又如山东肥城县志办与电视台联合摄制了3集专题纪录片《光明千秋》。福建省晋江市录制了地方志录像带《晋江》向社会发行。此外，不少地方利用方志编写地情专题，或在电视台开设讲座，或在机关、学校中进行宣讲，或在地方报纸杂志上刊发。

通过志书评论带动读志用志。伴随新方志的出版面世，全国上下各级修志机构和有关部门普遍开展了志书评论工作，方志刊物大都开辟了"志书评论"专栏。志书评论本身就是读志用志，它除能评出志书的优劣，总结出志书编纂的经验教训，引导志书提高编纂水平外，事实上又起到将志书宣传到社会、介绍给读者从而促进人们读志用志的作用。这里仅举一与志书编纂相关的例子：贵州省遵义市志办、独山县志办通过评论湖北省《公安县志》，吸取该县志设"公安派文学"专章的经验，分别编就了具有"沙滩文化"特色的《遵义市志》和"影山文化"特色的《独山县志》，虽然志书评论早在唐朝已有之，但本届新方志评论的广泛性是历史上任何一个朝代都无法相比的。

举办志书展览会推动读志用志。在志书出版后，一些方志办举办了目的在于总结修志成绩与经验教训，宣传志书和修志事业，扩大志书影响，促进社会读志用志的志书展览会。有的展览会，还专门组织了阅读志书、评论志书、志书纠错等竞赛活动。

三是志书的转化成果受到广泛欢迎。地方志有着丰富的材料和信息，一些地方根据社会的不同需要编辑出版经济发展大事史略、旅游资源及规划、各种乡土教材等志书转化成果，受到社会的普遍欢迎。其中利用志书编写乡土教材事例尤为突出。如贵州石阡县政府办、县志办、县委宣传部等单位利用县志资料编写了《泉都·石阡》一书，该书在1994年由四川大学出版社出版后，在短短两月内即发行了一万册。再如浙江省青田县志办以志书内容为素材编写的《青田乡土教材》第一次就印刷了4.5万册。这些志书转化成果的编辑出版发行，一定程度上满足了广大群众和青少年学生的需要，弥补了县志的不足，从而扩大了读志用志对象范围。

四是志书的读用得到了各级领导的支持和推动。志书出版后能否形成良好的读志、用志局面，很大程度上取决于领导的支持和推动。领导在志书出版后的支持表现在对志书发行的支持、转化产品编著出版的支持、读志用志形式改革的支持等方面；领导的推动主要体现在宣传志书和垂范用志。《浙江方志》所载江泽民总书记要看新志和亲笔题字赠送志书和文史类书籍给香港知名人士查良镛两事，足以证明党和国家领导人对地方志事业的重视和对志书的宣传和读用的推动。大部分省、地、县领导都强调和宣传对新方志的阅读和利用。以四川省为例，省委书记谢世杰在全省地方志工作会议上提出"应为各级干部配置新编方志，作工作用书，随时翻阅、利用""对新方志产生的社会效益，要大力宣传"的要求，全省"近几年来，不少党政领导已开始自觉读志用志""不少市、地进行了读志用志经验交流，召开'新方志应用研究'学术讨论会，有些地方还进行读志用志的社会调查，宣传志书典型"①。领导的重视和推动对读志用志活动的深入开展有深刻影响。

五是读志用志活动在国外及港、澳、台地区态势喜人。新编志书是海外认识中国发展、了解大陆变化的桥梁和窗口，而改革开放的大好形势又为新编志书走向世界创造了条件。新方志通过赠阅、购买、交流等方式传入海外的数量虽未有准确统计，但肯定是有可观数量的。以个别县市为例，截至1996年，《晋江市志》向海外发行了150部（包括40部地方志录像带），《安溪县志》赠送海外人士300余部并向台湾发行20余部，《定海县志》向海外发行了300余部，《永春县志》多达1000余部。新方志在其传往的地区和国家受到欢迎和重视。1998年全国政协副主席、香港南联实业有限公司董事会主席安子介阅读故乡志书《定海县志》（1994年出版）后，盛赞《定海县志》"内容丰富，图文并茂，甚好"。不少华侨、港澳台同胞通过阅读志书了解了祖国大陆翻天覆地的变化发展，对祖国寄予无限深情，仅录诸葛计先生《本届修志的一项特殊功效——新编地方志促进海峡两岸交流小记》文中两例以示："1989年春节，台胞徐先生回乡探亲时，将新编《武进县志》带回台湾，先在知己中传阅，后又邀集同乡20余人阅读，大家都对家乡三十多年的变化感到欣慰。"时任台湾当局设计委员会和淡江大学教授的朱先生，看过新编《瑞昌县志》后，动情地说："过去我在江西任政府委员时，也曾有帮助家乡发展的愿

---

① 张中伟：《提高认识，加强领导，把四川方志事业推向前进》，载《中国地方志》1996年第3—4合期。

望，但由于基础太差，愿望终成泡影。没想到我去台湾40年，家乡发展得这样快，由过去的三等小县而升为市了，真不简单。盛世修志颂太平，看来中国的希望在大陆。"① 不仅如此，新方志在海外日益被众多的学者阅读和利用。一些地方就如何利用好中国方志特举办了专题讲座班。如1995年9月荷兰莱顿大学汉学研究院主办了"中国地方志的利用"讲座班，学员来自英、瑞、德、荷等国，开设了"当代中国文献介绍""地方志中人物传的利用""地方志文献目录的利用""地方志中铭文碑刻材料的实用价值""地方志上经济史与社会史史料比较"等课程。新方志被不同地区和国家的重视和读用，是中国人民对人类文明建设所作的贡献之一。

三 关于读志用志的几个问题

第一，新编方志以鲜明的观点、完整的体例、翔实的资料、突出的特点、质朴的语言、客观的记述赢得了社会的承认，体现出了旺盛的生命力和较高的价值。但也毋庸讳言，方志的读用在一些地区不同程度地存在或这或那的问题，影响了志书作用的发挥。如较多书店和图书馆很难见到志书，即使志书步入图书馆、档案馆的殿堂，其读者仍犹凤毛麟角；个别党政领导干部视志书如弃物，让志书在其办公室的某个角落蒙上厚厚的尘埃或在柜中被判处"无期徒刑"；某些县志出版后除举办（或根本没有）隆重的首发式赠送有关人员外大部分搁置办公室，未采取措施发行到社会；一些志办同人特别是志办领导认为志书出版后便"万事大吉"，可"刀枪入库，放马南山"，不去做艰苦的读志、用志引导与推动工作；时至今日还有不少人甚至部分高中级知识分子还不知方志为何物。这些现象的产生原因固然很多，但关键问题出在对志书的宣传力度不够和将志书推向社会服务实践不力。如何消除或减少上述现象，让志书被越来越多的人认识和接受，使读志用志成为人们的自觉行为和良好风气，以充分发挥志书的功能，尚需广大方志工作者和社会各界作艰辛的努力和不懈的探索。笔者认为如下几个问题对进一步搞好读志用志工作不无影响。

第三，读志用志需要各级党政领导的重视、支持、推动。《全国地方

---

① 诸葛计：《本届修志的一项特殊功效——新编地方志促进海峡两岸交流小记》，载《中国地方志》1993年第6期。

志事业发展规划纲要》（2015—2020年）要求各级党政领导要高度重视方志工作，要采取措施"提高地方志资源开发利用水平"，要注重"加强对地方志资源的深加工，拓宽服务渠道，增强服务功能，创新服务手段，更好地贴近经济社会发展实际，贴近人民群众需要。做好《中国地情报告》《中国方志发展报告》《中国年鉴发展报告》编纂工作。发挥地方志资源在地方公共文化服务中的重要作用，利用各类媒体广泛宣传地方志成果，推动方志文化进机关、进农村、进社区、进校园、进企业、进军营，推动城乡方志文化建设，培育地方历史记忆"。党委领导、政府主持是新方志编纂事业得以顺利进行的保证。同样，读志用志也需要各级党政领导的重视、支持和推动，各级领导在充分认识志书重要性基础上，要将搞好读志用志活动、发挥志书作用纳入日常工作议事日程，宣传志书的作用与价值，支持方志事业特别是读志、用志的各项改革，自觉读志，垂范用志。事实证明，凡是党政领导重视、支持的地方，读志用志就搞得有声有色，志书的作用就得到了较好的发挥。反之，读志用志不仅难以开展，而且使机构解散、人员调走，志书入库变成"死物"。自古志书的主要读者是各级领导、各部门干部。工作实践要求各级领导、干部要自觉读志，了解地情，掌握情况，研究对策，治理好地方。而他们的读志用志本身就是一种无声的号召，无量的支持和推动。这是能否搞好读志用志的重要因素之一。

第三，进一步加强宣传力度，扩大志书知名度。新编方志是一项规模浩大的文化建设工程。但由于编纂的历史不长，志书印数较少（大都在3000册以内）、价格偏高、发行薄弱等状，故在社会上流传不广，其性质和特点、内容、功用还未被绝大多数群众所了解、认识和重视，直接意识到需要利用方志的人的数量不容乐观。读志用志除领导干部外，很大程度上局限在工作性质接近方志专业的范围内，如史学、民族学、民俗学、人口学、地理学等教学研究和宣传、教育、生产等部门，读志用志的"死角"在不少地方和单位依然存在。究其原因，其中之一就是宣传力度不够。因此，采取多种途径、多种方法加强对志书的宣传，扩大志书知名度，争取更多读者，拓展用志领域仍是当前乃至今后一段时期方志工作者的重要工作。

第四，要相对保持修志机构及人员的稳定，充分发挥方志机构的主观能动作用。各级地方志机构在修志过程中，积累了大量的资料，熟悉整个地情，掌握了大量信息，培养了一批笔杆子和"地方通"。保持机构和人员的稳定，是志书发行、继续收集和整理地情资料、研究地方问题、咨询服务建设、引导推动读志用志等工作的需要。全国地方志第二次工作会议明确强调"必须保持修志机构、修志队伍的稳定"。事实上，一些地方由于机构改革或领导认识问题，修志机构不是"神走庙拆"就是"仅留留守""抱残守缺""附靠一方"。这是志书难以走向社会为广大群众阅读、利用，发挥其社会效益的主要症结之一，也是有识之士不愿看到的局面。欣慰的是，2015年8月国务院办公厅发布的《全国地方志事业发展规划纲要（2015—2020年）》（以下简称《纲要》）重申要"加强人才队伍建设"，要"重视人才选拔、培养和使用，加强专兼职结合、结构合理的人才队伍建设，培养和引进一批高端人才，建设一支高素质的地方志编修、研究工作队伍，弘扬修志问道、直笔著史的方志人精神"，要求"地方志工作机构设置和人员编制，要与其有效履行职能、顺利开展工作的要求相适应；按照德才兼备原则和专业要求，配齐配强地方志工作机构的领导班子"。《纲要》的发布及其实施，保证了地方志工作机构的稳定与延续，有利于地方志人才的培养和队伍的建设。

　　第五，要进一步重视开发志书的资料资源优势，努力多出转化成果，改革读志用志方法。李铁映同志在全国地方志第二次工作会议讲话中说："修志为用，用志方法要改革"，"志书可以分门别类，分别出一些精装本、普及本和简写本，满足各方面的需要，"并要求"各地和方志界要大胆探索"[①]。"各级修志机构，要组织和推动用志；要运用现代化的手段建立方志地情资料库，推向社会，逐步实现信息网络化"[②]。这既是针对方志特定样式本身对用志的制约与障碍而言，更是为了开发志书的资料资源"富矿"以更好地发挥志书的作用而发。志书资料，本身就有较高的价值，但受多种因素制约，在实践中这种价值并没有得到全部实现。但如果把志书资料转化为一定的精神产品，就会成倍地增加它的社会效益，实现它的社会价值。这就要求人们对志书资料资源重新加工整理，重新进行"包装"，以人们所习见的形式走向大众，融入大众之中。这种转化成果

---

　　① 李铁映：《在全国地方志第二次工作会议讲话》，载《中国地方志》1996年第5期。
　　② 中国地方志指导小组：《关于地方志编纂工作的规定》，1997年5月8日，载《中国地方志》1998年第1期。

形式可体现为不同的载体和媒体，包括利用志书资料编制的电视剧、地情片；编写的乡土教材、简志、简史、地情、投资指南、旅游指南等；举办的地情知识竞赛、讲座、演讲比赛和改编成的广播稿、地方报刊稿；还包括将志书资料制成的录像带和将内容输入光盘出版的电子版。一些地方在志书出版后根据实际富有成效地展开了上述中的工作，但还很不普遍，形式也较单一，应进一步加以重视、提倡。因为利用志书资料资源形成的转化产品，具有"短平快"的特点，它是地方志走向社会、服务社会的物质基础，是对志书服务功能的有力补充。上述转化成果一问世，就得到了社会的普遍承认和赞赏，为方志工作向深层次开拓进取创造了必要的条件。同时它顺应了社会的要求，是读志用志方式和方法改革的时代的必然，是使地方志更好地为地方建设、发展服务的重要途径之一。

第九章 旧志整理

旧志整理是地方志工作的重要组成部分和各级地方史志工作机构的重要职责，包括资源普查，编制目录、提要、索引，影印出版，校勘、标点、注释、翻译，辑佚，专题资料汇编等工作。开展旧志整理工作，有利于抢救方志文化遗产，保护和发掘优秀传统文化，丰富地方文化内涵，增强地方文化的影响力，更好地服务地方经济文化建设。旧志整理工作应取"有所作为"与"有所不为"的途径与方法，保护与开发并重，继承与创新并举。抢救为重，质量为先，是旧志整理工作应坚持的准绳。

第一节 旧志整理的必要性及应注意的问题

一 旧志整理的必要性

我国旧方志以资料丰富、信息密集著称于世，自然、社会、政治、军事、经济、文化、地理、风土人情、人物等，几乎无所不容。这些资料具有极高的科学研究和利用价值。其有的为正史等其他古代典籍所不载，有的对促进今天的社会主义"五位一体"建设①具有重要意义和价值。整理旧志，必要性明显：

其一，有利于保护方志遗产和开发方志资源。旧志是我国极其珍贵的历史文化遗产之一。由于旧时代印刷、交通等条件所囿，旧方志刊印数量极为有限，流传圈子相当狭小，这既不利于方志的存世，也不利于方志的利用。又在当时的条件下，纂成后的志稿能够刊行的，仅是其中一小部分，不少志书并未得到刊行，只存有稿本，或少量抄本、传抄本。再由于我国古代图书保存技术不发达，书籍霉烂、虫蛀在所难免。加之兵燹匪

---

① "五位一体"，即党的十八大报告对推进中国特色社会主义事业作出的"五位一体"总体布局，包括经济建设、政治建设、文化建设、社会建设和生态文明建设。

乱、水火灾害等原因，旧方志的损失极大，完整保存下来的仅是其中一小部分，不少志书或残缺不全，或湮没无闻，或孤帙或为稀本或既孤稀而且残缺，亟待抢救。还有流落于外国的志书也需复制保存。通过整理，可以把旧志这类珍贵的历史文化遗产有效地保存下来，流传子孙，惠及后人。

方志又是我国极其丰富的具有经世致用重要价值的国情资源，其种类繁多，卷帙浩繁，但保存较分散。同时，由于旧志都是用文言文写成的，而且年代久远，今人阅读不仅有文字上的障碍，同时还有时代的隔阂，查阅利用较为不便。通过编印志目、提要和索引，校注古志，类编各种专题资料，并进而利用电脑网络，建立方志信息库，可以为全社会广泛利用方志资源提供便捷的途径。

其二，有利于新方志编纂、续修。新方志编纂是对旧志的批判、继承与创新。整理旧志有利于人们对方志产生、发展演变历史的认识。旧志序、跋、凡例中对方志基本理论的论述，对提高修志人员素质和新志质量、促进方志理论发展大有裨益。旧志的内容、形式、编纂的原则、方法、组织形式等是新志编纂的有益借鉴。旧志的不少内容，是新志编纂的基本素材。系统的整理旧志，总结其有益的编修、利用经验和合理的理论成分，有利于当今方志的编纂和续修。

其三，有利于服务建设与发展。地方志记载了各地历代的经济发展水平以及与之密切相关的自然环境、自然资源、基础设施、科技教育、管理体制状况，并寓论于述地揭示了经济发展水平与上述诸因素之间的内在联系。它"担负着决策信息的任务和决策智囊的参谋作用"[①]，把方志中上述历史资料分类整理出来，社会各界和各级、各部门领导可借以认识经济发展的客观规律，了解当地经济发展的有利条件和不利因素，兴利除弊、扬长避短、正确决策、少走弯路，以推动物质文明建设更加快速、更加健康地发展。大量事实证明，地方志虽是精神产品，但精神可以变物质。

邓小平指出："我们要建设的社会主义国家，不但要有高度的物质文明，而且要有高度的精神文明。所谓精神文明，不但是指教育、科学、文化（这是完全必要的），而且指共产主义的思想、理想、信念、道德、纪律，革命的立场和原则，人与人的同志式关系，等等。……没有这种精神

---

① 董一博：《关于修志工作中几个理论问题的看法》，载《中国地方志通讯》1984 年第 4、5 期合刊。

文明，没有共产主义思想，没有共产主义道德，怎么能建设社会主义？"①方志记载了历代杰出人物，尤其是近现代的革命先烈。在他们身上，充分体现了中华民族优秀儿女为共产主义理想"砍头不要紧，只要主义真"的献身精神，"国破山河在，我何惜此头"的爱国情操，以及勤政为民，敬业乐业、见义勇为、助人为乐的传统美德。方志记载的风景名胜、富饶物产，是对祖国地大物博、山河壮丽的生动写照。把这些人物、名胜和物产资料分别整理辑编，就是进行精神文明建设的好教材。

其四，有利于学术研究。方志整理是学术研究的基础工作之一。方志翔实记载了各地历代政治、经济、军事、地理、天文、社会、民族、人口、科技、教育、学校等各种资料，分门别类地整理这些资料，不仅可为相关学科的研究提供素材，而且本身就是相关学科和学科史研究的重要组成部分。旧志资料应用在科学研究方面取得成功的事实，无论在自然科学领域还是在社会科学领域，其事例是屡见不鲜的。

方志整理在我国有久远的历史。早在汉武帝时，光禄大夫刘向即利用地方志资料，爬梳全国地区和分野。南朝宋时，王俭《七志·图谱志》，首开著录方志书目先河。南宋绍兴中，晁公武《郡斋读书志》，又为志目提要发轫。元末明初，陶宗仪《说郛》，率先辑录《豫章古今记》等佚亡古志。明崇祯初年无名氏《江苏各县志摘抄》，创类编方志专题资料例首。1930年，客媛《方志中的金石志目》，开编方志专题索引之先河。

新中国成立后，方志整理工作，得到了高度重视。1958年8月9日，周恩来总理指示："我国是一个文化悠久的大国，各县都编有县志。县志中就保存了不少各地经济建设的有用资料，可是查起来就非常困难。所以，我们除编印全国所藏方志目录外，还要系统地整理县志及其他书籍中有关科学技术的资料，做到古为今用。"② 1981年7月，中国地方史志协会在《关于方志学研究工作的建议》中，提出了编制方志目录、重印旧志、汇编方志资料等旧志整理计划。1982年5月，中国地方史志协会在武汉召开旧志整理工作座谈会，拟定了1982年至1990年《中国地方志整理规划（草案）》[以下简称《规划》（草案）]，8月经修订公布。《规

---

① 邓小平：《贯彻调整方针，保证安定团结》，载《邓小平文选》第2卷，人民出版社1994年版，第367页。

② 赵庚奇：《周恩来等老一辈无产阶级革命家与地方志》，载《赵庚奇志鉴论稿》，北京出版社2003年版，第4—5页。

划》（草案）强调："有计划地整理出版旧方志，充分发挥旧方志资料的作用，对于继承文化遗产，发展各项事业，研究各门学科和编纂新方志，以促进我国社会主义精神文明建设和物质文明的建设，具有一定的现实意义。"这个《规划》（草案）还把旧志整理工作分为4部分：（一）编辑方志文献；（二）编辑地方志工具书，包括存书、佚书目录、方志提要、人物索引；（三）汇编旧地方志资料；（四）整理重印旧地方志。1984年1月，中国地方志指导小组成立了旧方志整理委员会，规定全国旧志整理工作的基本任务是"原本复制，点校翻印，类编资料，辑录佚志及编辑方志目录、提要、专题索引"，而重点为："从旧方志中检选出有关资料，类编成册，兼及方志目录、内容、提要和索引。"《地方志工作条例》（2006年）规定"县级以上地方人民政府负责地方志工作的机构主管本行政区域的地方志工作"具体履行的职责之（四）就是要"搜集、保存地方志文献和资料，组织整理旧志，推动方志理论研究"。《全国地方志事业发展规划纲要（2015—2020年）》在"主要任务"第4款中强调要"深入开展旧志整理工作。编制全国旧志整理规划，编辑旧志联合目录。具备条件的地方应编辑出版历代方志集成，分类整理旧志资料。加强与国内外高等院校、科研院所、公共图书馆、档案馆等单位的交流与合作，开展旧志点校、提要、考录、辑佚等工作"。整理旧志，作为当代方志事业的重要内容之一，已在全国各地得到高度重视，并取得了较多的成果。

二　整理旧志注意事项

第一，要统一体例。旧志的整理研究工作一般要有较多单位和个人参加，必须执行统一的体例，特别是点校、注释，更需要具体的体例细则，这个体例细则又称为"凡例"。"凡例"的制定可根据古籍整理的有关要求和旧志的具体情况而拟定，以在工作中共同遵守。如《黔南识略·黔南职方纪略》所订之《点校凡例》就是点校者在工作中共同遵守的法则。其内容包括6条：（一）本书以贵州省图书馆藏本为工作底本，参考有关方志、史籍进行点校。（二）用现代汉语标点规则标点、分段。（三）原本中明显的错字、脱字及史实错讹，尽可能加以校正，并于卷末校注中说明，以便读者进一步辩证。（四）原书中文义不明的语言，确实不能更改的保留原文，于卷末校注中说明。（五）因原书印刷造成字句缺漏又无法补正的，均用（□）号表示。（六）原书中对少数民族侮辱性质的字样，如"亿狫""狄""猓"之类，一律据现行称谓改正，以利民族团结。但凡"贼""匪"文字，则仍照录原文，以存本来面貌，让读者辨之。

第二，要保持志书原貌。整理出版旧方志，只能标点、校勘、注释、辑佚，不能任意将某些篇、章、节、段、句、字删去，更不能随便改动原文。旧方志中的糟粕之处，如宣扬忠孝节义、封建迷信、吹捧统治阶级、诬蔑劳动人民及其斗争等，可在前言或"凡例"中指出，并进行批评，而在文中不改变其原句。

第三，要保证质量。旧方志的整理研究是一项浩大的文化建设工程，它继往开来，关系重大，质量问题特别重要。一项旧志整理研究应力争尽早完成，但决不能因赶任务或早图了事而马虎草率。由于整理研究旧志，具有较高的学术性和科学性，因此，所有参加者要极其认真，竭尽全力，争取达到较高的水平。

第四，要写好前言。凡经过整理后出版的旧方志应由整理者写一篇有分量的前言（或说明）、简要介绍志书编写情况、内容、作者，对志书作出全面、中肯的评价，指出志书的主要价值、重要资料，批判封建主义、唯心主义及其封建迷信思想等糟粕。

第二节　旧志整理的主要内容

旧志整理的内容较多，包括著录、原本复制、校勘、翻印、类编资料、辑录佚志、编纂方志目录、方志提要等。仅列大者如下：

一　著录

（一）著录概念

著录，即记载、记录在簿籍上之意。《后汉书·张兴传》："声称著闻，弟子自远至者，著录且万人。"李贤注："著于籍录"，亦泛指记载、记录。《后汉书·祭遵传》："著录勋臣，颂其德美"，亦特指以书名列入目录。

方志著录，即为方志书目著录或曰汇编方志书目，是摸清方志"家底"，采购、阅读、利用、研究方志的门径，因此受到历代学者的重视。王盛鸣说："目录之学，学中第一要紧事，必从此途，方能得其门而入。"著有《书目答问》的张之洞也说："为学之道，宜得门径。泛滥无归，终生无得；得门而入，事半功倍。"足见著录之重要。

（二）著录分类

方志著录分类有一演变完善过程。在最早的方志著录南朝王俭撰《七志》中，其"七曰图谱志，纪地域及图书"，著录有地记、地志等地方志书。梁阮孝绪《七录》亦分图书为七部，其第二部为"传录"，"传录"的第十二类"土地部"，收入不少地记类志书。此外，南北朝诸宜府藏书目录如谢录撰《四部目录》、王亮等编《四部书目》等用四部分类法，对地方志加以收录和整理。唐魏徵等撰《隋书·经籍志》，分先代遗籍图书为经、史、子、集四部，开历代正史经籍志、艺文志不变之体。史部第十一类为地理，著录魏晋至隋各舆图、地记、地志、风俗志、异物志、山水记、图经等139部1432卷，开创了我国封建时代纳方志于地理类目录学的传统。之后，历代公私所编目录大多如此。

明清方志兴盛，方志学理论发展突出，不少志家和学者开始认为方志既非史书，又非地理书，而是记载地方情况的著述。在分类和归类上有了明显进步：1. 在史部独设方志专类，而不再将方志隶于地理。如万历间，连江陈第编撰《世善堂藏书目录》2卷，别所藏图书为经、四书、子、史集、各家六部，史部下设"方州各志"，著录《大明一统志》《长河志》《南康志》等104种。山阴祁承煠编《澹生堂藏书目》14卷，其中史部第十四类为"图志"，下统总志、通志、府志、州志、县志、边镇志等。2. 方志独成部类，既不隶史，亦非属地理。明万历三十三年（1605）中书舍人张萱等撰《内阁藏书目录》8卷，于经、史、子、集外，别立"志乘"一类，著录志书。清道光中常熟钱曾编《述古堂书目》卷三有"地志"类。1939年，北京人文科学研究所铅印《北京人文科学研究所藏书目录》将方志与经、史、子、集分册而录。

自方志学于清章学诚创立以来，著录方志一般都将之归于史部独成类别，或独成部类，但也有将方志列入地理类之个别现象。如贵州历史文献研究会1996年编撰出版的《贵州古旧文献书目提要目录》，即将方志（包括总志、方志、山水志）归入史部地理类，这是与方志学自创业后的独立性逐渐增强并发展为独立学科的地位不相宜的。当代方志学界的意见大致有两种：一是认为地方志是历史学的一个分支，应作为史部的类别来著录；二是认为方志学已发展成独立的学科，在著录时应独成部类与地理、历史并列。

（三）著录项目及序次

旧志著录项目一般应有书名、卷名、纂修人、版本、藏书单位、备注等内容。

1. 关于书名

著录地方志书名时，书名前可考虑冠以纂修年号或纂修年号甲子。这样可使读者一见书名即知地方志何时纂修；而且一地方志，在一个朝代纂修数部时从书名上就可以加以区别。例如：

乾隆《平远州志》十六卷，李云龙修，刘再向等纂。

道光《平远州志》二十卷，首一卷。徐钰、周溶修，谌厚光纂。

光绪《平远州续志》八卷，首一卷。黄绍先修，申云根、谌显模纂。

在著录书名时，如该书名不清，应加注记。如清乾隆《滇黔志略》三十卷，谢圣纶纂。应注记：此书前十六卷为云南志略，后十四卷为贵州志略。又若个别省份合并，个别县市改名、撤销、合并、移属他省或新设立的情况，均需分别说明。如：

地名更改者：清道光《安平县志》十卷，刘祖宪修，何思贵等纂。须另起行注明：

安平县，今平坝县。明洪武设卫，志乘缺如。

已废地名者：民国《察哈尔省通志》二十八卷，卷首一卷。宋哲元修，梁建章纂。民国24年铅印本。须别起行注明：

察哈尔省，1928年建省。1952年撤销。所属各县分别划归河北、山西及内蒙古自治区。划入河北省各县，均在张家口地区。

并入异地者：道光《广顺州志》十二卷，末一卷。金台修，但明伦纂。道光二十七年（1847）广阳书院刻本，6册。注明：

广顺州，明万历四十年（1612）置长寨厅；民国3年改广顺州为广顺县，改长寨厅为长寨县。民国30年并广顺入长寨，易名长顺县。

2. 关于纂修人

地方志，由私家编著，著录为撰。如民国《定番县乡土教材调查报告》十三章，吴泽霖撰；又如《滇黔志略》二十卷，谢圣伦撰；嘉庆《桑梓述闻》十卷，傅玉书撰；民国《石阡乡土教材辑要》三十九课，杨大恩撰等。由官家主持纂修，则主持人著录为"修"，执笔人为"纂"。后人续修续纂者，亦注明"续修""续纂"并均须注明时代，加括号。如（民国）《续遵义府志》三十五卷，周恭寿修，杨恩元、赵恺纂。民国25

年（1936）遵义刻本，24册。

3. 关于版本

写清版刻源流，记载版刻时代及刻本。例如：

民国《遵义新志》十一章，张其昀主编。民国37年（1948）浙江大学史地研究所铅印本，一册。（注：浙江大学史地研究所于1939年底随浙大迁贵州遵义，留遵7年，1946年迁回杭州。史地研究所下设史学组、地形学组、气象学组、人文地理学组，每年招考研究生。在遵期间，各组导师及研究生致力于遵义之实地考察，举凡地质、地形、气候、土壤、人口、聚落、土地利用、产业、交通、民族、史迹诸项，均作详细研究，记录颇丰。后由该所教授张其昀主编为《遵义新志》计11章，17万言，附地图22幅。此志是抗日战争时期浙大史地所西迁遵义后一项科研成果，出自于掌握现代科学知识的专家学者之手，与旧方志殊为不同，为修志首创性工作，对于遵义建设至今有科学参考价值）。

光绪《安南县乡土志》三编，易辅上编，1964年8月贵州省图书馆复制油印本，一册。

民国《贵州通志》一百七十卷，首一卷。刘显世、谷正伦修，任可澄、杨恩元纂。民国37年（1948）贵阳文通书局铅印本105册。

4. 关于附记

即附加的牌记，主要说明著录的依据。如

民国《崇明县志》十一卷，王清穆等修，曹炳龄等纂。上海古籍书店重印，民国19年刊，民国13年续修本。十一册（两函）。

牌记："乙未续修，甲子成稿，丙寅开镌，庚午付印。"又如：

明《贵州地方志》四卷，曹学金著。传抄本，四册。

牌记："记事止于明万历年时。"

5. 关于次序

凡著录书目的次序应以现在的行政区划为准，按行政区划排列的先后次序进行编排。已经撤销、调整建置地区的方志，则应编入现属相应地区。

各种类型志书目录的次序。每省前首列通志，有些并非省的通志，但所载涉及几个府的方志，则列于通志之后。每地区首列府志、直隶州志及领有属县的直隶厅志，再按行政区划顺序列各县方志。同一县志，以修纂时间先后为序。乡镇志、山水志及各种专志，都排在所属县的县志之后。

二　校勘

校勘，亦称"校雠""校订"。指同一书籍，用不同版本和有关资料或翻译书的原文相互核对，比勘其文字篇章的异同，以订正错误。旧志校勘，就是用精确的方法、确凿的证据，校正旧方志中由于传抄或翻刻等原因而产生的字据、篇章、史实等方面的错误。成语"鲁鱼亥豕"一词，即说明了古籍在传抄刊印过程中的文字错误。（《吕氏春秋·察传》载有人把"晋师己亥涉河"写成"晋师三豕涉河"；《抱朴子遐览》云："书三写，鱼成鲁、虚成虎。""亥"和"豕"、"鱼"和"鲁"的篆文字形相似，在抄写时极易混淆，该成语出然）。一般说来，承担县、州、府志雕版的都不是著名书局和一流工匠，刻印质量不高，书中误字、脱文、衍文、倒置等现象都比较多，而这些错误一旦出现在关键部位，不但会影响到文意的理解，有的甚至还可能与编者原意格格不入，截然相反，如明毛氏汲古阁刻本《吴郡记》卷四《学校·府学》曰："今汪公自润易苏，下车三日，临视兴作，命不栽筑……""命不栽筑"就是命令停止修建房屋的意思。查清道光二十四年（1844）刻《守山阁丛书》本，此处"不"原作"下"，"命下栽筑"就是命令立板填土，以杵夯实，亦即命令动工。真是差之毫厘，失之千里。如此"文章"读者纵然绞尽脑汁，也难免如坠云里，而经过校勘，这才如同拨云雾见青天，一下子豁然开朗起来。

旧志校勘，首先要确定一工作底本，工作底本一般选择刻印清楚，存书完全的版本。底本确定后，即要选择其他版本或有关书籍加以对勘、参考，尽可能以便读者进一步辩证；对原书中文义不明的语句进行梳理以达明了（确实不便改正者一般用"□"符号表示）等。如杜文铎、吴慧媛、周载章、徐宏慧在点校《黔南识略·黔南职方纪略》时，即以贵州省图书馆藏《黔南职方纪略》为底本，同时参考台湾出版的近代中国史史料丛书中收的《黔南职方纪略》本和台湾成文出版社的中国方志丛书中的《黔南职方纪略》本三本对勘，认为三本书内容完全相同，只在一段文字上出现一个字的差异。即近代中国史料丛刊本《黔南职方纪略》卷九《苗夷》："铜仁府亲辖地有苗一种：曰红苗，居石岘上、石岘下、狗牙、石榴溪诸寨。"而省图、近代史料丛书刊本均无"榴"字，据考证作了补入。在校勘中，校正了书中"崇正"→崇祯、"安笼符"→南笼府、"红江"→红水河、"石阡长官所"→石阡长官司等错讹；据文补添了一些漏字，如"迎申传子贾"补了原漏之"传"字，"现袭职"补了"职"字；梳理了一些不明或多余重复之语句，如"镇远有苗三种"更为"镇远府亲辖地有苗三种"（因有镇远县，有苗仡佬，黑苗二种），将"十六年，改为播川县，后废为夜郎里，属播州同。万历二十九年，平播分置桐梓县，明洪武六年，置桐梓县。万历二十九年平播后分置桐梓县，桐梓之置县始此"，段中前多余之"万历二十九年平播分置桐梓县"句删除等。

三　标点

人的思维是有节奏有层次的，这种思维的节奏和层次在语言方面就表现为标点符号的形式。古人写文章，不论长短文，从头到尾汉字相连，字间不用停顿符号。旧方志同其他古书一样，一般都不加标点符号。这样，古人编纂志书时的思维节奏和层次，今天的一般读者很难把握。因此，标点旧方志理所当然地成了阅读、理解和利用旧方志的首要条件。

标点古文，首先要掌握古文的"句""读"。元朝黄公绍在《韵会举要》中说："凡经书成文语绝处，谓'句'，语未绝而点分之，以便诵咏，谓之'逗'。"即是说"句"是语意完整的一小段，"逗"是句中语意未完、语气可停的更小段落。能否正确进行标点古文，直接影响对古文的理解。标点错误，则往往又会歪曲古人的原意，有的甚至还会造成严重的错误。如：

点校本《铜仁府志·列传·文学·李祯》：

误：少负制艺，名为董咏，春高足弟子。

正：少负制艺名，为董咏春高足弟子。又如：

《铜仁府志·列传·文学·杨栋秀》：

误：然每值文战，所作较胜于常识者，知为飞鸣器也。

正：然每值文战，所作较胜于常，识者知为飞鸣器也。（"飞鸣器"出自《史记·滑稽列传》中"此鸟不飞则已，一飞冲天；不鸣则已，一鸣惊人"的典故）。

正确标点旧志，须做到如下几点：

第一，掌握古汉语的一般规律，熟悉一定的古代历史文化知识，培养古文的句读能力。

第二，标点旧志时，切忌粗知大意，不求甚解。要弄懂词义，辨明句义，吃透文义，统观全意。

第三，注重当地文献古籍的参考、利用，掌握当地的历史和人文概况、自然特征。

第四，反复斟酌，多方听取意见，以达准确。切忌刚愎自用、主观武断。

四　辑佚

方志辑佚，就是从类书、后世方志及其他有关文献中，辑出散佚方志原文，部分恢复志书原貌。辑录的项目，包括亡佚或残缺志书的书名、修纂者姓名和简历、修纂刊刻年代、篇目、内容，以及序、跋、凡例等。重点是辑录佚失的内容。

方志辑佚艰苦而烦琐，所佚志书散见于各种典籍中，要尽可能地恢复原志之貌，首先要广泛搜求各种志乘、典籍，特别是类书，找出其中的有关记载；然后要对找到的有关记载，进行严格考证，去伪存真；最后要将考证可信的资料，按原志体例予以辑录；或附于残志的相应部位，并一一注明详细出处。通过辑佚，可进一步了解方志编纂的历史和规模，可使佚志的原貌部分恢复或使残志的缺损内容得以增补，还可为今后寻找佚志原本和残志完帙提供线索，也可为专题研究提供资料，有一举多得的功效。

五　提要

提要，意为提取一书之要义。主要内容为考志书源流、编纂原委，明其内容、门类、篇目，究其得失、特色，探其价值，叙其纂修者，述其版本与流传等。《汉书·艺文志》称："刘向校书，每一书已，辄条其篇目，撮其指意，录而奏之。"方志提要则专对地方志书而言。清《四库全书总目提要》对于地方志虽然"采辑殊略，通计著录及存目所收不过百五十部"[①]，但能"叙作者之爵里，详典籍之源流，别白是非，旁通曲证，使瑕瑜不掩，淄渑以别"[②]。民国年间，瞿宣颖效《四库全书提要》著成《方志考稿》甲集，共六编，成书3册，"大抵每书必首严其名称，次述

---

① 余绍宋：《方志考稿·序三》。
② 余嘉锡：《四库全书提要辩证·序录》。

其纂修之年月与纂修者姓名，次述其旧志之沿革，次述其类目，次辩其体例，最后评其得失，尤注意于其所苞之特殊史料"①。1981年，中国地方史志协会成立后，在《中国地方志规划（草案）》中提出了编纂《中国地方志提要丛刊》的建议。新的方志提要的编辑项目及要求为：（一）书名，以卷端书名为主，若有异名，则加以说明，原来书名前冠有年号的，照录；无年号的，增补；书名成后，紧接卷数。（二）作者、修者记其当时的职称，纂者简介字号、籍贯、经历、著作等，并注明资料出处，如为多人，可加"等"字。（三）版本，记其刻刊年月，如为重刻重印及影印本、胶卷本亦需注明；刻刊年月须用小括号注明公元年月。（四）内容，简介修志来历及修纂沿革；登录篇目大目（不列小目）；辨其体例是否得当，并与前后志比较优劣；指出重点，如重要资料及有地方特色的资料。纠正明显的谬误，如序跋和本书经籍志中记述佚志，须加注出；如系孤本、善本，应提出整理意见。（五）文字、语言尽量做到准确、简洁，每篇数字基本控制在五百至一千字以内。这里录贵州历史文献研究会于1996年编就的《贵州古旧文献提要目录》之提要民国《麻江县志》以示：

《麻江县志》：[民国]二十三卷，拓泽忠、周恭寿修，熊继飞等纂，民国27年（1938）铅印本，6册。

麻江县：隋宾化县；宋麻哈平蛮安抚司；元至明间置麻峡县；明初重麻哈长官司；弘治七年（1494）置麻哈州；清因之；民国3年1月改州为县，19年易名麻江县，今麻江县。

拓泽忠，字寿珊，平越（今贵州福泉县）人，曾任麻江县长。

周恭寿，字铭久，麻江县人，曾任遵义县县长，贵州省教育厅长。

熊继飞，字凤铎，麻江县人，光绪末年留学日本，曾任贵州省议员兼文献征辑馆采访，麻江县县志起草主任。

麻江县明清两代均无志，民国3—4年拟修志，四出征文，熊继飞参与其事。民国9年省志采风，雄飞食出任搜辑，以成省垣之征。以上两次采访为成志准备了材料。民国16年周恭寿（教育厅长）视学至麻江，"询频年采辑，知足以增修为县志，又值继飞归自锦屏，乃促县长刘钟萌（肇基）召集城乡绅耆会议，组织职员，分担采辑"（拓泽忠序）。阅时3

---

① 瞿宣颖：《方志考稿·序一》。

年，至民国18年脱稿。复经万大章、梁时宪（维翰）斟酌损益，周恭寿润色，于民国24年完稿。又越3年（民国27年）拓泽忠任县长时，戴蕴珊出印资在省城印行。

志共23卷，首有周恭寿、拓泽忠序，纂修衔名。志凡七纲：卷一至五地理志，卷六至八营建志，卷九至十二食货志，卷十三至十四大事记，卷十五官师志，仅列传（附表暨土官传）一目，卷十六至十九人物志，卷二十至二十三艺文志，末附《纂修麻江县志启》《修麻江县志乐捐姓名》。述事止于民国16年，引文注明出处。

本志征引较广，采撷较富，农桑物产，人物史迹记载尤详。《地理志》颇有特色，《大事记》亦得史法。

六　复制、重印出版

复制、重印出版旧志，是整理旧志的一项重要措施。它有利于旧志得以广泛流传，有利于旧志的利用和作用发挥。明清两代始对稀见、罕见的珍本志书及名志佳作重新刻印，有的还校勘印行。民国时重印方志既有影印、石印，也有刻本、油印。新中国成立后，为适应社会需要，国内各出版部门、高等学校、科研单位、修志机构等单位有选择地整理刊印了一批方志，如1964年至1966年贵州省图书馆印行贵州方志51种。之后遵义、镇远、安龙、安顺、毕节、铜仁、思南等地都重新校正印制了《遵义府志》《镇远府志》《兴义府志》《安顺府志》《续修安顺府志》、《大定府志》《铜仁府志》《思南府志》《石阡府志》等，大方、镇宁、湄潭、绥阳、天柱、桐梓、开阳等县也自校自印了民国及以前的旧县志。重印出版旧志，要花费大量的人财物力，还要有高素质的人才队伍，高技术的装备设施。因此，要根据需要与可能，统筹规划，合理安排，有步骤地进行。

七　类编资料

方志载述极为宏富，于一方之古今人事物无所不及，是研究地情、国情，研究地方史，考求历史人物生平、著作的资料"富矿"。但由于方志数量太多，散藏各地，版本各异，给利用带来不便，因此按专题或类别编印方志资料和编制索引，乃时代用志的需要。

类编方志资料，可溯源至古代类书。类书系采辑各种载籍中材料，分门别类编纂而成。唐徐坚等编《初学记》、欧阳询等编《艺文类聚》、宋李昉等编《太平御览》等，即类编有许多地方志资料。清康熙、雍正年间陈梦雷奉敕编、蒋廷锡等重订的《古今图书集成》，书中"天文地理，皆有图记、下至山川草木，百木制造，海西秘法，无不毕具"[①]。全书辑录历代方志1430余种，是现存汇编方志资料最多的综合性书籍。

类编方志资料，目的在于"经世致用""古为今用"。类编内容要紧紧结合各地建设、发展的需要，要对旧志采取批判继承的态度，剔除其反人民、反科学、反进步的糟粕，吸取其人民性、科学性、进步性的精华；要以严谨的学风，认真考订，精心筛选，正确注解，详列出处，仔细校对，务求准确无误。

第三节　旧志整理的主要成果

一　著录成果

明末清初以降，随着方志事业的发展，许多文人学者参与修志，方志影响日渐扩大与各馆藏方志数量急骤增多，方志著录开始脱离图书馆、藏书楼综合目录的范围而独立发展，形成专门方志目录。就方志目录著录地区、范围广狭，大致可分为馆藏、联合两种。

（一）馆藏方志著录目录

馆藏方志目录反映一个图书馆的方志收藏量。1913年，缪荃孙清点清内阁大库移交京师图书馆方志，按省、府、县，并以时代为序，编成《清学部图书馆方志目》，著录明代方志224种、清代方志1676种、不全方志360种，为现存首部馆藏方志目录。1931年，何澄一、江瀚等编《故宫方志目》1卷、附录1卷，以直隶、盛京、吉林、黑龙江、热河、山东、河南、山西、江苏、安徽、浙江、江西、福建、湖北、湖南、陕西、甘肃、新疆、四川、广东为序，著录故宫所藏及清史馆移交的明正德至清末民国初志书1400余种。1933年，谭其骧编《国立北平图书馆方志目录》，不分卷，著录各种志书3800余种。该目录体例谨严，注重志书不同名称、版本，考核古今地名并附笔画索引，极便利用，这是民国时较为完善的一部馆藏方志目录。1944年，万国鼎、储瑞棠编《金陵大学图书

---

① 康熙六十一年十二月癸亥上谕，见雍正《东华录》。

馆方志目》，著录方志2104种22056册；张允亮编《国立北京大学图书馆方志目》著录方志1131种。此外，各私家也编制方志目录，如1934年上海王绶珊编《九峰旧庐方志目》，著录省、府、州、县志2500余种。新中国成立后，各省、市、自治区、高等学校和科研机构图书馆开展了清点馆藏方志的工作。1953—1966年，全国各地编出30余部省市公共图书馆、高等学校图书馆、科研机构图书馆馆藏方志目录。1979年以来，各大图书馆又恢复自"文革"开始后中断的方志著录工作，并走上系统化、标准化、规范化、实用化的里程。

（二）方志联合目录

方志联合目录是著录几个乃至全国图书单位方志收藏与分布情况的目录。其中影响较大的全国性方志书目著录有：

《中国地方志综录》。1935年朱士嘉在原《中国地方志统计表》基础上，根据国内外50家图书馆、私人藏书楼的方志书藏情况，编成《中国地方志综录》3册。著录方志5832种93237卷。1938年，朱氏又将陆续搜集到的730余种志书编为《续编》。新中国成立后，朱士嘉根据全国41家图书馆所藏方志，对原书进行修订增益，著录方志达7413种109143卷，纠正原书错误1200余处。著录项目有书名、卷数、纂修人、编修年代、版本、所藏单位及备注，书末设附录和索引。附录一为国民党运往台湾的稀本方志232种；二为美国国会图书馆藏稀见中国方志80种。修订本于1958年1月由上海商务印书馆出版，是我国第一部全国性方志联合目录，标志着我国方志目录由馆藏目录进入联合目录时代。

《中国地方志联合目录》。1975年，中国科学院北京天文台等单位在《中国地方志综录》基础上编写而成，于1985年1月由中华书局出版。该书以庄威凤、朱士嘉、冯宝琳为总编辑，按1977年《中华人民共和国行政区划简册》所列政区为序，收录包括台湾省在内的30个省、市、自治区的190个图书馆、博物馆、文史馆、档案馆收藏的1949年以前纂修的历代方志8264种。收录范围包括通志、府志、州志、县志、乡土志、里镇志、卫志、所志、关志、岛志及具有志稿性质的志料、采访册、调查记录等。著录内容为书名、卷数、主修人、编纂人、版本、藏所和备注。版本注明稿本、抄本、刻本、活字本、石印本、油印本、铅印本、影印本、摄影本、复印本、胶卷本、丛书本等。书末附有索引。是当时国内外著录最全的一部中国地方志联合目录。

《中国新方志目录》（1949—1992）。全国地方志资料工作协作组编，戴国林主编，书目文献出版社1993年8月出版。以收录包括台湾在内的省（直辖市、自治区）、市（地区、自治州、盟）、县（县级市、自治县、旗、特区）三级志书为主，兼收区志、街道志、乡志、镇志、村志、山水名胜志、部门专志、名产志、厂矿志等，共著录1949年10月至1992年12月新编方志9500余种。著录内容包括书名，编纂单位、主编、副主编、出版地及出版单位、出版版次、印次、印数、开本、正文页数和注释。书后有索引。

区域性方志联合目录创始于20世纪五六十年代，其中《上海地方志简目》《北京地方志书目》率先面世。80年代，广东、广西、山东、山西、河南、湖南、陕西、安徽、四川、贵州、内蒙古等省、自治区和一些地、市，共编印地方志目录近30种。其中，贵州省志办于1985年编印的《贵州地方志存佚目录》分设3部分：第一部分著录全省起宋至1949年全省现存省、府、县志和各种专志191种，第二部分著录全省各种佚志种，第三部分为附录，著录方志专著40种。

中国台湾的"中央"图书馆于1956年编印《台湾公藏方志联合目录》，1981年增订出版。该目录著录台湾现存方志4098种。1985年台湾大学历史系教授王德毅主编《台湾地区公藏方志目录》，共著录台湾12家图书馆藏方志4530种78875卷。[①] 基本上反映了台湾地区方志庋藏情况。

此外，美、日、英、法等国也对所藏中国方志进行著录，编印中国方志目录，主要有[②]：

《美国国会图书馆藏中国方志目录》，朱士嘉编，华盛顿美国政府印刷局1942年出版，著录中国方志2939种56989卷。

《欧洲图书馆藏中国方志目录》，[法国] Y.赫·渥艾特编，巴黎海耶区莫顿公司1957年出版，著录欧洲9国25个图书馆庋藏中国方志1434种。

《英国各图书馆所藏中国地方志总目录》，[英国] 安德鲁·莫顿编，伦敦大学东方与非洲研究院1979年版。收入大英博物馆、牛津、剑桥、

---

① 饶展雄：《中国地方志之收藏与流传——台湾与美国部分》。
② 参阅冯蒸编著《近三十年国外"中国学"工具书简介》，中华书局1981年版。

伦敦、爱丁堡、杜汉、里治等大学图书馆所藏中国方志2516种。

《东洋文库地方志目录》，日本东洋文库编，1935年出版，著录库藏中国方志2550种54275卷。

《日本主要图书馆、研究所所藏中国地方志总目录》，日本国会图书馆参考书志部编，1969年出版。是书收录日本主要图书单位现存单本、丛书本以及缩微胶卷本中国志书约万种（包括复本），这是日本所编最全面的中国方志目录。

二 其他整理主要成果

（一）方志提要

全国性的方志提要主要有：

《四库全书总目提要》。永瑢领衔，纪昀总纂。始编于乾隆三十八年（1773），五十八年（1793）付梓，凡二百卷。卷六十八至七十七为史部地理类，收录地方志书417种8444卷。每种既录书名、卷数、所据版本，论述各志大旨、内容、体例、编纂源流，列编修者生平、爵里，又考各志得失，辨证文字增删、篇帙分合，有较高学术价值。

《续修四库全书总目提要》。抗战前由当时著名学者王重民、余绍宋、谢国桢、瞿宣颖、傅振伦、谭其骧等集体编成。据1971年台湾商务印书馆印行本（共收书10080种）统计，其地理类收录方志1987种，其中山东最多为285种，陕西、热河最少，各1种，贵州28种。体例一如《四库全书总目提要》，然更详细、具体，且能运用当时新观点评点各书优劣，学术价值颇巨。

《中国古方志考》。张国淦等编，原名《中国地方志考》，著于1935—1936年。1962年修订改名并由中华书局出版。全书共考录秦汉至元代古志2271种。内容主要考存、佚、作者、简历、版本、序、跋、篇目，另附编者按语等。书中广收引文、评说、序例记。因系资料性质，故只辑录旧文，有删无改，分析论断，多出前人，编者各抒己见，则附著按语之中。

《中国地方志总目提要》。金恩辉、胡述兆主编，由100多位学者历时8年合作而成。1995年台湾汉美图书有限公司出版。对全国1949年以前编的9218种省、府、州、厅、县、乡志的作者简历、篇目设置、内容特点、学术价值、纂修过程、版本源流、存佚藏所等作了提要评价。不仅纠正了《四库全书总目提要》以来对方志分析、研究的不足之处，而且由于撰稿人均系多年保存、整理、研究、利用方志的专家学者，因而多能切中要害，有较高的学术价值。

《日本见藏稀见中国地方志书录》。崔建英著。1986年书目文献出版社出版。对藏于日本国会图书馆、内阁文库、尊经阁文库、东洋文库、官内省图书寮、日本东方文化学院的140种清乾隆前稀见中国方志，（其中大多数为孤本，除2部明代抄本外，其余均为刻本）予以提要，项目为书名、卷数、编修者、修志始末、版本、藏所、卷目、内容等，并摘录了序跋、凡例。这是我国第一部国外收藏的中国方志提要。

《稀见地方志提要》。陈光贻编著，齐鲁书社1987年8月出版。共17卷80.7万字，提要方志1200余种，首总志，次分省，收有总志、通志、府志、州府志、县志、卫所志、盐井志、乡镇志、土司志。"提要所叙者，为志乘源委、编辑体例、收藏故事、版本传抄之异同、修补增刊之始末"，于一方"核要之事，虽一图一表，亦择尤酌举。"[1]

地区性方志提要专著，首推1930年北平天春出版社出版的瞿宣颖的《方志考稿（甲集）》。该书分六编，取材于任凤苞天春园所藏方志，共提要河北、辽宁、吉林、黑龙江、山东、山西、河南、江苏八省现存方志600余种（大多为清代方志）。每部志书"必首严名称，次述其纂修年月与纂修者姓名，次叙旧志之沿革，次叙其类目，次辨其体例，最后评其得失，尤注意所包之特殊史料"。任凤苞誉此书"仰自有方志以来未有之盛举矣"，可称"书目中之上乘"[2]，该书也是我国第一部方志提要专著。据《中国地方志综览》统计，民国期间区域方志提要有张维《陇右方志录》、萨士武《福建方志考略》、薛澄清《闽南方志经眼录》、洪焕椿《浙江方志综录》、庄为玑《泉州方志考》等近10种。1949年后，区域方志提要编著工作得以继承，特别是80年代后遍及全国各地，迄今已出版近50种，被方志界称为佳本的主要有《江西古志考》《浙江方志考》《河南地方志提要》《贵州地方志考稿》4种。其中：

《贵州地方志考稿》，张新民著，1992年比利时根特汉学中心出版。全书50万字，搜辑汇考自宋迄民国400余部贵州地方志乘。提要所及有

---

[1] 陈光贻：《稀见地方志提要·例言》。
[2] 任凤苞：《方志稿（甲集）·序》。

志书名称、卷数、版本，主修与纂修人的生平、修纂背景与经过、志书纲目、内容、得失、评析，勘正各种书目、志目、记载之误、藏所注明等。书中"凡隐篇秘籍，久无传者，必广泛搜寻，细加比勘，或核之以历代书目，或证之以佚文出处，间录序跋"①。著录全面、考证精当、史料丰富、论断允洽。著名比利时汉学家魏查理对之评价甚高，认为该书"对于研究中国广博的文化历史，尤其是研究贵州省复杂、悠久的自然人文状况，提供了全面、准确而详细的资料"②。

（二）资料类编

专门方志资料类编始于明末清初的无名氏《江苏各县志摘抄》和顾炎武的《肇域志》《天下郡国利病书》。而全面、系统地整理方志资料，则是起于1956—1959年中国农业科学院农业遗产研究室从全国各地数千种志书中摘录的3600余万字的《方志综合资料》《地方志分类资料》《地方志物产》。据不完全统计，至1997年，全国共类编出版旧志资料近百种，内容主要涉及以下几个方面：

经济类：除上述及的《地方志分类资料》《地方志物产》等外，主要有上海市文管会辑、中华书局1961年出版的《上海市地方志物产资料汇辑》，贵州省图书馆辑、贵州人民出版社1984年出版的《贵州矿产资料辑录》，河南地方史志编委会主编、河南人民出版社1986年出版的《河南土特产资料选编》，吉林省志编委会辑、吉林文史出版社1985年、1986年出版的《吉林省旧志资料类编·矿产矿务篇》和《林牧渔篇》，甘肃省中心图书馆1986年编印的《甘肃河西地区物产资源资料汇编》《甘肃中部干旱地区物产资源资料汇编》等。

天文类：1977年，北京天文台主编的《中国天文史料汇编》《中国古代天象记录总表》，从方志中辑录了大量的日食、月食、日珥、日冕、太阳黑子、彗星、陨石、极光、潮汐、历法、天文仪器、天文机构、天文著作、天文学人物等资料。

自然灾害类：该类是旧志资料类编重点。主要有：1956年科学出版社出版的汇辑5600余种方志中的地震记载资料的《中国地震资料年表》。此外根据大量方志辑编的自然灾害资料有中央气象局编《五百年来我国

---

① 张新民：《贵州地方志考稿·凡例》，比利时根特大学出版社1993年版，第4页。
② 张新民：《贵州地方志考稿·前言》，比利时根特大学出版社1993年版，篇首。

旱涝史料》、广东省地震局编《广东省地震史料汇编》、四川人民出版社1980年版《四川地震资料汇编》、河南地震局博物馆编《河南地震历史资料》、山东农科院编《山东历代自然灾害志》、贵州省图书馆编《贵州历代自然灾害年表》、贵州科技出版社出版的《贵州地震历史资料汇辑》、辽宁省图书馆编《辽河、大小凌河水系水灾历史资料辑要》等。

风俗类：其代表是由丁世良、赵放主编，书目文献出版社出版的《中国地方志风俗资料汇编》，从旧志辑录了礼仪、岁时、生活、民间文艺、民间语言、信仰及其他各方面的习俗，分华北、东北、西北、西南、中南6卷，规模宏大。1983年山东大学中文系民间文学教研室编印了《山东方志民俗资料汇编》、1987年江西省志编辑室印行了刘柏修辑的《江西地方志风俗志文揖录》，类编了本省方志记载的各种风俗。

宗教民族类：有广西民族出版社1984年出版的黄朝中等编的《广东瑶族历史资料》，1985年出版的庚裕良等编的《天主教、基督教在广西资料汇编》，1986年云南人民出版社出版的《云南地方志佛教资料琐琰》等。

序跋凡例类：主要有1985年、1987年辽宁省志办印行的《辽宁地方志序跋选》《辽宁地方志书凡例小序选》，1986年贵州省志办编印的《贵州地方志序跋凡例选录》，1986年江西省志办编印的《江西地方志序跋凡例选录》等。此外，还有《内蒙古旧志整理》《吉林省旧志资料类编》《青海方志资料类编》等综合类资料和《方志著录元明清曲家传略》等文化类资料，《中国近代史资料丛刊》《太平天国革命时期广西农民起义资料》《三元里人民抗英斗争》等政治类资料摘录，均引用了大量方志。

（三）旧志辑佚

旧志辑佚始于元末明初人陶宗仪，但以清代学者贡献最大，王谟《汉、唐地理书钞》共辑录汉唐间地理志及方志249种。马国翰《玉函山房辑佚书》和王仁俊《玉函山房辑佚书补编》收唐以前方志约60种；陈运溶《麓山精舍丛书》亦辑湖南、湖北地区志书几十种。民国时，鲁迅辑晋虞预《会稽典录》等绍兴地区古方志八种，汇编为《会稽郡故书杂集》。赵万里历经20载，从《永乐大典》《玄览堂丛书续集》《辽海丛书》中搜求佚文，加存《元一统志》10卷。张国淦《中国方志考》辑录宋元佚志2000余种，全面征录佚志宋、元、明、清各代所作序跋，并逐条辑考佚志资料，创民国时方志辑佚之最。

1949年后，影响较大的方志辑佚成果有：王叔武《云南古佚书钞》、杨静琦等《河南方志佚书目录》、陈金林《上海古方志辑稿》、方国瑜《云南史料目录概说》、李裕民《山西古方志辑佚》、陈光贻《古今图书集成方志辑目》、刘伟毅的《汉唐方志辑佚》等。其中1987年由齐鲁书社出版的《古今图书集成方志辑目》辑录佚志目录最多，达1430余种。《汉唐方志辑佚》弥足珍贵，该书于1997年12月由北京图书馆出版社出版，精审缜密，编排有序，共辑出汉唐方志440种，约40万字，内容涉及23个省500多个县的地情，其中有不少关于资源、科技、国家疆土等方面的稀见资料。如三国吴沈莹《临海水土志》的"夷洲"条，以420余字，详细记述了台湾的地形、地貌、土壤、气候、植被、农业、渔业、民情、风俗等地情，是我国关于台湾地理的最早记述，无可辩驳地证明了台湾自古就是我国的神圣领土。

（四）旧志复制重印

　　旧志复制重印工作在中华人民共和国成立后一直受到重视。旧志点校重印有1956年张宋祥校注的《越绝书》、1962年郭沫若点校的《光绪崖州志》、1986年金菊林、陆振岳、曹林娣校注的《吴郡图经续记》《吴郡志》《吴地志》等。稀见、珍本方志重印种类数量更多，且多为文史馆、图书馆、博物馆、文化宫等单位组织进行，如1964年至1966年贵州省图书馆就重印贵州方志51种。系统重印方志主要有1962—1965年，上海古籍书店影印《天一阁藏明代地方志选刊》线装本明志107种。台湾文成出版有限公司1967年以来已影印《中国方志丛书》2000余种。江苏古籍出版社、上海书店、巴蜀书社从1990年起已联合影印出版现存旧志3000余种。1980年后，旧志复制重印工作主要由各地、县分别进行。如贵州省1980年至1998年全省有关地、市、县整理重印旧志计40余种。

第十章　方志续修

我国编修方志的一个突出特点，就是代代相传，承前启后，赓续不断，绵延不绝。这不仅仅是修志的传统，而且已经成为中华民族的一个优良文化传统。无前则无续，我国历代方志续修的可贵之处，即在于不是一代一代地简单重复，而是一代一代地丰富和发展，体现着继承与创新的辩证统一。总结我国方志续修的历程与旧志续修的经验，探讨新志续修的相关体例、选材、方法、特点及其质量规范等事宜，对于急当前续志编修之所急，推动方志事业健康有序向前发展是有着重要的理论和现实意义的。

第一节　旧志续修特点

一　续修、续志概念

方志续修，也称方志续编，即按照年代的先后顺序，以前志的下限为新志的上限来编纂新时期的方志。续修而成的志书谓"续志"。续志不是统合古今的通志，其有的是断代志，有的是一代一朝设局多次而纂成的多部排列，断限不一。续志的体例习惯上称为"续志体"。如上海市宝山县，清光绪间修有《宝山县志稿》14卷，民国十年（1921）修有《宝山县续志》17卷，民国二十年（1931）又修有《宝山县再续志》17卷。又如贵州省黔西县，在清乾隆九年（1744）修有《黔西州志》8卷，嘉庆年间又修《黔西州志》8卷首1卷，光绪十年（1884）再修《黔西县续志》6卷。

我国古代志书数量极多，现保存的约占我国现存古籍1/10以上的8500余种志书中，通志、省志约占20%，府、县志约占70%。在这中间，大多数志书都有续修，编修两三次以上的府县志不下半数。志书记载的是一定时期的历史和现状，是一定时期一定区域的断代史宝贵资料。前志不废，后志为续，连续不断地编修地方志是中华民族的优良文化传统。

编修续志的前提条件是要有"前志"。"前志"的含义：一是某一行政区域创修的第一部方志或在一定历史时期相对而言的前修志书；二是这一行政区域方志断修数十年，甚至百年以上后编成的在体例、结构、方法等方面都有所创新的通志性质的志书。没有前志就无所谓志书续修。续志是对前志下限内容的承接，对前志内容的纠讹、补遗和在前志基础上的创新，它使方志编修显现出连续不间断性的特征。也正是由于方志千百年来庚续不断的连续性特征，使其在世界文化史上独具特色，壤厚根深，枝叶繁茂。

方志学大师章学诚对方志的续修就提出过精辟的见解，这些见解有如"前志不当，后志改之，宜存互论"，"前志有征，后志误改，当备采择"，"志当递续，不当递改，宜衷凡例"等。历史上旧志的续修对方志体例的更加完善，内容的不断丰富，错讹、遗漏史实的更正和补充，对保存大量的各方面不载于史书上的历史资料以及为封建统治阶级提供历史经验、教训的借鉴和施政的依据等方面都发挥了不可低估的作用。

二 旧志续修特点

历史上旧志续修的特点主要表现在如下三个方面：

一是续修得到了统治阶级的重视并形成了一定制度，但这种制度表现得较为松懈和自由。方志编修在封建社会本质上主要是政府行为，即上下统治者都视创修、续修志书为"官职""官责"。中央王朝对修志的重视、指令、督促使各地志书续修得以有效进行。如康熙二十二年（1683），"礼部奉旨，檄催天下各省通志，限三月成书"[①]。于是，一大批省级通志应运而生。据有关资料统计，这一时期每年平均修成志书22种。雍正六年（1728），颁降谕旨："著各省督抚，将本省通志重加修茸，务期考据详明，采摭精当，既无缺略，亦无冒滥，以成完善之书。如一年未能竣事，或宽至二三年内纂成具奏。如所纂之书，果能精详公当，而又速成，著将督府等官，俱交部议叙。倘时日既延，而所纂之书又草率滥略，或至有如李绂之徇情率意者，亦即从重处分。"[②] 这一指令，不仅对所纂志书的质量提出严格的要求，而且对修志时间也提出严、宽限制并规定了奖惩

[①] （清）于成龙：康熙《江南通志·序》。
[②] 《清世宗宪皇帝实录》卷七十五。

办法，这就使地方官员不敢敷衍从事而争取有所建树。此次明诏结果，成就了《畿辅通志》《贵州通志》等16种通志。

在制度上，方志尚在图经阶段的唐朝德宗建中元年（780），朝廷就规定图经3年一造。明永乐十年（1412）、十六年（1418）先后两次颁降《纂修志书凡例》。清雍正六年朝廷规定各州县志每60年一修。民国时期规定省志30年一修，县志15年一修。这些制度的颁布，对方志的续修产生了重要的影响。但从中也可看出，各个朝代规定方志修纂的期限间距不一，在实际执行中更难以兑现，如前所举的三部清代《黔西州志》的相距时间就分别为56年、100年；即使人文较发达、修志较多的地方也同样如此，如江苏《常熟县志》在清代前后续修13次，除康熙时的两部相距20多年，其他续修则差距不等，甚至年代不明。

二是续修名目繁多，体例不一。在续修的志目中，有重修、新修、续编、续补、重刊、续增、续志、后志、增补、续辑、续修、补志、重纂、续志草、续志草补、补记等等，缺乏一定的规范和约束，随意性很大，在体例上都袭照旧志或略试删补。但其中也有少数体例创新者，如雍正《乐安县志》为"扬州八怪"之一的李方膺于雍正十一年（1733）纂修，其以康熙六年（1667）欧阳焯旧志为底本重为厘定，全志凡二十卷，其于门下设细目，每志前有小叙，多作考证，并在每条目之下，附以细注，参与他篇互见。"叙述皆根据大籍，增以六十余年来之新事"。"较之旧志，汰重复，正谬误，义例简明，而体例称善。"① 又如乾隆《续修台湾府志》，是继康熙《重修台湾府志》的又一部续志。该志先后为序、修志名录、凡例、目录、图、志、录、跋等体裁，"各条之下俱列附考，似于作志体例另创一奇"。"凡山川之险夷，水土之美恶，物产之盈缩，风气之异同，疆界之衺广，习俗之淳漓，远自殊族番黎，下及兵民蔀屋，罔勿心识手定，勒为成书。"② 是台湾所修十多种府厅县志中内容最为丰富的一部，是研究台湾经济、兵事、海防、人文诸方面的宝贵文献。然绝大多数续志未能根据变化了的各方情况而在体例上进行改革，"悉依前志"，甚而个别续志仅将原志书下限后的内容按原志篇目归类排列即为完事，失去了续志应有的特征。

---

① 黄苇：《中国地方志辞典》，黄山书社1986年版，第118页。
② （清）余文仪修、黄佾纂：《续修台湾府志·钟音序》。

三是内容记载差异较大，表现为两个不同的极端。一方面不少续志的内容记载都较详细并具特点。如万历《续处州府志》，全志分次舍、官师、选举、地理、祠祀、治行、往哲、武功八卷，记载内容为补前志之缺，如前志未载卫、所、营建，此志则辟"武功"一门；二是增前志之无，在"次舍"门中就添加项目较多。又如《日下旧闻考》成书于乾隆四十七年（1782），"仍继康熙二十五年朱彝尊《日下旧闻》而作，新增官署、苑囿二门"，全志160卷15门，除增辑《日下旧闻》刊后百余年来京城情况处，还对其疏漏错讹之处进行考订，篇幅较之增加两倍。另一方面则表现为一些续志片面从注、补、校着眼，仅对旧志的有关内容加以注释，校其错讹，补其缺漏，未在内容上将旧志下限后的各方情况作细致的、艰苦的资料收集和编纂工作。更有甚者，仅在旧志前后加卷《校勘记》《职官表》或添以序言、跋文和若干首诗词也冠以"续修"之志名或称以修纂之新志。如同治年间贵州石阡府知府方齐寿增修的《石阡府志》，"未能延聘名儒，又未博访故实，而主笔一任之刑宾"，仅增《职官志》的任官题名及《艺文志》诗十余首和数篇序跋，其余一如乾隆时知府罗文思所纂的《石阡府志》之旧，潦草完事，粗陋成篇，"观者断为酒食簿，阡人士耻之。"①

由上可以看出，旧方志的续修可谓良莠并存，优劣兼有，但总的看来，续修的志书大都继承、更正并发展丰富了前志的内容。正确分析和把握旧志续修的特点，批判地继承其中有益的成分对于新方志的续修应是有所裨益的。

第二节 新志续修的标名、断限与体例

一 新志续修溯源

1986年12月在北京召开的全国地方志第一次工作会上，中国地方志指导小组组长曾山在工作报告中说："这一代志书编修任务的完成，并不是本地区修志工作的结束，而是新一代志书编纂工作的开始。所以，从完

---

① 周国华：民国《石阡县志·序》。

成第一代志书之日起，就应当为下一次重修或续修做好各项准备。"① 曾山组长的讲话可谓新志续修的最早论述。但由于当时正值首轮新志编修的开始阶段，人们还不可能顾及和认真研究续修方志的问题，之后经过近20年的广大修志工作者和各级领导的艰苦努力，大批志书已经修成出版，到2000年，这届修志在全国范围内基本结束，续修志书的问题，再一次被明确地提到议事日程上来。

1995年8月，中国地方志指导小组二届一次会议的精神之一就是强调："地方志工作是一项应当长期延续进行的地方基础性学术文化事业，不能搞短期行为。""各地要明确继续修志的任务。上一届志书完成之日，即是下一届修志开始之时。"要求各地"必须保持修志机构和修志队伍的稳定。"② 1996年5月召开的全国地方志第二次工作会议正式把新志续修工作提上议事日程。这次会议讨论、审订的《关于编修地方志工作的若干规定》（讨论稿）指出："编修新方志应延续不断，从首届志书的下限年份起，省（自治区、直辖市）地方志、市（省辖市、地区、自治州、盟）地方志和县（自治县、旗、县级市、区）地方志15年至30年续修一次。"③ 1996年11月9日，国务院办公厅发出《关于进一步加强地方志编纂工作的通知》（国发〔1996〕47号），要求省、市、县三级志书每20余年左右续修一次，对方志续修作了明确规定。1998年2月10日，经国务院领导同意，中国地方志指导小组二届三次会议于1997年5月8日讨论通过的《关于地方志编纂工作的规定》（以下简称《规定》）颁发执行。《规定》第五条具体明确："编纂地方志应延续不断。各级地方志每20年左右续修一次。各地在上届志书完成后，要着手为下届志书续修积累资料。"2006年5月18日中华人民共和国国务院第467号令公布的《地方志工作条例》第十条规定："地方志书每20年左右编修一次。每一轮地方志书编修工作完成后，负责地方志工作的机构在编纂地方综合年鉴、搜集资料以及向社会提供咨询服务的同时，启动新一轮地方志书的续修工作。"自此，新志续修走上了法定化的里程。

之后，国家层面发布的方志工作文件或《纲要》均对"续修"进行

---

① 曾山：《为编纂社会主义时代新方志而开拓前进——在全国地方志工作第一次会议上的报告》，1986年12月22日，载《人民日报》1987年6月10日第5版。
② 《中国地方志指导小组第二届第一次会议纪要》，载《中国地方志》1995年第5期。
③ 《中国地方志》1996年第3—4期合刊。

了强调或给出了指导性的建议。2007年11月28日中国地方志指导小组印发的《关于第二轮地方志书编纂的若干意见》的第七条即定性"二轮志书编纂的主体形式是续修"。《全国地方志事业发展规划纲要（2015—2020年）》在"主要任务"的第一条则强调："在抓紧完成第二轮修志任务的同时，全面总结第一轮、第二轮修志工作的经验教训，认真研究第三轮修志的组织管理、运作模式、续修方式等，为启动第三轮修志做好资料收（征）集、队伍培训及理论准备等工作。"

自国家提议开展续修地方志工作以来，为使新一届修志工作一开始就带有更强的科学性、系统性，使续志质量登上一个新台阶，方志界便重视了对续志的理论研究。一些省市召开了续志理论研讨会，如江苏省于1996年8月，在苏州吴县市召开了续修市志研讨会；1996年11月，江西省在南昌市召开了"下届修志理论研讨会"；1998年5月，云南省在大理召开了"全省方志续修研讨会"等。全国各地的方志刊物也登载了为数较多的续志研究文章，有的还推出了续志研究专号。有关续志研究的专书也有出版，如河南省史志办编印出版了《续志编修探讨》一书。续志理论的研究和先行是实践的需要和时代的要求。而在实践上，一些省、市、县在第一届新方志出版后便转入续修工程。1993年3月25日，河南省人民政府办公厅《关于转发省地方史志编纂委员会1992—1993年工作报告的通知》中就指出"凡是已完成这次志书任务的市、地、县（市）、区，要紧接这次志书的下限年（多是1985年）到最近的年份，编纂新的志书。"[①] 据之，至1998年底，该省已有《淅川县志》（1986—1992）、《孟县志》（1986—1992）、《南阳地区志》（1986—1994）、《新密市志》（1996—1996）、《林州市志》（1986—1997）、《平顶山市志》（1987—1995）等多部续志出版。再如，四川省在续志的编修上也起步较快，该省大邑、合江、岳池、乐山、巴塘等县市最早着手这方面的工作。特别是《大邑县志》于1992年2月出版后，趁热打铁于1993年下半年立即进行续志工作，仅3年时间，就于1996年9月率先出版了全国第一部续志《大邑县志续编》（1986—1992年），该续志分正文与增补两大类，较为恰当地处理了写7年与补千年的关系。从1997年《关于地方志编纂工作的规定》出台到2008年十余年中，全国31个省、自治区、直辖市和新疆

[①] 转引自鲁德政《勇于创新，再出精品》，见《云南史志》1998年第1期。

生产建设兵团或以文件形式，或以规划纲要形式部署第二轮修志，从编修体例上多采取断代体续修的形式，从时限的要求来看，上限大部分要求与前志下限相衔接，下限各省区市一般有统一要求。从三级志书情况来看，大多数采取了断代体的续修，但有不少省区市规定，内容根据需要可适当上溯，或者对前志进行补记、纠误。如果说志书续修世纪之交前在全国尚属个别现象的话，那么大规模的志书续修即是 21 世纪的盛举。

二　志书续修的标名与断限

（一）续志的标名

续志如何标名是续修工作开始前需要认真考虑的问题之一。名不正，言不顺。一步失筹，步步被动。第一部社会主义续志如何标名，关系到以后数部、十数部以至更多续志如何定名的大问题，都是各地认真加以考虑的问题。

如前所述，历史上的续志有续编、新修、重刊、续补等名目，随意性较大，同时又因过去社会经济发展缓慢，每一位皇帝登基必改年号，不少续志（后志）遂以皇帝的年号冠于志前称之，方便识别，如南宋临安三志，就分别称乾道《临安志》、淳祐《临安志》、咸淳《临安志》。又如贵州在明代除弘治《贵州图经新志》、弘治《贵州旧志》外，还修了 3 次通志，分别称嘉靖《贵州通志》、万历《贵州通志》、崇祯《贵州通志》。民国以后，取消帝制，同一朝代，没有君主年号可冠。如果说中华民国仅存在 38 年，加上战争连年不断，不可能续修几次志书，故可以标名"民国《××县志》"的话，那新中国成立后的志书续修标名就需要认真研究了，因为按《地方志工作条例》，各级地方志每 20 年左右续修一次，过百年就要修 5 次，过 500 年就要修 25 次。依此类推，众多的续志如何区别称呼又如何规范？对之，方志界在探索中，曾提出了如下几种标名方法：

1. 用世纪年代区别。即于志名前冠以世纪、年代的时间。如某县志下限止于 1985 年，续志的上限就是 1986 年，如果下限定于 1999 年，其续志可标为 "20 世纪 90 年代《××县志》"；

2. 直接用"续志""续编"等冠名，如《大邑县志续编》；或在志名前加"续修"等词，如《续修××县志》；

3. 用"之一""之二"或括注（一）（二）等顺序号标明续志次第。

如第一部续志标为《××县续志（一）》，再过20年左右续修则标为《××县续志（二）》，依此类推；

4. 直接于志名前冠以志书下限的公元纪年，如某县续志下限定为2010年，其续志名即可标为"公元2010年《××县志》"。

我们认为，第一种标注，志名冗长，概念含糊（如下限不是99，而是其他，则更为明显）。第二种标法存在两个问题，一是续旧志或是续新志，二是二次以上的续修都算"续编"或是"续编"的"续编"？既不明确又欠远虑；第三种标名续修的届次清楚但方志书名的时间直观性欠缺；第四种是借鉴年鉴标名法，年鉴是写上年的内容，而方志是记上年呢？或是这年定稿出版，有失科学性。我们认为，续志标名，以在《××（省、市、县）志》之下标明续志断限的起止年即上下限为妥，如《石阡县志》（1986—2010）。这种标名法，既可取上列各法之长，又能避其中之短，改冗杂为朴实，变随意为规范，便于操作，也利长远。让人看后既知续志内容的时间界限，又能表明地方志的连续性，充分表现地方志"代代相济，永不断章"的发展轨迹。

由上可见，续志的标名，于方志实务而言是普受关注、重视的大事之一。为此，在2007年《关于第二轮地方志书编纂的若干意见》中，就在第十七条中对"志书名称"的规范性作了统一规定，即"县级以上地方志书名称应当冠以下限时的规范的行政区域名称，如'××省志''××市志''××县志'；市辖区地方志书名称在本行政区域名称前冠以上一级行政区域名称，如'××市××区志'。以分志、分册等形式单独出版的地方志书，名称前冠以省、市、州等志名，中间加间隔号，如"××省志·教育志"。同时在第十八条中要求"续修地方志书名称后要标明上下限年份"，如"'××县志（××××—××××）'"。

（二）续志的断限

续修志书的断限已有了基本原则，即"各级地方志每20年左右续修一次"。从总体上讲，20年左右续修一次是比较符合国情和时代特点的。但是，实际操作又有不同的看法和建议，其中，关于上、下限的断线即为其一。关于续志下限，大多认同于按"20年左右续修一次"，结合地情灵活掌握。而于上限，主要有5种意见：一是主张与上届修志"接轨"，即以上届志书的下限为续志的上限。二是主张采取原则规定和适当灵活相结合的办法即原则上以前志的下限为续志的上限时间，操作中从记述事物的完整性出发，可适当上溯至中共十一届三中全会，前志所缺所漏而有必要补记的有价值的内容，可适量补记；前志记载有误者，可据实作必要的纠正。另外，凡前志已涉及而因下限之限制未能完整记述的事物，续志可据前志记载情况，或简或详地追溯前志部分。三是认为上限应断自中华人民共和国成立或当地解放之时，理由是新中国的建立使中国进入社会主义新时代。四是主张实行市管县体制的市志续修，上限应起自实行市管县的年月。五是主张以1979年为上限，理由是从党的十一届三中全会写起，可以系统、充分地反映改革开放的历程和成绩。

志书的断限是否合理，对于成书是有较大影响的。20年左右续修一次志书，是国家从全国的修志战略和使志书续修规范化、制度化着眼的，是原则性的、指导性的。但如果全国各省或一省各县都对断限搞"一刀切"，实际上是不切实际的、不科学的，也是办不到的。我们知道，人类对一个地域历史的认识总是在不断深化之中，由于认识能力和客观条件的限制，对于地域历史的认识可能有着或这或那的错觉和偏差，以致使所修的志书在某一方面也可能没有反映历史的真相。例如重大的考古发现，可能使一个地区乃至一个国家的历史重新改写。已经证明的有如像1973年浙江省余姚县河姆渡文化遗址的发现，不仅改写了浙江的历史，而且使中国的历史重新改写——长江与黄河一样是中华民族文化起源的摇篮。又如至今尚披着神秘"面纱"的夜郎古国，一旦被考古工作者和各方面的研究专家撩开"面纱"，究出"真容"，很可能不仅使人们重新对贵州历史进行再认识，而且会对云南、四川、湖南、广西的历史研究产生较大的影响。再则，在首轮新志书的编修过程中，不少地方的行政建置也在发展变化，最突出的是县改市、地改市。一些县、市志在出版后与现行的建置名称不符，如贵州兴义市、毕节市、仁怀市、赤水市的市志皆以"县志"冠名；有的在地域上则完全不同，如1998年中华书局出版的《遵义市志》记述的遵义市则为现在遵义市（地改市）的一个区（红花岗区）。类似这些编修在县改市、市改属市之前的志书，下届要编修的是市志而不是县志，是区志而不是市志，如果原志的下限为续志的上限，是很难反映现在建置的地情面貌的。这就使续志很难以上届志书的下限为起点。另外，又由于首轮志书的下限各地不一，完成的时间有先有后，这就使首轮志书与续修志书的衔接时间在首轮志书规定完成时间的2000年内存在着交叉性的特点。事实上，先行续修的地方虽多在断限内续修，但部分地方已在断限外续修，甚至已出现跨越上下两届而修的现象，这在实践上以事实证明了下限的难以划一。又因志书是官书，不是单纯的学术著作，"长官"意志对志书的影响是不容忽视的；各地经济、文化发展的差距，这又是续志的下限划一困难的不可忽视的因素。由上可见，志书续修的断限是很难整齐、统一的。笔者认为，各省应在坚持"每20年左右续修一次"的前提下，允许这"20年左右"可以由各市、州、县"因地制宜"掌握，即允许续志的断限在坚持原则的前提下有一定的灵活性，不搞"一刀切"。

三 续志的体例篇目

《关于第二轮地方志书编纂的若干意见》之（四）即为续志的"体例篇目"作了原则性的规定。其第八条为"严格遵守志书体例，注意处理好继承与创新的关系。注意融合章节体、条目体的长处。慎用'特载''专记'等形式，必须运用时应处理好与正文的关系"；第九条为"篇目设置要符合科学性，避免随意性。处理好容量、排列、层次、标题和升降格等问题，避免归属不当和缺项漏项，以及不必要的交叉重复"。于此，仅从如下几个方面进行简要的讨论。

一般说来，续志同首轮新志编修一样，述、记、志、传、图、表、录等多种体裁均可采用。续志编修伊始，增删体裁讨论即时见刊物，有的认为在续志中因为时间跨度短和交叉重复问题难以解决，可略去"大事记"；附录的诸如诗文、故事、考证、著作、文献等内容可分门别类归入相关篇章，因而也可删去"附录"体裁。[1] 有的认为续志可以不设"大事记"，但为了突出改革开放，可以考虑设"改革开放历史纪要"；而改革开放历史纪要与简述自然环境、自然灾害、行政区域、地理位置等基本不变的静态资料的"概貌"结合，就可以舍去"概述"；而为了保存更多的资料，可仿年鉴体裁开设"特载"，以收录改革开放以来县（市）为发展生产力而制定的地方法规和政策，以及有关领导人的重要讲话摘录。[2] 我们认为，续志体裁不应在增、删上作过多的劳神，续志体裁要创新，但着眼点应重在于"述、记、志、传、图、表、录"诸体并用，重在于发挥

---

[1] 孔令士：《关于续县（市）志的体裁变更与专志的设置问题》，载《中国地方志》1997年第2期。

[2] 王登普：《县（市）续修面临的几个问题探讨》，载《中国地方志》1998年第1期。

各种体裁所长,优势互补,相辅相成、灵活运用。

  首届新志编修,对传统的志书体式既有继承又有长足的发展。从篇章类目设置多少来看,大体有大编体式、中编体式、小编体式和条目体式4种,其中前三种属章节体,第四种为年鉴体即条目体。续志采取何种体式目前主要是章节体与条目体之争。主张条目体,主要理由是:一是章节体结构是教科书的模式或史书的模式,教科书编纂的原则是要遵循知识的渐进性,通过篇章节的编排,使知识由浅入深,由简到繁,反映了知识的内在逻辑关系。史书的编纂原则之一是时间的渐进性,以时间为序,由古到今通过篇章节的编排展示各项事业在历史进程中的兴衰起伏及其因果关系。而志书则是大型工具书,而条目结构正是一般工具书的普遍特征。二是章节体结构,虚设的层次较多。采用条目体,可从总体上减少志书的结构层次。三是从首轮修正实践看,章节体使编纂工作受到较大限制。志书的体例特征是以事划类,以类立目,各层次条目是包含关系,不是统辖关系,而条目结构可弱化统辖关系,便于编纂过程中的结构调整。四是条目体能适应电子信息化发展的需要,便于读者检索使用。主张章节体的理由主要是:一是认为章节体结构既继承了传统志书的优良传统,又在新的历史条件下进行了创新,是与志书的记述内容相适应的,是符合内容决定形式原则的,续志的内容与本届有较大不同,这是章节体如何创新以更好地反映内容的问题,不能简单地将之否定。二是章节体结构比较符合按科学分类和社会分工及逻辑划分的原则,其将记述对象根据一定的分类标准,分解成不同层次的小类,篇、章、节、目诸层次层层领属,使不同层次的各类体现出一定的内在逻辑联系,从而使其组成一个完整的有机体,较能达到反映历史与现状全貌的目的。三是地方志是资料性著述,它含有工具书的特征,但它不是工具书而是严谨的、科学的著述,这是方志界的共识。而章节体则是著述的表现形式。四是从适应电子信息发展的角度看,条目体加索引难免功能重复,而章节体加索引就能互补所长,既可适应社会的发展,又能避条目体横分过细,综合性差之弊。而在章节体的3种类形中,又存在着选择的争论,认为大篇体式对一级类目掌握严谨,市县级志书一般设10余篇,章是实体,便于体现事物的内部联系,整体性强,但难以控制各篇之间的文字量,易出现畸轻畸重的现象;中篇体式把相近的类目适当合并,作为合篇,市县级志书大体设20多篇,篇、章、节、目四个层次。这种体式分类档次适中,既考虑到志书的固有内容,又兼顾社会分工和科学分类,尤其是复合门类的设置,既避免了分类过细、重复记述的弊端,又解决了因内容分量少而难以成篇的困难,其篇幅适中,层次合理,结构紧凑。但几个部门合写一篇,落实编写任务和志稿总纂较难。小篇体式按行业和部门分类,多篇并列。这种体式结构匀称,便于落实编写任务,但横分过细,整体性不强。从实践看,续志采用和倾向章节体者较众。而在章节体中又多倾向于中篇体式。续志采取哪种体式为佳,各地应根据各地实际情况,认真比较各种体式的优劣长短加以选择,提倡不拘一格,不搞强求划一。但不论续志体式如何变化,仍应坚持横排纵写、事以类从的原则。

续志的篇目与首轮新志书相比,同样有一个继承和创新的问题,即不能机械地承袭原志的篇目,必须概括变化了的实情作一定的科学合理的调整。不搞千篇一律,千志一面,在遵守志体的前提下,不拘一格,因地制宜,紧贴实际,优化设计,力求突出个性特征。在具体把握上,要处理好以下三个关系:一是处理好独立性和统一性的关系。这里主要指分类,因为诸多门类,既有独立性,又有统一性,故门类横分不宜过细,应立足整体,注重联系,尽量减少割裂肢解的现象,少见"一花多栽";二是处理好部门管理和行业分类的关系。要以现代分工和科学分类为依据,打破部门管理的界限,将同一性质的事物作合理的综合与归并,增强篇目的科学性;三是处理好继承与创新的关系。要继承志书基本的体裁和必不可少的结构内容,保持志书篇目的相对稳定,但不能"旧瓶装新酒",泥古不变。要根据志书体例和本地实情创新篇目,推陈出新。

篇目设计与首届新志书相比,就章节体而言,其原则和方法可按"详、略、并、留、删"五字进行。

详,即要突出反映改革的成就和两个文明建设的发展变化。重点记述经济体制改革、政治体制改革、企业制度改革、市场经济体系建设、社会保障制度等内容,增设廉政建设、纠正行业不正之风、扫黄打非、人民生活、社会重要问题的记述;加大土地管理、环境保护、人口控制、生态文明建设、脱贫致富、全面小康、乡村振兴等基本国策的记述力度,强化"以事系人"和基础设施建设、经济管理等内容的记述。

略,对相对静态事物和变化较小的门类如自然、地理、建置、民俗、宗教、军事、文物古迹等可在"概述""概况""大事记"等处进行略记,侧重于其新的变化、发展情况和数据指标,不必设篇立章。

并，即将变化小、内容少不够独立立篇者如上"略"门类根据其内容、性质的相近采取事简即合的办法进行处理。如可将"自然地理"中的地域范围、地质、地貌等并入概述，气候、土壤并入农业，动植物并入林业；将"军事"中的征兵、民兵工作并入民政，武装警察并入公安，机构并入党政；将"建置"并入概述或于大事记中反映等。此外，对常设的、关系又比较紧密的内容也可并卷记述，如自然环境与环境保护可并为一卷，人口与计划生育并为一卷等。

留，即保留前志的体式结构和其中设置合理而又能满足前志下限后内容特点记述的篇目。如前志为章节体的中篇体式除仍袭承外，保留其中的"国民经济管理、政权、政党群团、教育、水利电力、工建交邮等一级类目"。

删，即删去基本无变化的章节，如姓氏、方言、文物古迹、民间艺术等。

志前设记、述，志后设人物、附录、索引则构成了续修志书的篇目架式。其中之记可视情况采取大事年表、要事本末等形式；述可称总述或概述，由于篇目，尤其是志类的调整，应适当加重述的记述分量和比例；人物部类应包括传、录、表三种形式，立传人物承宗"生不立传"原则。附录除收录重要文献外，可包括对前志补正、纠错、补充的文稿。总之，在续志工程中，需要花较大的精力去探索篇目设置问题，在其中要注意新生事物、新发展的事业的位置摆放，减少虚设层次，增加信息含量。要在继承前志经验、教训的基础上，结合地方特色、时代特点搞好篇目设置的继承、创新工作。

第三节 续志编修要求

一 续志编修应加强整体性

法国年鉴学派奠基人马克·布洛赫说："唯有总体的历史，才是真历史。"[①] 方志学是历史学的分支，可以说，唯有总体性强的方志，才是真方志。我们知道，物质世界是由无数相互联系、相互制约、相互作用的事物所形成的统一整体。任何事物都不是孤立存在的，它总是同周围事物相

---

① 马克·布洛赫：《历史学家的技艺》，上海社会科学院出版社1992年版，第39页。

互联系、相互依赖、相互制约。地方志作为系统记载地方自然和社会的历史和现状的资料著述，每一部志书都应该是一个有机联系的整体。

自1980年起的首届新志编修对志书整体性问题注意不够，表现在体例上，一些志书的类目设置、材料归属，深受部门分工影响，结构松散，门类分割，难以体现出各门类之间的相互联系和影响，看不出它们之间的逻辑关系；在内容上，多根据门类讲部门工作，而不是从整个社会的角度来取材和编写，人为地破坏了事物的联系。而在编写中，静态的东西多动态的内容少，部门工作多，社会情况少，如记述自然环境，没有记载人类活动对环境的影响，"青年"内容写的是青年团工作，而不是青年问题，"妇女"写的是妇联的工作，而不是妇女问题。"共性的内容少写，特有的内容详写"，实践的结果往往是特有的内容得到详述或升格，共性的事物被简单反映，"只见树木，不见森林"。这些都对志书整体性产生了消极影响，是影响志书质量的重要原因之一。21世纪，随着生产力的快速发展，生产社会化程度越来越高，人与人之间，事与事之间的相互联系日益加强。续修方志要客观地反映时代的特征，就必须加强志书的整体性，以体现事物发展的内在联系，再现历史的本来面目。

要加强续志的整体性，首先必须用科学的世界观和方法记述认识客观事物。唯物辩证法的基本特征之一，是认为物质世界是有联系的统一整体。用这个观点来记载客观事物，就可以避免把相互联系的事物割裂开来。其次，取材要"大视野"，记述要"大覆盖"。首轮修志，多数地方志主要使用党政领导机关和各部门的档案，取材和记述都显得部门痕迹很明显，视野不够开阔，人的活动多被忽略。续志取材，视野要扩大，既要用档案材料，又要注重通过调查、采测、民意测验等方式得来的民间材料，在"写官事"的同时，要对人的活动"有广泛的足够的展开。各种人物、法人和法定代表人的活动将影响到一方的发展。续志的这种记述已远远超过'以事系人'的范畴，而将当代典型人物的活动直接记入志书。"[1] 再次是续志必须加强宏观记述，要克服本届志书记述微观有余、宏观不足的弊端。要在续志中写好较强著述性的概述（总述）以从宏观上记述一地自然、经济、政治、文化的概貌以及相互关系，要在各部类设

---

[1] 张桂江：《谈续志的继承与创新》，载《地方志编修与续修》，天马图书有限公司2000年版，第170页。

置无题概述反映该项事业或专业的基本面貌,同时在续志中考虑设置一些综述性的篇章如"经济综述""政治综述""文化综述"等和综合的章节,如"财政体制""教育体制""商业体制"等,以从宏观上反映各方大势和体制变更对本事业或行业的影响程度,帮助人们了解事物的全貌和相互关系。

二 续志的篇幅与周期

首轮新方志工作编修伊始,方志界即注重对新志篇幅字数的讨论。1985年4月中指组发布的《新编地方志工作暂行规定》建议:新编志书"总体规模不宜过于庞大,应当以既充实又精练为原则,一般情况下,县志以控制在30万—50万字左右为宜,市志控制在一二百万字至四五百万字左右为宜,省志的字数最好控制在千万字以内。"实践的结果,由于各地方志断修多年,首轮新志记述的时间跨度较长,应补缺的资料繁多;同时体例、篇目上门类分得过细,致使篇幅增大且交叉重复量大;再加上对收集的资料精选力度不够,不忍痛割爱和主编笔削文辞不力等因,三级志书都突破了建议字数并逐渐膨胀。以县志为例,从20世纪80年代初中期的50万字左右,增至后期的100万字左右,进而上升到90年代的100万字以上,个别市县志超过了200万字。志书字数无节制地增多,不仅与方志言简意赅、文约事丰的要求不符,而且直接造成了成书时间的拖延、修志周期的拉长,带来了志书资料信息的滞后,严重影响了志书服务社会的及时性、时效性。

如果说,首轮新志编修在周期问题上注意不够,致使不少地方耗时15年甚至更长时间方玉就书成的话,那么,续志的编修周期与字数即在续修志书的理论探讨之初就被引起重视,提到重要日程。编修续志,缩短周期,控制篇幅,提高质量,可谓志界的一致呼声,被认为是志书适应时代而保持生产力的有效途径之一。但周期、篇幅以什么程度为宜,由于中国地方志指导小组没有原则规定,因此,讨论较为激烈。如"新一届志书的编修,市志篇幅一般不超过100万字,县志在50万字左右,三年大致即可成书""县志一般不超过100万字,用3年时间;省志可在千万字左右,大致用5年左右时间""县志在50万—80万字之间,市志可在100万字左右,完成时间视具体情况可控制在3—8年之间";"省(区)市志书出版上中下3卷,500万字左右,地市志书出版150万字左右,县市志出一本，80万—100万字左右"。理论上的争论如此，而在实践上，出版的《县志续编》《××续志》等数十万字有之，超过100万字者不少。一些省区也对续志字数作了规定，如云南省则"建议续修县级志书字数控制在30万—50万字。"① 能否如此，尚需实践来作结论。

续志的字数控制有一个"度"是完全必要的。事实上，篇幅较大的志书编者也在反思问题：即篇幅与质量、篇幅与体例、篇幅与信息、篇幅与经费、篇幅与利用、篇幅与周期等，结论是篇幅过大弊多利少，是不可取的。但如果硬要规定一个范围、界限也是不现实的。续字记叙的时间虽在20年左右，但其间的变化是前所未有的，其内容是异常丰富的。首轮志书记述的时间长，由于历史的原因，许多资料缺失；而续志资料是系统而又丰富的，不能只考虑字数，而把许多有用内容删去，那必将降低续志的使用价值从而影响志书质量。我们认为，不宜过早地给续志定字数，因为"框框""套套"很容易束缚人们的手脚，但应该有一个"度"，即应由各地根据地情和工作实际在收集资料、精心选材、认真编纂、确保质量的前提下把握志书的篇幅，控制志书的字数，做到文约事丰、精练充实，恰到好处。一般来说，县志续志可考虑在100万字左右为宜。

加快续志周期，这是现实的需要，资治辅政的需要，方志生存发展的需要。现在的时代是信息时代，是瞬息万变的时代，生活节奏快、发展变化大。我们国家的改革一改过去30年不变的慢节奏，把人们推上了时代的快车，使每个处于这时代的人都深深地体会到经济社会的发展之快。如果续志编修仍像首届新志那样旷日持久、老牛拖破车、一步一呻吟地前进，那我们毋庸置疑的就会落后于时代，续修的志书就会失去时代的色彩，从而降低志书的使用价值和信誉，影响方志事业的发展前进。志书不是商品，但它反映的是时代的信息，它不能落后于时代。新志续修要与时代同步，加快步伐，缩短编写周期，从组织发动、收集资料、拟定篇目、撰写初稿、审稿修改、定稿出版发行，力争市县志2—4年成书，地市志3—5年成书，省（区）市志5—8年成书。因为各地有可供借鉴的首轮修志经验，有经验丰富的修志队伍和组织机构，有较成熟充分的理论准备和

---

① 云南省志编委会：《关于印发〈云南省方志续修研讨会纪要〉的通知》，1998年6月23日。

指导，有"一纳入、八到位"①的修志条件，有20年左右积累的较为系统全面的资料。

三 重视对前志的"遗""缺""误"处理

任何一部志书都不是完美无缺的，都会有这样或那样的不足和憾事。首届新志编修由于队伍、理论条件等各种因素，虽经广大修志工作者的兢兢业业、不懈努力，成就的志书中也或多或少地存在着疏漏、谬误，甚至"硬伤"。随着志书出版后读者面的扩大、对修志资料的整理建档、各种形式读志评志的开展、修志系统的工作经验教训总结，普遍认为新编志书存在如下两个问题：一是史料缺漏，尤其是1949年以前的资料显得贫乏，解放后政党、政权的领导作用记述得不突出，一些政治运动、社会关系等内容单薄苍白甚至只字不提；二是差错不少，不仅仅是文字、标点的差错，而且有史实的出入，同一件事的时间、地点、数据、人物等，在一些志书中的不同篇章里有二种、三种不同的说法。应该说，一部数十万字、百余万字、记载一方古今的县志、市志等，由于缺乏经验、资料来源局限和"众手成志"等种种原因，存在个别问题在所难免。然而作为修志工作者和其它方志之众多有识之士，在认真重读、阅读志书时，发现新编出版的志书存在遗、缺、误等问题，则不能不感到遗憾。再说，作为1949年后的首部市志、县志要进行再版恐怕不太可能，也不可能重修，只能续修。这样，本来应该在首部市、县志记载的历史事件，却因一时调查、挖掘不到而漏记了，得不到"存史"；志书中的讹误，又因为没有勘误、更正，而将以讹传讹，给后人留下需作考证的疑问。因此，续志编修理当肩负起为前志"拾遗补缺，勘误订正"的责任。对此问题，古人已有很好的实践。如宋嘉泰《会稽志》修成于嘉泰辛酉年（1201年），后来张淏修成宝庆《会稽续志》，他在序中说"所书故辛酉年以后事，而前志一时偶有遗逸者，因追补之；疏略者，因增广之；讹误者，因是正之"②。拾遗补缺订误是续修志书的重要工作之一。著名方志大师章学诚提出："前志不当，后志改之，宜存互证也。"，"如前志无憾，则但当续者所有，前

---

① 即《全国地方志事业发展规划纲要（2015—2020年）》中提出的"将地方志工作纳入各地国民经济和社会发展规划、地方各级政府工作任务，'认识、领导、机构、编制、经费、设施、规划、工作'到位（以下统称'一纳入、八到位'）的工作机制"。

② （宋）张淏：《宝庆会稽续志·序》。

志有阙，但当补其所无。"① 可见，拾遗补缺乃修志之传统。

　　拾遗，是指在编修前志时，没有认识到或没有认识清楚，现已认识或认识清楚的客观事物进行补记；对在前志应该记而漏记门类、事件、人物进行追记。补缺，是指对前志所记事物应详而略、应有而漏、横排缺项、纵述断线的项目，应在续志中补述或追述。拾遗补缺可以有多种操作方技，如明补暗补法、聚补散补法、随志增补法等。其中王致修在《续志议术》一文中谈到补遗拾缺的4种方法，可以作为参考。其一为专栏补杂。属于建置沿革、自然地理、重要统计数据、艺术等方面"静物"的遗漏，内容多而杂的，设"前志补遗"类门类，分项立目，集中详补。内容不多，可在附录内设"补遗"栏集中补；其二为随志补疏。前志纪事中，应详而略、应有而漏、物未系人、事未及典等疏漏，造成事不明、脉不清、引起误解、形成争议等"后遗症"的，可在续志相关门类的章节（条目）中补述或追述，补详概全，澄清事理；其三为立目补缺。属于前志的重大缺项，或遗漏已终止活动的重大事件，不补不利于存史的，可在相关门类所立条目（章节）补述；其四为越限补史，重大历史事件，因一时史料难考，造成限内缺载，或交代不清的，可在相关门类的"概述""无题引言"中补述，或在纪年条目中作背景材料交代。不管用哪种方式，对补充的资料，均要注明来源。②

　　勘误订正是对前志运用数字资料、史实、观点时所出现的"硬伤"，以及纪年不一、计量单位错误、印刷校对失误等内容进行逐一勘误订正。正误的方法，可根据前志的具体实际，或随文正误、或专章正误、附录正误或在附录中设《前志勘误表》等，只要相宜均可。订正前志之误，要克服"护短"的心理障碍。已出版的志书是大家多年心血的结晶，作为编纂者，容易产生护短的心理。但是，志书既是传世之作，我们不仅要对当代读者用者负责，还要对子孙后代负责，要有勇于正误的责任心，切实勘误订正。

　　给前志"拾遗补缺，勘误订正"是续志的一项重要内容，是续志编修必不可少的基础工作，因为前志的资料准确，可信与否将直接对续志资料质量构成影响，必须引起高度重视。其方法要点应列入续志的"凡例"

---

① 章学诚：《文史通义校注》，中华书局1985年版，第870页。
② 王致修：《续志议术》，载《巴蜀史志》1996年第3期。

之中，明示读者。

四 续志应有索引编制

前已有述，索引是从国外引进的一种科学著作的检索方式，多在国内科技界和图书馆使用。方志索引是使志书从案头走向社会的有效途径之一。续志编制索引，总的要求是目的要明确，方法要科学，使用要方便。

在索引的组织形式上，由于续志内容非常丰富，信息繁多，很难用一二种索引把志书中的所有信息都组织起来，其可根据用户的不同需要，采用不同的组织方法、编制成各种相对独立的专题索引。从大的方面来说，可分为分类组织法、主题组织法、形式组织法三种，亦即通常听说的分类索引、主题索引、形式索引；每一大类之下分设若干专题索引。分类索引，就是以事物的属性（或特性）为依据，把各种事物区别开来进行编制索引的方法。通常情况下，分类索引包括人名索引、地名索引、物产索引、文物古迹索引以及机关单位和团体名称索引等。主题索引，是从志书信息内容的主题（或问题）属性出发，用词语标识系统来区别志书信息类别，包括标题法、关键词法等类型。如"目与子目索引"就是用标题作为信源编码的主题索引。此外还可以编制大事索引、地方掌故索引及各种专题索引等。主题索引的关键词，要抓住事物的特征，概念要清楚，内涵、外延要有明确界定。形式索引，不像前两种索引按事物内在特征编制，而是以志书信息的外部特征为标识对志书信息进行重组的形式组织法，如图片索引、表格索引、文献索引等。续志编制索引时，应根据实情与需要、根据明确的索引范围和深度或选用其一，或诸种并用。

在编制续志索引时，既要遵循索引自身的一般规律，又要适应用户的使用习惯，方便检索，即要做到规范性和实用性的统一。具体要求：1. 索引名称要规范，要方便读者分析掌握，检索利用。2. 索引应有编制凡例或说明。不同的索引，由于编制对象不同，在编制范围、选目标准、标识形式和编排体例等方面，各有不同，应当通过凡例或说明，如实告诉用户，使用户得检索之要津。3. 检索方法要简便实用，力避有"索"而无"引"之弊。在我国现有的部首、笔画、拼音字母、四角号码几种检索方法中，以汉字笔画、笔顺法排列检索较为流行，适用面也较广，可供参酌。4. 索引规模要适当。从所见的新志索引中，多者占全志页数的12%，少者仅1.5%。在多者中，尚有内容丰富的专项索引欠缺。作为兼有工具书性质的地方志，应力求将志书内存的、表面的、隐匿的、集中的、分散的、明显的、含糊的各种信息进行加工改造，使之成为汇集的、浓缩的、系统的信息，以满足多种用户的需求。在这个角度上，可考虑索引的规模为全志篇幅的10%左右为宜。

第十一章 方志评论

方志评论与方志编纂是整个方志事业的两翼。有方志编纂以来，就有方志评论。方志评论又称方志评议、方志批评。是一种以评论志书为主的方志文化活动。它在一定的理论指导下，对修志实践的结果——志书，进行实事求是的分析和研究，用议论说理的方法，探讨方志的内容、形式、本质和规律，评鉴出志书的优劣与成败，总结出修志工作中的经验教训，是对方志编纂实践所作的理论上的审视和对方志理论实践成果的检验，是调众人智慧，借众人力量提高修志水平的重要工作。方志评论是使方志事业不断前进，方志理论不断升华的重要促成条件之一。

第一节 方志评论的功能、内容及特点

一 方志评论的功能

方志评论是方志工作的重要组成部分，具有以下主要功能：

介绍志书。由于志评是对志书有关内容和形式的解析和评价，所以向社会介绍志书就成为志评的一大任务。我国方志编修历史很长，历代志书存有量很大，在当前社会各界人士中有相当一部分人不知方志为何物的情况下，向社会介绍志书，使人们逐步认识方志、利用方志，就显得十分必要。

引导用志。我国旧志书浩如烟海，社会主义新方志数量空前。面对茫茫志海，读什么，怎么读，成为读者最关心的问题之一。加之志书的种类繁多、篇幅较大，对每一位志书读者来说，把握好要读的志书不是一件容易的事情，这就需要志评来指导、帮助读者阅读和使用志书，充分发挥志书的社会效益，使志书的功能得以发挥。可以说，志评是架于读者和志书之间的一座桥梁。

指导修志。任何一种理论研究，都是为实践服务的理解和阐释，也是

评论者独立的审美创造。高质量的志评既要对志书作出公正的评价，又要抓住规律性的问题从理论的高度上进行概括和提高，既是志书客观社会效应的信息反馈，又是评论者独特个性和艺术创造力的结晶。因此，志书评论是一种具有独特思想、理论价值的创造性劳动。通过评论，总结了编纂经验，研究了成败得失，阐发了规律性的认识，再将这些以一定形式反馈给广大的编纂者，以使在修志实践中参考和借鉴。这是评论之所以引起广泛重视的主要原因。

二 方志评论的内容与特点

要振兴方志事业，必须强化方志评论，这是毋庸置疑的事。如果说一代有一代之方志，那么一代应有一代之方志评论。时代变了，方志不能不随着时代的变化而变化，方志评论也应当适应已变化了的形势而在评论的内容上体现出时代的特点。

（一）方志评论的内容

1. 方志文体评论。根据一定的评价标准和原则，对志书的政治观点、编纂体例、编纂程序、编纂特色、语言文风等进行评论，结论出志书质量的优劣和成功之处失败之点。

2. 方志作者评论。研究作者的师承、流派，指出作者（常是一个编纂集体）、特别是主编在志书编纂中继承和创新的方志理论。把志书文体和志书作者的编纂思想和编纂活动联系起来研究，得出对志书比较全面的评价，探出作者素质与志书质量的关系。

3. 方志活动评论。结合自古及今的历次方志编修实践史实，对方志编修的机构组织、人员配备、纂修过程、理论探讨、领导与方志实践、人才与方志质量、方志活动与客观地情以及方志纂修与社会、经济活动的关系等进行分析、评价，从中寻出方志活动的特殊性和发展规律，预测方志活动发展的方向和途径等。

4. 方志功能评价。调查研究志书出版后，在社会上的地位、影响，它在政治、经济、文化等方面所产生的作用，社会各界人士对志书的评价和影响。同时要对其在功能发挥上的障碍因素及对策进行分析、研究。

5. 方志文化评论。方志文化除方志文体内容、形式外，还包括方志渊源、方志机构、编纂人员、方志的社会功能和社会意识，以及与方志有着密切关系的地情、方言、民俗、旅游、资源等研究，都是方志评论的内容。

（二）志书评论的基本特点

作为志书评论，就其形式与内容而言，可以鸟瞰全志进行整体评论，也可以侧重于一个或几个方面，甚至还可以"抓其一点，不及其余"，"借题发挥"。但是，无论其形式与内容如何丰富多彩，作为一种理论活动，志书评论至少应当具有一些重要的、必不可少的特点。

实事求是的精神，是志书评论必须具有的品格。评论者不能有意护短或着意溢美。"批语必须坏处说坏，好处说好，才于作者有益"[①]，鲁迅先生这段话是针对文学批评而言的，对于志书评论，也当如此。

真诚的态度，是其应有的特点。任何时期的方志编纂，由于理论及实践环境等因素，不可避免地存在或这或那的缺点和不足，评论应从爱护此项事业的角度出发，不仅要晓之以理，还要动之以情。以真挚、坦诚的态度，来引起读者的共鸣，继而激发他们更深刻的思考，并有效地指导实践。

科学而又独到的理论成分，是志书评论的生命所在。对于志书的具体问题，评论应在理性的分析与评价的基础上，归纳出规律性或理论性的学术见解来。如果没有这理论上的再认识和再创造，评论也就失去了生命力。

正确掌握评论的规律及方法，是保证评论质量的至要因素。细观古今高质量的志书评论，无不"先入其内，后出其外"。即是说，要准确地分析、评价一部志书，首先要"吃透"原著，切不可浅尝辄止。未深"入"志书，易造成评论的浮光掠影或失之偏颇。在充分领会和把握志书基础上。要善于"出"于志书产生理论性的联想，探出自己的学术观点，使评论达到应有的理论深度，具有理论探索和指导实践的作用。

第二节 方志批评史迹述略

我国的传统方志评论的形式多种多样，如序跋评论式、书信评论式、总体评论式、微观评论式等，大致起源于唐代。稽查书籍文献，最初见于唐代著名训诂学家颜师古等人对魏晋以来地记之类志书的批评。颜师古注

---

① 鲁迅：《我怎样做起小说来》，载《南腔北调集》，黑龙江人民出版社2014年版。

《汉书·地理志》时称"古以来，说地理者"所撰述的方志，存在了"竞为新异，妄有穿凿，安处附会，颇失其真"的弊病。刘知几在所著《史通》一书中，对旧史志失实和浮夸之处，对志书的诸多缺失，也曾详加评论，多所指陈。他批评说："郡书者，矜其乡贤，美其邦族"；"地理书者，人自以为乐土，家自以为名郡，竞美所居，谈过其实"。李唐宪宗元和年间，宰相李吉甫针对以前及当时方志著述详古略今、传疑失实、夸饰州郡、征引鬼神等弊病，严肃指出："况古今言地理者，凡数十家，尚古远者或搜古而略今，采谣俗者多传疑而失实，饰州郡而叙人物，因丘墓而征鬼神，流于异端，莫切根要。"①主张详今略古，详载兵饷、山川、道里、攻守利害，志书所载宜真实可信，以应实用。在对前志进行批评的基础上，李吉甫亲自撰写了《元和郡县图志》40卷。《四库全书总目提要》称"其体例亦为最善"的不朽之作。

如果说，唐时的方志评论，形式限于概括性的统评，内容则多属指瑕说疵的话，那么宋代而后，方志评论则有了发展变化，特点是所评多为某一部志书，见之于"序""跋"之中，其内容所指，及于体例、内容和写法的得失，留下了许多勇于进行方志批评的事例和精辟的方志批评之论。如许汝霖在《嵊志·序》中就指名道姓地批评了高似孙纂的《剡录》"择焉而不精，语焉而不详"，"纪山川则附以幽怪之说，论人物则偏于清放之流。版图所以观政理，而仅举其略；诗话所以资清淡，乃屡书不厌；他如草木禽鱼之诂，道馆僧庐之疏，率皆附以浮词而过其实"，没有起到方志"重则后世，启览者之心的作用"②，对后人启发很大。针对志书泛录资料之弊，冯福京在《乐清县志·序》中认为资料取舍应"事不关于风教，物不系于钱谷，诗不发于性情，文不切于义理，皆一切不取"。明代，不少方志过于强调征实考信，列目琐碎，引文繁多，内容芜杂，对此，顾广圻《广陵通典·序》批评曰："郡邑志乘，滥觞晋宋，后此继之，盈乎著录。……末流滋弊，事既归官，成于借手，府县等具之，撰修类皆不学，虽云但縻餐钱，虚陪礼帛，犹复俗语丹青，后生疑误。"阮元《仪征志·序》亦指出："明代事不师古，修志者多炫异居功，或蹈袭前人而攘善掠美，或弁髦载籍而轻改妄删。"明代方志由于风气所尚，或

---

① （唐）李吉甫：《元和郡县图志·序》。
② （元）许汝霖：《嵊志·序》。

失之芜，或失之简，佳构不多。其重要原因有如王世贞所斥曰："今州邑之荐绅将举笔，而其人非邦君既先故，盖有所不得不避矣。是故古史之得在世，而今志之失在谀也。"① 强调编修志书当取今志之详，古史之失。马性鲁批评方志存在的疏、冗、诞等现象，认为方志"疏而弗备，弗备奚以稽？冗则弗精奚以观？诞则弗信，弗信奚以传？"又鉴一些志书"义类不伦，统纪不明"，提出了"叙事必详""修辞必严""考究必真""古今毕录，巨细不遗""善恶并举"等主张。②

特别是在方志学蓬勃发展的清代，方志批评比以前各朝都更加活跃和深刻，批评理论也日渐完善。

关于人物纂写问题的批评。姚文田在《东台县志》中批评说："人物则博引繁称而惑非产生"，尤其人物传中"多为子目，烦碎支离"。③ 洪亮吉也在《泾县志》中批评明清以来的方志有"借人才于异地，侈景物于一方，以至以讹传讹，误中复误"的弊病。④ 更引人注目的是雍正皇帝对《广西通志》的批评，他在敕谕中批评"李绂修《广西通志》率意徇情，瞻顾桑梓，将江西仕粤之人，不论优劣，概行滥入，远近之人皆传为笑谈。如此志书，岂堪垂世"⑤。清朝皇帝加入志评行列，对志坛震动很大。广西在此后于嘉庆年间纂成280卷的《广西通志》，被誉为书中上品。

关于方志语言规范化问题的批评。章学诚在《石首王明府论志例》中批评说："辞不雅训，难以行，亦且害于事理"。顾广圻也针对明代以来方志语言的弊病批评说："弗为无益之谈，字求其实，言归于正，故为之典。"⑥

关于堆砌资料问题的批评。章学诚认为志书分为著述和纂类两家，为此，批评"方志纂类诸家，多是不知著述之意，其所排次襞绩，似是地理专门之见解"⑦。同一个问题，焦循在《上郡守君公书》中对尹秉暖所主张的"仅用纂录，不易一字而标以出处"也提出批评，主张"郡志当依《史记》"。

---

① （明）王世贞：《万历通州志·序》。
② （明）马性鲁：《重修顺昌县志·序》。
③ （清）姚文田：《东台县志·序》。
④ （清）洪亮吉：《泾县志·序》。
⑤ （清）雍正六年上谕，转自《修志文献选辑》，燕山出版社1990年版。
⑥ （清）顾广圻：《思适斋集》卷十一。
⑦ （清）章学诚：《报黄大愈先生》。

关于记述失实问题的批评。姚鼐在《惜抱轩集泰由道理记序》中批评说:"余赏病天下地志谬误,非特妄引古记,至纪今时山川道理远近方向率与实舛,令人愤叹。"

关于志书的综合弊端,清代一些方志学者进行了较为系统的总结、归纳和批评。如白潢在《康熙江西通志序》中指出了方志有8种弊病,即"大抵居今者,病在略古;失实者,病在采名;辞夸者,病在烦芜;腹俭者,病在疏漏;援证者,病在附会;请托者,病在徇情;一人也,或两地并收,于是有重复之病;一事也,或两家互异,于是有舛讹之病"。张锳在主修《兴义府志》时,概括出以往志书有16病:"窃惟思古今撰志者,约有十六病:或考今遗古,枵腹成书,逞臆而言,无征不信,病一;或繁征博引,与地无关,穿凿支离,茫无端绪,病二;或直写采访之册,大类胥抄,冗謩引证之书,不知裁剪,病三;或时搀俚语,言之无文,或转借艰深,以文浅陋,病四;或数卷之中,自相矛盾,各卷之内论断不加,病五;或但借旧文,弗参互考,但知其一,不知其他,病六;或传方外则高谈仙佛,志丘墓则侈语鬼神,志祠祀则文庙与寺观并列,索尚异端,骜戾书旨,儒者讥之,病七;或广载艺文,几同文选,颂己德政,亦入志书,于义何居,大乘志例,病八;甚有胪列己文,似己文集,桂林相国,曾议其非,病九;虽曰志乘体裁,似宜有褒无贬,然使过于夸饰,何以传后信今?病十;至于考核不精,予夺不当,体例不善,叙述不详,去取不严,关系不载,此六者,尤撰志之大病也。"[1] 清代学者对古今方志流弊的总结是多方面的,但大体本着"文直事核""文约事备""博而能断"的修史传统去品评分析,所以批评的弊端概括起来,主要是采集不详、去取不严、立论不公诸项。

民国时期,因时局动荡和战事纷扰,地方志的编修工作时断时续。不过,由于各地学者的多方努力和国民政府的倡导,曾编纂出1500余种方志,方志理论的研究达到一个新的水平。表现在评论上,主要体现在一些方志学家的论著当中。李泰棻在《方志学》中针对旧志流弊,提出了应增记录以前之史实、社会经济之资料和贪官劣绅之事实,改变旧志忽略历史资料、社会经济资料的记载,革除旧志"隐恶扬善"之劣手。寿鹏飞在《方志本义管窥》中,认为方志记述"有关民生实用,疾苦利弊,虽

---

[1] (清)张锳:《兴义府志·序》。

小必志，即志义必详且尽焉"，方志"不贵应有之尽有，而贵应无之尽无"，抨击了旧志滥收之弊。傅振伦在《中国方志学通论》中对以往方志中存在的问题进行了"极为博洽"的归纳，认为旧志之弊有十："一、取材无当，旨趣乖僻；二、因袭模拟，书多雷同；三、抄窃拼凑，无异类书；四、割裂诸志，无所断制；五、片断记载，几不成书；六、门类琐碎，意义浮泛；七、载事记文，猥烦不典；八、叙述无谓，立论可厌；九、逐于景物，不求实际；十、官家修志，失之简陋。"这些评论对志书的编纂，其参考价值不可低估。

历史上代相承继的方志评论传统，绵衍至今，证明了方志评论之举的存在价值和生命力。所以，当社会主义新方志的编纂工作开展后，这一传统便被当代方志界继承了。

第三节　新编方志评论

一　新志评论的发生和发展

方志学家董一博指出："方志是一个时代的标帜，同时也标志着那个时代的操觚者和评论者的水平。一个时代的名志佳本或是谫陋之作，固因应首推编纂者，但是，尤赖评论家的慧眼妙笔，评其得失，论其正误，对是非、真伪及臧否问题，可质言而证，进一步对志观、志材、志法等以述其究竟，将方志的工作推到一个新的高度。同时出现一批方志评论家和出现一批方志编纂家，对方志史来说，是具有同等重要意义的。"① 可见，新志评论和志书编纂是相辅相成、互为依托不可分割的。新志评论犹如架在志书编纂和方志理论之间的一座桥梁，起着沟通、交流的作用。若没有这种"桥"，方志理论就难于在实践中深化认识，得以贯彻和提高，志书出版后也难以得到检验。

新方志的评论工作开始于1984年，其特点是编纂与评论同步并行。是年6月，中国地方志指导小组和地方史志协会在北京组织召开已出版的呼玛、台安、万年、如东、本溪五县志学术讨论会。会议就五部县志的编纂得失进行了系统的评议。7月，委托黑龙江省志编委会在黑龙江黑河市

---

① 董一博：《开展方志评论，提高修志水平》，载《董一博方志论文集》，河南大学出版社1989年版，第231页。

举办了全国北片区 13 省市"县志稿"评议会。10 月，又委托广西壮族自治区通志馆在桂林市召开南片 10 省区"县志稿"评议。1985 年 1 月，10 城市志稿评议会在武汉召开，评议威海、武汉、洛阳、南阳、内江、无锡、嘉峪关、四平、辽阳、佳木斯 10 城市 26 部志稿。1996 年 1 月《中国地方志》在北京主办《如东县志》（修订本）评论会，评论会形成的论文结集印行。3 月，江西省志办发出开展专业志稿评议活动的通知。5 月，中国地方志指导小组、浙江省社科院、浙江省志办在萧山联合举办《萧山县志》稿评议会。从 1984 年至 1990 年以前，一些省区为推动和促进修志工作，曾多次组织志书评论会。如贵州省志编委会在 1986 年至 1988 年 3 年以会代训形式先后于 1986 年 8 月在兴义，1987 年 11 月在赤水，1988 年 8 月在思南分别就《兴义县志》《赤水县志》《思南县志》等 3 部志稿进行了评议。其间，各地刊物都发表了一些评议或介绍新志的文章。这时的志书评论主要是围绕志书的完整性、科学性、体例篇目的总体设计、资料的取舍及记述方法、继承创新及突出特色等问题展开。

在 20 世纪 90 年代，随着新志书的陆续编就出版，志书批评从内部走向社会，由当初的微澜初起向热潮高涨的态势发展。表现在：一是评论文章数量日增，方志刊物普遍辟设"志评栏目"；二是不仅探讨志书的编纂实务，评析志书的得失，而且追踪方志的社会功能，强调志书的致用价值；三是在讨论总结新志经验与教训基础上，还为探讨和建立新的、科学的方志理论体系寻求方和依据。多数人认为，方志是稳定性的资料文献，既具有记载历史、保存资料的存史作用，又在两个文明建设中起到了较大的"资治""教化"作用。一分为二地分析了 21 世纪前的新修志书的总体情况。表现为：

（一）显著特点和成功之处

第一，坚持正确的指导思想和政治标准。新编方志的编纂都是坚持以马列主义、毛泽东思想、邓小平建设有中国特色的社会主义理论为指导。从篇目设置、选材到遣词造句，都坚持以《关于建国以来党的若干历史问题的决议》为准绳，基本上做到了从实际出发、尊重历史、尊重事实、不愤笔妄书、不授人以柄。新方志把旧志中被颠倒的历史重新颠倒过来，讴歌历史上农民起义、工人运动；用大量的篇幅记述中国共产党领导下的人民革命斗争，记述 1949 年以后的巨大变化，记述人民群众生活水平的不断提高。志书中所提供的信息和资料，都有利于"两个文明"的建设。

第二，改旧志以政治为主为新志以经济为主。重政治轻经济是旧志内容的普遍特点。新编志书（主要是县市区旗志）都设置了农业、渔业、林业、副业、工业、交通、邮电、城乡建设、商业、财政、金融、工商、物价、审计、计量等篇章。经济部类所占篇幅远远大于历代志书，一般都占总篇幅的30%左右，图、表、照所占比例更大。以经济为重点的记述，不但体现了我国改革开放向现代化迈进的时代特色，而且符合经济基础决定上层建筑的唯物史观。

第三，重视科技方面的论述。旧的地方志科学性很差，新志不再沿用旧志不科学的记述，诸如九州区划、疆域版图等。除专篇记述科学技术外，在地理、工业、农业、林业、水利、建设、卫生等专志的记述中都渗透着现代科技的内容。

第四，体现人民群众是历史的创造者。由于封建统治阶级看不到人民群众的历史作用和受唯心史观的影响，旧志中很少记载创造历史和文明的普通民众，使它的人文价值大为减弱。新志重视记述地方上有突出贡献的和有一技之长的工人、农民、手工业者、教师、医生、学者、企业家等，除了为已故英雄、模范树碑立传外还利用以事系人的方法，大量记述劳动人民的辛勤劳动结晶、创造的社会财富，在抵抗侵略、抗灾救灾、见义勇为、社会主义建设中的丰功伟绩，体现了人民群众是地方的主人，国家的主人。

第五，资料覆盖面广、翔实可靠。旧志取材，以文献为主，虽也有人主张广采史籍、兼及口头材料，但成书终不出载籍范围。本届修志，凡公文档案、文史资料、报纸杂志、人事材料、杂说笔记以及外文资料悉加搜集，对于民间文艺、口头传说、实物资料、历史遗迹、遗址、"活资料"等也极为注重采访调查，实地勘验。对与史实有出入、自相矛盾的资料认真对待、严肃考证。资料信息广泛翔实是新志书的重要特点之一。

第六，体例不断创新。在篇目形式上，绝大部分由旧的类目式改为章节式。在结构形式上，由"三书"（志、掌故、文征）改为综合结构（述、记、志、传、录、图、照、表）。旧志平列类目是"编纂派"的主张，纪传图表是著述派的主张。新方志把这两种办法结合起来，成为内容丰富、门类齐全、行文简洁、分类科学、便于检索的科学文献。在表述方法上，新志批判地继承"述而不作"和"生不入传"等原则，不作长篇大论的分析推断，但恰到好处地"论从记出"，寓情于事、寓理于事。对具有地方特色的事物新志大多予以"破格升级",详细记载。一般首设概述,大事记,卷末设附录,加强了概括性和相互联系。又大量运用彩色、黑白照片,"航拍""星拍",现代化的地图,精美的装帧、版式,使志书图文并茂、美观端庄。

(二) 存在问题

主要表现在记述内容及体例两个方面:

在内容方面:经济部类,旧志经济资料少而且零散,新志的经济内容比较充实而系统,作为资料的价值有了很大的提高。但不少志书存在矫枉过正现象,经济部分的篇幅占据 1/3 以上。而其中又主要是新中国建立后的篇幅大,按照现有的部门设置过细,交叉重复的内容不少,共性的内容比较少。对民国时期的经济发展线索记述不清。在记述方法上,数字罗列,突出人物活动和典型材料缺乏,一般性的情况叙述多,看不出物质发展本质过程和当地产业发展的特色。政治部类,新志书对政党和政府的记述比较注重,特别是在记述党和政府的决策和领导方面下了不少功夫。但怎样恰当地记述党和政府的决策和领导的问题没有完全解决。有的志书把党的决策领导和政府的政务活动不恰当地分割开来或加以混淆。有的志书为方便图事,在记述中只有机构设置、人事任免、会议召开,至于政治活动、重大事件,或隐而不记、或记而不详。新中国成立后的一些政治运动,不少志书也是记得粗、略、散、乱,使人看不到真面目,看不出事物的内在联系,难以起到借鉴作用。对于民国时期的政治,新志普遍记述简略,个别县志仅置之于"附录",这是不客观的,是与修志如实记述事物的原则相悖的。社会部类,这是新志的薄弱部分。而这部分的内容又相当广泛,包括人口、社会结构与组织、社会生活与社会保障、风俗习惯、宗教信仰、方言谣谚等,有的志书将之集中,设社会篇记述,有的将之分散于各篇之中,但内容都不够充实或有欠缺。在记述中也存在着较多问题,如在宗教上,有的志书对宗教的历史、教义、教规等介绍过多,而对何时传入本地以及它的传播情况如何都记载甚少;有的志书将宗教与迷信活动混为一谈,将迷信活动和反动会道门列入宗教篇章中。在方言上,少数新志过于简单记述,完全按照旧志的格局,只记录了一些方言词汇和谚语,而对当地方言的语音系统、语法和词语特点、方言的地理分布等都没有记述,影响了志书的学术价值。人物和艺文部类,新志继承了旧志重视人物记述的传统,坚持了"生不列传"但以事系人的原则。但人物传在志书中的比例太小，一般在7%左右，人物传以外各门类，以事系人记述人的活动不够。在记述中，一些人物传写成了人物简历，缺乏撰写力度和深度；有的对人物的评价带着过分的感情色彩，主观臆断，迎合口味，移花接木，文过饰非，违背了实事求是的原则。艺文部类是旧志中重中之重，新志不少志书将之置于次要地位，进行略载或干脆取消，仅有少数设篇或设章记述。这也是一种矫枉过正的倾向，应予纠正。因为艺文不仅表现着一地的文化水平和人文特点，而且在一定程度上表现着上层建筑对经济基础的反作用，没有丰富的艺文等人文资料，就不能很好地反映经济与社会活动，有损方志资治和教育的作用。此外，新修方志资料"失实"情况也不少见，这是应力图避免的。

在体例方面：首届修编新志是在理论不成熟的情况下进行的。中国地方志指导小组和各省市区方志编委会都曾在体例上提出了大体构架，使新志书的体例有了初步的规范和统一。但就结构上来说，总的状况是受"史纵志横""横排竖写"等观点影响，还未从根本上摆脱旧志的体系，表现在志书的横向联系不够、整体性不强，反映不出事物的内在结构和相互联系，反映不出多姿多彩的立体社会面貌。模式化倾向较为突出。在断限上，有的志书从1840年或1911年写起，有的接上一部志书写起，由于新志不是旧志的续志，故应遵循"上溯起源，因事而异"的原则。作为下限，因为修志进度不同，各志可灵活掌握。但有的志书没有稳定的下限，各个部分参差不齐，影响了志书的严谨性。在图照上，不少志书中选用的照片一般性的太多，如政府大楼、商场、领导人员等，而真正有存史价值的历史性照片如古县城面貌、各个不同时期的生产工具、珍贵的历史文物等又太少。编排上未考虑规律性、美术性和经济性，散乱、呆板、单一而又未充分利用版面。地图上未保留一些旧志中有价值的形象化地图，随文图片未安排者较多。文字上新编县志由最初的50万左右上升到90年代的100万以上，言简意赅做得不够。

二　新志评论的方式和类型

（一）新志评论的方式

1. 评稿。这是新志在出版前的评论形式。新志部分纂成稿，一般要请知情人士或有关领导、学者进行审读，主要是从史实、文字、体裁上评出其得失；总纂成稿打印成册后，即要分送编委会成员、邻县志办和上级业务主管部门领导及有关人员阅读，并适时召开志稿评审会汇集各方意见，目的是通过评志找出志稿的成功之处，特别是不足问题，要进一步修改完善，把好志书的政治关、资料关、体例关、文字关作必须的坚实工作。在1990年以前，为推动修志工作，造修志之声势，中国地方志指导小组和大部分省市区方志机构皆曾举办了规模较大的志稿评论会（前已有述）。这对修志工作的顺利进行影响较大。

2. 评书。随着各类志书源源不断出版，新志评论工作越益活跃，书评文章不断增加。表现在，新志出版后，省志、市志、县志办公室邀请一些行家批评自己的新志，或一些方志工作者，理论工作者在阅读某些新志后抒发感受而成评论文稿。再是各方志刊物辟设了新志评论专栏，如贵州《史志林》自1991年至1998年底在32期中，共专栏评论53种志书，发表评论文章近300篇。一些文化报刊也发表了一定数量的方志评论文章。这项工作除方志工作者参加外，还吸引了社会出版界、史学界、教育界、文化界、经济界等各方面的人士。

3. 评"评论集"。这届修志，一些地方在志书出版后，即将有关对志书的评论文章、段落及志书编纂的有关资料编成评论集。从1987年9月《如东县志评论文选》出版至1998年底，全国约有60余个县市编印出版了评论专集。由于这些评论集不少文章评论的导向、方法及资料取舍多有偏颇。在志书不被人认识重视的时候，偏多肯定其优点、价值是十分必要的。但作为实事求是的修志人，不应像市场经纪人那样把自己的商品说得十全十美。事实上许多文章脱离志书实际、任意拔高、虚饰浮夸、盲目捧场。很少以新鲜的理论来阐释中国方志现象，确有真知灼见的理论分析文章则似凤毛麟角。如此，展开对"评论集"的评论就成必然。1991年4月，中国地方志指导小组郑州会议《纪要》就说："要加强对已出版的志书的评论，但必须实事求是、健康有益，以利于总结经验教训，为后来者借鉴。廉价吹捧和自出评论专辑的做法是不可取的。"中国地方志指导小组副秘书长孔令士在1999年6月召开的第三次省级刊物主编座谈会上，强调"最近还有这样一种风气，大有蔓延之势，就是志书出来以后，由编纂部门出面组织文章，自出'评论集'以扩大影响。这种心情是可以理解的，但做法不可取。一部志书的价值如何，是上乘佳作或是平庸之作，要经过社会的检验，主要是用出来的，不是靠评出来的。"秘书长郦家驹则明确指出自出"评论集"的做法"此风不可长"①。

(二) 新志评论的类型

志书的种类繁多，内容丰富，体裁多样。这就决定了志书的评论类型是多种多样的，有的针对综合志，有的针对专业志，有的评论内容整体，有的只就个别篇章，有的针对整体结构，有的仅对个别体裁。但就需要来讲，主要按内容分类评论和目的分类评论两大类型来展开。

1. 内容分类型。按照志书评价的内容及其特点大体分为论述型、心得型、商榷型、比较型等类。

论述型志书评论是评价中最常见的形式。其重在介绍被评志书的内容、特点、价值和方志领域里的一般知识。多数对志书作较为系统的论述。如诸葛计在《最是难得西流水——评新编〈桐梓县志〉》②中，从凡例的追求创新精神、内容的记述特色、重大史事的特殊处理、到志书的客观总体认识等方面，有论有述地对《桐梓县志》作了比较全面的评价，使读者看完这篇志评，就会对"属于90年代中期之后较优秀的一部志书"的《桐梓县志》有了较深的印象和了解。这类志评，有的重点评论一部志书中的某些部分如谭其骧的《评新编〈金山县志〉》③，对该志的第一编建置和第三编金山三岛作了评述，充分肯定了新志在更正旧志之误方面的作用，还指出了这部书在沿革记述中的失误。

序跋型志评是旧志书评论常见的形式。这种形式新编志书多有继承，大务为学界师长或造诣精深的学者及领导者所撰，他们或论志书，或论志书编者，或志书、编者俱论，或就志书编者扩展来泼墨纵论，针对古今一些普遍的方志现象阐发真知灼见。因此，一些志书的序跋实际上就是一篇很好的评论文章，很受读者欢迎，具有较强的导读作用和较高的学术价值。

心得型志评是作者随兴抒发、借题发挥，以个人的直觉反映对被评志书的印象和感受。这类志评写作程式灵活多样，多短小明快，其中不乏即兴而发、触感而就的思想火花，普遍受读者欢迎。这种志评，一般都在标题或副标题上冠以"有感""体会""感言""随笔""札记""读后

---

① 转引自赵慧《关于当前新志书评论的思考》，载《中国地方志》1992年第3期。
② 诸葛计：《最是难得西流水—评新编〈桐梓县志〉》，载《史志林》1998年第1期。
③ 谭其骧：《评新编〈金山县志〉》，载《中国地方志》1991年第4期。

感"等。

商榷型志评一般是由于不同作者对志书的内容、体例结构、记述特点等有不同的看法，而各自抒发见解进行商讨。这类志评对活跃学术空气、提高读者阅读水平、促进志书编纂和方志学理论研究有积极作用。但这类志评的撰写，忌用意会行事，不应对志书编者和其他志书评论者进行人身攻击或恶意中伤，而应采取同志式的方式以诚相待、平等探讨。

比较型志评一般以两部或多部志书相比较，采取纵向比较，横向比较或上下比较的方式，对志评进行不同层次、不同角度的评论。

2. 目的分类型。按照志书评论撰文的目的可划分为一般评价型和理论研究型。

一般评价型重点在于介绍被评志书的内容和特点，目的在于帮助读者认识被评志书。这类志评"介绍"的比重较大，"理论"的成分较小。

理论研究型志评往往不是就事论事，而是由点到面阐述方志领域的重要问题，并提出作者独特的见解，能够推动方志理论研究的深入开展。这种志评，不仅对志书编纂有点穴振心之功，对志书应用亦有拨雾释迷之效。如傅振伦的《当代修志成就与展望——从新编〈西平县志〉说起》①，对当代修志中的体例、结构等10个方面的问题作了阐述，超出了对《西平县志》评论的范围，具有普遍的理论意义。

三 新志评论存在的问题

一是宏观与微观失调。宏观与微观是事物整体与局部的关系，两者相互联系不可偏废。现在的方志评论有宏观与微观失调的倾向。有的评论文章，仅从宏观出发，讲原则性，"大道理"，局限于指导思想、编纂体例、篇目设计、志书资料与特色等大的方面，很少对志书中的微观问题进行分析、研究。给人以言之无物、隔靴搔痒之感。有的评论文章则着眼于某个章节归属不当、某个数据不准、某个史实有误、某个用词欠当、某条标题不合逻辑等，仅从志书的"硬伤"上去讲"小道理"，这对于志书的修改与编写，指导意义不大。

二是程式化现象突出。综观已发表的志书评论，其中有一些如出自一

---

① 傅振伦：《当代修志成就与展望——从新编〈西平县志〉说起》，载《中国地方志》1991年第2期。

人之手。首先是内容呈"八股"套路，在评论时，总也离不开指导思想、篇目设计、体例资料、语言、地方特色、装帧等方面，从志书中摘取一些例证，用以赞美一部志书的相关方面是如何的正确、精当完备、丰富、流畅、突出、精美等等。在罗列了诸多成功之处后加上一段话：当然，也不是十全十美的。轻描淡写地数了一二三点"美中不足"之后，笔锋又是一转，虽然还有这些不足，但瑕不掩瑜，某志仍不失为一部良志。这已成为当前方志评论中较为普遍存在的一种现象。其次是搬套一般理论。对一些方志名家的观点视为"圣旨"，评论一部志书时，按它来套。在体例、分类、语言、图表等稍与一家之言不符的，便指责"不合志体""不得志法"。这是使方志理论难以前进的一个原因。

三是评论文章深度性不够。有些评论文章，为了片面追求具有宣传作用，在内容上对志书的优点作渲染性的介绍，浮光掠影，或"书介式"，或"广告式"写法，强调"形象"上对于读者的吸引力，未对志书加以细心研读，从思维上下功夫，恰如其分地对志书作深刻的、理论的分析和探讨。就是一些称得上论是道非的评论，不少也满足于对志书本身就是论非的分析，缺乏对问题作相关的理论分析和深层次的探讨。停留在问题的表面，难以给读者留下深刻的印象和理性的启迪。在理论上，满足或停滞在方志的一般原则及要求上，缺乏深度，不能通过"实践—认识—实践—再认识"循环往复，达到不断提高志书的实践和理论水平的目的。

导致以上志书评论主要问题产生的原因：

一是时限因素。一般的评论文章都是受人之托而写，不管是编纂者或是方志刊物编辑部都有对评论者的时限要求，由于一部志书少则10万多则200余万字，要下功夫细读一遍，不仅取决于论者对该志书的认识问题，同时时间因素也是重要影响。一些论者往往只是粗略浏览其大概，甚至只能读其中一篇或两篇，这就在一定程度上决定了其写出的评论浅浮而缺乏深度，虚浮而缺乏力度，并造成对志书评论的微观与宏观的失调。

二是理论因素。随着新志编修工作的深入，理论研究也取得了令人瞩目的进展。但是，作为联结方志理论和编纂实践的中介——评论，总的来看，其理论深度及广度，还落伍于方志理论的发展和编纂实践。虽然产生了许多高质量的评论，能将理论与实践融为一体，且富于创见，能提供知识性和借鉴性。但相当多的评论还徘徊在志书门类的设置、记述方法、总体结构等方面。对编纂实践中的新经验总结不够，对时代于方志的需求，对修志中的新问题研究不力，从而使评论失于浅显。同时又因方志理论迄今还未能形成一个成熟的、独立的理论体系，就要求志书评论者进行新的概括、分析和综合，确定评论的角度，充分发挥自己的学术观点。但有些评论者视其为畏途，不愿做艰苦的深层次的探索，人云亦云、落入俗套，笃信"可靠"的既有的理论。理论上的创新，是评论义不容辞的责任。只有创新，评论才不会失去其意义，才会富有生机与活力。

三是感情因素。志书评论的一个不可忽视的因素就是评论谦和气氛浓厚。评论者往往出于对方志的热爱之情，对家乡的赞美之情，对编者的尊重之情，给予志书充分的肯定和承认，夹着明显的感情色彩。这虽在情理之中，但评论毕竟不是贺函广告，不是捧场文章，其重要的和主要的则是对志书的编纂作出科学的合乎情理的分析、总结和评价。志书评论如果偏重于"情"，侧重于宣传的作用，对志书的不足以至严重失误不予指明，是不负责的，志书的评论就失了纠谬补阙的作用，削弱了评论的理论指导和借鉴功能。

四　做好方志评论摭要

1995年8月17日，中国地方志指导小组组长李铁映在中国地方志指导小组二届一次会议上的讲话批示："新出版的志书，就整体而言，观点比较正确、资料比较翔实、体例比较严谨，具有鲜明的科学性和时代性。"这既是对前一时期修志工作的肯定，也是对今后出版的志书的要求和希望。新方志批评，应该按照这个标准进行。在评论中应注意如下几点。

1. 要有正确的评论态度。方志评论的直接目的是价值判断，即评析方志著作的内在价值和表现形式，包括内容的全面性和深刻性，资料的真实性和可靠性，表现形式的完善性和科学性。要评论好志书，就必须运用马克思主义的认识论和方法论，坚持实事求是的科学态度，从客观存在的实实在在的内容出发，克服唯心主义、唯上唯书唯人的观点，客观地评析志书的观点是否正确、体例是否合理、资料是否翔实、特点是否突出、文风是否朴实端正。既肯定成功一面，又指出其不足，要评之有理、论之有据、以理服人。既不受请托，予以捧场；也不持成见，加以诋毁。同时要从各地不同的情况出发，不作脱离实际的过高要求。在评论中要坚持人人平等，抱着共同研究、共同探索、取长补短、互相学习的态度。只有这样，才能使志书评论真正发挥出"宣传、提高、总结、促进"的作用。

2. 要有适当的评论方式和方法。方志评论的目的是通过评论志书的优劣，总结志书编纂的经验教训和探讨志书存在的社会价值，为修志工作提供借鉴，引导志书提高到新的水平。在志书评论中值得注意的方式和方法有：①要有评有论，评论结合。针对新志评论存在的只评不论或评多论少的缺陷，必须做到评论结合。不仅要分析志书存在的问题，论证其中的原因是什么，还要提出解决问题的方法，把成功的经验上升为理论，把不足引为教训，成为普遍可供借鉴的认识。②新志评论要注重"水平思考法"。该方法是英国著名思维科学家爱德华·迪·博诺教授提倡的。即从一个方面或几个方面同时对几部志书进行比较性研究。目前志书评论缺乏深度的症结之一，是缺乏纵向和横向的比较。"水平思考法"的内容极广，它包括新志与旧志、本地志与外地志书、台湾志书和大陆志书、中国志书与国外志书，以及志书和相关学科的比较。它的运用，有利于鉴别志书的优劣、长短、成功与不足，加深对志书整体内容的认识，从而加深志评的深度与力度。③突出重点。方志评论在选好被评志书、认真阅读全志的基础上，确定志评的重点，不作面面俱到的浮光掠影的表述。撰写志评力图克服模式化，并将实用性和科学性的不同主张、老一辈方志学家和新方志理论工作者的主张运用到方志批评中来。④评论与编纂同步进行。方志评论与编纂是同一事物的两个方面，紧密联系，不可分割。修志的过程就是不断批评抉择的过程。正确开展方志评论，可使修志工作在正确的理论指导下进行，既加快速度，又可提高质量。志稿写成后，要有组织地开展自评、互评、请人评的活动。以保证志书质量，推进方志理论建设。

3. 要体现志书综合价值。修志的目的在于应用。志书问世后，评论的任务在于从各个角度、各个方面仔细研究志书所取得的成就，目的在于要多的读者即抱有不同企求的读者，能从评论中得到启示和线索，帮助读者用好志书。如果我们的评论者能够抓住志书中影响最大的实用功能，例如志书是否整体上反映地情？对所载的地情的认识程度上是否深化？在体例结构、论述语言等表现形式上是否创新？收入的资料中是否有独特的价值？那么志书就可以获得旺盛的生命力，志书的利用价值和存史功能就更加得到体现。

4. 营造良好的评论学术环境，抓好评论队伍建设。方志评论是以评论者的价值观念和鉴赏能力按照一定的标准来衡量和判断志书的价值的。

这就必然形成一种百家争鸣的学术气氛。方志论者在评论他志时，要设身处地、满腔热情、善于发现、善于挖掘，实事求是地肯定志书的长处和指出其不足，以求共同探讨、共促修志理论的前进。同时，被评论志书的编者要正确对待来自各个方面的批评，要有虚怀若谷的气度和择善而从的决心，要有唐代诗人白居易"闻毁而戚戚，闻誉而欣欣，自顾行何如，毁誉安足论"的态度。

加强志书评论队伍建设，是搞好方志评论的基础。方志机构、方志刊物有独特的条件可以发挥更大的作为。应广泛地团结有志于史志工作的专家和学者，建立起一支由领导、专家学者和实际修志工作者组成的评论队伍。特别是要注意发挥专家学者们的理论优势，以此带动和促进新志评论的开展。此外，对方志评论成果加以重视，一些内容深刻、形式活泼、具有独特见解的评论文章，是不折不扣的学术成果，应与志书一样受到重视。时代呼唤有一大批理论工作者和有价值的评论成果出现，要把修志实践与理论研究结合起来，成为推进方志理论建设的原则和创造力。

第十二章　地方志与地方年鉴

地方志与地方年鉴都是以一定地域或区域为记述对象的资料书籍，随着方志与年鉴事业的发展，有人提出了既有方志编修就无须再编辑年鉴，有了年鉴就不必再修方志，年鉴可代替方志等观点，值得存疑。地方志和地方年鉴既有相同之处，又在性质、体例体裁、表现手法和功用上存在着各自的特点，不存在以此代彼或以彼代此的问题，两者是并存发展不可偏废的。在发展关系上，根据年鉴编辑中存在的问题和建立统一、完整的资料系统的目标及其环境条件，年鉴编辑应是地方志系统的一项重要工作，由方志机构进行管理是年鉴事业发展的最佳选择。[①]《地方志工作条例》第三条之"本条例所称地方志，包括地方志书、地方综合年鉴"、《全国地方志事业发展规划纲要（2015—2020 年）》之地方志工作要"以修志编鉴为主业，统筹兼顾理论研究、开发利用、信息化建设、方志馆建设、旧志整理等工作"中所作的概念界定及其志、鉴关系的制度性安排，应为地方志者工作所谨守和践行。

第一节　年鉴的定义、种类、特征与作用

一　定义

年鉴是逐年出版的、以汇辑上一年内事物发展新情况为主要内容的历史资料性著述，是具有权威性的地情工具书和重要的信息载体，主要是向人们提供一年内全面、真实、系统的事实资料，便于各级各部门了解事物现状和研究发展趋势。

[①] 杨军昌：《略论地方志与地方年鉴的发展关系》，载《贵州大学学报》（社会科学版）2000 年第 5 期。

作为年鉴的"鉴",其具有深义。一、鉴有镜之义:"王以后之鉴予之。"① 二、鉴有照之义:"光可以鉴。"② 三、鉴有借鉴之义:以古今成败为法戒,曰鉴。由此,可以说:年鉴是昨天的史实,今天的镜子,明天的见证。

年鉴,以年为期,逐年更新它的资料,提供新的信息,充实新的内容,年复一年连续出版,成为系列性的史册,即标示出历史发展的里程性的实录,又具有纵和横的可比借鉴。所以,它永不过时,而且,随着出版的年代越久,年鉴的作用就越显著,作为工具书的价值也就越大。

年鉴起源于人类文明初的美索不达米亚文化和古埃及文明时代,其最初形式是楔形文字泥板书,即关于天文现象的历书。现存于大英博物馆的最早古历书注明的年代是埃及国王拉美西斯二世(Ramses, The Great,公元前1290年—前1223年在位)时代。该书除了记有年月日外,还用黑色和红色表示该日是主凶或是主吉;同时预言在该日出生的孩子一生的命运,历书中还注有多种宗教节日,已具有早期年鉴的主要特征。随着社会科学文化的发展,历书就演变成了综合性记事的年鉴,并在19世纪从内容、形式、数量和类型等方面完成了向现代年鉴阶段的过渡。在西方国家,年鉴成了与《圣经》同样受欢迎的书籍。

我国现代形式的年鉴是伴随着近代帝国主义列强的侵略、"西学"的输入而从外国传入的。1909年奉天图书馆出版的《新译世界统计年鉴》是我国第一部现代意义的年鉴。相继1913年上海神州编译局出版了《世界年鉴》。1924年,商务印书馆出版了《中国年鉴》。作为地方性综合年鉴,最早的是1935年上海通志馆年鉴编辑委员会编辑出版的《上海市年鉴》。此后至1949年,全国各地编辑出版了各级各类年鉴80余种。

自1950年天津进步出版社编辑出版了1949年后第一部综合年鉴——《开国年鉴》至1979年中共中央和邓小平同志批准出版《中国百科年鉴》期间,由于各种原因,年鉴事业在中国发展十分缓慢。20世纪80年代后,由于科学技术的日益发展,知识更新越来越快,人们对信息的愈益需求,特别是改革开放给各条战线带来的巨大变化,具显著特点和优势、能够适应各方需求的年鉴的蓬勃兴起就成为时代的必然,各种年鉴的编纂在

---

① 《左传·庄公二十一年》。
② 《左传·昭公二十八年》。

全国以前所未有的速度迅速增长着。据中国年鉴学会编《中国年鉴概览》所载《中国年鉴编纂出版概况》一文中统计，1980年到1990年3月，我国已编纂出版640种年鉴，其中省（市、自治区）、计划单列市、省辖市、县、区的综合性年鉴有178种。至1997年底，全国出版各种年鉴1300多种，已成为出版物地位显要、颇为壮观的一种文献资料。之后，年鉴编纂工作在全国广受重视。以2006年5月国务院颁发的《地方志工作条例》第三条之"本条例所称地方志，包括地方志书、地方综合年鉴"为标志，地方综合年鉴被正式纳入了地方志的范畴，同样编纂出版年鉴已为地方志工作的重要组成部分，进一步推动了全国地方综合年鉴编纂工作的开展。到2015年8月，全国各地编纂出版了"1.5万多部地方综合年鉴，1000多种、7000多部专业年鉴"①。

二　种类与特征

年鉴的种类很多，可以从不同的角度来划分。按地域范围来分，有世界性年鉴、多国年鉴、某一国年鉴、一国中某一地区的年鉴等。按年鉴的内容范围，可分为综合性年鉴和专业性年鉴两大类。综合性年鉴就是指汇集一年内的各种重要事件、新闻和政治、经济、文化、教育、科技等方面的资料，加以分类编排，按年连续出版的年鉴；综合性年鉴一般分为国家年鉴、百科全书年鉴、国际年鉴和地方年鉴4种类型，它是年鉴界中非常重要的群体。专业性年鉴则内容集中一方面，诸如商业、贸易、海关、统计、农业、教育、法律、地理等以至某项工农业产品。综合性年鉴所收集的资料，涉及面一般较宽。它充分反映了世界各国、我们国家及其各个地区上一年政治、经济发展动向、科学技术发展水平、人民生活以及其他各个领域现实情况。专业性年鉴所提供的资料只反映某一侧面或着重介绍本专业范围内的基本情况。本章讨论的即为综合性年鉴中的地方年鉴。

年鉴的特性表现在：①材料的广泛性。从取材范围看，年鉴总是把有关的材料尽可能全面地收集进来，并注意概括地反映这一知识领域的新成果、新经验，有较强的汇辑性和概括性。②编排的系统性。年鉴编制多种方式并用：主体内容分门别类编排，大事记按时序编排，各国、各省市自

---

① 国务院办公厅：《全国地方志事业发展规划纲要（2015—2020年）》，2015年8月25日，见中国方志网 www.difangzhi.cn。

治区、各市地县概况按地序编排，内容分类索引又按字顺编排。各种资料井然有序，有较强的系统性。③资料的权威性。年鉴编写以事实为依据，它的资料大多来自报刊、政府公报、统计部门及各种文件资料，真实可信。又因在编排中对收集的大量资料进行筛选、整理分析、加工，最后以高密度的方式将各种信息、情报传递给读者。许多条目、综述、专文还由该学科专业领域的专家撰写或审定。是一种选材严格，翔实可靠的权威性工具书。④记事的连续性。年鉴逐年出版，及时反映上一年度的新情况、新成就。内容年年相接，逐年更新，回溯性内容所占比例极小。每年的概况、典型数字都在发展变化之中。资料新颖，反映及时。从文献传播的连续性和时效意义来看，年鉴较其他工具有更大的情报价值。⑤出版的年度性。年鉴的内容虽不断更新，但它的结构体系，栏目设置等则是相对稳定的。年鉴逐年出版有利于读者通过不同年代的不同记录作比较分析，从而把握事态的变化和发展趋势。⑥使用的易检性。年鉴不是供人们从头到尾系统阅读的，而是供人们有目的翻检考查的，属于检查性图书，概括其目录及索引等，查检方便。⑦功能的齐全性。年鉴不仅种类繁多，而且每部年鉴的编撰形式也是多样化的，几乎各类问题都可以在年鉴中找到答案。如查某个地区、某个行业、某个学科的发展概况，查政策法规，查统计数字，查书籍论文，查图像，查各类组织机构、优秀企业及名优特产名录、查大事等。年鉴功能的齐全性，是年鉴区别于其他类型工具书的重要特点之一。

正因为年鉴兼容并包了各种类型工具书的形式和功能，并逐年编撰，逐年出版。可以说，年鉴的根本特性是工具性和编年性。

三 作用

年鉴是传播知识、储存信息、传播信息的工具，它熔百科于一炉，缩一年为一瞬，以一卷当百卷。其主要作用表现为：一是提供一年来时事动态信息。包括国际国内时政大事，社会各部门、各行业的状况，以及各学科各专业的最新研究动态，使人们掌握情况，关心时事，把握未来。二是提供一年来的重要法规文献、政府文件及有关论文和专著。有利于人们知悉、掌握政策及有关动态，高效地开展工作。三是提供逐年可比的统计数据资料，包括各类统计数字，各类统计图表等。使人们从量上掌握事物的进展。四是提供实用的指南、便览性资料，如各类组织机构名录，各地方各行业先进企业、优秀产品、当代人物传记、文人名录等,便利读者从中摄取所需信息。五是提供具有阶段总结性的综述和评述,使读者对某一领域或某一学科课题有较完整、系统的了解。

第二节 年鉴的编纂

年鉴编写,涉及的内容较多,包括资料工作、总体设计、栏目拟制、选题优化、条目撰写、图表制作、索引编制、附录选材等等。这些内容,众多年鉴学专著、论文都有理论的系统阐述和实践的经验介绍。本节仅对如下问题作一定的介绍和探讨。

一 指导思想与原则

年鉴编纂的指导思想与新方志编纂相同。为了提高地方综合年鉴编纂出版质量,推动年鉴事业科学发展,充分发挥地方综合年鉴在促进经济社会发展中的作用,中国地方志指导小组2017年12月21日印发的《地方综合年鉴编纂出版规定》第四条、第五条、第六条规定了年鉴编纂的指导思想及相关原则,即"年鉴编纂出版坚持以马克思列宁主义、毛泽东思想、邓小平理论、"三个代表"重要思想、科学发展观和习近平新时代中国特色社会主义思想为指导。""年鉴编纂出版应遵守国家关于保密、著作权、出版广告等方面的法律、法规或规章,遵守党和国家关于民族、宗教和对外关系等方面的法规或政策,维护国家利益、民族团结和社会稳定。""年鉴编纂应做到:观点正确,框架科学,资料翔实,内容全面,记述准确,出版符合国家相关标准"[①]。

二 总体设计

年鉴的总体设计就是把年鉴看作一个有机的整体,用科学的方法把年鉴的方方面面组织起来,最大限度地满足读者的需要。要求做到:保证质量,体现特色,加快进度,避免弯路。年鉴的总体设计包括宏观结构设计和微观结构设计。

[①] 中国地方志指导小组:《地方综合年鉴编纂出版规定》,2017年12月21日,见中国方志网 www.difangzhi.cn。

宏观结构设计，即是年鉴的框架结构设计。地方综合年鉴框架结构的特征为多体并用、分类系事。对年鉴的整体构成，目前主要有三种形式：一是三块划分法，即概况（包括综述、专题文章）、专题资料及文件辑录、统计资料、各类指南等"便览"性资料。二是四块划分法，其一是综述部分，即对上年基本情况或某些局部情况的综合性介绍，如年鉴中的"概况""概述""综述"及"专文""特载""大事记"等内容；其二是"动态信息"部分，即对上一年度各专门领域、学科或部门动态情况的具体介绍，这一部分是年鉴的主体，在年鉴中占有重大比重，具有突出地位；其三是辅助资料部分，是对主体内容的补充或扩展，有如"统计资料""法规汇编""附录"以及二次文献如"文件摘录""书目""论文评价"等；其四是"检索"部分，是供读者查阅内容的重要途径，一般说来它由按分类法编排的"目录"和按主题法编排的"索引"构成。[①] 一、二两种划分方式均以年鉴内容特征来决定。第三种则是从文体角度，即地方年鉴多体并用的特征划分的形式，这种形式有如1998年《贵州年鉴》，其框架结构组成：1. 文章体的专文、特载；2. 编年体的大事记；3. 条目体裁的概况、百科；4. 辑录体的特辑、文件法规选编；5. 表格体的统计资料；6. 人物；7. 名录、篇目选辑；8. 图片、广告；9. 目录·索引等。不管哪种划分形式，都应坚持综合与分类相结合，以分类为主；纵横结合，以横为主的原则。地方年鉴的框架结构多采用第三种划分形式。

　　地方年鉴的框架确定后，全书内容的总体设计就是根据框架结构把总体事物即百科内容分类分层次，然后根据每一类、每一层次内容的界限确定条目，再把这些条目依一定规律排列起来，即按照类目、分目、条目三层结构组成科学的描绘总体事物的资料系统。做到"分类科学，层次清晰，领属得当，编排有序"[②]，并力图体现年度特点和突出地方特色。

　　一般来讲，综合年鉴全书以条目为主体，不设篇章节目。如《贵州年鉴》1992卷目录顺序依次为专文（9篇）、大事记、文件法规选篇、省概况、政治、军事、法制、民族、经营管理与监督、财政税务、金融、农业、工业、建设环保、交通运输、邮电通信、贸易、城镇集体经济、教

---

① 李今山、范作义等：《中国年鉴编纂规范化》，中国书籍出版社1994年版。
② 中国地方志指导小组：《地方综合年鉴编纂出版规定》，2017年12月21日，见中国方志网 www.difangzhi.cn。

育、科学技术、社会科学、文化、新闻出版广播电视、文学艺术、卫生体育、社会生活、地州市县概况、附录等 27 个部类。每个部类（栏目）的一级分类（层次）、二级分类都以条目形式出现。

在年鉴的框架结构上，一般都保持相对的稳定，类目、分目的调整变动很少，常规性工作的条目也力图不变，动态性条目则逐年要有更新。年卷基本类目、分目的力求稳定，目的是保持年鉴内容的连贯性，有利于对年鉴的利用和资料的比较。如《贵州年鉴》的上述 27 个部类至今都相对稳定。当然，有的年份发生的重大事件较多，也有增加类目的现象。如 1993 年《贵州年鉴》对 1993 年 1 月召开的具有承前启后重要意义的贵州省第八届人民代表大会，政协贵州省第七届委员会第一次会议，专设"特载"内容予以记述（其他类目不变）。

微观结构设计包括：（1）每个栏目（部类）应包括哪些内容和内容的安排。即既要考虑好内容的不缺漏、不掉项，又要考虑好内容的编排顺序。如 1993 年《贵州年鉴》"社会科学"栏目，它包括"综述""马列主义、毛泽东思想研究""哲学""经济学""文学美学""语言文学""历史学方志学""社会学""逻辑学""档案学、社会情报学、图书馆学"等内容（二级栏目）。缺漏其中任何一项，都将对整个质量造成遗憾。而在每个二级栏目中则要考虑好记载哪些条目才能反映一年内这一栏目的主要事情。如在"历史学方志学"栏目，依次设置了"历史研究概况""中国古代史研究""中国近现代史研究""贵州地方史研究""世界史研究""国际百越文化暨侗学学术会议在凯里举行""《中国封建社会结构研究》出版""《何梅协定》出版""地方志研究概述""地方志理论研究""贵州史学研究""《论新方志编修》出版"等条目，较为全面地反映了 1992 年贵州全省在历史学、方志学工作中的基本状况和重要事情。（2）文体问题。年鉴的文体视栏目形式和内容需要表现为灵活多样，大致有 8 种：一是条目体，可做到言简意赅；二是文章体，易于概括，主要为说明文，记叙文体；三是文摘体；四是书目体或书目提要体；五是统计数字体；六是编年体；七是记事本末体；八是纲目体。总体要求是"使用记叙文、说明文等文体，文风要朴实，记述要流畅"[①]。

[①] 中国地方志指导小组：《地方综合年鉴编纂出版规定》，2017 年 12 月 21 日，见中国方志网 www.difangzhi.cn。

三 条目撰写

年鉴内容记述以条目为基本记述单元。条目是年鉴的基本单位和细胞，是年鉴的血肉和实体，是供读者寻检和使用的一个（组）资料的系统概述。凡是能够给人们以完整、独立资料的事物都可设立一个条目。"条目分为综合性条目和单一性条目等类型。综合性条目反映年度内各个领域发展变化的总体情况和主要特点，具有高度的概括性；单一性条目一事一条，基本要素齐全。"[1] 一个完整的条目由条头（或称条目标题）和释文组成。条头是本条目的资料主题，条头的设计既要考虑内容的概括性和代表性，让读者望题知文，又要考虑读者检索的方便，要求使用规范的或通用的标引词。释文是条目的资料内容，它包括文字叙述、层次标题及必要的照片和图表。层次标题是条目内的各层资料主题，不是一般文章的论述层次，它是便于读者快速查阅的检索手段之一。短条目（一千字以下）一般不设层次标题。

条目的文体应采用说明文体，行文要精练，注意文字的生动性和通俗性，坚持述而不论，寓观点于记述之中。不作空泛的议论或形容词过多的艺术性描写。要以事实说话，所选用的材料在具备准确性、稳定性、权威性和资料性的同时，还要注意材料的广、精、新，避免偏狭，不以各人好恶决定材料取舍，也不应以个人的观点对所述人、事、物作任意褒贬和推论。具体对各类条目的内容及撰写要求为：

概况性条目：一般包括基本情况和当年的重大事件、重要发展两部分。为便于内容的连贯性和继承性。有的概况性条目规定了固定的项目内容。如《贵州年鉴》各县的"概况"条目就规定了"总面积，耕地面积，年末人口数，辖区（区、乡、镇），工农业总产值（工业总产值、农业总产值），粮食产量，油菜产量，烤烟产量，3—5个主要工业品产量，农民人均纯收入，财政收入，财政支出"等13项内容。

综合性条目：即对一个领域、一个学科、一个方面当年发展情况的综述。一般要求对情况的概括既要全面，又要突出重点，防止片面和罗列现象。在介绍重点成就的同时，要介绍取得成就的原因和措施；介绍新发展

---

[1] 中国地方志指导小组：《地方综合年鉴编纂出版规定》，2017年12月21日，见中国方志网 www.difangzhi.cn。

的同时，还要介绍存在的问题；在介绍几种不同观点时，注意客观性，要把围绕着这个问题的几种主要代表性意见（包括不同意见）表述清楚，不加作者本人的评论。

重要事件、活动、成果的条目：（1）会议条目，除了交代会议的时间、地点、会议的组织单位外，着重介绍会议的内容和产生的影响。（2）新发现、新成果条目，除了扼要交代新发现、新成果的背景材料，如发现的人物（或单位）、时间、地点等外，重点讲清一个"新"字。说明提供了什么新的内容，以及这些新发现（成果）对今后发展产生的影响等。简述成果的主要内容时，只要通俗叙述原理及成果，不需要论证、推导及大量公式。（3）学术讨论条目，一般先介绍讨论问题的由来，然后介绍讨论中的各种观点，特别要着重介绍在理论上有新发现、就突破的内容。（4）重大事件、重大活动的条目，主要是在全局的背景上用事实、资料来阐述其重大的原因，避免就事记事。

人物条目：可采用传记式、传略式形式。入选人物要强调年度感，侧重于正面人物，选择标准要严格，做到"不滥""不漏""不杂"。对入选人物一般先写生卒年、籍贯、活动领域（职业），然后介绍学历、经历、贡献和成就。不妄加评论，忠于史实，让事实说话。

四　年鉴编写要体现特色

地方综合年鉴要在反映共性事物的同时，要致力抓住"特点"和"个性"，编出特色，提高质量，以适应时代与社会的需要。

第一，把握环境资源与社会经济发展特点，体现地方特色。地方年鉴作为地情书，体现地方特色，也即反映事物的个性。地方特色越明显，"乡土气息"越浓，年鉴就越能避免雷同、避免平庸，越能引起读者的注意，对现实和历史产生的影响就越大。地方特色的体现主要是要真实反映所在地区具有典型性、代表性的资料和事物，恰当地记载突出的地方名优产品、人文景观、自然景观、风土人情及建设成就等。首先在框架上突出本地个性，如《杭州年鉴》设置"园林、文物、旅游"栏目，《贵州年鉴》辟有"自然资源""名产特产"栏目，《泰安年鉴》列有"泰山与旅游"部类等；其次在内容上突出记述代表地方特色的内容，如《广州年鉴》从创刊开始，就特别注意对广州概况和对外经济贸易的记述，目的是突出其毗邻香港和澳门，华侨众多，是我国对外交往的重要口岸，在改革开放中有特殊战略地位的区位优势。

第二，把握时代的主旋律，突出时代特色。就目前阶段讲，时代的主旋律就是深化改革，扩大开放，以经济建设为中心，科教兴国，推进"五位一体"建设，实施乡村振兴战略。地方年鉴必须贯彻和体现这一时代精神。具体操作上，年鉴编纂者要更新观念，大胆创新，在框架设计上打破常规，突破年鉴旧模式的框框，采取首列式和升格式，调整结构，将一些最能体现时代特色、最能反映时代精神、最能满足新时期需要的新内容列出专类，根据实际情况，设置类目或分目，置于年鉴的显要位置，并在相关类目的级次上设置分目或条目。同时要力求拓展内容题材，增加收载在社会发展进程中出现的有研究价值的深层次信息、新兴领域或人民群众所关心的热点与难点问题，特别是拓展具有实用价值和商务价值的信息资料，设置面向大众的具有指南性、服务性、便民性的社会服务栏目，使年鉴内容贴近现实，满足社会各方面的需要，跟上时代步伐。此外，在年鉴的载体上，要纸质载体与电子光盘版并重，并逐渐向多媒体电子年鉴发展，强化时代色彩。

第三，坚持连续性，反映年度特色。年鉴姓"年"，年度特色就是年度经济社会事业的特点。年鉴要做到年年有新意，常编常新，年度特色鲜明，就必须在坚持反映一个地区经济、社会、文化发展的连续性而纵不断线的前提下，把一年中最具特色的新成就、新情况载入史册。要突出年度特点，要求所搜集的资料要以上一年度的资料为主，而且具有准确性、权威性。这样，年度特点才有坚实的基础。同时，在制定编辑大纲和设计条目时，注意每个大类目和具体条目与上卷的接续关系，使读者感到虽然有的类目相同而实际内容却发生了变化，有的条目虽然变化了，但与上一年的信息相比较，更新鲜了，更有年度的特点了。纵横比较法是显现年度特点的有效方法。所谓纵横比较，就是运用不同时间、不同空间的事实和数据进行比较，用以揭示本地当年经济和社会发展的新情况、新进展及其发展趋势，展示本地方的特色优势和潜力，揭示劣势和差距。许多地方年鉴，运用纵横比较法，不仅更有效地显示了地方特色和年度特点，而且为决策民主化、管理科学化提供了依据，增强了年鉴的"镜鉴"作用和可读性。

第三节　地方志与地方年鉴的关系

一　地方志与地方年鉴的异同

地方志与地方年鉴的密切关系，主要表现在它们的性质、特点、内容、形式、编纂方法及功能等各个方面，既有差异，又有许多相同或相近之处，两相对照，同大于异。

（一）相同方面

地方志与地方年鉴的相同方面主要表现在以下几点：

1. 记载的空间范围和内容大体一致。地方志和地方综合年鉴对一定行政区划或地域上至天文，下至地理，从自然到社会，从政治到经济，从科学技术到工农业生产，从文化教育到人民生活状况，从人物到风貌等内容都有具体记载。几乎无所不包，无所不容。既有文字叙述，又附有统计数字、图表，都带有鲜明的地方特点。

2. 社会功能和作用基本相同：志书不但有资治、存史、教化的功能，而且还具有信息、窗口、利民的作用。而年鉴在这方面与地方志是相通的。这也是编纂地方综合年鉴的目的所在。两者都强调服务于社会，服务于现实，都称得上是地情国情之载体。是取之不尽的地方文献源泉。不仅对民族优秀传统教育有很大的现实价值，而且对认识过去，服务现在，开创未来，教育子孙后代也有久远的历史意义。

3. 编纂形式基本相似。两者均是横排门类，纵向或块状叙述。方志多采用"章节"式，横排纵述，但条目类目式也被采用，或在志中个别章节使用，形式灵活，不拘泥资料是否完整，有一事写一条，力求完整，却不被动等待完整。年鉴多采用"条目"式，分系统横排门类，一目了然，便于检索。"章节"式和其他形式被年鉴参考利用，如统计年鉴、《浙江经济年鉴》等，就使用章节式。

4. 内容选择大同小异，注重反映现实。方志与年鉴多选择有存史价值、信息价值、时效价值的事实为记述对象，注意事物的有序性、连续性，注重以事系人。看重以小的篇幅，容纳丰富的内容。同时两者都注重反映现实，都是当今各地区每年物质文明和精神文明建设新情况、新成就、新经验与新问题的真实记录。资料翔实密集，具体而深刻地反映了本地区地情的动态及其时代的特点。

5. 史实、数据具权威性。凡载入方志或年鉴的史实，数据等都经工作人员多方核实、考证，有真凭实据和事实出处。所以，方志和年鉴均有"官方公报"的性质，具有较高的可靠程度。但两者相比，年鉴的资料权威性不如方志。

6. 方志和年鉴这两项事业管理的特征基本相同。我国志书历来多为官修，方志管理最明显的特征是行政管理和学术管理的统一，自《地方志工作条例》出台后，方志和年鉴两者的管理都具有地方性、持久性、权威性的特征。编纂方志要广记百科，工程浩繁，必须网罗人才，百业支持，要有一定的人力、物力、财力作保证，必须有政府支持，进行大量的组织协调工作，发挥行政权威的作用；而编纂地方综合年鉴也是一项巨大的系统工程，它需要发动条条块块各方面的撰稿人员提供大量的信息、资料，也只有在政府的直接领导下，才能编纂成一部有权威性和地方综合性的资料工具书。

（二）不同方面

1. 在性质上。年鉴是编年体的现代资料性工具书。它在体例和检索上有自己的特定要求。志书是记述一地各方面的历史和现状的综合性资料著述，是工程浩繁的长篇巨著，但不具备现代工具书的性质。

2. 在编辑出版周期上。方志间隔、续修的年代一般较长，而每次编修都需要几年，十年，甚至十几年才能完成。而年鉴则逐年编写，逐年出版。与周期有关的是时限的不同，方志所记事物的上限与下限长达几十年，几百年，甚至上千年，其内容以历时性资料为主，时间跨度大，收录多为相对稳定的信息。而年鉴一般只记上一年内的共时性资料，反映情况较为及时，收录注重最新成果和动态信息。

3. 体裁和表现手法上。志书只能用记述体裁。其经过渊久的磨砺，已形成诸如秉笔直书，不褒不贬寓观点于事实之中，横排竖写，述而不作等较为严密的理论和规范要求，是一种较为完备而成熟的书种。而年鉴则较灵活、活泼，带着舶来品的"洋"味，没有严格的范例。除其专文或论坛属议论之外，其条目编写是记述与说明并用，议论与预测同存。方志存史性强，而可读性不足；年鉴概繁有度，注重信息量，不限篇幅，可读性、鉴览性较强，但结构松懈。

4. 编纂体例上。年鉴以栏目为主，由类目、分目、条目组成，设置比较灵活；方志多以篇章节目的体例编纂成书，篇章内容相对稳定。年鉴栏目的设置基本上采用主题法，即通过标引的主题词，集中同一事物分属不同学科的资料，其特点是资料信息的直指性。而方志篇目的设置基本上采用分类法，即按学科性质与体系，归总书中所述事实的资料，其特点是资料的系统性。

5. 在服务现实的作用上。由于年鉴讲究年度性，注重时效性，同时适当做营业性广告和信息宣传，所以，其能较快打开信息窗口，对现实社会和经济活动服务的功能较为直接、积极和主动。而方志偏重于反映较长周期的规律和趋势，在为现实服务的作用上略显间接和深远些。

二 地方志事业与地方年鉴事业的关系

地方志和地方年鉴既有相同之处，又在性质、体例体裁、表现手法和功用上存在着各自的特点，不存在以此代彼或以彼代此的问题，两者是并存发展不可偏废的地方志事业统一体。在发展关系上，根据年鉴编辑中存在的问题和建立统一、完整地情资料系统的目标及其环境条件，年鉴编辑应是地方志系统的一项重要工作，由方志机构进行管理是年鉴事业发展的最佳选择。①

（一）方志和年鉴不可偏废

近年来，随着地方志编修工作的广泛深入开展和年鉴编辑工作的兴起，方志与年鉴在时间中表现出越来越密切的关系，以致出版社及地方志、年鉴工作部门中有人提出了令人思考的问题：即综合性的省（市、自治区）、计划单列市、县方志与综合性省、市、县年鉴，它们发展的趋向是二者并存还是以此代彼？也就是说，一个地区既已出版年鉴，是否还有必要编撰方志？或者续修方志又已提上议事日程，年鉴编辑是否仍还提倡重视？我们认为，这些问题的提出，既有实践的因素，也有理论的问题。

从实践上来看，本届新方志肇始至今已有近20年，由于各种主客观因素的存在和各地经济发展状况与条件的影响，一些地方在工作开展10余年后仍未玉就书成；出版的志书下限与出版时间的间距较久，周期较长；资料因横排竖写分散较多，检索不便，社会效益不高等现象都与信息

---

① 杨军昌：《略论地方志与地方年鉴的发展关系》，载《贵州大学学报》（社会科学版）2000年第5期。

高度发达的现实社会存在距离，显得滞后，而年鉴编排的灵活性（随意性）和出版的相对快捷性就正好弥补了方志这方面的缺陷。这是一些同志提出年鉴代替方志的原因之一。二是年鉴的编辑工作现阶段大多数为已完成方志编纂任务的修志机构进行。通过对方志编纂、年鉴编辑的对比，认识到年鉴编辑无须编修方志要在学术上、系统上、方法上下过多的功夫便能快出成果，早见成效，实现编辑周期的短平快。同时年鉴可以刊登广告营利创收，以文养文，这就使年鉴热于严谨朴实科学著称的方志有了利益的驱动。三是一些地方地方志编纂工作时举时废时停时续，持久旷日虚縻财物而无稿成，此种情形不如转辑年鉴而代方志。

在理论上，有的同志从地方志尚存的一些弊端上探讨地方志的现代化是用地方年鉴来代替，并认为"是历史的必然，社会的需要"。其立论的焦点主要是针对方志编修、出版的周期问题过长而发。说"封建社会的方志几十年修一次，是由于当时生产力决定的，而方志的发展史表明，随着社会的前进，修志的周期也是越来越短的。由于历史的原因，第一批社会主义新志书需要上溯百多年历史外，以后就可以过渡到年鉴，一年一修，这样，既可存史，又可以及时地服务于社会"[①]。有的同志认为简单地以出版周期因素而断定方志的走向是轻率的、不严谨的学风，因而其得出的结论也是不科学的。并指出，现今年鉴同样存在着一个出版周期长、时差过大，内容相对滞后的问题。这仅从肖东发等著《年鉴学概论》对我国出版的各类年鉴，"平均时差为13.7个月，即第一年的内容须第三年才能得到反映，只有20%的年鉴做到了当年出书"的统计结论就可见一斑。简单地因周期因素而以年鉴取代方志的观点既是片面的，也是脱离实际的。

方志与年鉴是为社会服务的不可偏废的书籍。从上目内容知道方志和年鉴存在着较多的相同点，这些共同点密切了两者的关系，加强了两者功能的互补性。但他们在编撰宗旨、内容性质、编辑体例、材料来源、服务功用等方面，毕竟存在着明显的差异，显示出各自的长短，表现出了各自的特征。年鉴的生命力在于及时紧密地为当前改革开放、经济文化建设提供信息与资料，而方志为现实服务也力图像年鉴那样直接（如下限后的内容加"附录"补入），但更为深远和深刻。比如10年一修的方志，是

---

① 向伟：《地方志与地方年鉴》，载《编辑学刊》1989 年第 4 期。

一地 10 年各项事业发展变革的记录。从纵的角度、从事物发展联系的角度综合记述一地各项事业兴废、教训与经验。无论如何，它的作用不是十年（本）年鉴所能替代得了的。况且现代各项建设不仅需要当今的各方现状的信息，同样需要大量有价值的系统的历史与静态方面的信息，这是年鉴所不能满足的。问题的关键是：方志、年鉴如何在今后的发展中各自克服自身的不足，正视自己的缺陷，在发展中创新，在创新中发展，在发展中完善，使两者在两个文明建设中真正有机地结合起来，在反映社会、服务社会中相互配合，取长补短，相得益彰。

（二）从修志角度看年鉴

对于地方综合年鉴，就修志角度而言，方志工作者是把它作为地方志的主要资源和功能补充工具去评价的。地方综合年鉴是地方志的编年资料书，是地方志的年度"长编"，如果其资料丰富翔实系统，能够基本满足修志的需要，对志书下限至出版年之间断档的信息较好地发挥弥补功能的年鉴则是好年鉴，反之则为次品。已出版的省市县综合年鉴，其优点长处，成绩功用自该肯定，但与从方志接轨的角度看问题，其仍有不少地方需要完善提高，其中尤其是资料的系统丰富方面显得不够。

其一，地方综合年鉴由于总体设计的原因，二、三级类目与方志不够统一，收录范围差异较大。地方志的类目是自然、社会客观存在的科学系统的反映。因之历史上就有年鉴编辑参考地方志书的传统。如 1935 年编辑的《上海市年鉴》就是以地方志编目为蓝本，横排纵述。有人评价：无论在体例上还是在内容上均为当时其他地方综合年鉴所不及。目前的年鉴有的不注意总体设计，没有在制定框架设计上下功夫，类目设置随意，有的类目不是缺乏联系性就是缺乏系统性，除一级类目外，二、三级类目与方志相差较大从而导致收录范围不同。如方志的省级城建志是按建设种类、建设工作实体、建设管理及科教等来进行分类的，包括概况、规划建设和管理、房地产、园林绿化和风景名胜区、科技、教育、组织机构和职工队伍等项目，而某省 1993 年综合年鉴"建设"类下仅有"城乡建设""建筑业""房地产业" 3 个二级类目和 27 个三级类目一条目。年鉴收录范围相比较窄，内容支离散放突出。

其二，是选材不精，入鉴内容实质上较为单薄。就年鉴的特性而言，应该把那些真正有代表性、典型性、针对性的材料挑选出来，加以精编，而不是"拣进篮子都是菜"。汇集文献资料有余而对信息、资料的挑选精编不足的现象较为突出。如1982年《中国煤炭工业年鉴》刊登了文件、法规、法令17篇70余页，没有一篇专门针对煤炭工业的。此外，年鉴中谈到本地不敢涉及外地，谈今年不去涉及往年，缺乏参考对比，降低了年鉴的资料信息价值。在数字上，一部省综合年鉴的字数一般在150万字左右，据对一部获全国一等奖的省综合年鉴进行统计分析：该年鉴文字最大的是机械工业、轻工业，各5000字，最少的是纺织工业，仅300字，企业均在1000—3000字之间。如果按20年一修省志的话，20年年鉴最多的资料文字总数是10万字，最少的是6000字，一般的4万字，如果除去年鉴中属于渲染性、宣传性等带有水分的内容，这样单薄的资料很难为下届省志专业志的资料基础。

其三，是有简而单调、粗而芜杂等倾向。有的年鉴表达方式过于单调。表现在：专论较多，条目过长，文章现象突出，缺乏必要的图片、表格、附录，不注意对原始文献加工成综述、文摘、目录、索引等二三次文献。又年鉴编辑工作由于缺乏系统的管理，不少年鉴，尤其是市、县一级年鉴缺乏出版定位、内容要素定位、选题定位、读者定位、图片类别标准定位的研究，选材与编辑上不少显得粗而芜杂；有的市县年鉴编辑单位折腰于"赵公明"，"盲目出击，给钱就上"，将广告性的文字图片、文件充斥于年鉴中，过于商品化，冲淡了年鉴的功能。此外，由于年鉴成书时间紧，一般1—8月底组稿、编辑、校订，只有200余天时间，缺乏细致通稿，文风不统一在年鉴中是较为普遍的。

其四，是背景"点睛不够"，典型和实体资料缺乏，因果不彰，规律缺乏呈现。综合性材料、典型材料、背景材料和统计材料是地方志的资料系统内容。当前年鉴内容侧重综合材料和统计材料，但典型材料、实体内容不足。"实体"是经济、政治活动的主题。作为年鉴每年一本，即使"实体"变化不大，但没有实体的介绍会给人以"只见森林，不见树木"的感觉，显然是不妥的，具体是每年皆记或3—5年一记这就要视具体情况而定。目前年鉴中也有实体的记述，但多为趋利的、随意性的。

年鉴一年一编，往往忽略了事物变化的背景，原因是有些事物的背景，多少年不变，有些政策要执行多少年。但如果每年都忽略了，即使把数十年的年鉴放在一起也难以分析出事物进程的原因和规律，但如果注意到下一年年鉴与上一年年鉴在同类事物上的背景"点睛"，因果不彰之弊则可克服。作为修志资料，应该有综合性规律性资料的准备，一年一度的年鉴，要不要展现规律，有待于认真探讨，如果是地方志系统编年鉴，可以考虑，五年综合、总结一次，可以放在年鉴，也可以单出概览。五年一次符合中国"五年计划"的特点，有了五年一次的综合性规律材料，加上年鉴的年度综合材料和数据，以后修志资料就有了较为坚实的基础。

五是内容交叉重复、前后矛盾问题日趋明显。由于近年来年鉴事业发展较快，重复现象日趋严重，表现在一是不同种年鉴交叉重复，如《中国对外经济贸易年鉴》与《中国经济年鉴》《中国百科年鉴》的"经济贸易"部分就有不少重复。二是同一本年鉴前后内容重复，有的内容在"概况"部分写了，"百科"部分还要列条目，"大事记"里又得反映，"广告"部分更是图文并茂。三是内容矛盾，除史事叙述不一外，尤其表现在数据上，年鉴资料多要求各基层单位在次年2月左右交基本材料，而此时一些县市统计部门未正式公布上年各方面统计资料，为了完成任务多收集部门统计数据而上报交账。这就使一些年鉴数据与实际结论数据有出入。又因在编辑出版中笔误、校对等原因，史实前后矛盾、误差现象也难避免。怎样处理交叉重复和史实矛盾问题早在旧方志编撰中已有经验教训的总结和理论的探讨，新方志编修实践中积累的经验方法有助于年鉴克服上述缺陷。

年鉴存在以上等不足，其原因一是"政出多门"。主持年鉴编辑的部门不统一，对编辑年鉴的目的认识不一致，对年鉴的内容结构、框架、要目、要素等缺乏研究和统一要求。二是"松散型"的组织领导。不管是国家级或者省市县级年鉴编辑工作的组织领导大多未有常设的机构和固定的班子，临时受命任之者居多。参与编辑者多为各单位行政人员（多为单位秘书或办公室负责人），变动性较大。三是成书的"时限性"影响。当年编辑当年出版时间紧任务重，难免造成体例、编辑、审稿等工作的粗放，从而导致种种质量问题的产生。四是"趋势性"因素的存在。一些年鉴编辑中市场经济操作的内容较多，不少精力用于搞宣传性、广告性图片和文字的编排组合上，而少于对年鉴质量问题的思考和积极实践。

（三）年鉴编辑工作是地方志系统的一项重要工作

年鉴编辑工作是地方志工作的重要组成部分，是承启两届志书的关键环节，是两届志书编纂间的中继。地方志机构挑起修志编鉴双重重担，是形势发展的必然趋势。

从地方志和年鉴的密切关系看，方志机构是承担地方综合年鉴最合适的机构。从地方志和地方综合年鉴的定义和内容等知，地方志与地方综合年鉴的关系是十分密切的。可以说，地方综合年鉴是地方志的编年资料书，是地方志的年度"长编"。而地方志在一定意义上是若干年度地方综合年鉴的加工本，是地方年鉴经过进一步考证核实、系统化、科学化后的增补本。两者各有长短，只有把两者有机结合起来，才能优势互补，相互促进，不断完善。才能够增强自我为经济建设服务、为社会发展服务的能力。所以把地方志事业和地方综合年鉴事业连在一起，由各级地方志编委会及其常设机构承担每年编辑出版一本地方综合年鉴，既可为现实服务，又可保存资料，为今后一定年限（如20年）续修地方志减少困难，这是适合我国国情的最佳方案选择。

　　从中国地方志指导小组把编辑出版地方年鉴列为各级地方志机构的重要任务来看，各级地方年鉴事业交地方志办公室管理，也是顺理成章的最佳选择。首届方志新修工作开始，中国地方志指导小组就把"编辑地方年鉴"作为方志系统分内的重要工作。1985年《新编地方志工作暂行规定》第10条规定："各地编纂委员会及其常设机构的主要任务是……为下届续修志书积累资料，编辑出版地方年鉴、概况。"随着时间的推移和实践经验的总结，中指组对由方志系统编纂地方年鉴的要求又更加明确。在"中指发〔1992〕年7号"文件《1992年全国地方志工作会议纪要》中指出："各级修志单位应立即着手搜集整理新志书下限之后逐年的资料，编写年鉴、续志、概况等；要积极做好地区综合年鉴的编写工作，可以一年一册，也可以根据政府任期几年汇编一册；要继续编辑出版专项或其它地情类书籍。"《关于地方志编纂工作的规定》在第七条中重申各级修志机构的主要任务之一是"编纂出版地方年鉴"。在90年代前，由于大部分修志机构为了集中精力修志，没有顾及编纂年鉴，而一部分地区的社科院、档案馆、政府办公厅（室）、政策研究室、经济研究中心、统计局等部门对年鉴的有识之士，利用这个机遇，已开始编纂地方综合年鉴，这无疑是说明了年鉴事业的发展是改革开放、发展经济形势的必然产物，这是对方志系统工作的支持。但绝大部分年鉴特别是地县综合年鉴的编纂工作是由方志机构承担的。方志机构承担综合年鉴编纂和接管年鉴工作是理所当然的事情。因此，在《地方志工作条例》中明确"地方志，包括地方志书、地方综合年鉴"，"县级以上地方人民政府负责地方志工作的机构主管本行政区域的地方志工作"，"组织编纂地方志书、地方综合年鉴"。

　　从当今世界进入信息社会和我国市场经济体制逐步发展和完善的新形势下，方志机构担负方志与年鉴两种信息载体的编撰工作，有利于实现建立统一、完整的地情资料系统这个共同目标。方志事业要在新的历史条件下继续发展，其中最重要、最具战略意义的工作，就是要使方志机构成为一地的信息中心、地情系统资料中心库。年鉴和方志都属于地情载体，两者不可分割，互为补充，方志属"长线产品"，信息滞后突出但资料的系统性、因果性较强。年鉴属于"短、平、快产品"，能够较快地反映新情况、新经验、新变化、新问题，但联系性不足。割离两者的联系和相互作用，都会使地情资料系统支离分散，各自为战，从而达不到为两个文明建设服务提供咨询服务的良好效果。此外，方志机构主持年鉴编辑任务，可以覆盖社会各方面的要求，精心安排类目、内容要素，与下届修志进行资料对接，建立资料系统，避免下届修志时重新征集资料，浪费人力、财力、时间，做到以鉴养长，以短接长。同时有利于三级修志机构和专业队伍的稳定和修志人员素质的进一步提高，为志书续修打下坚实的基础。

第十三章 方志事业管理

管理是社会组织中，为了实现预期的目标，以人为中心进行的协调活动。管理是人类社会出现了组织性的活动时而产生需要所出现的活动系统。不同时代有不同的管理方式。管理作为一门学科虽然只有一二百年的历史，但它发展快速，已在世界各国成为一门时兴的学科，并与其他学科结合，产生了众多的管理学分支学科。其发展和影响正如美国著名管理学家彼得·德鲁克所说："在人类历史上，还很少有什么事比管理学的出现和发展更为迅猛，对人类具有更为重大和更为激烈的影响。"[1] 方志事业管理是方志事业的重要组成部分，对于保障地方志事业在新时期实现高质量发展意义重大。

第一节 方志事业管理的性质、特征及职能

一 性质

任何社会组织都是由人、物、信息组成的系统，任何管理都是对系统的管理，没有系统，也就没有管理。方志工作是一个系统的组织，由此而形成的管理就是方志管理。具体地说，方志事业管理是以服务于有中国特色的社会主义方志工作为宗旨，以志书为主体、主线，对方志事业活动的全过程有效地实行计划、组织、指挥、监督，充分协调整个过程中的人与人、人与物等关系，以保证方志工作健康发展的活动。

方志事业管理是方志学的一个分支。它是确保地方志编修主体任务顺利完成，开展认识与记述地情，向社会提供服务等系列活动的必要条件。方志工作包括业务工作和管理工作两个方面，两者之间是相互依存、密切联系的。管理是组织、协调人力、财力、物力的合理运用，它既为业务工

---

[1] 转引自周三多主编《管理学——原理和方法》，复旦大学出版社1993年版，第2页。

作服务，又指导业务工作，没有科学的管理就没有合理的业务工作，就会对业务工作的顺利完成造成消极影响。而业务工作是方志工作的中心，是管理工作的基础和对象，离开了业务工作，管理工作就无从谈起。这就决定了在方志机构这样一个劳动共同体内，必须进行合理的分工和卓有成效的合作，建立起良好的分工协作关系。同时，又因方志工作是一项社会性工作，是一项大的文化建设事业，具有区域性、连续性、资料性、兼容性、综合性、时代性、专业性等特征，涉及各个部门和社会方方面面，仅靠方志机构本身是无法完成方志工作任务的，须依靠行政力量，由政府协调社会分工并进行合作，才能使修志工作顺利进行。从这个意义上说，方志管理是保证方志事业健康进行并取得良好社会效益的手段。

二 特征

方志事业管理特征是由方志的特征所决定的。从前述的方志特征分析，就可看出方志管理的特征如下：

区域性。地方志记述的是一定行政区域或地域自然和社会古今的各方面情况。一方之志乃一方之事。地方事业地方办，从组织领导、事业规划到所必需的人、财、物等管理工作，都由地方承担。各级修志机构的上下级关系，只是政策和业务指导关系，而不是行政领导关系。随着修志活动的广泛深入开展，已突破了编纂志书这一唯一的内容和目标而呈现多样性、多领域的态势，但管理对象的地方区域却没有改变。编纂志书、研究地情、编辑年鉴、整理旧志、咨询服务等系列活动都是在一定的区域范围内进行的。地方志自身的特性和规律不允许"越境而书"，即使出现某些超越区域的内容，也是围绕区域内容而展开的。

目的性。编修方志是在阶级社会中进行的，它有鲜明的时代特征，不同的阶级有自己的修志目的。历史上封建时期和民国时期的修志活动的目的是为维护剥削阶级的统治和利益，而社会主义的方志工作是一项基础性文化建设事业，是经济社会建设的组成部分并为其服务的。"人民方志人民修，修好方志为人民。"因此，社会主义方志管理的宗旨是为地方建设服务，为人民服务，这就要求各级修志机构和方志工作者要加强事业责任心和历史责任感，端正修志指导思想，提高自身的政治、业务素质，决不放松对志书质量的管理，使志书真正成为经得起历史检验的传世之作。

久远性。方志编修是中华民族悠久的文化传统，历代方志，通过人们的读志活动而发挥出"资治、存史、教化"功能，以至方志编修千百年来赓续不断、经久不衰。为使这项工程更制度化和规范化，《关于地方志编纂工作的规定》特别强调"编纂地方志应延续不断。各级地方志每20年左右续修一次。各地在上届志书完成后，要着手为下届志书续修积累资料"。《地方志工作条例》第十条更是强调："地方志书每20年左右编修一次。每一轮地方志书编修工作完成后，负责地方志工作的机构在编纂地方综合年鉴、搜集资料以及向社会提供咨询服务的同时，启动新一轮地方志书的续修工作。"这在法规上保证了方志工作代代相传，永不断章。方志工作的连续性决定了其管理的久远性。

行政性。方志编修纵贯横陈，广记百科，工程浩繁，必须广罗人才，百业支持，要有一定的人力、物力、财力作保证。旧方志编修多数是政府行为。巡抚、知府、知县等为主修。新方志工作的内容，比旧志要广泛、丰富得多，仅靠修志机构或几个人是难以进行和完成的，必须由政府主持，进行组织和协调，并将方志事业纳入政府工作序列，实行从国家到地方的修志工作的系统性行政管理，"一纳入、八到位"，发挥行政权威的作用。

学术性。地方志是严谨、朴实的资料性科学文献，从内容到形式都具有严格的科学性。同时，方志工作的其他具体业务，如地情研究、地方史写作、旧志整理、方志理论研究、修志成果二次开发等都是学术劳动。理论是实践的指南，离开理论的指导，方志工作就不能顺利地开展，方志事业的发展前进就会受到制约。从古至今，方志的编修过程实际上也是学术研究的过程，以学术劳动为对象的管理工作也要求高度的科学性，对方志工作的学术问题应通过发扬学术民主去解决。

服务性。方志工作作为长期的基础性的文化建设事业，不仅负有传统的修志使命，而且还要对方志成果进行宣传，推动社会应用方志。同时要重视转化成果的编著和积极参与地方的经济、文化建设"大合唱"。方志事业不仅有近期效益，而且有长期效益，其全部工作的意义在于最大限度地为社会提供服务依据和信息，发挥志书的功用和志书转化产品的作用，其服务性的特征十分直接。

方志事业管理的上述特征是相互联系共同作用于方志工作和方志事业的。就方志工作本身而言，它的发展，既要依靠行政力量，同时又必须按照自身的规律来运行。即是说，对它的管理不能单纯使用行政管理的办法，还必须同时使用学术管理的方法，实行两者有机的结合。原因很明显，修志编鉴等方志工作虽然时限、方法、周期不同，但都有一个共同的特点，即内容涉及各个部门和社会的方方面面，不仅需要投入一定的人力、财力、物力，而且需要社会各方面的合理分工和有效协作，因此，单凭方志机构是不可能完成如此艰巨的任务的，只有依靠行政即各级政府的领导，才能顺利地开展工作并达到预期目标。另外，方志事业管理如上所述又都具有学术性质，不能完全用一般的行政管理替代学术管理，而必须按照学术管理的方式进行管理。二者紧密联系又相互区别，统一于方志管理的全部过程之中。由此可见，方志事业管理的最明显的特征是行政管理和学术管理的统一。

三 职能

方志事业管理职能是指方志管理人员在方志管理活动中所具有的能力作用。在方志编修的整个过程中，即从计划决策、组织机构、人员配置、宣传发动到拟写纲目、收集资料、编纂志稿、审改验收以至出版发行的每个环节都有一个管理问题，都体现着方志管理所具有的决策、组织、协调、控制、创新等职能。

决策职能。决策是针对未来的行动制定的，是通过方案和计划的形式表现出来的，它是方志管理中第一位的基本职能。一个地方方志工作如何开展，方志事业如何发展，方志机构首先就要根据方志事业的特点，结合本地的实际情况进行分析、研究、预测、排比、优化方案、作出决策。然后制定切实可行的计划来实施决策。决策是对未来目标、趋向的设想和规定，而计划是实施决策的工具。具体而言，决策就是确定方志事业发展的长期目标和短期任务，规定方志工作的大政方针。计划就是根据任务、目标、方针确定工作步骤、工作方法、阶段措施、阶段成果和人、财、物的配备、调节等。管理的决策职能不仅不同层次的方志管理者都有，而且也分布在各项方志管理的具体活动中。

组织职能。是指方志事业管理组织根据方志工作的要求和人员的特点，设置机构、岗位，通过授权和分工，将适当的人员安排在适当的岗位上，用制度规定各个成员的职责和上下左右的相互关系。同时协调、解决方志工作所需的财、物和办公场所和设施，使整个工作协调、正常地运转。组织职能是应决策、计划要求而产生的，离开了组织保证，计划任务就不可能顺利完成，它是方志管理活动的关键一环。首届新方志编修的一个显著特点，是始发于民间，后承于官办；先群众开展，后领导接受；先分散于各地基层，后统一于全国地方志指导小组。最初由于缺乏思想准备，物质准备和组织准备，致使机构级权、归属、人员编制、职称、福利、办公经费、用房等修志工作基本问题没有得到很好解决，修志工作一时筚路蓝缕、步履维艰。自1985年《国务院办公厅转发中国社科院关于加强全国地方志编纂工作领导报告的通知》《新编地方志工作暂行规定》相继下达后，上述情况有了明显的改变。省、地、市、州、县在此前后相继成立了编委会及其办公室，地方政府通过编委会加强了方志管理，为方志机构行使组织职能在人、财、物等方面创造了条件。方志机构在此基础上充分行使了自己在方志管理活动中的组织职能，保证了修志工作的顺利进行和健康发展。

协调职能。决策与组织工作做好了，也不一定能保证工作目标和任务的实现，还必须改善和调整各机构、各人员、各项活动间的关系，使各项管理活动实现分工合作，密切配合，步调一致，共同努力，这就是管理的协调职能。方志管理的协调者既有上级行政和编委会及其办公室的领导，又有同级政府、编委会的领导和修志机构的行政负责人以及业务主编，也有部门志责任编辑和有关工作人员。协调的内容因不同层次而有所差异。如当地政府领导的协调就是协调几大班子领导对修志工作的认识和支持，将修志工作纳入政府政事工作的议事日程，协调修志机构与各业务部门的关系，并对修志机构、队伍、经费、条件到位进行协调等。而方志机构协调职能表现为既要接受本地区政府领导和上级修志机构的领导，又要对平级修志单位和下级修志机构进行指导；既要把本地的修志有关单位、力量和一定的财力、物力动员组织起来投入修志，又要与邻近地区在收集资料、经验交流、学术活动等方面搞协作关系，同时又要与出版、印刷、发行等部门搞好配合。在机构内部的内设机构、任务分工、工作安排、人员配备、步骤方案等方面也都有经常协调的问题。协调职能也是领导职能、指挥职能，它对修志工作的成功与否、修志成果质量的高低与否关系至大。

控制职能。控制就是监督、检查、抑制、驾驭。人们在方志活动中，由于受到各种因素的干扰，常常使实践活动偏离规定的计划、目标。为了保证目标及为此而制订的计划得以实现，就需要控制职能。控制职能是方志管理活动与方志管理目标、任务、计划保持一致的重要手段，也是实现正确管理，完成任务、目标的重要保证。控制的主要作用有：一是预防作用。通过检查能及早发现修志中的各种问题，如修志单位有的未启动工作、有的收集资料方式欠妥、有的志稿撰写文体不符等，便于及时采取措施予以纠正，将之消除于萌芽状态，防止重大问题的发生。二是补救作用。当方志事业活动中的某些环节出现问题，如某些人员的素质通过实践证明难以承担编辑任务或主编重任，个别人员将所收资料据为己有等，就需要运用控制手段，通过各种渠道和方法，督促活动主体采取有效措施进行补救，防止造成更大的被动。三是完善和促进作用。这主要是针对目标计划的逐渐完善和促进围绕目标、任务而进行的活动顺利进行而言。控制职能，有利于把工作计划在实践中暴露的问题适时调整，不断完善；从而尽可能减少工作中的无效劳动；同时通过对计划执行情况的检查督促，总结经验，表扬先进，鞭策后进，使方志活动朝着目标顺利而有效地运行。

创新职能。这是方志工作随着时代的发展、变迁在批判地继承传统基础上进行创新对方志管理的要求，随着信息时代的发展和知识经济时代的到来，方志事业的发展面临着新的机遇和众多的挑战。古今中外许多事业获得成功就在于适时进行改革、创新。方志事业的创新在理论探讨和实践上正方兴未艾，方志管理面对着新情况、新问题，如果因循守旧、墨守成规、故步自封，就无法应付、适应新形势的挑战，也就无法完成肩负的任务。方志管理要敢于走新的路，要在其他管理职能活动中表现自己的存在与价值。事事皆可创新，创新无处不在，方志管理的创新职能是方志事业具有生机与活力的保证，是推动方志事业向前发展的动力。

第二节 方志事业管理的组织和方法

一 管理组织

从方志事业管理的性质、特征和职能来看，方志事业管理组织的结构既有纵向的结构，又有横向的结构。纵向的结构是指从国家到县，方志机构为中国地方志指导小组、省（自治市、直辖市）、市（地、州、盟）、县（市、区、旗）地方志编委会及其办公室。同时各级办公室内设立若干职能机构，形成内部结构。横向结构是指部门根据修志需要而设立的方志机构或承担分志编纂任务和年鉴撰稿任务的负责部门。纵向的层次结构之间，中指组和各级编委会之间是领导与被领导关系，中指组办公室和各级编委会办公室之间是指导与被指导关系；横向部门结构之间，一是业务上的指导与被指导关系，二是相互间的协作配合关系；内部职能结构之间，是分工与合作的平行关系。

中国地方志指导小组是方志组织的中央机构，它是1983年4月经中共中央书记处批准，在原中国地方志小组的基础上恢复并更名建立的。它"作为一个独立机构，由国务院委托中国社会科学院代管"，其任务是"从政策上、业务上指导各地修志工作，定期向中央和国务院反映情况，对修志中涉及的重大方针政策问题及时请示报告，并负责拟定编修新地方志和整理旧地方志的规划，制定编修地方志的工作条例，组织交流修志工作的经验等。"[①] 受国务院委托，由中国地方志指导小组制定、颁发的《新编地方志工作暂行规定》对此作了重申。随着修志工作的深入开展和修志事业的发展，中国地方志指导小组的作用日渐突出，权威性日渐提高，其地位和工作内容产生了一定变化，表现在1998年2月中指组颁发的《关于地方志编纂工作的规定》（以下简称《规定》）中。《规定》第六条指出："中国地方志指导小组从政策上和业务上指导全国修志工作，对修志工作涉及的重大问题及时向党中央、国务院请示报告。中国地方志指导小组负责建立和完善有关规章制度，对各地制定规划提出建议和要求，督促检查各地修志工作，组织交流经验和开展各种学术活动。"该条删除了"由国务院委托中国社会科学院代管"内容，增加了中国地方志指导小组"对各地制定规划提出建议和要求，督促检查各地修志工作"，组织"开展各种学术活动"的管理职能。2006年5月《地方志工作条例》第五条规定"国家地方志工作指导机构统筹规划、组织协调、督促指导全国地方志工作"。可见，中国地方志指导小组是我国地方志事业的中央管理机构，对方志事业负有指导、推动、督促检查和组织等方面的职责。

各省、自治区、直辖市和市、县等各级地方志编委会及其办公室是地方的方志组织。对此，国务院办公厅〔1985〕33号文件规定："新地方志的编纂，涉及政法、经济、文化、科学、教育各部门的工作，必须在当地政府主持下才能顺利进行。各级政府应改进和充实地方志编纂委员会；修

---

① 《国务院办公厅转发中国社科院关于加强全国地方志编纂工作领导报告的通知》，国办发〔1985〕33号，1985年4月19日，见中国方志网 www.difangzhi.cn。

志工作班子作为事业单位，应有必要的专职工作人员；其编制、办公用房、设备、事业经费、人员待遇（工资、职称等）方面的问题，由地方有关部门切实加以解决。"《新编地方志工作暂行条例》明确各地编纂委员会及其作为常设机构的办公室的主要任务是："负责制定地方志修志规划，组织和指导编纂各级志书，抓重点项目，进行分类指导，组织整理当地旧志资料为编纂新方志服务，为下届续修志书积累资料，编辑出版年鉴、概况，及时向地方领导机关提供参考资料，以利决策，定期向中国地方志指导小组反映修志工作中的经验以及重大政策性、理论性的问题。"《地方志工作条例》规定："县级以上地方人民政府负责地方志工作的机构主管本行政区域的地方志工作，履行下列职责：（一）组织、指导、督促和检查地方志工作；（二）拟定地方志工作规划和编纂方案；（三）组织编纂地方志书、地方综合年鉴；（四）收集、保存地方志文献和资料，组织整理旧志，推动方志理论研究；（五）组织开发利用地方志资源。"首次以立法的形式规定了地方志工作的管理机构及其工作职责。

从历史和现实的状况来看，方志组织具有两个最明显的特征：一是必须置于地方政府的直接领导之下，二是兼容行政管理与学术科研为一体。

志随政出，"治天下者以史为鉴，治郡国者以志为鉴"，决定了我国历史上的志书多为官修。而官修方志的机构不仅地方官直接控制于其下，而且其撰编人员的礼聘、纂修过程中的资料、审稿、经费、付梓等事宜也多直接操作或过问，并且亲自主修。这不仅因方志是政之需要，是"政书""官书"，而且还因其内容广博，周期较长，需要一定的人力、物力，离开了行政权威就难以毕事。新修方志的组织机构也必须置于当地政府的直接领导之下才有权威性、号召力，才能解决和切实组织工作中所需的人、才、物等问题，才能动员各条战线的力量，共图志业，才能保证修志工作沿着任务目标顺利而健康有效地进行。另一方面，各级方志编纂委员会作为各级地方政府主持修志的领导机构，由各级地方政府最高行政长官主其事，其办事机构常设，由地方政府直接领导。从这方面看，它是运用国家权力、行使管理行政事务的行政组织。但它管理的对象则是从事学术性著作编修的单位，既不从事物质资料生产，也不实行经济核算，其所需经费皆由地方财政开支。从这方面看，它又是哲学社会科学领域的事业单位。方志组织具有这两方面的属性是由方志工作的性质决定的。地方志要全面、系统、准确地记述一个地区自然和社会的历史状况，必然要涉及一个地区的各个方面，必须动员各条战线共同努力才能完成，必须在当地政府主持下才能顺利进行。但它毕竟是要编修科学著作，进行经验交流和学术研究，就不能完全用一般的行政管理替代学术管理，这就使方志组织兼容了行政管理和科学研究两种职能。

二 管理方法

管理方法是在方志管理活动中为实现管理目标、保证管理活动顺利进行所采取的工作措施、手段的总和。方志事业管理采取的方法主要有行政方法、法律方法、经济方法、教育方法等。

行政方法。行政方法是指依靠行政组织的权威，运用命令、规定、指示、条例等行政手段，按照行政系统和层级，以权威和服从为前提，直接指挥下属、下级工作的管理方法。其特点是具有权威性、强制性、垂直性、具体性、无偿性、稳定性。方志工作的政府行为性质和管理的行政性特征，决定了它必须用行政方法来进行管理。行政方法的运用有利于方志组织系统统一目标、统一意志、统一行动，能够迅速有力地贯彻上级的方针和政策，对全局活动实行有效的控制。自古及今的国家、国家有关机关、各地政府颁发的修志文件、命令、条例就是用行政方法发动、规范、控制全国和各地修志的措施。没有行政方法，其他方志管理方法如经济方法、法律方法等就难以实施，同时行政方法可以强化管理作用，使修志各部门和各单位密切配合，前后衔接，并不断调节它们之间的进度和相互关系。此外，修志中出现的诸如修志无经费、办公无场所、出版无经费、部门拒绝提供基本素材等特殊问题，行政方法能针对具体问题发出命令和指示，发挥权威性的作用进行处理。没有行政方法就没有全局修志工作的一盘棋，就没有统一的计划、规划和要求使方志事业按其自身规律稳健地发展。行政方法的本质是服务，科学的行政指示、决定、命令等本身就是客观规律的具体体现，它同那种违背客观规律和民主集中制要求，脱离实际的"长官意志"没有必然联系，但由于运用行政方法的主体是"人"而不是物，受主观因素影响较大，这就要求方志管理者必须提高自身的政治素质、思想素质和政策水平，克服行政方法中的局限性，发挥行政方法应有的作用。行政方法是实现管理功能的重要手段，但必须指出的是，作为学术劳动，行政方法在方志事业管理中的运用是有限度和一定范围的，对学术业务活动的管理则主要依靠各种业务手段进行。

法律方法。方志事业管理的法律方法是指地方志事业管理中比较稳定、比较成熟、带有规律性的制度、原则和方法,由国家用法律、法令、条例等形式确定下来,作为调整方志事业活动的准则。法律方法和行政方法一样都带有强制性,但比行政指示、决定、命令更为成熟、更为稳定、更具有权威性、规范性和约束力,它是促进方志事业发展的有力手段,是解决方志事业发展过程中困难和问题的重要工具,同时也是实现政府方志事业计划和严肃方志编修纪律、规范编修事业的有力保证。在新方志编修工作开始后,中国地方志指导小组就重视把方志工作纳入制度化、规范化的轨道,采取了一系列的措施。其中重要之一就是在1985年颁布了《新编地方志工作暂行规定》。1998年2月,中国地方志指导小组根据新的修志形势颁布的《关于地方志编纂工作的规定》较《暂行规定》更具权威性和法规性,但与法律方法管理尚存距离。因为法律方法的内容,不仅包括建立和健全各种法规,而且包括相应的司法工作和仲裁工作。2006年方志事业抓住推进依法治国的大好时机,催生了《地方志工作条例》的出台。《地方志工作条例》首次对上下数千年的传统地方志编修上升到国家法令,不仅突破明永乐十六年颁降的《纂修志书凡例》仅就具体编纂工作之规范,而且作为国家文化事业的顶层设计之一,纳入国家法律制度,作为各级政府的行政职责予以明确规定相关领域和范围。2015年国务院颁布的《全国地方志事业发展规划纲要(2015—2020年)》又首次将"史志不分家"上升到国家顶层设计层面。它不仅"实化"了条例规定,而且"将地方史编写纳入地方志工作范畴,统一规范管理"。这一"史志合一"统管编修机制创新,无疑是对传统史志学术的又一重大突破,必将对史志文化"承前启后、开创未来"产生划时代影响,开启中国史志文化新纪元。

经济方法。是根据客观经济规律,运用各种经济手段,调节各种不同经济利益之间的关系,以获取较多经济效益与社会效益的管理方法。方志工作不是经济工作,方志机构是进行精神产品生产的事业单位。它是通过志书从编纂出版发行至读者,通过读者的用志活动实现其社会效益和经济效益的。但这并不是说经济方法不适用于方志管理。事实上经济方法所具有的利益性、关联性、灵活性、平等性等特点被运用于任何领域和行业。在方志管理中运用经济方法,一方面在策略上选择最佳编修方案,缩短周期,以快取胜而节约人力、物力;以编辑出版上尽可能降低费用节省开支;在发行上广开渠道,扩大发行量,增加经济效益和社会效益;在内容上、质量上不断改进、创新、创优，增强与其他地情载体的市场竞争力；在不影响严谨性、严肃性的前提下适当征集、选刊广告以辟财源等；另一方面，本着方志工作责、权、利一致性的原则，实行岗位责任制及与之相配套的考核和奖惩制度；根据国家知识产权的有关规定和稿酬标准结合实际对资料费、撰稿费、编审费的支付与兑现；办公设施、办公用具、业务开支的管理等等。应该强调的是，经济方法在方志管理的运用与经济部门、生产部门不同，其目的在于帮助、促进并保证方志工作的正常开展和有效进行。方志工作应当树立社会效益第一的观念，即当社会效益和经济效益不能完全统一时，经济效益应坚决服从社会效益。

教育方法。教育是管理的基本方法之一。管理活动中人的因素第一，管理最重要的任务是提高人的素质，充分调动人的积极性、创造性。方志事业管理的教育方法是通过各种灵活多样的教育方式，不断提高方志工作者的政治思想素质、文化知识素质、专业水平素质等。方志工作随现代社会科学技术的发展要求其工作人员不断更新知识提高素质，这就决定了教育在管理中的重要性和紧迫性。要通过思想政治工作、政治学习、问题讨论等形式加强对方志工作者的人生观、世界观、价值观教育，爱国主义和集体主义教育，民主、法制、纪律教育，职业道德与敬业精神教育；同时要通过选送高校进修、培训、参加学术会议、组织志书评议、组织经验交流、专题讨论、参观学习等方式，使方志工作者通过受教育和学习不断提高理论素养，更好地掌握方志编修的技能技巧，了解方志学科的学术研究和工作动态，学会利用现代设备编修方志，建立地情资料库和信息网络并进行管理的知识和技能，尽可能多地掌握与方志工作相关的诸如语言学、心理学、社会学、经济学、文化学、民族学等学科的知识。教育方法是方志管理活动的重要内容，它是不断提高志书质量，不断提高修志工作者素质的重要管理手段。在新方志编修工作开展以来，各地在这方面都做了积极的工作，但新时期的方志工作要求更高，更需各地继续做出更大的努力。

第三节　方志事业管理内容

一　决策管理

（一）决策内容及其作用

方志决策是为履行方志管理职能而进行的决策活动，它广泛存在于方志管理的各个方面，其通过思维和研究活动能动地认识方志管理实践中遇到的问题，创造性地提出解决问题的途径和方法，并在实践中加以修正、补充。方志决策由于方志工作的特殊性所决定而具有自身的特点，其特点有如李明、薛兴祥所著《方志管理学》[①] 所归纳：①地方志是地方各级政府主修，方志决策便具有层次性、地方性；②地方志包含各业、广记百科，方志决策不仅对方志组织内的成员，而且对各行各业修志均具有约束力；③方志机构的性质、方志管理的职能及方式方法，决定了方志决策除通过行政方式，凭借国家权力作用于社会外，还必须同时运用学术研究方法，通过民主讨论的途径进行。

方志决策有共性、个性之区分。其共性是指向预定目标，由各级地方政府和修志机构决定实施的工作纲领。其个性是根据决策领导者所处的地位不同，各种问题的性质和决策效果的可预见程度不同而区分的：①依据决策部门所处的地位，可分为国家决策和地方决策；国家决策如国家"六五""七五"计划对地方志工作的要求，《全国地方志事业发展规划纲要（2015—2020年）》《地方综合年鉴编纂出版规定》等。各省、地、县在编修地方志工作方面所作的决策，包括事业规划、组织机构、编制、经费、编纂方案等皆是地方决策。国家决策具有战略性、长期性、稳定性；地方决策具有技术性、短期性、流动性，地方决策离不开国家决策的指导。②依据决策目标的性质不同，分为战略决策和战术决策。战略决策是指具有全局性、整体性的决策，它所要解决的问题是事关路线、方针、政策、事业发展、前景规划等大问题。如《1983—1990年中国地方志事业发展规划及设想》《关于地方志编纂工作的规定》等是对全国修志工作的战略决策，当然，战略决策还包括对战略实施过程中的各个阶段的战略重点和战略步骤。以修志的过程而言，开始要抓规划、抓发动、抓资料；相继要抓编写、抓总纂、抓评审；第三要抓验收、抓出版、抓发行；最后要抓志书宣传、志书读用和任务转换等。而战术决策，则是在战略决策的要求下，所作出的解决某一局部问题的决策。这种决策单向而又具体，是为战略决策服务的。如相对于确保志书质量来说，遴选合格的主编，培训修志人员，优化志书体例结构，制定目标管理责任制，严格审查志书质量等，都属于战术决策。战术决策直接影响着战略决策目标的实现，对各级

---

① 李明、薛兴祥：《方志管理学》，江苏科学技术出版社1991年版。

修志机构的领导者来讲,应高度重视和把握。③依据决策的方向和内容,分为业务管理决策和自身管理决策。业务管理决策是以方志工作业务为内容的决策,这种决策涉及方志业务的各个方面、各个阶段因而是大量的、普遍的。自身管理决策,即方志领导者自身服务方向和内容的决策,它包括领导者精力的投放,内设机构及规章制度的建设,人力、财力、物力使用等。两者的关系是:自身管理决策为业务管理决策提供前提与条件,是为业务管理决策服务的。业务管理决策又必须以自身管理决策相配套。业务工作是修志机构的中心任务,要求修志机构领导者的注意力和精力应主要投放于这一方面,为工作在第一线的志书编修人员服务。

决策是领导者的首要任务。领导者的决策必须符合客观实际情况,符合事物发展的客观规律性,科学化的决策是正确领导方志工作的前提,是方志事业成败的关键,是方志事业经久不衰、不断发展的基础。

(二)决策管理的内容

各级方志领导进行决策,实行领导,必须以党和国家的方针、政策为根本依据,坚持从实际出发、实事求是的原则,把握决策活动的运动规律,正确地实施决策。根据方志工作的特点,方志决策的内容如下:

确定目标。目标,是指在一定的环境和条件下,在预测基础上所希求达到的结果。确定目标,是方志决策的首要一环。要确定好目标;第一,分析矛盾,发现问题。弄清问题的性质、特点及其产生的原因;第二,目标应有明确、具体的要求。对时间、数量、质量都要有明确的指标。如是有多个目标,就要根据不同层次分清并排列急缓轻重,以求逐步实现。第三,目标规定要恰如其分并适当留有余地,不能定得过高使人望而生畏,挫伤积极性,又不能定得过低而失去奋斗价值。这就要求各级方志领导切实把握实际,合理而科学地作出目标预测。

拟订方案。要实现目标,就要制定方案。这是方志决策程序的关键步骤。要拟订好方案,第一,要围绕决策目标进行调查研究,广泛收集信息、资料。第二,在调查研究的基础上,从事方面寻找实现目标的途径,即拟定多种可供选择的方案;第三,充分发扬民主,发动群众对各种备选方案进行评估,集思广益;第四,在评估的基础上形成综合方案。综合方案是吸取了各个方案长处的最佳方案。第五,应当建立决策责任制。行使决策权的人,同时是决策事项责任的承担者,地方志编委会主任,地方志办主任、志书主编以至责任编辑,要真正做到在其位,谋其政,行其权,尽其责，取其值，获其荣，惩其误，把决策的权力与责任统一起来。

组织实施。实施决策的过程就是将决策意图转化为群众行动的过程。由于选定的方案还属于认识范畴，其正确与否还须经实践的检验才能确定，因此，在志书编修中，最重要工作过程就是在总体设计方案确定后根据具体实际编制实施计划，并组织人力、物力、财力，协调相互之间的关系，进行具体的实施。必须做好实施计划的宣传、组织工作，使有关人知道做什么、怎么做，大家思想统一，各尽其责，各司其职。

督促检查。方案实施后，决策者必须随时监视、检查方案物化的每一个环节，及时搞好信息反馈并对实施中出现不同性质的问题作出相应的处理。体现在方志工作上决策正确，总体设计大体合理，仅需作局部调整和改动，志办领导、志书总编就要及时进行调整，尽快使其完善；如果目标不切实际或总体设计中诸如体式选择、章法规定等有误或偏差较大，或者原来赖以决策的主客观条件发生重大变化，就必须及时调整、修正，以免损失或损失过大，贻误工作。

二 组织管理

方志组织管理的内容较多，本目主要从机构建设管理、方志领导管理、方志工作者管理等方面予以说明。

（一）机构建设管理

机构即地方志的工作机关、工作单位（也指其内部组织）。新方志编修开始以来，方志机构建设上不但继承了我国历代志书多为官修的传统，而且在实践中还有许多创新。表现在：

第一，积极发挥以政府领导人为核心的编纂委员会的作用。从实践看，省、市、县三级地方志编委会，一般都是以省长、市长、县长为主任委员，由党委、人大、政府、政协的副职（已有正职）为副主任委员，并吸收党委政府各有关部门现任主要领导和专家、学者及专职修志机构负责人组成。它是政府主持修志的组织形式，是修志的领导机构。这既是在旧时地方长官主持修志基础上的发展，又是对政府单纯修志的突破。"党委领导，政府主持"的修体制决定了编委会的管理者是政府，领导者是党委。各级党委、政府应加强对编委会的领导和工作指导、督促，因人事变动或其他因素而对工作影响较大者，要对编委会适时调整、充实，适时举行编委会议，建立编委会工作制度，充分发挥其高屋建瓴、宏观运筹决策的领导作用、权威作用。

  第二，加强对专职修志机构的建设和管理工作。集行政性、学术性于一体的修志机构——地方志编委会办公室较临时应急的封建社会修志机构（修志局、馆、科）有两大不同：一是常设机构，二是事业性修志职能部门。它在当地政府和编委会的直接领导下开展各项方志工作，是编修新志、提供信息、进行研究（方志理论、旧志整理、地方决策、地方文史）的职能机构。地方政府要对其定级定编、领导任用、主编选择、人员配备、必要设备、福利待遇等方面加强管理，提高认识保持修志机构和队伍的稳定。一些地方一度出现"志书修成、机构解散"，"志书出版，机构并撤，刀枪入库，各奔前程"的因由。一方面受机构改革影响所致，但在很大程度上与当地领导认识局限性和自身管理不力有关，这与修志事业蓬勃之势极为相悖，已引起各级领导和社会的高度重视。早在1996年11月9日国务院办公厅以国办发〔1996〕47号文件下发的《关于进一步加强地方志编纂工作的通知》，就要求"地方各级人民政府要继续重视地方志编纂工作，切实加强领导重申"编纂地方志是社会主义文化建设事业的重要组成部分，是承上启下，继往开来，服务当代，有益后世的千秋大业"。强调"各地应把地方志编纂工作列入政府的议事日程，明确一位领导同志负责，及时协调解决工作中出现的问题"。同时"要为修志机构提供必要的工作条件和经费……评聘编纂人员的专业技术职务，妥善解决他们的生活福利待遇等问题"。之后，又有"一纳入、五到位""一纳入、八到位"的工作机制规定出台。相关文件精神要求加强方志机构的建设管理工作，方志事业要求方志机构的存在和发展，各地政府领导和修志机构负责人应予以高度重视并致力实践。

  方志机构从最初的单一修志功能向多功能方向发展，除编修功能外，尚有研究功能、收储功能（收集、储存各级各类书籍、资料、信息）、服务功能（利用各种方志成果、地情资料为社会服务）、开发功能（对地情资料和信息进行开发再利用）及培训功能等，因此，对方志机构的建设和管理要实行：①精干原则，各级方志机构应根据各自的工作内容和实际需要，确定相应的内设机构和人员编制，减少管理层次，使组织机构高效地运转。②级权相应原则，即编委会办公室要与当地一级单位平级，并拥有一定的独立性和自主权，以便于开展日常工作和稳定修志队伍。③职权一致原则。方志机构内设机构分工要明确，个人职责要确定，权职要相符，赏罚要分明。使机构成为一个指挥统一，既各司其职，又通力协作的运转自如的有机整体，充分发挥机构的整体效能。④参谋顾问原则，这可从两个方面理解，一是由于受各种各样条件的制约，修志机构从主编到编辑不可能成为精通百业的通才。须聘请学识渊博而又精通志道的专家学者、名士贤达作编写顾问。再是方志机构要利用自身优势立地情资料库和咨询服务中心，积极向领导者和各部门提供资料、建议、信息，进行专题研究，为当地社会经济发展尽参谋之责，起顾问之效。⑤适应性原则。现代管理学特别强调组织机构的适用性和应变性、伸缩性。任何一级方志组织机构都是一个具有活力的有机整体，都要不断地与周围环境发生联系。因此，方志组织（包括其内设机构）既要保持相对稳定，又要随方志事业的发展变化适时调整其规模；机构的工作重点及其内设机构，也要根据变化了的形势作相应的转化。同时，也要求机构内的每个成员不断提高自己的业务知识和工作技能，强化综合素质，一专多能，既成为修志的行家里手，又能适应工作任务的转化。

（二）领导管理

领导，是一种社会行为过程，即领导职能的承担者在某种思想指导下，通过一定的组织机构，依据有关的规章制度，指挥或带领、引导或鼓励部下为实现既定目标而努力的过程。它是职务、权力、责任、服务等联成一体的综合概念。方志领导，是方志工作管理系统中的领导，即方志组织机构领导者依法行使职权，组织和管理方志工作事务所进行的决策、指挥、控制、协调、监督、检查等活动。它贯穿于整个方志管理过程的各层次、各方面和全部过程的始终。方志领导是方志管理系统中的关键环节，在方志管理的各个方面和主要过程都处于主导地位，起着重要作用。

方志领导包括编委会领导和方志业务机构——方志办领导两个概念。前者代表政府直接领导方志事业，对事关方志事业全局的重大问题作出决策；后者是编委会的办事机构，即方志办公室领导，它在编委会领导下行使方志各项工作开展的领导权。其主要职能有：①组织、思想建设。建立健全级权相应的常设机构并使其具有权威性，能切实有效地组织人力、物力、财力，动员各条战线和社会力量重视、支持方志事业。同时注重部门党团组织建设和职工的政治思想教育，带领全体职工朝着既定目标开拓前进。②科学决策。领导过程就是制定和实施决策的过程。科学决策，就是根据党中央、国务院提出的路线方针、政策，结合本地区、本部门的实际情况制订方志工作的目标、计划、实施步骤和重要措施。方志办负责方志工作的实施并主持日常工作，分别对本级横向结构和纵向结构的下级机构负有管理、指导的责任。要求其必须依据总体目标和规划制定各项规章制度、各项业务原则标准、操作实施的细则、行政管理程序等，以使各项工作有章可循，有秩序地开展，实现管理活动的规范化、制度化。此外，很有可能所制订的计划在实施过程中又会面临任务转换、力量组织、经费安排等一系列新情况、新问题，这就要求调整决策，针对实际情况，采取相应措施，保证计划的实现。③选才用才育才。"领导者的责任，归结起来，主要是出主意、用干部两件事。"[①] 当科学决策确定之后，干部就成了决定一切的因素。方志事业内容的百科性和著述的专业性，决定了方志领导者选才的标准是博学多才而又有所长，知才善用，知人善任。领导者在选才用才的同时，还应重视对人才的培养，要有计划、有组织、有目的地让修志人才继续学习，不断提高素质。④督查协调。方志工作能否朝着拟定目标顺利开展，重要的一环就是对执行活动进行检查。对发现的问题，及时采取预防性、补救性、完善性的措施，以保证计划的顺利实现。同时，还可针对在工作中产生的诸如修志经费不到位，部门拒绝提供资料或资料工作不力，人员被抽或借调，业务、后勤人员工作配合反常等矛盾和难点问题，采取相应的措施，开展有力的、有效的协调工作，达到问题的解决，为完成任务，达到目标铺平道路。这项管理工作，对工作的效率、成果的质量有重大影响。

方志事业管理工作自身的特点和领导工作者上述职能，要求方志领导者应具备的基本素质是：有较高的政治素质和思想素质，有敢于改革、勇于创新、尊重历史、实事求是、不畏艰难、开拓进取、甘于奉献、公而忘私和勤政廉洁的精神和品质，有较高的科学文化素质和业务素质，有良好的心理素质和较高的领导艺术。

（三）建设方志队伍

"修志之要，在于得人。"这是我国历代修志事业的经验总结。就新方志编修而言，其自开始起，人才问题就被各级修志机构提到重要高度，并采取了一系列培养、造就措施。名志出自名人，出自行家。任何事业的兴衰成败关键在人，"加强地方志专业队伍的建设是保证地方志事业健康

[①] 《毛泽东选集》第2卷，人民出版社1967年版，第493页。

发展的根本大计"①。2007年11月《关于第二轮地方志书编纂的若干意见》第二十三条强调"大力加强队伍建设",要求要"发挥专职修志人员的主动性和创造性,加强对主编、主笔及其他修志人员的业务培训;吸收高等院校、科研机构的专家学者和有业务专长的其他人员参与修志;从高等院校毕业生中选择有志于修志工作的人才,逐步改善修志队伍的年龄结构和知识结构"。《全国地方志事业发展规划纲要(2015—2020年)》重申"加强人才队伍建设。重视人才选拔、培养和使用,加强专兼职结合、结构合理的人才队伍建设,培养和引进一批高端人才,建设一支高素质的地方志编修、研究工作队伍,弘扬修志问道、直笔著史的方志人精神。"可见,造就一支与方志事业发展相适应的专门队伍是方志事业管理的一项经常性工作。

方志队伍(有的分理论派、实践派两派,有的称指导派、学院派、实践派三派)的内含有3个层次:一是担任指导方志工作的各级编委会成员中的国家及省、市、县领导干部或退下来的老同志及名流学者;二是各级地方志机构中从事实际征集、编纂、工作指导、理论研究及后勤管理人员;三是业余工作者,即大专院校、科研单位和各部门有关人员及社会人士。在这3个层次中,各级修志机构中的专业修志人员是修志队伍的中坚、骨干力量。他们的素质如何与志书质量的高低、方志事业的发展有直接的关系。他们应具备的基本素质是:

志德。德是一个人的灵魂。包括政治观、道德观、人生观,还包括事业心、爱国心、民族自尊心、自信心和正义感等。志德,就是忠于事实,忠于历史的史家立德精神。志德,是指方志工作者应具有正确的政治立场和政治方向、求实存真的态度、谨慎谦虚的品质、团结协作的作风、献身事业的精神。

志才。即为修志人员的才能,包括学习能力、思维能力、表达能力、组织能力、社会活动能力、写作能力等。它是知识的升华和提高。

志学。这是方志人员最基本的素质,要求方志工作者必须具备广博的学问和知识。不仅要掌握马克思主义基本理论,熟悉党和国家的各项方针政策和国家各项法律法规,而且要有系统的历史知识和方志专业知识,同

---

① 《中国地方志指导小组第二届第一次会议纪要》(1995年8月15—17日),《广西地方志》1996年第5期。

时要懂得哲学、社会科学、自然科学以及各门新兴学科的知识，并具备良好的语言文字修养。

志识。指方志工作者要有认识事物的敏锐性和深刻性，以及对事物发展的预见性和洞察力。志识可以使修志工作者明志观之是非，定志材之真伪，别志法之臧否，则志言之繁约，衡志德之崇庸。方志工作者在认识事物、分析事物的过程中必须以马克思主义的观点、方法作指导、作抉择。

志健。指方志工作者要有健康体魄和健康的心理素质。这是修志工作周期较长、劳动复杂、体力、脑力消耗较大等特性所要求的。

德、才、学、识、健，是构成修志人员基本素质的要素，它们处于一个矛盾统一体和矛盾运动的过程中，相互促进，相互制约，相辅相成，缺一不可。德是灵魂，是识、才、学、健发展的内在动力；识、才、学是方志工作者的智能、本领，而识以才、学为基础，学、才又以识作指导；健是识、才、学的物质基础。因此，选拔修志人员既要讲究人的识、学、才，更要讲究人的德，还要察其身体素质。在选拔中，要防止"左"的因素干扰，防止对"德"与"才"缺乏本质的认识而陷入片面性，如只问是否党员、干部级别，不讲其真才实学；只要文凭，不讲本领；只听领导介绍，不听群众反映；只听本人推荐，不作深入调查。要求方志领导者在选拔人才中要积极地学会识别考察人才的本领，正确掌握使用人才的原则。

三 质量管理

质量第一是方志管理的出发点和归宿。曾三同志在全国地方志第一次工作会议上的报告中指出："应当强调，各地在制定编纂新方志的规划时，一定要注意保证质量的问题，要树立质量第一的思想，这是制定规划的出发点，也是归宿点。"[1] 李铁映同志也指出："质量是志书的价值所在，是志书的生命"，"名志、良志都以其资治当代，通鉴后事而名垂"。要求"修志者应怀创名志、佳志、良志的意识和抱负，创出一批优质志书出来"[2]。志书质量的高低，不仅关系到社会效益，而且也关系到经济

---

[1] 曾山：《为编纂社会主义时代新方志而开拓前进——在全国地方志工作第一次会议上的报告》，1986年12月22日，载《人民日报》1987年6月10日第5版。

[2] 李铁映：《求真存实、修志资治、服务当代、垂鉴后世——在全国地方志第二次工作会议上的讲话》，1996年5月7日，载《广西地方志》1996年第4期。

效益，直接影响到志书"资治、教化、存史"功能的大小。为此，中国地方志小组不仅在出台的相关法规及法规性、指导性文件中强调"编纂地方志应当做到存真求实，确保质量，全面、客观地记述本行政区域自然、政治、经济、文化和社会的历史与现状"①"坚持在首轮修志实践中建立的目标考核责任制、督查通报制、评审验收制等行之有效的工作制度，并根据新情况建立和完善保障志书质量的各种规章制度"②"坚持质量第一。坚持存真求实，确保地方志质量。正确处理质量与进度的关系，将精品意识贯穿于地方志编纂出版工作全过程，严把政治关、史实关、体例关、文字关、出版关，编纂出版经得起历史检验、具有鲜明时代特征和地域特色的地方志成果"③等外，还于2008年专门制定、印发了《地方志书质量规定》。该《规定》包括总则、观点、体例、内容、记述、资料、行文、出版、附则等9章50条，全面规定了地方志书的质量标准，为志书质量标准化奠定了坚实的基础，为方志工作者所谨守和遵循。

方志事业管理归根到底是要编写出高质量的产品。可以说，质量管理是方志管理的中心环节，它贯穿修志全过程，涉及修志各阶段。

政治关。即志书要特别注意保证政治质量。在编写中要坚持以正确的思想作指导，对一定自然和社会的历史情况的记述，要符合马列主义的立场、观点和方法，符合辩论唯物主义和历史唯物主义原理；要符合党和国家的民族政策、涉外政策、保密政策及各行业的有关政策；内容要有科学性和思想性，利用旧资料，要应用历史分析、阶级分析的方法，不要带进旧观点；"记述社会主义时期的内容，应体现社会主义时代精神风貌，全面反映发展中国特色社会主义事业的历程和成绩，正确反映历史发展中的曲折和问题"。④

体例关。要求地方志有严整的结构、科学的体系。其中，凡例清楚明确，体例科学、规范、严谨；体裁诸体并用，以志为主；篇目设置科学，

---

① 《地方志工作条例》，中华人民共和国国务院令第467号，2006年5月18日，见中国方志网 www.difangzhi.cn。

② 中国地方志指导小组《关于第二轮地方志书编纂的若干意见》，2007年11月28日，见中国方志网 www.difangzhi.cn。

③ 国务院办公厅：《全国地方志事业发展规划纲要（2015—2020年）》，2015年8月25日发布，见中国方志网 www.difangzhi.cn。

④ 中国地方志指导小组：《地方志书质量规定》，2008年9月16日，见中国方志网 www.difangzhi.cn。

门类划分合理,排列有序,结构谨严,标题简洁,涵盖严密;事以类从,横排门类,纵述史实,述而不论;生不立传;强调整体性,注重述记写作。

内容关。志书内容要丰富、充实、深刻。系统、完整地记载本行政区域内自然、政治、经济、文化、社会的完整面貌和发展轨迹;写清楚每一事物的发端、演变及特征、现状,横不缺要项,纵不断主线;详略得当,突出本地的地方特点和时代特色;各部分繁简和谐,合理交叉,避免重复。

记述关。区域界限明确,以本行政区域为记述范围,越境不书;时间界限明确,不随意突破志书的上限和下限,严格控制上溯或下延;记述事物、事件和人物,寓观点于记述之中;续修志书处理好与前志的衔接,注意对前志的拾遗补缺、订讹正误;志书中同一名称、事实、数据、时间、度量衡、术语的表述,前后一致;坚持生不立传原则,在世人物以事系人、人随事出,在记述上做到准确、客观、公允;图的制作规范,要素齐全,包括必要的图题、图例和注记。[1]

资料关。一是要求资料真实、准确。入志资料要经过鉴别、考证、核实,时间、地点、人物(单位)、事实、数据等准确无误。二是资料要全面、系统。要求"自然、政治、经济、文化、社会、人物等方面的资料齐全。反映事物发生、发展过程的资料连贯、系统。人、事、物,时间、地点、事件经过等要素齐备。"[2] 三是资料具有代表性、权威性,并在其中注重使用原始资料、典型资料。

文字关。新志书文体,一律用规范的语体文记述,防止文白夹杂;使用规范汉字,用词概念准确,符合现代汉语语法规则和逻辑。除引文和特殊情况外,以第三人称记述,不用第一人称。要求文风严谨、朴实、简洁、流畅,可读性强。简化字、标点、数字运用和图表制作符合国家对出版物的有关规定。不乱改科学定律、理论概念、政治术语、历史典籍、名家名言的提法和内涵。相关名称、简称、译名、纪年、数据等使用按国家公布的要求执行。

---

[1] 中国地方志指导小组:《地方志书质量规定》,2008 年 9 月 16 日,见中国方志网 www.difangzhi.cn。

[2] 中国地方志指导小组:《地方志书质量规定》,2008 年 9 月 16 日,见中国方志网 www.difangzhi.cn。

此外，在志书出版过程中，要严格把关，使志书出版符合国家关于出版管理法律、法规及相关规定的要求；要认真组织校对工作，控制文字差错率在万分之一以内；要注重志书装帧设计典雅大方，所用纸质良好，印刷清晰，装订紧凑，规格符合标准。

志书的质量管理贯穿于方志工作的队伍组织、篇目制定、资料收集、志稿编写、审查修改、验收出版等各个阶段。方志管理工作千头万绪，保证志书质量始终是个核心问题。应采取如下几方面的措施：

第一，组织修志人员认真学习方志知识和各级修志文件精神，培训队伍，提高修志人员政治素质、业务素质。加强修志人员的政治责任感、社会责任感、历史责任感和热爱方志事业的敬业精神，充分认识质量的重要性，强化其质量意识，这是确保志书质量的基础和前提。

第二，明确责任，各司其职。编修志书是一项系统工程，需要编写班子和领导班子中的组成人员，包括主编、编辑、办公室主任、编委会成员、政府分管领导共同努力，才能完成。整部志书的质量都与所有人员的劳动直接相关，这就要求明确责任，各施其责。政府领导主要负责解决编修志书的工作条件，业务工作主要由主编主持，办公室主任主要负责行政工作和后勤保障。在编纂业务中，主编负责整部志书的总体设计、篇目拟定、处理交叉重复、统稿总纂、统一文风等。编辑负责主编分工的具体编修任务。而志书质量的高低，很大程度取决于主编的工作、主编本人的素质。主编应是实干家，是行家里手，既能主又能编，编而不主、主而不编都会对修志工作和志书质量造成影响。

第三，广泛征求意见，众口评稿众手成志。志稿形成后，方志办公室要及时将之送给有关部门、业务人员、专家学者以及当事人阅读审查，广泛征求意见。并及时注意信息反馈，将收集的意见、建议分类梳理，对志稿中的错误及时纠正，对志稿中的不足和缺漏及时完善充实。

第四，严格审批手续和验收制度，这是把好质量关的重要措施。《关于地方志编纂工作的规定》明确："省、自治区、直辖市编纂的地方志由省级地方志编纂委员会组织专家审查验收，报同级党委或政府批准出版；设区的市、地区、自治州、盟编纂的地方志报省级地方志编纂委员会审查验收，由同级党委或政府批准出版；县、自治县、旗、不设区的市、市辖区编纂的地方志报市级地方志编纂委员会审查验收，经省级地方志编纂委员会审核后，由同级党委或政府批准出版。"在志书的审查、验收过程中，有关机构应严把质量关，对存在的问题方志机构应认真地修改，决不能走过场。

四 效益管理

方志效益是一个综合概念。从类型上看，有社会效益和经济效益之分。从时间上看，有近期效益和长远效益之别。社会效益和经济效益是方志效益的主要研究内容。方志是精神产品，同时又是一种特殊商品，它和物质产品生产一样要进行产品核算，要考虑投入产出效益即劳动效益，讲求经济效益，按市场经济规律办事。但是，方志成果这种特殊的"精神产品"它具有鲜明的政治属性，它把谋求社会效益放在首位，不能像物质产品一样，完全按照价值规律去编纂出版发行。方志社会、经济效益是统一的，是互为一体的。只有方志成果社会效益的不断提高才能逐步扩大其知名度和社会影响，同时又能提高劳动效益，带来经济效益，做到社会效益和经济效益的大幅度同步增长。强调它的社会效益，就要把提高志书质量、及早出书、充分发挥它的社会功能放在首位，这是方志工作的根本目的，也是它的生命力所在。强调它的经济效益，就要注意抓好经营管理，降低成本，节省开支，增加收入，从根本上说，它是为发挥志书的社会效益服务的。具体在管理上要有以下措施。

第一，狠抓管理，提高效率。马克思指出："一切节约归根到底都是时间的节约。"[1] 美国著名管理学家杜拉克亦说："有效的管理者最显著的特点，就是在于他们能够珍惜时间。"[2] 可见，节省劳动时间，是提高领导工作效率和效益的最根本的途径。效率和效益是统一的，效益所反映的是工作的效用和质量，效率则是反映了工作的速度和数量，其含义是单位时间内完成的工作量，即单位时间被利用的价值。方志工作所消耗的人力、物力、财力都是各级政府提供的，在保证质量的前提下加强管理，缩短编修时期，加快出版周期，减少成本消耗，在单位时间内，用尽量少的消耗完成尽量多的工作量，实现工作的高效率，不仅能够带来直接的经济效益，而且由于周期的缩短，又大大提高了志书资料的信息价值，增强了方志为市场经济服务及运用市场经济手段发展壮大自己的能力，进而达到

---

[1] 《马克思恩格斯全集》第1卷，人民出版社1995年版，第342页。
[2] 〔美〕杜拉克：《有效的管理者》，吴军译，求是出版社1985年版，第30页。

方志事业效益的全部实现。"效率就是生命""时间就是效益""时间就是金钱""时间就是财富",这些物质产品生产领域的口号同样适用于方志事业,有效地节约时间就能出高效率、高效益。

第二,服务社会,体现效益。"经世致用"是修志的目的。修志的过程,实际上是征集资料、整理资料、编纂资料的过程,也是利用资料,服务社会的过程。方志工作者在修志之初,就应着手抓"应用"工作,使志书编修过程,成为资料提供利用、为现实服务的过程。志书出版后,方志机构更应及时采取措施,宣传志书,使志书走向社会,乃至进入"寻常百姓家"。方志的价值和效益是在服务社会中体现的,服务的层次越多,服务面越广,它的社会效益就越好,存在的价值就越大。同时,要通过发行、赠阅等渠道,让志书走向世界,走入国际市场,加入国际文化大循环,向世界人民宣传中国,弘扬中华文化,增进中外人民之间的友谊,"更是对数以千万计的海外华人思乡之念的莫大慰藉,可以部分地满足他们访祖寻根的渴求。一个地方新志书的出口,不仅可以大大提高该地区在国际上的知名度,也将起到吸引外资,促进改革开放,推动地区经济发展的作用"①。

第三,面向市场,向管理要效益。在社会主义市场经济条件下,方志事业发展,就必须引入市场机制,把方志办成现代化的资料信息载体,开拓"开发系列",运用市场规律取得最佳效益。为此,一方面要从应用性、科研性等角度去挖掘各种信息资源,尽量拓宽志书所记资料的信息容量。同时,以积累大量丰富的地域资料为基础,广泛收集外地信息,建成以本地资料为中心同时兼顾国内外的信息资料交流中心,并对信息进行整理,开展信息咨询,提供有偿服务。另一方面要从千变万化的市场需要出发,利用有价值的资料编纂地情概览、年鉴、投资指南、风土民情等志类产品,开展"多品种"生产,充分发挥志书的多种功能,从根本上解决提高志书的可读性、资料信息性和服务性的问题,提高志书为现实服务的直接作用,使方志工作与社会发展步伐相协调,从而赢得读者,赢得市场,获得较高效益。再次,要加强信息资料交流中心软件(信息资料)、硬件(技术设备)系列的配套建设,加快信息生产、信息传输、信息咨

---

① 中国地方志指导小组办公室:《关于组织新编方志书出口的通知》,1990年2月,见中国方志网 www.difangzhi.cn。

询服务的现代化步伐。有条件的地方还可以从"事业单位"的模式中解放思想，更新观念，走企业化经营的路子，发展印刷、发行、广告等项目，并从"内部服务型"走向社会和市场，提高方志工作效益。

方志事业要发展，必须提高其效益。但单纯追求方志产品的经济效益，就违背了编纂志书的宗旨，丧失了志书的生命力，经济效益也难以实现。单纯追求社会效益不问经济效益的做法，不利于方志事业的发展，志书的社会效益最终也难以很好的发挥。必须把社会效益放在第一的同时，去获取社会效益和经济效益的统一。

五 管理信息化与国家化

即加强方志资料信息与成果的管理，注重利用的高效化和管理的国家化。《全国地方志事业发展规划纲要（2015—2020年）》将地方志信息化建设列为地方志事业发展的11项主要任务之一，明确要求要"通过建设资料库、网站等方式，加强地方志工作的信息化建设。公民、法人和其他组织可以利用上述资料库、网站查阅、摘抄地方志"[1]。之后，中国地方志指导小组相继出台了《全国地方志信息化发展规划（2016—2020年）》和《全国信息方志与数字方志建设工程实施方案》。2017年全国地方志机构主任工作会议上，地方志事业信息化被列为地方志事业转型升级的"六大转变"之一。相继全国各地将信息化建设作为地方志事业转型升级的重要突破口和着力点，积极探索并逐步走出一条符合本地实际的地方志信息化发展之路。一些省市"方志××"微信公众号应运而生，有的先后入驻澎湃政务网、今日头条、一点资讯等互联网平台，有的在方志馆、方志资料信息中心开辟了走进方志、云游方志馆、赏志、影像方志、方志驿站等公众平台。"互联网+地方志"工程的推进，使方志资源开发利用在手段上实现了新发展、新突破，社会受众面得到极大拓展。地方志正从书本上的"死资料"变成群众身边的"活资源"，方志魅力得到了前所未有的快速和系统展现。

与此同时，主要职责为负责志书、年鉴和地情资料收集、整理、保存、借阅、检索咨询，开展地情及地方志成果展示展览、学术交流等工作

---

[1] 国务院办公厅：《全国地方志事业发展规划纲要（2015—2020年）》，2015年8月25日，见中国方志网 www.difangzhi.cn。

的各级方志馆的建立步伐也在加快。已建成的方志馆除上述职能的履行外，有的成了一地的历史文化宣传教育基地、职工教育基地，成了展示一地方志文化与管理修志成果的中心，同时承担了《地方志工作条例》提出的"在地方志编纂过程中收集到的文字资料、图表、照片、音像资料、实物等以及形成的地方志文稿，由本级人民政府负责地方志工作的机构指定专职人员集中统一管理，妥善保存，不得损毁；修志工作完成后，应当依法移交本级国家档案馆或者方志馆保存、管理"[①] 的重要职责，同时成了方志文化展示、传承、普及和开发利用的重要平台，和培育家国情怀、推进方志事业创新发展的"动力源"与"加速器"，也是实现方志资料、修志成果管理国家化的重要途径。该方面的建设不仅必须，而且应得到各地新一步的重视和加强。

---

① 《地方志工作条例》，中华人民共和国国务院令第467号，2006年5月18日，见中国方志网 www.difangzhi.cn。

附　录

一　明永乐十年颁降《纂修志书凡例》

建置沿革　分野

凡各布政司及各府州县治所，自《禹贡》、周职方及历代相承建置废兴所隶之分，古今名号之更易，以及国朝之初叛乱，僭据，归附先后，俱各详述始末，仍载天文所属之次。

疆域　城池　里至

凡府州县所隶地理之广袤，所到疆域界限之远近，城池之大小高深，及历代修筑之由，俱合详载。至于里至所到，旧志多止本府州县所极之处，今合备载本处所至南京、北京之远近，及各府县四至八到与邻境州县之相接，而路可通者载之，仍具各府县、城池、山川图。

山川

古志所载诸处山川，有与图册所载名号差异者，或前代所载小山、小水之有名，而所收有未尽者，当据见今名目补收之。或古今名人有所题咏，并宜附见。

坊郭　乡镇

据见在所有坊巷、乡都、村镇、保社之名收载之。若古有其名，而今已无者，则于古迹下收之，仍要见其今在某处。

土产　贡赋

凡诸处所产之物，俱载某州某县之下，仍取《禹贡》所赋者收之。有供贡者，载其上供之数，或前代曾有所产而后遂无者，或古所无，而今有充贡者，皆据实备载之。若有所赋田亩税粮，以洪武二十四年及永乐十年黄册田赋额为准，仍载前代税额，以见古今多寡之数。

风俗　形势

凡天下州县所定疆域、山川,既有间隔,习尚嗜好,民情风俗,不能无异,宜参以古人之所论,与近日好尚习俗之可见者书之。若其形势,如诸葛亮论金陵云:"钟山龙蟠,古城虎踞"之类。

户口

取前代所载本处户口之数,国朝洪武二十四年黄册所报,至永乐十年见在书之。

学校

前代建设学校,兴废不一,需考旧志所载,其始因何人而立,后因何而废,及今之见立者在某处。如有名人贤士碑记所存,则备录之,或学所出有何人物,与其学之规模、制度、斋堂、射圃,并收录之。

军卫

据见今治所在某郡县某处,创始于何年、月、日,中间有无更改,及前代并国朝守御将臣攻战勋绩之显著者,俱要收录。其有演武之处,亦宜详载。

廨舍

自布政司、按察司、都司、盐运司、府州县及市舶司、司馆驿、巡检司、仓场库务、河泊所等衙门及坛场、铺舍皆是,据今始于何年、月、日,起自何人在郡邑某处。凡更易制度,俱宜详载。其有前代已废而不存者,俱于古迹下收之。古今碑记有存者,亦详录无遗。

寺观　祠庙　桥梁

天下寺观、祠庙、桥梁,兴废不一,□(其)遗迹遗址及见存者,宜详考收载。其有碑记亦□□(收载)之。有新创建者,则载其始着何人、何时。其寺观洪武年间有并旧丛林而后复兴者,亦详载其由。

古迹　城郭故址　宫室台榭　陵墓　关塞　岩洞　园池　井泉　陂堰　景物

旧志图册所载有未尽者,并收录之。有虽载其名,而无事实及其地者,须询究其详收录。

宦绩

自郡县建设以来,至于国朝宰佐、贰暮,官居任而有政绩及声望者,后或升擢显要,为郡邑之所称颂者,并收录之。其布政司、按察司、都司、盐运司等门,官有善政者,亦宜收录。

人物

凡郡县名人、贤士、忠臣、孝子、义夫、节妇、文人、才子、科第、仕宦、隐逸之士，仗义以为保障乡间，尝有功德于民者，自古至今，皆备录其始末。其有虽非本处之人，后或徙居其地者，亦附收之。

仙释

凡自古所传神仙、异人、名僧、高道、方俗之流，及有奇术、异行显迹可见者，或非本处之人，而尝游历止息于此，时有显迹可证者，皆备录之。

杂志

如山林、岩穴、物产、祥瑞及花木、鸟兽、人事、幽怪之类，乡人所传诵，有征验者，并收载之。

诗文

自前代至国朝词人题咏山川、景物、有关风俗人事者，并收录之。

（原载明嘉靖四十年刻、万历十四年增刻《寿昌县志》卷首）

二 明永乐十六年颁降《纂修志书凡例》

一、建制沿革 历叙郡县建置之由，自禹贡、周职方氏所属某州，并历代分合废置与夫僭伪所据，逮国朝平定属某府所管。

一、分野。属某州天文、某宿之次。

一、疆域。在郡之上下左右，四方所抵界分若干里，广若干，袤若干。四至，叙邻县界府地各若干里。八到，叙到邻近府州县治若干里。陆路、水路皆其至本府若干、布政司若干、南京若干、北京若干。陆路言几里，水路言几驿。

一、城池。所建何时，续后增筑何人，有碑文者收录，及城楼、垛堞、吊桥之类悉录之。

一、山川。叙境内山岭、江河、溪涧之类所从来者。旧有事迹及名山大川有碑文者皆录。其余虽小山小水，有名者亦录。

一、城郭镇市。其坊厢都里，分镇市录其见存者。如古有其名而今废者，于古迹下收之。

一、土产、贡赋、田地、税粮、课程、税钞。自前代至洪武二十四年、并永乐十年之数，并悉录之。

一、风俗。叙前代至今习俗异同。

一、形势。论其山川雄险。如诸葛亮论"钟山龙蟠、石城虎踞"之类。

一、户口。自前代至本朝洪武二十四年、永乐十年。版籍所载，并详其数目。

一、学校。叙其建置之由，续修理者何人。廨舍堂斋、书籍碑记并收录。学官、科贡人才并详收录。有碑记者亦录之。

一、军卫。叙置建何代，衙门、廨舍、教场、屯田、去处田亩。岁纳子粒之数、武臣功迹，并悉录之。碑记之类亦收。

一、郡县廨舍。自前代废置，以至本朝见在者详叙之。古时所建不在此及废者，于古迹下收之。所属衙门，如馆驿、镇所、仓场、库务、申明旌善亭、坛场、铺舍并详录，有碑文者，亦录之。

一、寺观。叙其创建何时，续修若何，及有碑文者亦录之。如废，收古迹下。

一、祠庙。如文庙详录其创建、祭器、乐器、碑记，悉录无遗。其他祠庙，亦叙创建，因何而立。封敕、制诰、碑记之类，并收录之。

一、桥梁。叙创建之由，在于何处，继后何人修建。有碑记者亦收录之。

一、古迹。凡前代城垒、公廨、驿铺、山寨、仓场、库务，古有而今无或改移他处者，基址亦收录之。亭馆、台榭、楼阁、书院之类，或存或废，有碑记者，亦备录于后。津渡见在何处，路通何方。岩洞井泉之有名者亦收录。龙湫亦载何处，或有灵异可验者。前代园池何由而建。本朝桑枣备载各都某处。陂堰、圩塘之类何代开渠。如无考者，止书见存某处，废者亦见因何而废。寺观、庵庙虽废亦录。墟巷之类，凡废者俱收录之。

一、宦迹。自前代开创政绩相传者、有题名者，备录之。至本朝某人有政绩悉者录之。见（现）任者止（只）书事迹，不可谀颂。

一、人物。俱自前代至今。本朝贤人、烈士、忠臣、名将、仕臣、孝子、贤孙、义夫、节妇、隐逸、儒士、方伎及有能保障乡间者并录。

一、仙释。自前代至今有名有灵迹者收录之。

一、杂志。记其本处古今事迹难入前项条目，如人事风俗可为劝诫，草木虫兽之妖祥、水火荒旱、幽怪之类可收者录之，以备观考。

一、诗文。先以圣朝制诰别汇一卷，所以尊崇也。其次，古今名公诗篇记序之类，其有关于政教风俗、题咏山川者，并收录之。浮文不醇正者，勿录。

（原载明正德十年（1515年）《莘县志》）

三　雍正六年《修志上谕》

雍正六年十一月二十八日上谕。据编纂一统志总裁官大学士蒋廷锡等奏称：本朝名宦人物，各省志书既多缺略，即有采录，又不无冒滥，必得详查确核，采其行义事迹卓然可传者，方足以励俗维风，信今传后。请敕谕各该督抚，将本省名宦、乡贤、孝子、节妇一应事实，详细查核，无阙无滥，务于一年之内保送到馆，以便细加核实，详慎增载等语。朕惟志书与史传相表里，其登载一代名宦人物，较之山川风土尤为紧要，必详细调查，慎重采录，至公至当，使伟绩懿行，逾久弥光，乃称不朽盛事。今若以一年为期，恐时日太促，或不免草率从事。即如李绂修广西通志，率意徇情，瞻顾桑梓，将江西仕粤之人，不论优劣，概行滥入，远近之人，皆传为笑谈。如此志书，岂堪垂世。著各省督抚，将本省通志，重加修茸，务期考据详明，采摭精当，既无阙略，亦无冒滥，以成完善之书。如一年未能竣事，或宽至二三年内纂成具奏。如所纂之书，果能精详公当，而又速成，著将督抚等官，俱交部议叙。倘时日既延，而所纂之书，又草率滥略，或至有如李绂之徇情率意者，亦即从重处分。至于书中各项分类条目，仍照例排纂，其本朝人物一项著照所请，将各省所有名宦、乡贤、孝子、节妇一应事实，即详查确实，先行汇送一统志馆，以便增辑成书。钦此。

（引自《中国方志大辞典》，浙江人民出版社1988年版）

四　光绪三十一年部颁《乡土志例目》

奏定学堂章程所列初等小学堂科，于历史则讲乡土之大端故事，及本地古先名人之事实；于地理则讲乡土之道里建置，及本地先贤之祠庙、遗迹等类；于格致则讲乡土之动物、植物、矿物。凡关于日用所必需者，使知其作用及名称。盖以幼稚之知识，邃求高深之理想，势必凿难入。惟乡土之事，为耳所习闻，目所常见，虽街谈巷论，一山、一水、一木、一石平时供儿童之嬉戏者，一经指点皆成学问。其引人入胜之法，无逾此者。然必由府、厅、州、县各撰乡土志，然后可以授课。海内甚广，守令至多，言人人殊，虑或庞杂。用是拟撰例目，以为程式，守令虽事繁，但能征本地读书能文者二三人，按目考查，依例编撰，不过数月即可成书。事必求其详核，文必期于简雅。俟采辑成编，一面将清本邮寄京师编书局，一面录副详报本省大吏，以免转折迟延。经局员审定删润，俾归一律，订成定本，并各种教科书发交各府、厅、州、县，以为小学课本，庶可成完全之学科，迪童蒙之知识，他日进学成才，皆基于此。贤守令幸勿忽视。乡土凡分为四：曰府自治之地（所辖之州县不与焉）；曰直隶州自治之地（所辖之州县不与焉）；曰州；曰县。今于四者均名曰本境。

历史

本境何代何年置（所谓本境者，即现在之府、州、县名也）。

未置本境以前，唐、虞、夏、商、周属何州，春秋战国属何国，秦汉以降何代属何郡县，何代改何（州县）名。

既置本境以后，何代属何郡、何州、何府。

政绩

官本境者，有惠政均记之，以年月先后为次，约分三大端（通古今而言后仿此）：兴利；去害；听讼。

兵事

有全在本境者，或本境有何叛党来犯，本境均录其事之本末。

有涉及本境者，如一大兵事，或在本境为战地，或在本境屯驻，则节录在本境一要事。

耆旧

以本境之乡贤为后学之感劝，约分为二：事业，以实行为凭，孝（善于父母）、友（善于兄弟）、睦（亲于九族）、姻（亲于外亲）、任（信于友道）、恤（恤振忧贫）是也。学问，以著述为凭，经、史、子、集、小学、舆地、算学、校勘、医学、理化是也。

凡历代名儒、名臣、功臣、名将、循吏、忠节为本境人者，均应收入。惟已见正史及国史有传者，不必详录全传，但著录姓名，注明见何史、何传。其事迹果能感动人心者，亦须节录一二。不见正史、国史者应稍详。

附名宦祠乡贤祠（忠义、节烈附入）

人类

本境于旗汉户口外，有他种人者，务考其源流叙其本末、世系。现在户口若干，聚居何村、何山，其风俗大略，均应编入其种。约分回、番、畲、猓、苗、瑶、獞、犽、狼、皿、狭、打牲、貂、黎、土司。如土司不属府、州、县者，则由布政司查明编辑。

户口

本境户口、丁数，务查明现在实数编入。如有兵荒、疾疫，及因农商各事情形变迁，致与生齿盛衰、聚散有相关之故者，悉载。并查近年来本境旗户（男口、女口）若干、汉户（男口、女口）若干。

氏族

本境有何大姓，某姓如何受氏，何时自何处迁居本境，至今传几代。

宗教

本境所有外教，务查明编入。回教人若干（回教与回种有分别，回种系真阿剌伯人，可编入人类；回教有阿剌伯人，有旗汉人，入教者均编入此）。喇嘛黄教、红教人若干。天主教人若干。耶稣教人若干。

实业

凡齐民不入他教者，务查明实业。分而为四：士若干，农若干，工若干，商若干。

地理

本境在省城之何方向若干里（凡言方向，分四正四隅；言里数，以人行道计），在府城之何方向若干里（凡府与直隶州、自治地无此条）。

本境四界系何境，如本境之界不止四境者，则以四隅向明之。

本境分为若干区，或名为乡，或名为村，或名为圃，或名为里，各就其旧称记之。

何区在城之何方向若干里。

区之四界系何区。

城内、区内有何古迹、祠庙、坊表、柜梁、市镇、学堂。

山

某山在本境治所之何方向、若干里、何区内，或盘互数区。山之何方，距何水若干里，指最近处。如近山有数水，均详之。山内有何水源，其水向何方流。

水

叙水道之源委，约分为四：

有源委全在本境者，某水源出本境治所之何方向、若干里、何区、何山，其水向何方流，经历何区、何市镇，至何处，与何小水会。其小水发源何区、何山，向何方流，经历何处来会。又向何方流，至何处，入何水，约行若干里。

有源委均不在本境者，某水发源何境、何山、何方流至何处入本境（入本境处，在本境治所之何方、若干里）。向何方流，至何处有何水，自何方来注。又向何方流，过何城、何区、何镇市、何大山之麓（须明山之何方向），至何处出本境（出本境处，在本境治所之何方、若干里）。入何境内，行境内若干里。

有源在本境而委在他境者，叙法略同源委全在本境者。但后不言入何水，而言至何处出界，入某境，行境内若干里耳。

有源在他境而委在本境者，叙法略同源委均不在本境者。但后不言出本境，而言入何水，行境内若干里耳。

又有人力沟通之水道，务载明何方自何处，上承何水，向何方行过何地，至何处注何水。凡水之可通舟楫者，务注明自委上溯至何区、何地可行大船，自何区、何地至何地可行小船（可以所载之石计大小），或可行筏。

凡濒海之境，则须明海岸之湾曲、港汊，及所辖之岛屿，并注明海岸、岛岸之湾港，何处可泊轮船，何处可泊民船。濒长江大湖之境，亦须记江湖之港，何处可停泊。

凡山间之水道可行船者，务注明何处为急流，处为平流。水有春夏涨而秋冬枯者，须分别注明。

道路

自本境治地起，出城之何方，行若干里，为何地（每十里必记一地名），又行若干里，逾何山岭，渡何水，至何地，与何支路会。其支路何方自何地来，经何地，过何山水，行若干里，来会本路。又向何方行若干里（逾山、渡水、过何地同前），至何地，或左、或右分一支路。其支路向何方行（计里、逾山、渡水、过地同前），至何地或会何路，或出界，或止本境。路又向何方，行若干里（同前），至何地，出何界，与何境、何路接。

物产

分天然产、制造产二端。天然产，动物、植物、矿物是也。用三者之本质制成器物，则制造产也。今以天然产列上，制造产列下。

动物　　　　植物　　　　矿物

动物制造　　　植物制造　　　矿物制造

制造之品虽多，其本质不外动、植、矿三类。如虎、豹、牛、羊皆天然动物产也，其骨、革、齿、毛所制之物，皆动物制造也。丝出于蚕，蚕为动物产，丝则为动物制造。布出于棉，棉为植物产，布则为植物制造。他如金、银、铜、铁、锡、玉、石所制之器皆然。兹举一二，以概其余。或有合数质为一器者，则取其多数而归类焉。惟天然产、制造产均应分大宗、常产、特产而注记之。又有本境之天然而在他境制造者，或他境之天然而在本境制造者，尤应分别详载。

商务

本境所产之物，所制之品，何项在本境销行，每岁若干；何项运出本境（注明水运、陆运），在何地销行，每岁若干；自他境何地运入本境之何货物（注明水运、陆运），在何地，每岁销行若干。

（原载《东方杂志》第2年第9期《学务大臣奏据编书局监督编成〈乡土志例目〉拟通饬编辑片》，上海商务印书馆，光绪三十一年九月二十五日发行）

五　中华民国十八年国民政府令准
《修志事例概要》

（中华民国十八年十二月，内政部呈奉行政院转奉国民政府令准通行）

一、各省应于各省会所在地设立省通志馆，由省政府聘请馆长一人、副馆长一人，编纂若干人组织之。

一、各种通志馆成立日期、地点、暨馆长、副馆长、编纂略历，并经费常额，应由省政府报内政部备案。

一、各省通志馆成立后，应即由该馆编拟志书凡例及分类纲目，送由省政府转报内政部查核备案。

一、各省通志馆应酌量地方情形，将本省通志成书年限预为拟定，送由省政府转报内政部备案。

一、志书所采材料，遇有关系党务及党义解释，须向中央请示者，可随时由省政府咨达内政部转请中央核示。

一、志书文字，但求畅达，无取艰深。遇有用满、蒙、回、藏文字，注音字母，以及外国文字时，得附载原文。

一、旧志舆图多不精确。本届志书舆图应由专门人员以最新科学方法制绘精印，订列专册，以裨实用。

一、编制分省、分县市舆图时，对于国界、省界、县市界变更沿革，均应特加注意，清晰画分，并加附说明，以正疆界而资稽考。

一、各省志书，除每县市应有一行政区域分图外，并须将山脉、水道、交通、地质、物产分配、雨季分配、雨季变差、气候变差，以及繁盛街市、港湾形势、名胜地方，分别绘制专图，编入汇订。

一、地方名胜古迹、金石拓片，以及公家私家所藏各种古物，在历史上看有重要的价值者，均应摄制影片编入，以存真迹。

一、各地方重要及特殊方物，均应将原物摄制影片编入，并详加说明，以资考证。

一、志书中应多列统计表，如土地、户口、物产、实业、地质、气候、交通、赋税、教育、卫生，以及人民生活、社会经济各种状况，均应分年精确调查，制成统计比较表编入。

一、各省志书，除将建置沿革另列入沿革志外，并需特列大事记一门。

一、艺文一门，须以文学与艺术并重。如书画、雕刻及其他有关艺术各事项，均宜兼采。武术技击，可另列一门。

一、收编诗文词曲，无分新旧，应以有关文献及民情者为限。歌谣戏剧，亦可甄采。

一、旧志艺术书目，仅列书名、卷数及作者姓名，颇嫌简略。本届志书，应仿《四库全书提要》例，遍列提要，以资参考。

一、乡贤名宦之事迹及革命诸烈士之行状，均可酌量编入，但不得稍涉冒滥。

一、天时人事发现异状，确有事实可征者，应调查明确，据实编入，以供科学之研究，但不得稍涉迷信。

一、全书除图表外，应一律以国产坚韧纸张印刷，订为线装本。

一、本概要所定办法，各省兴修志书时，得体察地方情形，斟酌损益之。

一、各县及各普通市兴修志书，应行规定事项，由各省通志馆参照本概要定之。

一、各特别市兴修志书，准用本概要之规定。

（原载民国三十四年八月《浙江省通志馆馆刊》第1卷第3期，杭州古籍书店1986年4月影印本）

六　中华民国三十五年《地方志书纂修办法》

（中华民国三十五年七月十六日行政院第751次会议通过，民国三十五年十月一日内政部修正公布）

第一条　地方志书之纂修，依本办法行之。

第二条　地方志书分左列三种：一、省志。二、市志。三、县志。

第三条　志书纂修期间，省志30年纂修一次，市志及县志15年纂修一次。

第四条　各省、市、县等纂修志书事宜，应由各省、市、县政府督促各省市县文献委员会负责办理。

第五条　各省、市、县文献委员会编纂志书时，应先编拟志书凡例、分类纲目及编纂期限，呈转内政部备案。

第六条　纂修志书应依左列规定：

一、志书文字遇有用满、蒙、回、藏文字，注音字母，以及外国文字时，得附载原文。

二、志书舆图，应以最新科学方法制绘精印，订列专置。

三、编制分省、分市县舆图，对于国界、省界、市县界变更沿革，应清晰划分，并加附说明。

四、省、市、县志书应绘制行政区域分图，并须将山脉、水道、交通、地质、物产分配、雨季分配、雨季变差、气候变差以及繁盛街市、港湾形势、名胜地方，分别绘制专图。

五、地方名胜古迹、金石拓片以及公家私家所藏各种古物，在历史上有重要价值者，应摄影片编入。

六、各地方重要及转殊方物，应将原物摄制影片编入，并详加说明。

七、各省、市、县上地、户口、物产、实业、地质、气候、交通、赋税、教育、卫生以及人民生活、社会经济各种状况，应分年精确调查，制成量目比较表编入。

八、各省、市、县志书，应特列大事记一门。

九、各省、市、县志书艺文一门，应文学、艺术并重，如书画、雕刻及其他有关艺术事项，均宜兼采。武术技出，另列一门。

十、编列诗文词曲，无分新旧，但以有关文献及民情者为限。歌谣戏剧，亦可甄采。

十一、各省、市、县志书艺文书目，应仿《四库全书提要》例，编列提要。

十二、凡乡贤名宦之事迹及革命先烈暨抗敌殉难诸烈士之行状，均可酌量编入，但不得稍涉冒滥。

十三、天时人事发现异状，确有事实可征者，应调查明确，据实编入，但不得稍涉迷信。

十四、省、市、县志书，除图表外，应一律以国产坚韧纸张印刷，订为线装本。

第七条 各省、市、县志书编纂完成，应将志稿送请内政部核定后，始能付印。前项志稿之核定，由内政部组织志书审核委员会办理之。

第八条 各省、市、县志书印刷完成后，应分送行政院、内政部、国防部、教育部、中央图书馆暨有关机关备查。

第九条 本办法目公布日施行。

（原载《中华民国国民政府公报》第 2666 号）

七 中华人民共和国国务院办公厅转发中国社会科学院《关于加强全国地方志编纂工作领导报告》的通知

国办发〔1985〕33 号

各省、自治区、直辖市人民政府，国务院各有关部门：

中国社会科学院《关于加强全国地方志编纂工作领导的报告》，已经国务院同意，现转发给你们，请参照执行。

各地要对地方志编纂工作进行一次检查，进一步加强领导，充实人员，加强队伍建设，切实解决地方志编纂工作中的问题。尚未建立地方志编纂班子的地方，要根据本地区情况，逐步组建班子，把这项工作开展起来。有关编制、经费、出版等问题，由地方各级政府根据实际情况，予以适当解决。

国务院办公厅
一九八五年四月十九日

《关于加强全国地方志编纂工作领导的报告》

国务院：

我国有着悠久的编修地方志的优良传统。现存的八千余种地方志，记载周详，内容丰富，为世界各国所罕见。周恩来同志生前十分重视编纂新地方志的工作，早在50年代末端成立地方志小组时，就指定曾三同志主持其事。当时不少地区已开始了新地方志的编纂工作。十年动乱期间，地方志工作被迫中断。自党的十一届三中全会以后，由于中央领导同志的倡导，我国地方志工作进入了一个新的时期。1981年成立了中国地方史志协会，随后又恢复了中国地方志指导小组。各地在党委和政府的领导下，积极开展了修志工作。现在，全国已有24个省、自治区、直辖市，约1/3的城市，1/2以上的县，先后建立了地方志编纂，着手编纂新地方志。预计1985年将有50部县志、5部市志和部分省、市志的专志脱稿成书。我国开始出现了"盛世修志"的可喜局面。

开展修志工作，有利于两个文明的建设。特别是随着城乡经济建设和经济体制改革工作的开展，各级领导和各行各业都迫切需要全面地、科学地认识和了解省情、市情和县情，通过编修新地方志，汇集大量有关当地自然、社会、政治、经济、文化各方面的历史和现实资料，可以满足社会各方面的需要。这对于发挥当地经济优势、恢复传统生产、开发新的资源、维护生态平衡等方面，都会起到重要的作用。

当前修志工作存在的主要问题是：领导机构不健全，相当一部分地方没有专门工作班子，许多地方工作经费和人员编制问题没有解决。根据中央领导同志的指示，我院召开了中国地方志指导小组扩大会议，提出改进地方志领导工作的具体措施如下：

一、进一步加强对全国修志工作的指导。中国地方志指导小组应当从政策上、业务上指导各地修志工作，定期向中央和国务院反映情况，对修志中涉及的重大方针政策问题及时请示报告，并负责拟订编修新地方志和整理旧地方志的规划，制定新编地方志的工作条例，组织交流修志工作的经验等。为完成上述任务，建议将中国地方志指导小组作为一个独立机构，由国务院委托中国社会科学院代管。小组成员拟由原来的11人增加到17人，并在北京成员中委派几人作为常务成员，主持日常工作。中国社会科学院负责解决小组工作中的一些困难。

二、建议各级政府加强对本地区修志工作的领导。新地方志的编纂，涉及到政治、经济、文化、科学、教育各部门的工作，必须在当地政府主持下才能顺利进行。各级政府应改进和充实地方志编纂委员会；修志工作班子作为事业单位，应有必要的专职工作人员；其编制、办公用房、设备、事业经费、人员待遇（工资、职称等）方面的问题，由地方有关部门切实加以解决。目前尚未建立修志班子的地方，也希望能根据实际情况尽早建立起来，以便开展工作。

三、拟于1985年内召开全国第一次修志工作会议，检查地方志"六五"规划执行情况，制定"七五"修志规划及长远设想，并讨论修志工作中的重大问题。

四、制订《新编地方志工作暂行规定》，确定编纂社会主义时期新方志的指导思想、方针任务以及制订各类方志的编写体例方法等问题，使各地修志工作有所遵循，该暂行规定拟用中国地方志指导小组名义发出。

以上报告如无不妥，请批转各地和国务院有关部门参照执行。

中国社会科学院
1985年3月7日
（录自《中国地方志通讯》1985年第4期）

八　1985年中国地方志指导小组
《新编地方志工作暂行规定》

（1985年4月19日中国地方志指导小组第五次会议讨论通过）

第一章　总则

第一条　编纂具有时代特点和丰富内容的社会主义新方志，是我国社会主义物质文明和精神文明建设的需要。编修新方志应当运用新观点、新方法、新资料、有计划、有步骤地进行。新方志应当系统地记述地方自然和社会的历史与现状，为本地社会主义现代化建设提供有科学依据的基本状况，有利于地方领导机关从实际出发，进行有效的决策。新方志可借以积累和保存地方文献，促进科学文化事业的发展，提供便于查考的、实用的系统资料，有助于各行各业全体干部、职工提高专业知识和文化水平。新方志可用以向各族人民进行爱国主义、共产主义和革命传统教育。

第二条　编纂社会主义新方志，必须以马克思列宁主义、毛泽东思想为指导思想，必须坚持党的四项基本原则，坚持党的十一届三中全会以来和十二大所确定的路线、方针和政策，在政治上和党中央保持一致。必须以《关于建国以来党的若干历史问题的决议》和《中共中央关于经济体制改革的决定》为准绳，充分体现改革是当前我国形势发展的迫切需要。努力使社会主义新方志符合于把马克思主义基本原理同中国实际结合起来，建设有中国特色的社会主义的总要求。

第三条　新方志要详今略古，古为今用，着重记述现代历史和当前现状，力求体现当地环境资源和社会发展的基本面貌，反映地方特色和专业特点。新方志应充分反映中国共产党创立以来的革命斗争、社会变迁和社会主义建设的基本情况，准确地记录并积极发扬当地各族人民爱国爱乡，振兴中华的革命精神和英雄业绩。

第四条　新方志应当批判继承我国历代修志的优良传统，贯彻"存真求实"的方针。无论内容和体例，都应坚持改革，努力创新，使社会主义的新型地方志做到思想性、科学性和资料性相统一。

第五条　我国是一个统一的多民族国家，在民族聚居和杂居地区，新方志应充分反映多民族的特点，应当体现民族平等、团结互助和各族人民共同发展繁荣的原则。要尊重少数民族的风俗习惯和宗教信仰。民族自治地方的新方志，可以同时用汉文和本民族文字出版。各地编纂新方志时，对于散居全国的少数民族，都应给予相应的反映。

第六条 新编地方志必须注意保密工作。中共中央和国务院规定的保密条例，必须严格遵守。有关边疆及涉外问题，必须慎重处理，严格请示汇报制度。

第二章 志书体例

第七条 新志书的类型和名称：

①省、自治区、直辖市所编纂的地方志都是省级志书，简称为省志。

②省辖市、地辖市、自治州和经济特区编纂的地方志，均属市级志书，简称为市志。

③县、自治县、自治旗编纂的地方志，均属县级志书，简称为县志。

④地区一级是否修志，不作统一规定，由各省、自治区自行决定。

⑤名山大川，凡具备必要条件者，可编纂独立的志书。

⑥各级地方志名称，均应冠以现行的行政区划名称，如《××省志》《××市志》《××县志》《××自治区志》《××自治州志》《××自治县志》等。各类专志则冠以专名，如《长江志》《黄山志》等。

第八条 新方志的年代断限，上限不作硬性的统一规定，下限一般情况下可暂定断至1985年即第六个五年计划结束之时，也可断至该志书脱稿之日。

第九条 新方志的体裁，一般应有记、志、传、图、表、录等。以专志为志书的主体，图表可分别附在各类目之中，图表尽量采用现代技术编制。

第十条 确定志书的框架和篇目，是关键性的一环。志书篇目的确定和取舍，应从现代社会分工和科学的实际出发，既要继承旧志的优良传统形式，更应有所创新增益。最基本的必不可少的篇目，以符合科学性和时代特点为原则。有些篇目的增删，则应体现地方特点。各篇目内容应适当分工，前后照应，力避重叠，或繁简失当。篇目的排列，应体现结构合理，层次分明。层次名称可采用编（篇）、章、节、目，也可采用其他形式，不必强求一律。

第十一条 新方志的大事记，要详今略古，适当选择当地历史上的重大事件记述，使读者了解该地历史发展的大致脉络。关于1949年以来重大政治事件的记述，要遵守宜粗不宜细的原则。

第十二条 立传人物以原籍（出生地）为主。非本地出生，但长期定居本地并有重要业绩者，也可在本地立传，包括外籍、外籍华侨和华侨为本地作出重要贡献者。在世人物不立传，凡在世人物确有可记述的事迹，应在有关篇章节目之中予以记录。人物传记必须实事求是，资料务必真实可靠，一般不作评论。某些地区，革命烈士除专门立传者外，还应编制英名录。

第十三条 新志书文体，一律用规范的语体文，文风应严谨、朴实、简洁。凡历史纪年、地理名称、政府、官职等，均依当时当地的历史习惯称呼。历史纪年应注明公元，地理名称注明今地。

第十四条 新方志所依据的资料，包括史实、人名、地名、年代、数据、引文等，务必核实，力求准确无误。

第十五条 关于各级各类志书的字数，因地区差异较大，不宜作统一要求。但总体规模不宜过于庞大，应当既充实又精练为原则，一般情况下，县志以控制在30万至50万字左右为宜，市志控制在一二百万字至四五百万字左右为宜，省志字数最好控制在一千万字以内。

第十六条 各级志书均采用16开本，横排印刷，统一版式。精、平装由各地自定。

第三章 组织领导

第十七条 中国地方志指导小组负责指导全国修志工作，指导小组作为一独立机构，由国务院委托中国社会科学院代管。指导小组的主要任务是：从政策上、业务上指导各地修志工作，定期向中央和国务院反映情况，对修志中涉及的重大方针政策问题及时请示报告，并负责拟订编修新地方志和整理旧地方志的规划，制订并颁布新编地方志工作暂行规定，组织交流修志工作经验。中国地方志指导小组办公室，是指导小组的具体办事机构，负责联系并处理日常具体事务。

第十八条 新地方志的编纂，涉及政治、经济、文化、科学、教育各部门，必须在各省、自治区、直辖市和市、县地方政府主持下，建立地方志编纂委员会，并设置相应的修志常设机构。常设机构应作为事业单位，有必要的专职工作人员。各级地方政府应负责切实解决修志机构的编制、办公用房、设备以及事业经费。各地编纂委员会及其常设机构的主要任务是：负责制订地方修志规划，组织和指导编纂各级志书，抓重点项目，进行分类指导，组织整理当地旧志资料为编纂新方志服务，为下届续修志书积累资料，编辑出版地方年鉴、概况，及时向地方领导机关提供参考资料，以利决策，定期向中国地方志指导小组反映修志工作中的经验以及重大政策性、理论性的问题。

第十九条 要重视提高方志工作队伍的素质。应在修志实践中，采取多层次、多渠道、多种形式的短期培训，逐步培养一支具有一定政治思想和理论水平，具有一定专业知识和写作能力的新修地方志的专业队伍。还应注意经过较长学习期限，培养具有较高水平的骨干力量，以利于新方志学的理论建设。各民族自治地方，应吸收本民族干部参加，注意培养少数民族的专业修志人员。与此同时，各地都应充分利用社会力量参加修志工作。凡是有志于此的专家、学者、各级教师，以及离、退休干部中具有一定文化水平者，都应广泛地吸收他们参加修志工作。

第二十条 根据国务院办公厅〔1985〕33号文件规定，方志专业工作者的工资、职称等待遇问题，应按国家有关规定，由地方政府予以切实解决。

第二十一条 新志编纂和旧志整理，均应统筹规划，组织力量，分工协作，分期实施。各省、自治区、直辖市编纂委员会应当根据积极稳妥、留有余地、保证质量的方针，制订近期和长期规划以及实施细则，"七五"规划应报中国地方志指导小组，指导小组负责检查规划执行情况，各地也应定期检查，并上报检查结果。凡列入全国地方志规划的项目，各地必须保质保量按期完成。

第二十二条 各地各类志书定稿时，各级编纂委员会必须严格审查、严格验收手续。凡涉及党的方针政策和涉外、保密等重大问题，必须送当地党委审查。县志涉及上述问题，应送上一级党委审查。

第二十三条 由于全国范围修志工作发展不平衡，每一地区也不平衡，因此新方志完成期限不宜作统一规定。各地必须积极进行，决不能拖延等待，各地可以订出自己的进度，抓紧实施。

第二十四条 新方志的出版工作，由各地编纂委员会同党委宣传部统一安排。出版时必须严格审批手续。新志书一律在国内公开发行。关于是否对外发行问题，待请示中宣部再定。

第二十五条 各级各类新方志出版后，经过社会检验，组织专家、同行评议，确属质量优秀的，应对编纂者给予精神的和物质的奖励。

第二十六条 本暂行规定,在执行一段时间后,根据修志工作的实践,可以修订补充。

中国地方志指导小组
一九八五年四月十九日
来源:中国方志网(www.difangzhi.cn)

九 中华人民共和国国务院办公厅 1996 年《关于进一步加强地方志编纂工作的通知》

国办发〔1996〕47号

各省、自治区、直辖市人民政府,国务院各部类、各直属机构:

编纂地方志是我国的优良传统。《国务院办公厅转发中国社会科学院关于加强全国地方志编纂工作领导报告的通知》(国办发〔1985〕33号)下发以来,在各地党委和政府的领导下,地方志编纂工作有了很大的进步。目前,各省、自治区、直辖市已建立省级地方志编纂委员会,形成了一支数万人的修志工作队伍,出版了一大批新地方志,对积累、保存地方文献,全面反映我国地情国情,推进社会主义物质文明和精神文明建设发挥了重要作用。在建立社会主义市场经济体制的新形势下,为进一步做好地方志编纂工作,现就有关事项通知如下:

一、编纂地方志必须以马列主义、毛泽东思想和邓小平同志建设有中国特色社会主义理论为指导,坚持实事求是的思想路线,运用现代科学理论和方法,全面真实地反映当地自然和社会的历史与现状,为改革开放和社会主义现代化建设服务。

二、地方志一般分为三级:省、自治区、直辖市编纂的地方志,设区的市、地区、自治州、盟编纂的地方志,县、自治县、旗、不设区的市、市辖区编纂的地方志;每20年左右续修一次。

三、为进一步提高志书的质量,必须建立一支德才兼备的修志工作队伍。当前要下大力气,不断提高修志工作者的政治素质和业务素质,在修志工作队伍中大力倡导"求实、创新、协作、奉献"的敬业精神。编纂地方志要充分发挥老同志的作用,同时通过各种形式对中青年骨干进行培训,努力从高等院校和科研部门输入更多有较高专业水平的青年人才。要坚持多年实践中形成的专职队伍与兼职队伍相结合的成功经验，注意吸收各行各业有造诣的专家、学者参加地方志编纂工作。

四、地方各级人民政府要继续重视地方志编纂工作，切实加强领导。编纂地方志是社会主义文化建设事业的重要组成部分，是承上启下，继往开来，服务当代，有益后世的千秋大业。各地应把地方志编纂工作列入政府的议事日程，明确一位领导同志负责，及时协调解决工作中出现的问题。要为修志机构提供必要的工作条件和经费，并按照原中央职称改革工作领导小组《关于同意中国社会科学院和中国地方志指导小组编纂地方志的专职人员选用"编辑职务"有关条例的通知》（职改字〔1988〕第2号）的规定，评聘编纂人员的专业技术职务，妥善解决他们的生活福利待遇等问题。

五、中国地方志指导小组要深入开展调查研究，加强对全国地方志编纂工作的指导，制定和完善有关规制度，及时总结、推广各地好的经验，注意发现带有普遍性的问题并提出切实可行的意见和建议。中国地方志协会要在中国地方志指导小组的领导下，团结全国修志工作者，加强方志学的理论研究和学科建设，推动地方志事业不断发展。

中华人民共和国国务院办公厅
一九九六年十一月九日
录自《中华人民共和国国务院公报》1996年第34期

十 中国地方志指导小组1997年《关于地方志编纂工作的规定》

（中国地方志指导小组1997年5月8日二届三次会议讨论通过，1998年2月10日颁发）

第一章 总则

第一条 根据国务院办公厅《关于进一步加强地方志编纂工作的通知》，为使我国地方志编纂工作制度化和规范化，特制定本规定。

第二条 编纂地方志是一项长期的具有连续性的社会主义文化建设事业，对全面了解和反映我国地情国情，对推进我国两个文明建设，对积累和保存地方文献有重要意义。

第三条 编纂地方志必须以马列主义、毛泽东思想和邓小平理论为指导，坚持实事求是的思想路线，运用现代科学理论和方法，全面真实地反映当地自然和社会的历史与现状，为改革开放和社会主义现代化建设服务。

第四条 编纂地方志应继承我国历代修志优良传统，贯彻存真求实的方针，坚持改革创新，做到思想性、科学性和资料性的统一。

第五条 编纂地方志应延续不断。各级地方志每二十年左右续修一次。各地在上届志书完成后，要着手为下届志书续修积累资料。

第二章 组织领导

第六条 中国地方志指导小组从政策上和业务上指导全国修志工作，对修志工作涉及的重大问题及时向党中央、国务院请示报告。中国地方志指导小组负责建立和完善有关规章制度，对各地制定规划提出建议和要求，督促检查各地修志工作，组织交流经验和开展各种学术活动。

中国地方志指导小组设办公室，负责日常事务工作。

第七条 坚持"党委领导、政府主持"的修志体制。各省、自治区、直辖市的地方志编纂委员会及其办公室，负责组织本地区修志工作。地方志编纂委员会办公室应是当地政府直属的具有行政职能的一级单位。设区的市、地区、自治州、盟和县、自治县、旗、不设区的市、市辖区也是有常设的修志机构。各级修志机构的经费列入各级地方财政预算。

各级修志机构的主要任务是：制定规划；开展调查研究，积累资料；组织志书编纂；审定验收志稿；整理旧志；总结和交流修志经验；进行方志理论研究；培训队伍；编纂出版地方年鉴；提供地情咨询服务，编写地情丛书等。

第八条 地方各级政府要配备德才兼备的干部担任领导和主编。地方志专职编纂人员要相对稳定。要不断提高修志工作者的政治素质和业务素质，在修志队伍中大力倡导"求实、创新、协作、奉献"的敬业精神。编纂地方志要充分发挥老同志的作用，同时通过各种形式对中青年骨干进行培训，努力从高等院校和科研部门输入更多有较高专业水平的青年人才。坚持专职队伍与兼职队伍相结合的方针，吸收各行各业有造诣的专家、学者参加地方志编纂工作。民族自治地方应吸收本民族干部参加。

第九条 地方各级政府要加强对地方志编纂工作的领导，要把这项工作列入政府的议事日程，明确一位领导同志负责，及时协调和解决工作中出现的问题；要切实保证修志机构的经费和必要的工作条件，定期评聘业务人员的专业技术职务，妥善解决工作人员的生活福利待遇等问题。

第三章 志书编纂

第十条 编纂地方志主要分三级进行：省、自治区、直辖市编纂的地方志；设区的市、地区、自治州、盟编纂的地方志；县、自治县、旗、不设区的市、市辖区编纂的地方志。

国家部委和军事部门志书的编纂，由其领导部门决定。

第十一条 编纂地方志要加强调查研究，掌握翔实资料，力求观点鲜明正确，材料真实可靠，体例完备严谨，篇目结构合理，内容充实深刻，段落层次清楚，审校严格认真，从多方面采取措施，保证志书质量。

第十二条 首届志书的断限，各地可根据实际情况自行确定；续修志书时，每届志书的下限，力求统一。

第十三条 地方志的体裁，一般应包含述、记、志、传、图、表、录等，以志为主体。图表采用现代技术编制。人物志坚持生不立传的原则，在世人物的突出事迹以事系人入志。

第十四条 地方志的篇目设置，应合乎科学分类和社会分工实际，突出时代特点和地方特色，做到门类合理，归属得当，层次分明，排列有序，形式上不强求一律。

第十五条 地方志的文体，采用规范的语体文。行文力求朴实、简练、流畅。志书的篇幅不宜过大，今后续修，字数要相应减少。

第十六条 地方志所采用的资料，包括史料、人名、地名、年代、数据、引文等，务必考订核实，重要的要注明出处。历史纪年，注明公元；地理古名，注明今地。全书要附有索引。

第十七条 各级地方志应严格执行审查验收制度。省、自治区、直辖市编纂的地方志由省级地方志编纂委员会组织专家审查验收，报同级党委或政府批准出版；设区的市、地区、自治州、盟编纂的地方志报省级地方志编纂委员会审查验收，由同级党委或政府批准出版；县、自治县、旗、不设区的市、市辖区编纂的地方志报市级地方志编纂委员会审查验收，经省级地方志编纂委员会审核后，由同级党委或政府批准出版。

第十八条 各省、自治区、直辖市的修志机构负责协调安排本地的志书出版工作。版权、著作权应受到保护。

方志出版社的主要任务是出版各级各类地方志书,为提高志书质量,繁荣志书出版事业服务。

第十九条 各级地方志采用16开本,横排印刷。装帧、版式要力求统一。

民族自治地方,可用汉文和当地少数民族通用的民族文字出版。

第二十条 各级修志机构,要组织和推动用志;要运用现代化的手段建立方志地情资料库,推向社会,逐步实现信息网络化。

有条件的地区,要建立方志馆。

第四章 附则

第二十一条 本规定解释权属中国地方志指导小组。

第二十二条 各省、自治区、直辖市的修志机构根据本规定,制定实施细则。

第二十三条 本规定自颁布之日起实施。

录自《中国地方志》1998年第1期

十一 2006年中华人民共和国国务院《地方志工作条例》

中华人民共和国国务院令

第467号

现公布《地方志工作条例》,自公布之日起施行。

总 理 温家宝
二〇〇六年五月十八日

地方志工作条例

第一条 为了继承和发扬中华民族优秀文化传统,全面、客观、系统地编纂地方志,科学、合理地开发利用地方志,发挥地方志在促进经济社会发展中的作用,制定本条例。

第二条 中华人民共和国境内地方志的组织编纂、管理、开发利用工作，适用本条例。

第三条　本条例所称地方志，包括地方志书、地方综合年鉴。

地方志书，是指全面系统地记述本行政区域自然、政治、经济、文化和社会的历史与现状的资料性文献。

地方综合年鉴，是指系统记述本行政区域自然、政治、经济、文化、社会等方面情况的年度资料性文献。

地方志分为：省（自治区、直辖市）编纂的地方志，设区的市（自治州）编纂的地方志，县（自治县、不设区的市、市辖区）编纂的地方志。

第四条　县级以上地方人民政府应当加强对本行政区域地方志工作的领导。地方志工作所需经费列入本级财政预算。

第五条　国家地方志工作指导机构统筹规划、组织协调、督促指导全国地方志工作。

县级以上地方人民政府负责地方志工作的机构主管本行政区域的地方志工作，履行下列职责：

（一）组织、指导、督促和检查地方志工作；

（二）拟定地方志工作规划和编纂方案；

（三）组织编纂地方志书、地方综合年鉴；

（四）搜集、保存地方志文献和资料，组织整理旧志，推动方志理论研究；

（五）组织开发利用地方志资源。

第六条　编纂地方志应当做到存真求实，确保质量，全面、客观地记述本行政区域自然、政治、经济、文化和社会的历史与现状。

第七条　省、自治区、直辖市人民政府制定本行政区域地方志编纂的总体工作规划（以下简称规划），并报国家地方志工作指导机构备案。

第八条　以县级以上行政区域名称冠名的地方志书、地方综合年鉴，分别由本级人民政府负责地方志工作的机构按照规划组织编纂，其他组织和个人不得编纂。

第九条　编纂地方志应当吸收有关方面的专家、学者参加。地方志编纂人员实行专兼职相结合，专职编纂人员应当具备相应的专业知识。

第十条　地方志书每20年左右编修一次。每一轮地方志书编修工作完成后，负责地方志工作的机构在编纂地方综合年鉴、搜集资料以及向社会提供咨询服务的同时，启动新一轮地方志书的续修工作。

第十一条　县级以上地方人民政府负责地方志工作的机构可以向机关、社会团体、企业事业单位、其他组织以及个人征集有关地方志资料，有关单位和个人应当提供支持。负责地方志工作的机构可以对有关资料进行查阅、摘抄、复制，但涉及国家秘密、商业秘密和个人隐私以及不符合档案开放条件的除外。

地方志资料所有人或者持有人提供有关资料，可以获得适当报酬。地方志资料所有人或者持有人不得故意提供虚假资料。

第十二条　以县级以上行政区域名称冠名、列入规划的地方志书经审查验收，方可以公开出版。

对地方志书进行审查验收，应当组织有关保密、档案、历史、法律、经济、军事等方面的专家参加，重点审查地方志书的内容是否符合宪法和保密、档案等法律、法规的规定，是否全面、客观地反映本行政区域自然、政治、经济、文化和社会的历史与现状。

对地方志书进行审查验收的主体、程序等由省、自治区、直辖市人民政府规定。

第十三条　以县级以上行政区域名称冠名的地方综合年鉴，经本级人民政府或者其确定的部门批准，方可以公开出版。

第十四条　地方志应当在出版后3个月内报送上级人民政府负责地方志工作的机构备案。

在地方志编纂过程中收集到的文字资料、图表、照片、音像资料、实物等以及形成的地方志文稿，由本级人民政府负责地方志工作的机构指定专职人员集中统一管理，妥善保存，不得损毁；修志工作完成后，应当依法移交本级国家档案馆或者方志馆保存、管理，个人不得据为己有或者出租、出让、转借。

第十五条　以县级以上行政区域名称冠名的地方志书、地方综合年鉴为职务作品，依照《中华人民共和国著作权法》第十六条第二款的规定，其著作权由组织编纂的负责地方志工作的机构享有，参与编纂的人员享有署名权。

第十六条　地方志工作应当为地方经济社会的全面发展服务。县级以上地方人民政府负责地方志工作的机构应当积极开拓社会用志途径，可以通过建设资料库、网站等方式，加强地方志工作的信息化建设。公民、法人和其他组织可以利用上述资料库、网站查阅、摘抄地方志。

第十七条 县级以上地方人民政府对在地方志工作中作出突出成绩和贡献的单位、个人,给予表彰和奖励。

第十八条 违反本条例规定,擅自编纂出版以县级以上行政区域名称冠名的地方志书、地方综合年鉴的,由县级以上地方人民政府负责地方志工作的机构提请本级人民政府出版行政部门依法查处。

第十九条 违反本条例规定,未经审查验收、批准将地方志文稿交付出版,或者地方志存在违反宪法、法律、法规规定内容的,由上级人民政府或者本级人民政府责令采取相应措施予以纠正,并视情节追究有关单位和个人的责任;构成犯罪的,依法追究刑事责任。

第二十条 负责地方志工作的机构的工作人员违反本条例第十四条第二款规定的,由其所在单位责令改正,依法给予处分。

第二十一条 编纂地方志涉及军事内容的,还应当遵守中央军委关于军事志编纂的有关规定。

国务院部门志书的编纂,参照本条例的相关规定执行。

第二十二条 本条例自公布之日起施行。

录自《中国地方志》2006年第6期

十二 2007年中国地方志指导小组《关于第二轮地方志书编纂的若干意见》

中国地方志指导小组《关于第二轮地方志书编纂的若干意见》的通知

中指组字〔2007〕1号

各省(自治区、直辖市)地方(史)志(编委会)办公室,全军军事志指导小组办公室、武警总部编史办、新疆生产建设兵团志办公室:

当前,全国首轮新编地方志工作已基本结束,第二轮修志工作正在全面展开。为了确保第二轮省、市、县三级地方志书的编纂质量,中国地方志指导小组根据国务院《地方志工作条例》,在总结首轮修志经验,反复征求各地和各方面意见的基础上，制定了《中国地方志指导小组关于第二轮地方志书编纂的若干意见》，现予以印发，请结合本地、本单位实际情况予以执行。部门志、行业志、乡镇志等志书的编纂，可参照本意见有关条文执行。

中国地方志指导小组
二〇〇七年十一月二十八日

关于第二轮地方志书编纂的若干意见

第二轮地方志书的编纂（以下简称"二轮志书编纂"），是自20世纪80年代以来我国普遍开展的首轮新编地方志工作的继续，范围主要包括省、市、县三级地方志书。其内容的上下时限，大致为20世纪70年代末至21世纪初。这段时间恰好是我国改革开放事业由开始到全面发展，社会主义现代化建设由启动"三步走"战略到人民生活水平总体达到小康水平的时期。为了编纂好反映这一时期历史与现状的地方志书，现根据国务院颁布的《地方志工作条例》，并结合首轮修志实践经验和当前修志工作面临的新情况，特就二轮志书编纂中的若干重要问题提出以下意见。

（一）关于指导思想

第一条 必须以马克思列宁主义、毛泽东思想、邓小平理论和"三个代表"重要思想为指导，深入贯彻落实科学发展观，坚持党在社会主义初级阶段"一个中心、两个基本点"的基本路线，认真总结并切实汲取首轮修志的经验与教训，严格依照《地方志工作条例》的各项规定，客观系统地记述本行政区域时限内自然、政治、经济、文化、社会等各方面的情况，充分反映改革开放和社会主义现代化建设的历程，为存史、咨政、育人，发展中国特色社会主义事业服务。

（二）关于基本原则

第二条 坚持依法修志的原则，严格遵守国家有关法律法规特别是《地方志工作条例》的规定。记述民族、宗教、政法、军事、外事等方面内容，要格外审慎；志稿形成后，应主动征求有关主管部门的意见，严格履行审查验收程序。

第三条 坚持实事求是的原则，既要客观反映本地的优势、成绩和经验，也要客观反映本地的劣势、不足和教训，不溢美，不讳过。

第四条 坚持质量第一的原则，把质量意识、精品意识贯穿于修志工作的全过程和各个环节，着力提高地方志书质量。正确处理质量与进度的关系，进度服从质量。

第五条 坚持"述而不论"的原则，寓观点于记述之中。在"述"体中的必要议论，要把握好适度性。

第六条 坚持"生不立传"的原则，对有重大影响、有突出贡献、有代表性的在世人物，主要采用以事系人的方式记述；在人物简介、人物表（录）中需要反映的，要严格掌握收录标准，其原则由省一级地方志工作机构确定。

（三）关于编纂方式

第七条 二轮志书编纂的主体形式是续修。行政区域、管理系统发生变化的，或前志质量不高的地区，可以重修。未开展首轮修志或新增设的行政区域，需要创修。

（四）关于体例篇目

第八条 严格遵守志书体例，注意处理好继承与创新的关系。注意融合章节体、条目体的长处。慎用"特载""专记"等形式，必须运用时应处理好与正文的关系。

第九条 篇目设置要符合科学性，避免随意性。处理好容量、排列、层次、标题和升降格等问题，避免归属不当和缺项漏项，以及不必要的交叉重复。

（五）关于内容记述

第十条 要处理好与前志的衔接，并注意对前志的拾遗、补缺、纠讹；对前志内容的必要重述，应当精炼浓缩。

第十一条 内容横不缺要项，纵不断主线，并恰当处理政治、经济与自然、文化、社会等各部分内容的比重关系。在记述重大问题时，可采取集中记述与分散记述相结合的方式。

第十二条 加强对资料收集的力度，积极拓展资料收集的范围。应重视社会调查，注意收集口述、音像等资料。做好资料的鉴别、筛选工作，避免失实、欠缺和选材不当等问题，保证资料的可靠性与完整性。对重要资料来源注明出处，对具有时代特征和地方特点的词汇作准确、简明、规范的注释。编写志稿前，应对入志资料进行系统梳理和研究，编辑好资料长编。

第十三条 图照的选用应当注重典型性、科学性和存史价值的统一，遵守国家的有关规定。严格把握选用尺度。图照与文字内容相配合，图照的说明文字要准确。除立传人物外，地方领导人和地方志书编纂人员的标准像不得入志。

第十四条 表格设计应当科学、规范，内容要素齐全，形式清晰美观。

第十五条 行文严谨朴实、简洁流畅。文字、数字、量和单位、标点符号的用法等符合国家有关出版物的规定。

第十六条 加强记述深度，避免流水账式、平面式、观点加例证式的记述方式。

（六）关于志书名称

第十七条 县级以上地方志书名称应当冠以下限时的规范的行政区域名称，如"××省志""××市志""××县志"；市辖区地方志书名称在本行政区域名称前冠以上一级行政区域名称，如"××市××区志"。以分志、分册等形式单独出版的地方志书，名称前冠以省、市、州等志名，中间加间隔号，如"××省志·教育志"。

第十八条 续修地方志书名称后要标明上下限年份，如"××县志（××××—××××）"。

（七）关于出版印制

第十九条 把好地方志书出版的质量关，加强出版环节的质量监督，确保志稿按照国家出版法规的规定进行审校、设计和印制，避免走形式，走过场。

第二十条 地方志书用16开本（889mm×1194mm），横排印刷。以分志、分册等形式单独出版的地方志书，在整体设计上应整齐划一，形成系列。

第二十一条 在出版纸质版地方志书的同时，提倡出版以电子为介质的地方志书。

（八）关于质量保障

第二十二条 大力加强制度建设。坚持在首轮修志实践中建立的目标考核责任制、督查通报制、评审验收制等行之有效的工作制度，并根据新情况建立和完善保障志书质量的各种规章制度。

第二十三条 大力加强队伍建设。发挥专职修志人员的主动性和创造性，加强对主编、主笔及其他修志人员的业务培训；吸收高等院校、科研机构的专家学者和有业务专长的其他人员参与修志；从高等院校毕业生中选择有志于修志工作的人才，逐步改善修志队伍的年龄结构和知识结构。

第二十四条 大力加强理论建设。在总结历代和当代修志经验的基础上，不断深化方志理论研究，注重理论创新，加强方志学的学科建设，充分发挥方志理论对编纂实践的指导作用。

录自《中国地方志》2007年第12期

十三 2008年中国地方志指导小组《地方志书质量规定》

中国地方志指导小组印发《地方志书质量规定》的通知

中指组字〔2008〕3号

各省（自治区、直辖市）地方志编委会（办公室）、新疆生产建设兵团志办公室、全军军事志指导小组办公室、武警部队编史办：

为确保地方志书的编纂质量，中国地方志指导小组根据国务院《地方志工作条例》和国家关于出版管理的法律、法规，在总结修志经验，征求各地和各方面意见的基础上，制定了《地方志书质量规定》，现予以印发，请结合本地、本单位实际情况执行。

部门志、行业志、乡镇志等志书的质量要求，可参照本规定有关条文执行。

二〇〇八年九月十六日

地方志书质量规定

第一章 总则

第一条 为了继承和发扬中华民族优秀文化传统，全面、客观、系统地编纂地方志书，确保质量，根据《地方志工作条例》和国家关于出版管理的法律、法规，制定本规定。

第二条　本规定所称地方志书（以下简称"志书"），是指省（自治区、直辖市）、设区的市（自治州）、县（自治县、不设区的市、市辖区）编纂的志书。

第三条　志书质量的总体要求：观点正确，体例严谨，内容全面，特色鲜明，记述准确，资料翔实，表达通顺，文风端正，印制规范。

第四条　本规定凡涉及国家法律、法规和有关标准的内容，以现行法律、法规和有关标准为准。

第二章　观点

第五条　以马克思列宁主义、毛泽东思想、邓小平理论和"三个代表"重要思想为指导，全面贯彻落实科学发展观，坚持辩证唯物主义和历史唯物主义的立场、观点和方法。

第六条　记述社会主义时期的内容，应体现社会主义时代精神风貌，全面反映发展中国特色社会主义事业的历程和成绩，正确反映历史发展中的曲折和问题。

第七条　志书不得含有下列内容：反对宪法确定的基本原则的；危害国家统一、主权和领土完整的；泄露国家秘密、危害国家安全或者损害国家荣誉和利益的；煽动民族仇恨、民族歧视，破坏民族团结，或者侵害民族风俗、习惯的；宣扬邪教、迷信、赌博、暴力的；侮辱或者诽谤他人，侵害他人合法权益的；危害社会公德或者民族优秀文化传统的；法律、法规和国家规定禁止的其他内容的。

涉及国家安全、社会稳定等重大问题，法律、法规及政策未作规定的，经由有关部门审查把关，正确把握记述尺度。

第三章　体例

第八条　坚持志体。横排门类，纵述史实，述而不论。

体例科学、规范、严谨，适合内容记述的要求。

第九条　凡例关于编纂志书的指导思想、原则、时空范围、体裁、人物收录标准、资料来源、行文规范、特殊问题处理等要求，清楚明确。

第十条　志书名称以下限时的本行政区域名称冠名。其中，市辖区志书在本行政区域名称前冠以上一级行政区域名称，如"××市××区志"。

续修志书名称标明上下限年份，如"××县志（××××—××××）"。

第十一条 体裁运用得当，以志为主。

（一）述

根据志种和内容层次的不同，合理设置，概述事物发展全貌和特点等。

（二）记

大事记选录大事得当，重要事项不漏，时间、地点、人物（单位）、结果等要素齐备。

专记设置因事制宜，选题严格，数量适度。

编后记重点反映修志始末。

（三）志

门类设置合理。纵述史实把握事物的发端、变化和现状，不缺失主要事物、事物的主要方面和事物发展的重要阶段。

（四）传

立传人物为在本行政区域有重大影响者，以及本籍人物在外地有重大影响者。

（五）图、照

图、照注重典型性、资料性，从不同角度反映变化的情况。

卷首插图包括本行政区域位置图、地形图、行政区划图、交通图等。地图采用国家测绘部门和有关部门绘制或者审定的。重要地理信息数据采用测绘部门公布的法定数据。

照片无广告色彩。除人物传、人物简介外，无个人标准像。

（六）表

设计合理，要素齐全，内容准确，不与正文简单重复。

（七）录

附录的原始文献、补遗考订等资料具有重要存史价值。

（八）索引

分类标准统一，名称概念清楚，提炼的标目符合主题原意，附缀正文页码准确。

第十二条 篇目设置符合"事以类聚"、"类为一志"的基本要求，科学分类与现实社会分工（现行管理体制）、全志整体性与分志相对独立性的关系处理妥当。

整体布局合理，结构严谨，归属得当，层次分明，排列有序。类目的升格或降格，使用适当。

标题简明准确，题文相符，同一门类各级标题不重复。

第四章　内容

第十三条　内容反映本行政区域内自然、政治、经济、文化、社会的历史和现状。

根据各地实际分类，记述内容大致涵盖以下方面：

（一）建置、自然环境、资源、人口等；

（二）城乡建设、环境保护、交通、邮电信息、公用事业等；

（三）农业、工业、建筑业、服务业、经济管理等；

（四）中国共产党、人民代表大会、人民政府、政治协商会议、民主党派、群众组织、公安司法、军事等；

（五）教育、科学技术、文化艺术、新闻出版、广播影视、卫生和计划生育、体育等；

（六）人民生活、人事和劳动社会保障、民政、民族、宗教、风俗、方言等；

（七）人物。

第十四条　内容完整，横不缺要项，纵不断主线；详略得当，重点突出；反映事物基本特征，记述有深度。

第五章　记述

第十五条　区域界限明确。以本行政区域为记述范围，越境不书。交代背景，反映与本行政区域外的横向对比、联系等，不视为越境而书。

第十六条　时间界限明确，不随意突破志书的上限和下限，严格控制上溯或下延。

续修志书处理好与前志的衔接，注意对前志的拾遗补缺、订讹正误。

第十七条　记述事物、事件和人物，寓观点于记述之中。述体中的必要议论适度，不空泛。

第十八条　志书中同一名称、事实、数据、时间、度量衡、术语的表述，前后一致。

第十九条 内容记述不机械重复。交叉记述的事物，从不同的角度记述，或此详彼略，或用互见法。

第二十条 生不立传。在人物传、人物简介、人物表以外记述人物，以事系人、人随事出。记述人物准确、客观、公允。

第二十一条 人物传记述传主的生卒年月、籍贯（出生地）、主要经历、典型事迹、个性特征、社会评价等。人物简介略记人物履历及主要事迹，不面面俱到。人物表要素不缺。

第二十二条 图的制作规范，要素齐全，包括必要的图题、图例和注记。

照片主题明确，图像清晰，注明时间、地点、事物、需要说明的人物的位置及时任职务等。

第六章　资料

第二十三条 资料真实、准确。

资料经过鉴别、考证、核实，时间、地点、人物（单位）、事实、数据等准确。

有歧义但不可或缺的资料，多说并存。

第二十四条 资料全面、系统。

自然、政治、经济、文化、社会、人物等方面的资料齐全。

反映事物发生、发展过程的资料连贯、系统。

人、事、物，时间、地点、事件经过等要素齐备。

第二十五条 资料具有代表性、权威性。

注重使用原始资料。

第七章　行文

第二十六条 使用规范的现代语体文记述，不用总结报告、新闻报道、文学作品、教科书、论文等写法。

第二十七条 行文严谨、朴实、简洁、流畅。除引文和特殊情况外，以第三人称记述，不用第一人称。

第二十八条 使用规范汉字，用词概念准确，符合现代汉语语法规范。

使用口语、方言、土语、俗语适当；不滥用时态助词；慎用评价词语；不用模糊、空泛词句。

时间、空间概念表述准确具体，指代明确。

第二十九条　无知识性和常识性错误。不乱改科学定律、理论概念、政治术语、历史典籍、名家名言的提法和内涵等。

第三十条　各种组织、机构、法律法规、文件、会议等专有名称使用全称。使用简称的，在适当地方括注于全称之后。简称概念准确规范，不产生歧义。

第三十一条　不同时期的国家、团体、机构、职务等名称，均用当时名称。历史朝代名称使用规范的通称，以新版《现代汉语词典》附录的中国历代纪元表为准。

第三十二条　今地名使用各级政府审定的标准地名。

历史地名使用当时名称，括注志书下限时名称。

涉及其他行政区域地名的，其行政隶属关系明确。

第三十三条　跨区域的山脉、河流、湖泊、水库、公路、铁路、航线、文物、名胜古迹、重大事件等，其名称和数据以国家有关部门公布的为准。

第三十四条　人物直书姓名，不冠褒贬词语，不在姓名后加身份词；必须说明身份的，首次出现时在姓名前冠以职务（职称）。

第三十五条　译名准确。外国国名和常见的地名、人名、党派、政府机构、报刊等译名，以新华通讯社译名为准。新华通讯社没有译名的，首次使用译名时括注外文全称。

第三十六条　生物、矿物名称，使用学名。记述自然资源涉及本地生物名称的，首次出现时采用二名法，括注本地俗名。

第三十七条　表格包括表序、表题、表体和必要的表注等。表题的时间、范围、主体内容和表格性质等要素齐全。全书表格样式、编号统一。

第三十八条　文中图统一编号。

第三十九条　统计数据的使用，符合国家统计法律、法规的有关规定，数据的定义、含义、统计口径和计算方法等清楚、准确，不错用、滥用。

统计数据以国家统计部门公布的法定数据为准。统计部门没有统计的，采用业务主管部门的统计数据。

第四十条　注释符合学术规范，便于查找原文。注释形式全书统一。引文和重要资料注明出处。

第四十一条　数字、量和单位、标点符号的使用规范、统一，符合国家有关标准的规定。

第八章　出版

第四十二条　出版，符合国家关于出版管理法律、法规及相关规定的要求。

第四十三条　民族自治地方用本民族语言文字出版的志书，符合国家关于民族语言文字出版物管理的规定。

第四十四条　出版制作以电子为介质的志书，符合国家关于电子出版物管理的规定。

第四十五条　印制，符合国家关于印刷业管理、音像制品管理的规定。

第四十六条　版面格式规范，符合国家有关技术标准和规定，装帧美观、大方。分册出版的志书，整体设计统一，形成系列。

封面书名采用印刷体，不用个人题签。

第四十七条　采用16开本（889mm×1194mm），文字横排。

第四十八条　编辑校对符合国家关于图书质量管理的规定。全书差错率不超过万分之一。

第九章　附则

第四十九条　各省（自治区、直辖市）地方志工作机构可根据本规定，结合本地实际，制定实施细则。

第五十条　本规定由中国地方志指导小组及其办公室负责解释。

主题词：地方志△志书质量△规定通知

抄报：国务院办公厅、中国社会科学院办公厅

抄送：国务院有关部委局史志机构

中国地方志指导小组办公室秘书处2008年9月16日印发

录自《沧桑》2010年第1期

十四　2015年中华人民共和国国务院办公厅《全国地方志事业发展规划纲要（2015—2020年）》

国务院办公厅关于印发全国地方志事业发展
规划纲要（2015—2020年）的通知
国办发〔2015〕64号
各省、自治区、直辖市人民政府，国务院各部委、各直属机构：

《全国地方志事业发展规划纲要（2015—2020年）》已经国务院同意，现印发给你们，请认真贯彻执行。

国务院办公厅
2015年8月25日
（此件公开发布）

全国地方志事业发展规划纲要

（2015—2020年）

为推进全国地方志事业科学发展，充分发挥地方志工作在我国经济社会发展和社会主义文化强国建设中的重要作用，为全面建成小康社会作出更大贡献，根据《地方志工作条例》，结合当前工作实际，制定本规划纲要。

一　发展基础与机遇

编修地方志是中华民族优秀文化传统，历史悠久，连绵不断。新中国成立后特别是改革开放以来，在党中央、国务院正确领导下，经过各地区各有关部门不懈努力，地方志工作取得巨大成就，形成以修志编鉴为主业、各项工作协调开展的事业格局，拓展了方志文化的内涵，为提升国家文化软实力发挥了独特作用。

（一）工作体制机制基本建立。基本形成党委领导、政府主持、负责地方志工作的机构（以下简称地方志工作机构）组织实施、社会各界广泛参与的工作体制；逐步形成将地方志工作纳入各地国民经济和社会发展规划、地方各级政府工作任务，"认识、领导、机构、编制、经费、设施、规划、工作"到位（以下统称"一纳入、八到位"）的工作机制。

（二）法治建设取得新进展。2006年国务院公布施行《地方志工作条例》，各地相继制定和完善地方性法规规章，进一步明确了各级政府对地方志工作的领导责任，加强地方志工作机构履行组织、指导、督促和检查地方志工作的职责，确保地方志工作依法开展。

（三）编修成果不断丰富。目前，首轮修志结束，第二轮修志进入关键时期，已出版7000多部省、市、县三级地方志书，2万多部行业志、部门志、军事志、武警志、专题志、乡镇（街道）志、村（社区）志等，1900多种、1.5万多部地方综合年鉴，1000多种、7000多部专业年鉴，大量地情文献。这些与现存的8000多种、10万多卷旧志及其整理成果，共同构成了一座以国情地情为主要内容并不断丰富的地方志资源宝库。

（四）理论研究逐渐深化。紧密结合修志编鉴实践，积极开展理论研究，已出版各种志鉴理论著作1000多部，发表论文6万多篇，取得显著成果，有力地指导了地方志工作开展，推动了方志学、年鉴学学科建设。

（五）基础设施建设逐步推进。全国已建成国家方志馆1个、省级馆15个、市级馆60多个、县级馆近200个，省级网站26个、市级网站近200个、县级网站470多个，方志工作公共基础设施建设迈上新台阶。

（六）存史育人资政作用日益彰显。通过修志编鉴、开发利用地方志资源，地方志编修已发展成为为国存史的一项重要工作，在记录当代、保存历史、传承文明、发展文化、激发民族自豪感和自信心、推动海内外文化交流合作、提供促进经济社会发展的历史借鉴和智力支持等方面，成绩日益突出、作用日益显著。

目前，全国地方志事业呈现出良好发展态势和前所未有的大好局面，但也存在着制约事业发展的问题，主要是：事业发展不平衡现象比较突出；少数地区和部门对地方志工作重要性认识不够；相关法规规章落实不到位；机构不健全，编制、人员和经费不足；志书质量有待进一步提高；人才队伍青黄不接，人员素质亟待提升；信息化与方志馆建设比较滞后；方志文化的作用有待彰显等。这些问题必须通过科学发展和深化改革，采取有效措施，认真予以解决。

"治天下者以史为鉴，治郡国者以志为鉴。"按照"四个全面"战略部署，党和国家对地方志工作提出了新任务新要求，强调要高度重视修史修志，把历史智慧告诉人们。全国地方志事业迎来重要发展机遇。修志问道，以启未来。地方志工作要适应经济社会发展新形势，明确在发展改革大局中的目标任务，科学规划，积极创新，有序推进地方志事业持续健康发展。

二 指导思想与基本原则

（一）指导思想。全面贯彻落实党的十八大和十八届二中、三中、四中全会精神，按照党中央、国务院决策部署，落实第五次全国地方志工作会议要求，解放思想，实事求是，锐意进取，改革创新，依法全面推动全国地方志事业发展繁荣。

（二）基本原则。

1. 坚持正确方向。坚持走中国特色社会主义文化发展道路，坚持为人民服务、为社会主义服务的方向，通过编修和开发利用地方志成果，为培育和践行社会主义核心价值观提供丰富、优秀的精神文化产品。

2. 坚持依法治志。国家地方志工作机构依法统筹规划、组织协调、督促指导全国地方志工作；省、市、县级地方志工作机构依法履行组织、指导、督促和检查地方志工作职责，加强编纂业务工作。

3. 坚持全面发展。以修志编鉴为主业，统筹兼顾理论研究、开发利用、信息化建设、方志馆建设、旧志整理等工作，实现地方志事业全面协调可持续发展。

4. 坚持改革创新。继承和弘扬中华民族修志的优良传统，认真总结地方志工作的经验教训，深化改革，与时俱进，推动理论创新、制度创新、管理创新、方法创新。

5. 坚持质量第一。坚持存真求实，确保地方志质量。正确处理质量与进度的关系，将精品意识贯穿于地方志编纂出版工作全过程，严把政治关、史实关、体例关、文字关、出版关，编纂出版经得起历史检验、具有鲜明时代特征和地域特色的地方志成果。

6. 坚持修志为用。发挥地方志资源优势，全面提升开发利用水平；拓宽用志领域，提升服务大局能力，为党政机关、社会各界和人民群众服务；加大宣传力度，提高全社会读志用志水平。

三 总体目标与主要任务

（一）总体目标。到2020年，全面完成第二轮修志规划任务，实现省、市、县三级综合年鉴全覆盖，加快信息化和方志馆建设，做好第三轮修志工作准备，加强对社会修志的指导和管理，基本形成地方志编修体系、理论研究和学科建设体系、质量保障体系、资源开发利用体系、工作保障体系"五位一体"的地方志事业发展综合体系，努力开创地方志事业发展新局面。

(二) 主要任务。

1. 全面完成第二轮修志规划任务。到2020年，完成第二轮地方志书规划任务，省、市、县三级地方志书全部出版。在抓紧完成第二轮修志任务的同时，全面总结第一轮、第二轮修志工作的经验教训，认真研究第三轮修志的组织管理、运作模式、续修方式等，为启动第三轮修志做好资料收（征）集、队伍培训及理论准备等工作。

2. 大力推进地方综合年鉴工作。到2020年，做到地方综合年鉴由地方志工作机构组织编纂，一年一鉴，公开出版，实现省、市、县三级综合年鉴全覆盖。

3. 重视军事、武警及其他各类专业志鉴、民族地区地方志、乡镇村志和地方史编纂工作。加强对已开展和准备开展志鉴编纂工作的行业、部门、单位等的业务指导和管理。支持民族地区做好地方志编纂工作。指导有条件的乡镇（街道）、村（社区）做好志书编纂工作，做好中国名镇志文化工程、中国名村志文化工程组织编纂工作。具备条件的，可将地方史编写纳入地方志工作范畴，统一规范管理。

4. 深入开展旧志整理工作。编制全国旧志整理规划，编辑旧志联合目录。具备条件的地方应编辑出版历代方志集成，分类整理旧志资料。加强与国内外高等院校、科研院所、公共图书馆、档案馆等单位的交流与合作，开展旧志点校、提要、考录、辑佚等工作。

5. 加强地方志理论研究和学科建设。制定方志、年鉴理论和方志学、年鉴学学科建设规划，建立和完善方志、年鉴理论研究学术规范，力争到2020年形成较为成熟的方志学和年鉴学学科体系。充分发挥方志期刊和各级地方志学会的作用，活跃学术研讨，推动理论建设。加强与相关学科交流合作，开展地方志编纂、地方志事业发展等重要理论问题研究，编写方志学、年鉴学通用教材及各分支学科研究论著。总结历代一统志编纂经验，开展编修一统志的可行性研究。

6. 加强人才队伍建设。重视人才选拔、培养和使用，加强专兼职结合、结构合理的人才队伍建设，培养和引进一批高端人才，建设一支高素质的地方志编修、研究工作队伍，弘扬修志问道、直笔著史的方志人精神。

7. 深化地方志质量建设。严格执行《地方志书质量规定》《地方综合年鉴编纂出版规定》有关要求，制定质量管理、质量监督等规定，完善地方志质量评议、审查验收制度，严把质量关。按照国家有关规定申报设立志书、年鉴及优秀学术成果评比奖励项目，逐步将志书、年鉴纳入国家及地方有关图书奖评比。

8. 强化地方志资料建设。加大依法收（征）集地方志资料力度，建立和完善地方志资料收（征）集、保存、管理制度，推行地方志资料年报制度并形成常态机制；运用社会调查、口述史等方法，大力拓展资料收（征）集范围和渠道，建立能够全方位适应地方志编纂、地方志事业发展和方志文化建设需要的地方志资料保障机制。

9. 加快地方志信息化建设。按照统一规划、统一标准、分级建设、资源共享、安全保密的原则，制定全国地方志事业信息化发展意见，充分利用已有信息基础设施和数据资源，加快地方志信息化建设步伐，支持民族地区地方志信息化建设。逐步建立地方志全文数据库。应用现代信息技术，加强对不同载体的地方文献收（征）集、保护和开发利用，推动信息标准化工作。实现国家、省、市、县四级地方志资源共享，面向社会提供优质服务。

10. 提高地方志资源开发利用水平。加强对地方志资源的深加工，拓宽服务渠道，增强服务功能，创新服务手段，更好地贴近经济社会发展实际，贴近人民群众需要。做好《中国地情报告》《中国方志发展报告》《中国年鉴发展报告》编纂工作。发挥地方志资源在地方公共文化服务中的重要作用，利用各类媒体广泛宣传地方志成果，推动方志文化进机关、进农村、进社区、进校园、进企业、进军营，推动城乡方志文化建设，培育地方历史记忆。

11. 扩大学术交流与合作。采用多种形式，加强与香港、澳门和台湾地区以及国外的高等院校、科研机构、档案机构与图书馆等单位的学术交流与合作。服务国家文化"走出去"战略，推介一批高质量地方志成果，充分展示地方志的当代价值及永恒魅力，推动方志文化走向世界，增强方志文化影响力。

四 保障措施

（一）法治保障。推动《地方志工作条例》的贯彻落实，逐步建立健全地方性法规规章。加大地方志工作法规规章的宣传、执行力度，定期开展执法监督检查,依法纠正、查处执行不力和违法行为。

(二)制度保障。健全地方志工作机构主导、社会各界有序参与修志编鉴的途径和方式。加强督促检查,健全和完善目标考核责任制、督查通报制,强化责任落实;健全和完善地情资料收(征)集及管理、修志编鉴业务制度和主编(总纂)责任制,确保在篇目设计、资料收(征)集、总纂统稿、志(鉴)稿评议、审查验收、出版发行、报送备案等环节上均有章可循、有序推进,保障志鉴质量。

(三)经费保障。改善地方志工作条件和图书资料收藏保管条件,做好修志、编鉴、出版、科研、开发利用、信息化建设、资料文献保存等工作,加大对民族地区、贫困地区地方志工作的支持力度。地方各级人民政府要将地方志工作所需经费列入财政预算。

(四)队伍保障。建立国家级、省级地方志专家库。探索地方志人才培养、引进等政策和措施,探索将方志学人才培养纳入国民教育体系的方式方法。完善教育培训制度,分级实施对地方志工作机构新任负责人、志鉴主编(总纂)的专项培训,实现修志编鉴人员岗前培训全覆盖、培训工作常态化;与高等院校、科研机构联合开展地方志专业方向研究生教育,举办专业进修班,支持地方志工作人员接受专业继续教育。按照国家有关规定开展先进集体和先进工作者评选表彰活动,建立干事创业的激励机制,营造良好氛围。

(五)宣传保障。利用各级各类新闻媒体,大力宣传地方志工作机构贯彻落实党和国家大政方针的新举措、地方志工作服务经济社会发展的新成绩、地方志工作者投身现代化建设的新贡献。挖掘地方志资源的现实价值、历史价值,设计宣传主题,创新宣传形式,推出一批人民群众喜闻乐见、有较大社会影响力的地方志宣传精品。

五 加强组织领导

地方志工作要坚持和健全党委领导、政府主持、地方志工作机构组织实施、社会各界广泛参与的工作体制,坚持"一纳入、八到位"的工作机制。地方志工作机构设置和人员编制,要与其有效履行职能、顺利开展工作的要求相适应;按照德才兼备原则和专业要求,配齐配强地方志工作机构的领导班子。

各地区各有关部门要结合工作实际,根据本规划纲要要求,制定本地区本部门地方志事业发展规划或实施方案，切实加强分类指导，加大组织推动力度，全面提高地方志工作水平，确保全国地方志事业平稳、有序、健康发展。

军事志事业发展规划由中国人民解放军军事志指导小组制定。

中国地方志指导小组及其办公室要对本规划纲要落实和执行情况进行督促检查。

录自《中华人民共和国国务院公报》2015年第26期

十五　2018年中国地方志指导小组《地方综合年鉴编纂出版规定》

关于印发《地方综合年鉴编纂出版规定》的通知

中指组字〔2017〕6号

各省（自治区、直辖市）地方志编委会（办公室）、新疆生产建设兵团志办公室、全军军事志指导小组办公室、武警部队政治部编研部、国务院有关部委局史志（年鉴）机构：

为确保地方综合年鉴编纂出版质量，中国地方志指导小组根据国家有关法律法规和国务院办公厅《全国地方志事业发展规划纲要（2015—2020年）》，结合地方综合年鉴编纂出版实际，在充分总结经验、广泛征求意见的基础上，修改制定了《地方综合年鉴编纂出版规定》，现予印发，请结合本地、本单位实际情况执行。

中国地方志指导小组
2017年12月21日

地方综合年鉴编纂出版规定

第一章　总则

第一条　为了提高地方综合年鉴编纂出版质量，推动年鉴事业科学发展，充分发挥地方综合年鉴在促进经济社会发展中的作用，根据国务院《地方志工作条例》，制定本规定。

第二条　本规定所称地方综合年鉴，是指系统记述本行政区域自然、政治、经济、文化、社会等方面情况的年度资料性文献。

第三条 本规定适用于以县级以上（含县级）行政区域名称冠名的地方综合年鉴（以下简称"年鉴"）。

第四条 年鉴编纂出版坚持以马克思列宁主义、毛泽东思想、邓小平理论、"三个代表"重要思想、科学发展观和习近平新时代中国特色社会主义思想为指导。

第五条 年鉴编纂出版应遵守国家关于保密、著作权、出版、广告等方面的法律、法规或规章，遵守党和国家关于民族、宗教和对外关系等方面的法规或政策，维护国家利益、民族团结和社会稳定。

第六条 年鉴编纂应做到观点正确，框架科学，资料翔实，内容全面，记述准确，出版符合国家相关标准。

第二章 框架

第七条 年鉴框架应涵盖年度内本行政区域的基本情况。

第八条 年鉴框架应做到分类科学，层次清晰，领属得当，编排有序。

第九条 年鉴框架应体现年度特点和突出地方特色。

第十条 年鉴框架应保持相对稳定，可依据年度特点和事物变化情况作适当调整。

第十一条 年鉴框架分类应参照相关分类标准，结合社会实际分工和本行政区域特点进行。

第十二条 年鉴框架结构一般分为类目、分目、条目三个层次。

第十三条 年鉴各层次标题应准确、规范、简洁，能够揭示所记述内容的特点，避免重复。

第三章 资料

第十四条 年鉴资料应反映本行政区域自然、政治、经济、文化、社会、生态建设等方面的基本情况，以及与本行政区域密切相关的内容。

第十五条 年鉴主要辑录上一年度的资料，一般不上溯下延。

第十六条 年鉴资料应具有为现实服务的价值和存史的价值。

第十七条 年鉴资料应具有连续性和可比性，能正确反映事物发展的脉络和轨迹。

第十八条 年鉴资料应真实，人名、地名、时间、事实、数据、图片、引文等应准确。未经核实的资料不得收录。

第十九条 年鉴采用的数据应以统计部门提供的为准,未列入统计范围的,以业务主管部门提供的为准。数据不一致时,应加以说明。

第二十条 年鉴编纂单位应拓宽资料搜集渠道,资料除依靠各供稿单位提供外,还要通过查阅档案、报刊和提炼网络信息,以及调查访问等方式进行搜集。

第四章 内容

第二十一条 年鉴内容应存真求实,客观反映经济社会发展中取得的成绩和存在的问题。

第二十二条 年鉴内容记述应综合运用多种形式,一般以条目为基本记述单元。

条目分为综合性条目和单一性条目等类型。综合性条目反映年度内各个领域发展变化的总体情况和主要特点,具有高度的概括性;单一性条目一事一条,基本要素齐全。

第二十三条 条目。条目编写应做到:

(一)选题选材注重有效性、完整性和新颖、准确、系统。

(二)有效信息含量大,避免空洞无物和简单重复。

消除部门工作总结、报告痕迹。不应记述非部门主要职能的信息。

(三)坚持述而不论,寓观点于记述之中。

(四)标题中心词突出,题文相符。

(五)条目排列有序,并避免单个条目构成分目。

第二十四条 大事记。选录大事要得当,做到重要事项不漏,时间、地点、人物(单位)、结果等要素齐备。可将编年体和纪事本末体相结合。

第二十五条 图片。年鉴应有卷首专题图片、随文图片。

图片选用注重典型性、资料性,突出反映重大事件、重要成果和热点问题。

图片要清晰、美观;文字说明应简洁、准确,要素齐全。

随文图片应图文相符,以图释文。

慎用少用领导人、会议照片,忌用人物标准照。

第二十六条 地图。地图选用应遵守国家关于地图管理的法规和有关规定、办法,需经过有审核权的测绘地理信息行政主管部门审核,标注审图号。

第二十七条 表。表格包括表题、表体以及必要的表注等。

表格内容要准确，设计要规范。

第二十八条 附录。附录主要收录具有重要参考价值的资料。

第二十九条 其他形式。年度内具有特殊意义的资料可采用特载、特辑、专文、专记或其他形式集中汇辑。

第三十条 人物记述可采用简介、名录、表等形式，入鉴人物应严格掌握标准，人物记述应做到客观、准确、公允。

第三十一条 年鉴应设编辑说明，主要介绍年鉴编纂的指导思想、记述的时空范围、栏目的设置情况、资料的来源等事项。

第三十二条 年鉴具有工具书性质，应有完备的检索系统。

年鉴应编制详至条目的中文目录，根据需要可编制英文目录或少数民族语言目录。

索引应提供丰富的检索信息，名称概念清晰，标目符合主题原意，标引准确。

第三十三条 年鉴内容记述应减少交叉重复，多处记述同一事物的应各有侧重。

第三十四条 年鉴使用记叙文、说明文等文体，文风要朴实，记述要流畅。

第三十五条 年鉴使用规范、统一的简称和缩略语，名称、时间、地点、事实、数据、计量单位、术语等的表述应前后一致。

第五章 出版

第三十六条 年鉴编纂应建立健全审读、审核和校对制度，确保质量。

第三十七条 语言文字、标点符号、汉语拼音、数字、计量单位使用和索引编制、图片选用等，应符合国家有关法律、法规和规章、规定。

第三十八条 编辑校对应符合国家出版物质量管理的规定。

第三十九条 封面设计应庄重大方，完整著录年鉴名称与卷号、编者名、出版者名。年鉴名称、卷号要醒目。

年鉴名称，一般冠以行政区域名称，如"××年鉴"。如两级行政区域名称相同，下级年鉴名称另加"市（州）""县（区）"字样，如"××市

（州）年鉴""××县（区）年鉴"。市辖区与其他市辖区行政区域名称如不存在同名情况，其年鉴名称冠以行政区域名称，如"××年鉴"；如存在同名情况，其名称冠以上一级行政区域名称，如"××市××年鉴"。

年鉴卷号，以出版年份标识，标注在年鉴名称后，如"2020"。

第四十条　版式设计应疏密得当，留白页少，字体、字号选择要既能区别结构层次，又有较好的视觉效果。

第四十一条　版权页刊载版本记录应完整。

第四十二条　一般采用16开本，文字横排。

第四十三条　印刷、装帧应符合国家出版物质量标准。

第四十四条　制作出版电子版年鉴，应遵守国家关于电子出版物管理的规定。

第四十五条　年鉴应逐年编纂，做到当年编纂当年出版。

第六章　附则

第四十六条　各省、自治区、直辖市地方志工作机构可根据本规定，结合本地区实际，制定实施细则。

第四十七条　专业年鉴、乡镇（街道）年鉴等其他年鉴可参照本规定执行。

第四十八条　本规定由中国地方志指导小组办公室负责解释。

来源：中国方志网（www.difangzhi.cn）

十六　2020年中国地方志指导小组《关于地方综合年鉴编纂出版若干问题的补充规定》

关于印发《关于地方综合年鉴编纂出版若干问题的补充规定》的通知

中指组字〔2020〕12号

各省、自治区、直辖市地方志工作机构，新疆生产建设兵团志办公室，中央军委党史军史工作领导小组办公室，国务院有关部委局史志（年鉴）机构：

为确保地方综合年鉴编纂出版质量，中国地方志指导小组根据国家有关法律法规，结合地方综合年鉴编纂出版实际，在《地方综合年鉴编纂出版规定》基础上，充分总结经验、广泛征求意见，制定了《关于地方综合年鉴编纂出版若干问题的补充规定》，现予印发，请结合本地、本单位实际情况执行。

中国地方志指导小组
2020 年 12 月 30 日

关于地方综合年鉴编纂出版若干问题的补充规定

为贯彻落实《地方综合年鉴编纂出版规定》，确保地方综合年鉴（以下简称年鉴）编纂出版质量，进一步提高年鉴编纂出版规范化、专业化水平，根据有关法律法规和政策，针对年鉴编纂出版中存在的问题，作如下补充规定。

第一条 年鉴应当设编辑说明，主要介绍年鉴编纂的指导思想、地域范围、时间界限、记述内容、类目设置、资料来源等事项，不致谢、不落款、不标注时间。

编辑说明应准确、精练，表述规范。

第二条 年鉴应当选用与记述年度相对应的本地区行政区划图。地图选用应遵守国家关于地图管理的法律法规，须经有审核权的测绘地理信息行政主管部门审核，并标注审图号。不得使用未经审核、无审图号的地图。

第三条 年鉴应当有卷首专题图片、随文图片。

专题图片应当突出年度重大选题，反映重大事件、重要成果和热点问题。

随文图片应当图文相符，图随文走，以图释文，不得用与记述内容无关的照片补白。

图片应当清晰，选图典型，构图美观。

图片文字说明应当简洁、准确，时间、地点、事件及摄影者姓名或供图单位等要素齐全。

慎用少用领导、会议照片，慎用少用签字、奠基、剪彩等仪式照片，慎用摄影、书法、绘画等艺术图片。除英烈外，一般不使用人物标准照。

第四条 年鉴刊载党和国家领导人活动照片等，应当按照国家有关规定履行重大选题备案程序。

第五条 年鉴框架分类应当参照相关分类标准，体现社会实际分工，突出本行政区域地情特点，避免照搬照抄。

经济部分框架设计，应当体现地方经济发展特色和产业布局，突出主导产业和优势产业。

第六条 年鉴可采用特载等形式重点收录年度具有重大意义或特殊意义的文献资料，收录资料应当严格控制数量。

第七条 大事记选录大事应得当，涵盖本行政区域自然、政治、经济、文化、社会、生态建设等各个方面，不得以记述领导活动、会议活动等内容为主。

第八条 记述人大工作，应当以"××人民代表大会"或"××人大"名称立目。"人大常委会主任（副主任）"不得写为"人大主任（副主任）"。

第九条 记述纪委监委工作，应当与党委、人大、政府、政协并列设置类（分）目。

第十条 记述群团组织工作，一般以"人民团体"或"群众团体"名称立目。不用"社会团体""社会群众团体""人民团体·群众团体""人民团体·社会团体"等名称。

以"人民团体"立目，应当记述参加中国人民政治协商会议的人民团体，包括中华全国总工会、中国共产主义青年团、中华全国妇女联合会、中国科学技术协会、中华全国归国华侨联合会、中华全国台湾同胞联谊会、中华全国青年联合会、中华全国工商业联合会。中华全国工商业联合会可与民主党派放在一起记述。

以"群众团体"立目，应当记述上述人民团体和国务院批准免予登记的中国文学艺术界联合会、中国作家协会、中华全国新闻工作者协会、中国人民对外友好协会、中国人民外交学会、中国国际贸易促进会、中国残疾人联合会、宋庆龄基金会、中国法学会、中国红十字会总会、中国职工思想政治工作研究会、欧美同学会、黄埔军校同学会、中华职业教育社、中国计划生育协会。

第十一条 记述外事、侨务、港澳台事务应当遵守党和国家相关法律法规和政策。不得将港澳台工作、港澳台交流活动和侨务工作归入"外事"记述，不得将港澳台人士和华侨、侨胞称为"外宾"；不得将港澳台同胞称为"华侨华人"、港澳台青少年称为"华裔";不得将邀请、接待港澳台团体归入"海外联谊"或"海外联络"记述。

记述利用外资、对外贸易、对外经济合作,在文字和表格中出现港澳台地区内容的,应当加"国家(地区)"和"中国香港""中国澳门""中国台湾"等字样。

第十二条 记述法治内容应当以"法治"为名称立目,不得使用"政法""法制""司法""公安·司法"等名称。

法治内容一般包括人大立法(省级年鉴、设区的市级年鉴)、政法委与综治、法治政府建设、公安、检察、法院、司法行政、仲裁等工作。慎重选登案例。

第十三条 记述军事内容应当以"军事"为名称立目,不得使用"国防""地方防务"或"地方武装""武装"等名称。内容一般按省军区系统、驻军单位、武警部队排列,并经过内容涉及单位保密审查。

凡涉及作战和战备方案、规划计划、重要文件、体制编制、兵力部署、边防布局、军事行动、军队重要会议和重大活动、部队番号、武器装备、重要军事设施、重要警卫目标、国防动员潜力、国防和人防工程等文字、图片,应当严格保密,征兵人数、退役人数、军事单位领导名录、部队移防驻防、武器装备数量和技术战术指标、民兵实力、战时预备役编成、经费预算和投向等情况不得记述。

第十四条 记述民族、宗教等内容应当严格遵守党和国家相关法律法规和政策。记述宗教事务管理工作,不得以"宗教活动"为名称立目。

第十五条 入鉴人物应当严格掌握标准,收录年度各方面代表性人物,如先进人物、新闻人物、革命烈士、逝世人物等。人物记述应客观、准确、公允。

第十六条 年鉴内容记述应当综合运用多种表现形式,一般以条目为基本记述单元。两个以上条目构成一个分目。

条目分为综合性条目和单一性条目等类型。综合性条目反映年度内各个领域发展变化的总体情况和主要特点,具有高度的概括性,一般应包括基本情况、主要成效、年度特点、存在问题等;单一性条目一事一条,时间、地点、人物(事件)、结果等基本要素齐全。

第十七条 年鉴条目选题选材应当注重资料的有效性、典型性、新颖性和连续性。

条目标题应当准确概括条目中心内容，文字精练，中心词一般应前置，不得使用总结式、口号式等表述方式。

第十八条 年鉴应当注重记述部门单位的主要职能工作。一般不记述部门单位内设机构、领导职数、人员编制。不记述单位内部机关党建、宣传信息、队伍建设、后勤保障等非主要职能信息。

第十九条 年鉴类目、分目、条目应当编排有序。条目编排一般综合性条目在前，单一性条目在后。

第二十条 年鉴使用表格，内容要准确，设计要规范。

表格包括表题、表体以及必要的表注（说明）等。表题一般包括时间、单位、事项、表种等要素。表注（说明）一般为表下注（说明）。

第二十一条 年鉴不收录航班时刻表、高铁时刻表、公交车时刻表、特殊电话号码、公共自行车存放点等信息，不刊载文艺作品，不收录趣闻轶事，不收录与编纂者个人相关的作品或其他资料。

第二十二条 年鉴使用简称和缩略语应当规范、统一。除通用简称外，第一次出现时应当使用全称并括注规范简称。术语随文括注说明，不使用脚注或尾注。

国务院组成部门中，各委员会的全称为"中华人民共和国××委员会"，其专名中含有"国家"二字，简称中不能省略；各部的正式名称为"中华人民共和国××部"，其专名通常简称为"××部"，不加"国家"二字。

第二十三条 年鉴封面设计应当遵守出版物规范，庄重大方，完整著录年鉴名称与卷号、编者名、出版者名。年鉴名称、卷号应醒目。

年鉴名称如使用书法体，应当在适当位置注明题写者。

第二十四条 版权页记录版本信息应当完整。

版权页记录的年鉴名称、主管主办单位和编纂单位名称应与封面、扉页、编辑说明保持一致。

第二十五条 规定自2021年1月1日起施行。

来源：中国方志网（www.difangzhi.cn）

主要参考文献（修订本）

[1] 李泰棻：《方志学》，商务印书馆 1935 年刊本。
[2] 梁启超：《中国历史研究法补编》，中华书局 1936 年版。
[3] 寿鹏飞：《方志通义》，伏生草堂 1941 年刊本。
[4] 吴宗慈：《修志丛论》，1947 铅印本。
[5] 朱士嘉：《中国地方志综录》，商务印书馆 1958 年版。
[6] 张国淦：《中国古方志考》，中华书局 1963 年版。
[7] 赵玉新校注：《戴震文集》，中华书局 1980 年版。
[8] 骆兆平：《天一阁藏明代地方志考录》，书目文献出版社 1982 年版。
[9] 张舜徽：《中国文献学》，中州书画社 1982 年版。
[10] 来新夏：《方志学概论》福建人民出版社 1983 年版。
[11] 张树棻、朱士嘉纂辑：《章实斋方志论文集》，山东省地方史志办公室 1983 年内部重印。
[12] 刘光禄：《中国方志学概要》，中国展望出版社 1983 年版。
[13] 陈登源：《古今典籍聚散考》，上海书店 1983 年版。
[14] 王葆心：《方志学发微》，湖北省地方志编纂委员会办公室 1984 年内部印刷。
[15] 黎锦熙、甘鹏云：《方志学两种》，岳麓书社 1984 年版。
[16] 薛虹：《中国方志学概论》，黑龙江人民出版社 1984 年版。
[17] 中国科学院北京天文台：《中国地方志联合目录》，中华书局 1985 年版。
[18] 梁启超：《梁启超论清学史二种》，朱维铮校注，复旦大学出版社 1985 年版。
[19] 朱士嘉编：《中国旧志名家论选》，《史志文萃》编辑部 1986 年内部印刷。
[20] 王晓岩编：《历代名人论方志》，辽宁大学出版社 1986 年版。

[21] 傅振伦：《中国史志论丛》，浙江人民出版社1986年版。

[22] 崔建英：《日本见藏稀见地方志书录》，书目文献出版社1986年版。

[23] 陈光贻：《稀见地方志提要》，齐鲁书社1987年版。

[24] 王复兴：《方志学基础》，山东大学出版社1987年版。

[25] 傅振伦：《中国方志学通论》，北京燕山出版社1988年版。

[26] 来新夏：《中国地方志综录》，黄山书社1988年版。

[27] 黄苇：《中国地方志词典》，黄山书社1988年版。

[28] 《中国方志大辞典》编委会：《中国方志大辞典》，浙江人民出版社1988年版。

[29] 李明：《新方志编纂实践》，上海人民出版社1988年版。

[30] 王晓岩：《方志体例今古谈论》，巴蜀书社1989年版。

[31] 胡慧秋：《方志学引论》，北京燕山出版社1989年版。

[32] 梁滨久：《方志学新论集》，广西人民出版社1989年版。

[33] 朱祥清：《新编方志体例比较与思考》，上海社会科学出版社1989年版。

[34] 林正秋主编：《中国地方志名家传》，黄山书社1990年版。

[35] 邱富生：《中国方志学史》，大连海运学院出版社1990年版。

[36] 宫栾鼎：《方志文集》，科学普及出版社1991年版。

[37] 禹瞬、洪期钧：《方志编纂学》，中国文史出版社1991年版。

[38] 李明、薛兴祥：《方志管理学》，江苏科学技术出版社1991年版。

[39] 傅振伦：《傅振伦方志论著选》，浙江人民出版社1992年版。

[40] 张革菲主编：《中国方志学纲要》，西南师范大学出版社1992年版。

[41] 瞿宣颖：《方志考稿》（甲集），上海书店1992年版。

[42] 黄苇：《方志学》，复旦大学出版社1993年版。

[43] 吕志毅：《方志学史》，河北大学出版社1993年版。

[44] 刘纬毅：《中国地方志》，新华出版社1993年版。

[45] 张新民：《贵州地方志考稿》，比利时根特大学出版社1993年版。

[46] 王德恒、许明辉、贾辉铭：《中国方志学》，文化艺术出版社1994年版。

[47] （宋）郑樵：《通志二十略》，王树民校点，中华书局1995年版。

[48] 仓修良、叶建华：《章学诚评传》，南京大学出版社1996年版。

[49] 金恩辉、胡述兆：《中国地方志总目提要》，台北汉美图书有限公司

1996年版。

[50] 蔡尚思主编：《方志学引论》，黄山书社1997年版。

[51] 张松斌：《实用中国方志学》，海潮出版社1997年版。

[52] 梅森：《方志学简论》，黄山书社1997年版。

[53] 刘柏修、刘斌主编：《当代方志学概论》，方志出版社1997年版。

[54] 中国地方志指导小组办公室：《中国方志文献汇编（上、下）》，方志出版社1999年版。

[55] 中国地方志指导小组办公室：《中国新编地方志目录》，方志出版社1999年版。

[56] 韩章训：《普通方志学》，方志出版社1999年版。

[57] 张国淦：《张国淦文集》，北京燕山出版社2000年版。

[58] 梁启超：《清代学者整理旧学之总成绩—方志学》，商务印书馆1999年版。

[59] 诸葛计：《中国方志五十年史事录》，方志出版社2002年版。

[60] 许卫平：《中国近代方志学》，江苏古籍出版社2002年版。

[61] 中国地方志指导小组办公室：《全国第二轮修志工作文件及志书篇目汇编》方志出版社2004年版。

[62] 巴兆祥：《方志学新论》，学林出版社2004年版。

[63] 曹子西、朱明德主编：《中国现代方志学》，方志出版社2005年版。

[64] 余英时：《论戴震与章学诚：清代中期学术思想史研究》，生活·读书·新知三联书店2005年版。

[65] 梁启超：《中国近三百年学术史》，上海三联书社2006年版。

[66] 卢万发：《方志学原理》，巴蜀书社2007年版。

[67] 刘文江、李桂清：《区县地方志管理概论》，方志出版社2007年版。

[68] （美）倪德卫：《章学诚的生平及其思想》，杨立华译，江苏人民出版社2007年版。

[69] 中国地方志指导小组办公室：《地方志工作文献选编》，方志出版社2009年版。

[70] 中国地方志指导小组办公室：《中国方志通鉴（上、下）》，方志出版社2010年版。

[71] 中国地方志指导小组办公室：《当代志书编纂教程》，方志出版社2010年版。

[72] 刘纬毅，等：《中国方志史》，三晋出版社2010年版。
[73] 刘占召：《刘知几〈史通〉评注》，中央编译出版社2010年版。
[74] 张世民：《方志学散论》，陕西人民出版社2012年版。
[75] 陆振岳：《方志学研究》，齐鲁书社2013年版。
[76] 仓修良：《方志学通论》（增订本），华东师范大学出版社2013年版。
[77] 沈松平：《方志发展史》，浙江大学出版社2013年版。
[78] 中国地方志指导小组办公室：《全国地方志法规、规章及行政规范文件汇编》，方志出版社2016年版。
[79] 杨军仕、王守亚等：《地方综合年鉴编纂教程》，方志出版社2016年版。
[80] 林衍经：《方志学广论》，安徽大学出版社2017年版。
[81] 巴兆祥、唐长国：《方志学述论》，学林出版社2020年版。

后　　记

"盛世修志"喜逢其时。1986年我大学毕业后即至故乡石阡县志办从事修志工作。时县志编修正在起步之初，因而有幸经历了从宣传发动至志书验收出版的修志工作全过程。实践的磨炼和需要，使自己从一个普通编纂者而逐步成长为《石阡县志》副主编、总编辑。虽有近三年（1993.6—1996.4）时间调离修志单位而从事政府行政工作，但仍情系修志事业，并借公务之暇承修志书。10年间，共计主编、参编了《石阡县志》《铜仁地区民族志》《汤山一小校志》《温泉之都》等10余部志书和乡土教材，撰稿100万余字。其中执笔40余万字的《石阡县志》（全书98万字）1993年获全国修志成果二等奖；主编的《汤山一小校志》为全省第一本、也是至今唯一出版面世的小学志，影响较大。

新修方志的特情之一是修志人员多为半路出家，方志知识欠缺，理论准备不足。这种特殊的现象却带来了在学习中实践，在实践中学习，相互切磋纂法、自觉探讨理论的浓厚学术氛围。环境的熏陶和长者贤者的指导、帮助，自己除勤耕苦耘于志书编纂工作外，也情趣炽热地投身方志理论的学习、探索和研究之中，并发表了修志探究论文近二十篇，几乎我编写过的县志专志和专业志都有相关探讨文稿面世。可以说，这时期的方志学术探讨不仅直接使我在工作中受益，在理论上得到了升华，尤为对调入贵大后的系统方志学教学与科研工作的基础奠定产生了积极的影响。

方志编修在我国有着悠久的历史，根深蒂固于中华传统文化的沃土之中。但作为独立学科的方志学，其历程仅有两百来个春秋，其有许多理论问题至今仍是各说纷纭，未达一统。虽有不少方志学力作面世，但因或侧于方志史、方志学史论述，或重于基础理论研究，或力于编纂学探讨，或纯为当代方志学专论，若将用作方志学课程教材似嫌系统性不足。就贵州而言，伴随着修志工作的开展和深入，方志理论研究也取得了卓然的成果，出版了近10本方志理论探讨论集、论著，但作为比较全面系统地论述方志学的专著却未有一本面世。正是为更好地搞好方志学教学、满足教学需要和填补贵州方志事业空白计，在学校领导的支持和省志办专家们的鼓励下，遂于1997年初决意在所编《方志学》讲义基础上撰著一本既能作学校方志学课教材、又能对方志编纂实践有指导、参考价值的具有较高学术水平的方志学概论。

为了搞好该书的写作，在校科研处支持下，连续三年以方志学有关内容研究为题获得了学校科研基金资助，1998年以《方志学概论》为题获省教委课题立项。三年间相继在《中国地方志》《贵州大学学报》《史志林》等刊物发表方志论文10余篇，多次上方志学公开课接受校系领导、教师们的批评指导。除将成果应用于教学和本书写作外，还先后于1998年12月、1999年5月在毕节地区、黔西南州的赫章、册亨等县将之用于指导修志实践并接受实践检验，获益颇多。

"新志于今众手修，同声相应气相求；红绫白绢精裁剪，正是人生得意秋"。这是原贵州省志副总纂、省文史馆馆员、现83岁高龄的陈福桐先生于1988年至石阡指导修志时赠我以致力修志的诗句。陈老既是我从事修志工作的鞭策者，又是我潜心于方志学教学和本书写作的支持者、期望者。书稿写作与修改中，陈老不顾年高体弱，多次就写作问题和书稿内容献计谋策，斟酌损益，赐教不诲，他的无私帮助和奖掖后进令我终身难忘。同时本书的写作，自始至终得到省志办领导、专家范同寿、罗再麟、张桂江、卢光勋、黄发政等的关切和帮助。可以说，没有上述领导、专家、前辈学者的指导和帮助，仅凭我自己的浅薄学识与微弱之力，这本书的写作将是难以想象的，极有可能是中途而坠，有始无终。

本书在写作中，沿用和借鉴了诸多专家学者精辟的论述和观点、成果，有的注释了出处，但未能一一列出，祈请各方志家见谅，并致以衷心的感谢。本书得以顺利出版，实赖省志办、省地方志协会和贵州人民出版社领导和老师们的极力帮助，在此谨致真诚的敬礼以表谢意。由于时间和本人学识水平所限，同时又因实践范围和资料所囿，本书尚存着诸多不足甚至错误，恳望得到专家学者和热心读者的批评指正。

杨军昌
1999年孟秋于贵州大学红楼居室

修订说明

拙著《中国方志学概论》（以下简称"99本"）于1999年11月由贵州人民出版社出版后，至今已有22年了。其于出版次年被收录到由著名方志学者邵长兴先生选择、编写的《1999年中国地方志十件大事》之中，并于2002年被评为"贵州省第五次哲学社会科学优秀成果奖"三等奖。从出版后的应用实践来看，"99本"基本上实现了用之于"方志学教学、满足教学需要和填补贵州方志学理论著述出版空白"的初衷。遗憾的是，由于印数有限，"99本"在2001年即已发行告罄。此后，贵州大学历史系、贵州民族大学历史系以及多个省份的市州县第二轮修志培训班将之翻印作教学与培训教材。

1999年6月后，因工作需要，我调离贵州大学历史系先后于学校人口研究中心、法学院、学报编辑部等部门工作，除不得不参与的十来次州、市、县的方志队伍培训外，10余年间与方志的研究、教学及编纂工作基本上处于疏离的状态。其间，自己所从事的研究也因环境的改变、课题的左右等渐次转向了人口学、社会学、民族学、教育学和文化遗产学等领域，陷入了一种学科交叉、广而不精的学术窘景。

其实，之于历史学与方志学，尽管较长时间梳于研究、不事专业，但始终有割舍不弃的情愫在缠绕，不可释怀的"约定"在惦记。有必要在此坦陈诸端，以示情怀：一是虽不专事教学与研究，但因经历所系和实践所需，也间或进行片段式的涉猎与介入。调离历史系后至今，尚有关于方志理论、方志编纂与志书评论的论文近10篇在《中国地方志》《西南民族大学学报》《贵州大学学报》《贵州文史丛刊》等刊物发表。其间，受聘担任《铜仁地区通志》《贵阳市志·南明区志》《贵阳市志·花溪区志》顾问，使方志学素养与编纂实务经验获得了进一步的积淀。二是在科学研究中，地方志始终是我的必读书籍，大多数成果中多有方志资料的引入和分析，而个中所得常与身边学人所分享。三是自2019年初调入贵大历史与民族文化学院任职后，在学院"民族传统村落记忆与乡村振兴丛书"工程中，历年三载，尊方志体例、依方志方法完成了《历史名寨：麻江乐坪》《九寨明珠：侗寨彦洞》两本村志的调查与撰写工作（2021年两书均由贵州大学出版社出版），遂了自己长期以来欲编就村志的心愿。四是内心一直存有退休后修订"99本"的计划，因而也陆续进行着方志工作动态、理论最新成果、续修成果的积累与收集，关注着方志工作的进展。也正是因为上述方志"缘分"而致的难得的"藕断丝连"，才使得我对修订"99本"有了底气和素材，在"机缘巧合"的际遇中获得了中国社会科学出版社的大力支持，从而使我将退休后的"使命"提前为当下的践行。

修订，简言之即是作者对文章、著作的修改订正。"99本"出版后的20余年间，全国各地"二轮"修志以及制度性的省、市、县三级志书续修如火如荼开展，年鉴、各类专业志、乡镇志、村志等编纂广受重视，方兴未艾，方志理论的探讨走向了学术的前台并成果丰硕；特别是方志事业的发展已从行政走向了法治的轨道，国家层面先后出台的指导性、法规性文件（包括通知、意见、规定、纲要等）为方志文化建设、方志事业发展开辟了广阔的前景。无疑，"99本"的内容今天无论在理论层面，或是实践角度都存在着较大的差距。修订的目的在于在保持原书风格的基础上缩小差距，实现其学术价值与实践意义的提升，以能更好地"经世致用"。为此，笔者在坚持辩证唯物主义与历史唯物主义方法论的原则下，在以下几个方面做了力所能及的工作。

其一，尽可能将当代国家有关地方志工作的政策、法规内容引入文本。一是在附录中补充收录了7个自2006年《地方志工作条例》至2020年《关于地方综合年鉴编纂出版若干问题的补充规定》等国家层面的法规及法规性文件；二是将上述法规及法规性文件精神尽可能纳入到了"方志编纂基础""志书各种体裁编写""方志续修""地方志与地方评鉴"以及"方志事业管理"等章中，以使书稿内容与国家现行的相关政策、要求相一致，确保书稿的理论与方向正确，并具有较强的实践考察价值。

其二，对研究框架进行了局部调整。如在第一章第一节中，将"方志定义与本质特征"改为"方志的性质与特征"，将第二章第一节"方志别称与种类"提入了第一章，在第三节"方志学的建立和发展"中增加了"清代以前的方志论说"目,将第二章"方志概说"章名更改为"方志的起源和发展",并在第一、第二节上作了相应调整,将第三章第二节"新志体裁"名改为"新志的体例与体裁",在第五章中增加了"索引的编制"节,在十一章中补充了"方志评论的功能"目,在第十三章"方志及其管理"中增加了"资料与成果管理"目。等等。

其三,补充、调整了部分内容。如在每一章下补充了"无题引言",在方志性质上增加了"方志是一方古今总览"说,在方志类型中充实了"乡土志""村志"等条目内容,对民国时期的方志理论进行了调整、充实,增加了1999年本书出版后的新方志编修工作及其成效的资料,更改了"地方志与两个文明建设"等目名,删除了"续修志书要从'人治'走向'法制'"等内容,对相关体裁、专著的编纂以及方志续修的内容均作了分量不等的、具有与时俱进意义的调整和充实,并严格与相关的国家政策、法规对接。

此外,对原书忽视了的必要的参考文献进行了补充,对已有参考文献根据出版要求在信息要素上进行了完善,对个别错别字眼进行了纠正。

至此,文本修订工作基本告罄。虽然经历了半年左右的时间打磨,较原书增加了5万余字的篇幅,掩卷而思,心绪起伏。本欲借助这次增订之机遇,又感于近两年村落志的编修和地方文化田野调查之所得,以及近年来再事《方志学》课程教学之所感,力图使"99本"质量有一个实质性的提升,其理论与应用价值有一个明显的突破,但因能力所囿以及琐事缠绕,相较而言,修订本虽较原书有所增益、增容,但离修订之诉求仍还有较大差距,仍有不少绕之不去的"困境"和诸多这样或那样的"短笔",尚需识者、贤者及读者朋友批评指正。在增订本面世之际,内心的惶恐与点滴的欣慰交织萦绕,倘其能为方志理论著述之林增添一枝一叶,能为新时期的方志编纂、方志人才培养和方志文化建设有所裨益,则对笔者来说,无疑是莫大的鼓舞和慰藉。

除原本的参考文献外,本书的修订,还借鉴了不少时贤、学者的研究成果,在此真诚地奉上衷心的感谢和敬意!对已引用而又因疏漏未在文中列出文献著述信息者,特向作者深表感谢并谨致以深深的歉意!同时在此对为本书的出版付出艰辛劳动的中国社会科学出版社冯春凤老师表示诚挚的感谢!

热忱欢迎学界同仁和读者、用者朋友对本书批评指正!对笔者不吝赐教！

  谨以此修订版《中国方志学概论》向本书序一序二撰者，已故方志学界前辈、恩师——陈福桐先生、罗再麟先生致以深深的缅怀与敬意！

  谨向为修订版赐序的、笔者敬重的著名历史学家、中国社会科学院原历史所所长陈祖武先生致以衷心的感谢！

杨军昌

2021 年 5 月 16 日

于贵州贵阳花溪·榕筑寓所